Leopold Witte

Das Leben Friedrich August Gottreu Tholuck's dargestellt

Leopold Witte

Das Leben Friedrich August Gottreu Tholuck's dargestellt

ISBN/EAN: 9783743451667

Hergestellt in Europa, USA, Kanada, Australien, Japan

Cover: Foto ©Lupo / pixelio.de

Manufactured and distributed by brebook publishing software (www.brebook.com)

Leopold Witte

Das Leben Friedrich August Gottreu Tholuck's dargestellt

Das Leben

D. Friedrich August Gottreu Tholuck's

dargestellt

von

Professor Leopold Witte,

Superintendent und geistl. Inspektor der Königl. Landesschule Pforta.

———————

Erster Band.

1799—1826.

(Mit dem Bilde Tholucks aus dem Jahre 1825 und einem Faksimile
aus seinem Tagebuche von 1815.)

Bielefeld und Leipzig.

Verlag von Velhagen & Klasing.

1884.

Der treuen Genossin des Heimgegangenen,

der geistigen Urheberin

und teilnehmenden Beförderin dieses Werkes,

Frau

Ober-Konsistorial-Rätin Tholuck

geb. Freiin v. Gemmingen

in dankbarer Verehrung

gewidmet

vom

Verfasser.

Vorwort.

Wenn ich mich entschlossen habe, hiermit die erste Hälfte der auf zwei Bände berechneten Tholuckbiographie allein erscheinen zu lassen, so findet diese Veröffentlichung nur eines Teiles des Ganzen ihre Erklärung und hoffentlich auch ihre Entschuldigung in dem weitverbreiteten Interesse, das dem Gegenstande dieser Arbeit entgegengebracht wird. Ich wollte die Vielen, die in der Nähe und Ferne auf ein Lebensbild Tholucks warten, nicht noch länger in der Spannung halten, nachdem ohnedies das vor mehr als drei Jahren unternommene und angekündigte Werk durch mannigfache häusliche Trübsale des Verfassers lange, einmal über sechs Monate sich erstreckende Verzögerungen erlitten hat. Nun sollte doch wenigstens dieser erste Teil bekunden, daß die Arbeit nicht stille steht.

Je größer freilich noch immer der Kreis derer ist, welche dem Hallischen Studentenvater nahegestanden haben und ihm das heiligste Kleinod ihres Lebens verdanken, desto schwerer war die Aufgabe, gerade dieses Bild zu zeichnen. Ich bin mir dessen wohl bewußt gewesen und lasse diese Blätter nicht ohne ein gewisses Zagen in die Öffentlichkeit hinausgehen; ja ich bekenne, daß, wenn ich gleich von Anbeginn den vollen Umfang der Arbeiten übersehen hätte, welche eine Tholuckbiographie mit sich bringt, ich die Fertigstellung des Werkes gern einem Berufeneren überlassen hätte. Bin ich doch mehrere Male im Verlaufe der Arbeit, zumal nach den vielen sich mir aufdrängenden Pausen, im Begriff gewesen, gänzlich von dem Werke abzustehen. Nur die Verpflichtung, die ich auf mich genommen hatte, und die Hoffnung, durch die Fülle des mir vorliegenden unbekannten Materials dennoch vielen eine willkommene Gabe darzubringen, hat mich festgehalten und endlich auch den Abschluß des gegenwärtigen Bandes zuwege gebracht.

Ich übergebe ihn dem Wohlwollen der Leserwelt. Es war nicht leicht, sich darüber klar zu werden, für wen denn eigentlich diese Biographie geschrieben werden sollte. Tholuck ist ein Mann der Wissenschaft gewesen, und seine Werke gehören dem größeren Teile nach in das Gebiet der gelehrten Untersuchungen. So mußte auch die Gelehrtenrepublik berücksichtigt und durch eingehende Analyse der bezüglichen Schriften Tholucks eine schnelle Orientierung über den bleibenden Wert derselben möglich gemacht werden. Allein Tholuck war doch noch viel mehr ein Mann des Lebens; allen Ständen gehören sie an, die auf sein mündliches und schriftliches Zeugnis eine neue Periode in ihrer geistlichen und geistigen Entwickelung zurückführen, oder doch tiefe Eindrücke von dem empfangen haben, der es so meisterlich verstand, seine Stimme zu wandeln (Gal. 4, 20). Darum konnte auch für diese Schrift nur ein größerer Leserkreis ins Auge gefaßt werden. Verfasser dachte sich sein Buch am liebsten in den deutschen evangelischen Pfarrhäusern; und weil die Frau Pfarrerin gewöhnlich kein Latein und Griechisch, mancher liebe Amtsbruder aber kein Englisch versteht, so sind, wo es nötig schien, die Citate in diesen Sprachen übersetzt worden, während der Hausbedarf im französischen Idiom für die vorkommenden Passagen noch überall ausreichen wird.

Leider hat eine längere Reise des Verfassers während des Drucks eine häßliche Ungleichheit in der Orthographie und, was schlimmer ist, in einem Teile des Buchs eine Anzahl störender Druckfehler zur Folge gehabt. Der geneigte Leser wird freundlichst gebeten, sich vor dem Lesen nach beigefügter Tabelle einen reinlicheren Text herzustellen.

Der zweite Band wird ein ausführliches Sach- und Namenregister enthalten.

Für die mancherlei Zusendungen von Briefen Tholucks
und anderweitige Mitteilungen, die mir geworden sind, sage ich
hiermit meinen herzlichsten Dank. Auch der wohlwollenden Güte,
mit welcher des Herrn Ministers von Goßler Exzellenz die
betreffenden Ministerialakten, sowie der Liberalität der Hoch=
würdigen theologischen Fakultät in Berlin, welche mir die be=
züglichen Fakultätsakten zur Disposition gestellt hat, muß ich
in ehrerbietiger Anerkennung gedenken. Möchte es nun dem
Erscheinen dieses Bandes gelingen, für die Herstellung des zwei=
ten Teiles ein noch reichlicheres Material in der angedeuteten
Richtung flüssig zu machen. Eine Darstellung der Hallischen
Wirksamkeit Tholucks ist ohne die vielseitigste Unterstützung
kaum zustande zu bringen. Alle Freunde des teuren Heim=
gegangenen, die dazu in der Lage sind, zumal die vielen ehe=
maligen Famuli und Reiseamanuensen des „Herrn Rats", werden
darum hiermit aufs herzlichste und angelegentlichste gebeten, den
Verfasser für seine weitere Arbeit nicht im Stiche zu lassen. Den
handgreiflichen Dank soll ihnen die um so größere Reichhaltig=
keit des zweiten Bandes erstatten.

Und nun gehe das Buch hinaus und lasse den Gesegneten
weiteren Segen schaffen. Es ist nicht vergeblich geschrieben
worden, wenn es dazu verhilft, daß viele von ihm sagen können:
„Er hat getragen Christi Joch, ist gestorben und lebet noch."

Pforta, 28. August 1884.

Leop. Witte.

Verzeichnis störender Druckfehler.

Seite 4 Zeile 9 von oben lies noch statt nach.
„ 74 „ 14 „ „ „ 1817 statt 1917.
„ 78 „ 2 „ unten „ verquiemt statt verquient.
„ 79 „ 10 „ oben „ welcher statt welche.
„ 89 „ 16 „ unten „ wer statt der.
„ 99 „ 17 „ „ „ von statt vor.
„ 108 „ 15 „ „ „ wolle statt wollen.
„ 110 „ 16 „ oben „ Anlia statt Anlio.
„ 110 „ 5 „ unten „ Man statt Mann.
„ 111 „ 8 „ „ „ Taubmann statt Tambmann.
„ 112 „ 10 „ oben „ Charakteren statt Charaktere.
„ 116 „ 7 „ unten „ meinem statt meinen.
„ 119 „ 3 „ „ „ Ihrem statt Ihren.
„ 123 „ 17 „ oben „ einen statt ein.
„ 134 „ 1 „ unten „ ihrer statt ihre.
„ 140 „ 9 „ „ „ eine statt meine.
„ 141 „ 11 „ oben „ Sie statt sie.
„ 146 „ 1 „ unten setze ein *) ans Ende.
„ 146 Anm. Zeile 1 von oben lies noch statt nach).
„ 150 Zeile 10 von unten lies i e statt in.
„ 155 „ 4 „ „ „ erwarten statt erraten.
„ 157 „ 17 „ „ „ waltete statt wallte.
„ 159 „ 9 „ „ „ meine statt meinen.
„ 161 „ 16 „ „ „ weckte statt weckt.
„ 164 „ 3 „ „ tilge das zweite Komma.
„ 180 „ 3 „ „ lies eben statt aber.
„ 192 Anm. Zeile 1 von unten lies 242 statt 221.
„ 194 Zeile 3 „ unten lies stattfindenden statt stattfinden.
„ 202 „ 9 „ oben „ Mörser statt Mörser.
„ 205 „ 4 „ unten „ Breslau statt Berlin.
„ 207 „ 4 „ „ „ Brüdern statt Brüder.
„ 208 „ 11 „ oben „ ; worauf statt . Darauf.
„ 266 „ 6 „ „ „ dar, statt der,.
„ 449 „ 3 „ „ „ worden⁷) statt worden⁶).

———

Erstes Kapitel.

Die Knabenjahre.

Nicht aus den höher gebildeten oder aus gelehrten Kreisen, wie so viele seiner späteren Berufsgenossen, stammt der Held dieses Buches. Seine Wiege stand im bescheidenen Hause eines nur mäßig wohlhabenden und durch die späteren Kriegsnöte immer mehr verarmenden kleinen Handwerkers. August Tholuck, dessen Name der christlichen und theologischen Welt beider Hemisphären noch immer ein wohlbekannter und von Tausenden reichgesegneter heißen darf, war a selfmade man, — nächst Gottes Führen verdankte er der eigenen rastlosen Arbeit und der eisernen Zähigkeit seines Willens die Stellung, die er früh genug im Leben einnehmen durfte.

Die Tholucks, oder wie die alten Kirchenbücher den Namen allezeit schreiben: „Tohlucks" sind in Schlichtingsheim, „der Hoch=Freiherrlichen Stadt in Groß=Pohlen", unweit Glogau zu Hause. Möglicherweise stammt die Familie aus slavischem Blute; die berühmte Sprachengabe Tholucks fände damit auch eine natürliche, auf die Angehörigkeit zu dieser sprachgewandten Rasse basierte Erklärung.

Bis in den Ausgang des siebzehnten Jahrhunderts können sichere Spuren der Familie verfolgt werden. Ein „Geburts= brief" des Vaters von Tholuck aus dem Jahre 1772 liegt uns in der Abschrift vor, durch welchen dem zur Wanderschaft aus= ziehenden Kürschnergesellen Johann Gottlob Tohluck durch den „Bürgermeister und Rathmann der Hoch=Freiherrlichen Stadt Schlichtingsheim" bekundet wird, daß derselbe von lauter „ehr= lichen Büderleuten" abstamme „und also aus einem reinen käischen (keuschen) und unbefleckten Ehebett erzeiget und ent=

sprossen, auch Niemandes Leib Eigen noch unterthänig sei, sich
auch sammt seinen Eltern und Angehörigen jeder Zeit so viel
uns Wissens Ehrbar, fromm und also verhalten habe, daß wir
von ihm und den Seinen nichts andres als Ehr= und Redlich=
keit zu sagen vermöchten, wenn wir dem vorgedachten Johann
Gottlob Tohluck... ein Zeugnis und offenen Schein ausstellen
und Geburtsbrief und das Ersuchen mitgeben, alle und jede
Obrigkeiten möchten den Johann Gottlob Tohluck zu einem Mit=
bürger und Zunftgenossen oder, wie er dies sonst begehren
möchte, annehmen, und um seiner ehelichen Geburt und Wohl=
verhaltens Willen .... Rath und Hilfe thun.“

Dieser „Geburtsbrief“ Johann Gottlobs, der selbst in
Schlichtingsheim am 16. (oder 17.) Januar 1756 geboren war,
weist nach, daß schon sein Großvater, „der Ehrbare Kaspar
Tohluck“, in Schlichtingsheim „Bürger und Kürschner, wie
auch der Zunft Ober=Eltester allhier“ gewesen war. Kaspars
Frau war Rosina eine geborne Behmern. Der dieser Ehe
entsprossene Großvater unsers Helden: Johann Christian Tohluck
folgte seinem Vater im Berufe und in der Würde des Ober=
ältesten der Kürschnerinnung. Er verheiratete sich mit Johanna
Justina, der Tochter des „Ehrengeachteten Herrn Heinrich Reig=
ber, Bürgers und Bäckers, wie auch der Zunft Oberältesten“
und der Frau Justina Rosina, geborenen Krebsen.

Dieser Johann Christian Tohluck hatte sechs Kinder, von
denen die ältesten zwei Söhne waren: Johann Gottlob, der
Inhaber des „Geburtsbriefes“, und Daniel Gottlieb, der am
14. August 1758 geboren wurde und am 23. November 1838
verstarb. Der letztere ist der Stammvater des von Schlichtings=
heim nach dem benachbarten Glogau übergesiedelten Zweiges der
Familie, der, wenn auch nicht mehr unter dem Namen Tohluck,
noch jetzt daselbst gedeiht und in Ehren steht. Die Familie
Steulmann, aus welcher dieser Daniel Gottlieb sich am
19. Oktober 1784 seine Frau holte, gehört den geachtetsten
christlichen Kreisen der Stadt an.

In der Breslauer Stadtbibliothek wird ein fliegendes Blatt
mit einem — freilich recht faden — Hochzeitskarmen aufbewahrt,
das der Vater unsres Tholuck seinem jüngeren Bruder Daniel
Gottlieb zu dieser Hochzeitsfeier widmete; wäre der Name

Tholuck nicht sonst durch ein Breslauer Kind so berühmt geworden, die Stadt hätte schwerlich dies ärmliche Machwerk für die Nachwelt gerettet. Es trägt den Titel: „Empfindungen der Freude bei der Tholuck (sic!) und Steilmannschen Ehe= verbindung, welche zu Glogau den 19. Oktober im Jahre 1784 festlich vollzogen worden, gewidmet dem werthen Brautpaar von J. G. Tholuck. Breslau gedruckt mit Graffischen Schriften." Nur der Anfang werde hier mitgeteilt als Probe von dem Geist, der Tholucks Vater beherrschte; im weiteren verirrt sich das Gedicht auf ein Gebiet, wohin wir nicht folgen können.

> „Man sagte mir schon längst:
> Amor, mit seinen Possen,
> Hätt ganz von ohngefähr
> Ein neues Paar geschossen.
>
> O! ruft' ich freudig aus,
> Wer ist das neue Paar?
> So hört' ich wonnevoll:
> Daß es mein Bruder war.
>
> Und Mademoisell Steilmann,
> Ein sanftes, gutes Kind,'
> Für die ich unbekannt
> Schon Freundschaftstrieb empfand.
>
> Mein Wunsch, o Brautpaar, ist
> Der Himmel woll Euch krönen!
> Und nach des Hymens Band
> Eu'r Hochzeitsfest verschönen u. s. w.

Der Dichter Johann Gottlob Tholuck selbst war im Jahre 1772 aus seiner Vaterstadt ausgewandert. Er gab das Gewerbe seiner Vorfahren auf und wandte sich der Goldschmiedekunst zu. Es muß ihm mit seiner Arbeit geglückt sein, denn schon im Anfange der achtziger Jahre gelang es ihm, in Breslau, wo er sich niedergelassen hatte, in der Riemerzeile am Ringe, wo noch jetzt lauter Juweliere und Goldschmiede wohnen, ein schmales vierstöckiges Häuschen, Nr. 2035[1]) (später Nr. 13) eigentümlich zu erwerben, in welchem sich auch der Laden befand. Leider ist dieses Haus, die Geburtsstätte Tholucks, bei dem Neubau des größten Teils der Gebäude an der Riemerzeile niedergerissen und das Grundstück mit dem jetzt Sommé schen vereinigt worden.

1782 verheiratete sich Joh. Gottlob Tholuck mit Johanne Christiane Rönschen, deren Herkunft aus den Breslauer Kirchen= büchern nicht mehr zu ermitteln ist. Wir wissen nur, daß sämtliche Kinder des Paares in Sankt Elisabeth getauft worden sind. Nach einander gebar Frau Tholuck ihrem Gatten in sechzehn Jahren neun Kinder, vier Mädchen und fünf Knaben. Gottlieb, Gottlob, Gotttreu nannte der Vater alle seine Söhne. Von sämtlichen Geschwistern scheint aber nur Karl Friedrich Gottlob, der am 22. September 1790 geboren war, noch am Leben gewesen zu sein*). Nach sechsjähriger Pause gebar endlich Frau Tholuck ihr letztes Kind, ein Söhnlein, das am 30. März 1799 nachmittags 3½ Uhr das Licht der Welt erblickte und am vierten Tage seines Lebens, am 2. April, bei der Taufe in der Elisabethkirche durch den Subsenior Fischer (später Konsi= storialrat und Pastor an Sankt Maria Magdalena), die Namen: Friedrich August Gotttreu erhielt.

Dies ist der Tholuck, der seinen Namen so bekannt gemacht hat, daß, als einst ein kühner Amerikaner seinen Brief „Mr. Tholuck, Europe" adressierte, derselbe sicher in der Mittel= straße der Universitätsstadt Halle abgegeben wurde.

Als Paten des kleinen August finden sich im Kirchenbuche verzeichnet: 1. der Bürger und Kaufmann Benjamin Friedrich Gotttreu Pohle, 2. der Bürger und Kaufmann Karl Friedrich Froboes, 3. Frau Anna Sophie verwitwete Krebsen, geb. Krübeln, und 4. Jungfrau Christiane Elisabeth, Tochter des Bürgers und „Partkrämers" Christian Gottlieb Schilter. Partkrämer nannte man zu damaliger Zeit im Unterschiede von den Großhändlern oder „Mercatores" diejenigen Kaufleute, welche sich nur mit dem Vertriebe einer Spezialität befaßten.

Im Tholuckschen Hause an der Riemerzeile herrschte „eine traditionelle, aber tote Frömmigkeit.²) Der Vater las regel= mäßig sein Morgengebet, ging des Sonntags am Vormittag in die Kirche und zweimal im Jahre zum heiligen Abendmahl.

---

*) Nur von ihm sind auch noch Nachkommen vorhanden: ein Sohn Paul, jetzt Rittergutsbesitzer im Koburgschen, und eine Tochter, die verwitwete Frau Klinke in Magdeburg. Die Kinder Johann Gottlobs aus zweiter Ehe haben eine größere Vitalität entwickelt.

Da dies alles aber ganz mechanisch und ohne allen Ausdruck von Gefühl verrichtet wurde, so sah der Knabe es für nichts andres oder höheres an, als jedes gewöhnliche Tagewerk." Auch die Mutter, eine sonst rechtschaffene und äußerlich kirchliche Frau, that nichts, um in dem Kinde religiöse Empfindungen zu wecken. Der einzige tiefere religiöse Eindruck, der bis in das fünfte Lebensjahr des Knaben zurückreicht, ging von einem Töpfer aus, der öfters im Tholuckschen Hause arbeitete, und dessen Name sich dem jungen Gedächtnisse einprägte. Der Mann hieß Hubrich. Er war ein Mitglied der Brüdergemeinde und ein einfach frommer Christ, der in Gegenwart des Knaben zuweilen der Mutter ernst zu Herzen redete und auch auf das Kindes= gemüt durch sein mildes friedevolles Wesen einen tiefen Eindruck machte. Allein im Hause spottete man dieser gefühligeren Fröm= migkeit und schalt den Mann einen Bet= oder „Lämmelbruder", der nun auch in den Augen des Kindes seinen Heiligenschein verlor.

Als August sieben Jahre alt war, am 5. Mai 1806, starb seine rechte Mutter. Schon am 6. Juli nahm der Vater eine zweite Frau: Dorothea Albertine Pierce, des Ziegelstreichers Franz Pierce in Öls „Jungfrau Tochter". Dieselbe gebar am 17. Januar 1807 einen Sohn Eduard, und alsdann fast jedes Jahr ein neues Kind, so daß August nach und nach noch acht Stiefgeschwister erhielt.

Die neue Mutter war nach des Sohnes Bericht „eine von Natur ziemlich gutmütige Person, aber ohne alle Bildung des Geistes und Herzens und von einer oft maßlosen Heftigkeit, die in ihren Äußerungen jede Rücksicht auf feineres Gefühl außer Augen setzte." Der kleine August aber trug ein in hohem Grade empfindliches und zartfühlendes Herz in der Brust. Er besuchte bereits seit zwei Jahren die Vorschule des St. Maria=Magdalena= gymnasiums, und ein wahrer Heißhunger nach Speise für den unruhigen, bildungsbedürftigen Geist hatte sich seiner bemächtigt, als die Schwierigkeiten der Lesetechnik erst überwunden waren. Seitdem lebte der kleine Mann in einer fremden Welt. Schon in seinem achten Jahre las er mit einer wahren Wut Romane und Schauspiele. In der Leukartschen Leihbibliothek holte er sich in einer Woche oft acht bis zwölf Roman= und Komödien=

bücher, und in der Zeit bis zu seinem dreizehnten Jahre be=
rechnete er zwischen zwei= und dreitausend Bände solcher un=
gesunden Kost verschlungen zu haben.

Die Folge dieser Maßlosigkeit war einmal, daß er die
kleinen häuslichen Pflichten, die dem Kinde eines einfachen bür=
gerlichen Haushaltes einmal obliegen, vielfach versäumte und
gewiß der Stiefmutter oft genug gegründete Ursache zur Un=
zufriedenheit und zu Zornesausbrüchen gab. Sodann aber ver=
setzten den kleinen Phantasten, der mit seinen Rittern und
Räubern die ganze Welt durchstreifte und schon damals den
Grund für seinen späteren wissenschaftlichen Kosmopolitismus
legte, die geliebten Bücher in eine viel gewähltere und gebilde=
tere Gesellschaft, als diejenige war, die ihn täglich umgab. Die
feinen Umgangsformen seiner Helden ließen ihm die rauhen
Scheltworte, die er oft zu hören bekam, viel roher erscheinen, als
sie gemeint waren, und stundenlang konnte der in seinem ästheti=
schen und sittlichen Empfinden so tief Verletzte über derartige
Zornesausbrüche Ströme von Thränen vergießen.

Man kann sich denken, welche Erschütterungen es in dem
vornehm empfindenden Gemüte hervorrief, wenn die Eltern von
Worten zu thätlichen Bestrafungen fortschritten. Der Vater ließ
sich dabei von den nicht eigentlich boshaft gemeinten, aber klein=
lichen Anschuldigungen und Nergeleien der Stiefmutter bestim=
men und strafte, da er selbst ein heftiges Temperament besaß,
den Knaben zuweilen über alle Gebühr hart, ja grausam. Die
Wirkungen auf das intensiv fühlende Kind waren, zumal wenn
es sich unschuldig wußte, geradezu zerstörend. Der von Natur
heitere Knabe verschloß sich immer mehr in sich selbst, wurde
düster, blöde, schüchtern, melancholisch, ja zum Menschenfeinde,
der zuletzt mit Gott und der Welt haderte und den bittersten
Gedanken Raum gab. Bis in diese Zeit zurück gehen die Ver=
suchungen zum Selbstmorde, die später den Jüngling und Mann
so quälend verfolgten!

Als der Vater ihn einst wieder auf das unvernünftigste
gezüchtigt, ihn an den Haaren zu Boden gerissen, mit der Faust
geschlagen und mit den Füßen in der Stube herumgestoßen
hatte, beschloß der nunmehr Zehnjährige, nie wieder mit seinen
Eltern spazieren zu gehen. Und die Erziehungsmethode im Hause

muß es doch zugelassen haben, daß dieser Beschluß buchstäblich ausgeführt wurde. Statt trübselig und schweigend neben Vater und Mutter herzugehen, setzte sich der Knabe zu Hause hin und las seine Romane und Komödien, vom zwölften Jahre an auch in Massen Reisebeschreibungen. Die junge Phantasie wurde dadurch so rege, daß der Knabe sich damals (ganz wie es einst der Dichter Haller gemacht hatte) eine kleine Erde zusammen= klebte, Länder darauf bestimmte, Fürsten einsetzte, Universitäten gründete, eine fingierte Chronik herausgab und für die sich bil= denden Staaten eine wöchentlich erscheinende Zeitung zusammen= schrieb. Die Regierungs= und Redaktionsgeschäfte kosteten aber so viel Zeit, daß der junge Regent, um nicht seine nötigsten Arbeiten zu versäumen, endlich die ganze Phantasieerde mit ihrem seltsamen Aktenmaterial einem Freunde zur sicheren Haft hinter Schloß und Riegel überlieferte. Dafür aber dichtete er nun Komödien und schrieb geographische Romane, die gewöhn= lich im Oriente oder doch auf außereuropäischem Schauplatze spielten. Die meisten seiner Tragödien wickelten sich in Indien und Australien ab, wie denn auch die Länder der Nebenerde nur mit morgenländischen Völkern besetzt waren, denen aber der junge Weltschöpfer eine höhere Kultur verlieh, als die Namens= genossen auf der alten Erde aufzuweisen im stande waren.

Da drohte mit einem Male dem ganzen wissenschaftlich= phantastischen Treiben ein jähes Ende. Die Stiefmutter hatte längst mit Unzufriedenheit auf die feinere Bildung Augusts und die damit verbundenen Ausgaben für Bücher und Schulbesuch geblickt und wollte den heranwachsenden Stiefsohn lieber im Geschäfte mit verdienen, als selbst so viel kosten sehen. Sie verhinderte darum das Kind schon früh auf jede Weise am Lernen und überlastete es mit häuslicher Arbeit. Die halbe Nacht mußte August oft die kleineren Geschwister wiegen und warten. Und da die Mutter ihm dazu kein Licht gewährte, so sammelte er sich mühsam die Lichtstümpfchen im Hause samt dem abgeflossenen Talge, um auch in der Nacht noch arbeiten und lesen zu können. Wenn die Ermüdung überhand nahm, steckte er die nackten Füße in kaltes Wasser, und so legte er schon früh den Grund zu seiner nachmaligen Kränklichkeit, sowie durch das

Lesen bei der elenden nächtlichen Beleuchtung zu dem Augen=
leiden, das ihn später mit völliger Erblindung bedrohte.

Unaufhörlich aber bestürmte die Mutter ihren Mann, daß
er August vom Gymnasium hinweg in seine Lehre nähme; der
Knabe selbst bekam täglich Vorwürfe für das viele Geld, das er
koste. Da entschloß sich dieser selbst, der Quälereien müde, im
zwölften Lebensjahre freiwillig dem erhofften Universitätsstudium
zu entsagen und Goldschmied zu werden. Der Entschluß ward
ihm sauer genug; allein er entging doch jetzt den Klagen der Stief=
mutter und hoffte bald selbst sein Brot verdienen zu können.
Auch boten ihm die Feierabende und Sonntage, nachdem die
Schularbeiten fortgefallen waren, erwünschte Muße, um die
Bücher seiner Wahl zu studieren. So ging er denn getrost an
die neue Arbeit. Aber das Feuer griff seine geschwächten Augen
außerordentlich an. Auch entmutigten ihn die Klagen eines
Gesellen, daß es ein Goldschmied doch sein lebelang zu nichts
Rechtem bringen könne. Als er treuherzig die neue Not
seinem Vater klagte, schalt ihn der bitter: er wolle nur
aufs Gymnasium zurück! Aber eigner Schaden belehrte ihn
bald, daß sein junger Pegasus im Joch gründlich zum Gold=
schmied verdorben war. Als August einst einen goldenen Ring
schmieden sollte, schmolz er zufolge seiner Kurzsichtigkeit den
Edelstein mit der Fassung zusammen und verdarb das Kunstwerk
unheilbar. Ergrimmt stieß ihn der Altgeselle vom Tische weg
und rief dem Vater zu: Der dumme Junge soll ein Goldschmied
werden? Laßt ihn doch wieder zu seinen Büchern! So hatte
die Kunst ein Ende, und die Wissenschaft wurde wieder auf=
genommen, — und wie Lucio einen Herzog, so machte der
Geselle einen Professor. Dieser letztere aber bewahrte noch lange
und zeigte mit besonderem Wohlgefallen das Corpus delicti, das
ihn dem Studium wieder zugeführt hatte.

Trotz der späteren Freude empfand der junge Lehrling im
Augenblicke sein Mißlingen dennoch schmerzlich genug, und den
ganzen Abend nach dem entscheidenden Worte des Vaters ström=
ten des Knaben Thränen. Er nahm keinen Bissen zu sich, ja
faßte den Entschluß, sich zu Tode zu hungern. War er doch
nun wieder allen Vorwürfen und Nachstellungen der Stiefmutter
preisgegeben und hatte so löblich sich selbst überwunden, um sich

in das Unvermeidliche zu fügen. Doch galt es nun auszuharren. Mit doppeltem Fleiße strebte er dem gesteckten Ziele nach; aber unter dem häuslichen Drucke, der nicht ausblieb, verdoppelte sich auch seine Schwermut. Der Trübsinn des Knaben nahm mit jedem Tage zu, und „wechselte nur auf einzelne Stunden mit einer ausgelassenen, ebenso maßlosen Lustigkeit". Von den Menschen sonderte er sich gänzlich ab, „weil er durchaus nicht so sein konnte, wie sie, nämlich harmlos, heiter und unbefangen. Er fühlte beständig einen Mangel in sich und griff nach den verschiedensten Mitteln, um die leere Stelle auszufüllen."

Religiöse Eindrücke waren dem Knaben inzwischen auch nicht weiter nahe getreten. Im Gegenteil, seit er die Schule wieder besuchte, wuchs seine innere Abneigung gegen alles, was mit der Religion zusammenhing. Gleichzeitig mit dem Wieder= eintritt ins Gymnasium begann er am Konfirmandenunterricht des Seniors Hagen von St. Elisabeth teilzunehmen. Im Wissen und Können muß er sich da vor allen seinen Mitkonfirmanden ausgezeichnet haben. In den vierziger Jahren fragte einer der= selben, ein Fleischermeister, gelegentlich seinen Pastor, ob denn ein gewisser Tholuck, eines Goldarbeiters Sohn, noch leben möge, und was aus ihm geworden sei? Als ihm gesagt wurde, daß derselbe Professor in Halle und ein sehr berühmter Theologe sei, verklärte sich sein Gesicht vor Freude und er erwiderte: „Ja, so etwas habe ich mir gedacht. Denn wir alle, die wir mit ihm den Konfirmandenunterricht besuchten, staunten immer über seine Gaben und sein Wissen; wir sahen mit großer Hoch= achtung auf ihn hin, und jeder freute sich, wenn er einige Worte mit ihm sprechen konnte."

Des Knaben Herz aber blieb im Unterricht kalt und tot. „Als der Herr Senior", so schreibt Tholuck in dem Anmer= kung 2 erwähnten Manuskripte, „sich alle Mühe gab, den Kin= dern die Auferstehung des Herrn zu beweisen, lachte ich ihn im Herzen aus. Der redliche Mann führte alles auf, wodurch die Leugner jener Wahrheit bestritten werden, und widerlegte alle Einwendungen. Endlich bat er die Kinder, wenn eins noch einen Zweifel hätte, möchte es ihm sagen. Mir war es aus= gemacht, daß die Auferstehung nicht wahr sei. Ich dachte mir die Sache damals so, daß die Jünger teils aus Gutmütigkeit, weil sie die Lehre Jesu sehr gebilligt, und teils aus Scham, weil Jesus wieder aufzuerstehen versprochen, das Märchen erdichtet hätten. — Wir mußten ferner eine Erklärung vom Vaterunser aufsetzen, und ich wunderte mich, da ich darüber nachdachte, wie Jesus ein so dummes, gehaltloses Gebet habe schreiben können. Nur ein Eindruck blieb mir aus diesem Unterrichte, der des innigeren Vertrauens auf Gott, indem ich auch von da an öfter, d. h. doch wenigstens zwei= oder dreimal die Woche betete."

Sein ganzes Sinnen und Trachten aber war auf das Weiterkommen in der Schule gerichtet. Ein brennender Ehrgeiz wurde immer mehr das treibende Motiv seines Lebens. Sich auszuzeichnen, etwas Außerordentliches zu leisten, durch Unerhörtes die Aufmerksamkeit auf sich zu ziehen, danach verlangte er mit fiebernder Hast; — und die Rückschläge, wenn etwas Hemmendes sich in den Weg legte, waren, bei der maßlos heftigen Natur des Knaben, oft erschreckend furchtbar. Schon im zehnten Lebensjahre hat er sich manchmal an einsame Stätten, unter Treppen, in den Keller, hinter Pfosten und Balken gestellt und dort einzelne, in seiner Romanlitteratur oder im beginnenden Sprachstudium erworbene orientalische Wörter ausgerufen, bloß um die Genugthuung zu haben, daß in diesen Lokalitäten noch niemand außer ihm orientalisch, am wenigsten japanisch gesprochen haben könnte. Aus Ehrgeiz haschte er nach dem Beifall seiner Lehrer und nach der Freundschaft der vornehmeren und reicheren seiner Mitschüler. Um den letzteren zu gefallen, gab er sich zuweilen den Anschein, als läge ihm nicht viel an den Wissenschaften. Dennoch gelang es ihm nicht, der Bezeichnung „Blindschleiche" zu entgehen, die ihm zufiel, weil er nach den Stunden, ohne sich bei den Kameraden aufzuhalten, immer gleich wieder nach Hause eilte. Seine Scheu und Blödigkeit raubte ihm somit die Gelegenheiten, wo er die so heiß ersehnten Freundschaften hätte anknüpfen können.

Jeder Mißerfolg aber, sei es im Werben des einsamen, verlassenen Knaben um Freundschaft und Liebe, sei es im Streben nach Auszeichnung und Anerkennung, drückte auf das empfindsame Gemüt mit elementarer Gewalt. Die tiefe Schwermut oder der verbitterte Ingrimm, die sich dann seiner bemächtigte,

äußerte sich wiederholt in Selbstmordgedanken, ja in ernstlichen
Versuchen, diesem verhaßten Leben ein gewaltsames Ende zu
machen. In seinem dreizehnten Lebensjahre hing er einmal
schon so lange an einem Tuche, daß er anfing, die Besinnung
zu verlieren, und nur dadurch ward er gerettet, daß zufolge der
unwillkürlichen Zuckungen des Körpers in der Todesangst das
Tuch riß. Ein andermal rannte er mit dem Kopfe gegen die
Wand und zog sich Kontusionen zu, von denen er später nicht
begreifen konnte, daß sie ihm nicht wesentlichen Schaden zugefügt
hatten. In solchen unseligen Augenblicken pflegte er laut zu
kreischen, sich die Haare auszuraufen und sich selbst fürchterlich
zu schlagen; wiederholt griff er nach dem Messer und setzte es
an die Pulsadern oder an die Kehle; aber entweder kam ein
äußeres Hindernis, oder seine Wut zersetzte sich in sich selber
und löste sich in ein heißes Thränenbad auf, in dem er vor
Reue und Schmerz zerfließen wollte.

Diese sich immer wiederholenden Anfälle dauerten bis in
Tholucks funfzehntes Jahr, wo die Grundstimmung seines
Lebens eine weichere und mildere wurde. Freilich, jene Anfechtungen kehrten wieder und stürmten später noch oft mit
verdoppelter Gewalt auf ihn ein. Eine körperliche Grundlage
hat zweifellos der Depression des Gemüts gerade diese Äußerungs-
weise nahe gelegt; denn der Hang zum Selbstmord steht in der
Tholuckschen Familie keineswegs vereinzelt da. Jedenfalls aber
ward unser Freund der schauerlichen Anwandlungen erst dann
vollkommen Herr, als sein starker und eigensinniger Naturwille
sich gänzlich in die Hände eines Größeren gegeben hatte, der
im Dulden und Tragen siegen lehrt.

Eine bedeutsame Wendung im inneren Leben des Jünglings
knüpfte sich an erfahrene Liebe vornehmerer Knaben. Es scheint,
als ob jetzt zum ersten Male aus diesen Kreisen ein Freundesherz sich ihm erschlossen und den heißen Durst seines Gemütes nach Geisterberührung und Seelengemeinschaft in etwas
gestillt habe.

Die Genossenschaft, die er im väterlichen Hause, an
Lehrlingen und Gesellen, gefunden hatte, konnte ja dem hoch-
gerichteten Geiste nicht genügen. Wohl aber veranlaßte sie allerhand Vergnügungen, die für den Knaben nicht ungefährlich

waren.. Mit einem Hange zur Naschhaftigkeit und Vergnügungs=
sucht hatte der im späteren Leben so eisern enthaltsame Mann
im Knaben= und Jünglingsalter vielfach zu kämpfen. Mit den
Hausgenossen, wie mit seinem älteren Bruder Karl gab er sich
öfters derartigen Genüssen hin. Einmal kaufte er sich für „vier
gute Groschen" Feigen. Der Weg zum Konditor war ihm nur
zu wohl bekannt. Im Laden spielte die junge Gesellschaft Karten.
Ein erster Weihnachtsfeiertag verlief nach seinen eigenen Notizen
folgendermaßen:

„Um acht Uhr stand ich auf, frühstückte und trieb mich den
ganzen Morgen unter Essen und Nichtsthun herum. Mittags
ging ich hinunter zum Vespern und blieb" (— er hatte jetzt
ein eigenes kleines Studierzimmer vier Treppen hoch bekommen)
„unten bis zum Abendbrot, nach welchem ich mit Pannasken
die Demoiselle Rosierska begleiten mußte, das erste Mal in
meinem Leben an dem Arm eines Frauenzimmers! Wir gingen
sodann in ihre Stube. Die Nacht durch bis um fünf Uhr
wurde Karte gespielt, dann in die Frühpredigt, dann zum Kon=
ditor gegangen."

Nun hatte er in der Schule einen Knaben kennen gelernt,
dem er sich mit schwärmerischer Begeisterung hingab, und der
den bisher von den vornehmeren Schülern unbeachteten Gold=
schmiedssohn im abgetragenen Kleide nicht gänzlich beiseite liegen
ließ. Das war Emil Schroetter, der jüngere Bruder des in
Rothes Leben von Nippold (I, 23 ff.) erwähnten späteren
Appellationsgerichts=Präsidenten Georg Gustav Schroetter,
beides Söhne des damaligen Regierungsdirektors Schroetter
in Oppeln. Am 14. Dezember 1814 wird dieser Emil in dem
Tholuckschen Tagebuche zuerst genannt.

Ehe wir indes dieses und die übrigen sich daran anschließen=
den Freundschaftsverhältnisse besprechen, ist es nötig, über das
seltsamste aller Tagebücher ein Wort zu sagen, auf das wir für
die Knabenzeit Tholucks als auf die beinahe einzige Quelle
angewiesen sind.

Es beginnt am 25. November 1814; ein abgegriffenes
Quartbuch in grünmarmoriertem Karton mit rauhem Papier,
auf dem Deckel in schönster lateinischer Schrift der Name
„Tholuck". Das letzte Datum ist der 16. April 1816. In

dem ganzen Buche findet sich nicht e i n e Zeile in deutscher Hand=
schrift, nur vierzehn Blätter in deutscher Sprache, diese aber
mit griechischen und hebräischen Lettern geschrieben. Im übrigen
sind sämtliche Notizen in fremder Sprache verfaßt. Am 14. April
1815 beginnt, nach einem neuen schöngeschriebenen Titel: „nova
actorum diuturnorum pertractatio“, der Bericht lateinisch, am
21. April französisch, am 26. Juni polnisch, am 4. Juli ara=
bisch, am 12. August englisch, am 1. Dezember holländisch;
zuletzt erscheint auch das Griechische auf dem Plan. Oft wechseln
in einem und demselben Satze drei, ja vier verschiedene Sprachen
mit einander ab, was dem Ausdrucke etwas höchst Seltsames,
oft geradezu Drolliges gibt. Zudem kommen die possierlichsten
Fehler und Sprachschnitzer vor, die den Schreiber aber nicht
im geringsten genierten, da ihm sein Tagebuch zugleich als
Übungsbuch für seine Studien dienen sollte. Vor allem aber
war es ihm ein Kontrollbuch für seine täglichen Beschäftigungen
und Fortschritte im „Physischen, Moralischen und Sophischen“.
Unter diesen Rubriken gibt er z. B. das „Summarium vom
Monate November“ 1815:

„Physisch. Des Naschens größtenteils löblich enthalten.
Zu einigen Zeiten innig gute Sonntagskleider gewünscht, um
auszugehen und vergnügter zu leben; mich vorzüglich die letzte
Zeit bemüht, alle unreinen Gedanken zu verbannen, dagegen
mit Leib und Seele dem lieben E m i l gelebt. Moralisch.
Mich mancher Fehler enthalten, gar nicht streng religiös, doch
ziemlich brav. Sophisch. Den fremden europäischen Sprachen
vorzüglich obgelegen, viel gelesen, recht fleißig im Griechischen,
Polnischen, auch einige Tage im Italienischen, besonders im
Vokabellernen.“

Emil sollte ihm nun „moralisch“ und nicht nur „physisch“
von Bedeutung werden. Die erwähnte erste Notiz über ihn
im Tagebuche lautet am 14. Dez. 1814:

„Zur rechten Zeit aufgestanden, besuchte ich heute die
Religionsstunde, wie auch die übrigen Stunden“ (die er sonst
recht oft versäumte) „mit Aufmerksamkeit und Fleiß, was nicht
geschehen wäre, wenn Schroetter II da gewesen. Er fehlte,
der liebe Junge; wie sehnte ich mich nach ihm! Ihn Bruder
zu nennen, scheint mir noch in diesem Augenblicke Wonne.

Doch es sei, ich gebe es auf; wer weiß, ob es mich nicht ge=
reute."

Zu einem vertrauten Umgange mit Schroetter kam es
freilich noch lange nicht; indes genügte es seinem jungen Be=
wunderer, wenn er ihn nur sehen und mit ihm sprechen konnte.
Am 17. Dezember „freute er sich im Geist, da er mit Schroetter"
(auf dem Weihnachtsmarkt) „die Kinderbuben besuchen konnte".
Am 19. ging er wieder mit ihm spazieren „und war vergnügt";
am 20. lesen wir: „Um 9 Uhr erst in die Schule gegangen,
ziemlich fleißig, im Griechischen mit Schroetter gekost." Zum
„Wochenschluß" am 21. Januar 1815 heißt es:

„Was diese Woche betrifft, so kann ich mir in Rücksicht
auf Moral keine Fortschritte zumessen. Da aber das Werk
der Besserung so schwer bei mir von statten geht, so will ich
mir für jede Woche eine Pflicht bestimmen, die ich vorzüglich
üben will. Für die zukünftige Woche sei es Leutseligkeit gegen
jedermann..... Physisch. Noch immer liebte ich, was ich
mir auch zu keinem Verbrechen anrechnete, Schroetter recht
herzlich. Vor einigen Tagen sagte ich es ihm auch nach geen=
deter französischer Stunde. Ich bin Ihnen auch recht gut,
erwiderte er. Diese Worte erfreuten mich außerordentlich.
Gewiß, wenn er abreisen wird, so werde ich mich aus ganzem
Herzen betrüben. Noch immer ist mein heißer Wunsch, nicht
Du zu ihm sagen zu können, sondern nur überhaupt, ihn zum
Freunde zu haben."

Durch Hangen und Bangen ist's bei dem armen Jüngling
gegangen, ehe er, der spätere unübertroffene Meister im Freundes=
verkehr, die Herzen zu bleibender Gemeinschaft an sich zog.
Mit ängstlicher Sorgfalt beobachtete er jedes kleine Zeichen
scheinbarer Annäherung oder Entfremdung und griff nach den
seltsamsten Mitteln, um den Freund an sich zu fesseln. Am
30. Januar 1815 schreibt er: „Gestern und heute dachte ich
immer daran, wie ich mich putzen sollte, um dem Emil zu ge=
fallen." Schroetter gehörte, wie gesagt, einem Kreise von
Schülern aus den besten Ständen an, die eng zusammenhielten
und ein so fremdartiges Element, wie den Handwerkersohn, nicht
so leicht in ihre Gemeinschaft eindringen lassen wollten. Es
waren das die beiden Söhne des damaligen Regierungsdirektors

in Reichenbach und späteren Breslauer Universitätskurators Neumann, Aurel und Guido; ferner August Wenzel, der spätere Kreisgerichtspräsident in Halle und Ratibor; der Ritterguts=besitzerssohn August v. Kinsky, — sämtlich in der Folgezeit aufs innigste mit Tholuck befreundet. Allein der Zugang zu ihnen, so leidenschaftlich er auch begehrt ward, ist dem gesell=schaftlich tief unter ihnen stehenden Mitschüler unbeschreiblich schwer geworden.

Auch Schroetter muß dem jungen Freundschaftssucher wieder eine Weile kühler begegnet oder doch erschienen sein. Denn am 14. April 1815 klagt das Tagebuch in erschrecklichem Latein:

„Ego sine ullo amico, heu mi misere, adsto solus et ab omnibus fusus" (wahrscheinlich eine kühne Bildung von fugere: geflohen). „Ah, Quodsi Emilii consuetudo perpetua fuisset, in perpetuum fuissem ego beatus, sed nunc appeto amicum, et nullus est mihi despecto. Qui prodest vita sine amico! Iterum tamen studiosissime implorabo Maximum Deum, velit mihi praestare quem, qui venustissima forma et nobilissimo animo totus meus sit, angelus quidam adsistat mihi. Vir circulator lyram canens" (wohl ein Drehorgel=spieler) et quanquam hoc ludicrum modo (sic!) tamen usque ad lacrumas commotus eram; lacrumabar et Emilium recor-dabar."*)

Emilius hat sich ihm aber bald wieder zugekehrt, und zwar diesmal in Gemeinschaft mit seinen Gefährten. Denn am 30. Mai heißt es:

„Schola laetus hodie eram, cum Neumannus et Schroetterus valde mecum communicarent, et Wentze-

---

*) „Ich bin ohne jeden Freund! Wehe mir Elendem! Ich stehe allein und von allen gemieden. Ach wenn nur der Umgang mit Emil beständig gewesen wäre, dann wäre ich für immer glücklich gewesen; nun aber suche ich einen Freund, und ich Verachteter finde keinen. Was hilft das Leben ohne Freund! Doch will ich den großen Gott wiederum inbrünstig an=flehen, daß er mir einen gewähre, der mit lieblicher Gestalt und edlem Geist ganz mein eigen sei und als Engel mir zur Seite stehe. Da spielte ein Leierkastenmann; wiewohl das fröhlich macht, wurde ich doch bis zu Thränen gerührt; ich weinte und dachte an Emil."

li u s quoque postea. Pro omnibus secundis gratiam reddidi Deum. Spero me cras magis in Schroetteri aliorumque amicitia profecturum esse."*)

Am folgenden Tage wird notiert:

„Fefellit me spes; sic quam heri non cum illis mihi carrissimis animum exhilabam, tamen sufficienter. Paululum etiam vestis mea me afflixit, cum nova indutus essem. Mon désir mon plus ardent était à présent dirigé moins à des libres et des semblables, mais à des hommes comme le bel trèfle" (er nennt die drei auch sonst trifolium) „et à des beaux habits et, pour avoir tout ce que je voudrais, à beaucoup de l'argent."**)

Für erteilte Privatstunden in fremden Sprachen an einen Herrn Petzold und einen Herrn Schildbach hatte er monat=lich kleine Geldeinnahmen, die er sonst zu Bücherankäufen be=nutzte. Nun überlegt er am 10. Juni:

„Fluctuabat animus meus, an pecunia accipienda modo vestimentis an libris adhibeam. Vestimentis studeo, nunc arctiore mea cum Trifolio conjunctione, cum cras mihi Morgenauiam" (Morgenau ein beliebtes Ziel der Spaziergänge für die Breslauer) „petendum sit. Iam in desolationem ani-mus labi coepit vestimentorum causa; sed cogitabam me linguam anglicam hispanicamque tractantem et ideo etiam egeo pecuniae copia." Und darum kommt er zu dem edlen Entschlusse: „Idcirca melius denique mihi visum est, pecunias ad libros et praeceptores quam vestes adhibere. cum quando doctus eveniam nemo vestes sed animum quisque adspicit. Orabo nunc patrem maximum iterum.

---

*) „Heute war ich in der Schule froh, da Neumann und Schroet= ter sich viel mit mir abgaben, und nachher auch Wentzel. Für all dieses Glück habe ich Gott gedankt. Ich hoffe, daß ich morgen in Schroetters und der übrigen Freundschaft noch weiter vorwärts kommen werde."

**) „Die Hoffnung hat mich getäuscht, so wie gestern habe ich mit jenen Geliebtesten mich nicht erheitert; doch genügte es. Ein wenig genierte mich auch mein Anzug, da ich einen neuen anhatte. Mein heißestes Ver= langen richtete sich jetzt weniger auf Bücher und Ähnliches, als auf Men= schen, wie dieses schöne Kleeblatt, und auf schöne Kleider, und — um alles, was ich gern möchte, zu erlangen, auf viel Geld."

17 Nov. 15. Schorl was today in the school very impudent to me. In the divino he turned me the back and in the trench he did not reply me, when he asked and I replied him.

I was extremely angry and indeed afflicted of it, but I must pass it. I begged God to procure me again the friendship of him but he will not then he. God may it be them I don't know for what it is good

يمكن ان يكون يوم اقول فيها والله فعلت معى جميلة
لكن بقى او متى هذا الوقت : الان رجعت فى ساعة۴ من
المدرسه ولا كنت فرمان من شان لا كان لى فلوس و حتر نخ
كثير سيدى الحبيب المكرم العزيز اه ان كان يعرف احبه من اى
تحيه والله اطن يحبنى كان لكن يلنم ان اقل اضى مى كل يفعله
۰ الله وخ المقبر انضب منه الان كثير ؛ يا الله يظهر ان
تريد تضربنى الان لكن اجودك انا ضعيف كثير لا اضرنى
وايلداه ان كان بقى اجوف مدرسه وشرشر نجينى يقول لى :
اسلام عليك يا صاحب وتكلم معى كثير وجبنى لكى يغضب لى الاما
ارونى من اى سبب

18 Nov: Statutin um tempes meum pentaidus um pujudis mea, um lectio nimius me tenebat. Schola conteophes fui, historia el Schroetteram sedi ne seplum meum nommuneavit, nous étions tont en silence, mais j'étais gai des Pisomes de Mr Suide. De 9 à 10 je ne réjouis pas mais je ne m'afftigai pas aussi de 11-12 il fallus à J. qu'il approuber a aussi de sage je souhait de Mon Pivoeteur. J'espère qu'il changera son dessein, et s'il ne le fait pas - je ne mourrai non plus. A présent

Facsimile aus Tholucks Tagebuche von 1815.

ut regeret consilia et vitae meae rationem! Adsit mihi
semper mens et voluntas boni."*)

Am 17. Juni hat Mr. Schildbach seinem jungen Lehrer
„le congé" gegeben und Herr Petzold verreiste auf zwei Mo=
nate, so daß die Einnahmequellen versiegten. Dennoch blieb die
Laune rosig.

„Aussi ces malheurs ne m'ont ils pas abattus, comme
j'espère encor le mieux et principalement comme je vis à
présent assez familièrement avec eux, dont je demande le
plus le commerce. même je puis avoir quelque espérance de
leure amitié et encor de plus si mon air et mon maintien
n'était qu'un peu meilleur. J'en suis à présent si satisfait,
que je ne vis presque que pour eux et en eux; j'aime à
fréquenter les leçons, le plus, parceque je jouis de leure
compagnie et parceque j'espère tôt ou tard d'y parvenir,
que je puisse être un peu plus familier. C'est ça un état à présent, que je ne m'aurais pas fait songer ou rêver, mais de
plus cela me prouve, qu'à Dieu tout est possible, et c'est
pourquoi je ne désespère point à présent dans quelque état
que je me trouve. Dieu sait à satisfaire et nous surprendre
du meilleur plus que nous ne pensons."

Am 4. Juli 1815 findet sich in einer kaum zu entziffern=
den hebräischen Orthographie ohne Vokalisation folgende charak=
teristische Betrachtung:

„Da Schroetter und Neumann mir jetzt gut sind, mein
Vater mir Schulgeld und englisch Stundengeld gibt, auch mir
Hosen und Weste machen läßt, da ferner die Preußen so gesiegt

---

*) „Ich schwankte, ob ich das zu erhaltende Geld nur für Kleider
oder für Bücher verwenden soll. Nach Kleidern begehre ich, bei der jetzt
engeren Verbindung mit dem Dreiblatt, da ich morgen nach Morgenau
muß. Schon begann ich um der Kleider willen zu verzweifeln; aber ich
dachte daran, daß ich jetzt auch englisch und spanisch treibe, und daher
brauche ich eine Menge Geld. Endlich schien es mir das beste, das Geld
lieber für Bücher und Lehrer anzuwenden; denn, wenn ich einmal ein Ge=
lehrter bin, sieht niemand auf die Kleider, sondern jeder auf den Geist.
Ich will nun den allmächtigen Vater wieder bitten, daß er meine Pläne
und Lebenswege regiere. Möge mir immer die Gesinnung und der Will
des Guten bleiben."

haben, so leb ich jetzt recht ruhig, zufrieden und fleißig. Gott gebe, daß ich noch lange so leben möchte; die einzige Sorge, die mich jetzt beunruhigt, ist die Angst, ob Kleider zum Examen, die Furcht von Pezold kein Geld zu bekommen, und daß, wenn die Jäger zurückkommen, mein Bündnis mit denen, denen ich am besten bin, getrennt werden möchte."

Unter den freiwilligen Jägern waren nämlich ältere Schüler des Gymnasiums mit· in den Krieg gezogen, die ihm nicht wohl wollten, und von deren Wiedereintritt in die Schule er die Sprengung des ·noch nicht gefestigten Freundschaftsbandes besorgen zu müssen glaubte. So schreibt er auch am 8. Dezember:

„Haberem stomachandi causam plane approbandam. Deest mihi pecunia, desunt lectiones, desunt mihi omnium hominum honores, fratris amores: est mihi contra despectio omnium, calamitates scholariae, et redeunt milites, redeunt quos odi, odio sunt Cnoblauchius, Drogandt aliique omnes detestissimi mihi homines."*)

Auch nach andren Mitschülern scheint der liebebedürftige Jüngling seine Fühlfäden ausgestreckt zu haben. Doch muß der Erfolg nicht allzu aufmunternd gewesen sein. Denn unter dem 28. Sept. 1815 lesen wir die Erwägung:

„I believe that I am a great fool to lope behind a man he will not love me. But I have a pleasure for it and when that is and when my sool is content I believe that it may not be a foolness. When the good God give that they men" (die oben genannten Drei) „were always my friends I will be always content; thus I am it now."**)

---

*) „Ich hätte wohl billigen Grund zum Ärger. Ich habe kein Geld, keine Stunden, keine Ehre bei den Menschen, keine Liebe beim Bruder; dagegen werde ich von allen verachtet, habe Nöte in der Schule, die Truppen kehren zurück, es kehren zurück, die ich hasse; ich hasse Knoblauch, Drogandt und alle die widerwärtigen Menschen."

**) „Ich glaube, ich bin ein rechter Narr, hinter jemand herzulaufen, der mich nicht lieben will. Aber es macht mir Freude, und wenn das ist und wenn meine Seele zufrieden ist, glaube ich, daß es doch vielleicht keine Narrheit ist. Wenn der gute Gott gibt, daß jene Menschen immer meine Freunde sind, will ich immer zufrieden sein; so bin ich es jetzt."

Und so tröstet ihn sein Emil noch eine gute Weile für anderweitig erlittene Enttäuschungen. Der junge Tagebuch= schreiber berichtet etwas später von einem Spaziergang mit „son idole", wie er ihn einmal nennt, in einer so naiv drolligen Weise und so wunderlichem Englisch, daß wir uns nicht versagen können, seine Erzählung zum Schluß dieser auf die Freund= schaft bezüglichen Tagebuchs=Auszüge noch mitzuteilen.

„Supplement to the 2. Nov. (geschrieben am 11. Nov.) The evening I was going in the worsest wether to Mr. Beyer, when I was so happy to meet with my good Emil. God damn he is much much better, I believe, than his brother. I went a little with him, then I told him farewell. and went to Beyer, but to the greatest happeness he was not at home. Immediately I turn my foot and return the way then I meet. I believe it was sent of God, yet more with him. It was a freightfull weather, it snows and raineth, but I take not care of all that. I ging arm in arm with him and also back. Then we told a little, we gave us our hands. he run rashly in his house and I hasted to return back. Then, while I was in my chambre, I thanked God for that pleasure he had made me. God damn it is foolishly. but indeed it was one of my greatest pleasures and there- fore I was obliged to thank for it. But the same day or more the nex began also the enmity with the other superbe brother. In the Livius lesson he (nämlich Schroetter I) looked not once more upon me. I asked him: Was your brother yesterday in the commedy? No sayd he. God, thought I, if you will'nt speak with me, I'll not beg you, no, indeed no. After that we speak not more a word as to Tuesday of the other week, it is the 8. Nov. I was the whole morrow not in the school. but of 11 till 12 I went. Then I asked him in the Sophokles: Where shall I beginn? He told me very amicably: Of the 100. vers. Then past any time he sayd: Do you know what, Tholuck, you cann beginn at 122. I replied nothing. Then he asked Passow" (ben Bruder des Lexikographen, auch einen späteren Freund von Tholuck): „What is that, πενθος? he told, Un= glück. No. said I. Schmerz. I thank you Sir. replied he.

2*

All that was me a great joy. The Friday in the Grecian by Mr. Keil he rooped me up to translate. And now while I write it, morning 11. Nov., I am extraordinary curious, what he will begin Monday. I have proposed me, if he is alone, I'll tell you: I believed you would not speak with me, but I see, it was not. Or: Sir, for what purpose would you not speak with me the other week? — So much of the Schroetter history."*)

In dieſer Weiſe geizte der junge Tholuck nach einem freundlichen Wort oder Händedruck von denen, welchen er ſich

---

*) „Am Abend war ich im ſchlechteſten Wetter auf dem Wege zu Herrn Beyer, als ich ſo glücklich war, meinen guten Emil zu treffen. Goddam! er iſt, glaube ich, viel, viel beſſer, als ſein Bruder. Ich ging eine Weile mit ihm, dann ſagte ich ihm lebewohl und ging zu Beyer, aber zum größten Glück war er nicht zu Haus. — Sofort kehrte ich um und ſchlug den Weg wieder ein, da traf ich, ich glaube, es war von Gott geſandt, noch einmal auf ihn. Es war ſchreckliches Wetter, es ſchneite und regnete, aber ich kümmerte mich nicht darum. Ich ging Arm in Arm mit ihm und wieder zurück. Dann ſchwatzten wir ein wenig, gaben uns die Hände, er lief raſch in ſein Haus, und ich eilte, zurückzukehren. Da dankte ich, als ich in meiner Stube war, Gott für das Vergnügen, das er mir bereitet hatte. Goddam! das iſt närriſch, aber wirklich war es eins meiner größten Vergnügen, und darum war ich verpflichtet, dafür zu danken. Aber am ſelben Tage oder beſſer am folgenden begann auch die Feindſchaft mit dem andren ſtolzen Bruder. In der Liviusſtunde ſah er mich nicht ein mal mehr an. Ich fragte ihn: War Ihr Bruder geſtern im Theater? Nein, ſagte er. Gott, dachte ich, wenn du nicht mit mir ſprechen willſt, werde ich nicht darum bitten, nein, wahrlich nicht. Danach ſprachen wir kein Wort mehr bis Dienstag der andern Woche, es war der 8. November. Ich war den ganzen Morgen nicht in der Schule, doch von 11—12 ging ich hin. Da fragte ich ihn im Sophokles: wo ſoll ich anfangen? Er ſagte ſehr freundlich: beim 100. Verſe. Nach einiger Zeit ſagte er: wiſſen Sie was, Tholuck, Sie können beim 122. anfangen. Ich antwortete nichts. Dann fragte er Paſſow: was iſt das, πένθος? Er ſagte: Unglück. Nein, ſagte ich, Schmerz. Ich danke Ihnen, erwiderte er. Das alles war mir eine große Freude. Freitag im Griechiſchen bei Herrn Keil rief er mich zum Überſetzen auf. Und jetzt, wo ich dies ſchreibe, 11. Novbr., Morgen, bin ich außerordentlich neugierig, was er am Montag anfangen wird. Ich habe mir vorgenommen, wenn er allein iſt, will ich ihm ſagen: ich glaubte, Sie würden nicht mit mir ſprechen, aber ich ſehe, das war nicht ſo; oder: warum wollten Sie mit mir in jener Woche nicht ſprechen? — So viel von der Schroettergeſchichte."

geiftig ebenbürtig wußte und doch gefellfchaftlich noch fo fern
ftand! Mit forgfältiger Treue berichtet er von jeder Ebbe und
Flut in der keimenden Freundfchaft. Und wenn die Ebben oft
auch lange dauerten und den Verfchmähten zu Ausdrücken ver=
anlaßten, wie: „je veux dire ces messieurs là, ils sont des
bêtes superbes!" oder: „tu non deliciis natus es" (du bift
einmal nicht zur Freude geboren), oder: „studiis immersus
omnia circa me concludi ignorare" (in die Arbeit vergraben
— befchloß ich alles um mich her zu vergeffen), fo fiegte doch
zuletzt fein heißes Minnen über alle Hinderniffe, und eine Reihe
von feft gewonnenen Freunden erfcheint am Schluffe des Tage=
buchs mit ihm Arm in Arm auf den „remparts" fpazieren
gehend, oder in der Schule und zwar befonders eifrig in den
Lektionen „tout familièrement" mit ihm fchwatzend (nous ba-
billâmes dans le français, le grec, mit Paffow einft „toute
la leçon"), ihm zum Geburtstag gratulierend und an feinen
kleinen Freuden und Leiden innigft teilnehmend. Der einft „ge=
haßte" Drogandt, Kraufe, Springer, Hahn, Girth*),
Gerhard, und die alten Freunde Aurel und Guido Neu=
mann, Emil Schroetter und deffen frère superbe — fie
alle heben durch ihre Gewogenheit des Jünglings Bruft, fo daß
er befchließt, „non plane litteris vivere, sed voluptatibus quoque quid dare temporis" (nicht ganz der Wiffenfchaft zu leben,
fondern dem Vergnügen auch etwas Zeit zu widmen). Ja er
fchreibt: „Je me suis resolu de renommer un peu" (12. März
1816). Und fo fehen wir ihn denn am Sonntag den 14. April
„dress a long time" (fich lange anziehen), dann zu Paffow
gehen, „who was kind, gave me kindly the hand and pressed
it" (der freundlich war, mir freundlich die Hand gab und die
meine drückte), und am folgenden Tage „I walked on the ram-
parts and was proud of my frac and veste noir and con-

*) Der Güte des noch jetzt in Breslau lebenden emer. Kircheninfpektors
und Paftor Primarius Girth verdanke ich folgende Notiz: „Lebhaft noch
von damals fteht Tholucks Bild vor meiner Seele — eine ziemlich große,
aber fchmal gebaute Geftalt, mit (wenn ich nicht irre) dunkelblondem Haar,
mit lebhaft leuchtendem Auge, meift etwas nach vorn gebeugtem Kopfe und
freundlichem, bisweilen fragendem und zu leifem Spott geneigtem Blick
fowie oft fprudelndem Witz und Humor."

lented all other men" (ging ich auf dem Wall spazieren und war stolz auf meinen Frack und schwarze Weste und befriedigte alle andren Leute).

So hat der Virtuos der Freundschaft angefangen! Selbst Knigge „Über den Umgang mit Menschen" verschmähte der blöde Knabe nicht, als Ratgeber für seine Freundschaften zu Hilfe zu nehmen!

Daß indessen auch der wachsende Respekt vor dem außer= ordentlichen Wissen und den staunenswerten Leistungen des jungen Menschen dazu beigetragen hat, die soziale Kluft zu überbrücken, die ihn von den genannten Schulgenossen schied, daran dürfen wir nicht zweifeln. Werfen wir einmal einen Blick auf die Stoffmassen, die der zähe Arbeiter sich im „So= phischen" anzueignen zumutete.

Der erste Entschluß, zu dem den funfzehnjährigen Knaben die Buchführung über sein Leben veranlaßte, bezieht sich auf seine Studien. Das Tagebuch beginnt mit den Worten: „Aufgemun= tert durch das Lesen des Kinderfreundes beschloß ich, jetzt ein Tagebuch anzufangen, und diesem völlig meine Gedanken an= zuvertrauen. An dem heutigen Tage nahm ich mir vor, nicht mehr abends so lange zu arbeiten, sondern frühzeitig aufzustehn und da meine Arbeiten zu verrichten. Das wäre für heute der erste Entschluß."

Allerdings ist der löbliche Vorsatz sehr oft gebrochen worden. Gleich die nächsten Tage verzeichnen ein Lever um $^1/_28$, $^3/_48$, $^3/_47$, „spät aufgestanden", „so zeitlich ich auch heute morgen aufstehen wollte, so geschah es doch nicht, da mich Karl nicht weckte." Und gelang es, die frühe Stunde ein= zuhalten, so kamen mancherlei andere Hindernisse dazwischen, die ihn von den Büchern zurückhielten. „Ich stand zwar heute zeitlich auf, allein ich that nichts als Stiefeln putzen." Auch seine Ofenverhältnisse müssen recht ungünstige gewesen sein: das Feueranmachen spielt in dem Tagebuche eine große Rolle und verschlang eine Fülle kostbarer Arbeitszeit. Einmal heißt es: „je me levais de bonne heure, mais je n'ai rien travaillé principalement à cause de la froideur." Und so finden sich in dem Tagebuche zahlreiche Selbstvorwürfe wegen Mangels an Fleiß. „Nil hodie feci" (heute habe ich nichts gethan) heißt

es, ober „totum diem nil faciendo consumsi" ober „I was
not very diligent" (den ganzen Tag habe ich mit Nichtsthun
hingebracht. Ich war nicht sehr fleißig). Am 7. Januar 1816
zieht er das betrübende Resultat: „nisi a die hodierno dili-
gentior extitero, mala se mecum habet res!" (wenn ich nicht
von heute ab fleißiger werde, steht es schlimm um mich) und
darum beschließt er, daß, wie er sich tapfer ausdrückt, nunmehr
„nova (sic) rerum ordo", eine neue Ordnung anfangen müsse.

Allein man messe die Klagen und Anklagen des außerordentlichen Knaben an dem hohen Ziele, das sein Ehrgeiz sich
gesteckt hatte! Schon am 14. April 1815 schreibt er: „sensus
ac potius animus meus ita directus fuit, ut omnes scientias
amplecti studerem" (mein Sinn oder vielmehr mein Geist ist
so gerichtet, daß ich alle Wissenschaften umfassen möchte), und
ein Jahr später giebt er der Befürchtung Ausdruck, „que je
n'excellerai un jour moins, que je resterai toujours une des
créatures médiocres, et la médiocreté est quelque
chose de cruel pour moi." Und wenn er auch darunter
schreibt: „verzweifle keiner!" so mußten doch ein derartiges
Streben versäumte Stunden mit besonderer Last bedrücken.

Und nun unterliegt es allerdings keinem Zweifel, daß die
Leistungen Tholucks im geordneten Schulunterrichte des St.
Maria-Magdalenagymnasiums durchaus nicht zu den hervorragenden gehört haben. Mit einem für unsere heutigen Schul-
verhältnisse unbegreiflichen, weil auf die Länge unerträglichen
Gleichmut hat der junge Mann, wie wir bereits andeuteten,
sich die gehäuftesten Schulversäumnisse zu schulden kommen
lassen. Ganze Tage blieb er aus dem „Praetorium" fort, einmal, „weil er des Abends vorher in den Schmutz gefallen war";
ein andermal, „weil Schroetter fehlte"; meistenteils, weil er
zu Hause arbeiten, oder sich Bücher kaufen oder die gekauften
ordnen und katalogisieren wollte. Daß ihm „der Rektor deswegen sehr böse" wurde, kann niemanden befremden. Der
„alde, gelehrde Manso", wie ihn Professor Zeune in einem
Briefe an den jungen Studenten Tholuck vom 20. August
1817 nennt, war überhaupt für den nicht allzu gewissenhaften
Gymnasiasten eine gefürchtete Persönlichkeit. Ein Lob von ihm

zu bekommen, gehört zu den begehrtesten „deliciis“, deren das
Tagebuch erwähnt. Am 26. April 1815 heißt es: „In schola
animus eferebatur meus, cum rector me progressus fecisse
dixisset“ (in der Schule hob sich mein Geist, da der Rektor
gesagt hatte, ich hätte Fortschritte gemacht). Im ganzen aber
wurde ihm eine Anerkennung von dieser Seite nur sehr selten
zu teil. Die Proben von lateinischem Stil und grammatischer
Korrektheit, die wir dem Leser aus dem Tagebuche vorgelegt
haben, bezeugen auch zur Genüge, wie unbefangen der junge
Autor sich über sich selber täuschte, wenn er unter dem 31.
Okt. 1815 buchstäblich die klassische Bemerkung niederschrieb:
„profectus sum maxime in lingua latina; progressus feci,
qui me ipsum stupendum reddunt“ (ich bin zumal in der la=
teinischen Sprache vorwärts gekommen; ich habe Fortschritte
gemacht, die mich selbst in Erstaunen setzen). So kann es nicht
befremden, wenn immer wieder Aussprüche vorkommen, wie
dieser: „I wish of all my heart to be this week also in the
school by Mr. Manso happy“, oder „I have not this time
my exercise. Mr. Manso, who was very coarse to me,
when I made my theme, will be more angry; but if I be
diligent, he cannot tell me anything disagreeable“ (ich wünsche
von ganzem Herzen, diese Woche auch in der Schule bei Herrn
Manso glücklich zu sein. Ich habe diesmal mein Scriptum
nicht. Herr Manso, der sehr grob gegen mich war, als ich
meine Arbeit machte, wird noch böser sein; doch wenn ich fleißig
bin, kann er mir nichts Unangenehmes sagen) oder „je souhaite
encor ce mercredi, si ce n'est des louanges de Manso du
moins pas des reproches, c'est ce dont j'ai prié Dieu déjà
si souvent, j'espère qu'il complira du moins cette fois
mon espoir.“ Allein die Hoffnung betrog ihn auch diesmal,
wie so oft; am 7. März 1816 schreibt er resigniert: „rien ne
me manque que la grâce du Recteur“ und am 15. April
auf der letzten Seite des Buches sogar: „I am hatred of
Manso“ (ich werde von Manso gehaßt)! Allzu viel Wohl=
wollen verraten allerdings auch die Bemerkungen nicht, welche
der gestrenge Scholarch in dem Abiturientenverzeichnis des
Herbstes 1816 eigenhändig über Tholuck niedergeschrieben hat.
Acht Abiturienten waren zu dem Examen am 7. September

geladen. Unter ihnen steht Tholuck unter Nr. 6 und Man so schreibt über ihn:

„Er ist 17 Jahr alt, hat das Magdalenäum 5 Jahr und die 1. Klasse 2 Jahr besucht. Er will Philologie studieren und zuerst die Universität Breslau besuchen. Sein Vater ist Goldarbeiter am hiesigen Orte. Er möchte lieber alles auf einmal in sich aufnehmen. Dies ist Schuld, daß das Formelle noch im Materiellen befangen ist. Er hat sich der sonderbaren Idee, deren Ursprung seinen Lehrern unbekannt ist, hingegeben, als orientalischer Dolmetscher in irgend einem Gesandtschafts= Büreau sein Unterkommen zu suchen und deshalb bereits angefangen, das Arabische zu treiben".[3]

Wenn nun auch die Anerkennung der öffentlichen Leistungen Tholucks von seiten der Schule eine bescheidene gewesen ist, so erregt ein um so gerechteres Staunen der Privatfleiß des jungen Menschen, sowenig derselbe auch dem eigenen Streben Tholucks genügte. Selbstverständlich halten auch wir das kunterbunte Durcheinander der unternommenen Studien auf Kosten einer gründlichen und systematischen Schulbildung für eine Thorheit, zu welcher der Knabe außer durch Anlage und Begabung teils durch seine Eitelkeit und Ehrsucht, teils durch die phantastische Richtung seiner Kindheitslektüre, und nur zum Teil durch wirkliche Wißbegierde und wissenschaftliches Interesse bewogen worden ist. Aber bewundernswert bleibt dennoch die zähe Energie, mit der er eine Sprache nach der andern in den Bereich seiner Arbeiten gezogen und in verhältnismäßig kurzer Zeit sich eine gewisse Herrschaft über sie errungen hat. Am 28. März 1815 schreibt er noch: „das Englische denke ich nicht zu lernen", und bereits am 12. August beginnen die englischen Notizen im Tagebuche. Am 4. Januar 1815 hat er die erste arabische Stunde, und am 18. März erscheinen vereinzelte, vom 24. April an zusammenhängende arabische Sätze.

Und was taucht nicht sonst alles von Sprachen am Horizonte des Tagebuches auf, sei es nun, daß Grammatiken derselben gekauft sind, oder daß das Studium der fremden Zunge ausdrücklich bezeugt wird. Aus Tholucks Aufzeichnungen kann man's nicht beweisen, aber er erzählte es später selbst gern, daß er als Schulknabe beim Durchstöbern der Bücherlager eines

seiner vielbesuchten Antiquare — deren vier nennt das Tage=
buch — ein altes, merkwürdiges Buch ohne Titel gefunden habe,
das sich als eine Grammatik auswies; — von welcher Sprache,
das wußte weder der Buchhändler noch der Schüler. Aber da
es für wenige Pfennige feil war, so nahm's der junge Sprach=
durstige mit nach Hause, fiel darüber her und studierte es bis
zu Ende, und erfuhr erst nach Jahren, daß er sich — die ma=
layische Sprache angeeignet habe! Es grenzt auch sonst ans
Fabelhafte, was der ungestüme Geist alles seiner Assimilations=
und Verdauungskraft zumutete. Auf der Bildfläche des Tage=
buchs erscheint spanisch und schwedisch am 8. Dezember, äthio=
pisch am 22. Dezember 1814, arabisch am 4. Januar 1815,
hebräisch am 7., sinesisch am 22., armenisch am 23. Januar,
russisch am 29., syrisch am 15. Februar, Sanskrit am 21. April,
ungarisch am 21. Mai, polnisch am 26. Juni, englisch am 12.
August, dänisch am 9., holländisch am 30. Oktober und endlich
persisch am 6. Dezember. Das sind also, wenn man die in
der Schule betriebenen zwei klassischen und die französische
Sprache mitrechnet, nicht weniger als neunzehn fremde Idiome,
die der 14—16jährige Jüngling mit größerem oder geringerem
Erfolg sich anzueignen bemüht war! Welch ein eiserner Fleiß,
trotz aller Selbstbeschuldigungen, aber auch welch ein ausge=
sprochenes Sprachgenie gehörte dazu, um nur den Appetit nach
einem solchen Sprachenragout zu reizen und zu nähren, bei dem
von tieferen, sprachvergleichenden Studien noch keine Rede sein
konnte! Das Lernen an sich, der pikante Genuß immer neuen
linguistischen Materials, das war es, was den in allen Ländern
des Orients und Occidents durch seine Romane und Reise=
beschreibungen Heimischgewordenen so phantastisch anmutete.

Unter allen Sprachen am meisten aber zog ihn das Ara=
bische an, die Sprache der Tausend und eine Nacht, das Idiom
der meisten orientalischen Helden seiner Kinderträume. In der
unmittelbarsten Nähe konnte er's gelehrt erhalten, wenn er Glück
hatte. Denn am Ringe wohnte ein Mann, der in seinem Hause
nicht nur gelehrte Vorlesungen über arabische Schriftsteller hielt,
sondern auch mit seiner Frau und Tochter in gemütlicher Unter=
haltung sich der arabischen Sprache bediente. Das war der
Professor Habicht. Seltsame Schicksale hatten den durchaus

nicht wissenschaftlich Gebildeten mit der arabischen Sprache bekannt gemacht.

Sein Vater war ein reicher Papierhändler in Breslau, im Besitze einer großen Papierfabrik in Görlitz, der mit einer Art überspannter Begeisterung für den großen Napoleon schwärmte. Im Hause wurde nur französisch gesprochen, und der junge Habicht, der in die väterliche Handlung eintreten, und eben nach Görlitz in die Fabrik abgehen sollte, verspürte seinerseits nicht die geringste Lust, sich im deutschen Vaterlande festmachen zu lassen. Eines Tages verschwand er plötzlich, und meldete nach einigen Wochen heimlich seiner Mutter, er sei in Paris und auf der preußischen Gesandtschaft als interprète angestellt; mütterliche Geldunterstützungen würden willkommen sein. — In der Nähe der Gesandtschaft befand sich ein kleines Kaffee, in dem Napoleons „Mamluken" täglich verkehrten. Auch Habicht nahm hier sein Frühstück ein, und da schloß er Freundschaft mit den ägyptischen Soldaten, deren Konversationssprache er sich bald völlig aneignete. Das Arabisch der muhammedanischen Litteratur hat er erst später gelernt und nie so beherrscht wie die Sprache des Verkehrslebens.*)

Bei dem napoleonischen Feldzuge gegen Preußen in den Jahren 1806—7 schloß sich auch Habicht in dienstlicher Stellung bei der Intendantur dem französischen Heere an. Nach der Kapitulation Breslaus am 5. Januar 1807 wünschte er bei seinem Vater auf dem Ringe einquartiert zu werden. Der alte Herr aber war auf seinen Sohn nicht gut zu sprechen. Während die französischen Offiziere in der Bel-Etage wohnten und mit an der Familientafel speisten, wurde der junge Habicht zwei Treppen hoch untergebracht und erhielt sein Essen hinaufgeschickt. Nach dem bald darauf erfolgten Tode des alten Habicht wurde der Sohn Inhaber des Papierhandels und eröffnete Geschäftsverbindungen mit Algier und Tunis, wobei es ihm gelegentlich gelang, dortige arabische Handschriften von Wert an sich zu bringen. Auf Grund dieses Besitzes kam er bei dem Minister um den

---

*) Auch die arabischen Stücke in den Tagebüchern Tholucks sind, wie ich habe feststellen lassen, nicht in der Schrift-, sondern in der Verkehrssprache der Araber verfaßt.

Professortitel ein, mit der Bemerkung: zum Danke für die Verleihung desselben wolle er seine sämtlichen arabischen Manuskripte der Breslauer Universitätsbibliothek schenken; im entgegengesetzten Falle aber würden seine Schätze nach Paris wandern. Daraufhin wurde er zum Professor ernannt und hielt in seinem Hause auf Wunsch arabische Vorlesungen.[4])

An diesen seltsamen Menschen wendete sich der schüchterne Knabe am 30. Dezember 1814. Er schreibt in seinem Tagebuche: „Das Wichtigste, was ich heute that, war, daß ich das Herz faßte, zu dem gutmütigen Herrn Habicht zu gehen, um ihm mein Herzensanliegen mitzuteilen." Der wohlwollende Herr muß an dem Verlangen des Knaben Gefallen gefunden haben, denn schon nach vier Tagen wird die erste erhaltene arabische Stunde notiert, und für die ganze Folgezeit in keiner Sprache ein so andauernder Fleiß entwickelt, als in dieser. „Wenn man besuchsweise", so schreibt sein Jugendfreund Girth an den Verfasser, „zu seinem oben im vierten Stockwerke belegenen Stübchen aufstieg, so konnte man leicht auf den letzten Stufen schon hören, wie er in lauten arabischen Monologen sich erging."

Es versteht sich von selbst, daß ein so gerichteter Knabe möglichst früh in den Besitz einer eigenen Büchersammlung zu gelangen suchte. Die Buchhändler und Antiquare Barth, Preiß, Jung kommen wiederholt in dem Tagebuche vor, und nicht immer unter den schmeichelhaftesten Bezeichnungen. Von Letztgenanntem heißt es einmal: „Ich war bei Jung und hörte die Schreckensnachricht von dem alten Geizhals, daß ich ihm 4 Thlr. bezahlen sollte." Am folgenden Tage schrieb er einen Brief an den Geizhals, der aber ohne Wirkung war. Die von Tholuck erteilten Privatstunden mußten die Mittel zum Ankauf der oft teuren Werke beschaffen. Im Anfang war es nur das Format, wodurch die Eitelkeit des jungen Gelehrten angelockt wurde. Schon am 28. Nov. 1814 schreibt er: „Jetzt wünsche ich mir nur bald mein Geld, um mir einen Folianten zu kaufen, den Herr Preiß zu verkaufen hat." Der Inhalt ist einstweilen noch gleichgiltiger. Das Geld muß indessen für den großen Band nicht ausgereicht haben. Denn am 18. Januar 1815 heißt es: „Ich freue mich im voraus, wenn ich wenigstens mit Quartanten werde brillieren können. Vorzüglich stach mir

heute der Koran bei Habicht in die Augen." Die erstandenen
Schätze trug er sorgfältig in einen Katalog ein, deſſen An=
fertigung, wie die Ordnung seiner Bibliothek ihn, wie wir
bereits bemerkten, wiederholt veranlaßten, aus den Schulstunden
fortzubleiben. Seine Bekannten geringerer Lebensstellung lud
er dann wohl ein, seinen Reichtum zu bewundern: „Je suis
bien aise de ce que Beyer viendra chez moi admirer
ma bibliothèque de même qu'aussi Lier." Ja die Bücher=
wut verleitete ihn sogar einmal zu dem Plane, dem Händler
ein Buch zu entwenden; aber noch zu rechter Zeit hielt ihn sein
Gewiſſen von der böſen That zurück. 1. Juli 1815:

„Je me levais de bonne heure, allais chez Mr. Schildbach, et dubitans, an fortuna mihi iniqua foret, iter grave
ingressus sum, et magni et permagni erant fructus huius
itineris. Plus pecuniae accepi, ac unquam mihi cogitavi.
Laetus, minus inde in trifolium respiciens, tempus coenae
peregi. Consilium quoque cepi, si Deus mihi adsit, nil nisi
ei placita agere; quod hodie me ab furto librarii, quem
libro privare volebam, detenui, gratum mihi est".*)

Die Beſcheidenheit der Mittel aber, die ihm immerdar zu
Gebote standen, drückte den jungen Büchersammler recht hart.
Am 20. April 1815 entschloß er sich, wöchentlich von seinem
Verdienſte nur einen Groschen, und zwar am Sonntag, aus=
zugeben. Dann hoffte er monatlich wenigstens zwei Thaler für
Bücher erübrigen zu können. Allein die Klagen wiederholen
sich, daß er nicht im stande sein würde, seine sämtlichen litterari=
schen Erwerbungen zu bezahlen. Die Ilias von Voß kostete
ihn allein sechs Thaler. Armeniſche, däniſche, polniſche und
andere Grammatiken, Sanskrit=, äthiopiſche, syriſche Texte, das
alles verschlang mehr, als der Knabe verdienen konnte. Und

---

*) „Ich stand früh auf, ging zu Herrn Schildbach und machte mich,
zweifelnd, ob ich Unglück haben würde, auf den schweren Weg. Aber groß
und übergroß war der Erfolg dieses Weges. Ich erhielt mehr Geld, als
ich es mir je dachte. Froh und mich weniger ums Kleeblatt kümmernd,
verbrachte ich die Mahlzeit. Ich hatte auch den Plan, wenn Gott mir
helfen würde, nichts als ihm Gefälliges zu thun; und das hat mich heute
von dem Diebſtahl bei einem Buchhändler, wo ich ein Buch wegnehmen
wollte, abgehalten, was mir lieb iſt."

oft bricht er in Klagen aus, daß nun auch noch der neu ent=
brannte Krieg gegen Napoleon die geringen Unterstützungen
unmöglich machte, die sein Vater ihm zuweilen zukommen ließ.
...Afflicta erat mens mea, cum pater male pecuniae inopia labo-
raret. Heu miserem (sic) patrem, qui tam nobis curat, egens!
Sit maxime maledictus monstrum illud Napoleon, quod
bellum recens incipit et omnes tristes reddit.··*) Und wenn
ihm auch der Krieg einen Trost brachte: „car, la pluspart des
écoliers quitte à présent (23. April 1815) l'école, et c'est
ce que me réjouit, car j'espère de me pouvoir éléver d'autant plus,“ so ruft er doch wieder aus: „Ah que Dieu voulusse
tourner toute cette guerre, qui m'a déjà tant inquiété, pour
notre bien!“ Am 31. Oktober finden wir, daß die Vermögens=
umstände des Vaters sich bereits ein wenig gebessert haben
müssen: „caetera cum pater nunc a malis remotus videtur
aut fere prius simulat, bona videntur, erunt etiam Dei au-
xilio, quod omnia et mala ad bona vertit“.**) Am 2. Nov.
hat ihm der Vater sogar ein Buch geschenkt, und voll gerührten
Dankes notiert es der Sohn: „Recipiebam hodie a patre op-
timo librum a D. Holläuferio mihi commisso: Carminum
orientalium Friga a Hans Gottfried Ludwig Kosegarten
Ph. D. A. M. facul. theol. nec non Phil. in alma Gryphica
Adjunct: Stralsundii 1815. Qui liber eo semper memoriae
meae adhaerebit, cum in legendo tanto Orientalium literarum studio efflagrassem, ut statim in genua provolutus Deum
optimum maximum precarer, ut studio meo favens omnia
quae possint litteris meis prodesse mihi faciat, semper excitet
amorem meam (sic) litterarum diligentiamque in dies augeat, nec
non oculos meos tueatur“.***) eine Bemerkung, die oft genug

---

*) „Ich war betrübt, da mein Vater schwer an Geldmangel litt.
O armer Vater, der so für uns sorgt, nun in Dürftigkeit! Verflucht sei
das Ungeheuer Napoleon, daß er aufs neue Krieg beginnt und alle traurig
macht.“

**) „Da der Vater jetzt dem Übel enthoben zu sein scheint oder wenig=
stens so thut, so erscheint auch das Übrige gut, und wird mit Gottes Hilfe
auch werden, da er alles, auch das Böse, zum Guten wendet.“

***) „Ich erhielt heute von meinem guten Vater ein Buch, das mir von
D. Holläufer besorgt war. Dieses Buch wird mir darum immer im
Gedächtnis bleiben, da ich bei seiner Lektüre von einem solchen Eifer für

wiederkehrt, da das Versagen seiner Augen ihn wiederholt zwang, von der Arbeit abzustehen.

Im übrigen hat der Privatfleiß Tholucks sich durch= aus nicht nur den fremden Sprachen zugewendet. Es existie= ren noch zwei Oktavhefte aus seiner Gymnasialzeit, in welche er eine bunte Masse von Stoff hineingetragen hat. Das eine führt den Titel: „Memorabilien oder Denkwürdigkeiten, ge= sammelt von Tholuck"; das andere, im letzten Schuljahr be= gonnen: „Blumenlese aus dem Gebiet des Schönen und Guten, vornehmlich aus den Gefilden deutscher Barden." Wäh= rend in dem letzteren sich fast nur Gedichte finden, zum Teil auch selbst verfertigte, bietet jenes eine „Blumenlese" der selt= samsten Art. Als zwölfjähriger Knabe hat er die Sammlung angefangen. Die ersten elf Seiten muß ihm ein anderer ge= schrieben haben, denn sie zeigen eine ausgebildete und von der Tholuckschen verschiedene Handschrift. Von der zwölften Seite an müht sich eine langsam malende Kinderhand ab, die Schätze des Wissens dem abscheulichen rauhen Papier anzuvertrauen. Und was für Schätze! Es ist unglaublich, welcherlei „Denk= würdigkeiten" dem spürenden Bürschlein der Aufbewahrung wert gewesen sind. Auf der ersten Seite findet sich eine Abhandlung über die am 26. April 1803 nachmittags um 1 Uhr bei dem französischen Städtchen Aigle niedergefallene und zerplatzte Feuer= kugel unter der Überschrift: „Der Mondstein" und die Auf= zählung der verschiedenen Theorien über die Entstehung der Meteore. Auf der 3. bis 6. steht das bombastische „Avertisse= ment" eines in Breslau auftretenden Gauklers und Taschen= spielers. Dann folgen lange Auszüge aus Predigten von Abraham a Sancta Clara. Die Geschichte der Turniere. Das Almosengröschlein zu Liegnitz. Die Juden in Portugal. Einige Kostbarkeiten aus dem Kloster zu Loretto. Auszüge aus dem ersten und zweiten Gesange des Klopstockschen Messias. Die

---

die orientalischen Studien entflammt wurde, daß ich, gleich auf die Knie sinkend, den allmächtigen gütigen Gott bat, er möge meine Arbeit begün= stigen und alles thun, was meinem Studium nützen könne, meine Liebe zur Wissenschaft wecken und meinen Fleiß täglich mehren, aber auch meine Augen schützen."

Beschreibung einer Hochzeit aus dem Jahre 1576 und des Auf=
wandes, der dabei getrieben ist, mit genauem Verzeichnis der
dabei genossenen Speisen und Getränke („40 Hirsche, 50 Gemsen,
20688 Kramtsvögel, 150 Mastschweine ꝛc. ꝛc., 1100 Eimer
allerlei Weine, 40 Pipen spanischer Wein, 903 Fässer Bier" ꝛc.,
zwei Seiten lang fortgeführt). Der Kopfrechner Thomas Fuller.
Abt Watteville. Neue Auszüge aus Abraham a Sancta
Clara. Sonderbare Todesarten. Die dicksten Menschen, die gelebt
haben, die kleinsten, die größten. Die Höhe berühmter Berge.
Naturhistorische Notizen. Der Punsch des Admiral Russel. Zwei
große Würste. Die Metalle. Seltsame Einbildungen und ihre
Heilung. Die größten Bäume der Welt. Beispiele von sonder=
barer Schlafsucht. Die Menschen mit dem höchsten Lebensalter.
Der anatomische Bau des menschlichen Körpers. Anekdoten aus
dem siebenjährigen Kriege. Geschichte der Posten. „Wratisla=
viana". Berühmte „Hölen". Etwas zur Heilkunde. Das Schiff des
Hiero und des Philopator. Etwas von der Bastille. Die sieben
Wunder der Welt, auf zehn Seiten genau beschrieben. Persische
Denksprüche. Vom Kleveschen Geckenorden. Der Nachtigallengesang
mit Buchstaben imitiert. Der größte Topf u. s. w. Erst im letzten
Drittel des Heftes, von S. 160 an, werden die Auszüge und
Citate ernsthafter. Auch Gedichte erscheinen hier. So unter
dem 30. Mai 1816:

> Drum wahre sorglich, was die Stunde beut,
> Auf ihrer Schwinge ruht die Ewigkeit.

Citate aus Seume, de la Motte Fouqué, Schreiber,
Jean Paul, Yorick treten uns entgegen, dann ein 12 Seiten
langer eng geschriebener Auszug aus Schlegels Dramaturgie,
Stücke aus Corinne par Mdme de Stael. Newtons Grab=
schrift, aus Schillers Abfall der vereinigten Niederlande,
englische Gedichte mit der Herderschen Übersetzung, aus Wer=
thers Leiden u. dergl. Man sieht, der Knabe ward zum Jüng=
ling; aber der sammelnde Bienenfleiß, der Tholuck sein ganzes
Leben hindurch begleitete, gab ihm in allen Lebensaltern die
sorgsam verzeichnende Feder in die Hand. Nach den oben mit=
geteilten Zügen von eifersüchtigem Verlangen, sich den reicheren
Mitschülern nahen zu dürfen, ist es von Interesse, daß der
kleine Mann bereits als Zwölfjähriger auf der zweiten Seite

seiner „Memorabilien" sich folgendes „Rezept zum Vornehm=
thun" hat aufschreiben lassen:

1. „Wenn „Pst! Pst!" auf der Straße gerufen wird, soll
man sich nicht umwenden, wohl aber, wenn „Ew. Gnaden!",
„Ew. Durchlaucht", „Ew. Exzellenz" gerufen wird.

2. Fällt etwas herunter, so muß man es nicht aufheben,
sondern warten, ob einem jemand anders zuvorkommen wird.

3. Wenn beim Ankleiden jemand zugegen ist, muß man
sich wie ein Krüpel helfen lassen.

4. Man muß sich stellen, als wenn einem der deutsche
Ausdruck nicht einfiele, und es auf französisch nennen.

5. Von allen Gerichten essen, aber die Hälfte liegen lassen.

6. Bürgerliche Leute oft Ew. Gnaden nennen, als wenn
man's gewöhnt wäre.

7. Man muß es so einrichten, daß man öfter aus der
Gesellschaft gerufen wird, oder Briefschaften unter hohem Tittel
einem übergeben werden."

Im zweiten, 170 Seiten enthaltenden Hefte, stehen, wie
bemerkt, überwiegend Gedichte. Die Freude an der Poesie war
bei Tholuck, wie so manches, durch die Freundschaft geweckt
oder doch genährt worden. In dem bereits erwähnten Bruch=
stücke „Mein Leben" findet sich darüber Seite 12 ff. nachstehender
Passus:

„Die Revolutionsperiode für mein äußeres und inneres
Leben begann in der ersten Hälfte meines siebzehnten Jahres.
Damals — es war die Blütezeit der Freundschaftsschwär=
merei — ekelte mich auch das Studium an; ich war zwar
fortwährend ziemlich fleißig, indes nur, weil ich nichts andres
wußte. Nun kam ich in nahe Verbindung mit dem Bruder des
Professor Passow und mit einem andren Jüngling — August
v. Kinsky — welcher letzterer mir auch bis jetzt sehr wert
geblieben ist. Beide waren in ihrem Streben und Charakter
ganz verschieden, aber beide wirkten gewaltsam auf mich ein.

„Der junge Passow war voll von dem Gedanken, das tote,
kalte philologische Studium mit dem Leben zu vereinen, und
hatte einen Anflug von dem ästhetisch lebendigen Geist, der in der
neueren Zeit die Philologie so reizend gemacht hat. Seinem
Bruder folgend glaubte er, nur der sei ein echter Philologe, der,

nicht an verknöcherten Formen haltend, durch moderne Poesie nicht
weniger sich bilde, als durch antike. Er las also und empfahl
Goethe, Tieck, Arnim, und insbesondere Fouqué, außerdem
Shakespeare und Petrarca. Schiller wurde weniger em=
pfohlen, wahrscheinlich weil er nicht naiv genug ist. Ferner hielt
er es für nötig, daß in vielem Zusammenleben mit Menschen, auf
Reisen, im Theater, in der Natur der Geist des Lebens gesucht
und aufgenommen werde. Religion war ihm, wie allen Phi=
lologen, ein lächerliches Unding; in eine Kirche kam er nie,
Antigone und Homer waren seine Bibel.

„Der andere Jüngling K. war ein reines Naturkind; Wissen=
schaften schienen ihm gut, nur mußten sie ästhetisch getrieben
werden. Dichter, und zumeist sentimentale, vor allen Schiller,
waren die Götter der Menschen, Natur die Göttermutter, in
deren Schoß sich auch alle Menschen lagern müßten. Das Leben
war ihm nicht düster, nur mußte man verstehen, die Blumen
zu suchen.

„Den Lebensgeist wollten mich beide Freunde kennen lehren,
der eine auf eine verständige, stürmische Weise, der andre auf
eine gemütliche, zarte. Allein so sehr ich mich abmühte, auf
eine von beiden Weisen den Lebensgeist kosten zu lernen: so
wenig gelang es mir. Auf Stunden oder Tage glaubte ich
wohl auch manchmal, mich der Idee des einen oder des andren
jener Freunde ermächtigt zu haben, aber immer zerfloß wieder
der Wahn. Dem Philologen entdeckte ich meine Sehnsucht nie
ganz, weil er sie gar nicht fassen konnte. Aber an der Seite
von K. weinte ich mich oft aus, zumal wenn er den Flügel
spielte oder sang. Er konnte es nicht begreifen, wie ich bei
heitren wie bei traurigen Gesängen und beim Allegro wie beim
Adagio der Musik in Thränen zerfließen könnte. Ach er wußte
nicht, daß ich allen Tönen den Sang der Sehnsucht unterlegte,
der sich ununterbrochen aus meinem von Welt, Menschen, Weis=
heit und Leben ungestillten Herzen ergoß! Stets schwebte mir
der Gedanke vor der Seele: wie die Töne steigen und sinken,
so dein innerer Mensch, und nichts ist, was ihm Festigkeit und
Ruhe gebe. — Oft wollte der liebe Freund mich durch die
Natur erheitern, und immer und immer wieder wies er mich
an sie. Aber wenn ich allein in der Natur war, oder mit

einem fühlenden Freunde, wie er selbst, dann wurde gerade das
Gegenteil in mir gewirkt: die Seele schlug heftiger mit ihren
Schwingen und wollte aus dem Körper, um Ruhe zu finden."

Daß der junge Tholuck dennoch auf die Naturschwär=
mereien seines Freundes, wenn auch sein tiefes Sehnen dadurch
nicht befriedigt ward, verständnisvoll eingegangen ist, zeigen die
Gedichte, die er gesammelt und die er selbst gemacht hat. Kinsky
schreibt ihm über diese „Revolutionsperiode seines inneren Lebens"
unter dem 2. November 1817 aus Göttingen, wohin er von
Breslau, um Jurisprudenz zu studieren, gegangen war, in seiner
überschwenglichen Weise:

„Wie Du Dein warmes Herz aufschlossest einem neuen, schö=
neren geistigen Leben, welches allgewaltig Dein ganzes Wesen
umfaßte, — wie Du mit lautem Jubel die Wunderwerke der
Schöpfung begrüßtest und aus ihnen erkanntest das Walten des
Allliebenden, dessen Gottheit sich im Glück seiner Kreaturen ver=
klärt, und tief bewegt zu ihm aufschautest und mir Beifall
nicktest, wenn ich des Erdenlebens Schöne pries — wie dann
das unendliche Sehnen sich löste in ein mildes Ahnen seliger
Tage; da, o mein Geliebter, da begann auch der schönere Morgen
meines Lebens zu tagen, da durchzuckte mich feurig der himm=
lische Gedanke: Du hast das Auge, was in die undurchdring=
lichen Dunkel des Zweifels sich senkte und in dem fernen Gebiete
des ewigen Lichts den ersten Aufgang eines heiteren Tages
wähnte, den ihm das freundliche Leben beschieden hatte, das
Auge hast du zugewandt dem erquickenden Strahle der Freude,
daß es sich erlaben und genesen konnte an ihrem milden Segen,
und hast es dankbar hangen sehen an deinen Lippen. Ja, Freund,
Du danktest mir, und wie warm, wie voll war Dein Dank. Er
war: Deine Liebe. Zuvörderst wohl gedachtest Du, ich wolle dich
zum Weltmenschen bilden und die heiligsten, tiefsinnigsten Ge=
fühle meinem kalten Regelgebäude unterordnen; doch daß Du
mich mißkanntest — daß Du mich verkanntest, bezeugte mir die
stete Harmonie unserer Ansichten und Empfindungen, bezeugt
mir das innige Walten unseres Bundes, welcher fürwahr auf
den Pfeilern der Ewigkeit ruht."

Wohl ahnte auch Kinsky, daß bei aller Freude an der
Natur das innerste Herz Tholucks unbefriedigt blieb. Er

3*

sandte ihm ein Gedicht, das auf den jungen Freund tieferen Ein=
druck gemacht zu haben scheint; denn es wird von ihm in seiner
Skizze des eignen Lebens erwähnt und ist den alten Freundes=
briefen, die Tholuck in einem Quartband gesammelt hat, als
erstes Doppelblatt vorgebunden. Da es die Verkehrsweise der
Freunde kennzeichnet, so sei es hier mitgeteilt.

„Schon senkt sein tauiges Gefieder
Der goldne Morgen auf die Flur,
Mild schwebt der junge Tag hernieder,
Erstorbnes Leben regt sich wieder,
Dein Altar prangt bekränzt, Natur!

Das Herz erschließt sich sanften Wonnen,
Da es des Schöpfers Huld erschaut —
Denn seiner Gnade ew'ge Bronnen
Umkreisen all die tausend Sonnen,
Aus denen er das All erbaut!

Drum fliehe an die heil'gen Stätten,
Wo Licht und Leben freundlich glühn;
Wer, aus den Wirbeln sich zu retten,
Nicht scheut bei Toten sich zu betten —
Auch ihm wird noch die Freude blühn!

Er wird am Quell des Segens trinken,
Der aus des Ew'gen Urne quillt.
Ihn läßt sein Glaube nimmer sinken,
Ihm wird manch duftend Blümchen winken,
Und mancher leise Wunsch gestillt.

Nur trag' er in des Busens Gründen
Ein mit sich selbst zufried'nes Herz,
So wird er jene Ruhe finden,
Die edle Seelen stets empfinden,
Und schnell versiegen wird der Schmerz.

Nie such' er ängstlich in der Ferne,
Was ihm die grüne Stunde beut —
Geheimnis herrscht im Reich der Sterne;
Eh' er den Schleier heben lerne,
Verdiene er die Seligkeit.

Er nehme, wie des Schöpfers Walten
Sie werden ließ, die Menschen hin;
Zwar sind sie oftmals nur Gestalten,
Die für das Höhere erkalten,
Die Erde nur ist ihr Gewinn:

Doch schließt vielleicht auf seinen Tritten
Das Herz dem Herzen eng sich an,
So sei ihm das, was er gelitten,
Was mächtig in der Brust gestritten,
Es sei ihm nur — ein düstrer Wahn."

Daß der intimere Verkehr mit Kinsky und Passow, durch welchen auch die mehr spielenden Beziehungen zu Emil Schrötter in den Hintergrund gedrängt wurden, in der That sich alsbald für das Gefühl Tholucks als epochemachend einprägte, bekundet, außer der Thatsache, daß das Tagebuch jetzt abschließt und die von den Genannten veranlaßte poetische Blumenlese am 1. Juli beginnt, das folgende Gedicht, das in einem losen Heftchen, „Geistesfunken" überschrieben, unter dem 10. Juli eingetragen ist:

„Freudig danke der Mund dem Vater, dem liebenden, der mir
Nach unendlichem Sehnen in trübe verflossenen Jahren
Endlich gewähret die Wünsch', die die höchsten mir sind und die größten,
Hoch mir schwellte die Brust in seligem Götterentzücken,
Und Vertrauen mich lehrt in still anbetender Demut.
Immer ja macht er es wohl, wenn der Mensch im Unglück auch zweifelt.
Denn wohl nimmer hätt' ich geglaubt in dunklen, sternlosen Nächten,
Wenn ich weilte im Feld und schaute in grausiges Düster,
Wenn die Ströme entquollen dem Aug, Schmerz preßte den Busen,
Und der Mund in Klagegetön das Schicksal verfluchte,'
Das ihn also so freundlos auf freudvolle Erde geschleudert:
Daß erblühen noch möcht' in dunkel kreisenden Stunden
Eine wonnige Blum zum Labsal des lachenden Auges.
Und sieh da, es entquollen der Hand des allgütigen Vaters
Zwei der labendsten Quellen zur Herzensstärkung des Müden,
Und sie flossen ihm zu, noch eh freudebetäubt er es ahnte.
Da ging's auf in dem Herzen als Träume erfüllet der Kindheit,
Selig wurde dem Geist, er faßte das irdische Glück nicht,
Betete lallend nun auf zum gütigen Vater der Menschen:
Vater, ich bin nicht wert all solcherlei Gnade und Güte,
Selber raffe mich hin — nimm mir die Freunde nur nicht."

Die verschiedensten Gedichte hat Tholuck in der „Blumenlese" gesammelt. Im Anfang spielt die „blaue Blume", wie überhaupt Blumen und Frühling, Abendröte und Mondenschein eine große Rolle. Dann aber wendet er sich den „Elati generis dicendi exempla" zu, wie er die neue Reihe überschreibt. Und da finden sich Citate aus Äschylus, Ferdusi, Ennius,

Homer, Pope, Horaz, arabischen Dichtern; auch das liebliche, durchaus nicht dem elatum genus dicendi angehörige Ana-kreontische ὅταν πίνω τον οἶνον Εὕδουσι αἱ μέριμναι, sowie das süße Taubenlied Ἐρασμιη πελεια und Eros' Nachtbesuch Μεσονυκτιοις ποθ' ὡραις sind sorgsam abgeschrieben. Auch der ge-fürchtete Manso ist mit einem seiner Gedichte, „Die Außen-welt", vertreten. Am häufigsten begegnen wir Schiller, Tiedge, Tieck, Goethe, Matthisson, Körner und Fouqué, auf welchen letzteren ein überschwenglich begeistertes eignes Gedicht des Jünglings vorkommt.

An Fouqué.

Wackrer Skalde ernsten Nordlands,
Strömt dir heute vollen Herzens
Schwacher Jüngling Dank des Liedes,
Heischst du selbst wohl andren Dank nicht?

Aus dem tiefsten Grund der Seel er
Aus des Herzens tiefstem Grundschacht
Dankt dir für Normannas Kraftsang,
Den du zogst aus heilgem Dunkel.

Ernst durchzog er das Gemüt mir
Gleich gewitterschwangrer Wolke,
Sendet Lichtstrahl in die Seel mir
Loher Gluten, leuchtend, zündend.

Nie empfundnes Leben regt sich,
Neu Geschlecht entsteigt dem Aug jetzt,
All' so riesig, groß und mächtig,
Nicht Gebilde sieches Zeitstroms.

Bald hebt Herz sich angeregt von
Reiner Liebe kindlich Hoffen,
Bald mein Aug schaut Schildes Scheibe
Alter Recken, hell im Mondglanz.

Staunt der Asen grausig Walten
Jetzt mein Geist, schaut Zauberahnung,
Die wie Grabluft ernsthaft streichet,
Weit, wo Nordlands Flur erstreckt sich.

Da glüht hoch auf Lieb zur Wahrheit,
Blüht die Blum der Lieb des Stammlands,
Glimmt noch Nordmanns Geist ein Trieb jetzt,
Lodert Trieb urteutschen Kraftsinns.

Und mein heilig namlos Ahnen,
Und des Kraftsinns reges Treiben,
Und den großen Geist im Leben
Alles, alles dank ich dir nur!

Drum nimm hin den Sproß des Sanges,
Den mit frommem Sinn der Jüngling
Dar dir bringet hehrem Skalde,
Dir, dem nimmer wird versiegen
Trotz der Zeiten Stolz und Lügen
Liebesquell in teutscher Brust.

Die großen, das Vaterland im tiefsten Innern erschüttern=
den Ereignisse, die 1813 Breslau zum Bewegungsherde und
bald die ganze Welt zu Teilnehmern oder Zuschauern hatten,
scheinen anfänglich ziemlich unbeachtet von dem ganz im Wissens=
streben befangenen Knaben aufgenommen worden zu sein. Nur
soweit seine persönlichsten Schicksale davon betroffen wurden,
machte sich in den mitgeteilten Stellen des Tagebuches ein Echo
der großartigen Zeitgeschichte laut. Jetzt ist auch glühender Pa=
triotismus in dem Jünglinge erwacht. Alle die zündenden
Lieder der Kriegszeit: „Das Volk steht auf, der Sturm bricht
los,“ „In dem wilden Kriegestanze“, „Die wilde Jagd“, u. s. f.
hat er sich abgeschrieben. Aus mehreren hierher gehörigen Ge=
dichten, die er selbst gemacht, teile ich nur das eine mit:

Letzte Bitte eines deutschen Kriegers beim Beginn einer
Schlacht in Frankreich.

Sollt' ich fallen, Brüder,
So begrabt mich;
Setzt die Bahre nieder,
Wo der Main sich
In den alten Rhein ergießet,
Wo die deutsche Feste steht,
Wo der Weg nach Frankreich geht,
Wo das Wasser schäumend fließet.

Dort steht eine junge Eiche,
Wo das Wasser braust.
Dort begrabet meine Leiche,
Wo der Sturmwind saust.
Leget einen Stein
Unter ihre Äste,
Welcher ehmals feste
War im Vater Rhein.

Und das Ganze schließe
Still ein Gitter ein,
Um dies alles fließe
Du, o Vater Rhein —
Sollte jemals wieder
Dieses Deutschland fallen,
O so schlagt vor allen
Diese Eiche nieder!

Mitten unter diesen Auszügen und eigenen bescheidenen poetischen Versuchen finden sich zwei Seiten, die nur mit grie= chischen Bibelstellen angefüllt sind. Dieselben stammen sämtlich mit einer einzigen Ausnahme aus der Bergpredigt. Es sind die Schlußworte vom Bauen auf Sand und auf Felsengrund, das Verbot der Sorge, die Seligpreisungen, das Wort von der Kindesliebe und von dem Erweis der Jüngerschaft Christi aus den Werken, endlich Matth. 12: wer nicht mit mir ist, der ist wider mich.

Die Frage wird dem Leser längst auf den Lippen gelegen haben: wie stand denn nun eigentlich der junge Tholuck in re= ligiöser Beziehung? Aus vielen der mitgeteilten Citate erhellt ja deutlich, daß der Knabe und Jüngling unwillkürlich die Be= ziehungen seines Lebens zu Gott in den Vordergrund all seines Empfindens und Denkens stellte. Seine Wünsche wurden zu Gebeten; auch mit den kleinsten und unbedeutendsten Dingen trat er vor Gott, erflehte sich von ihm das Gelingen seiner Arbeiten („mon Dieu veuille, que mon exercice demain me procure des louanges" 3. Maerz 1816); die Annäherung an seine Freunde; das Wohlgefallen seiner Eltern und Lehrer. Mit kindlicher Naivetät dankte er in seinem Tagebuche für die klein= sten Aufmunterungen und Freuden, die ihm in seinem müh= seligen Tagewerke zu teil wurden. Im grunde bezog er alles im großen und im kleinen Leben auf den allmächtigen Gott und sein Leiten. Bei einer in der Nachbarschaft ausgebrochenen Feuersbrunst warf er sich auf die Kniee und bat Gott um Rettung und Schutz. Ein heraufziehendes und sich gewaltig entladendes Gewitter setzte den gerade allein im Hause befind= lichen Jüngling in die furchtbarste nervöse Aufregung: „mon Dieu, mon horreur s'augmente! L'orage se rapproche." Aber sofort sind seine Gedanken bei Gott, wenn auch in etwas pharisäischer Selbstgerechtigkeit: „Ah que j'ai lieu de rendre grâce à Dieu que je vis, comme j'ai vécu, et de le prier de me faire continuer ma route comme elle est commencée, et de n'être pas mécontent de rien; car lequel serait mon sort, si à présent un coup de foudre allait perdre notre maison! Ah je tremble de manière, qu'il ne m'est pas possible d'écrire, seulement l'espoir que Dieu n'a jamais nous fait du mal me rencourage. Und bei dem wachsenden Aufruhr der Elemente ruft er aus: Ah mon Dieu, mon Dieu, que tu es terrible dans ton courroux, garde nous, garde, je t'en prie. Ah quelle angoisse, si un nouveau coup de foudre m'éprouve, que l'orage se rapproche de plus et plus. Eh bien je cesserai d'écrire. La dernière prière soit faite et le voeu de me rappeler toujours le jour de telles angoisses, si je serais mécontent."

Das sind alles Zeugnisse einer religiös angelegten Natur. Und in der That wird man nicht irren, wenn man diesen Durst der innersten Seele nach Gott neben dem heißen Verlangen nach Menschenliebe und Gemeinschaft als das für Tholuck entschei= dendste und bestimmendste Merkmal seines Lebens bezeichnet. Schon der Knabe muß auf seine Umgebungen einen sittlich veredelnden Einfluß ausgeübt haben, und wer ihm nicht tiefer ins Herz schaute, der hielt ihn nach seiner ganzen Erscheinung für einen nur dem Höchsten zugänglichen, in sich abgeklärten und in jeder Beziehung musterhaften Jüngling. Es liegen die überschwenglichsten Lobpreisungen seiner Freunde vor, in denen Tholuck, der erst so gemiedene Goldschmiedssohn, als der Ur= heber alles Edlen und Guten in ihrem Herzen bezeichnet wird. Ein Jahr nach der ersten Annäherung an den Schulkameraden schreibt Guido Neumann an den jungen Studenten in Berlin: „Du warst der erste, der mir den edlen Zweck des Daseins zeigte!" „Tholuck, zu Dir soll ich reden, der den ersten Ge= danken, den ersten Glauben an ein besseres Sein, an ein höheres Streben in mir erweckte, der mich zum Wege der Tugend, zum Wege der Erkenntnis Gottes, Jesu Christi, der Unsterblichkeit und der höheren Begeisterung leitete, der mein starres Herz erwärmte, meine unlauteren Empfindungen reinigte, mein sinn= liches Streben aus dem Herzen entfernte." Und Guidos älterer Bruder Aurel schreibt am 5. Mai 1819: „Dich, lieber, guter Tholuck, liebe ich, vor wie nach, so aufrichtig als vor drei Jahren in den Tagen, wo wir uns zuerst fanden und so viele unvergeßliche Stunden in Betrachtung schöner und erhabener Gegenstände verlebten; Dich umfasse ich, wie damals, auch jetzt noch fort und fort als einen Freund, der seinesgleichen für mich auf Erden nicht hat" — und nun fährt er, allerdings aus der bewährten Erfahrung späterer Jahre, fort: „gegeben mir von Gott zum Leiter im Leben, zum liebenden und ermunternden Bruder in Unbeständigkeit und Gefahr. Was wär ich ohne Dich gewesen, was würd ich ohne Dich nicht sein! Zu Furcht und Ängsten auserlesen, stünd ich in weiter Welt allein. R. ist mir ein tröstender Freund, Du stehst mir fürwahr mehr als ein leitender und ernst und oft mahnender Freund zur Seite und hütest meine Schritte so sorglich. Gott lohne es Dir! ... So oft ich einmal etwas Gutes thue — o möchte es öfter kommen! — so denke ich sogleich an Dich und glaube Dich gleichsam versöhnt über mir lächeln zu sehen und meiner großen Schwachheit."

Das rührendste und bedeutsamste Zeugnis für die in zarter Jugend, bei aller eignen Unreife, begonnene missionierende Wirkung der Tholuckschen Persönlichkeit ist der Brief eines jungen katholischen Goldarbeiters vom 31. Januar 1817 nach beendeter Gesellenprüfung, der sechs Jahre lang im Hause an der Riemerzeile verkehrte, und später katholischer Theologe wurde, Ferdinand Lier. Da heißt es in den Abschiedsworten des jungen Gesellen, der seine Wanderschaft von Breslau aus antreten will: „Lebewohl Ihnen, der Sie mein Lehrer, mein Vater, mein Beschützer, mein Freund sind, von dem ich beherrscht werden will, der ich das Dienen nicht liebe. Jeder Tritt von Ihnen geschehe mit Gott. Segen verbreite sich über Sie, und Gutes erstehe um Sie her, daß ferne Nachkommen Ihr Grab segnen, wie Ihre Freunde Ihr Leben. Nichts betrübe Sie, der Sie Traurige trösteten, der Sie Ihre Ruhe anderen opferten, der Welt opfern werden, wofür Sie auch die Siegespalme erhalten werden... Ihre Lehren, die Sie mir in einem Zeitraum von sechs Jahren gegeben haben, sollen auf einen guten Boden gefallen sein." Und nun erzählt er, wie er bei der „Freisprechung" einen Hut, einen überrock, Weste und Beinkleider erhalten habe, und mit Gott und seinem Segen die Reise antreten wolle.

Dennoch haben wir aus Tholucks eigenen Zeugnissen berichten müssen, daß sein Herz für den christlichen Glauben tot und kalt blieb. Nach der gewaltigen Umwandlung, die im acht= zehnten und neunzehnten Lebensjahre mit ihm vorging, mußte ihm später seine ganze Vergangenheit als ein Wandel in Gott= losigkeit und Lästerung erscheinen.

Und in der That, die kindliche Frömmigkeit des Knaben hatte genauer besehen etwas erschreckend Gewaltsames und Egoistisches, und war weit davon entfernt, einen verklärenden und heiligenden Einfluß auf sein Leben auszuüben. Seine maß= lose Heftigkeit und natürliche Ungeduld trug sich auch mit hin= über in sein Verhältnis zu Gott. Derselbe kindische Trotz, der ihn einmal zu dem Beschlusse trieb, nicht mehr zu Habicht zu gehen, weil derselbe ihn in der arabischen Stunde getadelt hatte; der ihn mit Lier eine Weile brechen ließ, weil er eine halbe Stunde über die verabredete Zeit auf ihn hatte warten müssen; der ihn am 9. März 1816 — er war also schon fast siebzehn Jahre alt! — weil ihm sein Vater bei Tische Grobheiten gesagt, daß er eine Zwiebelsauce nicht essen wollte, in sein Tagebuch schreiben ließ: „je pensais à ma mort, je pleurai, je voulu mourir, je me cherchais pour deux gros du gateau et je veux vivre en me rappelant mes amis", — dieser selbe Trotz trieb ihn auch zum kecken Widerstande gegen Gott, den er doch so kindlich anrufen und so dankbar preisen konnte, wenn die göttlichen Führungen mit seinen eigenen Wünschen überein= stimmten.

Wohl ist er sich oft der kindischen Ziele seiner Gebete bewußt gewesen. „O mon Dieu," schrieb er am 28. November 1815, „je sens bien, ce n'est pas du bien essentiel ce que je vais prier, il concerne aussi des puérilités; mais je suis encor enfant, je veux l'être. Faites moi naître avant noël encor un jour ou je puisse sentir encor une fois toute cette joie que j'ai senti à ces jours là. Jamais je ne veux l'ou= blier ni lui ni le jour d'aujourd'hui où je fais cette prière. O que j'étais heureux lorsque je parcourus au bras de cet homme qui m'est le plus cher sur tout ce globe les bou-

diques de noël. Mais ne suis je pas enfant? Oui, mais
un enfant heureux.“

Aber gewährte ihm Gott seine kindischen Bitten nicht, so
wurde er ernstlich böse und setzte ihm den Stuhl vor die Thür.
Am 19. März 1816 schreibt er: „Au moment que j'écris
cela“, (nämlich eine Bitte zu Gott um Lob für seine Arbeiten
aus dem Munde Mansos) „je lis que je demandais l'autre
mardi de même à Dieu d'un bon exercice. Il ne le fit pas;
ah qu'il accomplisse cette fois.“ Aber auch diesmal wurde
er nicht erhört. „Recteur me dit des reproches.“ Und da
heißt es denn kurz angebunden: „C'est pourquoi je ne puis
pas croire en Dieu un père.“ Oder er stellt seine Bedingungen:
gibt Gott ihm das eine nicht, das er begehrt, so fordert er
Ersatz. „O mon Dieu,“ heißt es am 15. November 1815, „je
vous ai prié et je vous prie aussi à présent, rendez moi
les amis que j'aime, mais rendez me les amants. Si vous
ne voulez pas, il me faut contenter aussi, je le ferai aussi,
mais alors rendez-moi de la compensation. Elle
pourrait consister: Je ne veux y penser, qu'elle serait la
plus grande, si je pourrai suivre la route de Pétersbourg
— oh je crois qu'un tel bonheur ne m'est pas destiné: non
je veux seulement: des livres, comme je me les souhaite,
la gaieté de mon père, de moi et de tous les miens — o je
ne les sais pas moi même.“ Und dann schließt er wohl ganz
fromm und ergeben: „Le seul que je vous prie, est: Rend
me happy, the manner in what you will, do it; you will
know the best, but so happy that I myself me believe happy“
(„mache mich glücklich! in der Weise, wie du willst; du wirst
es am besten wissen, aber so glücklich, daß ich mich selbst auch
für glücklich halte“).

Aber oft brach auch die wildeste Ungeduld mit elementarer
Gewalt heraus. „Ich setzte mir manchmal vor,“ schreibt er
später in dem erwähnten Abriß ‚Mein Leben‘, „wenn dir
heute nicht das Erwünschte zu teil wird, so mordest du dich.“
Noch auf der letzten Seite des Tagebuchs steht: „Si mon hon-
neur est touché ou si quelque autre chagrin me blesse, je
me tue. Ce conseil est déjà devenu si ferme, que je m'en
rappelle presque tout moment.“ „Während dem war mein

Umgang mit Gott ganz eigen geworden. Ich dachte mich beständig in die Ewigkeit, also auch beständig zu Gott, und hatte so ein Vertrauen zu seiner Liebe, insbesondere zu seiner Liebe zu mir bekommen, daß ich bei jenen Mordanschlägen ganz kindlich sagte: Lieber Vater, willst du, daß ich mich nicht morden soll, so erfülle meine Bitte; erfüllst du sie nicht: so sehe ich es als ein Zeichen an, daß du mir den Mord erlaubst. Daß Selbstmord nicht strafbar sei, war mir ganz gewiß; ich dachte, Gott muß dich vielmehr belohnen, daß du ein so elendes Leben so lange getragen hast." Oft aber packte es ihn doch im Ge= wissen, „wie, wenn er dich dennoch bestrafte? Nun, dachte ich, so mag er es thun; dann ist es ein ungerechter Gott, und selbst aus meiner Verdammnis will ich es ihm in alle Ewigkeit ent= gegenschreien: ‚Gott, du bist ungerecht!‘" Oder es beschlich ihn der Gedanke: „Ist es nicht möglich, daß vielleicht die Erde überhaupt nur von einem bösen Dämon geschaffen ist und regiert wird, dem Menschenelend Seligkeit ist? Wie könntest du denn sonst in so furchtbare Zustände geraten? Und da dachte ich und schrie es aus in meiner einsamen Kammer mit fürchterlicher Gebärde: Ja, du willst leben, leben, um alle Religion mit Füßen zu treten, damit der Satan, der im Himmel ist, nicht hohnlache der verrückten Menschen, die ihn anbeten."

Seine allernächsten Freunde lernten den Dämon auch bald kennen, der in der jungen Brust hauste. Aurel Neumann und August Wentzel hatten einen tieferen Eindruck von den Zeugnissen des Professor J. G. Scheibel bekommen, der damals als Diakonus an der Sankt Elisabeth=Kirche in reichem Segen wirkte. Sie urteilten wie Steffens, der in seinem „Was ich erlebte" irgendwo einmal sagt: „Scheibel ist ein Seelsorger im wahrsten Sinne, dem Gott die Gabe verliehen hat, der mit innerem Zweifel ringenden Seele zu begegnen, wie sie wenigen zu teil ward."

Sie suchten, als der Freund sie mit seinen Kämpfen und Anfechtungen bekannt machte, auch ihn der Einwirkung Schei= bels näher zu bringen. Aber die Versuche waren anfangs ver= gebens. Er lachte ihr Christentum aus, wiewohl ihm nach seinem eigenen Bekenntnis, als er sie einst „ganz ausgehöhnet und verspottet hatte, im Herzen dabei so angst ward, daß er

noch an demselben Abend lange in der Bibel las." Zugleich
aber verbreitete er unter seinen Bekannten spotthafte Lügen
und Verleumdungen über Scheibel, „daß der Diakonus vor
dem Thore sich in einer unterirdischen Stube mehrere Bettler
sammle, um dann zu predigen", und machte sich „auf alle Weise
über Kirchengehen und Christentum lustig."

In dieser Zeit war es, wo Tholuck seine am 5. Oktober
1816 öffentlich gehaltene Abiturientenrede ausarbeitete, die in
dem Michaelisprogramm des Magdalenischen Gymnasiums von
1816 den Titel führt: „Wie haben die Araber auf die Bildung
Europas gewirkt?" Leider besitzen wir diese Rede nicht mehr,
die in mehrfacher Hinsicht von großem Interesse sein würde.
Auch in den Akten des Gymnasiums hat sie sich nicht finden
lassen. Tholuck selbst spricht sich darüber in dem Heftchen
„Mein Leben" folgendermaßen aus: „In einer öffentlichen Rede,
die ich bei meinem Abgange zur Universität hielt, stellte ich die
drei großen Lehrer Moses, Jesus, Muhammed neben ein=
ander und zog allen Dreien den indischen Menu, den persi=
schen Soroaster und den sinesischen Confutse vor. Ich hatte
damals im Sinne, nach dem Orient zu reisen, um durch neue
Entdeckungen zu zeigen, wie albern das Christentum gegen die
hohe Weisheit der Morgenländer wäre."

Er hatte das Manuskript an seinen Freund August
Wentzel geschickt, der damals sich mit seinem kranken Vater in
Karlsbad aufhielt. Derselbe schrieb ihm am 15. August: „Du
fragst mich in Deinem Briefe über den Anfang Deiner Rede.
Wie ich sie das erste Mal so las und weiter nicht darüber
nachdachte, so fällte ich das gleiche Urteil wie Kannegießer.
Jetzt da ich sie aufmerksam gelesen habe, muß ich Dir gestehn,
ich würde diesen Anfang ändern. Denn es ist ja nicht wahr,
daß Muhammed Gott in seiner Größe und Wahrheit, geschweige
in seiner ganzen Größe und Wahrheit lehrte. Der Begriff von
einem großen Gott verträgt sich doch wahrhaftig mit dem
Bordellhimmel nicht, den die Muhammedaner als höchsten Lohn
annehmen. Ich gebe zu, daß Muhammed es redlich meinte,
daß er für jene Völker eine solche und keine andre Religion
aufstellen zu müssen glaubte, daß er unendlich höher steht, als
mancher christliche Theologe. Aber ich kann doch nie sagen, daß

er Gott in seiner ganzen Größe und Wahrheit ahnen ließ und
lehrte. Findest Du das nicht auch? Ich weiß sehr gut, daß
man neuerlich in vielen philosophischen und theologischen Schriften
Moses, Jesus und Muhammed so mit einander verglichen
und parallelisiert hat, als Du in Gedanken thatest, wie Du
diese Stelle schriebst. Es wird mich aber kein Mensch überreden, daß dies richtig ist. Die muhammedanische Religion
kann gar nicht mit der jüdischen, und noch viel weniger mit
der christlichen verglichen werden, schon aus dem einen Grunde,
weil diese beiden letzteren nach meiner Überzeugung von Gott
inspiriert wurden, kein vernünftiger Mensch aber wohl glauben
wird, daß Muhammed inspiriert war. Ich weiß sehr wohl,
daß Kannegießer dieser Anfang gerade so recht gewesen sein
wird; aber ich würde es in Deiner Stelle für meine Pflicht
halten, dieses zu ändern, nicht weil ich es für eine Gottes-
lästerung halte (solche krasse Ideen habe ich nicht), aber weil es
eine Unwahrheit ist, die bloß durch den Wohllaut der gewichtigen
Worte, in die sie gehüllt, und die Wahrheit, mit der sie umwebt
ist, auffällt. Nach meinem Gefühl muß ich Dir auch gestehen,
finde ich es für nicht ganz schicklich, Muhammed mit Jesus
zu vergleichen. Vor einem halben Jahre würde ich mich ge-
wundert haben, hättest Du es anders geschrieben; auch jetzt sehe
ich den Grund sehr wohl ein. Er liegt darin, daß Du zu früh
konfirmiert wurdest. Deine Denkkraft war damals noch nicht
scharf genug, um Wahres von Falschem zu unterscheiden, und
dazu war der Religionsunterricht schlecht."

So schrieb ihm der Freund, der tiefe Blicke in das
Gemüt Tholucks gethan hatte. In einem etwas gefühligen
Briefe vom 30. Juli 1816 vergleicht er sich, Tholuck, Aurel
Neumann und den nach Prag übergesiedelten, beiderseitigen
Freund Kopisch, den vier Elementen, und wendet auf sie den
Spruch an: Vier Elemente, innig gesellt, bilden das Leben,
bauen die Welt. Kopisch ist die reine ätherische Luft; Neu-
mann das Bild der ruhigen Überlegung, der sondernden Ver-
nunft und zugleich der Festigkeit, die Erde; er selbst umfaßt sie
alle mit ewiger Liebe, mit dem Streben nach allem, was ihm
gut scheint, mit dem Enthusiasmus des Feuers. "Du bist die
Tiefe der Empfindung, das Bild der Ausdauer, des Ernstes,

das Wasser. Du führst aus, was Du willst; der Strom spült so lange am Felsen, bis er ihn untergräbt und krachend in seine Tiefe zieht. Deine düstre Stimmung mit der traurigen Ansicht der Welt und doch einer unleugbaren Tiefe des Gefühls gleicht dem Weltmeer oder dem generellen Begriff des Wassers. Auch Deine früheste Jugend war heiter wie ein hüpfender Bach." (?)

Aber trotz der freundschaftlichen Mahnung hat Tholuck, wie sich aus den nachfolgenden Briefen ergibt, die anstößige Stelle in seiner Rede nicht geändert.

Nach wenigen Wochen mußte ihm Wentzel bei einer anderen Gelegenheit die ernstesten Vorwürfe wegen eines Vorfalles machen, bei dem die „düstre Stimmung" des unruhigen Jünglings wieder einmal zu einem furchtbaren Ausbruche gekommen war, und der Freund ihm zurufen mußte: „Sieh, Mensch, was aus Dir ohne Religion geworden ist, sieh und schaudere und kehre zurück in ihren Mutterschoß, in ihre Liebesarme und erwärme Dein Herz wieder an ihrem Busen! O Schwächling, ermanne Dich und sei stark; werde doch endlich ein Mann und lege das Weib ab!"

Tholuck selbst berichtet in „seinem Leben" über dieses Ereignis, „das ihm einen neuen einflußreichen Beweis der Fürsorge des Herrn gab", folgendes: „Ich war mit einem jener beiden Freunde" (Aurel Neumann, im Juli 1816) „nach der kleinen Stadt Reichenbach" (wo damals die Eltern von Neumann wohnten) „gereist. Da er meinen ungezügelten Ehrgeiz durch eine Kleinigkeit beleidigt, so ward mir wieder alles schwarz vor der Seele. Ich beschloß aufs neue den Selbstmord, und diesmal sehr ernst, wiewohl ungern. Ich ging in den einsamen Garten, nahm mir ein scharfes Messer, feuerte mich vorher durch Wein an, schrieb Abschiedsbriefe an meine Eltern und an jenen Freund selbst. Ihm schrieb ich: Komm um acht Uhr zu mir, so wirst Du einen großen Spaß sehen. — Ich aber wollte um halb acht Uhr mich morden, und er sollte mich im warmen Blute finden. — Meine Seele war finster; ich betete auch ein wenig. Um sieben Uhr läutete die Sterbeglocke zum Tode eines Predigers. Ich sah dies als ein Zeichen an, daß ich die That thun sollte. Aber im Rate Gottes war es anders verordnet. Mein Freund bekam meinen Brief

in einer Gesellschaft, aus der er sich nicht entfernen konnte. Er
ahnete auch nichts Böses, sondern glaubte, ich werde plötzlich
abgereist sein. Allein meine Ausdrücke ließen seiner Seele keine
Ruhe. Es treibt ihn, den Brief aufs neue aus der Tasche zu
nehmen und zu durchlesen. Es geht ihn kalt an, er will sich
entfernen, wird zurückgehalten, schützt Kopfschmerz vor und eilt,
voll Angst, in meinen Garten. Da er auf mich zustürzt, stoße
ich das Messer in die Brust, aber nur schwach, da ich schon
ergriffen war von dem Vorsehungsvollen seines Kommens. Doch
hätte ich mich erstochen, wäre er nicht gleich mir in die Arme
gefallen. Ich weinte sehr, glaubte mit Gott eins zu sein, sah
es für nichts an, als für ein notwendiges Zeichen, daß mich
Gott noch am Leben haben wollte; doch war mein Gewissen so
scheu, daß ich diese Nacht sehr ängstlich und ohne Gebet zu=
brachte. Ich kehrte nach Hause zurück, ohne daß dieser Vorfall
merklich auf mich einwirkte." Und nun schließt er diesen Abschnitt
seiner Lebensbeschreibung mit den Worten: „Ich fing jetzt an,
mich darauf zu legen, mir eine Lebens=Philosophie zu kon=
struieren. Ich meinte, man müßte ein Amalgama machen können
aus Philosophie, Religion, Ästhetik und Wissenschaft, welches
man die Lebensphilosophie nennen könne, und dies müsse zu
einem wahrhaft heiteren Leben führen. Seit Michaelis 1816
dachte ich darauf, planmäßig das Leben zu genießen, teils durch
gänzliche Hingabe an die Studien der alten Geschichte, der mo=
dernen und orientalischen Sprachen, denen ich mich gewidmet
hatte, teils durch planmäßiges Besuchen von Theater und Ge=
sellschaften, teils durch eine gemütvolle Religion."

Aus allem Mitgeteilten erhellt ja wohl mit hinreichender
Klarheit, daß in der Brust des Jünglings wirklich ein unbesieg=
licher Drang nach Gemeinschaft mit Gott und nach einer edel
sittlichen Ausgestaltung des Lebens wohnte. Aber das Herz war
noch nicht gebrochen. Der ungeduldige Eigensinn, der auch dem
späteren Gotteskinde Tholuck noch manchmal ernstlich zu schaffen
machte, beherrschte noch so gut wie unbeschränkt sein ganzes
Dichten und Trachten und war auch der Regulator für sein
religiöses Empfinden. So wechselten mit den augenblicklichen
Umständen die Stimmungen, und von diesen hing es wieder ab,
ob kindliche Ergebung, hoffnungsvolle Bitte, freudiger Dank,

oder ob düstrer Groll, der sich bis zu Selbstmordversuchen und kühner Lästerung der Gottheit steigern konnte, dem Herzen entquoll. Die natürliche Religion, die seinem eigenen Fleisch und Blut ihren Ursprung verdankte, hielt nicht aus in den Stürmen der Leidenschaft, die dies unruhige Menschenkind schon in zarter Jugend durchtobten. Und dennoch wirkte seine Erscheinung, um des unerschütterlichen Ernstes seines Strebens willen, belebend, versittlichend, erziehend ein. Sein Freund Kinsky, der in den mannigfaltigen Seelenströmungen, auch in der religiösen Friedlosigkeit des geliebten Tholuck wohl Bescheid wußte, konnte ihm doch in jene Zeit hinein schreiben: „Ich habe viele Freunde, aber keinen umfängt so gewaltig mein ganzes inneres Walten, keinen umrankt so innig zarte Liebe meines Herzens als Dich, Du wahrhaft edler Mensch, Du reiner, zartfühlender Jüngling, Du redlicher, warmer Freund!" Und prophetisch ruft er ihm zu: „Jüngling, in Dir reift ein großer Mann! Welch eine Aussaat des Segens wird dann" (wenn der völlige Friede Gottes in die Brust eingekehrt ist) „Deinem hohen Gemüte entkeimen; Wahrheit und Licht wird Deine Spuren bezeichnen, und der Abglanz Deines inneren Wesens wird eine kleine Welt um Dich sammeln, in deren Mitte Du Dir wenigstens nie ganz isoliert erscheinen wirst." Und in liebender Überschwenglichkeit gibt er ihm, „dem lichten Sterne seines Lebens, der seinen Abglanz wirft auf das Allerinnerste seines Wesens," den schönen Jean Paulschen Gruß mit auf den Lebensweg: „Dein Leben sei ein langer Kuß des Ewigen!"

Zweites Kapitel.

Bei Herrn von Diez.

Nach glücklich beendetem Abiturientenexamen — das Album der philosophischen Fakultät in Breslau nennt als seine Zensur: „Zwei mit Auszeichnung" — ließ sich Tholuck am 4. Oktober 1816 immatrikulieren, um Philologie zu studieren. Von philosophischen Vorlesungen belegte er indessen nur die Dialektik bei Dr. Thilo. Dagegen muß er mehrere Scheibelsche Vorlesungen gehört haben, ohne offiziell der theologischen Fakultät beigetreten zu sein. Unter seinen alten Kollegienheften finden sich Nachschriften aus der „Einleitung in das Alte und Neue Testament von Prof. Scheibel", der allgemeine Teil ohne Lücken, der spezielle nach der ersten Seite abbrechend; ferner „Einleitung in die Dogmatik", nur zehn Seiten, und endlich Bruchstücke aus einem Kolleg über den Hebräerbrief. Im übrigen setzte er seine Sprachstudien, vor allem die arabischen, fort, wodurch er mit Dr. Habicht allmählich in das vertrauteste Freundschaftsverhältnis trat. Unter den Kollektaneen ist ein Quartheft mit dem Titel: „Buch merkwürdiger Begebenheiten im Leben Timurs, oder Timurs merkwürdige Begebenheiten, geschrieben von Arabschah, ins Deutsche übersetzt von Aug. Tholuck" im Jahre 1816 im Monat Oktober begonnen! Die Übersetzung auf der andern Seite trägt die Überschrift: Begonnen den 2. Mai 1817. Der junge Übersetzer vollendete das erste Buch mit 67 Kapiteln, und vom zweiten Buche noch 25 Kapitel. Dann bricht der Text ab, und es folgen einzelne Bemerkungen über Hermeneutik, Epheserbrief, Wiedergeburt, Kirche Christi ꝛc.

An seinem Tagebuche hat Tholuck auch in dieser Zeit
weiter geschrieben; spätere Andeutungen weisen aber darauf hin,
daß er die Aufzeichnungen aus diesen Monaten sämtlich wieder
vernichtet hat. Vom 16. April 1816 bis zum 30. Januar
1817 fehlt uns daher diese Quelle für die Biographie.

Auf der Breslauer Universität scheint Tholuck keine neuen
intimeren Bekanntschaften gemacht zu haben. Die alten Freunde
füllten sein Herz aus. Unter ihnen trat jetzt an die erste Stelle
ein schon tiefer im Christenglauben gegründeter und mit dem
Neumann=Wentzelschen Kreise in Verbindung stehender
Theologe, der junge Radecke, der sich in Breslau auf sein
erstes theologisches Examen vorbereitete. Er war der Sohn
eines schlesischen Pfarrers und schon früh zur Erkenntnis der
Wahrheit gekommen. In späterer Zeit wurde er, nach einer
kurzen Hilfspredigerthätigkeit in seinem Geburtsorte Grünhartau
bei Strehlen, Hauslehrer bei den Kindern des Erbgrafen
v. Stolberg in Wernigerode, wo ihn Anfang des Jahres
1821 ein Ruf ins Pfarramt nach Schönbrunn bei Strehlen
traf. Dort erhielt er im Mai 1825 die Berufung als Hof=
prediger nach Wernigerode*) und ist bis an sein Ende in dieser
Stellung verblieben. Mit Radecke, mit Aurel Neumann
und Schrötter, die zu Ostern, mit August Wentzel, der zu
Michaelis 1817 das Magdalaneum verließ, und mit den jün=
geren Neumannschen Brüdern Guido und Richard, die erst
am Karfreitag 1817 konfirmiert wurden, hielt Tholuck den
innigsten Verkehr aufrecht. Gemeinsame Ausflüge in die Natur,
stille, selige Abendstunden, die auf den Stuben mit dem
Lesen geliebter Dichter, unter den Tönen des von Radecke mit
Meisterschaft gespielten und von Tholuck mit Leidenschaft ge=
hörten Klaviers, in Träumen von der Zukunft, und im Aus=
tausch schwärmerischer Freundschafts= und Liebesversicherungen
verbracht wurden, — das waren die Höhepunkte in Tholucks
frühestem Universitätsleben, von denen ein Jahr später Ra=
decke schreibt: „Selig, selig, wenn sich die Seelen erkennen.
Gedenkst Du noch der schön verlebten Stunden, als Du hier
bei uns warst? jener — ich meine die Vorgängerinnen der

---

*) Sein Nachfolger in Schönbrunn wurde bekanntlich Julius Müller.

Mitternacht, in welcher das Auge des Geistes durch den Glanz
der Sternennacht in das Heiligtum der Himmel drang, und wir
— wie oft! — innig empfanden, was Menschen= und Freundes=
liebe, was Gott, was Leben im Herrn sei? Gedenkst Du —
doch was soll ich alles hier aufzählen! An einem reinen Leben
verwelkt nichts, alles ist darin Unsterblichkeit, nichts kann daraus
hinweg die stille Lethe auslöschen." Und Tholuck selbst schreibt
im Sommer 1817 aus Berlin an Radecke von diesen seligen
Abenden: „Ja, mein Radecke, laß die Tage dem Pflastertreter
und der Fron; aber die Abende, o die Abende, wären diese
Euch und mir zusammen! Wie sanft und wie so herrlich steht
jener Mondscheinabend in meinem Geiste. Ja wer so wie wir
beide dem lieben Herrgott in sein besterntes Angesicht sehen
kann, dem ist noch nicht alles Glück im Wogenstrudel des Lebens
untergegangen, denn der hat ja noch ein Herz, dem er es sagen
kann, wie unendlich voll ihm die Brust ist, wenn der silberne
Himmelsreigen seine Glieder schlingt. Und muß ich Armer
jetzt am herrlichen Sternenglanz allein mit dem thränenden Blick
umherirren: so nimm Du, der es Dir vergönnt ist, Deinen
guten Aurel, Deinen tugendstarken Guido, und ziehe hinaus
an die heiligen Stätten, wo uns selbander das Herz einst größer
ward, und die Gewißheit des ewigen Blütenlebens strahlend vor
unserem Geiste aufging."

Wie wenig aber der allezeit Unruhige sich in der neuen
Lebensstellung und =aufgabe wohl befand, wie mächtig das
innere Feuer der Sehnsucht nach Ungenanntem und Unbekann=
tem in ihm brannte, sollte sich bald zeigen. Das letzte, zwölfte
Blatt von dem erwähnten eigenhändigen Lebensabrisse Tho=
lucks läßt uns einen Blick in seine damalige Stimmung thun.
Es heißt daselbst: „Am Ende des Jahres 1816" (Tholuck
selbst schreibt irrtümlich 1817) „schickte mir Gott aufs neue
einen Wegweiser, der mich wieder ein Stückchen weiter führte.
Durch meine orientalischen Studien kamen mir die Werke des
seligen Legationsrats, ehemaligen preußischen Gesandten in Kon=
stantinopel, Prälaten v. Diez, in die Hände. Er redet darin
so kräftig von Religion, daß ich ganz davon begeistert wurde.
Scheibels Orthodoxie wurde mir dadurch achtungswerter; ich
las mehr in der Bibel. Nach Lesen der Werke des seligen Diez

wurde ich auch lustig, mit Scheibel umzugehn; ich besuchte ihn, und seine Freundlichkeit und Dienstfertigkeit nahm mich für ihn ein. Wenn ich bei ihm war, stellte ich mich, als glaubte ich; ich unterließ die Verleumdungen gegen ihn und fing auch an, bei anderen Leuten orthodoxer mich zu geben. Zu derselbigen Zeit war zwar schon der düstre Harm, der mich sonst umlagerte, nicht mehr so sehr finster; aber ich hatte in meinen Verhältnissen eine unbeschreibliche Angst. Mein Stand war mir zu gering, meine Lage zu unbedeutend, ich meinte zu was Besserem geboren zu sein. Hinaus, hinaus tönte es in mir."

Und in ungeahnter Weise sollte sich zu diesem „Hinaus" die Gelegenheit bieten. Diez selbst, der „kräftige" Zeuge für die Religion, war es, zu dem die göttliche Vorsehung ihn führte. Der Mann hat so tief in Tholucks Entwickelung eingegriffen, und ist eine so durch und durch originelle Persönlichkeit gewesen, daß es dem Leser vielleicht willkommen sein wird, was sich über seinen Lebensgang hat ermitteln lassen, in kurzen Zügen hier zusammengefaßt zu erhalten, ehe wir Tholuck bei ihm selbst einführen.

Heinrich Friedrich v. Diez war im Jahre 1750 in Bernburg geboren. 1769 studierte er in Halle Jurisprudenz und ward ein Mitglied der „Amicistenloge Constantia", einer von den Landsmannschaften verschiedenen, auf Sittlichkeit, Fleiß, gutes Betragen und wechselseitige Unterstützung abzielenden Studentenverbindung, zu welcher sich aber auch Kaufleute und Militärs, vor allen die Offiziere des damals in Halle garnisonierenden Anhalt-Bernburgschen Regiments hielten. 1772 gab Diez anonym eine Ordensschrift heraus, zu der er sich später nie recht bekennen wollte, die aber der in vieljähriger litterarischer Verbindung mit ihm gewesene H. A. O. Reichard[1]) ihm entschieden zuschreibt: „Urteil geheimer Gesellschaften für die Welt; von einem Unzertrennlichen in der A(micitia)." („Unzertrennlich" war die herkömmliche Unterschriftsformel der Glieder.) Diez widmete sich dem praktischen Staatsdienste und wurde bald Regierungsrat; daneben aber betrieb er mit besonderer Vorliebe orientalische Sprach= und Völkerkunde. Dies gab die Veranlassung, daß der Minister Graf v. Herzberg den König Friedrich II. auf Diez aufmerksam machte, als es sich darum

handelte, dem annexionsluſtigen Kaiſer Joſeph II von der Türkei
aus Schwierigkeiten zu bereiten und einen Zügel anzulegen.
So wurde Diez, der zu dieſem Behufe in vier Wochen noch
fertig franzöſiſch lernen mußte, nachdem er von dem großen
Könige in den Adelsſtand erhoben war, im Jahre 1784 als
Geheimer Legationsrat und Königl. Preußiſcher Außerordent=
licher Geſandter an den Padiſchah nach Konſtantinopel geſchickt.
Da hielt er ſich mehrere Jahre auf und ſammelte reiche Schätze
orientaliſcher Handſchriften, Kleinodien und Utenſilien, dann
kehrte er zurück und wurde 1791 zum Prälaten des Stifts von
Kolberg ernannt, in welcher Stadt er ſich niederließ und blieb,
bis die Belagerung Kolbergs im Jahre 1807 ihn veranlaßte,
mit ſeinen Sammlungen nach Berlin überzuſiedeln. Er bezog
daſelbſt im Stralauer Viertel ein romantiſch an der Spree
belegenes Parkgrundſtück, das damals noch etwa eine halbe
Stunde von der eigentlichen Stadt entfernt lag. Hohe Bäume
und Reſte von ehemaligen, geradlinig angelegten Weinſpalieren,
ſowie ein altes verfallendes Wohnhaus, das die Spuren früherer
Eleganz an ſich trägt, erinnern noch gegenwärtig (Mühlenſtr. 49,
zur Zeit eine „Steinlage“, damals die Nr. 59 tragend) an eine
Vergangenheit, welche dem von Diez bewohnten Grundſtücke
den Namen des „ſchönſten Parkes von Berlin“ eintrug. Der
Legationsrat hatte ſich die Räume des Hauptgebäudes in orien=
taliſchem Stile ausgeſchmückt und beſaß ein chineſiſches, ein
perſiſches, ein türkiſches Zimmer, in denen er nach Weiſe der
Geſandtſchaften offene Tafel hielt und faſt täglich Celebritäten
der Geſellſchaft und des Geiſtes bei ſich ſah. Er war un=
verheiratet und durch und durch ein Sonderling, der es nicht
leiden konnte, mit andern Menſchen unter einem Dache zu
wohnen; ſelbſt daß in das Hinterhaus ein Färber eingezogen
war, gab ihm Anlaß zu wiederholtem Ärger. Eine mächtige
Geſtalt, meiſt orientaliſch gekleidet, — Tholuck ſelbſt erhielt
ſpäter von ihm einen hellfarbigen, mit zarten Blumen ge=
ſchmückten weiten türkiſchen Kaftan geſchenkt, deſſen Benutzung
durch den jungen Mann in den Gängen des Gartens nach dem
Tode von Diez das Gerücht hervorrief, der Alte ſpuke noch
umher — dazu ein breites, derbes Geſicht und eine gewaltige,
Mark und Bein erſchütternde Stimme, gaben der Erſcheinung

des Gelehrten etwas überaus Imposantes. Auf dem Gebiete
der orientalischen Sprachwissenschaft war er damals, wiewohl
ihn v. Hammer=Purgstall in Wien gelegentlich in einem
Briefe an Tholuck vom 23. Juni 1821 „v. Diez streitsüch=
tigen und rechthaberischen Andenkens" nennt, eine unbestrittene
Autorität. Seine Hauptschriften sind: „Über das königliche
Buch" (Fabeln des Bidpai), Berlin 1811. „Denkwürdigkeiten
von Asien", 2 Bände, Berlin 1811—15. „Übersetzung des
Buches Kabus", Berlin 1811, und „Rasmi Achmed Effendis
Geschichte des Krieges zwischen den Osmanen und Russen
1768—74", Berlin 1813.[2]) Goethes anerkennendes Urteil
über Diez ist bekannt; doch mag es angezeigt sein, zur Cha=
rakterisierung des Mannes, der einen so nachhaltigen Einfluß
auf Tholuck ausübte, es hier noch einmal zu wiederholen.
Goethe schreibt im West=östlichen Divan:[3])

„Einen bedeutenden Einfluß auf mein Studium, den ich
dankbar erkenne, hatte der Prälat v. Diez. Zur Zeit, da ich
mich um orientalische Litteratur näher bekümmerte, war mir das
Buch des Kabus zu Handen gekommen, und schien mir so
bedeutend, daß ich ihm viele Zeit widmete und mehrere Freunde
zu dessen Betrachtung aufforderte. Durch einen Reisenden bot
ich jenem schätzbaren Manne, dem ich so viel Belehrung schuldig
geworden, einen verbindlichen Gruß. Er sendete mir dagegen
das kleine Büchlein von den Tulpen. Nun ließ ich, auf seiden=
artiges Papier, einen kleinen Raum mit prächtiger goldner
Blumen=Einfassung verzieren, worin ich nachfolgendes Gedicht
schrieb:

> Wie man mit Vorsicht auf der Erde wandelt,
> Es sei bergauf, es sei hinab vom Thron,
> Und wie man Menschen, wie man Pferde handelt,
> Das alles lehrt der König seinen Sohn.
> Wir wissen's nun, durch Dich, der uns beschenkte;
> Jetzt fügest Du der Tulpe Flor daran.
> Und wenn mich nicht der goldne Rahm beschränkte,
> Wo endete, was Du für uns gethan!

„Und so entspann sich eine briefliche Unterhaltung, die der
würdige Mann bis an sein Ende, mit unleserlicher Hand, unter
Leiden und Schmerzen getreulich fortsetzte.

„Da ich nun mit Sitten und Geschichte des Orients bisher
nur im allgemeinen, mit Sprache so gut wie gar nicht bekannt
gewesen, war eine solche Freundlichkeit mir von der größten
Bedeutung. Denn weil es mir, bei einem vorgezeichneten, me=
thodischen Verfahren, um augenblickliche Aufklärung zu thun
war, welche in Büchern zu finden Kraft und Zeit verzehrenden
Aufwand erfordert hätte, so wendete ich mich in bedenklichen
Fällen an ihn, und erhielt auf meine Frage jederzeit genügende
und fördernde Antwort. Diese seine Briefe verdienten gar wohl
wegen ihres Gehalts gedruckt und als ein Denkmal seiner Kennt=
nisse und seines Wohlwollens aufgestellt zu werden. Da ich
seine strenge und eigene Gemütsart kannte, so hütete ich mich,
ihn von gewisser Seite zu berühren; doch war er gefällig genug,
ganz gegen seine Denkweise, als ich den Charakter des Nassreddin
Chodschah, des lustigen Reise= und Zeltgefährten des Welt=
eroberers Timur, zu kennen wünschte, mir einige jener Anek=
doten zu übersetzen.... Daß ich an des Freundes übrigen
Schriften, den Denkwürdigkeiten des Orients u. s. w. teil ge=
nommen und Nutzen daraus gezogen, davon möge gegenwärtiges
Heft Beweise führen; bedenklicher ist es zu bekennen, daß auch
seine, nicht immer zu billigende Streitsucht mir vielen Nutzen
geschafft. Erinnert man sich aber seiner Universitätsjahre, wo
man gewiß zum Fechtboden eilte, wenn ein paar Meister oder
Senioren Kraft und Gewandtheit gegen einander versuchten, so
wird niemand in Abrede sein, daß man bei solcher Gelegenheit
Stärken und Schwächen gewahr wurde, die einem Schüler viel=
leicht für immer verborgen geblieben wären.“

Zu diesem Manne nun sollte Tholuck in die denkbar
nächste Beziehung treten. Wir entnehmen den Bericht über den
Hergang seinen eigenen Aufzeichnungen in „Mein Leben“, die
leider im interessantesten Momente abbrechen, da der Rest des
offenbar weitergeführten Manuskripts verloren gegangen ist.

„Im Winter 1817“ (d. h. 1816—17) „redete ein Kauf=
mann davon, daß er nach Berlin reisen wolle, und fragte mich
im Scherz, ob ich Lust hätte mitzugehen. Ich sagte: ja, anfangs
nur mit dem Gedanken, mir Weltkenntnis zu erwerben; dann
aber kommt mir ein, ob nicht Diez in Berlin der Mann sein
könnte, den das Schicksal bestimmt haben möchte, mich aus

meinem Ägypten zu befreien. Da erwachte ein Trieb zum
Gebete; ich betete eine Stunde hintereinander, der himmlische
Vater möchte mir doch Gewißheit geben, ob mir Diez alles
werden würde, das ich brauchte. Es schien mir endlich, als
sagte Gott: Amen. Ich war mir gewiß, Diez würde mich bei
sich behalten. Ich packte und siegelte alle meine Sachen, um sie
mir nachschicken zu lassen, als plötzlich dem Kaufmann der Paß
verweigert wird und er bleiben muß. Nun schien alles zer=
schlagen — aber nein. Jener, selbst nicht wohlhabend, borgt
sich 25 Thaler und gibt mir dieselben auf meine Reise, die ich
allein machen sollte. Hier war Gottes Finger! — Ich, ein
armer, unbekannter Jüngling, reise mit diesem Gelde mitten im
Winter, mitten in der Kollegienzeit 1818" (muß heißen 1817)
„nach Berlin und komme daselbst am 12. Januar an. Ich
hatte keinen andren Mann zu besuchen als den seligen Diez.
Gleich den Morgen, da ich ankam, kleidete ich mich an, ihn
aufzusuchen; von seiner Aufnahme hing alles ab. Ich dachte
mir einen freundlichen, treuherzigen Greis, ohne alle Komplimente. — Mit großer Angst ziehe ich an der Klingel, ein Be=
dienter kommt. Ich meinte, ich müßte hören, er sei schon tot.
Ich werde angemeldet, trete herein und siehe, ein großer Mann,
in seidenen Strümpfen, einem Rock von Vigugnawolle, frisiert,
mit Ordensband und Prälatenzeichen, alle Finger mit köstlichen
Ringen besteckt, verneigt sich langsam und fragt mit rauher
Stimme: Was steht zu Ihren Diensten? Dabei wirft er einen
bohrenden Blick auf mich. — Da stand ich verlassener achtzehn=
jähriger Knabe" .....

So weit Tholucks eigner schriftlicher Bericht. Es erhellt
nicht, warum in demselben ein Punkt umgangen ist, den Tho=
luck, wenn er später mündlich von diesem providentiellen
Wendepunkte seines Lebens erzählte, nie zu verschweigen pflegte.
Es ist zweifellos, daß der eigentliche Hergang der gewesen ist,
den die traditionelle Darstellung[4]) wiedergibt und den wir hier
der Hauptsache nach reproduzieren.

Der scheue, an den Verkehr mit hochgestellten Personen
nicht gewöhnte Jüngling hatte sein Gesuch, das auf nichts
weniger hinauslief, als von Diez zur Unterweisung in sein
eignes Haus, womöglich zum Adoptivsohn aufgenommen zu

werden, schriftlich konzipiert und wollte dasselbe dem Herrn
Prälaten persönlich übergeben. An der Gitterpforte des großen
Gartengrundstücks, Mühlenstraße 59, angelangt, zog er klopfen=
den Herzens die Klingel. Es galt eine Entscheidung für das
ganze innere und äußere Leben Tholucks, für seinen Glauben
an einen allmächtigen, barmherzigen Gott. „Ist Herr v. Diez
zu sprechen?" so fragt der Student den öffnenden Diener. „Der
Herr Legationsrat ist seit zwei Monaten krank, und der Arzt
hat alle Besuche verboten." „Ist er durchaus nicht zu sprechen?"
„Ich darf niemand anmelden." Da packt es Tholuck wie mit
dämonischer Gewalt. „Also doch kein Gott!" so ruft's in ihm,
und wie betäubt wendet er sich der nahen Brücke zu; das rau=
schende Wasser zieht ihn dämonisch in die Tiefe, einem Dasein
ein Ende zu machen, das doch keinen Wert mehr besitzt. Da
ruft ihn eine Stimme hinter ihm zur Selbstbesinnung zurück.
Der Diener, über den verzweifelten Ausdruck im Gesichte des
Jünglings erschrocken, war ihm nachgegangen und fragte, ob er
nicht vielleicht etwas abzugeben oder zu bestellen habe. Schon
schüttelt Tholuck mit dem Kopf, — da fällt ihm sein Brief ein;
er holt ihn heraus und bittet haftig, dies Schreiben an Herrn
v. Diez zu übergeben. Bald danach wird er von diesem selbst
gefordert.

Der an der Wassersucht und einer schmerzlichen Augen=
krankheit leidende alte Herr hatte Tholucks Brief in der Hand
und bemühte sich augenscheinlich vergebens ihn zu entziffern.
Nach einer peinlichen Pause herrschte er den Jüngling mit seiner
Donnerstimme an: „Der Brief ist von Ihnen geschrieben.
Lesen Sie vor; ich muß meine Augen schonen." „Ich wäre
dankbar, wenn Sie sich selbst bemühen wollten," stotterte der
Fremde. Ein erneuter Versuch; heftiges Kopfschütteln; immer
dichtere Falten auf der Stirn. Endlich reckt sich die Hünen=
gestalt in die Höhe. „So blasse Tinte kann ich nicht lesen,"
ruft der Erzürnte und wirft den Brief auf den Tisch. „Lesen
Sie nur vor!" Zitternd und mit bebender Stimme beginnt
Tholuck. „Nur nicht weinerlich! das kann ich gar nicht leiden!"
unterbricht ihn Diez, und Tholuck kommt glücklich zu Ende.
Nach langem Schweigen erfolgt der entscheidende Spruch: „Junger
Mann, Sie sind ein seltsamer Mensch, ein sehr seltsamer Mensch!

Aber ich glaube, die göttliche Providenz hat Sie zu mir geführt. Der, welcher mir bisher in meinen Arbeiten beistand, ist schwer erkrankt; Sie sind der Sprachen zum Teil mächtig, so können Sie an seine Stelle treten. Wie gesagt, ich glaube, die Providenz hat Sie hergeführt. Aber Sie sind ein sehr seltsamer junger Mensch."

Und in der That, die göttliche Providenz hatte Tholuck geführt. Saul ging aus, Eselinnen zu suchen und fand ein Königreich. Tholuck fand mehr. Sein wildes, eigensinniges Herz wurde zum ersten Male mächtig überschauert von dem Gefühl, daß eine gnädige Vaterhand im Himmel ihr wunderbares Walten über ihm offenbart hatte.

Noch an demselben Tage zog der Jüngling in das Diezsche Haus ein, und bald gingen selige und launig übermütige Briefe nach Breslau an den Vater und an die Freunde, die von der glücklichen, fast romanhaften Wendung seines Schicksals Nachricht gaben. Tholuck war ohne alles Gepäck auf seine phantastische Reise gegangen. Nun unterzog sich August Wentzel der Liebesmühe, die in Breslau zurückgelassenen Bücher und Papiere zu packen und einzusiegeln. Funfzehn der allernötigsten Bücher und einen Pack feuriger Freundesbriefe nahm „Herr Petzold", der eben nach Berlin reiste, seinem weiland jungen Lehrer mit; der Rest kam, in zwei große Kisten verpackt, langsam nach.

Trotz seines rauhen Wesens und seiner wachsenden Kränklichkeit nahm sich nun der gelehrte Prälat v. Diez mit väterlicher Freundlichkeit und Güte des „seltsamen jungen Menschen" an, der ihm auf so sonderbare Weise als Hausgenosse zugeführt worden war. Sie arbeiteten zusammen; Diez leitete die Sprachstudien des wißbegierigen Jünglings; der geistig belebte Verkehr in dem originellen Haushalte, die Berührung mit bedeutenden Menschen weiteten seinen Horizont und eröffneten ihm eine neue Welt. Vor allem aber war es der tiefe Respekt vor dem Heiligen, die rückhaltlose Beugung vor der einfachen Bibelwahrheit und der feste, schlichte Christusglaube, was dem jungen Kritiker und blasierten Orientschwärmer an Diez am mächtigsten imponierte. Diez war im gewöhnlichen Rationalismus und maurerischer Freigeisterei aufgewachsen. Da machte zum ersten

Male unter den Türken die unbedingte Hingabe der Moslemin an die Pflichten ihrer Religion auf sein Gemüt einen unauslöschlichen Eindruck. Er schämte sich seiner Untreue gegen den christlichen Glauben und stellte sich fortan, wie ein Kind gehorsam, unter die Offenbarung des göttlichen Wortes. Seitdem stand er unbeweglich fest auf biblischem Boden und erfüllte, in die Heimat zurückgekehrt, mit gewissenhafter Treue auch die äußerlichen Pflichten seines Bekenntnisses. In Berlin hielt er sich zur Domgemeinde, und bei der Auszählung des Klingelbeutelgeldes wußte man jedesmal, ob der Herr Prälat in der Kirche gewesen war; denn er legte regelmäßig einen harten Thaler statt der sonst üblichen kleinen Münzen hinein. Dem Dome überwies er auch bei seinem Tode als Universalerben sein ganzes Vermögen im Betrage von 34 700 Thalern, während die Bücher- und Münzsammlungen an die Königl. Universitätsbibliothek („Dieziana“) übergingen.

So stand der jugendliche Zweifler in täglichem Verkehr mit einem aus Überzeugung orthodoxen Gelehrten, der von seiner Rechtgläubigkeit kein Hehl machte und doch als Gelehrter und Mensch bei Tholuck des höchsten Ansehens genoß. Freilich zeigte sich die stramme Gläubigkeit des alten Herrn oft auch in einem etwas wunderlichen Gewande. Meinte er doch, im Grunde müsse der Staat alle Rationalisten hängen. Als Tholuck einst schüchtern sich zu bemerken erlaubte, daß nicht nur in der Bibel, sondern beispielsweise auch bei Homer sich eine tiefe Erkenntnis der sittlichen Wahrheit finde, entgegnete ihm Diez, wie er meinte, im Flüsterton, in Wirklichkeit aber laut schreiend: „Reisende Israeliten haben dem Homer und den andern Heiden das erzählt.“ Dann fügte er aber hinzu: „Sagen Sie das ja nicht den gelehrten Herren wieder, die zu mir zu Tische kommen, namentlich dem Wolf nicht“ (dem Philologen Friedrich August Wolf). „Das ist auch so ein Schäker, der nichts glaubt. Dem ist das lächerlich.“[5])

Dennoch aber steht fest, daß die christlichen Bekenntnisse aus diesem Munde ihre Wirkung bei Tholuck nicht verfehlten. In einem später noch mitzuteilenden Briefe vom 27. März 1817 nennt er Diez „den würdigsten Jünger Jesu Christi und seinen eigenen frommen Zweitvater“.

Auf seinen Einfluß wird es zurückzuführen sein, wenn Tholuck nunmehr in Berlin sich nicht wieder in der philosophischen, sondern in der theologischen Fakultät inskribieren ließ. Es geschah dies auf Grund seiner Breslauer Matrikel, am 27. Januar 1817.[6]) Auch muß er noch in diesem Semester theologische Kollegia belegt haben, da in Briefen und Tagebüchern von Universitätsvorlesungen die Rede ist. Leider aber läßt sich aus der ganzen Studentenzeit Tholucks nicht mehr mit Sicherheit feststellen, welche Kollegia er gehört hat, da in den Universitätsakten, wiewohl das „Kontrollbuch der theologischen Fakultät" bei dem Namen Tholuck die Notiz enthält: „rite (d. h. mit Abgangszeugnis) abgegangen den 2. August 1820", dennoch keine Abschrift dieses Zeugnisses zu finden ist. In demselben müßten sämtliche von Tholuck gehörte Vorlesungen vermerkt sein. Auch das Original ist im Nachlasse nicht mehr vorhanden. Übrigens weist der Lektionskatalog für das Wintersemester 1816—17 nach, daß Professor Marheinecke der Kirchengeschichte ersten Teil, Neander Dogmengeschichte und Kirchengeschichte zweiten Teil gelesen hat. Beiden Lehrern ist Tholuck noch in diesem Winter nahe getreten; an Neander hatte er einen Empfehlungsbrief von Scheibel mitgebracht. Schleiermacher, der theologische Encyklopädie, Lukasevangelium und Apostelgeschichte, sowie de Wette, der Einleitung in das Alte Testament und kleine paulinische Briefe las, scheint Tholuck noch nicht gehört zu haben. Doch ist es wahrscheinlich, daß er noch bei dem Privatdozenten Bellermann hebräische, bei dem Extraordinarius der philosophischen Fakultät Bernstein arabische und bei Dr. Zeune, der schon von Breslau her zu seinen Freunden zählte, ein gotisches Kolleg, Ulfilas' Neues Testament, angenommen hat. Jedenfalls lag der Schwerpunkt der Tholuckschen Studien während dieses Winters nicht in der Universität, sondern in den Räumen des stillen Hauses in der Mühlenstraße, und etwa noch in den von ihm fleißig benutzten linguistischen Schätzen der Universitätsbibliothek.

Begeisterte Briefe seiner Freunde, voll Jubel über das wunderbare Gelingen des gewagten Planes, liefen noch im Januar ein. Kinsky, mit dem Tholuck gemeinschaftlich das Abiturientenexamen gemacht hatte, schrieb in seiner überschweng=

lichen Weise aus Göttingen: „Die Wendung Deines Geschicks gewinnt in meinen Augen ein gewisses idealisches Interesse, welches in zartem Einklang steht mit den Regungen unsrer dem Lichte zugewendeten Seelen und der hohen Innigkeit unsres Bundes. Ich glaube, Bruder, Du hast Dir das bessere Teil erwählt, indem Du mit kühner Hand den Schleier hobst, der Dir ein ersehntes Ziel in zitterndes Halbdunkel hüllte, und Dein unruhiges, sehnendes Herz in das unendlich weite und doch so enge Gebiet des Zweifels fesselte. Mit gigantischem Schritt bist Du herausgetreten aus dem Kreise der Alltäglichkeit, das Große lockt Dich auf seine Sonnenbahnen, aber seine blendenden Strahlen vermögen nicht die sanfte Flamme zu überglänzen, die entsprungen aus dem Glutmeer des Gefühls von keinem Lufthauch gedämpft im Busen des Geweihten lodert, und in deren mildem Glanz die Freundschaft wie an einen geheiligten Altar flüchtet" u. s. w. u. s. w. „Der edle, hochherzige Mann, in dessen Hause Du jetzt weilst, hat meine ungeteilte Achtung und Liebe. So handelt ein wahrer Jünger des Herrn, ein wahrer Verteidiger des Worts. In solchen Herzen ist's ewig Frühling — tagt ein ewiger Aufgang. Ich habe ihn gesegnet, diesen Mann Gottes —— und auf meinem nächtlichen Lager, wenn ich mein stummes Gebet emporschicke zum Vater des Lichts, habe ich seiner gedacht. Friede Dir edler Mann!" Aurel Neumann schrieb: „Ach! Tholuck, wir können an einem Gott nicht zweifeln, am wenigsten Du. Sieh! die Zweifel, die schrecklich düstren Gedanken, die auch nach unsrer gegenseitigen Annäherung Dich nie ganz verließen, die weder der oft recht religiöse Wentzel, noch ich zu verscheuchen vermochte, hat Gott selbst am herrlichsten vernichtet. Gott selbst, so kann ich sagen, hat sich Deinem Gemüte offenbart. Du wirst bestimmt aus einem heftigen Bezweifler des Christentums ein eifriger Anhänger, Verteidiger, Beförderer desselben werden".

Man sieht, unter welchem tiefen Eindruck der erfahrenen Güte Gottes Tholuck an seine Freunde geschrieben haben mußte. Auch ein Reflex von dem Bilde, das ihnen derselbe von Diez entworfen haben mag, strahlt uns aus diesen Briefen entgegen. Aurel versteigt sich zu folgendem Satze: „Du bist jetzt sicher in den Hafen des Geschickes eingelaufen, Du über-

siehst Deine künftige Bestimmung, die Zukunft steht für Dich
rein und heiter dar; nichts bleibt Dir zu wünschen übrig, als
daß jener herrliche Mann, den ich nie genug bewundern und
lieben kann, der aber wohl viel zu gut für die Stadt ist, in
der er lebt, als daß dieser, sage ich, noch recht lange am Leben
bleibt und Dir Dein Vorhaben glücklich hinausführen hilft."

Am rückhaltlosesten schloß Tholuck sich Radecke auf, den
er jetzt erst recht zu verstehen begann. Beider Freunde Briefe
aus dieser Zeit sind uns zum Teil noch erhalten, und die
Tholuckschen haben als fast einzige, wenn auch für diesen Zeit=
raum sparsam fließende Quelle ein erhöhtes Interesse. Freilich
redet Tholuck nach der Innigkeit seiner Freundschaftsgefühle
in diesen Briefen weit weniger von sich und seinen neuen Um=
gebungen und Erlebnissen, als von den verlassenen Genossen in
Breslau und ihren kleinen Verstimmungen und Leiden. Dennoch
fließt manches ein, was auf diese erste Berliner Zeit Licht
wirft.

Am 25. Januar, also dreizehn Tage nach seiner Ankunft
in Berlin, schrieb Tholuck an Radecke: "Freund! Freund!
wie hast Du mir geschrieben! Große Thränen tropften ver=
doppelt auf das Papier, auf welches Du Dein Herz aus=
geschüttet. Aber, wenn Du so bist, wenn Du so fühlst: warum
willst Du nicht ganz mein Freund sein? Warum noch jene
Befangenheit, warum will Dein Herz noch länger beklommen
bleiben? Nein, sage mir, was Du sagen kannst: Du wirst
ausruhen wie ich, als ich die Bürde der auf mir lastenden Ge=
heimnisse in vier Busen abgeworfen hatte: Ach wie wohl ist
mir! — Wehe! Wehe! Daß ich nicht länger in Breslau weilen
konnte, um Dich ganz kennen zu lernen, daß noch so viele Falten
in Deinem Herzen blieben, in die ich nicht blicken durfte. Aber,
was Gott thut das ist wohlgethan! Der dort droben, so wie
er mich auf den rechten Weg geleitet, der wird auch andre
Mittel haben, Dir Tröstungen zu geben. Denn einen Freund,
der wenigstens schriftlich Dir seine aus dem Innersten ge=
quollenen Worte ergießt, einen Freund, der, je mehr sich ihm
die Fundgruben Deiner Gefühle erschließen, desto inniger Dich
liebt, hast Du doch an mir. Du bist der einzige Mensch ge=
wesen, bei dem mein bißchen Menschenkenntnis mich betrogen

hat; Du der einzige, den ich ganz zu durchschauen glaubte, und den ich schon um der Kruste willen liebte, die des Herzens Edelstein umschloß. Ich bin Dir sehr, sehr gut gewesen, als ich in Breslau war; aber geliebt, so mit rechter Freundesliebe geliebt habe ich Dich noch nicht. Doch jetzt thue ich das ... sei auch Du mein Freund mit jener Glut der Gefühle, welche im Maien Deines Lebens dein geistiges Wesen durchdrang. O! ich kann nicht genug Herzen wissen, um die ich die Fäden des meinen so recht innig zu schlingen begehre, und es wird, es wird eine Zeit kommen, wo der Wandrer, der im Sturm am Kreuzweg stehet, eines Stabes bedürfen wird, der ihn stütze und leite. Wunderbarlich hat mich Gott begnadigt, so viele Gestalten im flachen Leben mir zuzuführen, denen mein Geist sich entgegenrankte; so viele Gestalten, die nur der Abdruck meiner selbst waren. Weniger scheint er Dich, Du lieber Freund, begünstigt zu haben." rc.

Und nun folgt ein durch viele Briefe sich hindurch ziehender und endlich mit Erfolg gekrönter Versuch, die durch allerhand Mißverständnisse einander entfremdeten Freunde Radecke und Aurel Neumann wieder zu versöhnen. Ein rührender Zug, wenn man bedenkt, in welchem Maße die neue Existenz unsern Helden innerlich wohl hätte absorbieren können.

Das Tagebuch, das Tholuck in Berlin am 30. Januar 1817 zu schreiben wieder angefangen hat, enthält aus der Diezischen Zeit nur wenige Notizen. Den losen, in deutscher Sprache geschriebenen Blättern ist folgendes Gedicht voraufgeschickt:

> „Ruh des Herzens, Seelenfrieden,
> Ist dem Treuen nur beschieden,
> Der die Welt und sich verschmäht;
> Der von allen Erdensorgen
> Los und frei, in Gott verborgen,
> Auf dem schmalen Wege geht.
>
> Ach! es kostet Schweiß und Zähren
> Jeder Schritt auf diesem schweren,
> Steilen Pfade himmelan!
> Zu vollenden dies Geschäfte,
> Braucht es mehr als Menschenkräfte,
> Kraft, die Gott nur geben kann.

Noch steh ich mit schwachem Fuße,
O, mit wankendem Entschlusse,
Zwischen Erd und Himmel hier.
Eile, Herr, mich zu erretten!
Komm, zerbrich die schnöden Ketten,
Jesu! zeuch mich hin zu Dir!

Daß in Dir ich alles finde,
Die Erlösung von der Sünde,
Und zur Tugend Kraft und Mut;
Bis einst, aller Last entladen,
In der Fülle Deiner Gnaden
Ewig meine Seele ruht."

Dann folgt eine Studienverteilung auf die einzelnen Wochen=
tage, in welcher Türkisch, Chaldäisch, Syrisch, Altes und Neues
Testament die Hauptrolle spielen. Mit schneller Feder hinge=
worfen steht auf derselben Seite: „Wer sein Leben lieb hat,
der wird es verlieren; und wer sein Leben auf dieser Welt
hasset, der wird es behalten zum ewigen Leben. Ev. Joh. 12, 25."
Dann findet sich vor Diez' Tode nur noch eine Notiz vom
7. März, zum Teil schon in dem schwülstig sentimentalen Tone
verfaßt, der eine Weile sämtliche Tholucksche Aufzeichnungen
dieser ersten Berliner Zeit charakterisiert:

„Friede sank aus unbewölkten Lüften auch in mein be=
schwertes Herz; ich wallte der dunstigen Stadt zu. Schon in
dem Augenblick, als ich zur Thür des klösterlichen Gebäus
herausschritt, war ich gerührt durch die seltene Heiterkeit der
lichtblauen Äthergewande, und je länger ich ging, desto ruhiger,
desto friedlicher ward mir zu Sinne. Es wehte milder Frühlings=
hauch, rings regte sich Kehlengefieder. Und als ich alles dies
hörte, und als ich so ganz freudig mich in der Natur mitten
inne fühlte, und als auch innen die Blumenbeete seliger Erinne=
rungen aufschossen: da hätte es auch aus meinem Munde wie
preisender Jubelgesang der Gottheit ertönen wollen. Doch ich
ließ der dumpfen Außenwelt nichts von dem Eden kund werden,
das mit Lust und Schöne in mir aufgegangen war. Still
wanderte ich hin zu dem, dem ich hier als das einzige fühlende
Herze zusprechen kann."

Aus derselben Jean Paul=Matthissonschen Stimmung
stammt der oben S. 61 erwähnte Brief vom 27. März ohne

Adresse, der aber an niemand anders als an Radecke geschrieben sein kann, wiewohl er nicht in dessen, sondern in den Tholuckschen Papieren sich gefunden hat. Der Tod von Diez steht nach demselben bereits in nächster Nähe zu erwarten. Die in ihm enthaltenen Bemerkungen über die Gegenwart und Zukunft Tholucks rechtfertigen den Abdruck; der Stil in seiner fast abschreckenden Schwülstigkeit wirft auf die damalige Geschmacks= periode Tholucks ein charakteristisches Licht.

„Mit ernsteren Schatten legte sich der Abend über die stillen Gartengegenden hin, leise Winde lispelten in den hohen Pappeln, lächelnd schwamm Mond (sic) herauf, und was von Nebelgewölk noch zögernd an der Himmelsscheibe hing, hob eilig seinen Saum zur Flucht; so daß bald der Spiegel der ewigen Gottheit sich in ungetrübter Helle dem Auge des Schauers darbot. Da stieg auch ich die steinernen Steigen hernieder, von der Seite des würdigsten Jüngers Jesu Christi, von der Seite meines frommen Zweit=Vaters. Und so wie ringsher über die abendlichen Fluren das Kleid des frierenden Ernstes herabsank, so war es auch über mein Antlitz gesunken. Langsamen Schrittes wallte ich in die Arme der dämmernden Natur. Eine lange Doppelreihe von spanischen Pappeln zieht sich neben dem hellglänzenden Spiegel= streif der Spree hin, von deren andrer Seite freundliche Sommer= wohnungen und Landhäuser herüberwinken. An einem dieser hochwipfligen Bäume hat Natur einen Wurzelsitz gebildet, und Kunst hat durch eingefüllte Erde und Rasen dem gemütvollen Beschauer ein erwünschtes Plätzlein gebildet, um die ganze Strecke der silbernen Wasser, die lange Kette der lachenden Häuserchen, die Baum=Kronen der mannigfaltigen Frucht=Gärten, und die weite Glanz=Fläche der Himmel in einem Blick zu erfassen. — Hierher setzte ich mich. — Über mir stand Mond in voller Klarheit, wie die blinkende Perle, die aus dunkler Muschel=Grotte hervor= schaut, neben mir plätscherten im Mondglanz freundliche Wellchen, wie scherzweise sich ans wurzelige Ufer hindrängend, ein Kahn glitt vorüber, auf dem Schiffer ein heiteres Abendlied aus voller Brust hervorstießen, vom jenseitigen Ufer schallte es wie spielender Kinder lachende Stimmen herüber, und in der Ferne läutete die Parochial=Glocke[7]) ihr einfaches aber zum Herzen tönendes Vorspiel und es schlug acht. —

„Mir aber ward wohl zu Sinne, es löste der fromme Ernst
sich in heitere Seelen-Freudigkeit, es erschlossen sich die Schatz-
kammern der inneren Beschauung, und während das vom Tau
der Freude gefeuchtete Auge den Furchen des gleitenden Segel-
kahns folgte, hatte das Auge des Geistes seine Blicke auf den
See der Vergangenheit geworfen, um dort mit stiller Betrachtung
den Nachen des Jünglings-Lebens zu begleiten. O! wie mußte
es da nicht Eurer allzumal gedenken! —

„Doch Du wirst ja leichtlich die Beschaffenheit jener Gefühle ermessen können, die in solchen Augenblicken der Traube
des reichen Herzens erquollen. Ich sage Dir nicht mehr, als
daß in seliger Ruhe und Zufriedenheit die Leuchten des Körpers
an der traulichen Himmelsleuchte hingen, daß alles, was des
Erdensohnes Brust bedrücken kann, mich für immer verlassen
zu haben schien; daß ich mich so belebt und doch allein in der
Welt fühlte, daß ich so gern an heimliche stille Stätten fliehen
wollte, und doch auch wieder so freudig unter den guten Menschenkindern mitten inne war. Lange schwamm abwechselnd das Seligkeit
leuchtende Auge bald auf den Silberfluten des irdischen Stromes,
bald auf den Samt-Wogen des ewigen Meeres. Dann aber
als ich ausgeträumt hatte und erwarmt war an dem heiligen
Herde der Religion, da schwebte es auch noch wie ein Trostgebet
in meinem Gemüte, und wie eine Vertrauungs-Sonne vor
meinem Geiste. Ach! hätte ich doch da aber nur ein Menschen-
Herz gehabt, in das ich die Kleinodien meiner Empfindungen
hätte niederlegen können! Soll die Fülle meiner Gefühle mir
noch die Brust zersprengen! — Ich sah noch einmal den
schlummernden Greis, er war ruhig; ich stieg wiederum herab,
und als nun das Gewand der Dinge sich abermal gewandelt
hatte, als aus der Urne der Welten auf das Zählbrett der
Nachtgewölke ausgegossen die ewigen Silberstücke der Sterne zu
leuchten begonnen hatten, und auf rußiger Schwinge nächtiges
Schweigen durch die Himmel flatternd der heiligen Nacht den
Weg gebahnt hatte: o! da sank ich nieder, von frommem Gefühl
ergriffen, zu Gott zu bitten: Vater, geleite die Meinen und mich
mit ihnen! —

„Sieh! ich habe weitschweifig geredet, aber Dir war dargestellt, wie ich jetzt fast immer lebe. Ich bin ruhig und zufrieden

mit der Gegenwart, ohne für die Zukunft Sorge zu tragen.
Bei dieser Stimmung mußten mir alle Deine gemütvollen Worte,
die Du mir zugeschickt, recht in die innersten Fugen meines
Herzens eindringen. Aber wäre ich noch gewesen, wie früher,
ich hätte doch Deinen treumeinenden Brief nicht gewürdigt, wie
er es verdiente. Zwei Worte reichten hin, mich in die größte
Aufwallung zu bringen. Am Ende schreibst Du: ‚Da ich jetzt
allein bin, so schreibe mir nur einmal wieder, wenn Du Zeit
hast.‘ Diese beiden Sätze waren es, die, wäre ich noch der
alte, mir böse Stunden gemacht hätten; denn ein Gedanke des
Trübsinns und der Unzufriedenheit hätte wieder den andern
gejagt und mich bis zum Schrecklichsten geführt. So war ich
sonst, jetzt will ich nicht mehr so sein. Und durch höheres
Einwirken gelingt es mir jetzt, alle jene Ausbrüche zu dämpfen
und das Blut zu besänftigen. — Ich freute mich herzlich, daß
auch Dir derselbe Gedanke entstiegen ist, den ich schon oft in
ernster Beschauung der Weltgeschichte gehegt habe; wie nämlich
ein so heiliger köstlicher Sinn in den frommen Wallfahrten
nach der Stätte des Erlösers gelegen habe. — Gewiß, Du hast
es in deinem Tiefinnersten, Du hast dies ebenso gefühlt wie
ich; das bezeugen mir die einfachen und doch ergreifenden
Worte, in denen Du über alle Heiligtume der Christus=Religion
sprichst. So spricht Fouqué darüber, er, ich darf es nicht
leugnen, trägt mit dazu bei, daß das Studium des Sinnes
und der Bedeutsamkeit der Jesus=Lehre mir das erfreulichste
unter allen worden ist. Auch ist es Fouqué, in dessen geistige
Umarmung ich eile, wenn ich durch Arbeiten strengerer Art
meinen Geist erschöpft genug glaube, um ihm einige Erholung
zu gönnen. Gemeinlich geschieht es in der Stunde von 12—1
(wenn ich von 5 Uhr an über trocknen Lehren gesessen, die mir
aber doch auch in ihrer Art Vergnügen gewähren), daß ich eine
halbe Stunde den Schätzen meiner Briefsammlung gönne, eine
halbe dann Fouqué, der wie ein andrer Freund mich mit Blüten
der Freude überströmt. Ich mag ergreifen von seinen Werken,
was ich will, den Zauberring, Thiodulf, Undine, Gedichte,
was es nur immer sei, alles setzt meinen Geist in eine Welt,
in der ihm so wohl ist, in der er bis auf die wenigen seiner
Lieben, alles findet, was er hier in der ihn umgebenden zu

finden wünschte. Wie als wär's von Engeln gesungen, wehte das Lied im Thiodulf ‚der weiße Christ am See Tiberias‘ durch mein Gemüt; wie als tönte es aus dem Lichtsee des Jenseits herüber, so läutet das ‚Sterbelied‘ den armen Menschen an; kurz, es ist nichts, was nicht in seiner Art mir hohes Vergnügen gewährte. Ich verbinde mit Fouqué noch ‚Die Schuld‘, ‚Urania‘, ‚Luise‘ von Voß und ‚Jungfrau von Orléans‘. Durch den lebendigen Geist, der in diesen toten Buchstaben herrscht, muß ich mir die Freundes=Lust zu ersetzen suchen. Du meinst, ich müßte wohl gegründete Ursachen haben, warum ich bei Diezens Ableben gerade Breslau mir auswählen wollte. Ich weiß keine Haupt=Absicht anzugeben, als Freundes= Umgang. Ich denke, das Jünglings=Alter ist doch eigentlich das, wo der Mensch das Leben genießen soll, in späteren Jahren welken die Blüten. Daß ich darin Genuß finden könne, haben mir manche Zeitpunkte des verflossenen Jahres bewiesen. Da seit der Zeit manches besser geworden ist, da ich jetzt (weil ich meinem Vater nicht zur Last fallen würde, und anstatt Orientalia zu studieren, wozu ich zu faul und zu alt bin, Theologie studiere) nicht mehr gar zu geizig auf jede Sekunde sein darf: so dürfte ich diesen Sommer sehr glücklich zu verleben hoffen. Außerdem ist freilich der erbärmliche Vortrag der hiesigen Professoren und der Mangel an gründlicher Kenntnis, der mich zu Scheibel, und Freundschaft, die mich zu Habicht führt; ferner ist auch der Aufenthalt teurer. Allein alles dies würde manches andere nicht aufwiegen, wie z. B. den Gebrauch der Diezischen und reich versehenen königlichen Bibliothek, zu der mir der Zugang und die Benutzung durch Buttmann stets verstattet ist, und vornehmlich die Ungeniertheit (um's mit einem fremden Worte zu sagen, da es kein deutsches dafür gibt), vermöge welcher ich mich nicht zu putzen brauche und ganz nach meinem penchant leben könnte. Desgleichen würde ich auch alles aufbieten müssen, um nicht, wenn ich zurückkäme, den groben Blumenthal auf der Straße zu insultieren, wenigstens müßte ich dem Jungen Ohrfeigen geben. Ebenso sind mir auch so viel traige (sic) Herren und Madamen in Breslau verhaßt; desgleichen würde mein Stolz sich nicht wenig regen, wenn mich einer von den Herren Professoren, welche Art Middeldorpf

hat, wie eine Art Schüler behandelte, da ich hier zu andrer
Behandlung verwöhnt und überhaupt viel größer, vielleicht auch
gröber geworden bin. Indessen alles dies will ich oder muß
ich auch zum Teil gern ertragen für den Preis, mit denen zu
leben, bei welchen ich allein der irdischen Freude teilhaftig
werden kann. Denn die Freude, die freilich jetzt oft bei mir einkehrt,
ist eine reinere, die hier nicht heimisch ist, und mich allein auf
die Zukunft verweist. Aber schön wär's fürwahr, wenn ich
diese mit jener verbinden könnte. Doch, ich ergebe mich ganz
in den höheren gnädigen Willen, der es so bestimmen wird,
wie es gut ist. v. Diez war gestern so krank, daß er sich das
heilige Abendmahl reichen ließ. Heut ist er wieder sehr wohl.
Drum kann ich mich nur dem höheren Steuermann überlassen,
wenn die Wogen schwanken und brausen. — Was das Stipen=
dium[8]) anlangt, so kannst Du Dir wohl von meinem Vater eine
Quittung geben lassen, Du mußt sie ihm aber vorschreiben,
denn er versteht sich nicht recht auf so etwas. Ich habe zwar
auch eine beigelegt, sie wird wohl aber nicht recht sein, denn
Du hast das Schema hinzuzufügen vergessen. Siehe nur, daß
Du auf die kürzeste Art die Sache beendest und meinem Vater
die Summe einhändigst. Ich bin dort bei der Philosophie,
hier bei der Theologie eingeschrieben, Matrikel und Dekanschein
habe ich noch nicht abgeschickt, werd es auch nicht, da ich zurück=
komme; hier hab ich beides gelöset, zum Hinschicken ist's aber zu
beschwerlich, gehe den kürzeren Weg. Ich werde Dir für Deine
Mühwaltung herzlichen Dank wissen. —

„Was macht Guido? Was denkst Du von ihm? — Glänzt
Richarden noch immer die Nase? es wäre wahrhaftig ein
trauriges Ereignis, nächstens will ich ihm ein Rezept schicken.
Übrigens grüße ihn, denn er ist doch eine gutmütige Seele. —
Unterlaß nicht, mir recht bald viele viele Seiten zu schreiben
und mir auch manches Erfreuliche beizulegen. Nur speise mich
nicht mit wenigem ab; denn fing einmal bei Erblicken eines
Briefes Freude an, so will sie doch auch verdienend befriedigt
sein. Es wünscht Dir von Herzen alles Gute Dein Dich gewiß
herzlich liebender Freund   August Tholuck."

Aus diesem Briefe erhellt, daß Tholuck die Absicht hatte,
nach dem bald zu erwartenden Tode seines Wohlthäters nach

Breslau zurückzukehren, um dort seine theologischen Studien fort=
zusetzen. Indessen müssen gleichzeitig manche andere Pläne weit=
greifenderer Art ihm durch den Sinn gegangen sein. Schon
am 21. Februar hatte er an Radecke geschrieben: „Mein Gott
scheint mich zu neuen Schritten aufzufordern. Mit wenigen
Worten sage ich Dir, was Du bald umständlicher erfahren sollst,
daß ich schon im Maimonat nach London abgehen kann.
Dieses Kann zum Muß zu machen, hängt freilich von mir
ab. Allein es regt sich bei dem Gedanken an Ost so vielerlei
in meiner Seele, daß ich beinahe vorschreiten möchte, während
mich auf der andern Seite gleichsam ein unwiderstehliches, un=
zertrennliches Band an meine Freunde knüpft; denn eigentlich
sind's diese allein, welche Ursachen sein würden, wenn ich bliebe.
Auch bin ich von Petersburg aus, wie Du von Wentzel
erfahren kannst, aufgefordert worden, nach Tibet zu gehen.
Wie wunderbar die Vorsicht mich gerade wieder auf diese Länder
hinweist, ist merkwürdig."

Der Plan, nach London zu gehen, um von der dortigen
Missionsgesellschaft sich über kurz oder lang als Missionar nach
Indien senden zu lassen, hat den strebenden Jüngling zweifellos
am längsten und ernstlichsten beschäftigt; in der Korrespondenz
mit Kinsky wird diese Aussicht viel besprochen. Der schottische
Prediger, Dr. Pinkerton, seit Jahren Agent der Britischen
und „Ausländischen Bibelgesellschaft" in Südrußland, den Tho=
luck bei seiner Durchreise in Berlin kennen lernte, nährte durch
seine spannenden Berichte aus dem Orient die flammende Sehnsucht
nach der Ferne.[9]) Ein durch Pinkerton bekehrter Muhammeda=
ner, der junge Tscherkessenprinz Mustapha Muhammed ben
Ismail, der auf der Rückreise von London nach Cirkassien
gleichfalls Berlin berührte und mit dem feurigen Studenten eine
innige Freundschaft schloß, zauberte dem empfänglichen Gemüte
Bilder eigner zukünftiger Arbeit und Erfolge vor. Einmal war
Tholuck schon in diesem Winter nahe daran, bei Sir H. Rose,
dem damaligen englischen Gesandten in Berlin, sich für die
Übersiedelung nach London zu melden; nur ein augenblickliches
Schwanken verhinderte den letzten Schritt.

Jedenfalls aber konzentrierten sich seine Studien immer
mehr auf dieses in letzter Ferne liegende Ziel. Schon von

Breslau aus hatte sich Tholuck mit dem Dichter und Orienta=
listen Kosegarten in Greifswald in Verbindung gesetzt. Kaum
in Berlin angekommen, meldete er ihm die Wendung seines
Geschickes und bat um Rat für die Einteilung seiner Arbeiten.
Der Sechzigjährige erwiderte dem jungen Anfänger unter dem
24. Januar 1817: „Wertester Freund! Sehr überraschend für
mich war es, aus Berlin einen Brief von Ihnen zu erhalten
und Sie so in meiner Nähe zu wissen. Nur bedaure ich, daß
Sie meine Antwort auf Ihren arabischen Brief nicht erhalten
haben.... Ich freue mich sehr über die glückliche Veränderung
Ihrer Lage, welche letztere in der That fürs erste nicht vorteil=
hafter für Sie sein konnte, sowohl wegen der Ihnen zu Gebote
stehenden Sammlung von Handschriften, als wegen der Nähe
eines mit dem Morgenlande so vertrauten Mannes wie Herr
Diez ist. Gewiß werden Sie Ihre Zeit auf das eifrigste be=
nutzen. Daß Sie zu Berlin auch einen theologischen und histori=
schen Kursus machen, finde ich sehr passend und notwendig.
Die Theologie giebt jedem wissenschaftlichen Streben einen höheren
Standpunkt, zeigt dem Gelehrten stets ein erhabenes Ziel, welches
er bei der Erwerbung und Anwendung seiner Kenntnisse, wenig=
stens in der Ferne, immer im Auge behalten sollte.... In
Hinsicht Ihres eigentlichen Sprachstudiums würde ich Ihnen
raten, etwa folgendes zu berücksichtigen. Da Sie im Arabischen
schon ziemlich vorgerückt sind, so suchen Sie sich nun mit der
Sprache der Grammatiker und Lexikographen bekannt zu machen,
und lesen also eine oder andere arabische Grammatik in arabi=
scher Sprache, oder auch nur einzelne grammatische Abhand=
lungen, dergleichen Sie wahrscheinlich in Diezens Handschriften=
sammlungen finden werden. Daß ein solches Studium unum=
gänglich notwendig sei, darf ich Ihnen wohl nicht sagen, sowohl
zur besseren Kenntnis des ganzen Baues und inneren Wesens
der Sprache, als auch zum richtigen Verständnis einzelner
schwerer Schriftsteller. Daß Herr Diez eine solche gründliche
grammatische Kenntnis des Arabischen besitzt, bezweifle ich fast;
sein Hauptfach ist das Türkische; darin arbeitet er vorsichtig
und treu. — Das Persische werden Sie ohne Zweifel jetzt auch
anfangen.... und wenn Sie erst einige Übersicht davon gewonnen
haben, machen Sie sich ans Türkische; indes da wird Ihnen

Diez schon selbst raten.... Mit dem Sanskrit gedulden Sie sich noch etwas; zu viel zu gleicher Zeit anfangen taugt nicht. Ebenso machen Sie es daher auch mit dem Armenischen, das übrigens nicht sehr schwer ist.... Schreiben Sie mir nur recht fleißig; Ihre Briefe sind mir sehr angenehm, über Ihre Studien, Entdeckungen und Zweifel, und wo ich kann, will ich Ihnen gern mit Rat und That beistehen. Sie kommen im Sommer wahrscheinlich in den Ferien einmal her, um das Meer zu sehen. Vielleicht können wir uns noch mal zusammen aufmachen und an den Ganges wandern 2c."

Noch fester mußte Tholuck wenige Wochen später den indischen Plan ins Auge gefaßt haben, als er von Professor Kannegießer, dessen Verkehr er in Breslau aufgesucht hatte, unter dem 4. März 1917 folgenden Brief erhielt: „Teuerster Freund, der ebenso edelmütige als grundgelehrte Herr v. Diez hat Sie also unter seinen Schirm genommen! Wenn ich einerseits die Liberalität Ihres vortrefflichen Protektors bewundere, so bin ich auch anderseits überzeugt, daß Sie derselben würdig sind und fortdauernd sich würdig zeigen werden. Wie alle, die Sie kennen, und unter diese glaube auch ich zu gehören, überzeugt sind, so wird sich auch bald der Herr v. Diez überzeugen, daß seine Wahl auf keinen Besseren hätte fallen können. So leitet die Vorsehung es wunderbar und doch so natürlich, daß die Wünsche der Guten oft schneller erfüllt werden, als man erwarten konnte. Ich sehe in Ihrer Reise zu dem zugleich frommen Herrn v. Diez den Finger Gottes. Vertrauen Sie diesem, und es wird Ihnen gelingen, endlich aller Herrlichkeiten des morgenländischen Altertums teilhaftig zu werden, die der schon älteren Generation nie ganz zugänglich werden können. Wäre ich jünger, so würde mich nichts abhalten, das Sanskrit und die Indische Welt persönlich kennen zu lernen, und sollt' ich wie Anquetil Soldat zu dem Ende werden. Aber Sie müssen für die Alten sorgen — und behalten Sie noch Ihr mir liebes Vertrauen und Ihre Freundschaft gegen mich — so würde ich Sie mit manchen Aufträgen belästigen, die Sie in Indien ausrichten sollten. Doch ehe Sie abgehen, erwart' ich noch Kunde von Ihnen, und dann will ich Ihnen meine etwannigen Fragen, die in Indien beantwortet werden können, mitteilen.... Ihrem Herrn Vater habe ich die Armenische Grammatik zurückgeschickt, sobald ich Ihren mir so lieben Brief erhalten hatte, auch mit den Grüßen und Nachrichten alle diejenigen erfreut, welche Sie namhaft machten, außer diesen aber auch noch andere, namentlich den Manso, welcher sich wirklich sehr freute und aufrichtigen Anteil an Ihrem Schicksal nahm. Was meine Person betrifft, so ist es mein innigster Wunsch, daß es Ihnen wohl gehen möge, und Sie alle Hoffnungen erfüllen, die ich und so viele Ihrer Freunde auf Sie bauen."

Einstweilen hatte es aber mit diesen in die Ferne strebenden Plänen noch gute Weile. Die Krankheit seines edlen Freundes nahm bald eine verhängnisvolle Wendung. Die zufolge der Wassersucht wachsende Geschwulst der Glieder bereitete dem alten Manne viele Schmerzen und Beschwerden. Aber in stiller Geduld trug er, was ihm auferlegt ward. Am 1. April, eine Woche vor seinem Ende, besuchte ihn einer der Sekretäre der preußischen Haupt-Bibelgesellschaft. „Herr v. Diez saß", so berichtet derselbe[10]), „sein Haupt auf seinem Schreibpulte ruhend, wenig nur fähig zu reden; aber die wenigen Worte, die er sprach, erfüllten mich mit Freude. „Ich mache mir noch einige Hoffnung, sagte er, daß Gott mich wiederherstellen werde, um die türkische Bibel[11]) zu vollenden. Ich kann mit Paulus sagen: lebe ich, so lebe ich dem Herrn, sterbe ich, so sterbe ich dem Herrn. Ich habe vorige Woche das heilige Mahl des Herrn empfangen, zur Stärkung in der innigen Verbindung mit meinem Heilande."

Am 7. April in den Vormittagsstunden, es war am Ostermontag 1817, schloß der greise Jünger Christi in Tholucks Armen die Augen, und tief erschüttert stand der verwaiste Jüngling an der Leiche dessen, der ihm eine verkörperte Predigt von der Güte und Treue seines Gottes gewesen war. Tholuck ließ sich's nicht nehmen, die Leichenwache in zwei Nächten selbst zu halten. Was mag da durch die Seele des Einsamen gegangen sein! Bei aller Vorbereitung auf den nahen Tod muß das Ende doch plötzlich gekommen sein. Gerade von dem Morgen des 7. April enthält das Tagebuch eine Notiz, welche noch die heiterste Behaglichkeit und Freude atmet. „Nachdem ich zu einem gut besahnten Kaffee meinen Kuchen aufgetunkt und mit

vieler Behaglichkeit meinen Magen gestärkt hatte, ging ich zu
dem mir so teuren segelbefahrenen Flusse. Der Morgen lachte
froh den Frohen an, und die liebe Sonne lag über die Wasser=
aue gelagert. Zwei langstreifige Wimpel nickten durch die
Pappeln, mit kühlem Kusse eilte mir der Wind entgegen, der
vom jenseitigen Ufer herüberstrich." Gleich danach muß die
Katastrophe eingetreten sein.

Wir können die Stimmung Tholucks nach diesem Schlage
aus der Antwort ermessen, mit welcher Radecke die Todes=
meldung erwiderte: „Der greise Christ, den Du Deinen Zweit=
vater nennst, und mich dünkt um Deiner geistigen Wiedergeburt
willen mit Recht, ist also, er der fromme und getreue Knecht,
eingegangen zu seines Herrn Freude. Und hell und ruhig perlt
die Thräne der Wehmut über Deine Wange herab auf seiner
Ruhekammer kalte Pforte. In Dir weht der Frieden Gottes,
fühlst Du des Segens Kraft, den der gotterfüllte Mann auf
Dein Haupt niederlegte, mit dem Du schon gesegnet warst, ehe
Du noch sein Angesicht erblicket. Das tote Wort von ihm war
Dir ein Ruf aus beßrer Welt; das lebendige, in Dein belebtes
Herz tiefer eindringend, hat Dich immer mehr und mehr in
diese eingeführt. Nicht sichtbarlich mehr wirst Du fürder Dich
am Blick des frommen Dulders stärken, noch seine Worte hören,
welche dieses Lebens Ruhe und reine Freude Dich finden und
Deinen Sinn aufs Himmlische stets unverwendet richten lehrten.
Doch ahndest Du nicht, hast Du nicht empfunden, wie uns
die selgen Geister lieber Abgeschiedener umschweben? Recht
oft denke ich Dich mir, wie Du auf der gewohnten Stelle neben
dem jetzt kalten Bette sitzest oder hintrittst vor das Trauer=
plätzchen, wo Du ihn den langen Schlaf beginnen sahest....
Bau ihm, dem Frommen, ein Denkmal in Deines Herzens
Heiligtum, ein Denkmal in frommen, edlen, großen Thaten,
wozu Dir Kraft, recht hohe Kraft geworden ist. Wie ein
kräftiger neuer Beweis ist mir Dein Schicksal von dem Dasein
Gottes, von seiner Vatersorge...."

Wer Diez nicht kannte, der würde erwartet haben, daß er
für den so hochherzig in sein Haus aufgenommenen Jüngling
auch für den Fall des nahe bevorstehenden Todes in ausläng=
licher Weise gesorgt haben würde. So schreibt Habicht am

2. Mai: „Bei Ankunft dieses Briefes wird wahrscheinlich das Testament bereits geöffnet und Sie über Ihre Zukunft vollkommen beruhigt sein. Das hoffe ich nicht allein, sondern bin davon auch ganz überzeugt; nur bedaure ich, daß Sie an Büchern nicht reichlicher von dem würdigen Greise bedacht worden sind. Doch vielleicht findet sich noch etwas im Testamente davon."

Doch dies war ein Irrtum. Tholuck selbst rechnete auch auf keine weiteren Unterstützungen. Denn Diez, der ihm wiederholt Kodizille zum Testament in die Hand diktierte, hatte ihm öfters dabei erklärt: „Junger Mann, bilden Sie sich nicht ein, daß ich Ihnen viel hinterlasse. Ein junger Mann muß sich durchschlagen. Mir ist auch nicht bange um Sie. Nur einen Notpfennig sollen Sie haben." Dieser Notpfennig bestand in der Summe von 200 Thalern. Allein auch diese sollte ihm nicht werden. Die von Diez enterbte Familie, zumal ein Bruder in Bombay, focht das Testament an, und durch die daraus entstehenden Zwistigkeiten geschah es, daß Tholuck aus dem Diezschen Nachlasse nie einen Groschen erhielt.[12])

Nur eine Wohlthat wurde ihm zu teil, die er mit herzlicher Dankbarkeit und innigem Behagen täglich auskostete: er durfte noch bis zum Herbst in dem geliebten Parkgrundstücke wohnen bleiben. Die Glückseligkeit eines Einsiedlers, der sich in seine Klause eingesponnen hat und dem nur von fern her das unruhige Wellenrauschen der Welt ans Ohr dröhnt, spiegelt sich in den Tagebuchaufzeichnungen der nächsten Monate ab, — bis dann wieder die alten Stürme losbrechen und gewaltigere Stimmen aus dem Jenseits ertönen müssen, um ihn zu beschwören. Mit einigen Auszügen aus den Tagebuchsnotizen dieser Zeit wollen wir das gegenwärtige Kapitel beschließen. Wem der Ton derselben gar zu süßlich und ungesund ist, der möge die wenigen Seiten überschlagen. Tholuck, dem im späteren Leben alle Überschwenglichkeiten so wenig sympathisch waren, hat eben auch seine Schwärmerzeit gehabt.

„Mittwoch den 26. Mai 17. Mit wirklich ganz außerordentlicher und höchst seltener Schöne war eine junge Morgenknospe hoffnungsvoll und freudelachend auf die schlaferstandene Erde gesunken. Ich hatte die beste und wohlschmeckendste Erdbeerenmilch langsam und in freudiger Zurückzauberung seliger

Stunden, voll innigen Frohmuts genossen. Um doch wenigstens ein Gemüte finden zu können, dem ich es sagen konnte, wie innig froh mich der trostgrüßende Sommerhimmel, die reichduftige Blumensaat und die geruch= und schmackkräftige Erdbeermilch zusamt der wonnestarken Nachträumung seliger Stunden gemacht haben, durchwallete ich die luftwürzenden Blumengänge, um die treugemutete Gärtnerseele aufzusuchen. Der aber hatte sich dicht am Kahn gelagert und blies verhüllende Rauchschleier um sich her. So eilte ich denn der stärkeatmenden Stromluft entgegen, und in einfachem, aber wahrlich treumütigem und herzlichem Wechselgespräch tauschten wir unsere Gedanken aus." —

„Sonntag den 30. Mai 1817, früh 9 Uhr. Fern läu= teten die frommen Kirchenglocken und riefen auf windschnellem Flügel mir die frühesten Zeiten meiner Kinderjahre zurück, wo ich ähnlichen Glockenschlag von der Mauritiuskirche vernahm; und wenn ich mich ganz in jene Jahre hineindenke und in meine damaligen Gefühle und Gedanken versenke: so sehe ich klar, daß der Geist des Trübsinns schon damals sich mit den Wurzeln meiner Herzensgüte und Gemütlichkeit innig verbunden hatte. Ich bin jetzt viel glücklicher, als in meinen Kinderjahren; um keinen Preis möchte ich auch nur eine Woche aus ihnen noch einmal leben — aber bin ich nicht um ebendeswillen un= glücklich? — Wenn dem Kinde das Unglück und Weh an den Sohlen haftete, was soll dem Jüngling, was dem Manne werden? — Ach ich thue unrecht, wenn ich schon jetzt meistern will. Ich kann annehmen, daß von dem Blütenmond des vorigen Jahres an ein neues Leben mir seine Teppiche ausgebreitet hat, und in diesem Gedanken beharrend fühle ich mich gestärkt; denn seit jener Zeit sind doch manche, ja wohl viele Stunden gewesen, in denen ich innig vergnügt war, obwohl ich nur drei oder vier Stunden rechnen kann, in denen ich es ganz gewesen bin. — Wohl, wenn ich in früher Jugend ins mannhafte Leben getreten und in die rechte menschliche Geselligkeit gestoßen worden wäre, dann möchte es besser mit mir geworden sein; dann hätte das Mark, das in meiner Sehnsucht verfaulte und noch verfault, ins Leben übertreten können, und ich wäre nicht in ewigem unbefriedigten Streben verquient, wenn das Leben mir Schranken geöffnet, in denen ich mich lebendig hätte bewegen können." —

„Montag den 1. Juli 17. Mein erstes Erwachen war ein Dankseufzer zu Gott für die Freude, die sich schon beim Anbeginn meines Tagelaufs so urplötzlich und so reich durch meinen Busen ergoß. Der schöne Morgen, ein freundliches Gesicht, Zufriedenheit mit der Gegenwart, frohe Hoffnung in der Zeit: das war's, was alle Blüten des Frühlings über mein Herz hinstreuete.... Ich frühstückte, in Gedanken aber war ich nicht mehr bei mir; dann durchstrich ich Garten und Flußgestade, und mit einem hellblumigen Strauß kehrte ich zu dem Arbeitstisch zurück, welche von Lindenlaub überschattet wurde."

„Berlin den 2. Juli 1817... Zwar recht ruhig, aber doch betrübt wandelte ich bei dem himmlisch wonnigen gewitterkühligen Abende in meine stille Gartenklause, betrübt, daß auch nicht eines von denen Herzen da war, an denen das meine so lebendig zu schlagen weiß. Nicht eines — und wer weiß, gibt es noch eines? — Doch nein. Zweifel wären Sünde, denn schwerlich können sie fallen. Wanken können sie, zu sinken drohen — aber sinken nicht —. Ich bin aber doch jetzt in einer schöneren Gemütsstimmung, als ich zu Anfang dieses Jahres, als ich noch vor kurzem war. Ja, ja, ich werde mich wohl nach und nach einarbeiten, wofern sie nicht fallen. — und wenn ich auch weit bin, schadet's nichts, wenn nur so weit, daß der Postwagen mich noch zurücktragen kann. So viel des Geldes habe ich ja immer gewahrt, daß ich zu jeder Stunde hätte aufbrechen können. Doch wie elend würde ich mich jetzt fühlen, wenn ich in Indien wäre, wenn kein Postwagen mich wieder zu ihnen bringen könnte. — Nein das könnte ich nicht ertragen. Fürwahr der liebe Gott hat es recht gut gemacht, als er den Fuß zurückzog, welcher die Schwelle des breiten Hofes betreten wollte, als die Hand erkrampfte, welche den großen Thürgriff" (bei Sir Henry Rose) „erfassen wollte. Und so sei er denn stets mit Trost bei mir, wenn sie nicht da sind, und lasse mir wenigstens immer in Jahresfrist die Himmelswonne, sie wiederzuschauen und ans volle Herz zu drücken."...

„Den 10. Juli 1817 Donnerstag früh um 10 Uhr. Trostquillend steigt des Tonspiels leichtbewegtes Leben zu meinem feurigen Gedankensee, der von ihren" (der Töne) „hellen Lichtern in Morgenrotes Glanze funkelt. Ach wie kann meine

Seele und all mein geistig Wesen in die langsam und hehr
rollenden Flötentöne sich verweben, wie kann es in der Saiten
Götterklängen in heitere Regionen sich aufringen und mich der
ernsten Wirklichkeiten vergessen machen. — O daß ich selber als
Klang auf und nieder streben und in ewiger Empfindung leben
dürfte! Denn wie der Töne mannigfaltig Walten und der Farben bunt und freundlich wechselnde Gestalten neigt ja mein
ganzes Sein, mein ganzes Seelenleben der frohen Zukunft sich
entgegen, die es mit schmeichelnden, umschlingenden, umfächelnden,
umfangenden Sirenenlauten und milden Äolsklängen in den
Äther ruft. Frei entschwingt aus schwerer Hülle meine Seele
sich, nur die Linke hält noch lose Erdenleides schwarz Gewand,
doch die Rechte o! sie hält so fest und drückt so herzig jene
himmelblauen Linnen an die Wunden, die gesunden, wenn des
Tonspiels leichter Reigen durch lebendiger Gedanken Säle jetzt
in langsam ernsten Gängen, jetzt in leichtem frohen Hüpfen,
jetzt in schwerwandelndem Festschritt, wechselnd immer, aber
während immer, hinzieht. Ja jetzt liegt und zieht es sich wieder
grüner vor mir hin. Es ist mir möglich, freudig noch zu
wirken."

„Den 12. Juli 1817. Sonnab. früh um 7 Uhr. O! wie
bin ich so innig vergnügt im Schoß dieser guten Menschen!
Daß doch die ganze Welt mit so freundlichem Arme sich um-
schlänge, als diese wenigen, so ganz guten Seelen. In ihnen
und bei ihnen ging mir die Überzeugung auf, auch ich könne
dereinst noch glücklich sein. Und ich bin es ja jetzt! Fürwahr!
ich bin es diese Zeit her gewesen, und wenn ich auch nie meinen
höchsten Wunsch fahren lasse: so will ich ihn doch verstecken.
O Kinsky, daß du jetzt bei mir wärest und ich dir sagen könnte
Manchmal ist das Leben doch etwas schön. Du reine Seele,
du magst freilich mit der Biene Rüssel oftmals solche Süßigkeiten zu saugen verstehen!"

„Berlin 19. Juli 1817. Früh 9 Uhr. Frisch und kräftig hat sich ein Morgen erhoben, einer vollen freien Jünglings-
brust mit allem Rechte vergleichbar. Kraft und Mark atmet
die kalte Morgenluft in jedes Gemüt. Auch mir war markig
und kräftig zu Sinne und hochfreudigen Gefühls war ich über
die kommenden Tage. Dank, Herzensdank Dir, Du biederer

Mann, der du so lebenskräftige und mutstarke Gedanken in mir angefacht hast. Dank Dir! Unverwelklich werden die Blumen derer Tage in der Erinnerung Gartenbereich fortgrünen, die ich mit Dir gelebt. Segen über Dich, Du grundgute Seele!"

„Donnerstag 24. Juli 1817. Magisch webt und schlingt eine leichte Tonwelt duftende Blüten um das Innerste meines Gemütes. Ich las im Fouqué. Ich finde in diesen Geistern und finde in diesen Kreisen in allem mein veredeltes Selbst wieder. — Gewiß! Es gibt Seelen, welche nicht auf den toten Buchstaben und den kalten Verstand beschränkt, geistgestorben, ohne lebendige Gefühlsweiche zu leben vermögen, und auch ich vermag's nicht, und Gott will es nicht. Der blütige Einklang hochstimmiger Liebestöne, deren Strahlen nach der Sternenwelt hinüberschießen, der ist es, welcher mein eigenstes besseres Ich ausmacht. Darin bin ich Ich selbst auf der höchsten Staffel irdischen Seins, wenn ich wie jetzt dem weißen Schwanengefieder himmelanringender Klänge nachstaune und die zerknickten irdischen Fittiche meines Geistes sich mächtiger regen, den Tönen und hellgoldenen Klangesfunken nachzufließen. Ja nur die hellste und lichtfarbigste Seite des vielgestaltigen Lebens lockt meine Sehnsucht und meine raschen Triebe, und ich folge in den inneren Garten Schällen, wie sie so allgewaltig schwirren, ich folge ihnen, alles Menschentreibens vergessend."[13])

Drittes Kapitel.

Die Studentenjahre in Berlin.

Die idyllische Einsamkeit des Parks an der Spree hielt unfern jungen Studiosus nicht ab, nach und nach die Zeltpflöcke seines Verkehrs weiter zu stecken. Zwar im Anfang des Sommersemesters 1817 haben wir ihn uns, wie schon die eben mitgeteilten Tagebuchsnotizen ergaben, als einen die Wonne seiner behaglichen Existenz selig einschlürfenden Eremiten zu denken. Bald aber griff das damalige eigengeartete Berliner Leben auch in die Existenz des isolierten Fremdlings mächtiger ein und wurde ihm die Ursache weitgreifender Wirkungen.

Die Anfänge der selbständigen Studentenzeit Tholucks, schildert anschaulich ein Brief an Radecke vom „22. des Wonnemonds 1817 früh um 6 Uhr", in welchem auch die schwärmerische Stimmung des Tagebuchs noch weiter klingt. „Dem Wasserbade aufs neue entstiegen regt die Taube des Tages ihre lichten Schwingen; vor ihrem hellkräftigen Glanze sind die Nachtgevögel schwarzer Wetterwolken geflohen; wollige Lämmchen weiden auf dem blauen Himmelsgefilde, friedevoller Segen sinkt aus reinen Lüften. Auch in meinem Herzen und in meinem Busen fühlte ich den Segen, der aus frischen Morgenlüften troff; es grüßte mich so freundlich Morgensonne durchs geöffnete Fenster herein, daß ich mein Tischlein und ander Schreibgerät in Gottes freie Luft unter den lichtblauen Sommerhimmel trug, um hier an meinen herzlieben Freund zu gedenken und kosende Zwiesprach mit ihm zu pflegen. Ja, mein guter Radecke, Du hast mir mit jedem Deiner Briefe Balsam ins Herz gegossen, und ich kann nicht in Worten aussprechen, wie sehr ich mich

sehne, Dir selbsteigen zu sagen, wie mannigfaltig jedes Deiner,
Eurer Schreiben auf mein ödes Herz wirkte. Doch im ganzen
stehen ja seit sechs Wochen wohl alle Wirkungen in einer großen
Wirkung vereint, das heißt, seit sechs Wochen bin ich ganz
ruhig und zufrieden. Aber mein Leben ist auch so, daß ich
es sein kann, so einfach und doch so schön, wie Bäche in weißen
Blumentriften. Mit der Morgensonne stehe ich auf und be=
ginne in meinem lieben Gärtchen zu scharwerken. Um 7 bringt
der Bediente mir mein Frühstück, dann studiere ich bis um 12,
wenn ich Lust habe von 12 bis 2 ein Kollegium zu besuchen,
oder einen Gang zu verrichten (denn eine halbe Meile habe ich
bis zur Universität). Um 2 speise ich sehr gut, um 4 wird
mir, wenn gut Wetter ist, der Kaffe wieder in den Garten
gebracht. Wenn dann die Augen nicht mehr aushalten, bespreche
ich mich mit meinem frommen Gärtner, und er teilt mir Arbeit
auf, oder fährt mich mit dem Kahne längs dem Ufer herunter.
Bloß wenige Personen sind im Hause, und alles Alltägliche ist
fern. Dazu erfreut mich die Königl. Bibliothek mit Büchern,
und gescheite Leute mit ihrer Freundschaft, und was noch
mehr ist, ich habe einen Freund gefunden! Freilich ist er mir
noch nicht, was ich wünsche, aber ich denke, er wird es werden.
Er liebt mich so sehr und in mir auch das, was ich von Sprachen
weiß. Er hat morgenländische Sprachen studiert, ist jetzt Hof=
meister und hat bei mir binnen kurzem arabisch sprechen gelernt.
Sein Name ist August Schröner, nicht aus Berlin, sondern aus
Pommern gebürtig, sehr gebildet und zartfühlend. Diese Feier=
tage wandre ich mit ihm nach Potsdam. Doch alles dies ist
im Grunde doch nur Surrogat derer Freuden, die bei Euch mir
werden sollen, und überall werd ich mich nur glücklich dünken,
wenn ich mich, nicht nach Breslau (denn nach dem verlange ich
nicht), sondern nach Eurer Stube denke. Wohl mir, daß heut
schon der 22. Mai ist, bald auch der 22. Juni, 22. Juli, und
dann — Viktoria! Mit vollen Segeln läuft dann das Schiff in
See, was an schöner Insel vor Anker lag... Scheibel wundert
sich, daß mir Schleiermachers Vortrag nicht gefällt; ich hab
ihn bloß einmal gehört, und habe in ihm einen gemütlosen,
satirischen, engherzigen Mann gefunden, so eine Art Fr. Aug.
Wolf; wie könnte mir aber das gefallen? Daß ich Gelehrsamkeit

6*

ohne Gemüt nicht schätze, weißt du längst, deswegen laufe ich auch vor Wolf. Dagegen bin ich öfters zu Neander ein= geladen worden, und obwohl dieser gute Mann wenig spricht: so habe ich doch sogleich sein vortreffliches Gemüt und seine edlen Eigenschaften erkannt. Er ist ein getaufter Jude und lebt mit seiner alten ehrwürdigen Mutter und zwei Schwestern, die auch Christen geworden sind, ein stilles, aber achtungswertes Leben. Nicht im entferntesten Sinn hat er etwas Jüdisches behalten: sondern reiner Christensinn adelt alles, was er thut und spricht. Er ist Scheibeln sehr gut, tadelt aber seine Wut und seine Heftigkeit sehr. Scheibels Name ist in Berlin ziem= lich bekannt, steht aber in sehr schlechtem Rufe. Doch ich habe mich aus aller Partei herausgewunden und lebe auf meinem stillen Landsitz dem Studium der Bibel, Araber, Syrer und Perser. Regelmäßig halte ich mir die Hefte von Neanders Kirchengeschichte. Entweder gehe ich selbst in die Stadt oder schreibe sie von jemandem ab, der alles vollständig hat. Da doch aber die Bibel und namentlich die Exegese für mich Haupt= augenmerk bleibt, und niemand mir hierin zu Gunsten spricht: so unterhalte ich mich lieber bei meinen toten Lehrern, aus denen ich die vornehmsten auslesen kann."

Die in diesem Briefe genannten Namen geben uns nun Veranlassung, uns etwas weiter in den Berliner Kreisen um= zuschauen, in welche Tholuck allmählich hineinwachsen sollte.

Das Berlin nach den Freiheitskriegen war ein andres ge= worden als das Berlin in den letzten Jahrzehnten und um die Wende des 18. Jahrhunderts. Damals (1778) ekelte es einem Goethe vor der „verdorbenen Brut" in Berlin, wo „er von dem großen Könige seine eigenen Lumpenhunde schlecht reden hörte". Damals schrieb Georg Forster an Jacobi über die preußische Hauptstadt (1779): „Und dann die vernünftigen klugen Geist= lichen, die aus der Fülle ihrer Tugend und moralischen Voll= kommenheit Religion von Unverstand säubern und dem gemeinen Menschenverstande ganz begreiflich machen wollen! Ich erwartete Männer ganz außerordentlicher Art, reiner, edler, von Gott mit seinem hellen Lichte erleuchtet, einfältig und demütig wie Kinder. Und siehe, da fand ich Menschen wie andre; und was das Ärgste war, ich fand den Stolz und den Dünkel der Weisen

und Schriftgelehrten. Weiter brauche ich nichts zu sagen...
An das schöne Geschlecht mag ich gar nicht denken. War es
je irgendwo allgemein verderbt, so ist es in Berlin, wo Eigen=
liebe, d. i. Koketterie, zu Hause ist, wie in Paris; wo der Ton
der guten Gesellschaft auf ebensolche fade, abgeschmackte Witzelei
und Komplimente und auf das unaufhörliche Ersinnen der „jolis
riens" gestimmt ist, wo gar nichts gedacht und, außer der größten
Wollust, gar nichts gefühlt wird. Und dies von dem fürstlichen
Zirkel bis zum bürgerlichen herab."[1] Rahel noch pflegte in ihrer
Weise zu sagen: „In Berlin hält sich nichts, alles kommt her=
unter, wird ruppig; ja wenn der Papst nach Berlin käme, so
bliebe er nicht lange Papst, er würde was Ordinäres, ein
Bereiter etwa;"[2] und Humboldt nannte Berlin geradezu „eine
moralische Sandwüste, geziert durch Akaziensträucher und blühende
Kartoffelfelder."[3] Es war die Stadt, so geschwätzig, so gemein,
so lüstern, so langweilig, so altklug, so verkommend im unendlich
Kleinen, wie sie etwa Willibald Alexis in seinem — selbst in
der Sandwüste vertrocknenden — Roman „Ruhe ist die erste
Bürgerpflicht" geschildert hat. Konnte doch am Grabe des seligen
Jänicke im Jahre 1827, wenn auch nicht ganz korrekt, behauptet
werden, seit dem Tode des Konsistorialrats Woltersdorf an
der Georgenkirche † 1804, habe es in Berlin bis 1818 nur
einen einzigen gläubigen Prediger gegeben, der das Wort Gottes
lauter und rein verkündigte: Jänicke selbst.[4]

Wir besitzen von Tholucks eigner Hand eine Schilderung
der theologischen und kirchlichen Zustände Berlins am Ende
vorigen Jahrhunderts, in seinen „Vermischten Schriften größten=
teils apologetischen Inhalts, Hamburg, Perthes 1839", in dem
Aufsatze: „Abriß einer Geschichte der Umwälzung, welche seit
1750 auf dem Gebiete der Theologie in Deutschland statt=
gefunden". Da heißt es Teil II, S. 123 ff.:

„Von der größten Bedeutung nicht bloß für Preußen,
sondern für ganz Deutschland, war der theologische Einfluß, der
von der Hauptstadt Preußens, von Berlin, ausging. Der
Name Berliner und der Name Ungläubiger wurde seit der
Zeit nicht selten synonym gebraucht; vergleiche eine Stelle über
das, wovon die Berliner nichts wissen, in den Predigten
von Oetinger von 1777, am neunzehnten Sonntage nach

Trinitatis: ‚Die Berliner wissen nichts von dem Vater der Herrlichkeit, sie sind krank von dem Leibnizschen Schwindel= geiste, sie wollen nichts wissen von dem Geiste Gottes, nichts von dem Gruße der sieben Geister, sie bilden sich eine mecha= nische Gottheit. Die Berliner wissen nichts von dem Menschen, sofern er sich im Geiste zum Gnadenthrone nahet; sie wissen nichts von den Engeln und Teufeln, nichts von dem, was Sünde ist, nichts von Essen und Trinken des Fleisches und Blutes Christi, noch weniger von der Gemeinschaft der Heiligen, daß durch Handauflegung der Geist könne mitgeteilt werden, daß durch Taufe und Abendmahl der Geist Jesu könne gliedlich eingeführt werden, nichts von Himmel und Hölle, Interims= zustand vor der Auferstehung; sie wollen nichts verstehen als was sie nach demonstrativer Lehrart in die letzten Begriffe resolvieren; aber Jesus wird ihnen zeigen, wie sie ihn hätten sollen bekennen vor den Menschen.·

„Wenn wir als den Zeitgeist nicht sowohl diejenige Geistes= richtung bezeichnen müssen, welche in der numerischen Mehrzahl der Zeitgenossen die Herrschaft hat, sondern welche in denjenigen herrscht, die eine vorhergehende und in ihren Nachwirkungen noch vorhandene Periode geistig überwunden zu haben sich be= wußt sind, die also — um es mit dem modernen, nicht wenig selbstgefälligen Ausdrucke zu bezeichnen — auf der Höhe der Zeit stehen, so müssen wir sagen, daß der Zeitgeist der letzten zwei Dezennien des vorigen Jahrhunderts in den Berliner Stimmführern seine Repräsentation hat. Es gab Berlin — vornehmlich durch das allmächtige Organ der ‚Allgemeinen deut= schen Bibliothek‘ — nicht bloß für die Theologie, sondern auch für Philosophie und Wissenschaft und Kunst überhaupt dem übrigen Preußen, ja dem übrigen Deutschland Gesetze. Und gerade der Bund, den hier die theologischen Bestrebungen mit den schönen Wissenschaften und der Philosophie insbesondere eingegangen waren, diente dazu, die Berlinische Theologie als das große Ziel dessen darzustellen, der auf der Höhe seiner Zeit zu stehen wünschte. Noch besaß Berlin in dieser Periode manchen den christlichen Glauben eifrig zugethanen und dabei durch Gelehrsamkeit ausgezeichneten Mann, der den Aufklärern ein Dorn in den Augen war. Wir nennen insbesondere den Ober=

Konsistorialrat Süßmilch und den Ober-Konsistorialrat Silberschlag — ein ausgezeichneter Hydrauliker, der sich in der An-
legung von wichtigen Wasserbauten eben so tüchtig erwies, wie
als Prediger, Katechet und theologischer Gelehrter. Sonst aber
fand sich schon vor der Hälfte des Jahrhunderts an mehreren
der ersten Geistlichen eine nicht geringe Nachgiebigkeit gegen die
neue Lehre, wie schon bei dem im Jahre 1741 verstorbenen
Reinbeck, bei dem Ober-Konsistorialrat Aug. Friedr. Wilh.
Sack (gestorben 1786), welcher in genauer Freundschaft mit
Spalding, Jerusalem, Semler stand, und sich vorzüglich
an englischen Theologen der laxeren Richtung, an Clarke,
Locke, Foster gebildet hatte; auch der Ober-Konsistorialrat
Büsching erwies sich, ob er gleich selbst dem alten Systeme
zugethan geblieben scheint, als ein sehr nachgiebiger Kollege von
Herrn Teller und von Spalding. Diese beiden Theologen,
in Verbindung mit dem Ober-Konsistorialrat Dietrich, sind
es, die wohl überhaupt den stärksten Einfluß geübt und denselben am erfolgreichsten zu Gunsten der Aufklärung geltend
gemacht haben. In welchem Sinne von diesen Männern ihr
geistliches Vorsteheramt verwaltet worden sei, läßt sich nach
ihren vorliegenden Schriften beurteilen. (Das höchste Interesse
müßte es gewähren, wenn unter anderem ein in der Zeitgeschichte bewanderter Mann die Geschichte des Prozesses des
sogenannten Zopfpredigers Schulze in Gielsdorf bekannt machen
wollte. Auf Anfrage des Kriminalgerichts beim Ober-Konsistorio, ob dieser Mann, der eingeständig sich zu den Grundsätzen
bekannte: 1. daß die Schrift nicht Gottes Wort sei, 2. daß
die Moral von der Religion himmelweit verschieden sei,
3. daß Jesus der größte Naturalist gewesen, 4. daß seine Auferstehung als eine bloße Begebenheit durchaus nicht mit zur
Lehre Jesu gehöre, 5. daß Moses ein Betrüger gewesen — ob
dieser Mann als ein Evangelisch-Lutherischer Prediger
anzusehen sei, antwortete das Ober-Konsistorium [mit Ausnahme
von Woltersdorf und Hermes]: zwar nicht als Evangelisch-
Lutherischer, aber als ein christlicher Prediger sei er allerdings
anzusehen — natürlich, da das Votum in der einzigen Stelle
des Neuen Testaments, Luc. 10, 25, das ganze Christentum
fand. Was konnte aber auch von einem Ober-Konsistorio er-

wartet werden, deſſen thätigſtes Mitglied, der Herr Teller,
den aufgeklärten Juden, welche 1798 in einem Sendſchreiben
an ihn erklärt hatten, daß ſie dem bloßen Deismus huldigten,
reſpondierte, daß ſie durch Anerkennung der chriſtlichen Moral
doch ſich zu Mitgliedern der chriſtlichen Kirche machen könnten!)...
Die männliche Freimütigkeit, mit der ſich die drei Konſiſtorial=
räte dem im Jahre 1788 erſchienenen Religionsedikte entgegen=
ſetzten, verdient Anerkennung, wenn ſie auch mit irrigen und
verderblichen Überzeugungen verbunden war. Das Religions=
edikt ſelbſt ſpricht eine gute Abſicht aus, iſt jedoch nur ein
Beweis, daß durch bloße Verordnungen der Strom des Zeit=
geiſtes unmöglich aufgehalten werden kann, wenn ihnen nicht
in der Geſinnung eines Teils der Zeitgenoſſen ein Stützpunkt
gegeben wird. — Bis zum Jahre 1792 hatte das Edikt nicht
die mindeſten Folgen gehabt, und auch die in dieſem Jahre er=
nannte Immediat=Examinations=Kommiſſion, welche dem Miniſter
Wöllner zur Seite trat, erwies ſich als ohnmächtig. Der
Ober=Konſiſtorialrat Hermes ſagte in Halle: „Man hält uns
für mächtig, und doch haben wir noch nicht einen neologiſchen
Dorfprediger abſetzen können; ſo arbeitet uns alles entgegen!‘
Von der Wirkungsweiſe der kirchlichen Oberen in Berlin in
dieſer Zeit möge noch ein Beiſpiel hier ſtehen, das zwei von
ihnen ſelbſt dem Publikum bekannt gemacht haben. Die Ordi=
nationen und Examina der brandenburgiſchen Prediger pflegten
von dem jedesmaligen älteſten Propſt und den Diakonen ſeiner
Kirche gehalten zu werden, alſo bis 1794 von dem Propſt
Teller und den Diakonen Reinbeck und Troſchel. (Der
letztere iſt es, der in ſeiner Leichenrede auf den Ober=Konſiſto=
rialrat Teller die Hoffnung ausſpricht, wenn nur noch einige
ſolche Männer wie „Jeſus, Luther und Teller“ auftreten,
ſo würde es bald völlig gut in der Welt ſtehen.) Die anzu=
ſtellenden Prediger empfingen nach der Ordination das Abend=
mahl, und vor demſelben wurde ihnen von den Diakonen eine
Beichtrede gehalten. Im Jahre 1794 den 12. April erſchien
nun eine Kabinettsordre, worin die Diakonen ſtreng admoniert
wurden, im Beichtſtuhl nichts wider die Lehre Jeſu, wie bisher
geſchehen, vorzubringen! Zu ihrer Verteidigung ließen nun die
Prediger Reinbeck und Troſchel eine Rechtfertigung in die

öffentlichen Blätter rücken, worin es unter anderem heißt: ‚Ein anderer Kandidat betete vor einer anderweitigen Ordination ungefähr so: Ich armer großer Sünder bekenne vor dem ge= rechten Gott, daß ich durch meine vielen und schweren Sünden die göttliche Majestät höchlich erzürnt und nichts als seinen Zorn und seine Strafen verdient habe; ich gebe mich aller Sünden schuldig, die ich von Jugend auf bisher begangen habe, sie sind mir aber leid und bitte u. s. w. Zu diesem sagte ich (Troschel): Ich beklage Sie, mein Freund, wenn dies Gebet die wahre Sprache Ihres Gewissens noch heute sein muß. Mängel, Fehler, Übereilungen, Nachlässigkeiten im Guten, Un= vollkommenheit haben wir alle Ursache mit Mißfallen und Demütigung vor Gott an uns zu erkennen, und diese Selbst= erkenntnis zu unserer ferneren Ausbesserung und Wahrnehmung anzuwenden; Sie aber, die Sie doch von jüngeren Jahren her den Vorsatz gefaßt haben, ein Lehrer des Christentums und reiner christlicher Unsträflichkeit zu werden, sollten ja wohl billig sich von Jugend auf eines unsträflichen Wandels befleißigt und keiner schweren Sünden und Missethaten, d. i. wissentlicher Lasterthaten wider Ihr Gewissen sich schuldig gemacht haben, da ein Lehrer des Evangeliums Jesu ja billig unsträflich und zu allem guten Werk geschickt sein muß. Wer als studierender Jüngling den Lastern gefröhnt, der sich aller Sünden und Missethaten schuldig gemacht hat (wie Sie von sich sagten), wahrlich, der wird durch die Ordination nicht auf einmal ein besserer, tugendhafter Mann u. s. w.‘

„Das war das Maß von Einsicht in die Heilsbedürftigkeit und Sündhaftigkeit des Menschen, welches damals die nam= haftesten Geistlichen der Hauptstadt besaßen. Jenem bußfertigen Kandidaten, der sich erlaubte, auf das ‚sie sind allzumal Sünder‘ sich zu berufen, war überdies die grobe Unwissenheit, die er dadurch an den Tag lege, zu Gemüt geführt worden, da er hätte wissen müssen, daß im Urtext das Imperfekt stehe: πάντες γὰρ ἥμαρτον. sie waren Sünder, nämlich als Heiden, wogegen Christen stets anständige und tugendhafte Menschen zu sein pflegten."

So Tholuck über das religiöse Leben Berlins am Ende des vorigen Jahrhunderts.

Da war es nun nach vielen Seiten hin besser geworden. Der Sturm der Jahre 1806 und 1807, der Druck der napoleonischen Herrschaft, der gewaltige sittliche Aufschwung in den Tagen der Volkserhebung, die Trauer, die bei aller Siegesfreude der Befreiungskriege in tausend und aber tausend Familien einzog, das alles lehrte wieder nach dem lebendigen Gott fragen und weckte den Durst nach den Strömen frischen Wassers, die im Evangelium fließen. Zwar das offizielle preußische Kirchentum auf Kanzel und Katheder hielt noch jahrelang mehr oder weniger zäh an „dem salzlosen Eiweiß" des seichten Rationalismus, „hie und da überschwommen von der süßen Sauce einer empfindungsvollen Sentimentalität", wie Tholuck es einmal nennt, fest; und es ist bekannt, welche Kämpfe er selbst später mit diesem Feinde auszufechten bestimmt war. In Preußen hatten die Jahre der Schmach auch die letzten Reste der Selbständigkeit der evangelischen Kirche hinweggefegt. Die lutherischen Provinzial-Konsistorien, das lutherische Ober-Konsistorium, das reformierte Kirchen-Direktorium sowie das französische Ober-Konsistorium, die drei zuletzt genannten Zentralbehörden sämtlich in Berlin, alles war in der Verwirrung der Kriegsdrangsale zusammengebrochen. Die Regierungen in den Provinzen, das Ministerium des Innern in Berlin übernahmen die Leitung der Kirchenangelegenheiten. Erst 1816 schritt man zur Rekonstituierung von Königlichen Konsistorien unter dem Vorsitze der Oberpräsidenten, und 1817 wurde ein „Ministerium der geistlichen Angelegenheiten" gegründet, das die Geschäfte der vormaligen kirchlichen Zentralbehörden zu versehen hatte. Aber es war kein Hauch frischen Glaubenslebens und christlich klaren Bekenntnisses, der in das wiederhergestellte brandenburgische Konsistorium einzog. Die ersten geistlichen Räte waren zum größeren Teil noch rechtschaffene Rationalisten, denen gegenüber auch der fromme Professor Neander und der Konsistorial-Assessor Ritschl keinen ausreichenden Gegeneinfluß auszüben konnten.

Auch auf den Kanzeln Berlins herrschte noch immer überwiegend die Weisheit der Teller und Töllner, der Gabler und Semler. Dennoch wurden hier und da, allmählich erstarkend und an Zahl zunehmend, evangelische Hirtenstimmen laut, die zur lauteren Quelle des Wortes zurückriefen. Hierher gehört vor allem das Zeugnis Schleiermachers, der seit 1809 als reformierter Hauptprediger, und Marheinekes, der seit 1820 als lutherischer Oberpfarrer an der Dreifaltigkeitskirche angestellt war. Schleiermacher ist unstreitig gerade durch seine Predigten für viele Christen der gebildeten Stände ein Vermittler zu tieferer Einkehr und bewußterem Glaubensernste geworden, wenn auch so einfältig schlichte Männer wie Jänicke schon im Jahre 1814 die Mahnung hören ließen: „Laßt euch keine Schleier machen!"[5]) Jänicke selbst, von 1792—1817 lutherischer Prediger an der Bethlehems= oder Böhmischen Kirche, war der eigentliche geistliche Mittelpunkt der erweckten Kreise Berlins. Aber neben ihm stand in gleicher Einfalt evangelischer Verkündigung an der Gertraudenkirche seit 1797 der ehrwürdige Justus Gottfried Hermes, in dessen Gottesdiensten der Geo= graph Karl Ritter den „Eindruck einer apostolischen Gemeinde" erhielt,[6]) während er im übrigen Berlin fürs Herz unbefriedigt genug blieb: „Es ist wenig Wärme hier bei sehr viel Kultur und kalter Gutmütigkeit, die mit jedem es gleich gut meint, alle aufnimmt, an alle sich anschließt und darum nirgends recht tief dringt." „Hermes gewann inmitten der allgemeinen Gott= losigkeit trotz oder vielmehr wegen der biblischen Einfalt seiner Predigt wie seines Wandels je länger je mehr die allgemeine Achtung." Wie hoch Schleiermacher von ihm hielt, ist be= kannt; seine eigne Frau ging lieber zu Hermes, als zu ihm in die Kirche, und er selbst war in der Gertraudenkirche ein öfters gesehener Hörer. Bei dem Reformationsjubiläum 1817 setzte er es durch, daß die Fakultät an Hermes die theologische Doktorwürde schenkte „zum Zeugnis, daß es in der Theologie noch auf etwas andres als auf Gelehrsamkeit ankomme".[7]) Auch die Grabrede im folgenden Jahre hielt ihm Schleiermacher.

Hermes' Nachfolger, Löffler, gehörte gleichfalls zu den Predigern, welche die „Stillen im Lande" gern und viel hörten. Auch die fromme Prinzeß Wilhelm war oft in seiner Kirche. Im Leben des Schulvorstehers Dreger teilt Kulke aus einer Predigt Löfflers über Gal. 5, 16—24 vom 19. März 1820 die für Löfflers herbe Art bezeichnenden Worte mit: „Ich muß dem Gottlosen auch heute wieder sagen, daß er um seiner

Sünde willen sterben muß. Zwar soll ich nicht so scharf pre=
digen, sondern fein säuberlich mit dem alten Menschen verfahren;
aber von mir werden die anvertrauten Seelen am jüngsten
Gerichte gefordert werden. Ich muß es daher noch einmal
bezeugen: wer in solchen Sünden lebt, von denen hier der
Apostel spricht, der wird das Reich Gottes nicht sehen."[8])

An der Kirche der Brüdergemeinde wirkte seit 1816 (bis
1827) der fromme Prediger J. Dan. Anders, der später als
Bischof nach Bethlehem in Nordamerika ging und als Mitglied
der Unitäts=Ältesten=Konferenz in Berthelsdorf 76 Jahre alt
starb. An der Friedrich=Werderschen Kirche predigte Franz
Theremin, der 1815 zum Dom überging; seit 1819 an St.
Georg Christian Ludwig Couard, seit 1822 am Dom Prof.
Strauß aus Elberfeld, seit 1823 als dritter Prediger an der
Dreifaltigkeitskirche Tholucks Freund Ad. August Kober —
lauter Männer, die in den Tholuckschen Tagebüchern wieder=
holt und mit wechselnder Anerkennung genannt werden.

Noch mehr aber als in der Berliner Geistlichkeit, die der
Hauptmasse nach auf den rationalistischen Universitäten ihre
Ausbildung erhalten hatte, fanden sich in der Laienwelt der
Hauptstadt religiös angeregte Kreise, die der kirchlichen Phy=
siognomie des Spree=Athen ihre Signatur aufzudrücken be=
gannen. Wurde doch Berlin in der Zeit, in welcher Tho=
luck daselbst seine religiöse Charakterisierung erhielt, häufig
schon „das fromme Berlin" genannt, und diese Benennung
war nicht spottweise gemeint.[9]) Als Schleiermacher seine
„Reden über die Religion an die Gebildeten unter ihren
Verächtern" 1821 zum dritten Male herausgeben sollte, befand
er sich nach seiner eignen Aussage[10]) „in großer Verlegenheit,
was zu thun sei. Den Abdruck weigern," sagte er, „wäre
wohl ein Unrecht gewesen gegen die Schrift und gegen mich;
denn es würde von den meisten sein ausgelegt worden, als
mißbilligte ich sie und möchte sie gern zurücknehmen. Aber
wozu auf der andern Seite ihn gestatten, da die Zeiten sich so
auffallend geändert haben, daß die Personen, an welche diese
Reden gerichtet sind, gar nicht mehr da zu sein scheinen? Denn
gewiß, wenn man sich bei uns wenigstens, und von hier sind
doch auch ursprünglich diese Reden ausgegangen, umsieht unter

den Gebildeten: so möchte man eher nötig finden, Reden zu
schreiben an Frömmelnde und an Buchstabenknechte, an unwissend
und lieblos verdammende Aber= und Übergläubige; und ich
könnte, zufrieden, daß Voß sein flammendes gezogen hält,
dieses ausgediente Schwert nicht unzufrieden mit seinen Thaten
aufhängen in der Rüstkammer der Litteratur." Auch die dieser
Ausgabe hinzugefügten „Erläuterungen" zeigen, wie wenig die
neuerwachte Berliner „Conventicul"=Frömmigkeit nach Schleier=
machers Geschmacke war. Auf S. 37 heißt es: „Wir würden
nicht so viel zu klagen finden über zunehmenden Sektengeist und
parteigängerische fromme Verbindungen, wenn nicht so viele
Geistliche wären, welche die religiösen Bedürfnisse und Regungen
der Gemüter nicht verstehen, weil der Standpunkt überhaupt zu
niedrig ist, auf dem sie stehn, daher denn auch die dürftigen
Ansichten, welche so häufig ausgesprochen werden, wenn von
den Mitteln die Rede ist, dem sogenannten Verfall des Reli=
gionswesens aufzuhelfen. Es ist eine Meinung, welche vielleicht
nicht viel Beifall finden wird, welche ich aber doch nicht ver=
schweigen kann, daß es nämlich gerade eine tiefere spekulative
Ausbildung ist, welche diesem Übel am besten abhelfen würde;
die Notwendigkeit derselben wird aber aus dem Wahn, als ob
sie dadurch nur um so unpraktischer werden würden, von den
meisten Geistlichen und denen, welche die Ausbildung derselben
zu leiten haben, nicht anerkannt." Und S. 246 f.: „Niemand
wolle doch glauben, daß ich die Erscheinungen eines erwachten
religiösen Lebens, die jetzt in Deutschland besonders so häufig
sind, als die Erfüllung der hier ausgesprochenen Hoffnung" (auf
eine ‚Palingenesie der Religion‘) ansehe. Das geht schon aus
dem folgendem hervor. Denn eine Wiederbelebung der Fröm=
migkeit, die von einem mehr geöffneten Sinn erwartet wird,
müßte sich anders gestalten, als das, was wir unter uns sehen.
Die unduldsame Lieblosigkeit unsrer neuen Frommen, die sich
nicht mit dem Zurückziehen von dem, was ihnen zuwider ist,
begnügt, sondern jedes gesellige Verhältnis zu Verunglimpfungen
benutzt, welche bald allem freien geistigen Leben gefährlich wer=
den dürften, ihr ängstliches Horchen auf bestimmte Ausdrücke,
nach denen sie den einen als weiß bezeichnen und den andern
als schwarz, die Gleichgültigkeit der meisten gegen alle große

Weltbegebenheiten, der engherzige Aristokratismus anderer, die allgemeine Scheu vor aller Wissenschaft, dies sind keine Zeichen eines geöffneten Sinnes, sondern vielmehr eines tief eingewurzelten krankhaften Zustandes, auf welchen mit Liebe, aber auch mit strenger Festigkeit gewirkt werden muß, wenn nicht daraus dem Ganzen der Gesellschaft mehr Nachteil erwachsen soll, als das erweckte religiöse Leben einzelner ihr geistigen Gewinn bringt. Denn das wollen wir nicht in Abrede stellen, daß viele der Geringeren aus ihrer Stumpffinnigkeit, der Vornehmeren aus ihrer Weltlichkeit nur durch diese herbe Art und Weise der Frömmigkeit geweckt werden konnten; wollen aber dabei wünschen und auf das kräftigste dazu mitwirken, daß dieser Zustand für die meisten nur ein Durchgang werde zu einer würdigeren Freiheit des geistigen Lebens. Dies sollte wohl um so leichter gelingen, als es ja deutlich und unverhohlen genug zu Tage liegt, wie leicht sich Menschen, denen es um etwas ganz anderes als um wahre Frömmigkeit zu thun ist, dieser Form bemächtigen, und wie sichtlich der Geist abzehrt, wenn er eine Zeitlang in derselben eingeschnürt gewesen ist!"

Wohl werden in diesen Worten ernstlich drohende Gefahren und wirklich hier und da vorhandene Schäden der „christlichen Kreise" jener Zeit berührt. Ob aber der vornehm wissenschaftliche, ästhetisch-spekulative Schleiermacher, der sich an keiner Bibel- und Traktatgesellschaft, an keinem Heiden- oder Juden-Missionsverein beteiligte, der gelegentlich sogar gegen den „Judenbekehrungsverein" predigte[11]) und gegen diese gesamten Bestrebungen recht herbe Worte sagen konnte,[12]) ob er den Charakter dieser neuen zunächst nur in kleinen Kreisen verlaufenden religiösen Bewegung ganz gerecht und unparteiisch beurteilt hat, dürfte doch noch die Frage sein. Jedenfalls war das neue Leben da und wurde eine Kraft, die sich wirksam geltend machte. Ein andrer zeitgenössischer Beurteiler, der selbst von pietistischer Art sehr weit entfernt war, D. Friedrich Gustav Lisco, seit 1820 an der St. Marien- und seit 1824 an der St. Gertraudenkirche, hatte eine bessere Meinung von den „Frommen" als Schleiermacher. Er schreibt:[13]) „Es gab gesellige Kreise, in denen man in spezifisch christlicher Form sich bewegte, unterhielt, Erbauliches zur Erbauung besprach; diese asketische Färbung war nicht Heuchelschein, nicht bloße

Form ohne Gestalt, sie war eine Äußerung der ersten Liebe, eine Offenbarung des neu gewonnenen Lebens."

Die Anregung zu einer größeren religiösen Vertiefung, welche die gewaltige Umwälzung aller europäischen Verhältnisse mit sich gebracht hatte, verlief der Hauptsache nach eben in zwei gesonderten Bahnen, die nur hier und da in einzelnen Persönlichkeiten und Kreisen sich berührten. Die eine war eine wissenschaftlich-spekulative, die andere eine praktisch-asketische. Die Wissenschaft selbst kehrte allerorten um. Ein Trieb zur Verinnerlichung, Vertiefung, Selbstbesinnung machte sich auf allen ihren Gebieten geltend. Die Rechts- und Staatswissenschaft, die, wo sie sich nicht auf eine sorgfältige Ausbeutung und Ausbeutung des römischen Rechts beschränkte, einem rationalisierenden und ins blaue spekulierenden Naturalismus verfallen war, suchte, in der historischen Schule, das gewordene Recht als aus dem Innern der Völker herausgewachsen zu begreifen; nicht gemacht, sondern gefunden werden sollte das Recht. Die vergessenen Schätze der deutschen Sprache und Sitte, der Volks- und Kunstpoesie der Vergangenheit begann die Philologie wieder zu heben; und in die ungeahnte Herrlichkeit der bunten Sagen- und Märchenwelt der germanischen Nation tauchte die Romantik trunken unter. Auch die Philosophie nahm an dem allgemeinen Umschwunge teil. Der kühnste Philosoph des Jahrhunderts, noch 1798 des Atheismus angeklagt, konnte auf dem Kirchhofe vor dem Oranienburger Thor, wo seine Leiche seit 1814 ruht, mit der Inschrift geehrt werden: „Die Lehrer werden leuchten wie des Himmels Glanz, und die, so viele zur Gerechtigkeit weisen, wie die Sterne immer und ewiglich": Johann Gottlieb Fichte, ein bezeichnendes Beispiel der neuen Richtung, welche das Denken und Sinnen der in ihrem Innersten getroffenen Nation eingeschlagen hatte. Noch Kant, von dessen Standpunkte die Fichtesche Spekulation ausgegangen war, hatte die Moral von der Religion gelöst, und für den inkommensurablen Rest, der zwischen den Forderungen der Sittlichkeit und den Leistungen des radikal bösen Menschen übrig bleibt, zur Ausgleichung auf ein der praktischen Vernunft unentbehrliches Jenseits hingewiesen. Fichte zog zunächst mit unerschrockener Logik die letzten Konsequenzen der Kantischen

Philosophie und löste die ganze objektive Welt, an welche Kant
noch glaubte, in ein Produkt des denkenden Ich auf, eine
Kühnheit des Gedankens, vor welcher freilich auch die objektive
Exiſtenz einer überweltlichen göttlichen Perſon ihr Recht ver=
lieren zu müſſen ſchien. Aber gerade die Überſiedelung nach
Berlin wurde für Fichte der Wendepunkt in der Entwickelung
auch ſeiner Philoſophie. An die Stelle der „ſittlichen Weltord=
nung‟ trat ihm immer deutlicher der lebendige Gott; im
johanneiſchen Chriſtentum fand er die Ausprägung der Grund=
gedanken, die fortan ſeine Spekulation beſtimmten. „Die tiefere
Einkehr in ſich ſelbſt‟, ſagt der jüngere Fichte von ſeinem
Vater, [14] „die eigentliche Vollendung und letzte Reife in Lehre
und Lebensanſicht beginnt ſeit der Epoche, wo er, abgekehrt
von allem Getriebe herrſchender oder ſich bekämpfender Meinungen,
und unbekümmert um fremden Beifall wie Verwerfung, nur
mit ſeiner Selbſtbildung ſich beſchäftigte .... Milderud und
manchen Gegenſatz verſöhnend ging die religiöſe Weltanſicht
in ihm auf, die er mit nicht minderer Zuverſicht und Kraft
umfaßte.‟ In ſeinen populären Vorleſungen über die „An=
weiſung zum ſeligen Leben‟, die er im Jahre 1806 in Berlin
hielt, brach er entſchieden mit dem rationaliſtiſchen Moralismus
Kants. „Nur mit Johannes‟, ſagt er in der Anweiſung zum
ſeligen Leben S. 155, „kann der Philoſoph zuſammenkommen,
denn dieſer allein hat Achtung für die Vernunft, und beruft
ſich auf den Beweis, den der Philoſoph allein gelten läßt, den
inneren: So jemand will den Willen deſſen thun, der mich
geſandt hat, der wird inne werden, daß dieſe Lehre von Gott
ſei ... Die anderen Verkündiger des Chriſtentums bauen auf
die äußere Beweisführung durch Wunder, welche für uns
wenigſtens nichts beweiſet. Ferner enthält auch unter den
Evangeliſten Johannes allein das, was wir ſuchen und wollen,
eine Religionslehre; dagegen das Beſte, was die übrigen geben,
ohne Ergänzung und Deutung durch den Johannes, doch nicht
mehr iſt, als Moral, welche bei uns einen ſehr untergeordneten
Wert hat.‟ Im Innern des Chriſten iſt ſchon jetzt, nicht erſt
im Jenſeits, die Seligkeit zu finden, zu welcher wir berufen
ſind. „Willſt du Gott ſchauen, wie er in ſich ſelbſt iſt, von
Angeſicht zu Angeſicht? Suche ihn nicht jenſeit der Wolken,

du kannst ihn allenthalben finden, wo du bist. Schaue an das
Leben seiner Ergebenen, und du schauest ihn an; ergib dich ihm
selber, und du findest ihn in deiner Brust" (S. 146).

> „Nichts ist, denn Gott; und Gott ist nichts, denn Leben.
> Gar klar die Hülle sich vor dir erhebet.
> Dein Ich ist sie: es sterbe, was vernichtbar;
> Und fortan lebt nur Gott in deinem Streben,
> Durchschaue, was dies Sterben überlebet:
> So wird die Hülle dir als Hülle sichtbar,
> Und unverschleiert siehst du göttlich Leben."

so faßt Fichte in einem nachgelassenen Sonett das Resultat
seines fortgeschrittenen Philosophierens zusammen. [15])

Auch in der Theologie bereitete sich die Abkehr von dem
kritischen und dem vulgären Rationalismus vor, und Schleier=
machers Name ist es, an den sich diese folgenreiche Wandlung
anknüpft. Wie Fichte, wenn auch in ausgesprochenem philo=
sophischen Gegensatze zu ihm, [16]) so knüpfte auch Schleiermacher
an die Thatsachen des innern Lebens an und hob in den
„Monologen" das Recht und die Macht der Individualität, in
den „Reden über die Religion" die Selbständigkeit und Realität
der religiösen Anschauung hervor, wie seine ganze Glaubenslehre
nur „Auffassungen der christlich=frommen Gemütszustände in
der Rede dargestellt" zu geben den Anspruch machen will. [17])
Schleiermacher war der theologische Vertreter der zur Religion
zurückkehrenden Wissenschaft und darum die Persönlichkeit, an
welche die Gebildeten unter den allmählich auftauchenden Verehrern
der Religion sich vor allen anschlossen. Der jüngere Fichte
sagt in der erwähnten Biographie seines Vaters (II, S. 411):
„Der Gedanke an einen lebendigen Gott, wie er den Menschen
befreit von der Knechtschaft der Unvollkommenheit, wie er den
Willen von der Tantalusarbeit eines endlosen Ringens erlöst,
indem erkannt wird, wie vor ihm der gute Wille, Demut und
Liebe statt der That gilt, dieser einfache Gedanke, welcher der
frühern Zeit im Glauben und Erleben einfach gegenwärtig war,
lag der damaligen Bildung durchaus fern. Sollte sie ihn aber
wiederfinden, so bedurfte es dazu der Heiligung durch Wissen=
schaft und höhere Ausbildung, wie diese zuerst von dem Glauben
losgerissen hatte." Darin sieht er die geschichtliche Aufgabe in

dem Lebenswerke seines Vaters; darin haben wir auch Schleier=
macher die Abhilfe gegen das Übel der Irreligiosität erkennen
sehen; „eine tiefere spekulative Ausbildung" sollte dem Verfall
des Religionswesens aufhelfen (S. 93).

Dieser Art von wissenschaftlich vermittelter Frömmigkeit
fühlte sich selbst ein so ausgesprochener Heide wie Alexander
v. Humboldt nicht abgeneigt. Sein Biograph sagt von ihm:
„Die Hegelei mit ihrem Luftbau war ihm zuwider. Eine zu=
verlässigere und zugleich minder selbstgefällige Art von Geistes=
kultur aber war die, welche von Schleiermachers Kanzel,
Katheder und persönlicher Anregung aus sich über einen nicht
zahlreichen, aber mannigfachen Teil der Berliner Bevölkerung
verbreitete ... Humboldt war dieser Kultur des Schleier=
macherschen Kreises von Haus aus verwandter als der des
Hegelschen; es verband ihn mit jener die Humanität der
Gesinnung, die Urbanität eines fein dialektischen, an geistigen
Pointen reichen Gesprächs.[18]

Diesen Kreisen mag auch der „theologische Freund" an=
gehört haben, der an Friedrich Perthes schrieb:[19] „Man darf
doch wahrlich nicht vergessen, daß die meisten und bedeutendsten
Männer unsrer Zeit nur durch die Wissenschaft zum Christen=
tum zurückgeführt werden können, wie sie durch die Wissenschaft
von demselben abgeführt worden sind. Nur sie vermag die
Wunden zu heilen, die sie geschlagen hat. Damit sage ich
wahrlich nichts Neues; keiner der Kirchenväter hat anders ge=
dacht; obschon sie gewiß so freudig wie unsre heutigen Eiferer
bereit waren, Gut und Blut für ihre Überzeugung zu opfern,
so haben sie doch immer anerkannt, daß das in Christus
geoffenbarte Wort des Lebens seinen Widerschein auch in der
Philosophie des Morgenlandes und des Abendlandes hatte
glänzen lassen, um die Heiden durch die Philosophie, wie die
Juden durch das Gesetz auf Christum vorzubereiten." Der
Biograph von Perthes setzt mit richtigem Verständnis der
Sachlage hinzu: „Seine Zweifel an den Erfolgen der wissen=
schaftlichen Theologie wurden durch diese und manche ähnliche
Worte nicht beseitigt. Ihm blieb die Furcht, daß die Theologen,
erfreut über neu gefundene oder neu festgestellte wissenschaftliche
Begriffe, der Versuchung nicht widerstehen würden, dieselben

nun auch frischweg in die Kirche einzuführen, welche, da sie
weder wissenschaftlich sei noch sein könne, hierdurch ein neues
Element der Zersetzung erhalten werde. Mit großer Wärme
wendete er sich dagegen den Bewegungen zu, die von einer
anderen Seite aus die Herrschaft des Rationalismus bedrohten."

Das sind die Bewegungen, welche wir vorher die pietistisch-
asketischen nannten, und die auch in Berlin einige Kreise der
Vornehmen und Geringen ergriffen hatten.

Selbst unter der ungebrochenen Herrschaft der friederizianischen
Aufklärung hatte sich in Berlin, namentlich in den Kreisen der
Bürgerschaft, aber auch bei etlichen Familien des hohen Adels,
der schlichte alte Glaube und die treue Anhänglichkeit an das
Bibelwort erhalten. Fanden diese Christen keine rechte Nahrung
für ihre Seele in den öffentlichen Gottesdiensten, so schlossen
sie sich, ohne auf den Kirchenbesuch zu verzichten, zu kleinen
Versammlungen in den Häusern zusammen und hielten in der
bescheidensten Form ihre regelmäßigen Erbauungsstunden. „Jede
dieser Versammlungen wurde mit Gesang und Gebet begonnen.
Anfänglich las man eine Predigt oder sonst einen Abschnitt aus
einem guten Erbauungsbuche vor; in kleineren Kreisen namentlich besprach man sich auch über dieses und jenes Stück des
Wortes Gottes. Später aber wurde vor dem Stundenhalter
ein vorgelesener Abschnitt der heiligen Schrift in aller Einfalt
erläutert und entfaltet. Zum Schluß sprach einer der Anwesenden, mit allen niederknieend, ein Gebet für die Not der
Einzelnen und der Gemeinschaften.[20] Die älteste dieser Versammlungen war ums Jahr 1775 von einem frommen Bäcker-
meister Drewitz am südlichen Ende der Wilhelmstraße eingerichtet worden. Wohnzimmer und Hausflur standen oft zum
Erdrücken voll. Drewitz selbst leitete die Andacht; zuweilen
kam auch der Prediger Servus von der böhmischen Gemeinde
und hielt das Gebet. Der Superintendent, der diese Versammlungen für gefährliche Konventikel hielt, ging zu Drewitz und
verbot ihm ohne weiteres die Erbauungsstunden. Da trat der
ehrwürdige alte Meister zu ihm heran, klopfte ihm auf die
Schulter und sprach in ernstem Tone zu ihm: „Mann, Mann,
wie willst du das am jüngsten Tage vor Gott verantworten!"
Erschrocken ging der so Angeredete schweigend hinweg; dennoch

7*

veranlaßte er die Polizei, einzuschreiten. Sie erließ ein Verbot;
allein im stillen versammelte man sich weiter. Wurden die
Versammelten gewahr, daß eine Aufsichtsperson dem Hause
nahete, so standen sie still auf und gingen einzeln hinaus, der
eine mit einem Brot, der andere mit einer Semmel, die sie im
Laden des alten Drewitz kauften, und niemand belästigte sie
dann.[21]) Solcher Versammlungen bestanden zur Zeit, als Tho=
luck in Berlin lebte, gegen zwanzig. Volksschul= und Gymnasial=
lehrer, fromme Handwerksmeister, Schulvorsteher, ein Bank=
assistent Herrmann, ein Baron v. Ruthenberg, der Musik
direktor Kühnau, Kaufleute, Kandidaten, die Zöglinge des
Jänickeschen Missionsseminars, der Diener Bach, bei dem
Major v. Wartenberg, ein in der Schrift erfahrener und tief=
gegründeter Christ, der wegen seiner Demut bei den Gläubigen
Berlins in hohen Ehren stand und überall zur Aushilfe bereit
war, wo es an einem Stundenhalter fehlte, Jänicke selbst, in
früherer Zeit auch die Oberkonsistorialräte Woltersdorf und
Silberschlag, das waren die Männer, die in der Stille durch
solche Erbauungsstunden in Berlin, Rixdorf, Tempelhof, auf
dem „Rollkrug" bei Rixdorf ein halbes Jahrhundert hindurch
die geistliche Pflege der darbenden Gemeindeglieder übernahmen.
Seit 1807 trat in ihre Reihen auch der Baron v. Kottwitz,
der in seiner Armenverpflegungsanstalt in der Alexanderstraße im
genannten Jahre für die Hausgenossen und Besucher aus der
ganzen Stadt eine Erbauungs= und Bibelstunde einrichtete.

Ihren Mittelpunkt und den Zusammenschluß mit den er=
weckten Kreisen von ganz Deutschland fanden diese Versamm=
lungen in der „Christentums=Gesellschaft",[22]) die sich, nach einem
Londoner Vorgange, am 30. August 1780 in Basel gebildet
hatte und bald über die ganze deutsche Heimat ausbreitete.
Der Name lautete ursprünglich „Deutsche Gesellschaft thätiger
Beförderer reiner Lehre und wahrer Gottseligkeit"; doch wählte
man später den bescheideneren Titel. Die lange Reihe von
Veröffentlichungen der Gesellschaft, die, von 1783—85 in einem
Jahrbuche unter dem Titel „Auszüge aus dem Briefwechsel der
deutschen Gesellschaft thätiger Beförderer u. s. w.", seit 1786
bis zur Gegenwart unter dem Titel „Sammlungen für Liebhaber
christlicher Wahrheit und Gottseligkeit" erschienen, brachte Monat

für Monat allen christlichen Versammlungen Deutschlands und der Schweiz in den Berichten aus dem Reiche Gottes alter und neuer Zeit, in praktischen Bibelauslegungen, frommen Gedichten, Erzählungen 2c. einen unerschöpflichen Stoff zur Anregung und Belehrung in den Erbauungsstunden. Auch die schon im Jahre 1782 gestiftete Berliner Christentumsgesellschaft bestand noch zu Tholucks Zeiten und pflegte mit den verwandten Verbindungen in Nürnberg, Stuttgart, Frankfurt, Magdeburg, Prenzlau, Preußisch Minden und Wernigerode einen mehr oder minder lebhaften Verkehr.

Die Konventikel, an denen sich Tholuck beteiligte, erhielten gleichfalls durch die Baseler „Sammlungen" ihre regelmäßige geistliche Nahrung. —

Arnold Ruge, der Herausgeber der „Hallischen Jahrbücher", unterschied später einmal in seiner Weise zwei Klassen von Pietisten, die „ordinären" und die „parfümierten".[23]) Zu den letzteren würde er wahrscheinlich einen Kreis von jungen Leuten in Berlin gerechnet haben, die doch nichts weniger suchten, als um des „Parfüms" ihrer vornehmeren Stellung und Geburt willen sich von den einfachen Bürgersleuten zu isolieren. Es war das eine Schar von Juristen und Militärs, die zum Teil im späteren Leben hervorragende Posten eingenommen haben, in jener Zeit der ersten Liebe aber in der lebendigen christlichen Freundschaft ihren innigsten Zusammenhalt fanden. Zu ihnen gehörte der Offizier auf der Kriegsschule Adolf von Thadden und seine späteren Schwäger: Freiherr v. Senfft und Ludwig v. Gerlach; dessen Bruder Otto, damals noch Jurist; der stud. juris Karl v. Lancizolle; die Offiziere Edmund v. Poyda und Sontheim; die Brüder A. und R. v. Sydow; der Jurist Focke; Anton Graf Stolberg, v. Hövell, v. d. Dollen, Orthmann u. a. Mehreren von ihnen werden wir in diesen Blättern noch öfters begegnen.

Das Tholucksche Tagebuch, das fast nur die innere Entwicklungsgeschichte beleuchtet, setzt uns nicht in den Stand, die Zeit zu bestimmen, in welcher Tholuck mit diesen verschiedenartigen Kreisen der Berliner religiösen Bewegung in Verbindung getreten ist. Unvermittelt treten die einzelnen Namen auf, und wir erfahren nicht, unter welchen Umständen die Bekanntschaften gemacht wurden. Das Haus von Diez wird wohl in vielen Fällen die Fäden angeknüpft haben. —

Daß unter den Professoren nur Neander eine bedeutendere Anziehung auf Tholuck ausübte, haben wir bereits gesehen. Schleiermacher war und blieb ihm unsympathisch, wenn er auch in der späteren Studienzeit sich an den „Reden" und „Monologen" auf Wanderungen durch die Mark allein und mit Freunden wiederholt geistig erfrischte und erquickte. Nach einer Osterpredigt Schleiermachers 1818 schreibt er in sein Tagebuch: „In der Kirche von Schleiermacher freute ich mich, daß mir ein anderer, für mich sichererer Pfad geworden ist, auf dem ich wandle, sobald der Herr mir seine Gnade nicht entzieht"; und zwei Tage später: „Ich preise den Herrn, daß ich einen festeren Halt habe, als der, welcher dem Jüngling in Schleiermachers Monologen geboten wird, wo Worte und Ideen und Worte gereicht sind, die nie sich in Wirklichkeit umbilden können." Die Theologie Schleiermachers erschien Tholuck als geradezu pantheistisch und noch im Jahre 1824, wo sich doch bereits ein kollegialisches Verhältnis zwischen beiden gebildet hatte, mußte Freund Sander aus Elberfeld an Tholuck schreiben: „Ich kann unsern Freunden nicht ganz Unrecht geben, wenn sie behaupteten, Du könntest vielleicht etwas milder von Schleiermacher urteilen, und solltest ihn nicht so geradezu als einen Pantheisten verwerfen."

Konnte doch selbst Rothe keinen rechten Zug zu Schleiermacher finden; und zwar in einer Zeit, die sein Biograph Nippold noch keineswegs zur „pietistischen Periode" rechnet. „Seinen Predigten fehlt," schreibt Rothe am 3. November 1819,[24] „so scheint es mir, der lebendige Grund und Boden des innerlichen, vom Christentum auf das innigste durchdrungenen Daseins;.... eigentliche Erbauung habe ich in ihnen noch nicht finden können, und sie ist auch wohl nicht der Zweck des Redners; aber sie sind geistreiche und belehrende exegetische Übungen, und darum besuche ich sie regelmäßig." Und über Schleiermachers „Leben Jesu": „Im allgemeinen bin ich gegen den Geist, wo er ohne Wahrheit ist, und darum auch gegen ein Rütteln am Positiven, das dieses nicht einmal umzuwerfen, geschweige an seiner Statt ein Neues aufzubauen vermag.

Nach meiner Meinung ist es immer thöricht, wenn man säet,
ehe man geackert hat; und in diesem Falle scheint mir Schleier=
macher mit vielen andern unsrer neueren Theologen zu sein,
die das Positive und Historische der Theologie mit Erfolg lehren
zu können meinen, ohne zuvor im eigenen Gemüte, wie in dem
der Zuhörer den von den gesamten innerlichen Lebenskräften
des Menschen zugleich zu vollführenden Prozeß der Christlich=
machung des inwendigen Menschen angestellt zu haben." Auf
die „Christlichmachung des inwendigen Menschen" aber ging
Tholucks ganzes Bestreben, daher konnte Schleiermacher ihn
nicht fesseln. Übrigens war, soweit davon zwischen einem be=
rühmten Manne und einem eben erst ins Leben tretenden Jüngling
die Rede sein kann, die Abneigung eine gegenseitige, wofür die
Belege uns bald genug entgegentreten werden.

Marheineke, der geistig Unbedeutendere, aber christlich
Wärmere und Unmittelbarere, that dem jungen Studenten doch
innerlich in höherem Maße wohl. Während Tholuck in der
ganzen Berliner Studienzeit nur ein Kolleg Schleiermachers
(über den 2. Korinther= und den Römerbrief, Sommer 1818)
hörte, oder es doch wenigstens nur zu einem ausgearbeiteten
Hefte brachte, finden sich unter seinen alten, sauber geführten
Kollegienheften mehrere Marheinekesche Vorlesungen, Dogmatik,
Symbolik und Encyklopädie. Auch das Tagebuch enthält manche
Reminiszenzen an das in der Vorlesung Gehörte. So heißt es
am 3. Februar 1818: „In Marheinekes Kolleg wurde ich
aufs äußerste bewegt, indem mir bei diesem Anschauen der hö=
heren Wahrheit es als selige Gewißheit durch meine Seele ging,
daß es am nötigsten ist, ich setze mir vor: Sei ganz in Jesu!
Solange ich nicht ganz in ihm bin, so lange kann ich auch
nicht gut sein." Ferner am 10. Februar: „Ich fühle es, wie
not es mir ist, keinen Augenblick die himmlische Liebe aus
meinem Gedächtnis zu lassen; denn so oft ich aus dem rechten
Leben in ihm herausgehe, gewahre ich es deutlich, wie mein
Wesen einem unlautern Sein angehört. Dieser selbige Gedanke
wurde mir bis zur höchsten und herrlichsten Klarheit entwickelt,
da nicht lange darauf Marheineke den Satz hervorhob: wie
des Menschen Stand der Unschuld darin bestanden, daß all sein
geistiges Weben allein in Gott gewesen, nach dem Fall aber der

Mensch so der Anschauung des Ichs und der Natur hingegeben worden, daß er nur in Augenblicken, wo der heilige Geist Gottes in ihm sei, aus diesem Gefühl des Ich heraustrete. Wenn es je eine Wahrheit gegeben, so ist dieses Wahrheit, denn dieses erprobe ich an mir selbst zu unendlichen Malen. Wenn ich ganz ohne das Bewußtsein meiner selbst und der Welt sein könnte, so müßte ich ein seliges Leben führen." Und am 17. Februar: „Von meinem Heiland erfüllt, ging ich zu Mar= heineke, wo ich jetzt mit unendlichem Hochgefühl den Vater preise, der mir endlich, endlich das einzige Ufer zeigte, wo ich mich retten konnte. Marheineke sagt: Der Begriff der in Gott gerechtfertigten Kindschaft weiset deutlich auf Jesum hin, indem dann der Mensch, wenn auch Mensch, so den Herrn in sich wirken läßt, daß das Göttliche mit dem Menschlichen aufs innigste verbunden ist; und Gott liebt nur seinen Sohn und sieht ihn, in ihm aber liebt und sieht er alle Gläubigen, Röm. 8, 15; Gal. 4, 6; Eph. 3, 12; Joh. 3, 1—18; Kol. 2, 1; Joh. 14, 23; 2 Kor. 6, 16."

Zu Neander gestaltete sich Tholucks Verhältnis so innig, daß er jahrelang jede Woche einen Abend bei ihm zubrachte, und die dort empfangenen Anregungen klingen oft in hellem, freudigem Echo der Tagebuchblätter nach. Seine Kollegia be= suchte er am fleißigsten, und die Kirchengeschichte, die Patristik, die kleineren paulinischen Briefe, die Dogmengeschichte, welche Neander in den Jahren 1817—19 las, hat Tholuck in lückenlosen, eigenhändigen Heften sich aufbewahrt und augen= scheinlich fleißig darin studiert. „Ich las Neanders Kirchen= geschichte," heißt es im Tagebuche am 12. Juni 1818; „wahrlich es ist ein liebender, himmlischer Geist, der den Irrenden führt!" Am 5. Februar 1818 schreibt er: „Des Abends bei Neander ward ich mit hoher Freude erfüllt, als ich mich mit ihm in die Anschauung der Herrlichkeit unsers Glaubens versenkte. Wie jeder, der aus der seligen Gemeinschaft Gottes in Christo her= ausschreitet, wenn er weiter und weiter sinkt, der Pantheist also, der Anbeter seiner selbst wird; wie das heutige Zeitalter nichts mehr im Gebiet des Übersinnlichen lassen wollend, alles ins Reich des Verstandes zieht, bis endlich selbst der Gott zur Idee wird; wie darum dem Christen vor allem das Handeln zum

Gesetz gemacht worden ist und nur so viel von der Herrlichkeit
der Himmel enthüllt wurde, als ihm eben nötig war, um
handeln zu können, — sehr beseligt und tief durchdrungen von
allen diesen Gedanken kehrte ich sinnig in meine Stube zurück."
„Des Abends ging ich mit Neander im Tiergarten. Er sprach
davon, wie schwer es ist, ein einzelnes Jahrhundert genau zu
kennen. Er sagte auch: Man findet doch, daß fast nie wahr=
haft gelehrte Männer frivol sind. Er war sehr liebevoll und
demütig. In lebendiger Begeisterung verließ ich ihn" (19. Juni
1820). „Der Abend bei Neander war mir sehr wichtig. Er
sprach von der Menschheit Jesu, daß diese ein wirkliches Indi=
viduum des Menschengeschlechts gewesen wäre, daß Gott nach
freier Willkür ohne andre Rücksicht der Präscienz als darauf,
daß mit dem Logos und in sündlosem Körper er makellos sein
würde, ihn erwählt habe, und daß diese Menschheit sich nachher
erhoben habe und zum Lohn ihres Gehorsams über alle Wesen
gesetzt worden sei. Das wollte meinem Hochmut nicht ein; ich
sollte einen Menschen anbeten, der es auch nicht einmal durch
besondere Tugend verdient hat. So sehr erboste mich dies,
daß ich schon daran war, zu weinen und ich nur die Thränen
verhielt. Da sprach Neander: Es ist ja nur Selbstgerechtig=
keit, dies nicht annehmen zu wollen; und das traf den faulen
Fleck. Ja ich nehme noch nicht die Versöhnungslehre als ein
gedemütigter Christ an, sondern noch immer als ein nach Hei=
ligkeit messender."

Zu den wahrscheinlich im Diezischen Hause gemachten
frühesten Bekanntschaften Tholucks gehörte der Dichter de la
Motte Fouqué, der die Beziehungen zu dem theologischen
Professor auch in der späteren Zeit nach beider Übersiedlung
an die Universität Halle (1831—42), mit warmem Interesse
festhielt. Der im vorigen Kapitel mitgeteilte Brief hat es
uns schon gesagt, in welchem Maße der romantisch christliche
Geist des Dichters zur eigenen religiösen Vertiefung Tholucks
mitgewirkt hatte; und wie sehr der blühende, oft schwülstige
Fouquésche Stil auch des Jünglings Ausdrucksweise beeinflußte,
davon haben sich die Leser gleichfalls überzeugen können. Ende
Juli 1817, also wenige Monate nach seiner Berliner Verwaisung,
unternahm Tholuck mit einem ungenannten Genossen einen

Ausflug nach Nennhausen, dem Gute Fouqués in der Nähe
Rathenows. Noch voll von den reichen Eindrücken dieser Reise
schrieb er am 22. Juli in sein Tagebuch: „So sitz ich denn
an dem wonnighellen, sonnenlichten, freudeanfachenden Sommertage voll hoher und freundlicher Gefühle in der kleinen, stillen
Laube, die mich schon manchmal unter dem wechselndsten Gefühle meines Busens in ihren Schatten geborgen. Noch zieht
ein Nachschimmer, ein abgeschattetes Abendlicht der Wonne-
empfindung dieser Tage in meiner Seele. Ich bin dort recht
glücklich gewesen, und noch jetzt stehe ich inmitten sich kreuzender
Hoffnungen und Erfüllungen. Wie aber, wie soll ich meinem
Gotte genugsam danken? Ich spreche: Den Willen habe ich,
aber nicht das Vollbringen — und begebe mich. O mein Vater,
so laß mich noch gewähren, laß mich alles finden, das ich er-
sehne, und dann der besten Zukunft entgegenwallen. — Am
Sonnabend fuhren wir fort und gelangten nach manchem kräftigen Sang und langem frohen, liebereichen Gesprächsel und herzlicher Rede in später Nacht in N. an. Am Morgen lustwan-
delten wir zuerst mit dem würdigen greisen B., der uns seine
Pflanzenverdienste treu und gutmütig erzählte. Darauf sprach
ich die Baronin, welche sich um die Sagenwelt des Morgenlandes befragte, sogleich ein mir bequemes Feld erschloß und
mich heimisch machte. Schon hatte ich sein ganz vergessen, voll
Freudigkeit über den geistigen Hochsinn der holden Frauen-
gestalten, als er plötzlich erschien, bewegsam mit männlicher
Kraft daherschritt, einem schlachtfertigen Sigurd vergleichbar.
Ich ermangelte ihm zu sagen, was ich wollte, weil ich ihn ganz
anders sah, als der war, den ich mir vorstellte. Das Nordland
war der erste Berührungspunkt, das Persischlernen der andere,
und von hier aus schlängelte sich die Rede durch mancherlei
Pfade und Stege hin, bis sie unter dem Vortrag F.s eine andere Gestaltung gewann. Bald ward von der Baronin eine
Lustwandlung vorgeschlagen und angetreten. Ich sonderte mich
mit dem Manne meines Herzens ab. Wir strichen allein durch
die astverschlungenen Fichten und Tannen und Eichengewölbe,
und der Norden und das Christentum stiegen auf unsre Zungen
und unsre Geister hernieder.... Ich erfreute mich jedes seiner
Worte im Innersten meiner Seele, wie ich es denn auch mußte,

da es mir ein köstlich Kleinod dünken mußte, in wenigen Stunden ihm schon so nahe zu stehen und ihn wirklich hoch ehren und lieben zu können."

Welcherlei Art die Hoffnungen und die Wünsche Tholucks an Fouqué waren, erhellt aus folgendem Briefe, den dieser ihm am 6. August 1817 schrieb: „Mein innig geliebter junger Freund! Gar wohlthätig und erfrischend hat Ihre Erscheinung auf mich gewirkt, und so auch Ihr lieber Brief. Empfangen Sie meinen herzlichsten Dank für beides, und lassen Sie uns ja in möglichst ununterbrochner geistiger Berührung bleiben. Es ist doch über alles herrlich, wo man durch das Gefühl des lebendigen Christusglaubens, das jeder im andern wahrnimmt, zum Freundschaftsbunde diesseits und jenseits getrieben wird. Und so verhoffe ich denn zuversichtlich, Gott wird uns beide dahin segnen, daß wir ihm, jeder auf seine eigentümliche Weise, hienieden in freundlicher Einigkeit dienen können nach seinem Wohlgefallen, bis uns seine unendliche Gnade dahin beruft, wo alles Licht ist und alles Freude. Amen. — Mit der innigsten Teilnahme sehe ich nun der Kunde entgegen, was Humboldt für Sie thun kann. Ich hoffe auch hier das Beste. Eine günstige Vorbedeutung für unsre Wünsche war es schon immer, daß Sie ihn noch in Berlin trafen. Vielleicht hat schon Zeune eine Antwort für Sie; auch denke ich, daß der Minister meiner Frau unmittelbar seine Ansicht mitteilen wird; dann schreibe ich Ihnen sogleich, wie es steht. — Ausnehmend freue ich mich auf Ihr arabisches Mährchen, sowie auf die einzelnen Krystallperlen, die Sie mir als Abrißlinge aus den östlichen Wundergärten verhießen. Schicken Sie nur recht bald und viel. — ..... Wegen des Ehrendenkmals, welches Sie dem würdigen Diez zu errichten gedenken, sinne ich auf eine passende Stelle. Scheint Ihnen das Morgenblatt nicht zu frivol dazu? Aber freilich, wenn's die Leute lesen sollen, muß man schon in ihren Kreis hineinschreiben. Teilen Sie mir bald Ihre Ansicht darüber mit.[25] Meine Frau empfiehlt sich Ihnen auf das beste und teilnehmendste. Unser lieber Herr sei mit Ihnen! Voll inniger Achtung und Freundschaft der Ihrige Fouqué." Am 16. August, fügte Fouqué hinzu: „Ich eile, mein sehr lieber Freund, Ihnen den beiliegenden" (leider abhanden gekommenen) „Hum-

boldtsbrief zu übersenden. Wenn er auch nicht ganz unseren
Wünschen entspricht, so drückt er doch deutlich eine recht wahr=
hafte Teilnahme aus, und der darin enthaltene Rat scheint
meiner Frau und mir annehmlich. Allerdings wird alles darauf
ankommen, ob die Vorsteher der Bibelgesellschaft Ihnen das
Übersetzen in Paris und etwa einen Vorschuß zur Reise gestellen
wollen. Ich hoffe dies aber um so unbedenklicher, da der dor=
tige Aufenthalt auch unmittelbar für das unternommene Werk
fördernd und günstig wirken muß. Meinerseits freut es mich,
daß Ihnen eine Gott so unzweifelhaft wohlgefällige Arbeit nicht
aus den Händen kommt. Meine Frau wird Ihnen, falls Sie
nach Paris gehen, mit Freuden ein Schreiben an Alexander
Humboldt mitgeben; sie grüßt Sie aufs teilnehmendste. Mit
herzlicher Achtung und Freundschaft ganz der Ihrige Fouqué.„

Noch einen Brief des Dichters füge ich hinzu, den er schrieb,
als er nach ernstlicher Erkrankung in Berlin auf sein Gut
zurückgekehrt war, und der uns einen Blick in die Beschäftigung
Tholucks aus jener Zeit thun läßt. Er datiert vom 23. Mai
1818: „Mit der innigsten Rührung, mein junger Freund, hat
mich Ihr liebevoller Brief erfüllt. Ich sehe Sie mit Geistes=
augen vor mir, wie Sie in Berlin an meine Thür gekommen
sind und gefragt haben, und dann im teilnehmenden Gefühle
wieder still von dannen gingen. Sie liebes, gutes Kind! Unser
lieber Herr wollen Sie recht reich und mild und herrlich segnen
auf allen Ihren Bahnen, wie das ja Seine himmlische Art und
Weise ist gegen alle, die ihn suchen. — Auch mir hat er un=
aussprechliche Gnade erwiesen in meiner Krankheit und ganz
absonderlich durch dies Erkranken selbst, wie ich denn das jetzt
in einer Tiefe und Fülle erkenne, die mich mit der allerinnigsten
Dankbarkeit und Freude durchdringt. Freund Zeune wird
Ihnen mitteilen, was ich ihm über mein leibliches Befinden
und auch über meine ganze Stimmung schrieb, und Ihr teil=
nehmendes Herz wird sich daran freuen. — Auch zu meinen
dichterischen Arbeiten schenkt mir der liebe Gott gar mannigfache
Kraft und fröhliches Gedeihen; ich weiß mein heitres Dankgefühl
nicht genugsam auszusprechen.

„Mit dem Persischen? — Ja, mein lieber, junger Lehrer
und Meister, da steht es noch ausnehmend schwach. Sie wissen

ja, wie Cortez aus Mexiko vertrieben ward, und sich nur kaum über die Dämme zurückschlug, und sogar einen Schuh dabei im Stiche lassen mußte! Ungefähr so wie ihm, als er tags darauf nach der herrlichen Stadt zurücksah, von deren baldiger Unterwerfung er schon geträumt hatte, ist auch mir zu Mut, wenn ich nach den persischen Rosengärten umschaue. Da ist diese und jene Vorarbeit verloren gegangen, der das Gedächtnis (ob es mir gleich in seiner ganzen früheren Stärke wieder treulich beisteht) nur unvollkommen nachhilft; da auch ist mir Ihr Abschid (heißts nicht so?)" [ein persisches Alpha= beth, das ihm Tholuck zusammengestellt hatte] „verloren ge= gangen, und ich muß Sie, lieber freundlicher Bundesgenosse, schon um ein neues bitten; zwar könnt' ich mir's notfalls aus dem Wörterbuche selbst zusammenstellen; aber die unterschiedliche Gestaltung des Buchstabs im Anfang, Mittel oder Ende des Worts würde mir doch immer viel Schwierigkeiten machen, und Sie helfen ja so gern. — Nun kommt aber etwas noch Ärgeres. Ich kann Ihre Übersetzung von der Geschichte des Fremden in der betrügerischen Stadt nicht wieder auffinden. Können und wollen Sie auch dieser mexikanischen Verwirrung abhelfen? Dann wollte ich das ergötzliche Mährchen sogleich fürs Morgen= blatt an Cotta spedieren, der nun von seiner italischen Reise wieder zurück ist.

„Gar herzlich freue ich mich auf die christlichen Schätze aus Ihrer persischen Handschrift. Machen Sie doch ja so viel und so bald davon bekannt, als es sich irgend will thun lassen. Wer weiß, es fällt doch wohl ein Körnlein von dort heraus auf guten Grund, das mit der Zeit zum Baume wird. Der Herr hat des Samens und der Säeleute eine gar große Man= nigfaltigkeit. Und uns, die wir durch seine wunderbare Gnade schon die offene Pforte sehn, muß ja dergleichen recht von ganzer Seele ergötzen. —

„Glückauf zu den günstigen Aussichten, die Ihnen von der schützenden und leitenden Hand geöffnet werden! Uns scheint das ein recht ermunternder Wink für das echt Berufsmäßige Ihrer erwählten Bahn." — (Tholuck sollte Professor der orientalischen Sprachen in Dorpat werden).

„Besuchen Sie mich denn nicht einmal wieder? Vielleicht käme auch unser guter Zeune mit. Die Unbequemlichkeit einer angedrohten Badereise scheint mir vorübergehen zu wollen, und so stände ich denn ein paar Monden lang immer mit offenen Armen zu Ihrem Empfange bereit. Meine Frau grüßt Sie recht herzlich und dankt bestens für die Mitteilung über das Hammersche Werk. Mit inniger Freundschaft und Teilnahme ganz der Ihrige Fouqué."[26]

Auch aus diesem Briefe erhellt, was die nachgelassenen Papiere bestätigen, daß Tholuck neben seinen theologischen Arbeiten mit ununterbrochenem Eifer die liebgewordenen Sprach=studien fortsetzte. Er kopierte persische und arabische Handschriften der Universitäts= und der Diezischen Bibliothek. Ganze Hefte dieser Kopien sind noch vorhanden. So ein Quartheft mit den Abschriften des MS. No. 144 der Königl. Universitäts=bibliothek, 165 Quartseiten und ein dsgl. No. 104, Kitab Anlio, fol. 104. Er legte in diesem Foliobande ein arabisches Wörter=buch an, das viele Nachträge und Zusatznotizen aus späterer Zeit enthält. Er ergänzte mannigfach ein Quartheft: „Linguistisches Magazin gesammelt von August Tholuck 1813 bis 1816." Ein staunenswerter Sammelfleiß bekundet sich auch in diesem über=aus sauber gehaltenen und sorgsam geschriebenen Hefte. Ein kurzer Auszug des Inhaltes wird dies bestätigen und erhöhte Bewunderung erregen, wenn wir bedenken, daß die Anlage des Buches bis in das 14. Lebensjahr von Tholuck zurückdatiert! Da finden sich also: „Mungalische Karakthere". „Provenzalisches Sonnett." „Die griechischen Unzialbuchstaben", in ihrer all=mählichen graphischen Entwickelung. „Die griechischen Kursiv=lettern." „Ulfilas Mösogotisches Vaterunser." „Mösogotische Sprachnotizen." Das Vaterunser in verschiedenen Sprachen und Dialekten: Baskisch im Dialekt von Guipuscoa (mit grammati=schen Anmerkungen größtenteils nach Hervas); irisch (aus Will. Bedell Irischer Bibel. London 1685. 4.); hochländisch oder galisch. Vaterunser in der Mundart der Insel Manu; wallisisch, mit Interlinearübersetzung; bretagnisch, ebenso; alemannisch von 720 und von 850; Vaterunserformel ums Jahr 1000, von Notker, (am Ende seiner Psalmenübersetzung; nach der Wiener Handschrift); aus der ersten gedruckten Bibel, Straßburg 1462;

schweizerisch; augsburgische Mundart; baierscher Dialekt; sieben=
bürgisch deutsch; alt=batavisch=friesisch; gemein=friesisch; tauchisch=
friesisch; nordfriesisch; niederdeutsch von 1300; aus der Leidener
Bibel 1639 und der Staatenbibel 1721; niederrheinisch; henne=
bergisch; thüringisch; dänisch; norwegisch; orkadisch (James
Wallaces account of the Island of Orkney, Lond. 1700);
isländisch; schwedisch; dänisch=sächsisch um 875 von Alfred;
englisch um 1160; englisch von heutzutage. Südschottischer
Dialekt. Gelehrt Armenisch. Gelehrt Grusinisch. Türkisch.
Tatarisch. Jakutisch. Tschuwaschisch. Mandschurisch. Tungusisch.
Permisch. Wogulisch. Ostiakisch. Tscheremissisch. Japanisch.
Javanisch. Tagalisch. Sinesisch. Tibetanisch. Tunkinisch. Sia=
misch. Malaiisch. Hoch Hindostanisch. Malabarisch. Tamulisch.
Cingalesisch. Zigeunerisch. Zend und Pehlvi. Persisch. Kur=
disch. Syrisch. Hebräisch. Chaldäisch. Gelehrtarabisch. Mau=
risch. Maltesisch. Preußisch, aus dem Enchiridion 1561. Lettisch.
Walachisch. Friaulisch. Sizilisch. Sardinisch in Städten. Hoch
Kastilianisch. Mallorkisch. Portugiesisch. Altfranzösisch aus dem
12. Jahrh. Provençalisch. Wallonisch oder Lüttichisch. Rhätisch
oder Romanisch. Nawenisch oder Russische Kirchensprache. Ragu=
sanisch. Krainisch=Kroatisch. Böhmisch. Niederlausitzisch. Finnisch.
Karelisch. Lappländisch. Esthnisch im Revalschen Dialekt. Lievisch.
Ungarisch. Albanisch. (Fragment aus Numas Gesetzen, im ältesten
Latein geschrieben; „Latein auf einem Grabstein des älteren
Skipio, welcher Grabstein 1780 aufgefunden wurde; Skipio
starb 298 v. Ch.") Berberisch. Koptisch. Ancharisch. Madagassisch.
Karaibisch. — Jeder Übersetzung sind Bemerkungen über den
grammatischen Bau der Sprache hinzugefügt. Es folgen ver=
schiedene Alphabete: Lesgisch=amerikanisch; Mandschurisch; Geor=
gisch=Zendisch; u. s. w. Die 10 Punischen Verse in Plautus
(Poenulus) Ausgabe von Fr. Tambmann 1605, mit Über=
setzung von Plautus und Bochart. Altarabische Inschrift;
Inschrift bei Diarbekir „an einem viereckigen Turm, welcher
der älteste scheint," höchst sauber nachgemalt. Vergleichungen
des Schwedischen, Dänischen, Holländischen, Englischen; ein 30
Spalten füllendes „Glossarium Samaritanum a Cellario con=
scriptum"; desgleichen ein türkisches „Vocabularium". Schilde=
rungen eines nächtlichen Regens; aus dem Arabischen." Der

Name für „Katze" in 32 Sprachen. Griechischer Friedens=
hymnus (nach der Besiegung Napoleons, ... Ναπεός τε Λέων
ἐνομίσϑη) von Peter Fr. Kannegießer. Mönchslatein. Deutsch
aus dem Zeitraum der Hohenstaufen. Ein 26 Quartseiten
umfassendes alphabetisches Verzeichnis rabbinischer Wörter und
Redewendungen. Die Völker am Euphrat beim ersten Anfange
der Geschichte. Verzeichnis der dem Schreiber in der bibliotheca Tychseniana interessanten seltenen Bücher, 69 Nummern.
E catalogo Weigeliano, 93 Nummern mit Preisangabe;
und endlich ein Stück aus einer den Charaktern nach mand=
schurischen Erzählung Goh=Tschekitu mit Analyse und Über=
setzung. —

Eine besonders eingehende Untersuchung fordert und verdient
die religiöse Entwickelung Tholucks in dieser ersten Berliner
Universitätszeit. Daß es bei seiner leidenschaftlichen und die
schroffsten Gegensätze in sich vereinenden Natur noch immer die
heftigsten Kämpfe kostete, ehe dieser Vulkan allmählich zur Ruhe
kam, können wir von vornherein voraussetzen. „Julius! Du
weißt es, welch ein heißes Blut in meinen Adern kocht; Du
weißt es, wie oft unter der Überfülle jugendlichen Kraftgefühls
die kleine Brust zersprengen wollte, wie mein Hirn fieberte,
wenn ein Gedanke der Unendlichkeit es erfüllte. — Das größte
im Menschen ist die Kraft, aber nach der Kraft ihre Beherrschung,
so glaubte ich stets. Allein raube mir den Glauben, daß über
dieser unendlichen Kraft meiner Neigungen und Triebe noch
eine unendlichere wohnt in einer freien Selbstbestimmung, und
du hast aus dem Halbgott den Cyklopen gemacht. Julius,
Du weißt es so gut wie ich, es wohnt ein kalter, kecker
Geist im Menschen, dem nichts heilig ist, auch nicht
seine Tugend, denn sie ist sein eigenes Geschöpf," so
läßt Tholuck später in seinem Buche: Die Lehre von der Sünde
und vom Versöhner (Hamburg, Perthes & Besser, 1823, S. 49
und 50) Guido an seinen Freund Julius schreiben. Damit
hat er sich selbst geschildert, wie denn das ganze Buch von der
Sünde, mit dem wir uns noch eingehend zu beschäftigen haben
werden, mit dem eigensten Herzblut Tholucks geschrieben ist.
Es ist noch immer ein unruhiges Fluten in seiner Brust. Wohl
hatte er schon im Sommer 1817 die Bekanntschaft mit dem

Manne gemacht, der ihm Ruhe bringen sollte, von dem es im Tagebuche schon am 2. April 1818 heißt: „Mein, mein, mein Kottwitz!" Und bei der Rolle, welche „der Patriarch" (Kottwitz) in dem genannten Buche spielt, könnte es scheinen, als habe der Verkehr mit Kottwitz auch für Tholuck wie für „Guido" fast augenblicklich die entscheidende Wendung in seinem Glaubensleben herbeigeführt. Allein dem ist nicht so. Auch unter Kottwitz' Einflusse tobte der „Cyklop" in Tholuck noch lange fort, und gar oft mit einer dämonischen Wut, als hätte dies Herz noch nie etwas von Christo geschmeckt, dem doch zuzeiten bei ihm so majestätische Hymnen ertönen. Es ist eben ein Meisterwerk der ewigen Gnade gewesen, dies auserwählte Rüstzeug zuzubereiten, durch welches so vielen der Glaube ge= stärkt werden sollte. Aber der Meißel Gottes mußte lange und tief schlagen, ehe das edle Bild in voller Klarheit erstand, das im Lichte der Ewigkeit die Irrenden gen Osten wies.

Daß seit der Aufnahme in das Diezische Haus ein andrer Geist über den Zweifler und Spötter gekommen, daß er in seinen und seiner Freunde Augen ein gläubiger Christ geworden war, haben uns verschiedene Aussprüche in Briefen und im Tagebuche bezeugt. Auch Kinsky schrieb im Juli 1817: „Dein geistig Auge scheint forschend immer kühner und kühner dem Quell des Lichts und der Wahrheit zuzufliegen, und zu hoher Bedeutsamkeit verklärt sich Dir, was eine Ahnung des Höchsten, eine Ahnung der Göttlichkeit in sich faßt. Sanft seh' ich Dich schmiegen an die Brust Deines Erlösers, und hoch= freudig erkenne ich, daß hier der sichere Hafen sei, wo Du die zerrissenen Segel Deines von reißender Windsbraut in malmenden Strudel geschleuderten Geistesschiffes bindest und neu aufpflanzest, doch nur auf stillem, ebenem Geleise in frommer Einfalt und Beschauung dem Herrn zu dienen, der Dir den sichern Port eröffnete." Und Radeke äußerte am 22. Juni 1817: „Ich meine, daß, seitdem Du in dem Hause Deines seligen Freundes lebst, Du den wahren Seelenfrieden erlangt hast, welcher, mit Gebet und hartem Kampfe errungen, ein süßes Geschenk von dem Vater alles Friedens, uns die Erde als einen Teil der in Anschauung gebrachten ewigen Idee Gottes in freundlicher Ge= stalt, als den Vorhof zu jenen herrlichen Wohnungen betrachten läßt, nach welchen wir immer eine hinziehende Sehnsucht im Herzen tragen."

Allein dieser Friede hatte durchaus noch keinen festen Anker in den Tiefen des unruhigen Jünglingsgeistes gefunden. Tholucks religiöser Zustand in jener Zeit wird am besten mit seinen eignen Worten geschildert, wie er sie im Buche „von der Sünde" seinem Guido in den Mund legt — Zeugnisse, die oft wörtlich mit den Notizen im Tagebuche übereinstimmen —. „Dein Brief", heißt es da S. 46, „und die Winke, die Du mir für mein Inneres gabst, haben Großes in mir bewirkt, und ob ich auch nur zögernd mein Haupt beuge, so beuge ich es doch. Willst Du das Bild meines inneren Lebens? Es wallet und siedet und brauset und zischt, wie wenn Wasser mit Feuer sich menget; bis zum Himmel spritzet der dampfende Gischt, und Flut auf Flut sich ohn Ende dränget, doch — ein Arm und ein glänzender Nacken wird bloß, und er ist's, und mit freudigen Winken schwingt er den Becher in seiner Linken." (S. 63 ff.). „Den Becher halt ich hoch hinaus über die schäumende Flut, doch die Wogen branden noch fort. Ich denke, das wirst Du mir wohl abgefühlt haben, daß der hochfahrende Geist gebeugt, und das steinerne Herz zermalmt ist. Nein, ich kann es wahrhaft sagen, ich bin nichts Großes in meinen Augen, ich bin das unwerteste unten den Menschenkindern. Ja ehe du mich demütigtest, sage ich mit David, irrete ich, aber nun halte ich Dein Wort. Seit zwei Monaten halte ich mir ein Tagebuch, um in diesem Spiegel mich selbst kennen zu lernen; da habe ich deutlich gesehen, daß ich ohne Schöne bin. Ich bin auch noch sehr betrübt, doch weiß ich selbst nicht zu sagen, welch ein lindes, leises Wesen mir in aller meiner Betrübnis die Wangen kühlt. Manchmal, wenn ich so still da sitze und mich gräme, daß der Weizen so gar sehr von Unkraut erstickt wird in mir und in andern, sagt mir eine leise Stimme: Gott ist dein Freund! Ich habe früher nie das beseligende Gefühl gehabt, was mich dann ergreift; ich muß dann gewöhnlich viel und lange weinen vor Freude, und dann ist mir so himmlisch wohl. In jeder Ruhe, die ich früher empfand, war der Kern Unruhe; jetzt liegt über jeder Unruhe, die ich empfinde, ein sanfter Schimmer von Ruhe. Mein ganzes inneres Leben ist wie ein Sommerabend, wenn die Sonne eben untergehen will... Ich weiß nicht, ob ich schon wiedergeboren bin, aber das weiß ich, es muß etwas un= aussprechlich Seliges sein, ein wahrer Christ zu sein. Es ist mir oft, als ob ich durch die Erkenntnis meines eignen Elends und Verderbens die Erlaubnis erhalten hätte, den Vorhang eines großen Heiligtums auf Augenblicke zu lüften. Habe ich einen solchen Blick hinein gethan, so erfüllt sich meine Seele mit so freudigem Zittern, daß ich dann gern jahrelang geduldig vor dem Vorhange harren würde, da ich einmal so gewiß bin der köstlichen Herrlichkeiten, welche dahinter liegen."

Auch was Tholuck Guido im zweiten Briefe sagen läßt, paßt noch auf seine eignen inneren Erlebnisse S. 157 ff.: „Großer, heiliger Jesus! das Atmen deiner Liebe strömt wie Morgenluft einer jenseitigen Welt überwältigend in alle Adern meines selbstsüchtigen Herzens, daß die Blutwellen höher wallen, und ich es fühle, als hätte aus Deiner seligen Ewigkeit der Abglanz Deines unvergänglichen Lebens sich in meine Brust geworfen. Es ist der Keim einer neuen Liebe und eines neuen Lebens in meinen Busen gekommen, allgewaltig breitet er sich aus, erstickt Giftpflanzen an allen seinen Seiten, und seine Äste und Zweige streben ins äußere Leben hinaus. — Ja so empfand ich es, als ich zum erstenmal wagte es zu glauben, Jesu Leben und Sterben sei das meinige, es gehöre mir zu! Doch die erste Liebe des begnadigten Christen, sie ist nur der Vorfrühling, auf den noch rauhe und kalte Tage folgen, sie ist die Seligkeit der Kinderträume, aus denen es nur durch des Jünglings Irrfahrten und Kämpfe zur Mannesruhe geht; denn zwischen der alten und neuen Welt des Geistes liegt ein unermeßlicher Ozean, und dies ist kein stiller! Es ist die erste Liebe und der erste Genuß des Heilandes ein Kuß des großen Lehrers, damit er in seine Schule lockt; hat er ausgeküßt, so lernt der Mensch die Lektion, die das Gesetz für Ewigkeiten ist. Du wirst es aus eigener Erfahrung wissen, wie Schwüle physische Erdbeben ankündigt, und ist es geschehen, eine spröde Kühle folgt; also ist es bei jenem Erdbeben der geistigen Wiedergeburt, unter dessen gewal= tigem Tritt alle alten Götzentempel in Trümmer sinken... Die himmlischen Dinge, die vor das Seelenauge getreten, verlieren den Reiz der Neuheit, die alten Sünden aber, die nur vor

Erstaunen zurückwichen, brechen um so eifersüchtiger wieder
hervor, um ihr Erbgut nicht fahren zu lassen. Nach jener großen
Anspannung folgt nach den Gesetzen der menschlichen Natur eine
Abspannung, das überschwengliche Gefühl weicht, und gerade
im Gegensatze damit ist die Kälte, die nun eintritt, desto schnei=
dender. In diesem inneren Dämmerlicht kommen alle Nacht=
vögel wieder hervor, um die eingeschüchterte Seele zu schrecken,
und von zwei Seiten bricht eine feindliche Kriegsmacht gegen sie
los. Es ist der Trotz und die Verzagtheit, welche gegen sie
andringen, und wechselseitig sich den Besitz ihrer Beute abkämpfen.
— Es ist der Trotz, welcher den Menschen bereden will, da
er auch nun nach jener heiligen Theophanie, die ihm geworden,
wieder derselbe sei nach Willen und Neigung, so sei es nun aus
mit ihm, Gott selbst wolle ihn nicht heiligen, sonst hätte er ihm
überwindendere Kraft verliehen; jetzt solle er nur keck darauf
lossündigen, heilig könne er doch nicht mehr werden, entweder
werde Gott um Christi Todes willen auch alle diese Missethat
vergeben, oder — hier pflegt dann verzweifelnd die Sprache zu
stocken, die Erkenntnis läßt sich nicht mehr verblenden, Schein=
gründe zu leihen; da bricht denn der frevle Sünder die Ge=
dankenreihe ab, und ehe die Erkenntnis laut wird, stürzt er sich in
die Sünde, um im haschenden Genuß derselben sich und Gott
zu vergessen. Oder die Verzagung fällt über die Seele her
und raunt ihr bethörend zu: die Sündenlust ist aufs neue er=
wacht nach den heiligen Stunden deiner geistlichen Geburt, siehe
selbst, was war sie also anders, denn Täuschung?"... (S. 180 f.)
„Ich wollte die Glorie eines Kindes Gottes in mir sehen. Da
fing ich denn an im Gebete zu ringen, ich fing an ernstlicher
auf alle meine Worte und Werke zu merken, zu prüfen, zu sichten,
zu sondern, zu läutern, zu vergleichen: ich merkte mir an, was
noch hinwegfallen müsse in meinem Wandel; ich zeichnete mir
auf, was jeder Tag in meinen innern Leben von Vergehungen
mit sich geführt; doch meine Seele ward dabei friedlos. Ich
hörte auf, meinen Jesus als meinen Freund zu fühlen und
wurde dann kalt und gleichgültig. Vielleicht stand ich damals
an dem Abhange eines tiefen Abgrundes und wußte es nicht;
denn wie oft rennt der Mensch auf dem schmalen Steige zwischen
der steilen Felswand und dem tiefen Abgrunde hin, als wäre

es auf breitem, gebahntem Wege; Gott ist es, der ihm den Ab=
grund verdeckt, thät' er es nicht, so wäre der Mensch verloren.
Wer der Chiser (so nennen die Morgenländer den Elias als
Retter in der Not) war, welcher mich rettete", (eben „der Pa=
triarch") „davon später. Laß mich jetzt fortfahren, über meine
Rettung zu reden. Es ward mir klar, daß ich einen falschen
eigenmächtigen Heiligungsweg betreten und die Versöhnung noch
nicht verstanden hatte."

So sah's in Tholucks Seele aus, auch da ihn der „Chiser"
schon bei der Hand gefaßt hatte; die Abgründe aber, an denen
er bald wieder hinwandelte, gähnen uns wahrhaft erschreckend
entgegen.

Im August kehrte er auf fast zwei Monate nach Breslau
zurück. Er trat in die alten Kreise, ins väterliche Haus, in
die Gemeinschaft der jüngeren Freunde vom Gymnasium her
wieder ein; er besuchte die Familie Neumann in Reichenbach,
dem Schauplatz jenes durch Aurel unterbrochenen Selbstmords=
versuchs. Und wie mit dämonischer Hand bemächtigten sich
seiner allmählich wieder jene finstern Gewalten, denen er in der
Stille der Berliner Zurückgezogenheit entflohen war. Das Tage=
buch schlägt ganz wieder die wilden Töne an, die wir schon
kennen. Anfangs ist's noch stiller. Er schreibt:

„Freitag am 1. August, dem Tage meiner Ankunft zu
Breslau, Abend 7 Uhr. Wie als schlügen sie an jede Fiber
meines Herzens, an jede Klangader meines Gemütes in allge=
waltiger Rege an: so machten des Tonspiels hochwallende Schälle
mein inneres Sein erbeben. Im frommen Geist und Gebet strebte
die Seele zu Gott auf und schlug mit den Heften des sehnlichsten
Erfüllungswunsches die Gelübde eifrigen Tugendstrebens und
innigen, lebendigen Gutthuns an die Hallen seiner ewigen Lang=
mut und Gnade. O wie fühlte ich mich sonsten in diesem Be=
reiche! welche großtropfigen Dankesthränen müssen in meine
Wangen Furchen ziehen, wenn ich rückwärts sehe. Wahrlich!
Nun habe ich mich hienieden festgebaut, und es ist mir klar, daß
es einzig der Liebe strudelnder Springquell war, der meine
leichtbewegte flüchtige Lebensasche in die Himmelsurne empor=
trieb."

Aber schon am folgenden Tage beginnt's unheimlich zu gären. „Sonnabend, den 2. August abends um 8 Uhr. Dasselbe Spiel, was einst in mir die schwarzdunkeln Fluten der Todeswut auftrieb, eben das senkte auch jetzt mich, ob der gar greulichen und schrecklichen Rückerinnerung, in tiefe Wehmutstrauer." Und am 3. August, Sonntag: „Wenn wir hinzueilen, wenn das Dort Hier wird, ist alles vor wie nach, und wir stehen in unsrer Eingeschränktheit, und unsere Seele lechzt nach entschlüpftem Labsal! — So rufe ich mit Werther, indem meine alten Übel mich aufs neue mit stickendem Trauerdunste umschließen und mich der Grabesluft überliefern, die mit der Waffe der Rückerinnerung an die hochwallende Brust pocht." Und Mittag: „O wie unglücklich elend wäre ich, hätte ich nicht die Macht in den Händen, die Fesseln meines Daseins zu brechen. Dies ist mein einziger Trost. — O wehe mir, daß ich geboren wurde. O Dank Dir, mein Gott! daß Du's nicht noch länger mit mir machtest, und Dank Dir, daß Du mir zu sterben vergönntest. — Ich weinte, denn es stand klar vor meinem Gemüt: Nur drüben weht Dir ewige Ruhe. Ach! wie lange soll ich weinen."

„Den 16. August 1817. Sonnabend um 5 Uhr abends. Durch das widrige Klangspiel trat, abermals ins Leben geschrieen, die verwichene Zeit in die Gegenwart. Ich wollte betrübt werden, aber ich wurde es nicht recht, da ich es mir doch selbsten zugestehen mußte, jetzt recht glücklich zu sein, wenn auch noch dies oder jenes an das Herz klopft. Ja wohl, bin ich doch recht eingelullt von allem, was mir zugestoßen. Dazu strebe ich thätig nach dem Guten, und dabei muß man ja immer nur in die Ferne und in die freudige Nähe sehen, eine düstere Vergangenheit aber weit von sich zurückdrücken."

„Breslau, 2. September 1817, Dienstag. Ich weinte bitterlich. Ja ernst und mit der Thräne im Auge muß ich durchs Leben gehen; dann kann ich desto lieber nach dem grünen Lande sehen. Alle Freud ist Täuschung nur hienieden. Der eine fiel, der andere wankt. Ich soll sie alle lassen. So brich, du armes, verwaistes Herz. Die Welt ist falsch gesinnt, ach! trauriges Gemüte, schaff Dir eine andre Welt! O daß ich in Klängen zerstört würde! Ich lag auf den Knieen. Ich flehte, und wie flehte ich! O Vater laß mich sterben — doch jetzt wird's still!

Ja leider! leider! ich bin ein Christ! — Gott! einen höl=
lischen Kampf hast Du meiner Seele aufgelegt. Ich danke Dir's
nicht, aber ich murre auch nicht. Ja, so riesenschwer es meinem
Sinne ist zu denken, so will ich's doch aussprechen: Ja ich will
dulden, einfältig nach dem Kreuzesstamm schauen, meinem Herrn
in die gebrochenen Augen sehn, aus denen Milde zitterte. — O
wie wird's wieder beschwichtigter in meinem Busen. Es will
aufringen, auch mit aller Gewalt, die dem Geiste verliehen,
muß ich den Molch niederhalten, daß er nicht die Blüte meines
Herzens, die so schön vor der Zeit welkte, ganz verpeste. Herr!
mein Kampf ist riesenschwer. O fahre mit Deiner Kraft her=
nieder, oder laß mich recht bald sterben."

„5. September, abends ½10. Ich fühle es nur allzu=
sehr. Nicht lange wird mein liebesüchtiger Geist dem Andrange
einer unbesieglichen Sehnsucht widerstehen können. Und doch
soll der Mensch! O des kalten, vernichtenden Soll, wie es
höhnend und spottend alles Innigeren über die Schranken der
Endlichkeit tritt. — O mir Armen. ein ewiger Kampf, der
nimmer zum freudevollen Siege führt; ein ewiges Klimmen,
ohne die Spitze zu erreichen, von der aus die Gegend ruhig
und schön vor mir liegt. O daß meine Adern zerrissen, mein
leimerner Kegel auseinanderbräche und die große Seele ent=
kerkert würde. Wehe mir Armen, daß ich geboren ward, wehe
mir, daß ich länger als 18 Jahre leben soll. Doch Sein Wille
geschehe!"

An demselben Tage schrieb ihm Kottwitz aus Landeshut
nach Breslau: „Mein teurer Freund! Ich finde mich verpflichtet
Ihnen hierdurch anzuzeigen, daß ist erst am 7. Oktober in Berlin
eintreffen kann. Schon Pythagoras soll gesagt haben, die
Freundschaft einigt zu einem Menschen. Sind wir anhangend
dem Herrrn der unsere Gerechtigkeit ist, dann ist das alte ver=
gangen, und wir erleben, daß Er es ist, in dem alle Fülle
wohnt und überschwenglich thun kann über alles, was wir bitten
und verstehen. Mit herzlichster Angelegenheit Ihr ergebener
Freund und Diener Kottwitz. — Herrn P. Scheibel und
Ihren l. Herrn Vater meine Empfehlung."

Sein „Chiser" mahnte; die freundliche Hand Gottes klopfte
an. Aber wild tobte der Dämon in Tholucks Brust. In

verschwommener, mit zitternder Hand hingeworfener, kaum noch leserlicher Schrift hat er am 22. September die frevelnden Worte niedergeschrieben: „So fürchterlich hat's mich noch nie geschüttelt. Ich schluchzte, ich weinte, ach auf die Erde hätt' ich mich werfen mögen. Mein Gott, Gott gib mir Ruhe. Es brennt ja zu sehr in mir. Ach und ich soll leben. Ach Gott ich bin der elendeste Mensch. Ich lästere, doch ich kann ja nicht anders! Ach — es verbrennt mich! Gott Du bist furchtbar! Ach gib mir Ruhe, Ruhe!"

Endlich löst sich die furchtbare Spannung. In milderer Stimmung, das rauhe Papier mit den Spuren vieler Thränen bedeckend, schrieb er am 26. September: „O meine Freunde. Thränen entrinnen meinen Augen in Strömen. O du schöne Vergangenheit! Nichts bleibt, wie es ist — aber Hoffnung, noch muß sie der Christ haben. Ich möchte sie lieber nicht haben und habe sie auch kaum. Aber Vater: Erbarmen! Meine Zähren fließen ohne Ende, hemme sie, o — wo's kühle ist, da ist eine Hemmung! Wehe mir, daß — Vater steig hernieder in der lichten hoffnungsreichen Sohnesgestalt. Die mit Thränen säen, werden mit Freuden ernten!"

Hier bricht das Tagebuch ab, und erst am Weihnachtsabend desselben Jahres in Berlin erfolgte eine neue Niederzeichnung. „Mit höchster Freude empfing ich die vier Briefe bei meiner Rückkehr; aber der des Vaters und der namentlich Aurels, von dem er meinte, wahrscheinlich werde er mich hoch erquicken, gaben dem Versucher eine ansa, sein giftiges Schwert in mein Herz zu stoßen. Von dem Augenblicke an weinte ich, dachte unaufhörlich an Tod, freute mich des Selbstmordes als einziger Zuflucht und hörte beständig die Stimme in mir: Du mußt dich morden; da sah ich zum Himmel, fing an zu beten — aber vergeblich. Ich arbeitete angestrengt; da zog mich's zurück, und der Gedanke ward rege: So viel Kenntnisse als du brauchst, erreichst du doch nie. Wofern du nicht einige Tausend Thaler hast, um gar kein Amt anzunehmen, gelingt dir es nicht. Und so fuhr ich's fort mit Thränen und innigstem Schmerz. Auch der Aufenthalt bei Kottwitz erfreute mich nicht. Von neuem Gram erfüllt kam ich zurück und setzte mich, da es rings schon dunkel war, wie schlafend aufs Sofa. Da zogen blaſſe Vergangenheiten an mir hin, ich weinte und ſehnte mich lebendig nach Tod oder Mord. Ich betete, aber vergeb= lich. Auf einmal führte mich mein Geiſt in die Vorſtellungen von dem vorigen Oſteraufenthalt in Breslau, wie ich ſie nur zu Stunden gemacht, wo der Geiſt Chriſti auf mir ruhte, und auf einmal ging's wie ein langes ſchmales Licht durch meine Seele, ich rief: Ja Herr Jeſu, Dein bin ich; da konnte ich heut zuerſt wieder mit Inbrunſt beten, und während des Betens und danach wurde ich froh."

Es iſt dies, wie bemerkt wurde, die erſte Stelle im Tage= buche, wo der Name Kottwitz erwähnt iſt, und der ſtill wirkende Einfluß des geheiligten Mannes muß in der That um jene Zeit zuerſt ſich kräftiger geltend gemacht haben. In der münd= lichen Überlieferung hat ſich die Legende feſtgeſetzt, Tholuck ſei im Herbſt jenes Jahres zum Baron in deſſen Arbeiter= beſchäftigungsanſtalt übergeſiedelt, und ein einzelner Vorfall habe dort den Anſtoß zu ſeiner Bekehrung gegeben. Auf ſeinem ſtillen Zimmer habe Kottwitz eines Tages den jungen Studen= ten in ſeiner Stube laut toben und voller Wut hin und her laufen hören. Er ſei hinüber gegangen, und da habe Tholuck mit rotem Kopf und zitternd vor Ingrimm, keines Wortes mächtig, dageſtanden. Auf die Frage, was ihm fehle, habe er, noch immer vor innerer Erregung bebend, geantwortet: „Ich muß ins Kolleg und kann meine Stiefeln nicht finden!" Über dies kindiſche Benehmen aufs tiefſte erſchrocken ſei der Baron an ihn herangetreten und habe geſagt: „Mein junger Freund, Sie wollen ein chriſtlicher Theologe ſein und einſt den Herrn verkündigen, und ſind Ihrer ſelbſt ſo wenig mächtig?" Und bekümmert habe er das Zimmer verlaſſen. Voller Scham aber ſei Tholuck zurückgeblieben, und dies Erlebnis habe den Wende= punkt ſeines innern Lebens gebildet.

In dieſer Geſtalt kann die Erzählung keinen Anſpruch auf geſchichtliche Wahrheit machen. Tholuck hat nachweislich im Hauſe des Barons nie gewohnt. Nach ſeiner Rückkehr aus Breslau iſt er auf den Hohen Steinweg Nr. 1 gezogen, von da im Jahre 1818 nach dem Georgenkirchhof Nr. 9, ſpäter nach der Alten Leipziger Straße Nr. 1, 1819 nach der Langen Gaſſe Nr. 41, 1820 nach der Behrenſtraße Nr. 51, 1822 nach

der Dorotheenstraße Nr. 56, und endlich in demselben Jahre
nach der Neustädter Kirchstraße Nr. 7, dieselbe Wohnung,
welche nach der Übersiedelung Tholucks nach Halle im Jahre
1826 der junge Professor Hengstenberg bezogen hat. [27])
Also im Kottwitzschen Hause kann die Scene nicht gespielt
haben. Wohl aber ist es möglich, daß der Baron seinen jungen
Freund in dessen eigener Wohnung einmal in jener unwürdigen
Situation überrascht und Veranlassung zu seiner Beschämung
gegeben hat. So plötzlich ist es überhaupt bei Tholucks
Bekehrung, wie wir gesehen haben, nicht hergegangen. Die
innere Umwandlung vollzog sich im Gegenteil sehr allmählich
und unter sehr häufigen und sehr stürmischen Rückfällen. Was
uns indessen veranlaßt, allerdings in jene Zeit die tiefsten
Eindrücke christlichen Vorbildes und Wesens auf Tholucks
Gemüt zu verlegen, ist sein eignes Zeugnis und der Charakter
des Tagebuchs vom Anfange des Jahres 1818 an.

In einem Rückblick auf sein vergangenes Leben schreibt
Tholuck am 9. Februar 1822: „Ich sehe es im Geiste vor=
aus, es muß und wird noch eine vierte Periode in meinem
christlichen Leben eintreten. Die erste geht von Januar 1818
bis August 19, wo das schwache Licht allmählich wieder aus=
zulöschen und dem Heidentum zu weichen schien. Die andere
geht von 19 bis Ende 20, wo das Christentum mit der feineren
Sünde der Verleugnung und der Uneinfalt ringen mußte. In
dieser hielt mich fest, der aus jener mich gerissen hatte. Von
Ende 20 bis jetzt ist die Periode, in der ich in meiner Er=
kenntnis gewiß auf dem rechten Standpunkte bin, in welcher
ich nichts will, als Christum, aber so ganz kraftlos bin, daß
es gar nicht recht lebendig wird. Dazu fehlt meinem Christen=
tum die göttliche Ruhe. Dies denke ich wird auch sich ändern
und dann will ich bis an mein Lebensende sein kindlich, demütig,
einfältig, ruhig."

Also Tholuck selbst datiert das „schwache Licht" seines
Christentums vom Januar 1818. Und damit stimmt überein,
daß vom 31. Januar an das Tagebuch ein ganz neues Aus=
sehen erhält. Bis zum 10. Juli 1818 ist es, in einem beson=
deren Oktavheftchen, sehr sorgfältig geführt, und die Aufzeich=
nung jedes Tages beginnt mit einem Schriftworte, das in den

nachfolgenden Meditationen und Notizen noch nachklingt. Die=
selben sind oft von ergreifender Innigkeit und Wärme und
führen manche Gedanken weiter aus, die im Verkehr mit
Neander und Marheineke oder in deren Kollegien angeregt
waren. Der Baron — der gerade eine besondere Periode der
Traurigkeit und des inneren Drucks durchlebt haben muß, wird
zum öfteren genannt. Am 24. Februar heißt es: „Den Abend
durch sprach ich Seelenworte mit meinem Kottwitz über den
Frühling, der hinter der schmalen Gruft aufgrünt." Als
Lebensregeln stehen auf der ersten Seite neun Sätze:

„1. Des Morgens und des Abends nie das Gebet ver=
säumen und darin um Liebe und Demut und Glauben bitten
und für alle meine Herzensbrüder und Feinde und für die
Missionare." (Seit Ende 1817 gab Tholuck den Zöglingen
des Jänickeschen Missionsseminars täglich einige Stunden
Unterricht.)

2. Gegen ein Jeglichen nur Liebe, Sanftmut und Demut
sein.

3. Jeden Tag einen Spruch auszeichnen.

4. Alle Sorge um Zeitliches und um die Zukunft entfernt
halten.

5. Keine Anekdote erzählen, wie witzig sie auch sei.

6. Eitles Geschwätz durch Stillschweigen vermeiden.

7. Jeden Tag etwas zur Erbauung lesen.

8. Mäßigkeit und Enthaltsamkeit, wo es nötig ist.

9. Prüfung nach diesen Grundsätzen."

Wir werden nicht irre gehen, wenn wir in diesem erneuten
Lebensernste und dem Entschlusse, durch die That von der in=
nern Selbstzucht Zeugnis zu geben, eine bestimmte Nachwirkung
des Kottwitzschen Einflusses erkennen. Damit treten wir an
die Aufgabe heran, das Wirken dieses edlen Christen und seine
durchgreifenden Beziehungen zu Tholuck zu schildern, der seinem
„Vater in Christo" in der „Wahren Weihe des Zweiflers" das
unerreicht schönste Denkmal gesetzt hat. Wenn wir uns über
die Persönlichkeit dieses Mannes ausführlicher verbreiten, so
liegt die Berechtigung dazu in dem Titel dieses Buches; eine
Biographie Tholucks wäre lückenhaft, wenn die Gestalt von

Kottwitz darin nicht zu ihrem Rechte käme. Wir könnten über
das folgende Kapitel Tholucks eignes Bekenntnis schreiben:
„Mein Heiland, welche Irrwege wäre ich gegangen, hättest du
mir nicht einen Kottwitz gegeben! hättest du mir nicht gezeigt,
daß es nicht Schimäre ist, daß man wirklich sich aufopfern und
hingeben kann für die Brüder!"

Viertes Kapitel.

Unter der Leitung des alten Barons.

„Der liebe Baron" wurde Kottwitz im Kreise der
Seinen genannt; im Volksmunde hieß er: „der alte Baron".
Als einst an den jungen Studenten der Medizin Voltolini,
der von Huschke in Breslau an Kottwitz empfohlen war, und
den dieser in sein Haus aufgenommen hatte, ein Brief ohne
nähere Adresse eintraf, schrieb die Polizei bloß die Worte auf
den Umschlag „wohnt beim alten Baron", und der Brief wurde
richtig abgegeben.[1])

Wenn noch lange nach dem am 13. Mai 1843 erfolgten
Tode des Barons v. Kottwitz sein Lieblingsspruch λάϑε βιώσας
„bleibe gern unbekannt" sich an ihm erfüllte, und, außer dem
Tholuckschen Bilde des „Vater Abraham" in seinem Buche
von der Sünde, und einigen Zügen, welche der Seminardirektor
Franz Zahn in Fild bei Moers in der „Dorfchronik" von 1850
(Nr. 21—24) veröffentlichte, keine Lebensbeschreibung oder ein=
gehendere Charakterzeichnung des Reichgesegneten erschien, so
hat das Jahr 1882 mehrere Mitteilungen gebracht, durch welche
die Gestalt des Barons auch in weiteren Kreisen bekannter
geworden ist. Im genannten Jahre erschien, neben der kurzen
biographischen Skizze „v. Kottwitz" in der allgemeinen Deut=
schen Biographie aus der Hand des damaligen Hofpredigers
D. Baur zunächst eine kleine Monographie von Professor D.
Jacobi in Halle „Erinnerungen an den Baron Ernst v. Kott=
witz" (bei Striehn in Halle) und sodann das treffliche, die
Jacobische Schrift benutzende und ergänzende Lebensbild des
Barons in der „Neuen Christoterpe" für das Jahr 1883 von
D. Baur (bei C. Ed. Müller in Bremen, S. 203—258).
Aus diesen Quellen und einem reichen handschriftlichen Material,

zumal den Briefen des Barons an Tholuck und Focke, ist das folgende zusammengestellt.

Hans Ernst Freiherr v. Kottwitz war am 1. September[2]) 1757 auf dem Familiengute Tschepplau im Glogauer Kreise geboren. Sein Vater war der Freiherr Adam Melchior v. Kottwitz, seine Mutter, die zweite Gemahlin von Adam Melchior, eine Freiin v. Kock. Von einem älteren Bruder erbte der Vater des Barons die alte Kottwitzsche Herrschaft Bojadel im Kreise Grüneberg, und da hat Hans Ernst den größten Teil seiner Kindheit verlebt. Während seiner Erziehung in einem Breslauer Institut richteten die Jesuiten ihre Aufmerksamkeit auf ihn und suchten durch Gefälligkeiten, wozu namentlich seine musikalischen Übungen Anlaß boten, Verbindungen mit ihm einzuleiten. Doch ließ er es nicht zu einem näheren Verhältnisse kommen. Dem Hofe Friedrichs II. trat der heranwachsende Jüngling als Page nahe, und damit begann für ihn ein weltlich ausschweifendes Jugendleben, auf das er in späteren Jahren nur mit tiefer Trauer zurückblickte. Auch die Eltern mochten mit Bangen auf sein Treiben schauen und ihn ernstlich tadeln; wenigstens suchte Ernst durch Auswanderung in die Fremde sich dem Einflusse des elterlichen Hauses zu entziehen. Nur ein auf Wunsch der Eltern ergangener Kabinettsbefehl des Königs hielt den nach Freiheit Begehrenden im Vaterlande zurück. Die glaubenslose Gesinnung des Jünglings äußerte sich auch darin, daß er sich in den Freimaurerorden, „die Stätte der Neologie für die Laien höherer Stände" (Jacobi) aufnehmen ließ. Ja er muß es in diesem Orden sogar zu höheren Stufen gebracht und eine leitende Stellung in demselben eingenommen haben. Wenn später in seiner Gegenwart von den Freimaurern die Rede war, winkte er unwillig mit der Hand, damit man über dieses ihm unangenehme Thema schweige.[3])

Die Zeit, in welcher der Wendepunkt für das innere Leben des Barons eintrat, kann nicht mit Sicherheit angegeben werden. Nach Baur hat Kottwitz in seinen schriftlichen Eingaben vom Jahre 1835 an den König Friedrich Wilhelm III. zur Bekämpfung der Berufung des Philosophen Gabler an die Stelle des verstorbenen Hegel schon das Jahr 1773 als die Zeit genannt, in welcher ihm anschaulich geworden sei, was der

Weisung des Apostels zu Grunde liege: „Hütet euch vor der
Philosophie nach der Weltsatzung — Nachbildung des Göttlichen!
— und nicht nach Christo!" Jedenfalls war er unter der
Regierung Friedrich Wilhelms II. bereits so weit christlich
gefördert, daß er sich über die Berater des Königs ein eigenes
Urteil bildete und nicht in die allgemeine Anklage der rationalisti=
schen Kreise auf Unlauterkeit und Heuchelei gegen diese Männer
mit einstimmte. In vertrauten Stunden pflegte der Baron gern
im Kreise seiner Freunde von den alten Zeiten zu erzählen,
und nahm er wiederholt die drei Männer, welche dem damaligen
Könige am nächsten standen, Oswald, Hermes und Hillmer
als aufrichtige und wahrhaft ernstgesinnte Christen in Schutz.[4])

Jedenfalls ist es sicher, daß Kottwitz sein neues geistliches
Leben der Vermittelung der Brüdergemeinde verdankte, diesen
„Stillen im Lande", die ein inniges, warmes Herzenschristentum
durch die Winterkälte des herrschenden Rationalismus hindurch
in unser Jahrhundert hineinretteten und so vielen Großen im
Reiche Gottes den Anstoß zu ihrer Bekehrung und die geistliche
Nahrung für den inwendigen Menschen gegeben haben. Mit
sich zerfallen und schon innerlich gebrochen muß der Mann
gewesen sein, als er irgendwo einmal in den Betsaal einer
Brüdergemeinde eintrat und da, auf der letzten Bank sitzend,
die Worte des Predigers vernahm: „Es gehört schon viel Gnade
dazu, daß man sich selbst ertrage." Die Worte zündeten in
seinem Herzen und er sprach zu sich: „Das geht auf dich,
du kannst dich ja nicht ertragen." Und nun begann der
Kampf, der in dem tiefen, klaren Frieden des Gotteskindes
endete, einem Frieden, der Tausenden überwältigend entgegen=
geleuchtet und sie wie eine Erscheinung aus einer höheren Welt
angemutet hat. In seinem Antlitze lagen wohl noch „die
Spuren eines verborgenen Harrens", schreibt Tholuck später;
„doch war es, wie wenn ununterbrochen das Lächeln der Über=
windung darüber schwebte. Das Auge leuchtete von einem ge=
heimen Feuer, wie ich es noch in keinem irdischen gesehen, und
darüber legte sich oft das Augenlid, als wolle die Seele der
irdischen Welt sich zuschließen und allein der inneren aufthun."[5])
Der Mann, dem Kottwitz unter den Herrnhutern am meisten
zu verdanken sich bewußt blieb, war der Bischof Johann Gott=

lieb Spangenberg, Zinzendorfs gesegneter Nachfolger in der Leitung der Brüdergemeinde. Tholuck, der dies wohl wußte, schickte seinem lieben Kottwitz einst das Bild von Spangenberg zum Geschenk. Die charakteristische, allen Überschwenglichkeiten fernbleibende und sofort vom Menschlichen auf die göttliche Treue weisende Antwort, die noch an demselben Tage erfolgte, lautete*): „Innigen, herzlichen Dank. Wo wären wir, wenn Er uns entwiche, nicht immerdar auf den tobenden Wellen von Innen und Außen die Hand reichte? — Aber der Herr ist nahe allen Armen und die da nichts sind, auf daß sich vor Ihm kein Fleisch rühme! Wohl uns, wir sind Sein und wollen es bleiben, bis wir Ihn sehen, an den wir gläuben, walts Gott, am Creutz. Mit inniger Liebe Ihr geringster dankbahrer Kottwitz. Berl. 24 6/23." Da Spangenberg bereits am 18. September 1792 zu Berthelsdorf verstarb, so muß jedenfalls der Umschwung im Leben des Barons um ein beträchtliches früher zu datieren sein.

Zeitlebens behielt Kottwitz die Signatur seiner geistlichen Erweckung durch die Brüdergemeinde, wenn er derselben auch nie als eigentliches Mitglied beigetreten ist. Ein weiteres Band mit der Gemeinde knüpfte der Umstand, daß ihm seine Gemahlin Charlotte Helene geb. Gräfin Zedlitz die ansehnliche Herrschaft Peilau bei Reichenbach in Schlesien mit in die Ehe brachte. — Eine halbe Stunde von Oberpeilau liegt die Herrnhuter Kolonie Gnadenfrey, und diese Nachbarschaft legte den fortwährenden Verkehr mit der Brüdergemeinde, solange der Baron in Schlesien weilte, nahe. Wer auch nur etliche Briefe des Barons unter Augen gehabt hat, der weiß, wie seine ganze Ausdrucksweise den Herrnhuter Ton an sich trug. Täglich begann er sein Werk mit dem Lesen und Betrachten der „Losungen" und der beigefügten Liederverse. Seine kurzen „Liebesbriefe", wie man die zahllosen kleinen Schreiben an die Glieder des ausgebreiteten Freundeskreises wohl genannt hat, die er meist in den ersten Morgenstunden nach dem Gebete verfaßte, bestanden oft nur aus der Reproduktion der Tageslosung und der durch höchst

---

*) Wir behalten die eigentümliche Kottwitzsche Orthographie bei.

seltsame, aber immer tiefgefühlte und beziehungsreiche Ein=
schachtelungen erweiterten Liederverse des Herrnhutischen Gesang=
buches. So schreibt er an Tholuck am 2. Februar 1821:
„Von Hertzen Geliebter! Der Herr siehet! Siehet mit Erbarmen
auf ein iedes nieder! — Und so ist's von Hertzen Geliebter.
Alle alle sind sein Guth, denn Er hat sie von dem Falle los=
gebürget durch Sein Blut! — Darum darf auch ich zu Ihm
aufsehen und nehmen aus Seiner Fülle Gnade um Gnade!
Ja von Hertzen Geliebter! Nur Seine Liebe hat uns Leben
und Seeligkeit wieder gebracht, dafür gebühret Ihm das gantze
Hertz. Laß es seyn, daß wir schwächlich und gebrechlich dazu
wären, unsre Treu — Herr ich bekenne frei und ohne Scheu,
daß Niemand sonst mein Heyland ist, als Jesus Christ, nichts
soll davon mich scheiden — soll Ihn doch ehren. — Den Er
hat sich aus dem Munde der Unmündigen eine Macht zugerich=
tet. Der Herr mit Ihnen Ihm fröhlich zu dienen! Mit hertz=
licher Liebe Ihr geringster Bruder Kottwitz." „Unzählig oft,"
schreibt einer seiner jüngeren Freunde,*) „wenn ich mit ihm
allein war, brach er aus in den Seufzer des Bruderliedes:
Ach mein Herr Jesu, wenn ich dich nicht hätte, und wenn dein
Blut nicht für die Sünder redte, wo soll ich Ärmstes unter den
Elenden mich sonst hinwenden? Ich wüßte nicht, wo ich vor
Jammer bliebe, denn wo ist solch ein Hertz wie deins voll
Liebe? Du, du bist meine Zuversicht alleine, sonst weiß ich
keine." Demselben schrieb er, wie er das zu thun pflegte, zum
Abgange von der Universität ein Stammbuchblatt mit den Lieder=
worten des sel. Pastors Rothe von Berthelsdorf: „Wären wir
doch völlig Seine, regte sich doch keine Kraft, da der Heiland
nicht alleine, das sie wirkete, schafft. Jesu, richte unsern Sinn
lediglich auf dich nur hin, so lebt's Herz in Seiner Wahrheit,
und das Auge wird voll Klarheit. Dies sei durch tägliches
Flehen um Gnade der Grund unsres Bundes, bis daß wir
fröhlich singen: es ist vollbracht. Ihr Sie zärtlich liebender
Kottwitz."

    So war Schrift wie Rede des Barons durchzogen von
Reminiszenzen aus den Liedern der Brüdergemeinde. Wenn er
dieselbe übrigens auch hoch schätzte und es einst seinen Freunden
Tholuck und Ludwig v. Gerlach recht übel vermerkte, daß sie

die Brüderanstalt von Niesky in öffentlicher Besprechung, wie
er sich ausdrückte, „verunglimpft" hätten,[7]) so war er doch keineswegs blind über die herrnhutischen Gebrechen. Gerade ihre
Erziehungsanstalten gaben auch ihm Anlaß zu Bedenken, wie
er selbst am 12. Juli 1823 in seiner vorsichtigen und doch
so nachdrücklichen Weise an Tholuck schrieb: „Möcht ich mich
über den Gegenstand der Erziehungsanstalten der Brüder-Ge-
meinde so einfach als klar zu äußern im Stande seyn. Mich
hat bis ietzt bekümmert, daß ich meist nur (dem Anschein
nach) todte Menschen von daher zurückkehrend, kennen lernte,
wen ich aber diese Anstalten mit unsern Schulen und Gymnasien vergleiche, so muß ich mir über die Anstalten der Brüder
ein Schweigen auflegen. Die Sache ist iedoch zu wichtig um
sie da zu verschweigen, wo weil es noch Zeit ist fürs Bessere
gewürkt werden könte.... Ich glaube mich verpflichtet nicht
verschweigen zu dürffen, es gelte zuvor einen freyen Stand-
Punkt, um in ein bestimmtes Urtheil einzugehen. Der Herr sehe
drein. Ihr alter treuer Diener Kottwitz."

Auf den Geist werkthätiger Liebe, der unter den Herrnhutern herrschte, ist es auch zurückzuführen, daß Kottwitz,
da er in den Besitz seines väterlichen Vermögens gekommen
war — sein Vater starb 1777 — in wahrhaft großartiger
Wohlthätigkeit sich seinem Gott zum Dienste stellte. „Die Stätten
des Elendes und des Jammers," so schildert Tholuck diese
Thätigkeit,[8]) „sahen ihn am öftersten, weil er nichts Liebere
wußte, als Thränen trocknen. Er reiste selbst umher in mehreren Staaten. Wohin sein Einfluß und sein Vermögen reichten, verbesserte er Krankenhäuser und Gefängnisse: wo seine
Thätigkeit im großen Widerstand fand, wandte er sich zu einzelnen Hilflosen und bot sich ihnen als Freund. Er war der
Meinung, daß großes leibliches Elend den menschlichen Geist
so niederdrücke, daß er darunter kaum zu dem, was droben ist,
aufzublicken wage. Ehe er daher den an Leib und Geist sehr
Elenden die Wunden ihrer Seele zeigte, trocknete er erst die
Thränen, die über irdische Schmerzen flossen, und hatten sie so
als ihren Wohlthäter ihn lieben lernen, so hörten sie williger
an, was er ihnen von den Wunden ihrer Seele sagte und dem
Helfer dazu. Viele leiblich und geistlich Arme dankten es ihm

auf diese Weise, daß sie weder leiblich noch geistlich ferner
Thränenbrot essen durften. Er hatte auch einige Kenntnis von
einfachen Heilmitteln sich erworben, und wie alles bei ihm dem
einen diente, so wußte er auch durch diese am Krankenbette zu
den Seelen der Leidenden sich einen Weg zu bahnen. Oft hatte
er wochenlang an dem Lager schwer Leidenden gesessen und
von ihrem Seelenleiden geschwiegen. Er hatte nur durch unter-
ordnende stille Dienste der demütigen Liebe ihre Herzen gewonnen, dann aber, wenn eben ein Lichtblick über dem leiblichen
Leben des Kranken ruhte, hatte er zuweilen angefangen, von
dem Glücke derer zu sprechen, die jenseits einen himmlischen
Freund hätten, der sie empfangen würde, wenn sie stürben. Das
hatte oft in der müden Seele einen erwärmenden Hoffnungs-
schimmer erregt, sie verlangte mehr von dem Freunde jenseits
zu erfahren, und manche war mit einer heißen Sehnsucht nach
ihm entschlummert. In dieser Wirksamkeit war der begnadigte
Diener Gottes eine sehr lange Reihe von Jahren in verschiedenen Gegenden Europas umhergereist, hatte bald hier bald dort
eine längere Zeit sich aufgehalten, und überall von dem apostolischen Privilegium Gebrauch gemacht, mit den Weinenden
zu weinen. Es war von dieser Wirksamkeit nichts öffentlich
bekannt geworden.... Er hielt Werke der Liebe für einen Balsam; wird er geöffnet, so verliert er Kraft und Würze. Wie
sein Heiland, liebte er, wenn er jemand wohlgethan, die Worte:
Gehe hin und siehe zu, daß du es niemand sagest! Es konnte
nicht fehlen, daß manche, die ihn nicht verstanden, ihn auf dieser
seiner Laufbahn für einen Samariter hielten, oder ihm sagten: Du
hast einen Teufel! Diesen pflegte er bloß zu antworten: Ich
bin kein Samariter und habe keinen Teufel. Es geschah wohl
auch, daß mancher Simei ihm fluchte und ihn einen losen Mann
nannte. Wollte man hingehen und rächen, so antwortete auch
er: Lasset ihn fluchen, denn der Herr hat's ihm geheißen."

Namentlich seine schlesische Heimat und die Gebirgsdörfer
der vor den Augen des in Peilau Weilenden sich hinziehenden
Sudeten wurden der Schauplatz seiner organisierenden Thätigkeit. Kottwitz wollte nicht durch einmalige oder wiederholte
Gaben die Armut verwöhnen oder erniedrigen. Das Prinzip

der Selbsthilfe, auf grund weise zubemessener Unterstützung,
schwebte ihm bei allen seinen Unternehmungen für die armen
Gebirgsdörfler, die namentlich auf Handweberei angewiesen
waren, vor. Freilich die reicheren Erfahrungen der neueren Zeit
auf diesem Gebiet waren noch nicht gemacht, und so konnte es
nicht fehlen, daß Kottwitz bei diesen allerersten Anfängen or=
ganisierter Hilfsleistung und Arbeitsbeschaffung auch Mißgriffe
that, ja nach und nach den größten Teil seines Vermögens bei
dem frommen Werke einbüßte. Indessen hat er dadurch doch
vielen Familien zum Lebensunterhalt verholfen und etwas von
der Köstlichkeit der Christenliebe zu schmecken gegeben. Der
Baron kaufte für die Weber in Massen Garn ein, verteilte es
in die verschiedenen Dörfer zur Handfabrikation und verkaufte
dann die fertiggestellte Ware, die dem Arbeiter von ihm reichlich
bezahlt worden war, auf eigne Rechnung. Daneben legte er
im Riesengebirge und in der Grafschaft Glatz Fabriken an, in
welchen er die Arbeiter sammelte; so z. B. in dem gegenwärtig
dem Abbruch verfallenen schönen alten Kloster Grüssau in der
Nähe von Landeshut, wo er sich oft wochenlang aufhielt,
um von da das Gebirge zu bereisen und seine sonstigen Ge=
schäfte zu besorgen. Noch jahrelang nach der Übersiedelung
in die Hauptstadt verbrachte der Baron oft ganze Sommer und
Winter bei seinen lieben Webern, deren hingebende Liebe und
Dankbarkeit ihn für die Vermögensverluste reichlich entschädigte.
So schreibt er an Tholuck am 18. Novbr. 1821: „Die Stürme
braußten auf der Höhe an der Mährischen Grentze, nicht weniger
als 3500 Fuß über der Meeresfläche, gräulich, aber der Herr
schützt und wacht, und anstat Ermüdung und Schwachheit zu
fühlen, war es mir nicht anders als sey mir eine Erneuerung
und Verjüngung meiner Kräfte zu Teil worden. Von Hertzen
Geliebter so und noch ungleich preiswürdiger führt uns die
Hand für uns durchstochen, das Herz für uns gebrochen, aus
Kampf und Streit mit den unsichtbahren Feinden im Innern
die sich über alles Göttliche erheben und mit gräulicher List und
Täuschung zu überreden bemüht sind, es sey nicht also gemeint
wie die Worte lauten .sie sind alzumal abgewichen und untüchtig
geworden.' Von Hertzen Geliebter und unter welcher Be=
dingung ist uns Schutz und Segen verheißen? — Daß wir

unſern Herrn und Heyland annehmen wozu Er uns von Gott
gegeben iſt und uns Ihm laſſen gantz und gar, damit Er in
uns würcken könne das Wollen und Vollbringen, das ſtille Hertz
den ſanften Geiſt, der den Sieg der Verſöhnung ſeeliſchlich preiſt.
— Die lieben armen Spinner und Weber in der Grafſchaft
erkennen was für ſie geſchieht mit einer innig wohlmachenden
Erkentlichkeit und ſo lebe ich der Hoffnung, daß es Stoltz und
Arg Liſt nicht gelingen werde, die dißfälligen Anſtalten zu zer=
trümmern." Und am 29. November 1827 von Grüſſau ſelbſt:
„Ich wohne hier in den gantz einſamen Mauern eines vor mehr
als fünfhundert Jahren erbauten Kloſters. Seit dem 26. October
habe ich das Gebürge bis Glatz zurück bis Hirſchberg und ſeit
acht Tagen von Hirſchberg nach Grüſſau zurück bereiſt. — Die
Lage unſerer Gebürgs Bewohner übertrift iede Darſtellung. Der
Herr ſehe drein und wehre dem fortſchreitenden Treiben und
Würken der Unvernunft und freffelhaften Leichtſinnes. — Ich
gedenke — wen Gott mein Leben friſtet — bis zum Früh=Jahr
in der Mitte mir ſehr theurer — weungleich von der intelli=
genz der Zeit ſo faſt zertretener — Menſchen zu verbleiben. --
Wer die Ergebung dieſer Menſchen und ihre redliche Dran=
gebung um nur den Kindern das bethränte Brod zu reichen,
von nahem beobachtet, der iſt ein Stein, wenn ihm die Leiden
dieſer Dulder nicht zu Hertzen bringen, während für eitle Träu=
mereien, die elendeſten Gelüſte, techniſche Spielereyen, Summen
von vielen Tauſenden ausgegeben werden."

Unter den mancherlei Verluſten, die Kottwitz im Zu=
ſammenhange mit ſeiner aufopfernden Liebesthätigkeit erlitt,
ſcheinen ſich auch die Güter ſeiner Gemahlin befunden zu haben.
Wenigſtens ſchreibt Radecke in dem ſchon oben (S. 113) zitier=
ten Briefe aus dem Sommer 1817 an Tholuck: „Der Baron
muß ein ganz vortrefflicher Menſch ſein, ein wahrer Wohlthäter
der Armen, indem er nicht nur durch bloßes Geben von Almoſen
Bettler zum Betteln aufmuntert oder Faulheit unterſtützt, ſondern
dem Bedürftigen Gelegenheit zu verſchaffen ſucht, thätig zu ſein
und ſo ſich zu erhalten. Das heißt wohlthun und den Men=
ſchen nützlich werden. Die Werkſtätten, in denen er ſeine Hilfs=
bedürftigen zur Thätigkeit anſtellt und anweiſet, ſind, in ihrer
Beſtimmung wenigſtens, wahre Werkſtätten und Tempel Gottes,

keine sogenannten Fabriken und Manufakturen, deren Zweck nur
Geldgewinst ist. Der herrliche Kottwitz!.... Ich erinnerte
mich seiner vorzüglich lebhaft, als ich vor einigen Wochen durch
Peilau, bei seinem ehemaligen Schlosse vorbeiging."
Jedenfalls erscheint in den späteren Briefen des Barons nur
noch eine Besitzung als sein Eigentum, wohin sich, wohl im
Anfange der zwanziger Jahre, nach dem am 24. Juli 1821
erfolgten Tode seiner einzigen und besonders heißgeliebten Tochter,
Frau v. Kottwitz mit ihren zwei Söhnen zum bleibenden
Aufenthalte zurückzog: das kleine Gut Gaumitz in unmittelbarer
Nähe von Nimptsch. Dort ist auch die Baronin, alt und ge=
brechlich, nachdem sie längst für das bewegte Leben ihres Gemahls
untauglich geworden war, am 31. Januar 1829 verstorben.
Übrigens muß Kottwitz noch immer nicht ohne eine gewisse
Wohlhabenheit geblieben sein, da er sein lebenlang mit vollen
Händen spendete, und z. B. vor jeder längeren Reise an Tho=
luck nicht unbeträchtliche Summen zur weiteren Verwendung
für Studenten und andre Arme übergab. So heißt es im
Tagebuch am 27. Februar 1823: „Der Edle rief mich noch bei=
seite — wie ist er immer so geheiligt und rein beim Abschiede
— und gab mir 25 Thlr. für die Tischgäste und 50 Thlr. für
Notfälle. Drauf der Abschied! Ja wenn mein Kottwitz zieht,
so ist's als ginge eine ganze Welt mit! —"
Das Kriegselend des Jahres 1806 wurde der Anlaß für
die Thätigkeit, durch welche der Baron in den weitesten Kreisen
bekannt geworden ist. Es fesselte ihn bleibend, mit Ausnahme
einiger schlesischen Reisen, in Berlin. Als die Franzosen nach
der unglücklichen Schlacht bei Jena die preußische Hauptstadt
besetzt hatten, stockten daselbst alle Geschäfte, und Tausende von
Arbeitern wurden brotlos. Anfangs beschäftigte Kottwitz, so
viele er vermochte, in seinem Hause (Gr. Frankfurterstr. Nr. 44)
und aushilfsweise in einem andren Raume (Wallstr. Nr. 9).
Aber das reichte für das Bedürfnis nicht aus. So wandte er
er sich an den französischen Zivilgouverneur Bignon und erbat
sich von ihm die Überweisung der leerstehenden, nur mit einem
kleinen Lazarett belegten v. Winningschen Kaserne in der
Alexanderstraße Nr. 5—7. Die Kaserne ist jetzt niedergerissen,
und an ihre Stelle befindet sich ein Holzplatz. Sie lag aber

da, wo die Kaiserstraße auf die Alexanderstraße stößt. In dies Gebäude mit seinen weiten Räumen sammelte er nun zu kosten= freier Wohnung Familie auf Familie aus dem Arbeiterstande, besonders arme Weber. Er versah sie mit Arbeit und Verdienst. War eine Familie allmählich wieder in eine bessere Lage gebracht, so mußte sie, wie das von vornherein abgemacht war, einer andern weichen. Natürlich waren die Räume bald über= füllt, und auch nach den Kriegsjahren suchten die Arbeit= und Heimatlosen mit Vorliebe in das Haus des „lieben Barons" aufgenommen zu werden. In welchem Umfange die Fürsorge des treuen Mannes in Anspruch genommen wurde, zeigt uns eine schöne Erzählung, die Professor Jacobi uns aufbewahrt hat. Er berichtet (S. 39 f.) von einer Begegnung Fichtes mit Kottwitz folgendermaßen: „Beide Männer strebten den entgegengesetzten Polen zu: Fichte gab dem selbstgenugsamen Willen des Menschen und der darauf gegründeten Sittlichkeit den stärksten Ausdruck. Er, welcher den Ausspruch that: der sei kein rechter Philosoph, der nicht von der Wahrheit der eignen Lehre so fest überzeugt sei, daß er sprechen könne: Wenn sie falsch ist, so will ich ewig verdammt sein! dieser Mann des titanischen Selbstvertrauens stand im diametralen Gegensatz zu der demütigen Tugend des Barons, welche Wollen und Voll= bringen von Christo nahm. Was wir Fichte zum Verdienst rechnen, Männlichkeit und sittliche Thatkraft unseres Volkes gestählt zu haben, das würde er vielleicht nicht in Abrede gestellt haben, aber ungleich mehr erblickte er in ihm den selbstbewußten und hochfahrenden Vertreter des Pelagianismus seiner Zeit. Fichte hielt christliche Vorstellungen, wie des Barons, für Aberglauben, allein die praktische Seite seiner Frömmigkeit, die aufopfernde Liebe erregte doch sein Nachdenken und insoweit seine Sympathie, daß er den Wunsch nach einer Zusammenkunft aus= drückte. Der Baron war sogleich dazu bereit und begab sich zu ihm. Er sprach mit dem Baron seitwärts über die Lehne des Arbeitsstuhles gebeugt; seine wenig entgegenkommenden Ma= nieren, die hohle Stimme, die Schroffheit des Ausdrucks berühr= ten den Baron nicht angenehm. Das Gespräch wendete sich alsbald zum Allgemeinen. Fichte, in dozierendem Tone, sprach: das Kind betet, der Mann will. Herr Professor, antwortete

der Baron, ich habe sechshundert arme Leute zu versorgen, und
weiß oft nicht, woher ich das Brot für sie nehmen soll. Da
weiß ich mir denn nicht anders zu helfen, als indem ich bete.
Fichte verstummte einen Augenblick, Thränen rollten ihm über
die Wangen und er sprach': Ja, lieber Baron, dahin reicht meine
Philosophie nicht."

Für die vielen in der „Freiwilligen Beschäftigungsanstalt",
wie Kottwitz sein Institut nannte, befindlichen Kinder waren
Lehrer gewonnen, die, abwechselnd mit Kottwitz, in dem großen
Saale des Hauses die täglichen Abendandachten hielten. Dieselben bestanden nur in Gesang, Schriftverlesung und Gebet.
Kottwitz ist nie selbst „Stundenhalter" gewesen. Eine demutsvolle, ihrer Schranken sich bewußte Scheu hielt ihn davon ab,
öffentlich das Wort zu ergreifen. Alte und neue gläubige Predigten wurden vorgelesen; nur das Gebet sprach der Baron zuweilen selbst; und diese Gebete mögen freilich die allererweck-
lichsten und ergreifendsten Predigten gewesen sein: die edle
Mannes- und Greisengestalt, inmitten seiner lieben Armen und
Elenden, umgeben von jungen und alten Christusjüngern aus
der ganzen Stadt, vornehmen und geringen, die hier Seelen-
weide und Herzenspflege suchten, — wie er Hand und Augen
aufhob zu dem großen Versorger und Berater aller Menschen,
mit dem er in Einfalt und Herzlichkeit und doch in tiefster Ehrfurcht und demütiger Anbetung wie ein Kind redete. „Julius!"
schreibt Tholuck im Buch von der Sünde (S. 208) „ich habe
nicht geglaubt, daß der Mensch so bei Gott sein könne, wie der
greise Jünger es bei diesem Gebete war. Begeisterung war es
nicht, was seine Rede auszeichnete; Beugung war der Charakter
seiner Worte. Seine Seele schien in Demut aufgelöst zu sein
vor der Nähe des Allerheiligsten. Der Schluß dieses Gebetes
war: Einfalt sieht nur auf das eine, in dem alles andre
steht, Einfalt hangt nur ganz alleine an dem ewigen Magnet.
O du Magnet aller Herzen und aller Seelen, mach denn also
auch unsre Seelen so einfältig, daß sie nur nach einer Seite
hinsehen, nach Morgen!'"

An den Sonntag- und Mittwoch-Abenden ersuchte Kottwitz befreundete Prediger und Kandidaten, auch wohl durch-
reisende Gäste aus dem geistlichen Stande, die Ansprachen zu

halten. Der alte Jänicke mit seiner derben und schmucklosen
Predigtweise war dem Baron für seine arme Hausgenossenschaft
der liebste; ihn erwählte er daher zum Hausgeistlichen, der auch
je dann und wann für die Kranken und Siechen im Hause einen
Abendmahlsgottesdienst abhielt. Später trat der ebenso schlichte
Pastor Kuntze an seine Stelle, auch Prediger Anders von der
Brüdergemeinde, der junge Kober, Rolle von St. Georg,
Löffler von St. Gertraud u. a. begegnen uns unter den von
Kottwitz zum einfachen Zeugnisse Aufgeforderten, denen sich
bald auch Tholuck zugesellen sollte. Auf der Durchreise sprachen
Radecke, Seegemund, beide aus Wernigerode, Lindl und
Goßner auf ihrer Fahrt nach und von Rußland; letzterer
endlich besonders häufig nach seiner von Kottwitz beim Könige
eifrig befürworteten und ins Werk gesetzten Berufung an die
Bethlehemskirche als Nachfolger des 1827 verstorbenen Jänicke.

Es läßt sich begreifen, wie bei dem komplizierten Mecha-
nismus dieses in der Kirchengeschichte beispiellos dastehenden
Haushaltes, zu dessen Leitung dem Baron außer einem persön-
lichen Diener nur ein vom Könige mit 600 Thalern besoldeter
Sekretär zur Seite stand, dem alten Herrn die Sorgen zuweilen
ernstlich zusetzten. Wirkliche Mißstände, wie sie Übelwollen
und religiöse Feindschaft der Anstalt in Berlin bald nachzusagen
begannen, glaubt Professor Jacobi als für die Zeit seiner
Beobachtung unbewiesen und unbeweisbar bezeichnen zu können.
Jedenfalls hatte glaubensfeindliche Mißgunst die Hand mit im
Spiel bei den jahrelang währenden Verhandlungen über die
Auflösung der Anstalt oder Übernahme derselben von seiten der
Stadt, über welche D. Baur auf Grund der Krebsschen „Geschichte der v. Kottwitzschen Armenbeschäftigungsanstalt" in der
Christoterpe ausführlich berichtet hat. Das Ergebnis war
schließlich, daß durch Kabinettsordre vom 21. April 1826 der
Anstalt ein städtisches Direktorium, in das auch Kottwitz (mit
seinen Freunden Focke und La Roche) trat, vorgesetzt wurde,
und daß im Jahre 1829 die Kommune dem Fiskus das Gebäude für 45 000 Thaler abkaufte.[9]) Indessen durfte der Baron
darin wohnen bleiben und die hausväterlichen Pflichten in der
Anstalt bis an sein Ende versehen. Wie schmerzlich ihm aber
die Verhandlungen gewesen sind, zeigen besonders seine Briefe

an Focke; auch in den an Tholuck nach Halle gerichteten
Schreiben klingt je dann und wann ein bittrer Ton an. Anfangs
glaubte er, das Schlimmste stehe ihm bevor; er schreibt am
14. April 1824: „Endlich ist es der Klugheit meiner Gegner
gelungen, daß das Aufhören der Anstalt zum 1. April k. J.
nach ihren Wünschen — nicht mehr Zuflucht für unverschuldete
Armuth, keine Anstalts-Schule, die sich in den zwanzig Jahren
so ersprießlich erwies und keine Erbauungs-Stunde — decretirt
worden. — Es geht mir nicht leicht ein, aber ich will flehen
zu schweigen und mich ehrerbietig zu neigen. — Noch habe ich
es nur einigen meiner Freunde mitgetheilt. Ob ich noch im
nechsten Monath nach Schlesien reisen werde und wen der Herr
mein Leben länger fristet — iedennoch meinen Auffenthalt zwischen
Berlin und Schlesien gleichsam theilen könne, kann ich noch nicht
wissen." Dieses Äußerste trat nicht ein, aber mit widerwilligen
Elementen mußte der Baron bis zuletzt für seine Anstalt
kämpfen.

In dem großen Kasernengebäude hatte Kottwitz gleich von
Anfang an seine eigne, äußerst bescheidene Wohnung aufge-
schlagen. Zwei Zimmer nur reservierte er für sich, von denen
er zuweilen noch eins an arme Studenten abtrat, bis sie eine
andre billige Wohnung gefunden hatten. Der Eingang in seine
Wohnung führte durch eine Weberstube, in welcher eine gläubige
arme Familie einquartiert war. Die Ausstattung seines freundlichen und durch Helle und Sauberkeit ausgezeichneten, aber
niedrigen Zimmers war über die Maßen schlicht. An den alten
Möbeln fehlte jeder Luxus. An der Wand hing ein „toter
nackter Christus", der einst Tholuck erschreckte, als er mit
„kochendem Feuersinn" über eine abweisende Antwort von Kottwitz ergrimmte: („Schrecken ging mir durch alle Glieder, vor
Scham verging ich. Ja so ein toter nackter Christus würde
auch mich zermalmen, wenn ich hochfahrend wäre." 31. Mai
1820). Kleine Familien- und Freundesbildnisse ringsumher
vergegenwärtigten dem Bewohner die geistliche Gemeinschaft der
Kinder Gottes. „Es war ein Heiligtum, das fühlten alsbald
alle, die dorthin kamen. Man fühlte so bald, in welchem ver-
traulichen Umgang der Herr dieses Hauses mit seinem Heiland
stand, und aus seinem Munde gingen allezeit ohne erkünstelte

Salbung Worte der Kraft Gottes hervor. Da saß der alte
Herr in seinem Lehnstuhl in einfachem Hausrock und dem Käppchen
auf dem Haupte. Wenn er freilich aus seinem Hause ging in
Leibrock und der Perücke, da sah man ihm den vornehmen
Herrn auf Schritt und Tritt an. Wunderbar war es auch,
in welchem Seelenverkehr er mit seinen Brüdern in Jesu stand.
In seinem Zimmer hing ein Bild eines seiner liebsten Freunde,
der mit ihm in seiner Eigentümlichkeit manche Ähnlichkeit haben
mochte und auch mit der Brüdergemeine sehr eng verbunden
war, des Grafen Reuß auf Jänkendorf bei Niesky. Eines
Tages, als etliche Freunde bei ihm waren, fiel ein heller Sonnen=
strahl auf das Bild. Da rief plötzlich der liebe Mann aus:
‚Jetzt ist mein Freund Reuß verklärt!‘ Es ergab sich nach=
her, daß in derselben Stunde der Graf seinen Heimgang gehalten
hatte."[10])

Der Eindruck, den Tholuck beim Betreten dieses Zimmers
empfing, ist ihm sein lebenlang unvergeßlich geblieben. Sechs
Jahre später schrieb er nach einem Abendbesuche bei Kottwitz
in sein Tagebuch (24. Juni 1823): „Ich fühlte mich wieder so
gedemütigt in der Erinnerung dessen, was er an mir gethan,
wie da ich jenes Zimmer zuerst betrat!" Wir werden nicht irre
gehen, wenn wir die Erzählung im Buche von der Sünde, als
eine treue Erinnerung an eigne Erlebnisse auffassen, und darum
stehen sie hier als ein Denkmal der entscheidungsvollsten Stunden
im Leben Tholucks. (S. daselbst S. 199 ff.).

„Als ich das erstemal hinkam, waren noch einige jüngere
Brüder gegenwärtig, und in ihrer Mitte sitzend erschien mir
der greise Jünger ganz eigentlich als Patriarch. Was ich hier
empfand, Julius! das fassen menschliche Worte nicht, denn es
floß von einer höheren Region aus. Es ging gleichsam wie
ein mildes heiliges Wehen von dem Jünger aus und verbreitete
sich über alle Gegenwärtigen. Ob über heilige Gegenstände ge=
sprochen wurde, oder über gewöhnliche, war ganz gleich; es war
alles geheiligt, denn es ward alles als vor der Gegenwart
des nahen Unsichtbaren geredet. Es wechselten auch Ernst und
kindlicher, unschuldiger Scherz, den der Greis selbst liebte;
doch war der Scherz nur das fliehende Gewölk an dem tief=
blauen ruhigen Himmelsgrund. Es war einer in unsrer

Mitte, der den Geist nicht teilte: doch vermochte er in dieser Stunde der Ergreifung nicht zu widerstehen, auch seine Worte erhielten einen Anflug vom Ewigen. Das Gespräch wendete sich auch auf ungläubige Prediger. Was der Jünger von diesen Gutes wußte, das sagte er; von dem übrigen schwieg er, nur gänzliche Unwürdigkeit rügte er und dies dann auch mit heiliger Ahndung, so daß es mir schien, wenn die Besprochenen vor ihm gestanden hätten, würden sie den wehmütig ernsten Blick seines Auges nicht ertragen haben. Nach dem Gespräch von einigen Stunden erhob er sich und forderte zu einem Spazier= gange auf. Wir gingen; wie Glockengeläut tönten die Gespräche in meinem Innern nach, überwältigt rief ich aus: ,Ist dies die Beseligung christlicher Gemeinschaft schon hier auf Erden, soll denn die Seligkeit bei Ihm noch größer sein?·*) — Der Jünger hörte meine Worte, er nahm meinen Arm und schien sprechen zu wollen, doch blieb er schweigend,**) und unter dem heiligen Schweigen gingen wir neben Kornfeldern der immer tiefer sin= kenden Abendsonne entgegen. Mein Gedanke war: O Du hei= liger Patriarch, daß ich, daß jeder Jüngling so könnte an Deinem Arme der ewigen Sonne sicher entgegenwandeln! Ich konnte endlich meinem überwältigenden Gefühl nicht widerstehen, ich umarmte den erhabenen Mann und rief aus: ,O wie selig muß meine Seele sein, die bis zu dieser Vollendung gereift ist, in der Sie sind mein Vater!· — Da ward sein Angesicht ernst, in seinem Auge glänzte Wehmut und Würde. ,Mein Geliebter,· sprach er, ,lassen Sie nicht durch die erste Bruderliebe sich täuschen, damit Sie nicht schmerzlich enttäuscht werden. Ich bemerkte schon vorhin, wie tiefen Eindruck das erste brüderliche Zusammensein in Christo auf Sie gemacht hat. Sie haben gemeint, in einer christlichen Gemeinde eine fleckenlose Braut des Herrn zu finden, und glauben, daß Sie derselben heut wirklich

---

*) Einen verwandten Eindruck empfing Rudolf Stier, als er von Tholuck eingeführt, zum ersten Male den Baron in seinem Hause gesehen hatte. Er sagte zu seinem Begleiter beim Nachhausegehen: „Wenn der HErr so in seinen Jüngern ist, wie wird Er selbst sein!" (Tagebuch 11. Juli 1820.)

**) Wie oft hat es Tholuck später ebenso gemacht!

begegnet ſind. Ja wer möchte es leugnen, daß, wo der Herr
iſt, auch das Wehen des Geiſtes zu verſpüren ſei; auch heut
war er mitten unter uns, aber auch der geheiligte Menſch bleibt
Menſch. Soll ich Ihnen von mir bekennen, ſo habe ich nichts
zu ſagen, als daß ich ein Sünder bin, der aus Gnaden ſelig
werden will; meine Heiligung iſt das tägliche um Vergebung
Bitten, darunter das ſtolze Herz immer weicher wird und der
hohe Geiſt immer kleiner. Darum ſchweigen Sie, mein innig
Geliebter, von der Vollendung; vollendet war nur einer, der,
den wir mehr lieben ſollen, als alle. Und was das Leben mit
den Brüdern betrifft, o ſo vergeſſen ſie auch hier nicht, daß wir
heilige Menſchen werden müſſen, ehe wir heilige Engel ſind.
Ja, es iſt wahr, es wird Ihnen manchmal ein Sabbatsgefühl
geſchenkt werden in der Gemeinſchaft mit Brüdern, und wie
ſollte es nicht, da dieſelbe der Herr ſo ausdrücklich geſegnet hat,
aber wie in ſich ſelber, ſo werden Sie in jedem Bruder noch
den Menſchen finden.' — Ich geſtehe es Dir, es that mir weh,
daß die Beſonnenheit und hohe Demut des Mannes die Glut
meiner Empfindung mäßigte. Ach! ſeufzte ich in mir, wie muß
doch der Menſch ſo tief gefallen ſein, wenn auch die Seele, die
ſo lange dem Herrn diente, an dem, was von unten iſt, ſo
ſchwer zu tragen hat! — Ich wollte noch mehr aus ſeinem
Munde lernen, ich erzählte ihm meine Geſchichte und Deine und
fragte, ob nicht ſo viele Erfahrungen unſrer Zeit auf eine Aus=
gießung des heiligen Geiſtes deuteten, deren Erfolge ſehr groß
ſein würden? Hier wurde er ſehr warm und antwortete: Mein
herzlich Geliebter! Nehmen Sie, was ich Ihnen jetzt ſagen will,
an als das Vermächtnis eines alten Mannes, der bald von der
Welt ſcheiden wird, und, was die Erfahrung eines langen Lebens
und die ausgedehnte Bekanntſchaft mit vielen Tauſenden in ver=
ſchiedenen Gegenden und Ständen ihn gelehrt hat, vor ſeinem
Heimgange gern noch in die Bruſt manches jungen Theologen
niederlegen möchte, der berufen iſt, in der großen Zeit zu ſtehen,
die nahe iſt, denn je größer die Zeit, deſto nötiger iſt die
Schlangenliſt und die Taubeneinfalt. So ſage ich denn Ihnen
als einem ſolchen, der vielleicht ſelbſt bald an einer Akademie
eines von den Werkzeugen der großen Tage werden wird, die uns
bevorſtehen: Das Werk des Geiſtes Gottes iſt in dieſen Tagen

größer, als Sie, als die meisten es ermessen. Ja, es bricht
ein großer Auferstehungsmorgen an. Hunderte von Jünglingen
werden an allen Orten durch den Geist Gottes erweckt. In allen
Orten treten die Bekehrten in genauere Verbindungen. Selbst
die Wissenschaft wird Dienerin und Freundin des Gekreuzigten.
Auch die Obrigkeit, wiewohl zum Teil noch feindselig dieser
großen Umwandlung, aus Furcht, daß sie politische Einwirkungen
erzeugen möchte, begünstigt an vielen Orten, und wo sie es nicht
thut, wird die Streitkraft des Lichts desto gewaltiger. So
manche erweckte Prediger verkündigen schon jetzt das Evangelium
in seiner Kraft, viele, die jetzt noch im Verborgenen sind, werden
hervortreten. Ich sehe den Morgen, aber den Tag wird mein
Auge nicht mehr von hier aus erblicken, sondern von einem
höheren Orte her. Sie werden ihn erleben, o daß Sie die Worte
eines Greises nicht verschmähen, der Ihnen für diese große Zeit
einen Wink treuer Liebe geben will — je göttlicher eine Kraft
ist, desto furchtbarer ihre Entstellung. Darum wenn in der
Schrift von den letzten Zeiten gesagt wird, es werde das
Evangelium über die ganze Erde ausgebreitet sein, wird nicht
bloß gegenübergestellt die desto gewaltsamere Gegenwirkung des
Feindes, sondern auch desto größere Lügenkünste im Reiche
des Lichtes. Es läuft im Leben neben jeder Wahrheit ihr
Schatten her, neben der größten aber der größte. — Wenn
Sie werden sehen, mein Geliebtester, Verbindungen und Anstalten
aller Art zum Besten des Christentums entstehen, so halten Sie
nicht alles für Gold, was glänzt, sehen Sie nicht nach der Auf=
schrift, sondern nach dem Gehalt der Münze. Zerstreuen Sie
auch nicht Ihre Kräfte, indem Sie für alle möglichen Endzwecke
wirken wollen: unsre Kraft ist beschränkt, und ein jeder hat
seinen besonderen Bereich im Weinberge. Malen Sie sich auch
nicht zu viel und zu bunt vor, wie das Wort renne und laufe:
sorgen Sie mehr, daß Ihr Herz bereitet sei zum Empfange des
Bräutigams. Auf der andern Seite indes hüten Sie sich eben=
falls, mit argwöhnischem Auge alle Äußerungen des Geistes Gottes
zu betrachten: ein solcher beständiger Argwohn und ein solches
beständiges Mäkeln macht uns selbst dünkelhaft und zerreißt
allen brüderlichen Verkehr. Können wir hoffen in manchen Ver
bindungen, wo nicht ganz der Geist Christi herrscht, durch Wort

und That zum Bessern zu wirken, so wäre es pharisäisch, sich
zurückzuziehen. Auch ist es Pflicht für jeden Christen, an den
großen Angelegenheiten des Reiches Gottes teilzunehmen, denn
nichts steht in diesem geistigen Reiche vereinzelt, ein Glied trägt
das andre. Das Maß, in dem ein jeder diese Pflicht hat,
schreibt der Geist vor. Nach dem, was ich nun von Ihnen weiß,
gehören Sie nicht zu denen, welche die Dinge dieser Welt un=
verständig verachten. Sie erkennen Staat, Obrigkeit, Bildung,
Wissenschaft auf ihrem Standpunkte an. Hüten Sie sich aber
auch vor einem Überschätzen des Menschlich=großen, was selbst
dann wieder manchmal des Christen sich bemächtigt, nachdem er
seine Nichtigkeit eingesehen. Es werden nach einigen, vielleicht
nach einem Dezennium nicht viele mehr sein, die nicht werden
christlich genannt sein wollen. Lernen Sie die Geister unter=
scheiden! Nicht das mündliche Bekenntnis, daß Jesus der Sohn
Gottes, sei Ihnen Beweis. Das Kriterium sei Ihnen alsdann
jenes des alten britischen Einsiedlers, welches Sie kennen. Als
dieser gefragt wurde, ob die Briten dem Bischof Augustinus
folgen sollten, antwortete er, wenn er ein Mann Gottes sei.
Und als sie wieder das Kennzeichen davon wissen wollten, ant=
wortete er, wenn er demütig sei. O mein Teurer! Ein
sichreres Kennzeichen gibt es nicht, als thätige Demut und Liebe.
Und wiederum, wo Sie diese finden, so fragen Sie nicht nach
dem Pilgerkleide des Bekenntnisses, in dem der Christ durch
diese Erde wallt, er wird es ablegen mit diesem Leibe; aber
die Demut und die Liebe werden bis hinüber bleiben. Sie
wissen, daß der Jünger, den der Herr lieb hatte, bis an seinen
letzten Hauch seine Predigt sein ließ: Kindlein liebet euch unter
einander. Sehen Sie es als das festeste Gründungsmittel der
göttlichen Liebe an, wenn Sie christliche Brüder zu wechselseitiger,
vertraulicher Bruderliebe führen können. Gemeinschaft in gött=
licher Bruderliebe ist der Prüfstein und das Alkali des Chri=
stentums zugleich. In ihrer rechten Art ist sie nicht möglich,
ohne wahre Liebe zum Herrn, und wiederum, wo sie ist, da
scheidet sie alles Sonderbare, falsch Originelle, Exzentrische aus,
was so leicht anklebt. Jeder hat eine andre Gnadengabe, es
lernt also einer an dem andern, wie alle an Christo zugleich.
Wo die Christen vereinzelt leben, werden Sie fast stets Bizarrerie

und mehr oder weniger Karikatur finden; denn eine überirdische
Kraft haben sie in sich aufgenommen, diese wirkt nun gewaltig
und kann nicht wieder durch das Gegengewicht einer irdischen
ausgeglichen werden, sondern nur durch das einer himmlischen,
wie sie in andern Christen gegenübertritt. Ein solches brüder=
liches Zusammensein lasse aber auch den verschiedenen Geistern
ihre verschiedene Entwickelung, wenn sie nur alle in Christo sich
begegnen; es werde nicht eine Lutherseele in eine Zinzen=
dorfische Form gegossen, aber auch keine weichere Zinzen=
dorfische Seele zu einer Männlichkeit aufgefordert, die ihr nicht
gegeben ist. Doch ist es auch ein großer Mißbrauch, den Sie
immer mehr werden hervortreten sehen, daß man als Eigentüm=
lichkeit und Originalität entschuldigen wird, was nicht bloß
Form ist, sondern aus einer bittern Wurzel des Herzens her=
vorwächst. Sie werden auch häufig die Stimme derer ver=
nehmen, die da rufen: Friede, Friede! wo kein Friede ist. Sie
wissen, mein Lieber! daß auch unser Herr eifern konnte, so daß
der Eifer ihn fraß; wahren Sie sich daher ebenfalls gegen eine
rücksichtsvolle Schüchternheit, welche, um einiges zu retten, alles
untergehen läßt. So wie unter dem vermeintlich göttlichen
Eifer menschlicher Hochmut sich bergen kann, so kann auch schlaffe
Blödigkeit und Menschenfurcht sich den Schein der Demut und
und Selbstverleugnung geben. Doch die Summe meiner Worte
ist: Demut und Liebe! O wenn ich nicht mehr hienieden sein
werde, und Sie, mein Teurer! in der bessern Zeit stehen werden,
mögen dann diese meine schwachen Worte Ihnen erinnerlich
werden und Sie leiten!'"

Es ist klar, daß Tholuck in diesem Berichte Aussprüche
von Kottwitz aus verschiedenen Zeiten zusammengefaßt hat,
aber doch eben solche, die ihm für die Art des Barons als die
am meisten charakteristischen erschienen sind. Und in der That,
wenn wir die Notizen prüfen, die sich Tholuck, mit den Jahren
in immer zunehmender Zahl, über Kottwitz in seinem Tagebuche
gemacht hat, so finden sich die Züge des obigen Bildes alle
wieder zusammen. Es ist die Anschauung dieses gotterfüllten
Lebens gewesen, was ihn schließlich überwand. Kottwitz hat
nicht etwa an ihm gemeistert und durch menschliches Treiben
und Drängen den trotzigen Sinn brechen wollen. Das würde

wenig mit der seelsorgerlichen Weisheit stimmen, die den Ver=
kehr des Barons mit seiner Umgebung so wunderbar kenn=
zeichnete. Er hatte überhaupt nichts Treiberisches. Oft konnte
er sogar in hohem Grade zurückhaltend, ja kalt erscheinen, und
im Anfang verwirrte das auch Tholuck sehr. Am 1. Febr. 1818
notierte er sich: „Den Baron fand ich, wie ich glaubte, mir
abgeneigt." Noch im Jahre 1820, als Tholuck mitten im
Semester nach Wittenberg zu Heubner wollte und Kottwitz
ihm seine Bedenken dagegen aussprach und fragte: „Sie bleiben
also noch bei Ihrem Entschlusse, Sie wünschen also ein Briefchen?"
schreibt Tholuck: „Gott! so kalt würde mich kein Minister ge=
fragt haben!" Und am 30. September desselben Jahres: „Nach
Tische eilte ich zu Kottwitz, sehnsüchtig nach seinem Liebesblick;
er aber war kalter Hofmann. Ich war tief betrübt in meiner
Seele, abgestorben und kraftlos und flehte: laß mich allein an
dir halten!"

Und doch war gerade diese Zurückhaltung gewiß oft die
größte Weisheit, wie Tholuck das selbst wohl durchfühlte.
Einst hatte er — es war schon im Jahre 1821 — einem
Kollegen an der Universität, dem Professor Orientalium Dr. Bern=
stein bei Gelegenheit der Übersendung seines Buches über die
Mystik den Wunsch ausgesprochen, auch ihn bald unter den
wahren — nicht theoretischen, sondern praktischen — Mystikern
zu sehen; ein Wunsch, der ihm unter dem 21. Mai 1821 die
Antwort einbrachte: „Woher wissen Sie denn, daß ich kein
solcher Mystiker bin und Ihres frommen Wunsches bedarf?
Ich glaube, Sie kennen meine Grundsätze noch viel zu wenig,
als daß Sie mir jenes Streben absprechen könnten!" Zu dieser
etwas beschämenden Erfahrung bemerkt Tholuck im Tagebuche
(1. Juni 1821): „Und nun noch der Brief von Bernstein.
Ja, ja, wie man doch unweise sein kann. Aber ich bin mir
doch nur guter Absicht bewußt, deswegen auch ziemlich ruhig.
Das Proselytenmachen ist ein dem heiligen Geiste Vorgehen.
Ich kann aber gar nicht auf mir selbst beruhen. Freilich sollte
ich bedenken, wie es mit mir war. Wäre bei mir der Baron
bald so bestimmt hervorgetreten, wer weiß, wie ich abgewichen
wäre; es wäre mehr gewesen, als ich tragen konnte." Gerade
dieses stille, abwartende, gemessene, aus tiefster Demut dem

146

eigenen Wirken mißtrauende Wesen von Kottwiß hat Tholuck
am gewaltigsten imponiert. Der Greis war ihm gegenüber
der Gebende, und der Jüngling hatte nur mit vollen Händen
zu nehmen. Und dennoch diese demütige Liebe von Kottwiß
zu Tholuck, den „der Patriarch", trotz aller scheinbaren Zurückhaltung vor allen andern in sein Herz geschlossen hatte! „Ihre
Liebe", schreibt er ihm im Juni 1820, „wirft mich auf platten
Boden und ich kann nur durch die Ueberzeugung getröstet, wieder
aufstehen, daß unsre Armuth und Schnödigkeit kein Hinderniß
seyn dürffe, zu erfahren die Göttliche Macht der Liebe, des
Wohlthuens, der Weisheit und Milde Seines Rechtes und Seiner
Wege." Und am 26. Dezember 1820: „Von Herßen Geliebter!
diß darf ich zum Preise des Herrn behaubten, daß es also ist,
aber so darff ich auch nicht verschweigen, daß mich Ihre Gegen-
Liebe und Ihr liebendes Vertrauen mit Recht tief beschämt."
Als der Baron sich einst besonders schwach fühlte und die
Einladung zu einer vornehmen Gesellschaft für sich und Tholuck
abgelehnt hatte, schrieb er ihm (am 19. März 1821): „Ich
bedarf als patient und Christ doch gewiß Ihres Besuches mehr,
als die Geheimen Räthe und Staats Räthe die sich ia selbst und
andern so leicht als gewichtig rathen können. — Aber setzen Sie
Theurer keinen Trit zu mir wenn es Ihr Befinden erheischt
daheim zu bleiben. — Der Herr mit Ihnen sonst kömt nichts
zum Grünen."

Wenn der Baron auf der Reise in Schlesien war, trafen
besonders warme „Liebesbriefe" ein. „Bald wird mir die Freude
werden, Sie in Berlin wieder zu sehen und wie Jonathan bey
David, meine Hand mit Ihnen im Herrn zu stärken." (2. Mai 1822.)
„Kein Laut, Lieber? — Doch ich weiß wie viel Sie zu denken
zu reden und auch wohl zu schreiben haben, ich will Sie daher
gern vom Antwortschreiben dispensiren aber auch nur davon,
nicht Ihres Sie zärtlich liebenden Freundes zu gedenken vor
dem Herrn, in dem allein alle Fülle wohnt." (2. Nov. 1822.)

——— ———

*) Nach dem nach Halle übergesiedelten schrieb er aus Wittenberg:
„Wie gern hätte ich den teuern lieben P. Kurß zu Ihnen begleitet —
und Sie hätten mich freundlich angeblickt. Es giebt Zeiten, wo schon ein
freundlicher Blick eine Wohlthat ist, — und doch ist's auch in solchen Zeiten,

Wohl ahnte der Baron schon frühe, daß in dem jungen
Zeugen ein Träger seines Geistes erstehen würde. Er sprach
es Tholuck auch aus. Derselbe berichtet in seinem Tagebuche
am 10. Novbr. 1820 nach dem Ausrufe „O wenn der liebe
alte Kottwitz im Grabe liegen wird, werd' ich da wohl noch
im rechten Geiste bleiben? Ja ihm verdanke ich unter Menschen
bei weitem das meiste" —: „Heute sagte er zu mir: ‚Sie sind
ja doch mein lieber Sohn. Denken Sie sich wie groß meine
Freude sein müßte, wenn ich meinen lieben Sohn einst so lehren
sähe, und meinen Schmerz, wenn ich sähe, daß auch der untreu
wird!' — Nein, in Gott geliebter Greis, den ich anbete als
den Engel, den mir Gott im Leben mitgegeben, das wird der
Herr verhüten. Das sollst Du nicht sehen. — Da sagte er:
‚Ich habe erst auf eine Zeit so eine Dunkelheit gehabt, aber
wenn man sie dann unterwirft, so sieht man, wie Claudius
sagt, daß er uns in die Wüste führt, um dort freundlich mit
uns zu sprechen.' — O wie kam wieder der heilige Geist über
mich. Und da er mich zum Abschied küßte und sagte, ich sollte
ihn nicht vergessen! Das waren Zeiten, wie bei der ersten Er=
weckung." Und wenige Tage darauf, am 23. Dezember: „Ich
ging zu Kottwitz. Er sagte mir: ‚Glauben Sie mir nur,
daß mir so viel Trost und Freude entgehen würde, wenn ich
nicht wüßte, daß ich in Ihnen fortlebe, da kann ich nur die
Hand aufs Herz legen.' O seine Liebe beschämte mich sehr
und that mir sehr wohl. Er ist ja unter allen Menschen jetzt
der einzige, an dem ich so ganz hange; wenn auch er mich
nicht liebte, dann ständ' ich mit dem Heiland ganz alleine!"

---

nicht aufs Zertrümmern sondern aufs Erretten aus aller Fährlichkeit ge=
meint." (18. Febr. 1827.) Ja selbst im achtzigsten Lebensjahre heißt's
nicht ohne Anflug von Scherz in einer Einladung an den auf stille
Schlafräume angewiesenen Konsistorialrat: „Ich will nach Möglichkeit
Ihnen Zimmer und Schlaffkammer bey mir beraten, daß Sie in Ihrem
Schlaff weder von oben noch in der Nähe weder von Menschen noch auf
irgend eine Art gestört werden sollen. — Da meine Kräfte seit mehreren
Wochen besonders abgenommen haben und ich sehnlichst wünsche, noch
einmahl hienieden Ihrer in dem Herrn von Herz zu Herz froh zu werden,
so wird mir ein gütiger Besuch sehr und um so erwünschter seyn, als ich
fast ohne Ausnahme auf iede Einladung zu verzichten mich veranlaßt finde."
(8. und 12. Febr. 1837.)

Trotz aller Zartheit seiner Liebe hat aber Kottwitz dennoch treulich an Tholucks inwendigem Menschen gearbeitet. Immer wieder kommen in den Briefen leise Warnungen vor, in der Demut zu bleiben, dem eignen Geiste nicht zu trauen, von der Wissenschaft und „falsch berühmten Kunst der Philosophie" sich nicht berücken zu lassen und einzig und allein am Herrn zu hangen. Gleich im zweiten der vorhandenen Briefe an den noch tastenden jungen Christen heißt es (Glatz, 25. Mai 1818): „Lassen Sie sich nicht irren, wenn Ihnen für dieses und jenes bange wird. Es komt von guter Hand, damit Sie nicht an eitles Lehren und Treiben — wie sehr es durch sein hocuspocus glänze — gerathen und zur Unzeit Frieden schließen .... Wir sollen Ihn sehen und unser Hertz wird sich freuen und unsre Freude wird niemand von uns nehmen. Wie ist dagegen alles philosophieren ein bloßes sophisticieren." Und weiter: „Der Trost meines Hertzens, daß Sie alle Ihre Wege, ohne klügelndes Wählen dem Herrn empfehlen, ist mir für alles ausreichend" (Juni 1820). „Der Herr hat sein Werk in Ihnen begonnen, daß Sie im Gefühl der Dunkelheit, die das Menschenhertz umgiebt, in der Ueberzeugung des Nichtguten, des Wahns und der Neigung zur Täuschung in uns, die Hände falten und mit Zuversicht anhaltend flehen: Herr öfne mir die Augen, daß ich Deinen Zeugnissen vertraue und die Wunder Deines Gesetzes — Deiner Macht Güte und Weisheit — erfahre. Wer also fleht der wird erhört, dem werden alle Schätze der Weisheit und der Erkenntnis von Stuffe zu Stuffe aufgethan und schon auf der untersten Stuffe gilt es den unübertrefflichsten Lohn."

Kottwitz verachtete die Wissenschaft nicht. Sein inniges Verhältnis zu Neander ist noch neuerdings in den „Erinnerungen an D. Neander" von Prof. Jacobi, wie in dessen „Erinnerungen an Kottwitz" auf das lieblichste geschildert worden. Zuweilen konnte der Baron wohl auch lächelnd und mit einem leisen Anfluge von Ironie über den gelehrten Professor bemerken: „Die Wissenschaft ist seine einzige Leidenschaft." Ja, ich finde sogar im Tholuckschen Tagebuche die befremdliche Notiz, daß Kottwitz einst, als Tholuck sich bei ihm über die Angriffe Neanders gegen die collegia pietatis und seine Beteiligung an denselben beklagte, den jungen Freund mit den

Worten getröstet hat: „Man muß von dem armen Neander nichts verlangen, was er selbst nicht hat: er hat sein Herz noch nicht ganz übergeben, darum muß man ihn der Gnade über= lassen" (1. Okt. 1823). Kottwitz eiferte gelegentlich gegen Schulen und Hochschulen sogar nicht ohne Bitterkeit. So heißt es in einem Briefe vom 9. April 1824 aus Glatz: „Wer es aus vielseitiger Befangenheit verkennen möchte, daß es in Kirchen und Schulen, Hochschulen — was aber hoch ist vor den Menschen, das ist ein Greuel vor dem Herrn, es bezeichnet daher schon der Nahme was davon zu halten sey — an der vom Herrn ausgesprochenen Schlangen Klugheit und Tauben Einfalt er= mangele, um Glauben und dem Geheimniß der Gottseligkeit Gehorsam zu beweisen, dem könnte aus der Zeitgeschichte mit vielfältigen That=Beweisen gedient werden. So lange aber der Zeit Geist dahin einverstanden ist ‚Schauet uns Täuscherei‘ (Jes. 30, 10), ‚bestreuet den Weg mit Rosen‘, es ist das disputiren, controversiren. doch lustiger als im Schweiße des Angesichtes, im Streit gegen Inre und äußere Widersacher, den Acker zu bauen, so würden auch die sprechensten That=Beweise keineswegs Eingang finden." Kottwitz wußte aus Erfahrung: „nur die Liebe bleibet auch wen alles in Trümmern zerrinnet, bibliotheken, Manuscripte und wie es Nahmen habe, diß alles ist nur gut auf seiner Stelle, aber Sein inne zu werden, diß ist allewege eine Fülle der Weißheit" (29. Dez. 1828).

Aber für gelehrte Interessen fehlte dem Baron durchaus nicht das Verständnis. Er besaß selbst eine kleine Bibliothek durchaus nicht nur praktisch=asketischer Bücher. Er ersuchte Tholuck auf dessen erster Reise nach London, ihm drei englische Schriften von John Newton und Marshal auszukunden und zugehen zu lassen und schrieb ihm am 27. März 1821: „Ver= zeyhung für nachstehende gelehrte suplique. Wo bekomme ich — erschrekken Sie nicht — Cerinthi Schriften? Er war noch von Johannes gekant, dessen Evangelium und Offenbahrung ihm sogar die Alogianer zuschreiben. Herr D. Neander haben in ihrem Gnostischen Werk den Cerinthus nicht benutzen wollen." Von der Aufgabe „christlicher Doktoren" hatte der Baron eine sehr hohe Vorstellung und wußte ihre Wirksamkeit wohl zu schätzen. So heißt es in einem Briefe, der auch zeigt, daß

Kottwitz die wissenschaftlichen Bewegungen der Zeit aufmerksam
verfolgte: „Seeliger ist geben als nehmen! Wie sind daher
die christlichen Doctoren zu beneiden, die so vielen zu geben
beruffen sind, wen dem Christen Neid ziemte! — Aber freuen
dürffen wir uns, daß solcher Seegen und solche Macht den lieben
Doctoren dargebothen ist. — Und unter welcher Bedingung
dargebothen, da so viele so schädliches geben? Leer Dich aus
Er wird Dich füllen, setze Dich Er wird Dich stillen, Schweig
so lernst Du Seinen Willen, wisse nichts, so weißt Du Ihn! —
Wie schwer fällt es aber Armuth Schnödigkeit und Blöße sich
selbst einzugestehn, wie viel schwerer mag es daher den lieben
Doctoren von statten gehen, die noch außerdem sich durch so
vielen Ballast zu streiten und zu zermühen haben. — Was
sagen Sie zu der bescheidenen recension der Kirchen-Geschichte
von Neander in der anmerklichen Litteratur Zeitung? — Was
zu dem Program von Baumgartten-Crusius über die Hegelsche
Philosophie? Es ist viel, daß so etwas auch von Jena aus
gegen diese Schirmherrn der Protestantischen Kirche und Christlicher Staaten gewagt wird. Ein Hohes Ministerium hat
iährlich nicht weniger als 4000 Thlr. zu Unterstützung dieses Litt.
Blattes zu disponieren befunden. Doch der im Himmel lachet
ihrer!" (26. Jan. 1827). Was er den „lieben Doctoren" wünscht,
das sagt ein rührender Brief an seine zwei geistlichen Söhne
Tholuck und Olshausen die nun beide (Olshausen 1821,
Tholuck 1823) Professoren geworden waren: „Zärtlich Geliebte
T. und O.! Rein ab, — von allem Fremden — und Christo
an — wie Er, nicht die Weißheit dieser Welt — uns gegeben
ist, zur Weißheit, Gerechtigkeit, Heiligung und Erlösung; so ist
die Sach gethan. — Und Er sandte sie in zween und zween
und sie kamen und verfündeten Ihm, es sind uns auch die
Teuffel unterthan in Deinem Nahmen, und Er antwortete ihnen,
darüber freuet euch nicht, daß ihr gerühmt, bewundert und für
große Geister ausgeruffen werdet, aber freuet euch daß eure
Nahmen ins Buch des Lebens eingezeichnet sind. Ist Er der
Herr in Seiner Dornen Crone, in seiner hertzlichen Demuth und
Sanftmuth, Niedrigkeit und Geduld das Obiect des Hertzens
dan wird Er fortan aller Rathlosigkeit gebieten. Er ist durchs
ganze — Christen — Leben zum Beystand uns gegeben, zu einem

Führer an der Hand! Ist dann so innig nahe, daß Er nur
die Hand — so arm und Schnöde wir sind und bleiben ohne
Wider Rede — nach Ihm auszustrekken verlangt um sie mit Kraft
anzuthun, Ihm zu vertrauen und Seinen Fußstapffen nachzu=
folgen. — Der Herr wirds wohl machen! Sein Wille geschehe!
Ihr geringster Bruder Kottwitz. Berlin 5. 7. 1823."

Die reiche Herzens= und Lebenserfahrung, die aus jeder
Zeile der Kottwitzischen Briefe spricht und gewiß noch viel
ergreifender aus seinen mündlichen Reden gesprochen haben wird,
sie ist's, was in Gemeinschaft mit der ungeheuchelten Demut
des Mannes, ihm den Jüngling zuletzt in die Arme und zur
bewundernden Hingabe getrieben hat. Das Tagebuch ist voll
von Aussprüchen des Barons, die Tholuck, oft mit Ausrufen
staunender Ehrfurcht, sich zur bleibenden Erinnerung nieder=
zeichnete. Mögen einige derselben, sowie ein paar Züge von
der Herzensdemut des Greises hier ihre Stelle finden. Am 11.
Januar 1821 heißt es: „Mit Kottwitz bei Keith. O welch
eine Seele ist Kottwitz! Soll ich lernen, wie groß ein Christ
ist, so muß ich den anschauen, der so ganz ausgeleert vom Ich
ist. Er sagte: Zuweilen läßt der Herr nur noch ein ganz
kleines, dünnes Fädchen hängen, dann will er sehen, ob wir
uns noch an dieses oder an ihn hängen werden. Und dann:
Sie wissen es ja, oder wissen es noch nicht genug, wie schwach
ich bin. Ja die Seeligkeit ist unendlich groß, etwas still unter
vier Augen mit dem Heiland auszumachen. Dann hat man
eine lebendige nicht sowohl Einkehr als Hinkehr..... Jede
einzelne Aushilfe ist nicht für dasmal, sie soll uns ein Denk=
mal sein seiner Liebe und Macht. Wer sich so recht wahrhaft
in die Größe des Glaubens versetzt, der ist ein Gott auf Erden."
Am 21. Januar 1821: „Ich sagte Kottwitz nach langen Um=
schweifen: Es ist doch schlimm, daß die Gebete nicht immer
erhört werden. Da fragte er: was ist denn Glauben? und
sagte: wenn das Kind den Vater bittet um etwas, das er ihm
abschlagen muß, und das Kind sich willig darein gibt, wird
dann nicht der Vater ihm andres, das es notwendig braucht,
desto reichlicher geben? — Vertrauen ist ja das erste. Durch
Liebe dienen wir unsrem Nächsten, durch Selbstverleugnung
uns selbst, durch Glauben Gotte. Aus wie vielen Erfahrungen

weiß Kottwitz zu sprechen! O der teure Mann Gottes!" Am
10. Febr. 1822: „Beim Baron zu Tische. Feierliche Salbung
war jedes seiner Worte und heilige Liebe durchwehte uns ganz.
Zuletzt sagte er: Ja, wohl ist der Weg des Christen lauter
Dornen und Disteln, aber ein Engel geht vorauf und macht
immer so viel Bahn, als Glauben da ist." 21. Mai 1822:
„Wie doch Kottwitz so rein ist von Selbstgefühl, nach mensch=
lichen Augen ganz. Und welche Mäßigung. Jedesmal, ehe
er anfängt zu essen, wartet er eine Zeitlang, gleichsam um sich
auf die Probe zu stellen." 7. Oktober 1823: „Des Abends
zu Kottwitz, der still im Schlafrock auf dem Sofa saß und
in Merles Predigten las. Der Sekretär saß ihm völlig un=
thätig gegenüber. Wie erträgt Kottwitz solche Phlegmatici
so sanft. Das macht, weil er immer nur daran denkt, was er
ihnen sein kann!"

Und gerade diese dienende Demut schnitt Tholuck allemal
am tiefsten ins Herz. Er schreibt am 23. Mai 1820: „Kott=
witz war betrübt bis in den Tod; er fragte wie viel 66 Thlr.
Münze Kourant machten! Ich wollte zuerst ergrimmen, aber
dann gab ich ihm sanftes Mitleid und sagte: auch so große
Seelen lassen sich beugen! und wollte gehen. Er aber redete
mir zu und sagte, ich sollte bleiben, und er wurde innig und
warm, und da er beim Weggehen mich warm küßte sagte ich:
ich habe diese Tage so voll Dank an Sie gedacht, und auch ihm
traten Thränen in die Augen und er sprach: Nur Geduld, Ge=
duld müssen Sie mit mir haben, mit mir altem Manne, das
bin ich ja gar nicht wert! Ich fühlte tief in meiner Seele den
Herrn und kam weinend froh nach Hause." Am 30. Mai
1826 rief der bewährte und erprobte Jünger noch zagend aus:
„O daß fortan die schmale selige Bahn mich nicht erschrecke!"
Unter dem 27. November 1826 schrieb er an Tholuck: „Es
ist mir für den Augenblick sehr lieb, daß Sie nicht hier sind.
Sie würden die vielseitigen Leiden, die mich seit Kurzem und
um so empfindlicher heimsuchen, weil ich mich zum Unwillen
und Zorn und doch dem Grabe so nahe stehend, verleiten ließ
schmerzlich getheilt haben. Denken sie meiner, daß diese schweren
Erfahrungen zum Preise des Herrn von nun an bestanden
werden." „Es träumte mir in abgewichener Nacht, ich sollte in

wenig Stunden durch Henkers Hand vom Leben zum Tode ge=
bracht werden. Ich befand mich in einer prächtigen Kirche auf
den Knien und der Geistliche konte nicht aufhören zu predigen
bis ich ausrieff: bedenkt daß ich nur noch einige Stunden zu
leben habe, bedenkt daß es ja darauf ankömt, daß Hertz vor
dem Herrn auszuleeren. Darüber erwachte ich." (23. XII. 21.
„Wie sehr haben mich die Worte Ihres lieben Schreibens von
hier, — ‚der Kinder Sinn, der ists allein!' — das ist mir tief
eingeprägt und aufs neue wert geworden, o daß mir mein Herr
ihn schenken möchte! — aufs innigste erquickt" (10. V. 27).
Wie zart sein Gewissen war, und wie streng er für Kleinig=
keiten mit sich ins Gericht ging, bezeugt ein Selbstvorwurf in
einem der letzten Briefe an Tholuck, nachdem dieser noch ein=
mal ihn in Berlin besucht hatte. Da schreibt er (13. April 1837):
„Am letzten Tage Ihres Aufenthalts allhier ward ich durch
meine leider noch so unvolständig bezähmte Selbst=
Würksamkeit verleitet, Ihnen das Lesen einer aus Bräm*)
mir besonders wichtig scheinenden Darlegung anzumuthen, und
meine Einäugigkeit veranlaste noch überdem mich in der Seiten=
Zahl eines zweyten Versehens schuldig zu machen. Sonach bitte
ich dißfällig um Ihre gewohnte Nachsicht." Endlich noch im
höchsten Greisenalter und aus der reifsten Christenvollendung
heraus konnte der demütige Mann im Winter 1839 an Tholuck
ein Wort schreiben, das auf einen jungen Hörer, dem es damals
Tholuck vorlas, den gegenwärtigen Kirchenrat D. Besser in
Waldenburg einen unauslöschlichen Eindruck machte: „Ich habe
mich entschlossen, mich nun gänzlich zum Herrn Jesu zu be=
kehren!" [11]

Da kann man's begreifen, daß Tholuck den Baron seinen
„heiligen Kottwitz nannte, daß er in seinem Tagebuche schrieb:
„es ist nur ein Kottwitz", „wenn der Schwan zieht, wer
will leben!" daß er betete: „O mein Heiland, gib mir nur den
zehnten Teil seiner Liebe!" Als ein Denkmal, das er schon
früh dem am tiefsten in sein Leben Eingreifenden errichtete,
stehe hier zum Schluß dieser Darstellung ein Gedicht, das

---

*) „Blicke in die Weltgeschichte."

Tholuck im Rückblick auf sein bisheriges Leben am 15. Mai
1820 an Freund Zeune schickte.

Noch in der Jugend erster Blüte
Getrieben aus der Eltern Haus
Zog einst mit sehnendem Gemüte
Ein Jüngling in die Ferne aus.

Ihm däucht' die ganze Erd' zu enge
Und nirgend Fried und nirgend Ruh,
Doch aus dem flutenden Gedränge —
Wo führt ein Weg nach oben zu?

So zog er hin an ferne Stätte,
Doch ach! die Erde war auch dort!
Ergrimmend schüttelt er die Kette
Und seine Qualen dauern fort.

Erguß heischt jammernd nun der Arme,
Erguß der heißen Schmerzensflut,
Daß er an Freundes Brust erwarme,
Wo er so lange nicht geruht.

Denn bittrer Harm, ohn' Ende nagend,
Hat ihm die weiche Brust zerdrückt,
So daß an Gott und Welt verzagend,
Er schaudernd in die Öde blickt.

Und da er also weinend wendet
Den Blick vom starren Grab der Welt,
Da plötzlich, himmelher gesendet,
Ein Lichtstrahl in das Dunkel fällt.

Ein Kreis von edlen, treuen Seelen
Nimmt liebend froh den Jüngling auf;
Nun darf sein Leid er nicht verhehlen
Und seiner Thränen stillen Lauf.

Die söhnen mit dem ganzen Leben
Ihn, mit den Menschen freundlich aus;
Er rastet von dem wilden Streben,
Gefunden ist der Eltern Haus.

Doch eins ist ihm noch nicht gegeben,
Ein arger Wurm ist noch nicht tot:
Befreundet ist er mit dem Leben,
Doch kalt und feindlich ist sein Gott.

Da tritt, von Heilgenschein umflossen,
Ein Greis ihn auf dem Wege an,
Der weist, von Himmelsglanz umgossen,
Ihm auch zu Gott die ewge Bahn.

Nun steht der Jüngling froh im weiten Leben,
Mit Erd und Himmel himmlisch ausgesöhnt.
Ihr habt das ein', das andre er gegeben.
Wie sollt', auf solche Pfeiler er gelehnt,
Nicht froh dem Kommenden entgegenschauen,
In stiller Kraft und göttlichem Vertrauen!

Und gewiß, beides, Kraft und Vertrauen, brauchte der
Jüngling bei den schweren Erfahrungen, die ihm bevorstanden.

Unter der Leitung des alten Barons gewann sein inneres
Leben eine ganze Zeitlang größere Stetigkeit und Ruhe. Er
übte sich, nach der Weise des Kottwitzischen Kreises, im thätigen
Christentum. Er besuchte Arme und Kranke; er machte es sich
zur Aufgabe, womöglich jeden Tag irgend ein Werk der Mild=
thätigkeit zu verrichten und gab von seiner kleinen Habe reich=
lich Almosen, die zu vergessen er sich ernstlich bemühte. Daneben
arbeitete er unablässig an sich selbst. Wie bereits bemerkt wurde,
hatte er, um seinen Lebensunterhalt zu fristen, nach der Rück=
kunft von Breslau im Jänickeschen Missionsseminar einige
Stunden übernommen. Außerdem gab er einem Engländer,
R. Orr, Unterricht in Latein und semitischen Sprachen und
mit einem dänischen Studenten Bahnsen las er den Jesaja
hebräisch. Seine reizbare Natur machte ihm diese Stunden
zu einer fortwährenden Versuchung, in Heftigkeit und Ungeduld
auszubrechen, wenn die Fortschritte nicht derartig waren, wie
der weiter Geförderte sie verlangte. Namentlich den Missions=
zöglingen gegenüber verlor er oft alle Fassung und überließ sich
gänzlicher Verzagtheit. Zur Bekämpfung dieser Ungeduld erbat
er sich nach dem Tagebuche fast täglich Kraft von oben und
konnte oft von errungenen Siegen Zeugnis geben. Wiederholte
Niederlagen aber, die sich noch weit in spätere Zeiten erstrecken,
erlitt er auf einem Gebiete, wo man es am wenigsten erraten
sollte: mit tiefer Beschämung verzeichnet er wieder und wieder
— und zwar eben weil er sich schämte, in fremden Sprachen,
meist arabisch, — die vielen Geldopfer, die ein unwiderstehliches

Gelüst nach Süßigkeiten und leckrer Speise von ihm forderte. Zuweilen paktierte er geradezu mit dem, was für ihn doch Sünde war: „Es gibt Stunden, wo der Cyklop im Menschen austoben muß." Aber für gewöhnlich folgte derartigen Unmäßigkeiten eine furchtbare Depression an Leib und Seele.

Im übrigen hoben ihn sonst die seligen Gefühle der „ersten Liebe" in alle Himmel. Zwar der Dämon in seiner Brust war nur verscheucht, nicht bezwungen; auch die „gräßlichsten Gedanken" kehrten wieder. Kottwitz half ihm darüber hinweg: „Der Herr führt die Seinen auch durch Versuchung." Und so bezeugt Tholuck sich selbst: „Ja, wen der liebreiche Herr einmal gezogen, den läßt er nicht wieder. Ich bat ihn gestern in der Angst meines Herzens: o thue, thue mit mir, was dir gefällt, versuche mich, wie du willst, aber hilf mir durch. Und er that es." Zwar ein Grübeln über die Wahrheiten des Glaubens durfte er sich nicht erlauben. Beim Bibellesen stießen ihn viele Dinge vor den Kopf, mit denen er nichts anzufangen wußte: die Härte Jesu in der Vorherverkündigung des Gerichts über Jerusalem; die häufige Erwähnung der Hölle in der Offenbarung Johannis; die Leiden Jesu als stellvertretende, u. a. Zuweilen plagte ihn eine Stimme, die, wenn er sich seines Glaubens erfreute, ihm unaufhörlich zurief: „Du glaubst doch nicht! Und das kam ihm unheimlich vor. Aber dann schlug er die Zweifel mit seinen eigenen inneren Erlebnissen und mit der Gewißheit der göttlichen Leitung zu Boden. „Wenn ich grüble," schreibt er einmal, „scheint der innere Verführer alle Stacheln gegen mich loszulassen. Ist es doch aber keine Schande zu sagen: Meister Klügling, das alles weiß ich nicht. Ich fühle es ja, mehr als meine Zunge es aussprechen kann, daß das Bestreben im Bekämpfen meiner Begier, meinen Herrn zu lieben und ihm und meinen Brüdern zu dienen, daß in diesem Bestreben der Quell aller Ruhe und Freude und Seligkeit für mich ist, fühl' es auch, daß diese Lehre aus dem Himmel gekommen sein muß, und daß ein verderbtes menschliches Herz mit seinem Stolze sie nicht ausdenken konnte; fühl' es endlich in aller Fügung meines Lebens und in der fast körperlichen Gegenwart meines Heilandes, daß der Jesus Christus, der dieses lehrte, Gott war." „Denkt mein gottloses Herz," heißt's ein andermal, „denn nicht

daran, daß der Herr es war, der mich hierherführte? Nein,
mein Herz freut sich jetzt im Herrn, tief erschüttert, wenn ich
mich wieder erinnere, wie Gott mich aus der Werkstatt gerissen.
Wahrlich das hat seine Weisheit eingesehen, daß seine Gnade
einmal an mir thätig werden würde. O gib, gib deine Gnade
her, damit ich dich nicht täusche." „Wie doppelt traurig andre
Zeiten! Die eine, wo ich noch einsam, ohne die, welche mein
Herz ewig lieben wird, in der unteren Stube saß, wenn Vater
und Mutter fortgegangen, mit Freuden arbeitete, aber mit Wehmut
erfüllt wurde, wenn ich von der Arbeit weg in den Himmel sah
und mich allein wußte. Und die andre, wenn ich noch vor zwei
Jahren oder vor dreien in der oberen Kammer saß, arbeitete
und voll Ahnen des Kommenden mit tausend Greuelgestalten
kämpfte, die mir den Eingang wehrten. Ach, wie manchen
Sonntag Nachmittag habe ich so hingeweint. Und jetzt? Dank
dir, ewig herrliche Liebe, du hast dich offenbart, offenbart wie
Paulo, für dich nehme ich das Kreuz, führe mich der Flamme
und der Geißel entgegen! Liebe, Liebe des Himmels, mein Herz
hast du hoch bewegt und gewärmt. Ich las Neanders Kirchengeschichte — ja wahrlich, es ist ein liebender himmlischer Geist,
der den Irrenden führt." (12. Juni 1818.)

Auch in seinen Studien waltete jetzt im ganzen ein Geist
der Harmonie und der innern Sammlung. Neben persischen
und türkischen Manuskripten trieb er viel Praktisch-asketisches:
Thomas a Kempis, Lavater, die Schriften des zum rhei-
nischen Separatismus hinneigenden Hasenkamp, Steffens,
Schubert ꝛc. Mit der pietistischen Ängstlichkeit des innerlich
noch nicht frei und fest Gewordenen mußte er zwar auf der
Hut sein, daß ihm Belletristisches ebensowenig wie der betäubende
Duft orientalischer Poesie den Sinn wieder berücke und ihn aus
der Einfalt reiße. Er nahm wohl zuweilen einen Roman auf
und las darin; aber während des Lesens fühlte er, „wie sich
der alte Ungeist wieder aufrichtet," warf das Buch fort und bat
Gott um Verzeihung. Am gefährlichsten war ihm Jean Paul,
den er früher mit leidenschaftlicher Begeisterung gelesen hatte und
mit dem er selbst in so vielen Punkten geistiger Anlage und
Entwickelung sich berührte. Kam er einmal wieder über die
orientalischen Pantheismen der Ssufi, so rissen ihn wohl „die

hohen Phantasiegebilde des Morgenlandes, verbunden mit den Gedanken dieser hohen Seelen, bald in seine frühere Aufregung hin, in der er sich selbst untreu der Einfalt vergaß, der Demut vergaß, über des Lebens Schranken sich hinaussehnte und das Blut wie Glut in sich fühlte." Doch dann konnte er auch wieder rühmen: „Höchster Dank dem Erlöser, der wahrlich vor den Thüren steht und anklopft und mich, obwohl mit Mühe, in ihn selbst zurückführte. Ich betete recht herzlich, es wolle mir doch gelingen, abzukommen von dem Zauberdämon der Magie, der mich in Fesseln zog." Zuweilen brach ihm auch die Erkenntnis durch, daß er besser thäte, wenn er gar nicht mehr arabisch oder türkisch, sondern nur die Bibel lese. Aber dann schwang er sich auch zu höheren Gesichtspunkten empor, wie sich das am 9. März 1818 im Tagebuche charakteristisch ausspricht: „Meine Seele war in erhabener Demut bei Gott, während seine Glocken läu=teten. Das Leben der Scheichs, das ich las, hatte mich ernst und hehr gestimmt; und einst diese edlere Seite des Morgen=landes aufzufassen, darzuthun, wie bei allen Menschen, die die Offenbarung Jesu nicht vernommen, wenn sie edlerer Art waren, eine wehmütige Sehnsucht nach einem Besseren und Ge=wisseren fühlbar, das darzustellen, schien mir ein hoher Gegen=stand. Dank der väterlichen Liebe, die mir jetzt schon mehrere Tage lang den beruhigten Sinn erhielt, der in großer Dank=barkeit vertrauend in den Tag= und Nachthimmel hineinschaut. — Wahrlich, wenn der Mensch den Kreispunkt, um den alles Erdenleben sich wendet, aufgefunden hat und sich hineinstellt, so ist es ein hohes Ding um die Wissenschaft, die uns unter allem Volk der Erdkugel einzelne oder Gesamtheiten von Gemütern zeigt, die, ihre Seele zu den Sternen aufbiegend, mit der Sinnenlust und dem Buchstaben des Wissens gleich unzufrieden den weisen Werkmeister zu erkunden suchen, der im All und im Nirgends seine Stätte gebaut. Aber wehe dem, der nicht den Mittelpunkt des Kreises alles lebendigen Seins und Bewegens gefunden hat, und doch in die Brandungen des Wissens sich wagt. Wenn er ein hohes und reines Gemüt im Busen trägt, so wird ihm alles Sein als ein ewiges Rätsel mit mörderischer Kraft an sein stolzes Herz schlagen." —

Bald auf diesen Höhen, bald im „Wechselgetriebe von Wissenschaft, Poesie und Phantasie", auch unter allerhand Gedanken, in die Ferne zu schweifen und als Missionar der Kirche zu dienen, verging Tholuck das Sommersemester 1818. Inzwischen hatte sich aber, ihm selbst unbewußt, unter der angestrengten Arbeit der letzten anderthalb Jahre ein körperliches Leiden bei ihm ausgebildet, das ebenso plötzlich wie verheerend zum Ausbruche kommen sollte.

Das Tagebuch ist nur bis zum 10. Juli 1818 regelmäßig fortgeführt. Dann kommt eine große Lücke, der erst am 21. Februar 1819 neue Aufzeichnungen folgen. In diese Zeit fällt ein Ereignis, das im Tagebuche auch nachträglich nicht erwähnt wird. Wohl aber hat sich unter allerhand Papieren des Nachlasses ein Bruchstück von sieben Quartseiten ohne Anfang und Ende gefunden, das von den Begebenheiten dieser Monate handelt und der Handschrift nach etwa in der Mitte der zwanziger Jahre verfaßt sein muß. Es erstreckt seinen Bericht bis in den März 1820; doch ist schon hier in bezug auf die chronologische Folge des einzelnen kein strenger Verlaß; eine Ungenauigkeit in der Erinnerung, die wir auch sonst bei Tholuck schon bemerkten. Außerdem findet sich unter den Briefen an Radecke ein datumloses und unbeendigtes Schreiben, das einige diesbezügliche Andeutungen enthält. Aus diesen Quellen, soweit möglich mit Tholucks eigenen Worten, berichte ich das folgende.

Der Brief beginnt: „Eine ernstere und schwerere Züchtigung konnte mir für den Augenblick wohl kaum die Hand meines Herrn zuschicken, als die Hoffnung zerbrochen zu sehen, die seit jenem wintrigen Sternenmorgen mich erhob, wo ich Aureln zum letztenmal an meinen bebenden Lippen preßte. Wie denn aber die Wiedergeburt und die Begabung mit dem heiligen Geiste ein Etwas ist, das nur aus einem höheren Weltengebiet in dieses dunkle kommen kann, so auch äußert sie sich. Zertreten hätte mich der Fuß jener Begebenheit und meine Siechheit, wenn nicht unser Erlöser mich gewürdigt, in mich herniederzusteigen mit aller Gnade, Milde und Freundlichkeit."

Das Genauere gibt der andre Bericht, der mit den Worten beginnt: „.... der Prüfung Geißel über mich schwang. Ich lag auf dem Sofa über einer persischen Handschrift, da stürzte plötzlich mir das Blut schwarz aus dem Halse. Mein Schrecken war außerordentlich, ich hätte Gott fluchen mögen, so böse wurde ich. Die alte Tücke trat ein, und ich sorgte nicht für meine Herstellung, weil ich meinte, Gott müsse helfen. Ich hatte eben nach Schlesien reisen wollen, um meine teuern Freunde zu Christo zu führen. Das mußte verschoben werden. Nach drei Wochen aber traute ich mich, mich auf den Weg zu machen, und dies gab mir Gelegenheit zu einer großen Erfahrung. Nur zwei und eine halbe Meile vertrug meine Brust das Fahren; da blieb mir nichts anderes übrig, als abzusteigen. Es war gegen Abend, ich ließ meine Sachen zu einem Prediger bringen. Zufälligerweise kannte der mich. Es war ein alter, trockner Herr. Ich war außer mir vor Schmerz, meine Freunde nicht sehen zu sollen, und noch dazu wegen Krankheit, die mir etwas ganz Ungewohntes war. ‚Sehn Sie einmal,‘ sagte der Herr Prediger, der einen dicken großen Rock von Multum anhatte mit großen, blanken Knöpfen, ‚Sie müssen sich nur vorstellen, daß es nun einmal nicht anders ist.‘ — Der Trostgrund be= ruhigte mich aber nicht. Der Prediger sagte, er könne mich nicht beherbergen. Da ich nicht das Fahren vertragen könne, möchte ich langsam zu Fuß ins nächste Dorf gehn, wo ich in der Schenke würde Aufnahme finden. Ich mußte mich dazu entschließen. Langsam ging ich im Abendrot die Felder hin. Rings um mich keine Menschen, nur wogendes Korn, und durch dasselbe glänzte die Abendsonne. Da wurde die alte Schlange in mir wach, stellte mir vor, wie schön ich es gehabt haben würde, wenn ich hätte reisen können; Gott mißgönne mir alle Freude, ich solle nur rasen vor Unmut. Mein Engel aber sagte: Du bist eben erst erweckt, das soll die erste Probe sein, denn bis daher hast du nur Küsse von deinem Herrn erhalten, jetzt nimmt er dich in die Schule, ergib dich mit Sanftmut und Milde, es wird dir großen Segen bringen. Da wurde mir so weich; ich ergab mich ganz, ich rief laut aus auf dem einsamen Felde: Ja Herr, ich kenne dich, ich danke dir selbst für das mir Zugeschickte, ich danke dir, schlag nur zu! Da goß sich himmlische Ruhe und Heiterkeit in mein Herz, aller Gram war weggewischt, ich weinte vor Freuden. So kam ich in einem

andern Dorfe an. Ich fragte zuerst beim Pfarrer an. Die
Antwort war: Ein Pfarrhaus ist keine Herberge. Ich sagte,
ich sei krank, wolle reichlich bezahlen: Nichts! Drauf ging ich
zur Schenke. Eben fuhr ein guter Wagen nach der Stadt, ich
beschwor sie, mich mitzunehmen, ich sei krank geworden. „Was
denken Sie denn von uns?“ war die Antwort. „Ach!“ seufzte
ich, „ich dachte, ihr wäret Menschen?“ Im Wirtshaus sollte ich
auch keine Aufnahme finden, man tanzte bis um vier Uhr mor=
gens. Endlich bot ich einen Thaler; nun wiesen sie mir ein
Kämmerlein mit zwei Glastüren an, in der einen anstoßenden
Stube tanzten sie, und das Kämmerlein war der Durchgang.
Da warf ich mich erschöpft auf das Sofa, aber meine Seele
war in all dem Getümmel selig und stark im Nachgeschmack des
Gefühls der Ergebung. Nur noch mehr Prüfung! sagte ich,
ich will es alles tragen, wenn es so selig macht. In der Nacht
um zwei weckt man mich aus meinem Halbschlummer und sagte
mir, jetzt müßte ich aufstehen, denn sie würden auch in dem
Kämmerchen noch spielen, ich sollte zu einer Frau gehn, die ein
Bett leer hatte. So mußte ich denn in der Nacht den weiten
Weg durchs Dorf gehn, so erschöpft ich war, und als ich dort
ankam, hieß es, ich müßte zum Fenster hineinkriechen, denn die
Thür dürfte sie nicht aufmachen, daß mich niemand sähe. Auch
das that ich und am Morgen um fünf Uhr trat ich langsam
(„langsam wie der Mond“, schreibt er davon an Radecke)
meinen Weg zurück nach der Stadt an, immer froh und in Gott
heiter. — Dieser Vorfall ist mir sehr zum Segen gewesen; die
heitere Stille und Gelassenheit blieb mir noch lange Zeit. Ich
sah, daß, wenn man unserm Heiland Liebes opfert, er einem
noch Lieberes wiedergeben kann.“

So unangefochten kann aber Tholuck nicht nach der Stadt
zurückgekommen sein. Nach einer späteren Tagebuchsnotiz vom
14. Juli 1823 müssen sie ihn unterwegs gefunden und bei
Sonnenuntergang in den Hof des Predigers Rolle, des Freun=
des von Kottwitz, getragen haben. Da sah ihn der (inzwischen
wohl benachrichtigte) Baron, und ein Blick traf den Schwerkranken,
der Tholuck noch nach vier Jahren im Herzen brannte. Aus
Rolles Wohnung wurde er dann nach seinem eigenen Zimmer,
Alte Leipziger Straße Nr. 1, transportiert, und hier lag er

zunächst wochenlang fest. Der Baron v. Kottwitz wird die
geistliche Pflege treulich an ihm getrieben haben; das Resultat
desselben spricht der Brief an Radecke aus. Aber auch für
die leibliche Wartung sorgte seine Liebe. Mit etwas hohen
Worten fährt Tholuck nach dem Berichte des Vorfalles an
Radecke fort: „Fürwahr, mein treugeliebter Bruder, ein jeder,
mehr aber noch der, welcher ganz aus dem entgegengesetztesten
Punkt des ewigen Wechselstreits von Glut und Flut in jene
stille, ruhige, milde, freundliche, abendliche Zelle getreten ist, die
den treuen Folgern unsers Herrn Jesu gehört: der, sage ich,
wird gewahren, daß ein solcher Geist, wie er in dieser Zelle
webt, von Natur sich auch nicht in einem aller Menschen finden
kann, sondern daß ein solcher Geist allereinzig durch ein Gnaden=
geschenk von dem Vater alles Lichts erbeten werden kann. Wir
leben in einer gefallenen Welt — das ist mir eine freudige,
erquickende Botschaft. Nun kümmere ich mich über keine Mängel,
die mein trübes Auge zu sehen glaubt. Erlösung ist verheißen,
durch Demut und Treue wird ein verlorner Himmel wieder er=
rungen. — Wunderbar! Ich bin seit einiger Zeit auf die
Schriften einer persischen Sekte der Sufi, die bisher nur dem
Namen nach bekannt sind, gestoßen, habe gelesen, mit Wärme
gelesen und — welcher Schatz! Jene Leute am fernen Euphrat
in Kaschemirs Auen, sie haben Platons Lehre gefunden, daß
aus himmlischen Räumen die Seele verbannt ward, daß sie das
Leichenbrett ist, worauf der Leichnam des Körpers zur Schau
aussteht, und nach treu vollführter Läuterung in diesem Leben,
wenn der Käfig zerbrochen, frei, der freie Vogel, wieder him=
melan schwebt. — Des hochherzigen Persers Schriften sind mir
hohe Ergötzung, aber der einfältige, unbedingt treue Christ denkt
hinzu: doch nicht allzusehr traue dir selbst, du bist ein getäuschtes
Wesen, genug daß du in einer liebenden Hand stehst, die deiner
wahrt! — Doch zu viel spreche ich von dem Geiste, auch meiner
Hütte laß mich gedenken. Wohl habe ich treue Pflege gehabt,
wofür Gott gepriesen sei. Schröner (der kalte Orientalist und
Fichtianer) hat treu bei mir gewacht und Kottwitzens edele,
vortreffliche Tochter, mir ganz Freundin, hat für alles andre mit
beschämender Liebe gesorgt. Sie ist es, die mir auch den Mangel
Eurer Herzenskette manchmal unbemerklicher machte durch edle

Freundschaft, aber leider ist sie nicht Jüngling, und leider verläßt sie nächste Woche schon Berlin, um nach Schlesien zurückzukehren. Meine Hülle ist noch vor kurzem in einem äußerst kläglichen Zustande gewesen; doch, Gott sei Dank, jetzt geht es mit Augen und Brust etwas besser, für letztere bin ich vornehmlich, und wohl mit Grund, besorgt; desto übler aber steht's jetzt mit meinem Unterleibe. Aber dem sei, wie ihm sei — reg', frei und in Gott demütig froh ist mein Geist. Zwar wünschte ich wohl sehnlichst, wenn recht bald mein Käfig geöffnet würde, und man auch über mir sänge: „Das Los ist mir gefallen, aufs lieblichste!" — aber was weiß ich Armer! — gern und dankbar will ich auch einst leben, mitten unter der Welt leben, wenn ich Seinen teuern Namen verkünden darf. — Mein Herzensteurer! Furchtbar ernst bewegt sich die Zeit, und die Schlange windet sich mit ihren Ringen um die Erde, daß ein Gebein derselben nach dem andern zerbricht; morsch zerknirscht muß nach einigen wenigen Jahrhunderten, menschlichem Ansehen nach, der alte Leichnam zerfallen. Hier in Berlin, wo die verschiedenartigsten Bestrebungen sich feindlich und freundlich begegnen, wo ich in Verbindungen lebe, die mich viel Merkwürdiges wissen lassen, hier sehe ich, und staune in ehrerbietigem Schweigen die Ratschlüsse an, die ich nicht begreife." —

Kaum hatte der Patient sein Lager verlassen, so warf er sich wieder in die Arbeit. Die schon erwähnten persischen Sufi fesselten ihn dermaßen, daß er, um möglichst bald ein Buch über sie zu schreiben, alle Rücksichten auf seine Gesundheit beiseite setzte. Mit zitternder Hand schrieb ihm die von dieser thörichten Hast in Kenntnis gesetzte Frau v. Kottwitz aus Schlesien: „Flehen Sie zu unserm guten treuen Berater, Ihnen die Überzeugung zu schenken, durch übertriebene Einsammlungen wissenschaftlicher Kenntnisse Ihr jugendliches Leben nicht zum Opfer darzubringen, sondern die Pflichten der Selbsterhaltung Ihnen als die heiligste Pflicht in Ihr Herz tief einzuprägen und Wurzeln schlagen zu lassen. Der Genuß freier Luft würde denn doch wohl noch zweckmäßiger wirken, als solche nur durch Öffnung der Fenster einzuatmen. Herzlich, herzlich bitte ich Sie, alles zu Ihrer Wiederherstellung zu thun. Gott und Ihre Freunde haben volles Recht, dies von Ihnen nicht nur zu er-

bitten, sondern zu fordern." Sein Vater tröstete ihn in einem
Briefe vom 23. Januar 1819: „Der Blut=Husten ist freilich
eine schlimme Krankheit, doch Du bist Jung und komt Alles
von Deinen schnellen Wachsthum her."

In diese Zeit langsamer Rekonvaleszenz traf den erstaunten
Jüngling, der erst in seinem fünften studentischen Semester
stand, folgender Brief von Professor Scheibel in Breslau vom
17. Februar 1819:

„Herzlich geliebter Freund in dem Herrn. Eine äußerst
wichtige Anfrage, zu der eine Angelegenheit Jesu selbst in seinem
Reiche mich veranlaßt, ist Ursache dieses Briefes. Ich kenne
Sie als einen von Gott mit der Gabe der Sprachen (1. Kor. XII)
ausgerüsteten, und was dazu kommen muß, mit Erweckung zur
demütigen Buße begnadigten jungen Mann. Durch das erste
sind Sie zum Professor der Exegese, durch das zweite, mit dem
ersten verbunden, zum Professor der biblischen Exegese geeignet.
Ihre schwache Brust aber und Ihre Kränklichkeit eignet Sie
schwerlich zum Missionar. Und um bloß arabischer oder per=
sischer Professor, statt theologischer zu werden, lassen Sie Sich
ja nicht den Ehrgeiz und Stolz verführen. Ich kenne diese
Feinde. Nun das Historische nach der persönlichen Einleitung.
Ich hoffe auf tiefste Verschwiegenheit.

„Rußland bittet, bittet um Erlösung von Neologie. Schon
im Februar 1818 schrieb Graf Lieven, Kurator der Universität
Dorpat an mich, und wünschte mich in einem christlichen Briefe,
wie ich ihn nicht schöner gelesen, als Professor ordinarius an
diese Universität, natürlich in der theologischen Fakultät. Ich
schwankte sehr; bis der Herr, der ja gedemütigte, Christen nie
verläßt, wenn sie beten, mir sagte: es sei Pflicht, hier zu
bleiben.*)

---

*) Kottwitz hatte von dieser Berufung Scheibels schon 1818 aus
Glatz an Tholuck geschrieben: „Er ist auf eine sehr ansprechende Art an
eine auswärtige Universität berufen, ist aber noch nicht entschlossen. Viel=
leicht ist man froh einen aufrichtigen Mann weniger zu haben, um desto
freyer poesieren zu können. Claudius sagt zwar: hängt den Poeten am
Mast=Baum und werdet ehrliche Leuthe, so werdet ihr einsehen, daß die
Verstandes=Faseleyen die aller Gefährlichsten sind, weil sie mehr als einen
Satan verbergen und sich selbst verheimlichen."

„Aber was für mich Pflicht, ist es schwerlich für Sie. In Deutschland (ich spreche aus Erfahrung) findet ein christlicher Gelehrter jetzt schwer Brot. Ein Universitätsfreund ist mir davon ein bitteres Beispiel. Aber Rußland fördert, ja wünscht sehnlich Christen. Dort gelten die Bibelgesellschaften bei Hofe alles.

„Besonders not aber ist nun in Dorpat ein Professor der orientalischen Sprachen und alttestamentlichen Exegese; denn H. ist dort bisher der größte Feind Jesu Christi. Gott erbarme sich seiner. Also helfen Sie, wenn Sie irgend können, um Jesu willen. Das Klima ist dort deutsch (Livland), mild, viel Früchte. Dies Klima hätte mich medizinisch Furchtsamen am wenigsten zurückgehalten. Kollegialische Intriguen haben Sie nie zu fürchten, denn man fürchtet den christlichen Hofapplausus, versteht sich von selbst, bei Ihrem Eifer, Kenntnissen und bei der Schlendrigkeit H's. Keine Polemik darf Ihr Gang fürchten; denn dort ist nicht Deutschland. Und doch können Sie — und welchen! Segen stiften. An Gehalt war mir als Ordinarius 1350 Rubel versprochen; und ich weiß, ist es nötig, kann man mehr beanspruchen.

„Wahrlich, ich wäre gegangen; aber Jesus Christus wollte anders. Prüfen Sie nun ja wohl, im Gebet vor Gott, vor seinem Eingebornen, vor dem heiligen Geist die Anfrage, die ich in Graf Lievens Namen thue. Wollen Sie nicht des Glaubens wegen in Rußland Licht machen? Möge Jesus Ihr Herz leiten. Dies ist mein herzlichstes, lange geprüftes Gebet. Empfehlen Sie mich Freund Kottwitz aufs herzlichste. Im Herrn in höchster Eile Ihr treuer Freund J. G. Scheibel."

Was war das für eine Aussicht! Der arme Student, der sich vom Unterrichtgeben und seinem Breslauer Stipendium bescheiden nährte, in sorgloser Existenz und in einflußreicher, ehrenvoller Stellung, mit Überspringung der oft so dornenumwachsenen Mittelstufe einer preußischen Privatdozentur — Professor in Dorpat! Wohl hatte der Minister v. Altenstein auf den strebsamen jungen Mann von Neander oder von Kottwitz aufmerksam gemacht, ihm vom 1. Januar 1819 an eine außerordentliche Unterstützung von 300 Thalern zu seinen Studien bewilligt, eine Gunst, die ihm bereits am 12. Mai 1818 notifiziert worden war. Aber diese Beihilfe konnte jederzeit wieder zurückgezogen werden, und woher dann die weiteren Mittel zum Lebensunterhalt nehmen?

Die Wirkung des Scheibelschen Briefes war zunächst tiefe Beschämung über die freundliche Fügung Gottes. Tholuck schreibt in sein Tagebuch am 24. Februar 1819: „Ich bekam den Brief von Scheibel. Sei angebetet, Herr Jesu! Deine Gnade ist größer, denn ich sie verdiene. — Wenn ich mich prüfe, was der Brief wirkte, so will ich durch Deinen Geist, Herr Jesu, aufrichtig sagen: eitel Freude, Vaterliebe, Liebe zu meinem Himmlischen, und tiefe Beschämung um meiner Untreue willen. Ach barmherziger Gott! Wenn ich meine äußere Lage betrachte, so ist mir es freilich nicht, als könnte dies werden; aber im Innern ist ja allein zu beraten, und da gelob ich denn meinem Scheibel, rein und unumwunden die Wahrheit zu sagen, wie dein Geist mich dazu treiben wird. Laß, laß, das bitten Dich meine Thränen jetzt, hierbei mich nicht von der Eitelkeit, son-dern — ach nur vom Heiligen Geist regiert werden."

Nach langer, gebetsvoller Prüfung kam Tholuck zu dem Entschluß, auf das Ansinnen einzugehen, und setzte sich direkt mit dem Grafen Lieven in Verbindung, um seinerseits für die eventuelle Berufung Bedingungen zu stellen. Welcher Art dieselben gewesen sind, läßt sich aus dem vorliegenden Material nicht mehr entscheiden. In Rußland scheint man aber auch nicht ohne Vorsicht sich zu weiteren Schritten entschlossen zu haben. Denn am 21. April 1819 schrieb Scheibel aufs neue an Tholuck: „Herzlich geliebter Freund in dem Herrn; daß ich so lange nicht geantwortet, war ihr Wunsch, erst von Graf Lieven aus Petersburg Nachricht zu bekommen, Ursache. Dem Herrn sei Dank, nachdem ich gestern Ihren Brief vom 13. erhielt, erhielt ich heute vom 5. April ein Schreiben vom Herrn Grafen. Er ist für Sie — das sind seine Worte:

„sehr geneigt, wünschte aber freilich in mancher Rücksicht, daß Sie einige Jahre älter wären".

Indes, dieses würde sich, wenn Sie vorerst Extraordinarius würden, wohl machen lassen. Aber ich muß Sie nun, da mich Ihr wahrhaft christlicher Brief so erfreut hat, erst ernst bitten: 1) Einen geschickten Arzt genau zu befragen, ob Ihre Augen und Brust, überhaupt Ihre Gesundheit das Klima von Dorpat bestehen möchte. Es käme nur auf den Unterschied weniger Grade Nördlicher Breite an; aber Petersburger Kälte ist dort nicht. Es liegt 58° N. B. Alle Sorten unsrer Garten= und Obst= früchte gedeihen dort. Ernste Sorgfalt würden Sie allerdings, wo es auch ist, Ihrem Körper schenken müssen. 2) Wünschte ich von Ihnen bald ein Specimen über Ihre Studien gedruckt in den Händen zu haben. Ihre Promotion als Doctor Philosophiae würde viel helfen. Ich bitte Sie um baldige Nachricht über Ihren Entschluß von dem ich hoffe, daß Sie ihn nicht ohne den Herrn schließen werden. Daß Sie streng auf die Gebote des Herrn sehn, ist gewiß ...... (ein unleserliches Wort). Allerdings, offen gestanden, müssen Sie Sich besonders für — poetischer Koktur (?) bewahren. Die Sinnlichkeit bannt nur der Herr, und leider ließt man statt Brief Judä jahraus jahrein auf Gymnasien den (... unleserlich) Homer. Ebenso schaden Göthe, Schiller ꝛc. — Meiner Liebe verzeihen Sie gewiß die Offenheit. u. s. w. Scheibel."

Während die Verhandlungen noch schwebten, sprach Gott selbst das entscheidende Wort. Anfang Juni 1819 wiederholte sich in noch heftigerer Gestalt das Blutspeien und warf Tholuck zum zweitenmal aufs Krankenbett. Vier Tage danach kam die Mitteilung vom Grafen Lieven, daß man in Petersburg auf alle Bedingungen eingehe und den zum außerordentlichen Professor zu Ernennenden in Dorpat erwarte!

Nicht ohne schmerzliche Resignation schrieb nun Tholuck ab. Er hatte sich schon mit dem Gedanken der Professur ver= traut gemacht. Jetzt schob sich ein Riegel vor, der, wie es schien, für immer die Aussichten auf das Lehramt verschloß. Bei aller Leibesschwachheit kehrte er nun zu den über Dorpat in den Hintergrund getretenen Missionsplänen zurück. Im September 1819 beginnt das Tagebuch wieder nach bald vier= monatlicher Pause. Und gleich am 14. lesen wir: „In Zinzen= dorfs Leben las ich, daß Spangenberg von ihm sagt: Wenn er hätte sich recht anstrengen wollen, so hätte er übermäßig be= rühmt werden können, aber er hatte seinen Sinn auf etwas Höheres gerichtet. — Ach wie habe ich da gefehlt; denn wäre ich schon 1817 fest entschieden gewesen, dem Herrn in einer

fremden Gemeinde mich zu weihen, wie gesund an Leib und
Geist könnte ich jetzt von dannen gehen. Zinzendorf hielt
nie etwas von der Gelehrsamkeit, die nicht gerade zum Herrn
führte; warum machte ich etwas draus? Warum lasse ich es
jetzt noch als etwas gelten?" Und am 16. Sept.: „Im tiefen
Gefühl meiner Armut warf ich mich vor den Gnädigen und
flehte zu ihm, mir zu geben, daß ich ihm ein Häuflein aus
den Heiden zuführe, — meine Schwachheit ist sehr groß; doch
seine Gnade noch größer."

Indessen waren das auch nur hin und her schwebende
Empfindungen. Sobald sich sein Zustand nur in etwas besserte,
stiegen sofort wieder die in Glut getauchten Bilder der orientalischen
Litteratur vor seinem Geiste auf und umgaukelten ihn mit un=
widerstehlicher Gewalt. Und je mehr er von den Genüssen
kostete, die, wie er meinte, als verbotene von ihm gemieden
werden mußten, um so bestrickender wurde der Zauber, den sie
auf sein Gemüt ausübten. Das ist's, was er meint, wenn er
(vgl. S. 122) als die zweite Periode seines innern Lebens
eine Zeit (1819) bezeichnet, „wo das schwache Licht des Glaubens
wieder auszulöschen und dem Heidentum zu weichen schien".
Wie berauscht stürzte er sich in die Arbeit, die ihn zu seinen
morgenländischen Dichtern und Philosophen führte, und da war
kein „heiliger Kottwitz" zur Hand, der ihm die innere Harmonie
der Seele hätte wiedergeben können: sein Mentor weilte in der
Ferne. Auch die immer deutlicher hervortretenden Symptome
der Lungenschwindsucht hielten ihn von den aufregenden geistigen
Genüssen nicht fern. Er schreibt selbst in dem erwähnten Frag=
ment von dieser Zeit: „Mehr als vier Blutstürze folgten einander.
Schon verzweifelten alle meine Bekannte an meinem Aufkommen.
Ich medizinierte beständig, gebrauchte Brunnenkur, auch die
Pech= und Teerdampfkur; aber da ich im Arbeiten nicht nach=
ließ, ward es schlimmer. Eines Tages ging ich vor die Stadt
in einen Garten, hier fiel ich aber immer mehr zusammen;
meine Stimme versagte mir ganz, heftige Schweiße bei Tag
und bei Nacht, unablässiger Husten bei starkem Auswurf —
alle Zeichen der Lungensucht. Man sprach von mir nur, als
von einem Sterbenden. Dennoch las ich fortwährend türkische
Manuskripte; in den Freistunden aber, die ich mir machte,

Shakespeare, Calderon, Petrarca. Ich dachte viel an Jesum, aber hatte nicht Lust, mich ihm ganz in die Arme zu werfen."

Endlich, am 21. Mai 1820, taucht Kottwitz wieder im Bereiche des Tagebuches auf, freilich noch „so kalt wie ein Minister" (S. 145). Aber schon am 21. Juni heißt es: „Mein lieber Kottwitz speisete mich an königlicher Tafel." Ja so gewaltig schlug die Liebe des Barons in Tholucks Brust ihre Flammen wieder auf, daß an ihrem Feuer noch ein andrer sich erwärmte: in diese Tage fällt die Erweckung jener Jünglingsseele, von der der greise Jubilar Tholuck am Abend des 1. Dezember 1870 den zahllosen Festgästen in Halle erzählte, daß Gott sie ihm im 18. Jahre als erste Frucht geschenkt habe (wobei freilich die berührte chronologische Gedächtnisschwäche Tholucks einen Fehler von drei Jahren beging). Es war der Artillerieoffizier Sontheim, von Geburt ein Jude, „ein wildwachsendes Geschöpf, das in der Welt sich umhergetrieben, ohne Zweck und ohne wahre Ruhe dahinging; der wurde nach kurzer Zeit ein so inniger Jünger," daß er bald Tholuck in seinem Wandel beschämte. [12]) In andrem Zusammenhange kommen wir auf dies unendlich liebliche Verhältnis zurück. Es war, als sollte der liebe Baron mit seiner Glaubenshand auch in das leibliche Leben seines jungen Freundes, in dem er zum Segen fortleben wollte, heilend eingreifen. Schon am 5. Juli 1820, dem großen Freudentage, der dem Berliner Christenkreise durch den Besuch von Goßner geschenkt ward und von dem Dalton im Leben Goßners ausführlich berichtet (S. 220 ff.), hörte Tholuck aus seines geistlichen Vaters Munde in dieser Hinsicht ein prophetisches Wort. Der Nachmittag war bei Kottwitz in reichem Gedankenaustausch mit Goßner, Jänicke, dem Baron, v. Lancizolle, dem auf der Reise nach Wernigerode gerade in Berlin anwesenden Seegemund u. a. verbracht worden. Die originelle Unmittelbarkeit von Goßner sprühte Geistesfunken auf Geistesfunken aus. Z. B. notierte sich Tholuck ein Wort über die Bibelverbreitung: er halte davon nicht viel, sagte Goßner, denn der Herr habe Apostel ausgeschickt; nun könne man von denen keine Stereotypausgaben machen, die lege

nur der heilige Geist auf; sonst gäben die Engel gerne das Geld
dazu her." Am Abende hielt Goßner in dem Betsaal der An=
stalt die Ansprache; und als nach derselben sich die Gäste des
Barons in dessen Zimmern, wie gewöhnlich, zu einer Tasse Thee
sammelten, wobei auch heute, wie gewöhnlich die jüngeren Brüder
in Abwesenheit einer Repräsentation die kleinen Dienste der
Aufwartung übernahmen,[13]) trat Kottwitz an Tholuck heran,
legte die Hand anf seine Schulter und sagte feierlich vor allen:
„ich freue mich, wenn mein lieber Tholuck wiederhergestellt ist,
dann wird ihn der Herr gewiß, wie ich hoffe, auch noch mit
Kraft anthun, um ein Werkzeug zu werden." Und vier Tage
später, am 9. Juli, lesen wir im Tagebuche: „Kottwitz nahm
mich beiseite und sagte mir: endlich kam Marheineke auch
auf meinen lieben Tholuck zu sprechen. Und da sagt' ich
ihm, wir müßten doch so beschämt und dankbar sein, daß der
liebe Herr schon so viel für ihn gethan, und nun nichts Extra=
ordinäres fordern. Wenn er keine andern Besorgnisse hätte,
diese möchte er nur fahren lassen; unser lieber Tholuck ist schon
unserm Herrn so nahe geworden, daß er gewiß nicht seine Hand
abziehen wird. Und endlich sagte er zu mir: Nein, da seien
Sie nur außer Sorgen, da können Sie sich schon auf mein
Wort verlassen, ich kann es Ihnen sagen: der Herr
wird Wunder thun, es ist ihm ja ein Leichtes. Dann
küßte er mich, und da ich sagte, ich danke Ihnen herzlich, ant=
wortete er: ‚Sagen Sie das nicht, ich kann es nicht ertragen,
nur lieben wollen wir uns, und Sie werden mir altem Manne
meine Schwachheit übersehen.‘ Ach dies stärkte mich sehr; ich
war wirklich am Abend sehr schwach, aber ich traute Kottwitz'
Worte. Ja wenn der für meine Gesundheit betet: den wird
der Herr nicht beschämen, und dann kome ich noch hinterdrein
mit meinem Bitten."

Und in der That, wenn auch hie und da noch Anwandlungen
zum Blutspeien sich zeigten, und das Unterleibsleiden Tholuck
wochenlang nötigte, auf den Knien liegend zu arbeiten, so kam
es doch nur noch einmal zum Ausbruche, als Tholuck selbst ein
Zeichen von Gott sich erbeten hatte. Es war ihm nämlich der
Gedanke an die Thätigkeit als Missionar wieder so nahe ge=

treten, daß er nunmehr ernstliche Schritte zur Verwirklichung desselben thun wollte. Der englische Gesandte in Berlin, Sir George Henry Rose, ein Freund und Patron aller christlichen Unternehmungen seiner Heimat, sollte ihm eine Stellung in englischen Missionsdiensten vermitteln. Kottwitz gab seinem jungen Freunde ein Billet, das ihn beim Gesandten einführen sollte, machte diesem aber zur Pflicht, an Rose zu sagen, daß er sich, da Kottwitz eine Reise vorhabe, nicht eher entscheiden wolle, als bis er mit seinem geistlichen Vater noch Rücksprache genommen hätte. Auf einen Sonntag nachmittag vier Uhr war er zum Gesandten beschieden. „Des Morgens", schreibt Tho= luck in jenem Fragment, „war ich wohl. Nachmittags, ehe ich ging, rang ich heftig im Gebet mit Gott, er möchte mir ein Zeichen geben, ob es sein Wille wäre, daß ich ginge oder nicht. In der Verzweiflung rief ich aus: Und gibst du mir kein Zeichen, so beschuldige ich dich, wenn ich dann in England wieder krank werde. Als ich vom Gebet aufstand, hustete ich und spie Blut! Da war das Zeichen, zu dem Er sich herabließ. Aber da mein Eigensinn jetzt darauf pochte, Missionar zu werden, achtete ich nicht drauf, sondern ging aus, um das Billet an Rose zu tragen. Da bekam ich so heftiges Seitenstechen, daß ich nicht gehen konnte. Nun wurde mir auch das Blutspeien als göttliches Zeichen kund. Mein Herz wurde weich, und Thränenströme entstürzten meinen Augen, daß der Heiland der Welt sich zu mir armen Wurme, zu einem so trotzigen Geschöpfe herabgelassen hatte. Ich ergab mich in Seinen Willen, und in dieser Ergebenheit hatte ich eine Stunde, wie ich sie wohl erst wieder im Himmel erleben werde."

Nach dieser zweiten Enttäuschung hätte man nun wohl ein definitives Aufgeben des Missionsprojektes erwarten sollen. Und wirklich warf sich Tholuck jetzt mit aller Energie seines Wollens — nicht wieder auf orientalische, wohl aber auf theo= logische Studien, um, so bald es sich verwirklichen ließe, die Lizentiatur zu erlangen und an der Berliner Universität sich zu habilitieren. Exegetische Arbeiten für das alte und neue Testament, Dogmen= und Kirchengeschichte, die Kirchenväter, namentlich Augustinus und Origines, dazu philosophische

Schriften von Jacobi, Kant, Schelling, neuere theologische
Werke von Teller, Kleuker, Neander, Schleiermacher
u. a. beschäftigten ihn neben Fichte, Hasenkamp, dem Leben
des Missionars Henry Martyn u. s. w. Zahllose, engge-
schriebene und kaum zu entziffernde Exzerpte bekunden die rast-
lose Thätigkeit dieser Zeit.

Dennoch aber hielt sich Tholuck für den Fall eines Miß-
erfolgs, wiewohl er jetzt schon ein Kollegienheft für seine Vorlesungen ausarbeitete und Neander alle erdenklichen Erleichte-
rungen, auch die Gebührenfreiheit für die Lizentiatur versprach,
den Ausweg zur Mission noch immer offen. Der Empfehlungsbrief an Sir Rose muß abgegeben worden sein; denn noch im
im Juli erhielt er durch einen Mr. Smith den Bescheid, der
Gesandte interessiere sich lebhaft für seine Verwendung in der
englischen Mission und wünsche dringend ihn zu sprechen.
Am 20. August kam es zur Audienz. Sir Rose wußte sehr
wohl, welche andere Pläne den jungen Mann außerdem noch
beschäftigten und nahm darauf in seiner Unterredung die freund-
lichste Rücksicht. „Er war unendlich mild," schreibt Tholuck,
„bezeichnet als die Hauptpunkte für die Missionspredigt das sünd-
liche Verderben der Menschen und die Sündenvergebung in Christo.
Die Verheißung für die Mission finde sich schon in Noahs
Worten: Japhet soll in den Hütten Sems wohnen, d. i. in
Indien und Europa, Japhet soll sich ausbreiten, d. i. in Amerika,
Cham soll unterjocht sein und dienen — für das alles hatte
Mose zu seiner Zeit keine Anschauung, folglich schrieb er es
auf göttliche Eingebung u. s. w. — Aber was soll ich dazu
sagen, daß diese Unterredung ganz so endete, wie ich wünschte?
daß Rose selbst mir Aufschub raten mußte und mein Promovieren
begünstigte? Ach ich will lieber gar nichts zu alledem sagen,
sondern einfach und still sein zu dem Herrn meinem Gotte.
Er siehet den Stillen an, das ist je gewißlich wahr. — Rose
schloß mit den Worten: Ihre Kenntnisse sind doch wohl zu gut,
als daß sie für irgend einen andern als einen heiligen Zweck
angewendet werden dürften".*)

---

*) „I dare say your acquirements are to good to be employed
for any other but a sacred purpose."

So lenkte Gott durch die Werkzeuge selbst, welche Tholuck zur Eröffnung der Missionslaufbahn benutzen wollte, seine Gedanken zum theologischen Lehramt in der Heimat zurück, und ein weiterer Abschnitt soll uns zeigen, wie unser junger Held in die neue Thätigkeit eintrat, und in welcher Weise er die auf diesem Gebiete ihm gestellten Aufgaben zu lösen versuchte.

Fünftes Kapitel.

Der junge Dozent.

Die im Jahre 1810 gestiftete Berliner Universität war in der theologischen Fakultät mit den drei ordentlichen Professoren Marheineke, de Wette und Schleiermacher ins Leben getreten. Als einziger Privatdozent in ganz Berlin schloß sich ihnen 1810 Bellermann an, der von 1817 bis 40 der Fakultät als außerordentlicher Professor angehörte. 1813 trat Neander als Ordinarius ein. 1818 wurde Lücke, nachdem er von 1816 als Privatdozent gewirkt hatte, Extraordinarius, ging aber schon Michaelis 1818 nach der neugegründeten Universität Bonn. Im Herbst 1819 endlich erhielt de Wette anläßlich seines bekannten Trostbriefes an die Mutter von Karl Ludwig Sand seine Entlassung aus dem Lehramte, und allerdings bestätigt das Tholucksche Tagebuch, daß dieser Schritt der preußischen Regierung auf die mahnende Intervention des Barons v. Kottwitz zurückzuführen ist.¹) Die Fakultät bestand also 1820 aus den drei Ordinarien Marheineke, Schleiermacher und Neander; der Extraordinarius Bellermann hatte mit den theologischen Prüfungen nichts zu thun.

Noch in dem durch des Barons Verheißungswort geweihten Monate Juli, am 27., richtete Tholuck folgendes (lateinisch geschriebene) Gesuch an die theologische Fakultät von Berlin:²)

„Ew. Spektabilität, Hochwürdige Herren Professoren! Nachdem ich einige Zeit auf der Universität in Breslau gelebt habe, bin ich nach Berlin gekommen, hauptsächlich angezogen durch die reiche mir hier gebotene Gelegenheit zum Studium der orientalischen Litteratur. In Berlin habe ich während eines Zeit=

raums von fast vier Jahren mit unermüdlichem Fleiße teils orientalische Manuskripte gelesen, exzerpiert und verarbeitet — und als Spezimen dieser Arbeiten erlaube ich mir mein kleines Werk über den mystischen Pantheismus der Orientalen, aus zwanzig persischen, arabischen und türkischen Handschriften zusammengestellt, Ihnen vorzulegen, — teils habe ich Theologie studiert und bin für die Zukunft entschlossen, mich dieser Wissenschaft mit Herz und Sinn zu weihen, ohne mich von einem andern Studium ablenken zu lassen. Nach dem Abschlusse meiner Studienzeit erbitte ich mir von Ew. Hochwürden die Fakultas, an dieser Universität theologische Vorlesungen halten zu dürfen, und ersuche dieselben, möglichst bald Tag und Stunde festsetzen zu wollen, an denen ich die für akademische Lehrer ordnungsmäßig vorgeschriebene Prüfung ablegen kann.

Berlin, 27. Juli 1820.

August Tholuck,
Alexanderstraße Nr. 34."

Die Absendung dieses Briefes hat Tholuck seltsamer Weise in seinem Tagebuche nicht erwähnt. Es heißt nur am 26. Juli: „Ganz nahe drohte mir heute Blutspeien; ich sah dem Feinde ziemlich getrost ins Angesicht. Jetzt bin ich wieder sehr schwach; komme ich noch zu meinem Ziele, so geschieht ein Wunder über alle Wunder. Wie will mir manchmal die Zeit auf der Warte so lang werden! Doch ein Blick auf ihn, wie er am Kreuze hängt, ein Blick auf ihn, wie er im Leichentuche liegt, und ich möchte nur eine Thräne werden, um mich ganz vor ihm hinzuschütten."

Das Dekanat wechselte in der Berliner theologischen Fakultät jährlich. Seit dem Herbst 1819 war Schleiermacher Dekan. Er schrieb unter dem 30. Juli an die Fakultätsgenossen:

„Collegae conjunctissimi.

Soeben geht die inliegende Eingabe des Studiosus Tholuck bei mir ein, welcher die Lizentiatur ambiert. Ich erbitte mir über das weitere Verfahren in dieser Sache Ihre gefällige Meinung, indem ich meinerseits folgendes vorläufig bemerke.

1. Das angebotene Spezimen scheint mir zu einer Probe des Fleißes in bezug auf das zu veranstaltende Examen

(f. Abschnitt IX, § 2 der Statuten) seines ganz untheologischen Inhaltes wegen sich nicht zu qualifizieren, und würden also die ‚vorzüglichen Zeugnisse' einzufordern sein.

2. Ebenso wäre noch das Testimonium morum beizubringen.

3. Aber, da wegen der Verwandtschaft mit den orientalischen Sprachen die Alttestamentliche Exegese wohl das Hauptfach des Herrn Tholuck werden würde, und die Befugnis eines Privatdozenten sich nur auf die von ihm namhaft gemachten Fächer erstreckt (Abschnitt VIII, § 4), so haben wir, wenn es nach erlangter Lizentiatur zu seiner Habilitation kommt, kein Mittel, uns von seiner Fähigkeit zu überzeugen. Es scheint mir daher für die Fakultät das Sicherste und auch sonst notwendig, Herrn Tholuck zu erklären, daß praestandis praestitis seiner Promotion zwar nichts im Wege stehen würde, daß aber seine Habilitation Anstand haben müsse, bis die ordentliche Professur der Alttestamentlichen Exegese wieder besetzt sein werde."

Die beiden andern Kollegen der Fakultät äußerten sich in etwas verschiedenem Sinne. Marheineke schrieb unter die Aufforderung des Dekans (ohne Datum):

„Ich glaube nicht, daß wir berechtigt sein werden, den letzteren Zusatz in die Erklärung an Herrn Tholuck zu machen, sondern uns nur rein an die praestanda halten müssen. Hat er das Examen in facultate bestanden und die Lizentiaturwürde erlangt, so wird seiner Habilitation schwerlich noch etwas im Wege stehen, sobald er auch dazu das Erforderliche geleistet hat. Ob seine Probeschrift zulässig, würde wohl hauptsächlich von der Behandlung des Gegenstandes abhängen. An Zeugnissen darf er es allerdings auch nicht fehlen lassen, sobald sie gefordert werden."

Neander fügte in seiner hieroglyphischen Lapidarschrift nur hinzu: „Ich stimme diesem letzteren Votum um so mehr bei, da mir Tholluck" (so schrieb er den Namen immer) „als ein sehr schätzenswerter, durch wissenschaftlichen Eifer und Fähigkeit ausgezeichneter Mensch bekannt ist." Am Rande bemerkte er noch: „Wir könnten uns ja wohl über die Sache Dienstag nach der Rektorwahl weiter beraten."

Inzwischen wurde Tholuck zu Schleiermacher be=
schieden, und was er da zu hören bekam, muß nicht besonders
erfreulich gewesen sein, denn er schreibt ins Tagebuch am
3. August: „Der Herr war bei mir, so daß mich nichts affi=
zierte." Das fehlende Sittenzeugnis lieferte er nachträglich ein;
es lautete nach den Fakultätsakten: „Dem Studiosus Tholuck
wird bei seinem Abgange von der hiesigen Universität unter des
zeitigen Rektors Unterschrift und dem Universitätssiegel hierdurch
bezeugt, daß er sich während seines Aufenthaltes auf derselben
stets wohlgesittet und ordnungsmäßig betragen hat. Rektor
Göschen."

Aber auch die Korrespondenz unter den Fakultätsprofessoren
nahm ihren weiteren Fortgang. Es ergibt sich aus der dem=
nächstigen Äußerung Schleiermachers, was er am 3. August
von Tholuck gefordert hatte. Sie lautete:

„Collegae conjunctissimi. Herr Tholuck hat mir nun=
mehr, damit nach seiner Promotion desto leichter den Abschnitt
VIII. § 4 der Statuten ausgesprochenen Bedingungen zu seiner
Habilitation könne genügt werden, in der Anlage, die ich mir
zurückerbitte,*) die Fächer namhaft gemacht, in Beziehung auf
welche er veniam legendi zu erhalten wünscht. Sein Sitten=
zeugnis, Abschnitt IX. § 2, wird er nachliefern, und ich ersuche
Sie beiderseits Sich gefälligst zu erklären:

1. ob Sie in bezug auf Abschnitt IX. § 2 der Statuten
ein Urteil über das von ihm angebotene specimen eruditionis
zu den Akten geben wollen, in welchem Fall ich es mir von
ihm will einreichen lassen — oder

2. Da Sie näher mit ihm bekannt sind, ob Sie ihm ein
die Proben des Fleißes ersetzendes vorzügliches Zeugnis (s.
Abschnitt IX. § 2 der Statuten) ausstellen wollen, in welchem
Fall ich bitte, dieses der Kürze wegen gleich diesem Zirkular
gefälligst beizufügen.

3. Daß Sie sich gefälligst erklären, wer von Ihnen die
Prüfung in den orientalischen Sprachen, wenigstens soweit sie
der theologischen Fakultät angehören, zu übernehmen gesonnen

---

*) Randbemerkung: „Die Anlage ist nicht mit zurückgekommen. Schr.
11. 8. 20."

ist, indem ich für meinen Teil es deprezieren muß. Wegen des Termins frage ich vorläufig an, ob Ihnen

Sonnabend, der 19. d. M.

gelegen wäre, indem ich einen früheren überhäufter Geschäfte wegen nicht anzusetzen weiß, nach dem Schluß der Vorlesungen aber mir jeder Tag gleich genehm ist. Schleiermacher 4. 8. 20.“

Marheinekes Äußerung lautete:

„Ich bemerke ad 1. daß ich zwar das Urteil über die Ab=handlung des Herrn Tholuck meinen Herren Kollegen gern überlasse, welche von der Behandlung des Gegenstandes dann auch leicht werden auf seine Tüchtigkeit oder das Gegenteil einen Schluß machen können.

ad 2. Daß ich Herrn Tholuck viel zu wenig kenne, um ihm ein besonderes Zeugnis ausstellen zu können; daß ich aber, abgesehen von der Habilitation, seiner Promotion keine wesent=lichen Hindernisse im Wege finde, wenn er sich der Prüfung, wie ihm erklärt werden könnte, in allen andern Teilen der Theologie unterwerfen will und darin besteht: denn dabei hat die Prüfung im Orientalischen ganz nur nebenher, wie auch sonst der Fall war, ihre Stelle.

In Ansehung der Habilitation hingegen, welche ihre Be=ziehung auf eine bestimmte theologische Richtung hat, könnte sich die Fakultät schon eher für inkompetent, weil inkomplett erklären, und könnte meiner Meinung nach dieses dem Aspiranten erklärt werden, daß sich seiner Habilitation Schwierigkeiten entgegen=stellen würden, falls er nicht entweder überhaupt oder zugleich sich auf andre Gegenstände zu seinen Vorlesungen einlassen wolle. D. Marheineke.“

Neander endlich erklärte:

„Der Herr Tholluck ist mir durch längeren persönlichen Umgang als ein Mensch von vorzüglichen Fähigkeiten, einem sehr lebendigen Eifer zur Wissenschaft, guten Kenntnissen und einem ernsten christlichen Sinn bekannt geworden. Ich glaube, daß er einmal etwas Vorzügliches leisten wird. Was das Examen in orientalischen Sprachen betrifft, so kann ich mich auch darauf nicht einlassen; indessen könnten wir ja über die orientalischen Kenntnisse des Tholluck nur ein testimonium des Professor Wilken von ihm verlangen. Das Examen über die

Religionsphilosophie läßt sich wohl leicht mit Kirchen- und Dogmengeschichte verbinden. Was den Termin betrifft, so werde ich wohl nach acht Tagen nicht anwesend sein. (Datum fehlt.) Neander."

Noch fehlte in der Angelegenheit ein einhelliger Beschluß, und darum setzte der Dekan das Aktenstück aufs neue in Bewegung. Er schrieb und die Herren Kollegen antworteten, ohne Datum:

„Ich sehe mich genötigt, diesen Umlauf noch einmal zurückgehen zu lassen, indem 1. Herr Kollege Marheineke sich nicht erklärt hat: ob er das Examen in den orientalischen Sprachen, soweit sie zur theologischen Fakultät gehören, welches Herr Kollege Neander und ich bestimmt abgelehnt haben, übernehmen will. Ich verstehe aber darunter nichts andres als das Hebräische und Chaldäische des Alten Testaments, indem das Syrische schon nicht in den gewöhnlichen theologischen Lehrkreis gehört. Hierüber erbitte ich mir vom Herrn Kollegen Marheineke eine gefällige bestimmte Erklärung. Denn diesen Teil der Prüfung durch ein Zeugnis des Herrn Professor Wilken zu ersetzen, kann ich als Dekan nicht verantworten. Wegen der Verteilung der übrigen Fächer habe keine Umfrage nötig gefunden, indem sie sich aus unsern Lehrkreisen von selbst bestimmen.

2. Herrn Kollegen Neander danke ich für das dem Herrn Tholuck ausgestellte Zeugnis, welches die Einforderung seines Speciminis überflüssig macht. Seine Erklärung aber, schon in acht Tagen zu reisen, scheint das Examen sehr in die Länge zu ziehen. Ich ersuche Sie deshalb, womöglich den Tag Ihrer Abreise zu bestimmen, damit ich sehen kann, ob es mir möglich ist, das Examen noch vorher anzusetzen. Schleiermacher."

„Ich habe vorausgesetzt, daß man das Examen im Hebräischen von mir gar nicht erwarte, und daß es kaum nötig sei, dieses noch so bestimmt zu erklären und abzulehnen, was hiermet geschieht. Marheineke."

„Ich werde wahrscheinlich den nächsten Sonntag abreisen Neander."

So war denn das Ergebnis dieses ersten Anlaufs des nach der Lizentiatur Begehrenden, daß die Fakultät auseinanderging, ehe eine Prüfung stattfinden konnte, ja daß dieselbe anscheinend

in weite Ferne gerückt wurde, weil keiner der Herren sich für
kompetent hielt, ein Examen im Hebräischen und Chaldäischen
abzuhalten. Tholuck hatte sich aber am 15. August 1820 mit
Begeisterung in die zukünftige Dozentenlaufbahn hineingedacht.
Es war ihm vom Buchhändler Lückes Kommentar zum Evan=
gelium Johannis zugeschickt worden, und er schreibt dazu in
sein Tagebuch: „Ich mußte dem Herrn danken, der aus Finster=
nis Licht schafft. O wenn ich einst mit solchen Lehrern zusammen
wirken könnte! Herr gib dem Worte, das Du in meinen Mund
legest, viele zur Beute! Dann setzte ich mich eifrig an Her=
ders Leben. Da bringt der Knabe den Brief herauf in blauer
Hülle. Ich denke es ist die Antwort auf mein Gehalts=Gesuch,
aber ach! Schleiermacher schlägt ab — die listige Schlange!
— Ich hätte weinen mögen aus Betrübnis, aber ich that's
nicht, ich sah zu Ihm und sagte: Du führest die Deinen den
Weg und machst der Hinterlistigen Ränke zu schanden. Ich will
nun warten, was kommen wird, in nichts etwas thun; ich will
die Wohnung nicht abbestellen, wenn etwas daraus wird, nicht
zu Smith gehen, nur warten. Jetzt muß Er seinen starken
Arm zeigen, denn jetzt ist ja alle meine Kraft gebrochen. Zum
Präparieren habe ich nun keine Lust, zum Ausarbeiten der
Kollegia habe ich keine, aber Er wird zeigen, daß Er der Herr
ist."

Er versenkte sich in Lückes Buch, „selig über Zeit, Welt
und Raum erhaben" im Betrachten seines Heilandes nach dem
geistgesalbten Kommentar des Freundes. „Ich preise Dich,"
schreibt er am 18. August 1820, „daß Du Dir in Lücke einen
Jünger ausgelesen. O Herr wenn ich könnte neben ihn hin=
treten und wie er Johannes, so ich die Psalmen auslegen! O
lege die Kohle auf meine Lippen und schicke mich."

Ein freundlicher Brief von Kottwitz tröstete den Ent=
täuschten, sowie die gleichzeitig einlaufende Zusage der Regierung
von weiterer Unterstützung. Daneben arbeitete er trotz des ersten
Schreckens rüstig weiter und bereitete sein „specimen" über
den Pantheismus der Ssufi zum Drucke vor. Er notiert am
am 23. August: „Ich nahm mir vor, vornehmlich Ordnung in
mein Leben zu bringen und mich an striktere Regeln zu binden.
Ich will jetzt nie nach 6 aufstehen, dazu im A. T. lesen und,

wenn ich nicht ausgehe, nach einer Pause im N. T. Nach Tische
Sfusi oder Kollegienhefte. Nach dem Essen muß ich spätestens
um 2 bei der Arbeit sein." Noch im August bat ihn Dümmler,
der das Erstlingswerk verlegen wollte, um den Titel für den
Leipziger Meßkatalog. Die am 20. August mit Rose gepflogene
Unterredung brachte ihn, wie wir gesehen haben, von seiner
eigentlichen Absicht auf das Lehrfach nicht ab, und kaum waren
die Universitätsferien beendet, am 15. Oktober, richtet er ein
neues deutsches Schreiben an den Dekan der Fakultät in welche
Stellung jetzt Marheineke gerückt war. Dasselbe lautet:

„Hochwürdiger Herr Dekan, Hochgeehrter Herr Professor.

Vor einigen Monaten kam ich bei der Fakultät ein und
bat, mir den Lizentiatengrad zu erteilen, weil ich in dem näch=
sten Semester hier Vorlesungen zu halten wünschte. Darauf
erhielt ich von dem Herrn Dekan die Antwort, daß ich mich
mit meinem Examen gedulden möchte, bis die Fakultät voll=
zählig geworden, weil ich im Hebräischen nicht könnte examiniert
werden.

Da nun aber die Besetzung der erledigten Stelle des Pro=
fessors der Alttestamentlichen Exegese sich noch sehr lange ver=
zögern dürfte, und die Unvollzähligkeit der Fakultät ein Umstand
ist, durch den ich nicht leiden kann, insofern auch meine weitere
Unterstützung von seiten des Ministerii von meiner Promotion
abhängt: so bin ich so frei zu bitten, daß doch die Sache von
einer ehrwürdigen Fakultät noch einmal in Betracht genommen
werde, und ich demnächst erfahre, wann dieselbe meinen Examen
festzusetzen beliebt. Mit ergebenster Hochachtung und Verehrung
habe ich die Ehre zu beharren Ew. Hochwürden unterthäniger
Diener

Tholuck."

Nach dem sehr zuversichtlichen Tone dieses Briefes gewinnt
es den Anschein, als habe der Minister an den er sich nun=
mehr gewandt hatte, ihn selbst zu diesem Schreiben veranlaßt
und eine ernste Nachhilfe von Oberaufsichtswegen seinerseits in
Aussicht gestellt. Hatte doch von Altenstein persönlich Tho=
luck für das Vikariat der De Wetteschen Stelle in Aussicht
genommen. In dem Abriß über sein Leben, das mir Tholuck
zur Mitteilung auf der Allianz=Versammlung von New York

im Jahre 1873 zusendete, heißt es geradezu: „Da erging von
unserm Ministerio die Anfrage an mich, ob ich nicht geneigt
sein würde, in der vakant gewordenen Professur von de Wette
für den dimittierten Lehrer in der hebräischen und orientalischen
Litteratur zu vikarieren."

Als die Fakultät noch immer zögerte, erhielt sie folgende
nachdrückliche Verfügung des Ministers:

„Dem Gesuche des Kandidaten Tholuck, der dringend
darauf anträgt, daß ihm der Lizentiatengrad in der theologischen
Fakultät schleunigst erteilt werden möge, damit er die so nötigen
Vorlesungen über morgenländische Sprachen, besonders über die
hebräische, wofür ihm eine Remuneration zugesichert ist, bald
anfangen könne, hat ein ihm gegebenes Antwortschreiben der
theologischen Fakultät beigelegen, worin diese sein Examen ab-
lehnt mit Angabe des Grundes, daß keins von den dermaligen
Fakultätsmitgliedern sich berufen finde, die Prüfung in den
Alttestamentlichen Ursprachen und der Auslegung des Alten
Testamentes zu übernehmen, und der Dekan sich unter diesen
Umständen um so weniger befugt halte, einen Termin zur Prüfung
anzusetzen, als aus dem Gesuche selbst hervorgehe, daß Kandidat
Tholuck den Lizentiatengrad vorzüglich in bezug auf seine
Habilitation als Privatdozent wünsche, und ihm anheimgestellt
wird, ob er sein Gesuch nach erfolgter Vervollständigung der
Fakultät erneuern wolle.

„Dem Ministerio, welches, indem es Vorlesungen über
hebräische Sprache und Alttestamentliche Exegese besonders
remunerieren will, eine sehr nachteilige Lücke in dem Lektions-
kursus der theologischen Fakultät, welche auszufüllen es sich
bisher vergebens bemüht hat, wenigstens interimistisch und so
gut wie möglich weniger fühlbar zu machen beabsichtigt, muß
es auffallen, daß diese Fakultät einen Kandidaten, der nach den
Zeugnissen kompetenter Männer ebenso fähig als würdig ist,
wenigstens zu den Proben angehender Dozenten zugelassen zu
werden, Hindernisse in den Weg legt, die um so weniger begründet sind, da Normalprofessuren, an deren eine die Prüfung
in den morgenländischen Sprachen eigen geknüpft sein soll, der
hiesigen Universität statutengemäß fremd sind, und doch wohl
vorauszusetzen ist, daß Doktoren und ordentliche Professoren der

Theologie die Prüfung eines Kandidaten auch in den Alttesta=
mentlichen Ursprachen werden übernehmen können, zumal von
ihnen, auch ohne ein für die Alttestamentliche Exegese vorzugs=
weise bestimmtes Fakultätsglied, eine Promotion und Habilita=
tion, von deren Leistungen die die hebräische Sprache und Er=
klärung des Alten Testamentes betreffenden doch wohl nicht aus=
geschlossen werden konnten, bereits vollzogen ist." (Wohl ein
Hinweis auf die Prüfung des Liz. Olshausen, der gleichfalls
1820 in Berlin promoviert hatte.) „Die theologische Fakultät
wird daher hiermit aufgefordert, den Termin des Examens des
Kandidaten Tholuck sofort anzusetzen, dazu nötigenfalls den
Direktor und Professor extraordinarius D. Bellermann, wozu
sie hierdurch autorisiert wird, einzuladen und, wenn das Examen
günstig ausfällt, seine Habilitation möglichst zu beschleunigen.
　　　　　Berlin, den 6. November 1820.
Minister der geistlichen, Unterrichts= und Medizinal=Angelegenheiten
　　　　　　　　　　　　　　　Altenstein.
　　An die theologische Fakultät bei der
　　　　Universität in
　　　　　　Berlin.
　　Nr. 12805 cito."
　　Das war deutlich geredet, und einem solchen ministeriellen
Befehle gegenüber gab es keine weiteren Ausflüchte. In der
Zeit des Wartens bis auf die Entscheidung hatte Tholuck Tage
stiller Einkehr und Selbstprüfung. Die Krankheit klopfte wieder
gewaltig an seine Brust, so daß er vermuten mußte, zum Dis=
putieren im großen Raume könnte seine Stimme unmöglich aus=
reichen; nach längerem Reden versagte sie ganz. Einmal stieg
das Blut wieder hoch empor, so daß es durch die Nase abfloß.
Unter diesen ernsten Mahnungen hielt er wiederholt mit sich
Selbstgericht und warf sich die Frage auf, wie weit er sein
Mißgeschick bei Menschen verdiene. „Ich bin mir bewußt,"
schrieb er am 1. November, „manches Widrige an mir zu haben;
so will ich den Eindruck desselben auf meine Freunde durch
größte Anspruchslosigkeit heben, denn dann wird man des=
wegen nur bedauert. So würde ich es machen, wenn ich
buckelig wäre." Der Baron hatte alles anzuwenden, um die
Ungeduld seines Freundes zu zügeln. Einmal sagte er ihm

(6. November): „Wenn Sie jetzt in die Theologie träten, so würden Sie bei Ihrer Gesinnung so" (— vielleicht „so leer" mit einer entsprechenden Geste? —) „mit beiden Händen da= stehen müssen, und da weiß ich doch nicht, ob das nicht zu schwer werden würde. Ich dächte mir das also recht schön, wenn Sie für jetzt in der Vorhalle blieben und da so von unten den Weg bahnten." Und als ihm Tholuck antwortete, daß er dann fürchten müßte, innerlich wieder „verwickelt zu werden", entgegnete Kottwitz: „Nun, das sieht Er ja, und da wird Er schon Rat schaffen."

Am 18. November kam das Schreiben Marheinekes, das ihn für Mitwoch den 22. November, mittags zwei Uhr zum Examen vorlud. „Herr, ich kann nichts ohne dich!" be= kannte Tholuck in seinen Notizen zu diesem Tage. „Du großer Heiland, ich bete an. Ich ängstige mich nicht, ob ich krank werden kann, denn ich weiß, daß Du lebst. Du trägst mich, ja du trägst mich. Heiliger Herr, auf den Knieen bete ich an. Mein natürlicher Mensch macht mir bange, daß ich bis dahin erkranke. Aber nein, nein! ein himmlischer Trost hält meine Seele: Ich bin Sein Priester! Halleluja!" Sein Arzt, der in der Stierschen Biographie[3]) näher gekennzeichnete Dr. Breyer, auch ein Schlesier und den erweckten Kreisen Berlins angehörig, gab ihm noch den Tag vor dem Examen wenig Hoff= nung auf bleibende Gesundheit und sagte ihm: „Vielleicht sind Sie gerade zum Leiden bestimmt." Aber getrost befahl Tholuck jetzt seine Zukunft in die Hand Gottes.

Am Examenstage schrieb er kurz vor dem Gange zum Ri= gorosum in sein Tagebuch: „Nachmittag um ³/₄ 1 Uhr. Nun ist's bald an dem, daß Er sich verherrlichen soll. Anders kann ich es nicht mehr ansehen. Ich habe ihn noch einmal unter Thränen gebetet: Bist Du der Heiland, der mich tröstete, wenn ich in Reichenbach mit dem Messer da stand und in den Abendhimmel sah, wie einer, der schon von der Erde weg ist; bist Du der Heiland, der in meiner Seele war, als ich im Hochgefühl künf= tigen Wirkens über den Alexanderplatz ging, über mir die ewigen Sterne und in mir die ewige Sonne; bist Du der Heiland, der die Gebete gehört hat, die ich oft spät in der Nacht auf den Knieen ausstieß um Wirkung: o so komm jetzt wieder! — Ich wünschte nicht, daß es so wäre, aber es ist so, daß alle meine Erfahrungen mir ungewiß werden, wenn's diesmal nicht ein= trifft. Alle andern Hindernisse könnte ich mir erklären, aber jetzt würde ich es nicht können. Er hat doch gesagt: Wenn ihr glaubtet, würdet ihr Berge versetzen können. Was erzählte man denn von Jänicke? Unterwegs bekomme er zuweilen den Blut= husten, und doch ginge er auf die Kanzel und predigte. — Den Glauben habe ich, nur nicht den angstfreien. Es gibt einen männlichen Glauben und einen kindischen. Dieser schreit be= ständig und sieht sich ängstlich um; jener, wenn einmal in seiner Brust die Überzeugung ist: Hier ist's des Herrn Sache, zu wirken, geht mit erhobenem Haupte, wie Luther, auf den Feind zu."

Und so ging auch Tholuck ins Feuer der Prüfung.

Leider ist es nicht gelungen, über dieses in vieler Hinsicht gewiß höchst interessante Examen und seinen Verlauf irgend etwas Bestimmtes zu erfahren. Die alten Prüfungsprotokolle in den Dekanatsakten, die ich habe einsehen dürfen, enthalten nicht die leiseste Notiz über Tholucks Examen. Nicht einmal darüber können wir etwas mitteilen, ob noch ein Mitglied der Fakultät sich entschlossen hat, die Prüfung im Hebräischen und Chaldäischen vorzunehmen, oder ob nach der Andeutung der Ministerialverfügung D. Bellermann zum Examen hinzuge= zogen worden ist.[4]) Aus den eigentümlichen Umständen, die bei dieser Prüfung obwalteten, erklärt sich wohl die Legende, die mir im Sekretariat der Berliner Universität aus dem Munde eines alten Beamten mitgeteilt wurde: Tholuck sei so gelehrt gewesen, daß niemand sich gefunden habe, der ihn hätte examinieren können. Jedenfalls ist die Prüfung glücklich verlaufen, und noch am Abend desselben Tages schrieb Tholuck, nachdem er noch, trotz aller Ermüdung, seinen Schüler Orr aufgesucht hatte, überselig in sein Tagebuch: „Abends $1/2$ 9. Was ich nun sagen soll, weiß ich nicht. Ich bin Staub und er ist Gott. Ja Er ist Gott. Zweimal zog ich das Los*), zweimal traf

---

*) Auch sonst zeigt das Tagebuch Spuren davon, daß Tholuck, nach der Weise der Brüdergemeinde, sich dem Lose anvertraut hat. Die Pro= zedur wird wohl die gewesen sein, daß er die verschiedenen denkbaren

ich das Dritte, daß ich nicht nur schwach herauskommen würde, sondern stark und noch zu Orr gehen. Und alles ist geschehen, ich bin bei Orr gewesen, bei Olshausen und noch wohl. — Aufs ernsteste muß ich das nehmen; denn das ist eine der größten Gebetserhörungen, zumal da ich hier auch mehr denn je gerade vorher die Überzeugung hatte: er muß erhören. Hier kann auch kein Mensch entscheiden, was Gott gehört und was dem Wurme. Hätte ich jene Überzeugung nicht gehabt, so hätte ich auch absagen lassen und mich aufs Krankenlager gestreckt. — Aber nun auch als Zeichen kindlicher Dankbarkeit überall Demut und Mäßigung! Ich will recht kindlich flehen, daß Er mir Kraft schenke, um endlich treu zu sein. Ach daß ich nie diesen Tag vergesse! Daß ich nie vergesse, daß Er Gebete erhört!"

Nun galt es noch, die aufgestellten Thesen in öffentlicher lateinischer Disputation verteidigen. Dazu war Sonnabend, der zweite Dezember, der Staatsstreichstag der Napoleoniden, festgesetzt; ein Tag, an welchem, wie Pastor Ahlfeld bei der fünfzigjährigen Jubelfeier der Tholuckschen Dozentenlaufbahn launig sagte, Gott der Herr in seiner deutschen Kirche durch die Vokation Tholucks einen „stillen Staatsstreich gegen den Rationalismus" ins Werk setzte. Am Montag sagte sich der junge Lizenziandus auf seiner Stube das Exordium seiner lateinischen Rede mit lauter Stimme her; er spürte keine Ermüdung. Am Freitag mußte er noch viel in der Stadt umherlaufen und hier und da sprechen; auch beim Geheimen Rat Süvern war er, der ihn mit der Zusicherung künftiger Anstellung und Gehaltes erfreute, — aber noch am späten Abend war kein Gefühl der Ermattung vorhanden. „Nun bin ich von Ihm geweiht, was kann mir schaden? Er mein Freund, Heiland, König, Hoherpriester! Ja wir können nichts ohne Ihn."

Auch über den Verlauf der Disputation ist in den Berliner Universitätsakten nichts zu finden gewesen. Wir wissen nicht, wer seine Opponenten gewesen sind, auch nicht, ob etwa einer

---

Eventualitäten auf verschiedene Zettel schrieb und dann zog. Diesmal hatte er ausdrücklich den Gang zu Orr nach dem Examen als das Äußerste der göttlichen Gnadenerweisungen in die Komplikationen mit aufgenommen.

der Professoren, vielleicht gar Schleiermacher, die ihm zum Teil gewiß recht mißliebigen Thesen attackierte. Nur diese Thesen selbst sind den Akten angebunden, und da sie für die damalige theologische Stellung Tholucks von Bedeutung sind, so teilen wir sie hier in deutscher Übersetzung[5]) mit. Es sind ihrer dreizehn, und sie lauten:

„1. Aus dem Charakter der Sprache können stichhaltige Beweise gegen die Echtheit des Pentateuchs nicht hergeholt werden.

2. Es ist eine verkehrte Meinung, in den Propheten des Alten Testaments nichts Besseres sehen zu wollen, als Dichter oder Demagogen des hebräischen Volkes.

3. Die durch Heiligkeit ausgezeichneten Männer der Hebräer ragen, wiewohl es beim ersten Blicke nicht so scheint, vermöge ihrer aufrichtigen Frömmigkeit vor den großen und berühmten Männern des gelehrten Griechenlands und des waffenmächtigen Roms hervor.

4. Der λόγος ist nach der Meinung des Johannes weder eine göttliche, dem Menschen Jesus mitgeteilte Eigenschaft, noch ist er die Vernunft Gottes.

5. Der Begriff eines ewigen göttlichen Offenbarers findet sich bei allen orientalischen Nationen; aber so wenig bestreitet das die Wahrheit der Lehre unsers Erlösers, daß es dieselbe vielmehr bestätigt und stützt.

6. Daraus, daß auch die Schulen der Kabbalisten eine Art von Trinität lehrten, kann gegen dies Dogma, wie es bei den Christen festgehalten wird, nichts geschlossen werden; man muß dasselbe nur in dem einfachen Sinne auffassen, wie die heil. Schrift es fordert.

7. Wenn man die eine Lehre von der angebornen Sündhaftigkeit des Menschen beseitigt, fällt sofort die ganze christliche Religion.

8. Die Weissagung Jesaja 53 handelt vom Messias.

9. Die Beweisführung des Apostels Paulus im 9. Kapitel des Römerbriefes hat nicht die Tendenz, den freien Willen des Menschen zu leugnen.

10. Dennoch ist es ein Irrtum zu behaupten, mit dem Ratschluß der Prädestination könne keine Heiligung des Lebens bestehen.

11. In den Lehren der Therapeuten und Essener sind deutliche Spuren des orientalischen Mystizismus wahrzunehmen.

12. Im Send-Avesta ist kein echtes Bild der alten persischen Religion gegeben.

13. Es weist vieles darauf hin, daß Mohammed die Lehren, die er vom Christentum herübergenommen hat, christlichen Sekten verdanke."

So war denn endlich das heißersehnte Ziel erreicht; der Goldschmiedssohn konnte daran gehen, aus den Gründen der Schrift das köstliche Edelmetall hervorzuholen und als geprägte Münze es weiterzugeben an suchende Seelen; er konnte sich aufmachen, in jungen Herzen den „Silberblick" zu wecken, von dem noch der Greis so gern und so strahlenden Auges redete. In jeder Zeile des Tagebuchs zittert der Dank nach, daß Gott ihm auch über dies Schwerste freundlich hinweggeholfen hat. Am 2. Dezember selbst um 4 Uhr schreibt er: „Ich komme von der Disputation zurück, gesund und stillfroh. Ach wie ist eine Züchtigung so heilsam, da man sodann so gnädiglich fühlt, was Barmherzigkeit ist. Ich bin so gedemütigt von Seiner Gnade, daß ich an nichts weniger denke, als daran, daß ich etwas bin. Er strömt Segen ohne Ende. Das Verschen, was Olshausen sagte:

fac ut possim demonstrare,
quam sit dulce te amare,
tecum pati, tecum flere,
tecum semper congaudere —

wie geht's so tief in meine Seele. Ich fühle mich so ruhig, so in Seinen Armen, als ob ich heut abend sterben sollte, und dann wollt' ich mich gern hinlegen. Es ist als wenn mir eine Stimme sagte: nun denke ans Krankenbett nicht mehr; sei nur mäßig und demütig!" Und am stillen Sonntagmorgen, nach all der Anstrengung und Aufregung: „Wie dankbar, wie zufrieden stand ich auf. Ach, es ist ein eignes Gefühl, das ich nun nach überstandenem Examen und Disputation habe, so heiter in meiner Seele, wie in dem Traume von heut nacht. Es träumte mir, ich läge auf einem Lager unter offenem Himmel in den schönsten Landschaften, unter Kirchen, Palästen, Blumen, die wie in Abenddämmerung schwammen. Ich dachte, dies ist

doch wohl nur ein Traum; nein, antwortete ich mir, es ist kein
Traum, vielleicht bist Du schon gestorben, und darum ist's so
schön. Da fühlte ich mitten in der seligen Entzückung meine
Füße und Zunge so starr werden, daß ich sie nicht regen
konnte. Nun war es mir gewiß, daß ich im Sterben sei. Da
drängte sich die Idee dazwischen: du kannst nun aber lehren;
willst du nun nicht noch leben? Nein, antwortete ich, es ist ja
zu schön zu sterben. — Überhaupt sehe ich jetzt manchmal wie
Lavater im halbwachen Zustande die allerherrlichsten Landschaften, aber gerade so wie bei ihm verschwinden sie in Se-
kunden."

An dem Tage des Examens noch schrieb ihm ein Berliner Freund einen Brief, der charakteristisch ist für den Eindruck, welchen Tholuck damals wohl noch vielfach auf seine
nächsten Umgebungen machte. Doch muß, damit kein falsches
Bild im Lesen entstehe, vorausgeschickt werden, daß der Schreiber,
ein gewisser G. Friedenberg, der in den meisten christlichen
Biographien jener Zeit vorkommt, ein für die Judenmission
halbgewonnener früherer Israelit war und ein Mensch von
düsterem, freudelosem Gemüt sowie von scharf kritischem, ätzendem
Verstande; ein zweifelhafter Freund, der Tholuck oft bittere
Not bereitete, und über den auch Kottwitz innig trauerte, weil
er vor lauter Verstandesskrupeln nie zur Freudigkeit des Christenglaubens durchzudringen vermochte. Friedenberg schreibt:
„Teurer, inniggeliebter Bruder in Christo. Mir selbst viel mehr,
als Dir diesen Tag wichtig zu machen, erlaube mir dies Wört-
lein brüderlicher Ermahnung, das mit keiner andern Empfehlung
zu Deinem Herzen spricht, als mit der, daß es aus einem
Herzen geflossen ist. Du bist nun Lizentiat der Theologie; mit
allen den Rechten und Ehren dieses Standes sind auch alle Gefahren und Versuchungen desselben verknüpft. Wie sehr Du auch
bereits als Privatchrist Dein Herz vor Gott geprüft haben
magst, so werden von nun an dennoch unzählige Umstände
bisher noch nie angeklungene Saiten Deines Herzens berühren.
Denn es verhält sich mit unsern Leidenschaften, wie mit unsern
Fähigkeiten: nur durch die Erscheinungen der Außenwelt wird
die Innenwelt in uns geweckt. Du wirst daher auch von mir
Gebeugtem, dem die Tröstungen der Religion so sehr abgehen,

den Anruf „Wache und bete" nicht verschmähen. Denn wenn Du nicht wachst, so wacht der Feind, und vorzüglich da, wo er die geringste Unachtsamkeit zur Anrichtung unendlich vielen Schadens gebrauchen kann. O wache über Dein Gemüt, mein teurer Bruder, das (nur die wahrste Freundschaft läßt mich Dir das sagen) gleich einem Zunder dem verzehrenden Feuer des gelehrten Stolzes nur zu nahe liegt, und dessen Reizbarkeit in Deinem öffentlichen Charakter andern sehr bemerkbar wird. O Du sagst es mir ja, wo ich Trost suchen soll — da suche Du, Teurer, wahre Demut (denn du wirst von nun an das, was unser Stier in Hinsicht der Demut sagte, täglich auszuüben Gelegen= heit haben) und den Ausdruck der Demut, sanftmütiges Wesen. Laß einerseits den Schwächern nie Deine Überlegenheit an Gelehrsamkeit fühlen (im Privat=Umgang thust Du das nie) und anderseits zeige keine Empfindlichkeit über den gelehrten Sieg andrer. An Kleinigkeiten, z. B. in Gebärden, Accent u. dergl. liegt im öffentlichen Charakter gar viel, und sie werden wichtiger, je wichtiger unser Standpunkt und Laufbahn ist. Christum den Gekreuzigten in der Mitte von tausend seiner Feinde verherrlichen, erforderte in Jerusalem ein Gemüt, gleich= gültig gegen den Tod, Apostelgesch. 7; und in Athen eins gegen den Spott der Sophisten, Apostelgesch. 17; und in Berlin wahrlich nicht minder als in Athen. Dein Leben in Christo sei es, was den Studenten Seine Wahrheit demonstriert; aber Dein Leben auf dem Katheder ebensowohl als Dein pri= vates, das nur der Zehnte, vielleicht der Hundertste beobachten kann. Mustere sie immer ganz auf, Deine Gelehrsamkeit; im Dienste und unter der Anleitung der Religion darfst, sollst und mußt du es thun: aber vergiß nicht, daß Du durch die geringste Abweichung von dem Bestreben, Gott damit zu verherr= lichen, in einem viel verächtlicheren Lichte erscheinen mußt, als andre, die das Höchste nie erkannt haben, und Dir unendliche Schmerzen und andern unsäglichen Schaden bereitest. O wie freue ich mich, daß bei dem, was Dir vom Herrn geworden ist, zehn Grade von Wahrscheinlichkeit da sind, daß Du den Er= wartungen der Freunde Jesu entsprechen werdest, gegen einen vom Gegenteil. Recht sehr innig habe ich heute bei Deiner Disputation die Überlegenheit eines Körnleins von Religion

über die ganze Masse menschlichen Wissens gefühlt, und ge=
trauert, daß die Menschheit so ist, daß jene nur durch dieses
gelehrt werden kann, und daß nicht vielmehr, wie dort gewiß
der Fall sein wird, dieses in jener ganz aufgeht. — Jehovah,
der Gott Abrahams, Isaaks und Jakobs, der Christengott sei
Dein Lohn und Deine Stärke, und nichts andres. Er stärke
Dich an Leib und Seele, bewahre Dich vor Irrtümern diesseits
und jenseits des Glaubens, bekenne sich zu Deiner Lehre vom
Heil durch Jesum Christum, und wandle in den Seelen Deiner
Zuhörer Deine Worte um in seine Kraft, damit im eigentlichen
Verstande Du das Werkzeug seiest und Er der Autor, und die
Ehre, wie sich's auch gebührt, Sein bleibe und demutsvolle
Freude über seine Verherrlichung Dein ewiglich. Amen. Nach=
schrift: Wundre Dich nicht über mein Nichtkommen diesen
Abend. Du weißt ja, daß ich Dich liebe und schätze. — Ich
will Dir kein Buch verehren, da Du vermutlich dergleichen von
Andern bekommen wirst. Nimm zum Andenken, was ich von
Kleidungsstücken Dir heute geschickt habe. Und wenn sie abge=
tragen sind, lebt mein Andenken vielleicht doch in Deiner Seele
fort, und im Himmel (wohin es mich recht sehr herzlich ver=
langt) muß sich's doch erneuern, sollte auch die Zeit mit ihren
betrübenden Erscheinungen es verwischen können. O der seligen
Hoffnungen!" —

Am Dienstag, den 12. Dezember, hielt Tholuck sein erstes
Kolleg. Es scheint, als habe er in diesem Teile des Winter=
semesters 1820/21, der ihm nur noch zu Gebote stand, das
Evangelium Lucä ausgelegt und in abgekürzter Form hebräische
Altertümer traktiert; beides Vorlesungen, zu denen die Ausar=
beitungen in seinen alten nachgelassenen Heften noch vorliegen.
Der Besuch der Studenten war gering; die kleine Zahl preßte
dem Anfänger manchen Seufzer aus, den er in seiner über=
schwenglichen Weise dem Tagebuche anvertraute. Am 17. Fe=
bruar hatte sich nur ein Holsteiner Freund, Simons, einge=
funden, und dem gedemütigten jungen Dozenten mußte es be=
gegnen, daß er auf dem Rückwege zwei andre Zuhörer, die
gefehlt hatten, auf der Straße traf. Er klagte ihnen offen seine
Betrübnis, und da es gleichfalls Glieder seines engeren Freundes=

kreifes waren, so widerfuhr ihm eine gleiche Beschämung nicht
wieder.

Mit der Ausbreitung seiner Bekanntschaften unter den
ernster gerichteten Geistern der Studentenwelt, die er zum Teil
bei Kottwitz traf und zu bestimmten Abenden auch bei sich sam=
melte, mehrte sich die Zahl seiner Zuhörer. Manche seiner
Vorlesungen, wie die Psalmen und der Römerbrief, füllten bald
auch größere Hörsäle.

Es mögen gleich hier sämtliche Kollegia genannt werden,
die Tholuck als Privatdozent und Professor in Berlin gehalten
hat. Die betreffenden Semesterkataloge der Universität Berlin
weisen nach: für den Sommer 1821 Die Geschichte und die
Altertümer der Hebräer, 4stündig, von 10—11; die Psalmen,
4stündig, von 2—3. Winter 1821—22: Die Christologie des
Alten und des Neuen Testaments, 3stündig; Die klassischen
messianischen Stellen des Alten Testaments, 3stündig. Einlei=
tung in das Studium der Sitten und Sprachen der Orientalen*).
Sommer 1822: Die Elemente der syrischen Sprache; Das
Evangelium Lucä; Historisch=grammatische Auslegung des Pen=
tateuchs. Winter 1822—23: Die Briefe Pauli an die Römer
und Epheser, 4= oder 5stündig, von 11—12; Die messianischen
Weissagungen der großen und kleinen Propheten; Exegetische
und dogmatische Disputationen. Sommer 1823: Übersicht der
orientalischen Philosophie und Religionen; Die Psalmen; Bibli=
sche Dogmatik. Winter 1823—24: Geschichte der Theologie
des 18. Jahrhunderts mit Aufweisung der Grundsätze des
Rationalismus und des Supernaturalismus; Über die Methode
des theologischen Studiums und die Bedeutung der vorzüglich=
sten Schriften in den einzelnen theologischen Disziplinen; Pen=
tateuch. Sommer 1824: Analytische Übungen in der hebräischen
Sprache; Die Elemente der persischen Sprache; Die messianischen
Weissagungen; Apologetik der christlichen und der jüdischen
Religion und ihre Geschichte. Winter 1824—25: Über die

---

*) Tholuck muß in diesem Semester auch „Biblische Dogmatik" ge=
lesen haben, nach einer Notiz in einem Briefe an Stier vom 22. Novbr.
1821; auch existiert ein sauber von Nitykowski nachgeschriebenes Heft
mit dem betr. Datum. (Vgl. S. 221.)

Dogmatik, die Wissenschaft und die Sprache der Rabbinen; Dogmatische Disputationen; Dogmatik. Winter 1825—26; Die Geschichte der Theologie des 18. Jahrhunderts; Dogmatik; messianische Weissagungen. In jedem Semester erbot sich Tho= luck außerdem zu hebräischen, arabischen, syrischen und per= sischen Privatissimen.

Wenn man den Stoff überblickt, mit dem sich Tholuck nach diesem Verzeichnis besonders beschäftigte, so ist es in= teressant zu bemerken, einmal: wie bald der Linguist und alt= testamentliche Exeget zu den Schriften des Neuen Testaments überging; sodann daß er in dieser Anfangszeit schon den Grund zu seinem beliebtesten und allezeit besuchtesten Kollegium legte: die Methodologie des theologischen Studiums; endlich aber auch: wie frühe ihn diejenigen Studien anzogen, denen nachher haupt= sächlich die Arbeit des Mannes= und Greisenlebens galt: die Geschichte des vorigen Jahrhunderts mit der für Tholuck be= sonders interessanten Erscheinung des Rationalismus, dessen Vorbereitungen in der Zeit der Orthodoxie und des Pietismus er später so sorgsam verfolgte. Tholuck selbst hatte in seiner der deutelnden und grübelnden Reflexion trotz alles stürmischen Enthusiasmus entschieden zuneigenden Natur so viele An= knüpfungspunkte für den Rationalismus, daß ihn derselbe gerade je mehr er ihn für sein persönliches religiöses Leben als einen Feind floh, als wissenschaftliche Erscheinung um so mehr zur Prüfung und näheren Durchdringung aufforderte.

Im übrigen war es auch jetzt der persönliche Einfluß, durch welchen Tholuck im Kreise der Studenten mehr noch, als durch seine Vorlesungen, wirkte. Eine von Monat zu Monat wachsende Schar hielt sich zu ihm. Schon am 16. April 1822 konnte Tholuck in sein Tagebuch schreiben: „Wie viele hat der Herr durch mich schwaches, untreues Werkzeug schon gesegnet! Es sind wohl fünfundzwanzig, und unter denen wohl zehn, denen ich allein den Mann der Schmerzen und den Weg der Einfalt zu ihm zeigen konnte." An jedem Donnerstag und an jedem Sonntag Abend kamen die Freunde in sein Zimmer. Die Art des Zusammenseins trug ganz den Charakter der Mittwoch= abende bei Kottwitz, nur daß jede Bewirtung, auch die be= scheidene Theetasse vom Alexanderplatze, fortfiel. Es waren

recht eigentliche Collegia pietatis. Gesang, Gebet, Schrift=
vorlesung, freie Ansprachen, Mitteilungen aus der Heiden= und
Judenmission und den sonstigen Angelegenheiten des Reiches
Gottes, dazwischen bewegtes Gespräch, nach dem Auseinander=
gehen wohl auch noch tiefer eingehende Zwiesprachen mit Ein=
zelnen, bei denen der Kottwitzsche Lehrling seine seelsorgerische
Sonde anlegte und bald die Meisterschaft in der speziellen
Seelenpflege erlangte: das war der Inhalt jener Abende, von
deren Herrlichkeit die Briefe der aus Berlin Geschiedenen nicht
genug Rühmens und Preisens machen können. „O die selige
Gemeinschaft mit andern Christen in dem mir gewiß unver=
geßlichen Berlin," schreibt einer, Friedrich Oelbermann aus
Lennep, und bestellt Grüße an den Baron, Neander, Ols=
hausen und „besonders an die innig verbundenen Donnerstags=
freunde". Ein andrer, Martens aus Holstein, ruft aus:
„O wie sehnt sich mein Herz nach den teuren Brüdern in Berlin,
mit ihnen in heiliger und heiligender Gemeinschaft den Herrn
zu loben, an ihnen und mit ihnen zu sehen, wie das Reich
Christi immer mehr und innigere Jünger gewinnt." Ein
dritter, Senger in Reck, den ein von Tholuck besonders ge=
liebter früherer Zuhörer, Albert, eben besuchte, schreibt am
22. Juli 1822: „Heilige, freudige Stunden genieße ich in der
Nähe unsers lieben Albert. In ihm tritt das schöne Berlin
so lebendig vor meine Seele; — und so, wie könnte es auch
anders sein, fühle ich vorzüglich von neuem recht lebendig Ihre
Nähe, lieber Tholuck. Mein Herz, von neuem angeregt pocht
vor Liebe und Dankbarkeit zu meinen Brüdern, denen ich das
Teuerste und Höchste, den Frieden der Seele verdanke." In
einem Briefe vom 16. November 1822 schreibt der schon ge=
nannte Oelbermann: „Wie ist der Bestand unsrer lieben
Donnerstagsgesellschaft? Hierbei fällt mir ein, daß neulich bei
Gelegenheit eines Konvents mehrerer Prediger hierselbst, zu dem
ich eingeladen war, einer derselben, nämlich der älteste unsrer
hiesigen Prediger, mit rechtem Ingrimm und mit Erdichtung
einiger gehässiger Umstände über die unter Ihrer Leitung statt=
finden Zusammenkünfte zu sprechen anfing, worin die meisten
der übrigen, jedoch gottlob nicht alle, einstimmten; und daß
ich da anfangs zwar sehr verlegen wurde, dann aber bald, durch)

unsers Herrn Kraft und Beispiel gestärkt, offen und frei den
Versammelten erklärte, daß auch ich daran teilgenommen und
daher den Zweck und die Einrichtung sehr genau kennen müßte,
welche ich ihnen denn auch darlegte. Doch währte das Contra-
Disputieren noch fort, bis ein Prediger hier aus der Nähe,
mit dem ich am meisten befreundet bin, mit würdevoller Stimme
sagte: wenn nun auch pia collegia in Berlin gehalten werden,
was für Übles ist denn darin zu finden und davon zu be=
fürchten? Gott sei Dank, daß er mich da nicht zum Heuchler
werden ließ."

Die Namen der in der engeren Gemeinschaft mit Tholuck
Verbundenen finden sich mit großer Gewissenhaftigkeit in seinen
Tagebüchern verzeichnet. Oft schreibt er eine heiße Fürbitte
für den einzelnen nieder, oft vermerkt er Tag und Stunde ihrer
Einkehr und Umkehr. Die Freunde der ersten Jahre waren ihm
am tiefsten ins Herz geschrieben; oft spricht er das sehnsuchts=
vollste Verlangen nach jenen Zeiten der ersten Liebe aus. Es
sei verstattet, um der Vielen willen, die später als Söhne und
Enkel von den Altgewordenen zum Freunde ihrer Jugend ge=
schickt und seiner seelsorgerischen Weisheit und Liebe empfohlen
wurden, hier einige Namen zu nennen, wie sie in dem Tage=
buche vorkommen.

Außer den schon Erwähnten, Albert, späterem Geistlichen
in Barmen, und Esch, mit welchen beiden Tholuck auf einer
Stube wohnte, Delbermann und Sengel, denen wir noch
Hachtmann, Freitag, Wilh. Günther aus Wernigerode,
Hauslehrer bei dem General v. Kessel, und Schmidt zufügen,
hat die Kottwitzsche „Fakultät" auch bei Tholuck den Stamm
der ältesten Freundesgemeinschaft gebildet, d. h. die Studenten
Egge, Hansen I und II, Martens, Bahnsen, Rehhof I
und II, Siemonsen, Geibel, Jensen u. a., lauter Hol=
steiner, die in ihrer dänischen Heimat keine rechte geistliche
und wissenschaftliche Nahrung fanden, und dieselbe in Berlin
suchten. In ihr Vaterland zurückgekehrt, stifteten sie dann, wo
sie nur konnten, nach dem Tholuckschen Vorbilde ähnliche
wissenschaftlich religiöse Abende für „pietistische Gesellschaften",
die sie selbst mit diesem Namen bezeichneten; so in Kiel, Flens=
burg, Kopenhagen und anderwärts. Sie hielten ihren geliebten

jungen Lehrer über die kirchlichen Zustände Dänemarks und des
skandinavischen Nordens im Laufenden und empfingen in der
Folgezeit mehr wie einmal seinen persönlichen Besuch.

Rudolf Stier, der seit dem Herbst 1819 wieder in Berlin
studierte, kommt im Tagebuche Tholucks erst am 31. März
1820 vor, aber bereits als ein in engerem Verkehr mit ihm
stehender Freund. Schon 1817 im Hause von Diez hatten sie
sich kennen gelernt, damals noch beide ohne nähere Stellung zum
Reiche Gottes. Am 31. März machten sie einen gemeinsamen
Spaziergang nach Charlottenburg, über den sich Tholuck fol=
gendes notierte: „Ich ging mit Stier nach Charlottenburg,
und was ich für mich gewonnen zu haben glaube, ist: daß Gott
den Menschen einfach erschuf, sie aber suchen viele Künste. Wie
viele halbwahre Paradoxen stellte er auf, als: Jean Paul ist
so weit in seiner Erleuchtung gekommen, als Gott es für seinen
Zweck haben wollte. Das Böse und Fehlerhafte haben nur die
Personen Jean Pauls, nicht Jean Paul selbst. Wenn die
Rede auf die Gnadenwahl fällt, müssen wir gar nicht erst
fragen: was gehört mir und was Gott; u. dgl.... Aber auf
der andren Seite legte er mir durch manches ins Herz, daß die
Individualität mehr Raum einnimmt, als ich berücksichtigte.
Das Wahre davon ist: ohne ein Gebiet für seine Individualität
behalten zu wollen, strebe jeder einfältig Christo nach; Eigen=
tümliches wird von selbst genug bleiben."

Stier und Tholuck waren so verschiedene Naturen, daß
sie im Grunde fortwährend mit einander in Konflikt lagen, sich
aber ebenso entschieden immer wieder gegenseitig anzogen. „Unser
innerer Mensch ist verschieden gewachsen, nach Norden hin der
Deine, nach Süden hin der meine; wenn uns nur aber beide
die eine Sonne vom Morgen bescheint!" schrieb Tholuck einmal
an den Freund (26. April 1821). Tholuck hatte auf die
theologische Richtung Stiers insofern einen gewissen Einfluß,
als er ihm zu Weihnachten 1820 kurz nach seiner Habilitation,
die Joh. Friedr. v. Meyersche berichtigte Bibelübersetzung schenkte,
um den hin und her springenden Geist des Freundes zu an=
haltendem Schriftstudium zu bewegen. In seinem Artikel über
Stier in Herzogs Realencyklopädie[6]) datiert Tholuck von die=
sem Zeitpunkte eine entscheidende Wendung in Stiers Theologie;

und in seinem Tagebuche findet sich am letzten Abende des
Jahres 1820 unter den für ihn bedeutungsvollen Ereignissen
des verflossenen Zeitraumes neben seiner Promotion und „Ols=
hausens Erweckung" auch die „Erweckung Stiers" verzeichnet.
Zu Ostern 1821 siedelte Stier als Kandidat nach dem Witten=
berger Seminar über, und an die Stelle des persönlichen Ver=
kehrs trat eine eifrige und für beide Teile lehrreiche Korrespon=
denz, der auch wir im Verlaufe unsrer Erzählung eine Fülle
interessanten Stoffes entnehmen werden.

Ein ebenso kritischer Freund wie Stier war für Tholuck
der eben genannte Hermann Olshausen, der gleichfalls mit
einundzwanzig Jahren 1818 Lizentiat der Theologie und 1820
Privatdozent an der Berliner Universität geworden war. Noch
am 22. Juni 1820 nennt das Tagebuch Olshausen unter
solchen Theologen, „die doch wollen Christen sein und in ihrem
Herzen so wenig empfunden haben". Bis zum Jahresabschluß
muß eine Umwandlung in ihm vorgegangen sein, die Tholuck
als „Erweckung" bezeichnen und mit seiner eigenen Einwirkung in
Zusammenhang bringen konnte. Von da ab blieben beide in
herzlicher Freundschaft, mit einander verbunden, eine Freund=
schaft, die auch nach Olshausens Tode (1839) fortwährte:
Tholuck besorgte für die Witwe Olshausens die Herausgabe
der neuen Auflagen seiner neutestamentlichen Kommentare, ohne
je ein Honorar dafür anzunehmen.

Wie rückhaltlos die Freunde dieses Kreises sich unter ein=
ander die Wahrheit sagten, ohne sich erbittern zu lassen, möge fol=
gender Brief Olshausens an Tholuck aus Königsberg be=
weisen, wohin ersterer zu Michaelis 1821 als außerordentlicher
Professor berufen worden war. Der (datumlose) Brief ist, wie
der Inhalt zeigt, nach dem ersten Besuche Olshausens in
Berlin geschrieben und zeigt, wie klar der ältere Freund die
Gefahren des gefühligen Christentums erkannte, denen der Tho=
lucksche Kreis und nicht am geringsten der, um welchen er sich
gruppierte, ausgesetzt war. Es heißt daselbst:

„Deinen Brief, mein herzlich geliebter Tholuck, habe ich
nicht ohne einige Betrübnis gelesen, indem ich mir die Stimmung
des Gemütes, aus der er geflossen, zusammenhalten mußte mit
der, in welcher ich Dich verließ, nachdem wir das wichtige Ge=

spräch mit einander gehabt hatten. Es war Dir damals an=
schaulich geworden, (wie Du mir sagtest), was Dir not thäte,
und Du erkanntest nicht bloß an, daß meine Absicht echt wäre,
sondern daß ich in dem, was ich sagte, recht habe. Du birgst
nun freilich auch in diesem Briefe nicht, daß Du auf mehrere
nicht unwichtige Punkte durch mein Gespräch aufmerksam gemacht
bist, die Dir früher entgangen waren. Allein Dein Standpunkt
hat sich doch inzwischen so geändert, daß Du es über Dich
gewinnen konntest, mir jenen Brief zu schreiben. Glaube nicht,
bester Tholuck, daß mir die gerade, unumwundene Aussprache
dessen, was Dir bedenklich war, irgend verletzlich gewesen; mir
ist vielmehr lieb, daß Du es herausgesagt hast. Allein daß es
Dir ein Gegenstand der Bedenken sein konnte, das schmerzt mich,
weil Du nach meiner Meinung das Ungegründete jener Bedenk=
lichkeiten aus der Liebe heraus Dir selbst hättest darlegen können.
Um Dir indes meinen Eindruck von der Gemütsstellung, aus
der Dein Brief floß, näher zu bezeichnen, will ich Dir ins
einzelne gehend, meine Ansicht über die einzelnen Punkte aus=
sprechen; mit der herzlichen Bitte, hierin nicht die Liebe zu ver=
kennen, welche mich treibt. Laufen wir doch alle nach einem
Ziele, mein Bruder, und haben wir doch einen gemeinsamen
Feind zu bekämpfen: wollen uns also die Hand reichen zu
wechselseitiger Unterstützung — um des Ziels nicht zu verfehlen.

„Du klagst zuerst, mein teurer Freund, daß Du mir so
wenig Liebe bewiesen bei meiner Anwesenheit in Berlin: aber
Du klagst Dich nicht an (indem Du Deine Hypochondrie als
Grund angibst); vielmehr verdächtigst Du meine Liebe, indem
Du die Besorgnis äußerst, sie möchte eine gemachte Freund=
lichkeit gewesen sein. Daß Du diese Befürchtung zum zweiten
Male äußerst, thut mir leid; ich hatte gehofft, daß Du sie so=
gleich, nachdem Du sie mündlich geäußert, gänzlich hättest fallen
lassen. Wenn man nämlich selbst gesteht, ohne Liebe gewesen
zu sein, ist es ja der Erfahrung gemäß, daß man die Liebe des
andern in falschem Lichte sieht; hättest Du daher nicht richtiger
die Schuld davon in Dir aufgesucht? Aus derselben Stellung
konntest Du auch glauben, ich habe Dir verargt, daß Du nach
meinen äußeren Verhältnissen fragtest. Ich verstand Dich nur
nicht in Deiner Frage und glaubte, Du wünschtest über die

Anordnung meiner Thätigkeit im Innern etwas zu erfahren. Das ist der einfache Grund, weshalb meine Antwort Dir auf Deine Frage nicht zu passen schien.

„Sodann aber, mein geliebter Freund, drückst Du Dich über unser Streben so aus: ‚Die Absicht sei gut, aber der Weg falsch.‘ Womit aber beweisest Du eine solche Anschuldigung? ‚Dir scheine es, sagst Du, frostig und unbiblisch, auf Gegenliebe, Erwiderung, Anstrengung, Entschluß hinzuweisen; Du könntest nur sagen: wie liebt Er die Seinen, wie liebt Er Dich; liebst Du ihn denn gar nicht wieder?‘ Das sind Deine eignen Worte, mein Tholuck, und ich darf es Deinem Urteil überlassen, zu sagen, wie das zusammen stimmt. Wie könnte es doch frostig heißen, aufzufordern, den wieder zu lieben, der uns zuerst geliebt; oder gar unbiblisch, da auf allen Seiten der Bibel von Erwidern der Liebe, von Ringen, Streiten, Kämpfen aus Gegenliebe geschrieben wird (Amos, 4, 12; Luk. 3, 24; Joh. 14, 21; 1 Kor. 9, 25—27; Eph. 6, 10—17; Phil. 2, 12; 1. Tim. 6, 12; 2 Tim. 2, 3—5; Hebr. 12, 4; 1. Joh. 4, 19; Jud. V. 3). Aber überdies forderst Du ja in Deinen Worten streng genommen selbst auch nur zur Gegenliebe auf? — Freilich aber meinen wir eine andre Gegenliebe, als welche Du andeutest in den Worten: ‚Dabei wurde mein Herz weich!‘ Du begnügst Dich nämlich, worüber wir uns auch mündlich besprochen, mit immer wiederholten Anregungen im Gefühl. Allein das Gefühl ist, wie Du selbst aus Erfahrung weißt, von zu wechselndem Charakter und überhaupt eine zu untergeordnete Kraft des menschlichen Wesens, als daß es dauernd vorhalten, oder eine eigentliche Erneuerung des Menschen von ihm ausgehen könnte. Es gilt vielmehr ein Angreifen seiner eigentümlichen Sünde von der Einsicht in dieselbe aus, in ernster Verleugnung, worin die rechte Gegenliebe besteht. Denn die Liebe ist nicht bloß Gefühl, sondern vielmehr eine Kraft, die des angenehmen Gefühls entbehren kann, die sich aber nach dem Wunsche des Geliebten äußert. So denke ich, wäre es bei jenem reichen Jünglinge rechte wahre Gegenliebe gewesen gegen den Herrn, der ihn so liebte, daß er ihm die Straße zum ewigen Leben wies, wenn er alle seine Güter verkauft hätte und wäre der Armut Christi nachgefolgt. Das ist also nicht frostig, mein

geliebter Tholuck, zu solcher Gegenliebe aufzufordern, sondern
erscheint nur leicht da so, wo man sich noch nicht entschlossen
hat, den gewiesenen ernsten Weg zu betreten. Und das ist es
auch, was nach meiner Meinung Dir dies alles so erscheinen
läßt, mein Bruder; ich muß, aus innigster Liebe gedrungen,
Dir dies unumwunden aussprechen und wiederholen, was ich
Dir im Tiergarten sagte. Sieh, mein teurer Tholuck, das ist
noch nicht Deine Sorge, aufzusuchen, was in Dir dem Geliebten zuwider sein möchte, wie doch die rechte Liebe thut, Dich
auch von allen Flecken zu reinigen; sondern Du beschäftigst Dich
in Gefühlen mit Christo, soweit es Dir Vergnügen macht, aber
Du beharrst, ohne in seinen rechten Ernst einzugehen, in Deinen
alten Gewohnheiten. Du hältst die Ansichten der Scholastiker
immer noch höher als Jesu Worte; kannst Dir nicht denken,
daß Du Dich unter alle seine Lehren demütigen solltest, sondern
behältst dies und jenes Alte und achtest nicht alles für Kot neben
ihm; hast daher auch gleichsam eine zersplitterte innere Thätigkeit, und schreibst bald dies bald jenes, von dessen Nutzen und
Zweck für das Reich Jesu Du Dir keine Rechenschaft geben
kannst. Sieh, und deshalb glaube ich, mein Tholuck, kann sich
Dir unser Weg verdächtigen; Du kannst sogar schreiben, (was
Du bei irgend näherer Beprüfung selbst nicht glaubst) ich habe
gesagt, ein Zinzendorfianer, Franckianer, Methodist, könne kein
rechter Christ werden, solange er nicht unsern speziellen Ansichten beiträte. Sieh, das kann ich gar nicht gesagt haben,
weil es meiner innersten Gesinnung widerspricht. Ich glaube
nicht nur, daß Glieder aller dieser Richtungen echte Glieder
werden, sondern sein können und sind. Zum Christen macht
den Menschen wahre Buße und Glauben und nicht jene
äußeren Unterschiede, welche die genannten Richtungen trennen.
Die Apostel selbst hatten ja äußere Verschiedenheiten in der
Form, aber im Wesentlichen waren sie eins; sie standen zu-
ständig wachsend in der Buße, wie alle wahren Christen von
je und je, drangen tiefer und tiefer in die Erkenntnis ihrer
eigentümlichen Sünde ein, aber wuchsen auch in dem unerschütterlichen Glauben, daß Er sich reinigen wolle ein Volk des
Eigentums, das fleißig sei zu guten Werken; sie wußten, daß
Christus eine Macht hat, womit er sich alle Dinge unterthänig

machen kann, auch unser Herz; und das leugnen, heißt daher
im Grunde, Seine Ehre schmälern. Das also kann ich weder
einen Typus, noch eine Methode nennen; es ist vielmehr der
einzig wahre, in der Bibel selbst verzeichnete Weg zum ewigen
Leben. Eben aber weil ich den allein suche, kann ich auch
noch nicht von mir glauben, was Du schreibst, daß Du wüßtest,
wie ich den Herrn allein meinte; — was Du auch bei Dir
vorauszusetzen scheinst. Ich weiß, daß ich nur zu oft eben den
Herrn, d. h. seinen heiligen Willen nicht meine, sondern meinen
eignen Gedanken nachwandle auf Wegen, die nicht gut sind.
Aber ich hege die feste Überzeugung, daß Seine Barmherzigkeit
nicht müde werden wird mir zu zeigen, wo ich fehle, und daß
Seine Allmacht mich vollbereiten, stärken, kräftigen und gründen
kann und will, daß ich gewisse Schritte thun lerne auf dem
Pfade des Friedens." —

Die Freunde Tholucks aus den Studentenkreisen der
späteren Berliner Jahre mehrten sich der Zahl nach; die Innig=
keit aber der ersten Gemeinschaften wurde nur bei wenigen
wieder erreicht. Es seien nach dem Tagebuche noch genannt:
ein besonders treuer Verehrer von Tholuck, der ihm einmal
im Winter, damit der junge Dozent beizeiten sein Morgenfeuer
anmachen könnte, noch nachts 1/2 11 ein Bündlein Kienholz vor die
Thür legte: Nitykowski; derselbe studierte später in Leipzig und
bat von da aus Tholuck, an einen dortigen Studenten W. Voigt
zu schreiben. Letzterer, im tiefsten spekulativen Rationalismus
befangen, wurde durch die Korrespondenz mit Tholuck für den
Glauben gewonnen, hörte in Berlin dessen „Biblische Dogmatik"
und schloß sich dem Lehrer auf das innigste an. Ferner seien
genannt Peter Grundemann, der Vater des Missionskarto=
graphen, Pastenacci, Grandtke, Möge, König, Bernhard
Jacobi, ein Enkel des Philosophen, von Lücke aus Bonn an
Tholuck empfohlen. Baehr, die beiden Geibel, Usteri, mit
dem er syrisch trieb, Quandt später Superintendent in Hasen=
fier, Herold, Schumacher, Schirks, Böhle, ein Genosse in
Kantstudien, Prahl, ein heißgeliebtes Schmerzenskind Tho=
lucks, später in Ratzeburg, von wo aus er am 10. Mai
1824 an Tholuck schrieb: „Vermöchte ich es nur, mich loszu=
reißen von Dir, Du Löwe in der Liebe, der Du mit Gewalt

die Herzen an Dich reißest, wieviel auch Scham und Ver=
zweiflung widerstreben. Nun denn, da hast Du mich wieder,
wie ich bin; ich will nicht länger schweigen, eben jetzt nicht, da
ich wieder Deine Flammenschrift las. Dank Dir, Du Teuerster,
Du Bester, auch für die Erquickung, die dieser Brief mir gab."
Ferner Ideler, Perthes, Burkhard, ein Neffe des Missionars
Christoph Burckhard, von Blumhardt aus Basel empfohlen,
Busch, später als Professor nach Dorpat berufen, wohin ihn
Tholuck warm empfahl; Franz Zahn, der Mörser, dessen
Bruder Adolf auch zuweilen nach Berlin und in den Tho=
luckschen Kreis kam, Schütz, v. Guretzky, Kober, Elfreich
ein Neffe des Prinzeninstruktors Koch in Ludwigslust. Letzterer
war zu Ostern 1821 Tholuck auf einer Reise in Berlin nähergе=
treten. Die Elberfelder, die sich sämtlich in Tholucks Haus ein=
mieteten: Ludw. Müller später Pfarrer in Mettmann, Her=
mann Ball, der Judenmissionar, Hengstenberg, der spätere
Hofprediger, Keetmann, Aug. Schmidt, Super. und D. th.
in Anderbeck; ferner Weström, Kaufmann, später Pastor in
Klemzig, Sellin nachheriger Hofprediger in Schwerin, Dezner,
Haack, Pfiffer, Zander, Donath, Winiewski, ein katho=
lischer Philosoph, gleichfalls von Tholuck, aber ohne Erfolg,
nach Dorpat als Professor der Geschichte vorgeschlagen, Lehrer
an der katholischen Akademie in Münster. Simroth, Gruber,
Häse, Hänsch, Konopka, Reimnitz, Köpke, Callisen,
Tollin, Witte, Lange, Jellinghaus, Friedemann, später
Lehrer in Neuzelle, von wo aus er an Tholuck Berichte über
die erweckten Kreise in Kottbus, Guben u. s. w. sandte; Brix,
Gerhard, später ein begeisterter Gichtelianer, Weiß, Kriz,
Sarrasin, Bost, Karl Schultz „der Goldgelockte", Matte,
die späteren Missionare Händes, Ball, Primker, Thym;
der geliebte Genosse Tholucks auf allen Reisen, in den Jahren
1824—26, der den Freund auch nach Halle geleitete: Wilhelm
Maresch jetzt Pastor em. in Anklam; Bartholdy, Hoffmann
u. s. w., u. s. w. Dazu kamen noch die aristokratischeren Focke,
v. Thadden, v. Gerlach, v. Lancizolle, v. Örtzen, v.
Sydow, Ritter, Hollweg, v. Senfft, die Familie v. Meyern
— lauter christliche Freunde, die nahmen und gaben und mit

Tholuck, jeder in seiner Weise, auch für die Zukunft eng vereint blieben.

Daß auch Richard Rothe vom Herbst 1819 an in Berlin
war und mit Tholuck in Verkehr trat, ist aus dem Nippoldschen Lebensbilde bekannt. Als Tholuck zu dozieren begann,
war Rothe bereits Kandidat im Wittenberger Konvikt. Die
häufigen Besuche, welche Kottwitz und Tholuck daselbst machten,
der Eintritt Stiers in das Seminar zu Ostern 1821, der
Verkehr mit den frommen Kandidaten Wiesmann und Grund-
ler, sowie der stille Einfluß des intimsten Freundes von Kottwitz, des Seminardirektors Heubner, zogen bekanntlich auch
Rothe in die Kreise der „pietistischen" Bewegung hinein, und
aus jener Zeit datiert die innige Freundschaft, die bei aller
Verschiedenheit der späteren theologischen Standpunkte Rothe
mit Tholuck verknüpfte. Nur die Rotheschen Briefe sind noch
vorhanden und geben der Herzlichkeit ihrer Beziehungen einen
oft rührenden Ausdruck. So hatte z. B. Rothe als junger
Wittenberger Professor dem Hallischen Freunde eine Benediktiner-
Ausgabe des Augustinus zugeschickt, die als Geschenk gemeint
war, von Tholuck aber als zu bezahlende Sendung aufgefaßt
wurde. Als Rothe die Annahme der Zahlung verweigerte,
und der Freund dann wenigstens ein Gegengeschenk namhaft
gemacht wissen wollte, schrieb der feinfühlige Wittenberger zurück:
„Ich kann es nicht zugeben, daß Du in den bisher so klaren
Bach unsrer Freundschaft einen trübenden Erdklumpen hinein-
wirfst; und Du willst dies ja auch gewiß nicht. Es bedarf also
nur der unumwundenen Versicherung, daß der brave Augustinus
ein solcher sein würde, und aller Hader ist abgethan. Und
nachdem dies geschehen, brauche ich Dir nun auch nicht zu verschweigen, wie sehr mich Deine Liebe gerührt hat, und welch
herzliches Gebet sie mir abgedrungen, daß der Herr sie mir
erhalten und Dich für sie segnen wolle." Als ein andermal
Tholuck dem Freunde seine innere Armut geklagt hatte, schrieb
Rothe zurück (30. Oktober 1832): „Wenn Du Dich arm fühlst,
mein lieber Bruder, so kommt das daher, weil Du einen so
reichen Herrn hast, an dessen Brust du täglich besser lernst, was
Reichtum heißt. Du weißt aber besser als ich, daß Er uns seinen
Reichtum nicht zum bloßen Ansehen zeigt, und daß sich arm

fühlen der Sache nach nicht andres ist, als von seinem Reich=
tum nehmen Gnade um Gnade und Wahrheit um Wahrheit.
Wenn Du Dich arm fühlst, oft mehr als andre um Dich her,
so nimmt auch das nicht wunder; die Versuchung, Dich für
reich und satt zu halten, liegt Dir auch näher, als so manchem
andern. Laß uns unsrer Armut uns nicht schämen, dieser
sicheren Anweisung auf die Schätze dessen, der da gekommen
ist, auch uns Leben und volles Genüge zu geben. Und wie
die Armen dieser Welt, so laß auch uns in unsrer Armut uns
herzlich und brüderlich zusammenthun zur gemeinsamen Fahrt
nach dem rechten Kolchis. Ich hätte Dir meine Liebe nie an=
zubieten mich getraut; da Du sie aber unangeboten angenommen,
so weißt Du wohl, daß die Deine bei mir wohl verwahrt ist.
Es thut mir wohl, gar innig wohl, daß Du meine Schwach=
heit so freundlich trägst, Du, von dem ich am allerwenigsten
würde geglaubt haben, daß er sich an mir glimmendem Docht
wärmen könnte. Möge der Herr es Dir lohnen und segnen!"

Eine noch bedeutungsvollere Freundschaft, die durch das
ganze Leben währen und sich von Jahrzehnt zu Jahrzehnt
vertiefen sollte, fällt ihren Anfangspunkten nach auch in diese Ber=
liner Zeit. Wir meinen den Herzensbund mit Julius Müller.

Im Herbst 1822 machte Tholuck eine Reise nach Schlesien,
auf der er mit den alten Freunden: Aurel Neumann ("Gott,
ich fand in ihm einen Christen!") August Wentzel, Fritz
Froböß in Breslau zusammentraf. In Begleitung von Neu=
mann wurde Radecke in Schönbrunn besucht und eine er=
greifende Abendmahlsfeier mit der Gemeinde begangen. Selb=
dritt gingen dann die Freunde nach dem nahen Gnadenfrey,
das allerdings auf Tholuck einen wenig anziehenden Eindruck
machte. ("Das Klösterliche in der Brüderkirche war mir sehr
zuwider, das Einseitige in den Vorträgen, das Halbe der Prediger,
das Unerweckte der Laien.") In den ersten Tagen des September
reiste Tholuck allein nach Glatz zum lieben Baron v. Kottwitz:
"Mit vieler Schwäche bin ich denn hier bei meinem Vater in
Christo, ja wohl mit vieler Schwäche. Wegen ungewohnter
Lebensart und Rücksichten vor dem Baron ist meine Hütte sehr
leidend. Cudowa ist mir vereitelt worden, Gelegenheit zum
Arbeiten habe ich wenige, wahre geistige Genüsse noch weniger:

dies alles drückt mich nieder. Mich verlangt sehnsuchtsvoll nach
Berlin in den Kreis meiner Lieben, wo ich so viele Liebe ge=
nieße und so mancherlei austeilen kann."

Auf der Rückreise in Breslau fand die persönliche Berüh=
rung mit Julius Müller statt, welche letzteren zeitlebens an
Tholuck band. Müller war von Göttingen, wo die ersten
christlichen Erfahrungen ihm zu teil wurden und den Anstoß
gaben, daß er die Jurisprudenz mit der Theologie vertauschte,
Ostern 1822 nach Breslau zurückgekehrt. Die nur gefühlsmäßig
ergriffene christliche Frömmigkeit hatte indessen nicht lange
Bestand gehabt. Es schwand dem Jüngling nach und nach
alles wieder dahin; selbst die religiösen Traditionen aus der
Kindheit wurden ihm „zum armen Trümmerhaufen, und ein
Widerwille vor dem eben erst ergriffenen Studium der Theologie
begann sich seiner zu bemächtigen".[7] Mit der ganzen Energie
seines spekulativen Dranges warf er sich in die Arme der
Schellingschen Philosophie, — nur um doppelt unglücklich
aus ihren bodenlosen Tiefen aufzutauchen. „Sie können", schreibt
er später unter dem 26. November 1822 an Tholuck nach
Berlin, „es nicht wissen und glauben, wenn Sie es nicht erfahren
haben, wenn Sie nicht einmal mit ganzer Seele Ihr Heil in
dieser Lehre gesucht haben, wie furchtbar und vernichtend das
Absolute ist, als absolute Einheit aller Gegensätze, besonders
des höchsten Gegensatzes, des des Denkens und Seins, so daß
alles Entgegengesetzte in bezug auf das Absolute, als das allein
wahrhafte Seiende, rein nichts ist, gefaßt. Ich war der un=
glücklichste Mensch; mein ganzer Glaube, durch die strengste
Demonstration vernichtet, sank ins Nichts; ... mein eignes
individuelles Sein war mir rein nichtig, absolut indifferent; es
war mir einerlei, ob ich überhaupt existiere, oder nicht."

In dieser Gemütsverfassung war Müller nach Breslau
gekommen. Von der Schule her kannte er Aurel Neumann,
Fritz Froböß, Mila. Namentlich der erste zog ihn in die
frommen Kreise, denen sich auch der von Wittenberg im Oktober
1822 nach Berlin heimgekehrte Predigtamtskandidat Richard
Rothe anschloß und die in dem Nippoldschen Lebensbilde des
letzteren anschaulich geschildert sind. Die Scheibelschen Gottes=
dienste, der Umgang im v. Gröbenschen Hause, Aurels

Drängen u. s. w. erweckten in dem zerrissenen Gemüte Müllers ein lebhaftes Verlangen, dem zerstörten Glauben wieder näher treten zu können. Auch Steffens, in dem eben damals die innere Umwandlung sich vollzog, trieb den jungen Freund mit Gewalt in die gleichen Bahnen hinein.

Da kam Tholuck Mitte September nach Breslau. Müller kannte ihn durch die gemeinsamen Freunde, wohl auch aus früheren Berührungen in der Schülerzeit; sie hatten bereits Briefe mit einander gewechselt. Froböß veranlaßte den Widerstrebenden, gemeinschaftlich Tholuck im Gasthause (der Vater Tholucks war nach Frankenstein übergesiedelt) aufzusuchen. Tholuck schreibt über diese Begegnung in sein Tagebuch: „Meine Seele blutete, als ich diese lieben Seelen, die doch Ihn schon geschmeckt haben, so im Zwiespalt mit sich selbst sah. Gott, warum schickst du sie nicht nach Berlin, wo nach aller menschlichen Mutmaßung sogleich ihrem Jammer abgeholfen wäre! Als ich mit Julius zu Tische saß und ihn so in seiner Kummergestalt ansahe, wurde mein Herz mächtig bewegt, und ich hätte ihn lieber umarmen mögen und sagen: Freue dich doch, es ist ja alles wahr, was du gern glauben möchtest, freue dich deines Erlösers!" Müller aber schrieb dem nach Berlin Zurückgekehrten Ende Oktober folgenden überschwenglichen Brief: „Mein heißgeliebter Bruder in Christo! Indem ich nun die Feder nehme, um Ihnen zu schreiben, so ängstet mich fast das Gefühl, daß es mir so gar nicht möglich ist, Ihnen das recht zu eröffnen, was in dem Innersten meines Herzens in bezug auf Sie vorgeht. Als ich verloren war und irrete in finstrer Nacht und nicht wußte, wo aus noch ein, da gingen Sie mir nach und riefen mich mit sanfter Stimme, und nahmen mich in Ihren Arm und trugen das gerettete Schaf zu dem treuen Hirten, der uns alle in seinem von unsern Sünden blutig zerfleischten Armen trägt. Ich kann Ihnen nicht danken, weil mir schon das Wort „danken" gar zu kahl und dürftig klingt; aber einst, mein Bruder, wenn wir vor unserm Heilande stehen, und Er mich fragen wird: wer hat dich zu mir gezogen? dann werde ich auf Sie weisen. Sie schrieben mir einst, daß es so unendlich selig für Sie sein würde, zu wissen, daß durch Sie eine Seele dem Heilande zugeführt worden; o wie selig müssen

Sie da jetzt sein! — Wie hat es der Herr so überaus gnädig mit mir gemacht! Wenn ich gedenke der Zeit meines Abfalls, und wie der Herr mein Elend angesehen und mich, der ich mich trotzig sträubte, durch die sichtbarsten Fügungen zu sich gezogen, so möchte ich bitter weinen vor Scham, daß ich dennoch so oft verzagt und ungläubig sein kann. Ein paar liebe Worte von Ihnen in bezug auf mich in einem Briefe an unsern Fritz (Froböß) lockten mich nach Breslau. Als ich aber in Breslau angekommen war, geriet die allerunseligste Stimmung über mich. Ich verzweifelte gänzlich, daß es noch irgend ein Heil für mich gäbe; das Leben war mir eine Last, die ich von Herzen los zu sein wünschte, und sollte auch an meinen Tod meine Vernich= tung geknüpft sein. Von Ihnen erwartete ich keine Hilfe, und war trotz des Dringens meines Fritz fest entschlossen, nicht zu Ihnen zu gehen. Als ich ihn aber bis an Ihr Haus beglei= tete, da führte Sie der Herr ans Fenster, daß Sie mich sehen mußten, und nun glaubte ich nicht mehr ausweichen zu können. Wenn ich nun bedenke, mit wie andachtslosem und unruhigem Herzen ich zu Ihnen kam, und wie eine strengere und rücksichts= lose Behandlung mich auf der Stelle zurückgeschreckt oder meinen Hochmut erregt haben würde, wie soll ich da dem Herrn und Ihnen, Seinem auserwählten Diener, danken, daß Sie so freund= lich und voll Liebe in meinen Zustand eingingen, so langmütig alle meine Fragen anhörten und löseten, so geduldig meine hart= näckige Zweifelsucht ertrugen, daß Sie mir Milch zu trinken gaben, so lange ich feste Speise noch nicht ertragen konnte, und mich erst nach und nach zu dem eigentlichen Grundstein des ganzen Gebäudes des Christentums leiteten. Und was für wunderliche und alberne Fragen und Zweifel habe ich Ihnen mitunter vorgelegt, die sich bei einer auch nur geringen inneren Erfahrung so leicht von selbst lösen! O mein in Christo Ge= liebter, seien Sie nun auch zeitlebens mein Lehrer, mein älterer Bruder; so will ich Sie stets ansehen, und mit einer größeren, heiligeren Liebe an Ihnen hängen, als an leiblichen Eltern und Brüder; denn durch jene hat mir Gott mein leibliches Dasein geschenkt, durch Sie aber mich in sein Reich aufgenommen, außer welchem das Leben für ein sehnsüchtig Gemüt nichts ist, als eine elende Qual."

Wie oft hat sich an andren im stillen Zwiegespräch mit Tholuck dieselbe Erfahrung wiederholt: ein Meister im Helfen griff mit linder und doch so fester Hand in die Wunden und brachte den stillenden Balsam.

Der nun gewonnene Freund blieb dem sorgsamen Wegführer zu Christo treu. Es ward ihm klar, daß er nur unter Tho= lucks Pflege völlig genesen würde, und schon im November 1822 schrieb er ihm, daß er (mit Mila) zu Ostern 1823 nach Berlin übersiedeln wolle. Tholuck sprach die Hoffnung und Bitte aus, daß er selbst dann im Herzen Müllers hinter den größeren Geistern Berlins nicht zurücktreten möge. Darauf dieser antwortete: „Aber wie können Sie mich doch so betrüben, wenn Sie schreiben, ich solle niemals über Strauß*) und Neander meinen bedeutungslosen Freund vergessen? Die beiden, besonders den letzteren, habe ich von Herzen lieb als meine älteren und weitergeförderten Brüder in Christo; aber doch sind Sie, an den mich der Heiland so ausdrücklich gewiesen hat, meinem Herzen stets näher als alle anderen. O wenn ich daran denke, was ich Ihnen verdanke, so vergehen mir gleich alle Worte."

Ostern 1823 zog Julius Müller wirklich nach Berlin und wurde des Freundes Hausgenosse und der nur um zwei Jahre Jüngere ein Schüler des verehrten und geliebten jugendlichen Dozenten. Ein ganzes Jahr blieben sie zusammen, und wenn auch die wissenschaftlichen Wege beider bald auseinander gingen, — Müller schrieb im Jahre 1823 von Tholuck: „So lieb wir uns sonst haben, so grundverschieden ist unsre Theologie, und so lebhaft muß ich ihm hier in vielen Hauptpunkten wider= sprechen; ich kann mir von seiner Wissenschaft nur wenig assi= milieren" — so fest gekettet blieb doch der Bund ihrer Herzen, eine Gemeinschaft, welcher beide oft genug im späteren Leben den klarsten und freudigsten Ausdruck gegeben haben.[8]

Übrigens wurde die Dozententhätigkeit Tholucks durch seinen Gesundheitszustand noch wiederholt ernstlich bedroht.

---

*) Derselbe war 1822 von Elberfeld als Hof= und Domprediger und als Professor der praktischen Theologie nach Berlin berufen worden und trat daselbst auch mit Tholuck in ein warmes Freundschaftsverhältnis.

Schon am 21. Januar 1821 sagte ihm Olshausen, selbst die
Doktoren erklärten es für eine Unmöglichkeit, daß er das Ende
des Jahres erleben könne und Kottwitz riet zu einer Übersiedelung
nach Wittenberg und Übernahme einer dortigen Lehrerstellung
am Seminar. Am 20. Februar war der Blutandrang so heftig
und Tholucks Aussehen so erschreckend, daß stud. Hansen im
Universitätsgebäude ihn anrief: „Warum sind Sie nicht zu Hause
geblieben?" — „Ach wie zagte ich!" schrieb Tholuck diesen
Abend in sein Tagebuch. „Im Sprechzimmer, als alle hinaus
waren, betete ich innig: Du Jesus von Nazareth, der du mich
von Jugend auf bis hierher geführt, der du mir damals bei-
standest, als ich hier zum Examen an dieser Stelle zu dir auf-
sah (wie könnte ich seine damalige Hilfe vergessen?), hilf mir
auch heute! So ging ich mit hochschlagendem Herzen ins Auditorium. Er aber, der treue, half durch." Den Nachmittag
arbeitete er ungestört. Kaum aber war er im Bette, so ging die
Angst aufs neue an; „so stark hatte das Blut noch nicht ge-
pocht!" Auch in den nächsten Wochen schwankte der Zustand
auf und ab. Am 8. März faßte ihn der Gedanke an neues
Siechtum mit so verzweiflungsvoller Gewalt, daß auf dem Wege
nach dem Kolleg sein Harm sich wieder einmal bis zu Selbst-
mordsgedanken steigerte. Wenige Tage darauf war er so weit,
eine lange, schmerzlose Krankheit, wenn sie nur ans Ziel, zu
Gott führe, sich „recht schön" zu denken. Anfang April konnte
er wieder eine Reise über Wittenberg zu Heubner und Stier,
nach Leipzig, wo Tauchnitz und Lindner aufgesucht wurden,
und von da nach Halle machen, an welch letzterem Orte er sogar
eine Anzahl von Studenten in einer Gebetsversammlung am
8. April anredete und in kräftiger Sprache zum Herrn wies,
so daß er in sein Tagebuch schreiben durfte: „Ja Heiland,
willst du mich zum Hirten einer großen Herde setzen: so bleibe
ich gern auf deiner Erde — außerdem aber kann ich noch nicht
den Wunsch hegen zu bleiben!" Allmählich aber ging es mit seinem
Befinden wieder in die Höhe. Am 21. Juli heißt es im Tagebuche: „Jetzt bin ich ganz gesund! Ist das nicht ein Wunder?"

Während der Herbstferien 1821 reiste Tholuck in den
Norden und stärkte seine Gesundheit nachhaltiger durch einen

vierwöchentlichen Aufenthalt bei den Freunden in Holstein und
Dänemark. Zwei Studenten, Stähelin und Fürstenberger,
beide aus der Schweiz, begleiteten ihn. In Lübeck fanden sie
bei dem reformierten Prediger Joh. Geibel, dem Vater Ema=
nuels, einen großen Kreis christlicher Freunde; Hamburg brachte
die Bekanntschaft mit dem Geistlichen der französischen Gemeinde,
Merle d'Aubigné, und dem jungen frommen Grafen Kalck=
reuth; Altona die mit dem Pastor der Brüdergemeinde, Gre=
gor, der 1823 als Seminardirektor nach Gnadenfeld ging, vor
allem aber mit dem edlen Mennoniten van der Smissen.
„Wie soll ich deiner gedenken", schrieb Tholuck nach der Rück=
kehr am 14. September in sein Tagebuch, „du untergehender
Stern, du heimkehrender greiser Pilgrim Jerusalems, van der
Smissen, du Jünger Whitefields, Freund Lavaters!
O daß dein ehrwürdiges Bild mir nie aus meinem Geiste
verlöschte! Als der mir auch sehr ehrwürdige Treskow zu
ihm herankam und fragte: nun, wie ist's Ihnen gegangen? war
seine Antwort: mein Lieber, ich lebe von Gnade! Und als er
in den Garten ging, mir immer die Hand drückte und von
seinem freudigen Heimgange redete, da schwoll mir das Herz:
dann aber sagte er etwas über: Sterben ist kein Kinderspiel."

In Kiel hatten die Berliner Freunde einen sie mächtig
anziehenden Mittelpunkt in Klaus Harms gefunden, der seit
1816 als Archidiakonus dahin berufen worden war. Mit ihnen
fand sich auch Tholuck in diesen Tagen wiederholt bei dem
tapferen Bekenner lutherischer Rechtgläubigkeit ein, der für die
Holsteinischen frommen Kreise eine so bedeutungsvolle Stellung
einnahm. Schon 1823, also elf Jahre vor Harms' Anstellung
als Professor, schrieb der Kandidat Siemonsen, Tholucks
Freund, an diesen: „Der eigentliche Professor der praktischen
Theologie ist mir, so wie vielen andern, Harms; seine Predigten
bilden dasjenige lebendig in die Seele hinein, was die Homiletik
in Regeln äußerlich hinstellt. Ja Harms ist uns hier viel,
außerordentlich viel wert. Zwar habe ich der guten Prediger
viele gehört; allein soll einer vor allen gekrönt werden, und
soll ich die Krone austeilen, so muß Harms sie haben. Er
hat das größte Maß geistlicher Gaben empfangen; in ihm ist
Conards freudige Lebhaftigkeit, Löfflers eifernder Ernst,

Jänickes Kindlichkeit und Liscos Herzlichkeit schön vereinigt.
Christus hat eine herrliche Gestalt in ihm gewonnen; und was
in ihm lebt, bringt er durch seine gewaltige Rede auch in den
Zuhörern zum Leben. Wenn er früher manchmal nicht allge=
mein faßliche Sachen mit in seine Predigt aufnahm, so wird
er jetzt immer einfacher; der polemische Eifer tritt zurück und
eine dringende Liebe und gewissenhafte Sorge für das Heil
seiner Brüder legt in seine Worte eine unvermerkt und fast
unwiderstehlich anziehende Kraft hinein. Das innerliche Christen=
tum ist diesen Winter der Kern seiner Predigten gewesen."
Wiewohl sich Tholuck über Harms notierte, daß er „mit
dessen natürlichen Menschen ebenso disharmoniere, wie er mit
dem von Geibel sympathisiere," so machte ihm doch Harms'
Kindlichkeit und gleichzeitige Glaubensenergie einen tiefen Ein=
druck; seine Aussprache in einer Abendstunde bei der Gräfin
Bernstorff über das Thema „Der Glaube an Gott ist Un=
glaube an sich selbst" konnte Tholuck nicht wieder vergessen.
In der Folgezeit hat er auch mit Harms in Korrespondenz
gestanden.

Die Ferienreise wurde bis Kopenhagen ausgedehnt, und
auch da drang Tholuck unter seinen jungen Freunden auf Ein=
richtung einer regelmäßigen Betstunde nach Art der Berliner.
Ein Kopenhagener Freund, C. U. Bösen, schrieb ihm am 10.
November in gebrochenem Deutsch, daß dieselbe ins Leben ge=
treten sei, jedoch habe sein Vater ihm den Beitritt widerraten;
„Er glaubt, daß die unsrige Regierung, Kanzelley und Uni=
versität eine solche Gesellschaft nicht gut vertragen wolle, und
daß wir daher in unserm Wirkungskreise für die Sache Gottes
verhindert oder doch wenigstens verletzt werden würden. Den=
noch aber bin ich, mein lieber Tholuck, durch einem festen
Bruderbande mit Euch allen verbunden, durch einem Bande, der
in Jesu Christo unserem Herrn gebunden und von gemeinschaft=
lichem Glauben, Liebe und Hoffnung geflochten ist." Indessen
löste sich der Gebetsverein unter den Studenten bald wieder
auf; „Du warst", schrieb Egge dem Freund aus Kopenhagen,
„in Deinem Eifer zu rasch zu Werke gegangen." —

In den öfters wiederkehrenden Zeiten körperlicher Ver=
stimmung tauchten bei Tholuck von neuem die Gedanken an
den Missionsberuf wieder auf. So schon im Juni 1821:
ernstlicher noch ein Jahr später, als ihm Sir George Rose
den wiederholten Antrag gemacht hatte, in Diensten der eng=
lischen Missionsgesellschaft nach Malta zu gehen. Es heißt
darüber im Tagebuche am 3. Juli: „Mein Herz ist stille zu
seinem Gotte und harrt. Es steht, glaube ich, die Mutter Vor=
sehung am Glöcklein. Bleiben oder Gehen, in beiden Fällen: wer
die Hand an den Pflug legt und sieht zurück, ist meiner nicht wert."
Auch Mißerfolge im Lehramte, eine geringe Zahl von Zuhörern,
das lange Warten auf die Anstellung als Professor, die er schon
im Laufe des Jahres 1822 bestimmt erwartet hatte, ließen die
Wagschale der Missionslaufbahn tiefer sinken. Übrigens kann
nicht verschwiegen werden, daß der junge Privatdozent es damals
mit seinen Vorlesungen durchaus nicht immer ernstlich genug
genommen zu haben scheint; er ermahnt sich selbst öfters zu
besserer Vorbereitung auf die Kollegien und bekennt ehrlich, daß
sich die Nichtachtung dieser Pflicht mit vollem Rechte an ihm
bestrafe. Hie und da findet sich sogar tageweise die Bemerkung,
daß er seine Vorlesungen gänzlich habe ausfallen lassen, bloß
um ungestörter zu Hause arbeiten zu können.

Am stärksten bestürmte Tholuck die Versuchung, außer
Landes zu gehen, noch einmal zu Ende des Jahres 1822. Der
Brief eines englischen Missionars regte wieder einmal allen Drang
in die Weite bei ihm an, und Sir George hatte ihn noch nicht
losgelassen. „So beginnt denn der Kampf aufs neue, zum
dritten Male in meinem Leben." Die dabei gepflogenen Über=
legungen finden sich am 19. Oktober 1822 folgendermaßen ver=
zeichnet: „Ich bin jetzt in der angenehmsten Lage: Reichliches
Auskommen, Ehre, äußerliche Freude, Freunde in Christo, Wis=
senschaften, Verfassen von Büchern. Doch wesentlich befriedigt
mich ja doch dies alles nicht, und die Wehmut drängt sich oft
mächtig hervor. Warum sollte nicht also um so mehr von mir
gelten: so ihr nicht dieses alles laßt? — Ich fühle mich auch
in meiner Seele nicht völlig daran gekettet, ich fühle, Er könnte
mir die Kraft schenken, dies und noch vieles andres fahren zu
lassen — so sei es also entschieden. Wenn Er durch Umstände

spricht, wenn vom Minister irgend ein Schritt gegen mich ge=
schieht,*) so gehe ich. Das ist mir heiliger Ernst. Sehe ich
auf meine Talente, so habe ich freilich mehr für meine jetzige
Lage; sehe ich aufs Wirken, so ist — menschlicherweise —
hier entschieden mehr. Allein, sehe ich auf meine Vervollkomm=
nung und mein Wachsen in Christo, sehe ich darauf, wie ich
ihm Liebe beweisen, meinen Brüdern ein schönes Beispiel geben
könne, so ist unstreitig dort mehr. Dies letzte ist doch die Haupt=
sache, und auf brünstiges Gebet kannst Du dabei auch die Wirk=
samkeit geben. Jesu, Heiland meiner Seele! Es scheint mir
gar nicht unwahrscheinlich, daß Du mich zum Gehen könntest
bestimmen wollen. Sieh, mein Sinn ist dir offen; ich will
wirklich mit Selbstverleugnung gehen, wenn es mir besser
ist; weise Du mich aber deutlich, daß ich nicht durch mich ge=
leitet werde."

Einen in diesem Sinne gehaltenen Brief schrieb Tholuck
an Rose. Am 24. November wurde er zu dem Gesandten be=
schieden. Derselbe war äußerst gütig. Er sprach zu Tholuck
von der sitzenden Lebensweise deutscher Gelehrter; er deutete
die mancherlei Mittel an, durch welche Engländer den Körper
kräftigen. Auch darin stimmte er mit Tholuck überein, daß
das praktische und bewegte Leben eines Missionars dessen Ge=
sundheit kräftigen werde — einstweilen aber wolle er ihm eiserne
Hanteln zur Stärkung der Muskeln schicken, und dann lieber die
Entscheidung Gott befehlen.

Dieselbe ließ nun nicht mehr lange auf sich warten und
bereitete den Missionsplänen ein für allemal ein Ende. Am
25. April 1823 erhielt Tholuck die Bestallung zum außer=
ordentlichen Professor der Theologie, an demselben Tage, an
welchem sein lieber Julius Müller von ihm schied. Im Tage=
buche heißt es: „Lange erharrt, endlich gewährt! Und doch —
würde ich nicht froh sein, wenn ich nicht gewiß wäre, daß es
des Herrn Wille ist, mich hier zu halten. Noch immer aber
ist es mir wie eine Täuschung. Herr Gott! ich danke Dir auf

---

*) Er hatte erst vor kurzem gehört, daß man ihn oben „als das
Haupt einer Pietistengesellschaft verdächtigte, der Bücher an Köchinnen
austeile und vielleicht seine Kopenhagener Reise von dem Gelde der Brüder
gemacht habe".

meinen Knieen für diese Deine große Barmherzigkeit! O gib mir dazu ein demütiges, selbstverleugnendes Herz! Stehe mir bei zu diesem schweren Amte! Und" — setzte er bezeichnend hinzu — „hilf auch dem armen Bleek durch," der seit Ostern 1821 neben ihm als Privatdozent Alt= und Neutestamentliche Vorlesungen hielt.

Die Bestallung war am 7. April 1823 von Altenstein ausgefertigt und lautete:

„Nachdem das Ministerium den bisherigen Lizentiaten August Tholuck zum außerordentlichen Professor in der theologischen Fakultät der hiesigen Universität ernannt hat, er= teilt es ihm die gegenwärtige Bestallung, durch welche derselbe verpflichtet wird, das ihm anvertraute Lehramt fleißig wahrzu= nehmen, zu dem Ende die studierende Jugend durch Vorträge sowohl als Examina und Disputierübungen zu unterrichten, um aus ihr tüchtige und geschickte Subjekte zu bilden, alle halbe Jahre ein Kollegium über einen Zweig der von ihm zu lehrenden Wissenschaften unentgeltlich zu lesen und sich nebst seinen Kollegen das Aufnehmen (sic) und Beste der Universität aufs äußerste angelegen sein zu lassen, überhaupt aber sich zu betragen, wie es einem treuen und geschickten königlichen Diener und Professor wohl ansteht und gebührt. Für die von ihm zu leistenden treuen Dienste soll derselbe aller in dieser Qualität ihm zu= stehenden Prärogativen und Gerechtsame sich zu erfreuen, und ein jährliches Gehalt von sechshundert Thalern in den gewöhnlichen Raten zu genießen haben."

Schon ein ganzes Jahr früher hatte die Universität Jena es gewagt, als sie Tholuck — die erste öffentliche Anerkennung seiner Leistungen, — ehrenhalber die philosophische Doktorwürde verlieh, ihn auf dem Diplome vom 22. April 1822 als „de= signierten Professor" zu bezeichnen! Die Designation war nun endlich zur Installation geworden, und damit der zukünf= tige Studentenvater bleibend an das Vaterland gefesselt. Von dieser ehrenvollen Promotion zum philosophischen Doktor findet sich übrigens im Tagebuche keine Notiz; auffallend ist es auch, daß der Minister in dem Professurdiplom darauf keine Rücksicht genommen hat. Jena verlieh die genannte Würde an Tholuck wegen seiner Verdienste um die persische Litteratur durch die

bereits erwähnte und später näher zu besprechende Habilitations=
arbeit über den Ssufismus.⁹)

Auch im Äußern hatte sich Tholucks Lage nun zu einer
bequemen und sorgenfreien gestaltet. „Reichliches Auskommen"
schrieb er sich, wie wir lasen, schon im Oktober 1822 vor der
Professur zu. Nach dieser Seite hin kannte Tholuck ohnehin
keine Versuchungen. Er hat sein lebenlang, als Schüler, als
Student, als Lehrer, mit vollen Händen und ohne sich je Sorge
um das eigne Auskommen zu machen, gegeben. Wie an Stier
die Meyersche Bibel, so schenkte er an jedem Weihnachten jedem
seiner Freunde schon damals irgend ein bedeutungsvoll ausge=
suchtes Buch mit entsprechender eigenhändiger Widmung zur
Weihnachtsgabe. Und diese Geschenke müssen überaus häufig
den rechten Punkt getroffen haben, denn in den Freundesbriefen
und Erinnerungen der alten Tholuckschen Genossen spielen diese
Liebesgaben und das darin enthaltene jedesmalige Motto eine
hervorragende Rolle. Tholucks Wohlthätigkeit gegenüber den
Armen und den christlichen Anstalten und Vereinen ist alle=
zeit eine großartige gewesen. Daß er dabei auch seine Ange=
hörigen nicht darben ließ, versteht sich von selbst. Seinen jün=
geren Stiefbruder Eduard hatte er über Jahr und Tag in
Berlin bei sich wohnen und versorgte ihn mit allem, bis eine
Stellung für ihn gefunden sein würde. Der alte Baron gab
sich in dieser Beziehung die erdenklichste Mühe. Eine Zeitlang
wurde Eduard Tholuck bei dem Herrn von Below in
Pommern als Ökonom beschäftigt; auch der Baron nahm ihn
selbst zeitweilig für seine schlesischen Geschäfte in Dienst. Beim
Abschiede stattete August den Bruder mit sämtlichen Kleidungs=
stücken aus und gab ihm noch 50 Thlr. bar auf die Reise mit.
In späterer Zeit gingen von Halle Jahr für Jahr sehr erheb=
liche Summen nach Schlesien zur Unterstützung der Stiefbrüder
und =schwestern und deren Kinder. Zum Teil nahm Tholuck
die Verwandten auch in sein Haus und brachte sie von da
aus in Lehre und Stellung. Sein Freund, Professor August
Hahn, der bei der Übersiedelung von Leipzig nach Breslau in
opferfreudiger Bereitwilligkeit die Vormundschaft für die Tho=
luckschen Verwandten übernahm, verwaltete noch als General=
superintendent von Schlesien bis zu seinem Tode in hingebender

Treue die von Tholuck ihm übersandten Gelder zur Versorgung der schlesischen Familienglieder und sandte jährlich regelmäßig Quittung und Verwendungsnachweis ein.

Die „reichlichen" Mittel, die Tholuck in Berlin schon während der Privatdozentenzeit zu Gebote standen, bezog er teils vom preußischen Staate, theils von England.

Es ist bereits erwähnt worden, daß zu Tholucks Freunden auch mehrere Judenmissionare gehörten. In der Judenmission[10]) nahm Tholuck selbst eine hervorragende Stelle ein. Sir George Rose, der verehrungswürdige Patron aller christlichen Unternehmungen, war auch hier der Vermittler. Im Jahre 1809 war in England die „Londoner Gesellschaft zur Ausbreitung des Christentums unter den Juden" gestiftet worden. Ihr eigentlicher Begründer, ein reicher Edelmann Lewis Way, hatte im Jahre vorher mit einem Freunde in Devonshire einen Park besucht, dessen prachtvolle alte Bäume ihm auffielen. Er hörte, daß ihre frühere Besitzerin testamentlich festgesetzt habe: diese Bäume dürften nicht eher umgehauen werden, als bis die Juden in den Besitz von Jerusalem gekommen wären. Seit jenem Tage widmete Mr. Way sein ganzes bedeutendes Vermögen und seine persönliche Kraft der Bekehrung Israels. Nach Gründung der Londoner Gesellschaft betrieb Mr. Way auch auf dem Kontinente die Stiftung von Tochtergesellschaften. In Berlin nahm sich, nachdem in Frankfurt a. M., Basel, Warschau ꝛc. Vereine entstanden waren, Sir George der Interessen von Lewis Way an und versammelte am 18. Januar 1822 in der Wohnung des General-Adjutanten von Witzleben eine Anzahl christlicher Freunde zur Beratung der Angelegenheit. Es fanden sich ein Graf Anton zu Stolberg-Wernigerode, der Geh. Ober-Regierungsrat Nikolovius, Geh. Justizrat Schmalz, Konsistorialrat Nicolai, Hofprediger Theremin, Prediger Couard und der Mann, der die Seele aller dieser Bestrebungen in Berlin war: Kaufmann Samuel Elsner. Elsner war es auch gewesen, der zu Witzleben ging, um ihn zur Annahme des Präsidentenpostens für den neuen Verein zu bewegen. Auf die Frage eines Freundes, warum er sich immer um so vornehme Leute bemühe, die doch nichts für die Gesellschaften arbeiteten? er würde einen ganz andern Mann dazu gewünscht haben, gab Elsner die hübsche Antwort: „Wenn das Gebäude fertig ist, setzen wir einen Blitzableiter drauf; das sollen die vornehmen Leute den Gesellschaften sein. Sie und Ihr guter Freund sind prächtige Säulen, die können etwas tragen."[11])

Solch eine Säule wurde auch Tholuck für den Verein, der am 2. Februar 1822 als „Berliner Gesellschaft zur Be= förderung des Christentums unter den Juden" vom Könige seine Bestätigung erhielt. Mit dem Justizrat Focke und dem Kammergerichts=Assessor Dietrich nahm Tholuck die Stelle eines Sekretärs der Gesellschaft an und blieb in diesem Posten bis zu seiner Versetzung nach Halle der erste Arbeiter für die Zwecke des Vereins. Er unterrichtete die Missionare im He= bräischen und Rabbinischen und gab seit 1824 ein besonderes litterarisches Organ für die Gesellschaft heraus: „Der Freund Israels, eine Zeitschrift für Christen und Israeliten," unter dem Motto: „Lasset uns in Liebe die Wahrheit suchen, Eph. 4, 15," bei Trowitzsch und Sohn, Jägerstraße 43. Von dieser Zeitschrift erschienen indessen nur zwei Jahrgänge, in je vier Heften. Von 1826 an wurde sie mit den von Elsner seit 1817 in monatlichen Heften herausgegebenen „Neuesten Nachrichten aus dem Reiche Gottes" in der Art vereinigt, daß jedes vierte Heft dieser „Nachrichten" Mitteilungen gewidmet ward, die sich auf die Verbreitung der Heilserkenntnis unter den Israeliten bezogen. Für diese jährlich vier Hefte wurde dann ein besonderer Titel „der Freund Israels" herausgegeben, wenn sich etwa jemand dieselben apart binden lassen wollte. Als Grund zu dieser Einrichtung gibt Tholuck in seiner Erklärung vom 10. Dezember 1825 in dem letzten Hefte „die viel größere Verbreitung der Nachrichten" an. „Überdies", fügt er hinzu, „ist der Anteil an der Sache des Evangelii unter den Juden bisher so gering gewesen, daß die Zahl der Teilnehmer an einer diesem Gegenstande besonders gewidmeten Vierteljahrschrift nicht hinreichte, die Kosten völlig zu decken."

Die meisten Artikel dieser Zeitschrift sind, soweit es sich nicht um Auszüge aus den Berichten der Missionare Wolf, Moritz und Händes handelt, von Tholuck verfaßt. Wir nennen: die Offenbarung des Alten Bundes und die des Neuen in ihrem genauen Zusammenhange. Bekehrungsgeschichte eines

Juden im 12. Jahrhundert, von ihm selbst beschrieben („Her=
mann" unter Kaiser Lothar, gest. 1135). Erzählung von der
Bekehrung eines jüdischen Knaben an Bord eines Schiffes mit
Gefangenen in Sheerneß. Merkwürdige Aussprüche von Rabbi=
nen über den Messias. Lebenslauf Uriel Acostas und
Kappadoces. Reise des Herrn Way nach Palästina und
Stiftung einer Maltesischen Gesellschaft zur Beförderung des
Christentums unter den Juden. Wie hat sich der Christ der zu
Christo sich bekennenden Israeliten anzunehmen? Betrachtungen
über das Buch Sohar und Auszüge daraus. Die Jugendge=
schichte Abrahams nach der rabbinischen und muhammedanischen
Tradition. Aus dem Leben des Judenmissionars Stephan
Schultz. Die Geschichte Bileams. Die Weissagungen Jesu
über Jerusalem. Beschreibung der gegenwärtigen Beschaffenheit
Jerusalems. Proben rabbinischer Weisheit.

Die Englische Gesellschaft unterstützte die Berliner von An=
fang an mit reichen Gaben von Geld, Büchern und Schriften.
Durch einen Komiteebeschluß vom 25. Februar 1823 wurde
Professor A. Tholuck zufolge eines empfehlenden Schreibens
Sr. Exzellenz des Sir Georg Rose zum „Vertreter der Gesell=
schaft in Berlin" mit der Verpflichtung ernannt, „Traktate zu
übersetzen, für Judenmissionen dienliche Arbeiten zu schreiben,
eine deutsche Zeitschrift herauszugeben, gelegentlich die Missions=
stationen zu besuchen, die Missionare zu unterrichten, und jeg=
liche ihm zu übertragende Korrespondenz zu führen." Dafür
erhielt er ein Jahrgehalt von 50 Pf. Sterling = 1000 M.[12])

Der Mission unter Israel ist Tholuck lebenslang mit
warmem Interesse zugethan geblieben. Noch im Jahre 1865
predigte er beim Jahresfeste der Gesellschaft in der Luisen=
städtischen Kirche über Hosea 3, 1—5 mit dem Thema: „Die
Wahrheit Gottes in der Erfüllung seiner Drohung über Is=
rael unser Unterpfand, daß er auch seine Verheißungen an
ihm erfüllen werde." Er gedenkt in dieser Predigt seiner eige=
nen Erfahrungen mit altgläubigen Juden und stellt dieselben in
Vergleich mit den bei den Reformjuden zu erwartenden Er=
folgen. „Es ist wahr, wir verhehlen es uns nicht," sagt er
in dieser Predigt, „gerade wie die Geschicke Israels in unserer
Zeit gehen, hat es den Anschein, daß sie eher in das Gegenteil"

(als in die endliche Bekehrung) „auslaufen werden. Denn wie
wir sie jetzt wenigstens unter uns in einem großen Teile unsers
Weltteils sehen, sieht es nicht so aus, als ob sie vielmehr ihr
Exil zum Vaterlande, ihre Fremde zur Heimat machen, die
Könige und Fürsten der Christen zu ihren Fürsten erwählen
wollten, und den Unglauben der abgefallenen Christenheit zu
ihrer Religion? Ist das nicht das Ende, wohin unter uns
Israels Schicksal auszulaufen scheint? Und wenn dies, ob es
nicht dann aus wäre mit Gottes Verheißungen? Meint ihr?
Ich frage euch aber: Und wenn es so wäre, wenn das Israel
Europas den Samen vergessen könnte, aus dem es entsprungen,
wenn es die Güter und die Abgötter der abgestorbenen Christen=
heit teilen wollte, nur nicht ihren Heiland und ihren Gott,
sollte darum Gottes Wort aus sein? Ob nicht auch durch eine
solche Verschmelzung mit der abgöttischen Christenheit hindurch
der Weg zu dem Heile gehen könnte, von welchem der Apostel
spricht? Solltet ihr keine Beispiele kennen, ich kenne sie, wo
das mit der lauen, mit der halbgläubigen, ja mit der ungläu=
bigen Christenheit verschmolzene Israel auf demselben Wege, wie
die laue, die halbgläubige, ja die ungläubige Christenheit zu
dem Davidssohn als ihrem Königs= und Gottessohn hingeführt
ist. Sind auch die Religionen, von denen aus einer zum
Christentum hingeführt wird, verschieden, bleibt nicht das Men=
schenherz mit seinen Bedürfnissen dasselbe? Ja, von alle den
Namen bekehrter Israeliten, die uns als Bekenner Jesu Christi
ehrwürdig sind, einem Neander, einem Stahl und den wohl
Hunderten von Predigern und Lehrern, welche jetzt der evan=
gelischen Kirche zur Zierde gereichen: kennt ihr auch nur etliche
von ihnen, die zu dem altgläubigen, unter den Talmud ge=
bannten Judentum gehört hätten? Hat nicht alle dasselbe unge=
stillte Gewissen und die Weissagung, die jeder in der eignen
Brust trägt, zum Heiland der Sünder hingezogen? Ich sage
noch mehr. Kennt ihr auch nur einen von ihnen, der durch
die Propheten zu ihm und nicht vielmehr durch Christum zu den
Propheten bekehrt worden wäre? — ich meine zur Bekehrung
auch derer, über deren Augen jetzt noch die Decke liegt, daß sie
Christum in Moses und den Propheten nicht sehen können! Doch
wer kennt die Wege, die sich der Vater seiner Macht vorbehalten

auch in bezug auf jenes altgläubige Judentum, vor dessen Augen
bis jetzt die Decke des Talmud hängt, daß sie die Herrlichkeit
des Eingebornen nicht erkennen können. Noch erinnere ich mich
aus der Zeit, wo ich eben dieser Gesellschaft, die heute ihr
Jahresfest feiert, in Berlin als Schriftführer angehörte, zweier
israelitischer Jünglinge aus den Altgläubigen, die durch die
christliche Mission unter Israel zwar nicht zu Christo, dem
Sohne Davids, aber von den Sümpfen des Talmud zu der
lebendigen Quelle der Psalmen und Propheten bekehrt, sich zwar
nicht in dem Heilandsglauben an den Sohn, aber im Geiste
der Buße, der Demut, der Liebe mit allen erweckten Christen
brüderlicher verbunden wußten, als mit ihren Glaubensgenossen,
und welche gerade das mit glühender Begeisterung zur Aufgabe
ihres Lebens sich gemacht, ihr eignes Volk von den Steppen
des Talmud hinweg zu der grünen Weide des Wortes im Alten
Testament zu bekehren. Einer von ihnen, der Beste und Tiefste,
wurde schon als Jüngling von der irdischen Laufbahn abgerufen.
Aber denkt euch, daß Gott noch etliche solcher Johannes Bap=
tistä unter seinem alten Volke erweckte, daß unter dem altgläu=
bigen Judentum das Glaubensleben der Psalmisten und Pro=
pheten wieder erwachte: o, was für ein Geisteswehen unter den
toten Gebeinen zu rauschen anfangen würde! Nach den Wegen,
wie Gott sein Wort wahr machen wird, frage ich nicht: ich
weiß, daß, wenn Paulus dort spricht: „Ich will euch ein Ge=
heimnis verkünden, damit ihr nicht bei euch selbst weise seid,
daß Israel teilweise Blindheit widerfahren ist, bis daß die Fülle
der Heiden eingegangen sein wird‘ — daß Paulus das dort
aus dem Geist des Gottes herausgesprochen, dessen Wege sind
über unsre Wege, so hoch der Himmel über der Erde ist. —
Wie nun aber, wenn solche Gnadenzeit beim Propheten, wenn
sie auch bei Paulus erst in Aussicht gestellt ist für die letzte
Zeit? Sind wir nicht vielleicht damit darauf angewiesen, unsrer
Arbeit an Israel müßig zu gehn? Ist etwa unsere Arbeit, wie
es manchen hat bedünken wollen, ein ungeduldiges Vorgreifen
den Wegen Gottes, die er sich selbst in seiner Weisheit vorbe=
halten hat? Doch was der Prophet und der Apostel für das
Volk im ganzen gesagt, soll es darum nicht auch für den Ein=
zelnen eine Wahrheit sein? Was spricht Paulus von seiner

eignen Zeit, als Israel den Eingebornen Gottes bereits ver=
worfen hat? „Hat denn Gott sein Volk verstoßen? Das sei
fern. Bin ich nicht selber ein Israelite und vom Samen
Abrahams, vom Geschlechte Benjamins? Hat Gott nicht jetzt
auch, wie zu Eliä Zeit, sich seine Siebentausend einbehalten, die
ihre Kniee vor Baal nicht gebeugt haben?" Sehet, diese sieben=
tausend Nathanaelsseelen unter Israel, in alle Welt zerstreut,
die sind es, die wir suchen, die sind das Israel, welches nach
dem Geiste geboren ist. Und daß unter diesen Siebentausend
unser Werk vergeblich sei, das soll keiner sagen. Darf wenig=
stens in der Kirche Preußens einer das sagen, die wir in zwei
Epochen unsrer Geschichte gerade zwei Größen aus dem Hause
Israels, einen Neander und einen Stahl, an die Spitze von
Staat und Kirche haben treten sehen? Aber nachdem ich jetzt
nach vierzig Jahren wieder in diese Stadt geführt worden, wo
ich einst unter Herzensteilnahme König Friedrich Wilhelms III.
den Grundstein dieser Gesellschaft habe legen sehen, darf ich von
dem nicht schweigen, was auch ich von der Macht Gottes über
Israels Herzen erlebt habe. Ich spreche ohne alle Übertreibung,
es werden gegen funfzig Israeliten sein, die ich als Sekretär
dieser Gesellschaft im Laufe von nicht ganz zehn Jahren kennen
gelernt, die seitdem in den verschiedensten Stellungen durch einen
christlichen Wandel ihren Glauben geziert haben. Prediger,
Juristen, Schullehrer, Handwerker, Ärzte, ja darunter auch ein
Beispiel aus dem Militärstande. Und die christliche Arbeit
unter Israel sollte vergeblich sein? Vergeblich ist diese Arbeit
nicht, aber an der Arbeit fehlt es, und, daß ich es sage, der
Arbeit fehlt es oft an der Liebe oder der Liebe an der Weis=
heit! Denn das dürfen wir uns ja nicht verhehlen: Bücher=
verteilen, Predigen über der Gemeinde von der Kanzel herab,
das thut's doch nicht! Auf das Seelensuchen kommt es an.
Bücher austeilen, Predigten halten, das kann auch geschehen ohne
Schweiß und ohne Thränen. Die einzelnen Seelen suchen, wie
Jesus der gute Hirte auf den Bergen und in den Abgründen
seine Schäflein sucht, das geschieht nicht ohne Schweiß und
Thränen. So müssen auch die einzelnen Seelen aus dem Hause
Israels gesucht werden. Und dann nicht so viel Disputieren
mit den Köpfen, sondern Zeugnis ablegen an die Herzen und

Gewissen. Ihr Prediger in Israel, die kopfgläubigen Juden erst zu frommen Juden machen, ehe ihr sie zu frommen Christen machen könnt! In Demut preise ich Gott, der in den fast fünfzig Jahren, wo ich sein Wort habe verkünden dürfen und sein Wort treiben, zumal unter den Jünglingen, mich so viele Beweise der Kraft dieses seines Wortes hat erfahren, so viele Tote, zumal unter den Jünglingsseelen, vom Tode zum Leben hat auferstehen sehen lassen; aber gerade jetzt denke ich daran, wie, noch in zarten Jünglingsjahren, die erste Seele, die der Herr mir geschenkt hat, die Seele eines jüdischen Jünglings gewesen ist! Das ist der Erstling gewesen meiner Lebensernte, und darum rufe ich: Jerusalem, ehe ich deiner vergesse, sei meiner Rechten vergessen! wünsche ich Jerusalem Glück: es müsse wohl gehen denen, die dich lieb haben! Amen!"[13])

Wir haben diesen ganzen Passus abgedruckt, weil er in anschaulicher Weise zeigt, wie Tholuck die Arbeit unter den Juden angesehen wissen wollte und selbst betrieben hat. Auch hier im Lehren und Dozieren: Seelen suchen und Herz und Gewissen wecken zum Achten auf die Prophetenstimmen in unsrer Brust und in Gottes Wort. Hatte er es doch geradeso mit „dem jüdischen Jünglinge" gemacht, den er „den Erstling seiner Lebensernte" nennt. Es ist dies kein andrer, als der oben schon erwähnte Ingenieuroffizier Hermann Sontheim, dessen Briefe an Tholuck zu lesen ein wahrer Seelengenuß ist. Sontheim, dieser „köstlichste aller Jünger Christi", wie Tholuck in einem Briefe an Radecke ihn nennt, war ein Breslauer, wenig jünger als Tholuck, mit dessen Freunden Guido und Aurel Neumann, Mila, Wentzel und Radecke, aber nicht mit ihm selbst persönlich bekannt. Er trat ins Militär und kam erst an den Rhein, dann nach Münster und im Frühjahr 1819 nach Berlin, von wo er, bald nach seiner Bekanntschaft mit Tholuck, auf mehrere Jahre nach Thorn versetzt wurde. Der letzte vorgefundene Brief von ihm ist aus Thorn vom 15. April 1822 datiert; die Korrespondenz beginnt mit dem 17. Juli 1820. Spuren von Sontheim aus der späteren Zeit sind nicht aufzufinden gewesen. Aus den Briefen und Tholucks Tagebuche geht nur so viel hervor, daß er in Thorn das Werkzeug zur Bekehrung mehrerer Kameraden gewesen ist und zuletzt, von seinem gleichfalls militärischen Freunde Edmund v. Poyda, den wir schon unter den Berliner Gesinnungsgenossen von Tholuck fanden, unterstützt, einen reich gesegneten christlichen Freundeskreis um sich sammelte. Als Sontheim von den ersten Früchten seines Zeugnisses nach Berlin berichtete, schrieb Tholuck bewegten Herzens in sein Tagebuch (30. Juni 1821): „Mein Sontheim, mein teurer Sontheim! der Brief legt mich ganz nieder — da ist Gefühl der Beschämung und Gefühl der Wonne eins. Also Er hat schon im zweiten Gliede gesegnet, was von Kottwitz ausging!"

Sontheim war Tholuck mit einer grenzenlosen Liebe ergeben. Am 2. Mai 1820 hatte dessen Wort und Liebeszeugnis ihn zur Entscheidung gebracht. Es war ein Feiertag für sein Leben. Schon am 17. Juli im ersten Thorner Briefe schreibt er an Tholuck, noch nicht im traulichen „Du", das sich beide gegenseitig in sich kreuzenden Briefen kurz darauf antrugen: „Ich bin Ihnen mit dem größten Danke verpflichtet. Ich kann zwar nie anders als meine Erweckung, dies unaussprechliche Glück meines Lebens, für ein Werk der unendlichen Gnade Gottes halten. Aber Sie waren sein Werkzeug, Ihnen bin ich in dieser Hinsicht alles schuldig, was ich jetzt und hoffentlich immer Glückseligkeit nennen werde. Ich habe Ihnen nie etwas von der Dankbarkeit gesagt, die ich für Sie hegte, warum? weiß ich eigentlich selbst nicht — es war mir nicht möglich; ich glaubte, Sie müßten mich verstehen, auch wenn ich Ihnen nichts davon sagte. Aber ich hegte von dem ersten Augenblick an innige Zuneigung für Sie; Sie erschienen mir als Ideal, denn ich kannte Sie weiter nicht, als durch Ihre Worte, Ihre Lehren, und diese machten Sie mir zum Ideal. Ich könnte mir eher hundert Sünden verzeihen, als Ihnen eine einzige." Am 19. Oktober heißt es dann weiter: „Mit angenehmer Erwartung freue ich mich auf das bevorstehende Christfest. Es ist das erste, welches ich als Christ erlebe, und bei diesem Gedanken drängt sich mir das letzte Jahr reizend in der Erinnerung auf. O Bruder, was habe ich in diesem Jahre erlebt! Rufe Dir meinen früheren Zustand in die Erinnerung, und Du wirst gewiß ganz die unaussprechlichen Gefühle mit mir teilen können, die mich bei dieser Betrachtung beseelen. Erinnerst Du Dich noch, als ich Dich

das erste Mal sah in Berlin und unter andrem zu Dir äußerte,
daß doch alles nichtig wäre, wie Du mit trauriger Rührung
über meinen verirrten Zustand ausriefft .Ach, es gibt wohl
einen Anker, an den man sich halten kann!· Sieh, das war in
meiner Finsternis, in meinem damaligen elenden Zustande ein
gewichtiges Wort, und wohl bin ich geneigt, daran den ursprüng=
lichen Gang — wenn auch nicht meiner Erweckung, doch meines
Erwachens aus meinem Wahnsinn anzuknüpfen, denn seit dem
Augenblick lagst Du mir mit Deinem Ausruf mächtig in dem
Sinn. Zwar wurde ich kurz darauf noch schrecklich von der
Sünde bestrickt; aber es drängte mich, von Zeit zu Zeit Dich
zu besuchen, und die Bahn zum Heil war gebrochen. Jetzt erst
erkenne ich, mit welcher Weisheit Du mich geleitet hast, wie
liebevoll und gut Du gegen mich warst. Wohl ist alles nur
reine Gnade des Herrn; aber Du warst ja Sein Werkzeug, Du
der rettende Engel, der die Fackel des himmlischen Lichtes in
meine Finsternis trug, der mit unsäglicher Sorgfalt und treuer
Liebe den schwachen Funken zur Flamme anfachte, der mit un=
ermüdeter Langmut das Gedeihen vom Himmel erflehte!" Im
August 1821: „Die Erinnerung aus jenen merkwürdigsten Stun=
den meines Lebens, wo der Herr mir mit solcher allmächtigen
Gewalt die satanische Binde von den Augen riß, ist ein halbes
Himmelreich. Der Herr und Du standen in der Zeit im
echten Licht vor meiner Seele; Er der allmächtige, Große Gott!
Du Sein beorderter Schutzengel für mich! Darauf ward Er
mein Heiland und Erlöser Jesus Christus und Du mein Apostel
— und das ist Er noch und Du auch noch!" Und endlich am
Weihnachtstage 1821 mit den deutlichsten Hinweisungen auf die
seelensuchende Liebe und Weisheit Tholucks:... „Nächst Ihm,
meinem geliebten Erlöser, muß ich an dem heutigen Tage Dich
lieben, Du meines Herzens liebster Bruder! Wenn ich denke,
wie auch Du mich getragen, wie Du mich geliebt, wie Du
gebetet hast für mich Armen — dann fühle ich wohl, wie ich
Dich liebe! — Lieber Bruder, laß einmal auf ein paar Augen=
genblicke alle andern Menschen weg, uns beide mit unserm
Jesus zusammen — und zu Seinen heiligen Füßen will ich es
dann sagen, daß ich Dich lieben will noch mehr als jemals,
daß ich mich nie vor ihm niederwerfen will, ohne an Dich ge=

dacht zu haben; für Dein Seelenheil will ich flehen noch mehr als für mich. Du warst mein Apostel, Du hast mir zuerst das Heil verkündet, Du hast über mich geweint, für mich unzählig oft geflehet, Du hast mit Zittern auf meine Irrungen gesehen und mit ängstlicher Liebe meine kleinen Abwege getragen. Du hast mich niemals niedergeschlagen mit Entlarvung meiner Eitelkeit, mit dem Falsch meines Eifers, meiner Unbeständigkeit, meines Widerspruchs — sondern in Liebe hast Du mich getragen, gewarnt, belehrt — Du hast auch geschwiegen im mächtigen Glauben und hast geharret, wenn Du schmerzlich sehen mußtest: wie ich Dich noch nicht verstehe und Deine Worte nicht im Herzen bewege. Du bist klug gewesen wie gegen ein unmündiges Kindlein und hast mir fast ein Jahr lang bloß Muttermilch gegeben! Und das alles hast Du, und der Herr in Dir gethan, und dieser Ruhm kann Dir nicht zunichte werden! Und wenn Du nun auch siehest auf Deine Schwachheit und Gebrechlichkeit, auf Deine Unerfahrenheit und Sünde, so freue Dich, daß Dein Kind nun älter wird und die Hände nun neben Dir ausstreckt zum allmächtigen Gott und mit Dir flehet ohne Unterlaß, bis das Heil kommen möchte."

Durch die Arbeit der Berliner Gesellschaft kam es zur Stiftung von verschiedenen Tochtervereinen für die Mission unter Israel, in Posen, Breslau, Königsberg, Oletzko, Dresden, Minden, Elberfeld, wohin Tholuck die Korrespondenz zu führen hatte. Auch in Bremen entstand ein Verein zur Ausbreitung des Christentums unter den Juden. Tholuck wandte sich an den Bremer Pastor Mallet mit der Bitte um nähere Mitteilungen über denselben, und diese Anfrage brachte folgende originelle Antwort Mallets vom 24. Oktober 1823:

„Lieber Bruder. Auch in unsrer Stadt hat sich durch die gnädige Fügung des Herrn unsers Gottes, ungeachtet vieler Widersprüche, die nicht nur von der weltlichen Seite herkamen, ein Verein zur Ausbreitung des Christentums unter den Juden gebildet, und gern habe ich den Auftrag übernommen, Sie und durch Sie die verehrte Berliner Gesellschaft z. B. d. Ch. u. d. J. davon zu benachrichtigen. Diejenigen unter uns, welchen die Geschäftsführung des Vereins aufgetragen ist, fühlen es lebhaft, daß sie ein Gebiet betreten haben, das ihnen fremd ist, auf dem sie das Handeln und Wirken erst lernen müssen! Wir wollen daher gern bei den Vereinen, die schon länger bestanden und durch gemachte Erfahrungen schon vieles gelernt haben, in die Schule gehen, um ohne Schaden klug zu werden. Wir bitten deswegen die verehrte Komittee der Berliner Gesellschaft, uns zu unsrer Belehrung die Art und Weise ihres Wirkens und das Wichtigste aus dem Schatz ihrer Erfahrungen mitzuteilen, und uns so mit ihrem brüderlichen Rate zu Hilfe zu kommen.

Die Veranlassung zur Errichtung unsers Vereines war die Taufe eines hier etablierten Israeliten, der, durch Herrn Pastor prim. Müller zwei Jahre in den Wahrheiten des göttlichen Wortes unterrichtet, von ganzem Herzen an Jesus als den Christus gläubig geworden war. Die Gemüter aller bei der heiligen Handlung Gegenwärtigen waren durch dieselbe tief be= wegt, und die ausgesprochenen Ermahnungen, zur Verbreitung des Christentums unter den Juden auch das Unsrige zu thun, und mit den christlichen Vereinen Berlins, Dresdens, Elberfelds und Frankfurts auch in dieser Arbeit der Liebe einen heiligen Wettlauf zu beginnen, war ein goldner Apfel in silberner Schale, ein gutes Wort zur rechten Zeit, das mit Freuden aufgenommen wurde und nicht nur auf der Stelle eine reiche Sammlung zum Besten der Judenbekehrung zur Folge hatte, sondern auch die Erklärung vieler, einem Verein zur Verbreitung des Christentums unter den Juden mit Freuden beitreten zu wollen, und die Bitte an H. Past. prim. Müller und an mich, die Errichtung eines solchen Vereins zu bewerkstelligen. Das ist denn auch geschehen, und im Glauben an den, der sich zu der Arbeit der helfenden Liebe unter den Verlornen vom Hause Israel gewiß segnend bekennen wird, reichen wir allen früher bestandenen Vereinen in unserm deutschen Vaterlande die Hand zum heiligen Kampf auf einem Gebiete, auf dem noch so wenig gewonnen und gesiegt, aber auch noch so wenig gearbeitet und gekämpft ist.

Beifolgende 15 Thlr. bitte ich nebst einem herzlichen Gruße an den lieben Herrn Elsner abzugeben. Sie sind von unserm Vereine zur Unterstützung der beiden aus Rußland nach Berlin geflüchteten und daselbst getauften Israeliten bestimmt." (Zwei Proselyten aus Berditscheff, am 12. März 1823 getauft: den Besuch, den der Vater des einen, Samson Meyersohn,

bei dem Sohne in Berlin machte, beschrieb Tholuck im „Freund
Israels" 1824, S. 158—176.) „Die Geschichte dieser beiden
lieben Menschen in den Neuesten Nachrichten aus dem Reiche
Gottes hat in unsrer Stadt auf viele Herzen einen tiefen und
sehr wohlthätigen Eindruck gemacht. Ein Bürger unsrer Stadt,
der früher gegen den Judenverein war, wurde von der Geschichte
des J. S. N. Meyersohn so ergriffen, daß er, so wie er
sie gelesen hatte, zu mir eilte, mir mit sichtbarer Rührung
eine halbe Louisd'or brachte und dabei erklärte: er wolle jähr=
lich so viel dem hiesigen Verein zur V. d. Ch. unter den Juden
beitragen.

Damit Sie sich, geliebter Bruder, nicht über das hohe Alter
dieses Briefes wundern, muß ich bemerken, daß er wirklich den
24. Oktober angefangen ist, ich aber durch eine sehr arbeitsvolle
Zeit verhindert worden bin, ihn zu endigen. Daher ist's denn
auch geschehen, daß mir Herr Jacson zuvorgekommen und ich
durch Ihre zuvorkommende Liebe zugleich bin beschämt und
erfreut worden. Die Direktoren unsers Vereins danken herz=
lich für das Überschickte; es sind dadurch ihre Wünsche zum
Teil schon erfüllt worden, und ihnen damit ein Unterpfand
gegeben, daß die anderen nicht unberücksichtigt bleiben werden.
Sehr haben wir uns gefreut über die mitgeteilte Geschichte von
dem Gespräch des Missionars mit dem Kinde und den Ein=
druck, den dasselbe auf den gegenwärtigen Pharisäer machte.
Ja, die Wahrheit ist eine Majestät auch in dem Munde der
Unmündigen und Kinder.

Lächeln muß ich, geliebter Bruder, daß Sie der spanischen
Weltetikette huldigend, an den hochehrwürdigen Herrn Pastor
und nicht an den Bruder geschrieben haben. Ich halte es für
keine Sünde, aber es ist mir doch immer lächerlich, wenn die
Gläubigen sich unter einander mit den bunten Lappen und
Lumpen weltlicher Eitelkeit und Lügenhaftigkeit behängen, und
mit dem Munde sprechen nach der Welt Weise, während das
Herz nach einer Weise, die nicht von dieser Welt ist und nicht
von ihr sein kann, anders und im vorliegenden Falle „lieber
Bruder" sagt und schreibt. Ich habe darum auch das „lieber
Bruder" an der Spitze meines Briefes nicht in einem hochehr=
würdigen Herrn Professor verwandelt, und wenn ich dem lieben

15*

Kinde Gottes Tholuck inskünftige noch mehr werde zu schreiben
haben, so werde ich auch das Sie in ein Du verwandeln und
erwarte das gleiche von ihm. Unser Heiland und König sei
mit Dir, er rüste Dich aus mit Demut und Glaubensmut; er
segne Dich mit Gnade und Wahrheit, damit Du für viele ein
Licht und ein Salz werdest. Sein Name werde geheiligt, sein
Königreich komme, sein Wille geschehe. Amen. Grüße mit
dem brüderlichen Gruße die beiden lieben Brüder Kaufmann
und Schulze; beide stehen hier in gutem Andenken, wir haben
sie lieb, sehr lieb. Es würde für alle, welche sie hier haben
kennen lernen, eine große Freude sein, wenn sie einmal in
Bremen wieder einen Besuch machten. Wir hoffen auch, daß
Du, lieber Bruder Tholuck, bei der Gemeinde des Herrn in
unsrer Stadt einmal einen Besuch machen wirst. Wenn Du
nicht nach Bremen kommst, so komme ich nach Berlin. — Ver-
zeihe dieses schlechte Schreiben, es gibt wenig Menschen auf
Erden, die so ungern und schlecht schreiben wie ich. Mit inniger herzlicher Liebe Dein Bruder in dem Herrn

Fried. Mallet,

Pastor an St. Michaelis."

Daß Tholuck, der selbst so oft mit dem Plane beschäftigt
war, zu den Heiden zu gehen, auch für die Äußere Mission
ein warmes Herz hatte, versteht sich von selbst. Wir haben
bereits erwähnt, daß er, wenn auch oft mit Seufzen, den jungen
Missionszöglingen des Vater Jänicke jahrelang Religions- und
Sprachunterricht gab. Auch als Professor hielt er daran fest.
Die zunehmende Schwäche des treuen alten Jänicke legte nun
wohl den Gedanken nahe, was nach seinem Tode aus der Missionsschule werden würde, zumal sein Schwiegersohn, Pastor Rückert,
der immer mehr und mehr in die Arbeit Jänickes einrückte,
mit dem Zeugengeist desselben so wenig gemein hatte. Pastor
Seegemund in Wernigerode forderte daher seinen Freund
Tholuck durch einen Brief vom 11. März 1823 auf, das
Werk seinerseits (mit Neander und Strauß) zu übernehmen.
Er schreibt:

„Noch eine Sache von großer Wichtigkeit habe ich Ihnen
ans Herz zu legen, mein teurer Freund. Sie betrifft die
Berliner Missionsschule. Sie wissen, in wessen Händen die-

selbe jetzt ist. Es wäre Undankbarkeit gegen den lieben Vater
Jänicke, wenn man ihm jetzt entgegentreten wollte. Solange
er lebt, wird auch sein Geist von der Missionsschule nicht ganz
weichen; die Zöglinge werden sich an ihm erbauen und auf-
richten, wenn er auch unmittelbar nur wenig für sie thun könnte.
Sollte ihn der Herr aber über kurz oder lang heimberufen, so
thut es not, daß dies wichtige Werk, dem sich der Herr noch
nicht entzogen hat, wie das der Gang der jetzigen Missions-
zöglinge beweist, sogleich in die rechten Hände komme. Wenn
doch Sie mit dem lieben Neander und Strauß sich dem Herrn
dazu hergeben wollten! Das ist ein inniger Wunsch meines
Herzens — möchte es auch ein Ruf Gottes an Sie sein.
Sollten Sie ihn dafür erkennen, so möchte ich Ihnen raten,
die Sache im stillen so vorzubereiten, daß Sie nach dem Heim-
ruf des lieben Jänicke sogleich zum Werke schreiten könnten
— also etwa den Lehrkursus des Missions-Seminars, den Plan
der ganzen Anstalt unter sich zu verabreden, sich nach einem
Lokale dafür (das vielleicht der König hergäbe) umzusehen und
dann zu seiner Zeit die Sache im Glauben in die Hand zu
nehmen. Der Herr wird Sie nicht im Stiche lassen. Auch
dürfte sich das geistliche Ministerium wohl geneigt finden lassen,
die königliche Unterstützung von 500 Thlrn. nach Vater Jänickes
Heimgange eher Lehrern der theologischen Fakultät, als dem
böhmischen Schullehrer anzuvertrauen. Vielleicht könnte Prof.
Neander den Geh. Ober-Regierungsrat Nicolovius vorläufig
darum befragen. Ich bin bei dem jetzigen Absatz der „Hirtenstimme" [11]) im stande, Ihnen jährlich 200 Thlr. zur Fortsetzung der Berliner Missions-Schule anzubieten. Auch könnte
ich Ihnen einen Gehilfen vorschlagen, der die unmittelbare Auf-
sicht und Führung der Missionare zu übernehmen im stande
wäre, meinen teuren Freund, den Prediger Flotow, einen
Schüler von Neander, der sein Predigtamt in Trebschen wegen
Nervenschwäche hat niederlegen müssen, aber durch Gottes Gnade
täglich gesünder wird und bald stark genug sein dürfte, ein
solches Geschäft zu übernehmen."

Vielleicht ist dieser Brief die Veranlassung gewesen, daß
in der That die gedachten Männer das Missionswerk in die
Hand nahmen.[15]) Noch im Jahre 1823 erließ Neander seinen

„Aufruf zu milden Beisteuern für die evangelischen Missionare
unter den Heiden". Am 29. Februar 1824 versammelten sich
bei Professor Hollweg: Neander, Strauß, Tholuck, Major
v. Röder, Major v. Gerlach, Professor v. Lancizolle,
Justizrat Focke, Assessor Lecoq und Geh. Ober-Bergrat v.
Laroche zur Beratung der Statuten des neu zu gründenden
Missionsvereins. Der König bestätigte dieselben am 4. Mai
desselben Jahres. Eine Vereinigung mit der Jänickeschen
Missionsschule scheiterte an dem Widerstande Rückerts. Und
so trat neben die später von Goßner neu belebte Jänickesche
die neue Berliner „Gesellschaft zur Beförderung der evangelischen
Mission unter den Heiden", welcher Tholuck bis an sein Ende
getreu geblieben ist. In einem Nachrufe Dr. Wangemanns in
den „Missionsberichten" der Berliner Gesellschaft vom Jahre
1877 heißt es S. 340 über Tholucks Beteiligung an dieser
Arbeit: „Nur kurze Zeit gehörte Tholuck dem Komitee der
der Gesellschaft an, da er bald nach dessen Bildung von der
Berliner an die Hallische Universität berufen ward. In der
Stadt, welche einst durch A. H. Francke für ganz Deutschland
ein Feuerherd der Missionsliebe geworden war, glimmten da=
mals nur noch kümmerliche Funken der längst erloschenen Glut.
Tholuck war es, der sie wieder anfachte. Seinem warmen
Herzen war es nicht genug, vom Katheder herunter für seinen
Heiland zu zeugen; in reich gesegneten Bibelstunden wollte
er ihn auch den Geringen im Volk verkündigen, und benutzte
sie auch fleißig zu Vorträgen über die Mission. Er war der
Stifter des Hallischen Hilfsvereins unsrer Gesellschaft, deren
Vorstandsglied er bis zu seinem Heimgange geblieben ist. Seine
Missionsstunden waren Jahrzehnte hindurch, bis zur Berufung
des Pastor Ahlfeldt an die St. Laurentii-Kirche, der Sammel=
punkt für die Missionsfreunde der Stadt. Unbeirrt durch
Differenzen konfessioneller Art ist er unsrem Missionswerk
von Herzen zugethan geblieben. Auf manchem Missionsfest
hat in verschiedenen Städten sein beredter Mund aus voller
Brust für das Werk des Herrn unter den Heiden ge=
worben." — Der größte Dienst, den Tholuck der Berliner
Gesellschaft geleistet hat, ist vielleicht die Bekehrung ihres reich=
begabten späteren Inspektors Wallmann gewesen, welche dieser

allezeit mit überschwenglichem Danke auf Tholucks Gebete und Thränen um ihn zurückführte.

Wir erwähnen endlich, daß Tholuck in den Jahren 1821 bis 1825 auch Direktor der im Jahre 1814 gegründeten preußischen Hauptbibelgesellschaft gewesen ist und als Repräsentant derselben im Mai 1825 das Bibelfest der Muttergesellschaft in London besuchte.[16])

Kurze Zeit nach der Ernennung zum außerordentlichen Professor in Berlin erhielt Tholuck eine erneute Anfrage aus Dorpat, ob er nicht dorthin als außerordentlicher Professor der Dogmatik zu gehen gesonnen sei. Der Ruf hatte Verlockendes genug. Der im Jahre 1816 an die Spitze der Universität als kaiserlicher Kurator berufene, schon oben erwähnte Graf Lieven war ein warmer Christ und treuer Bekenner seines Glaubens. Mit unermüdlicher Ausdauer hielt er daran fest, bei der ihm von Alexander I. übertragenen Reorganisation der Universität nur gläubige Christen oder doch wenigstens keine Widersacher des christlichen Bekenntnisses auf die dortigen Lehrstühle zu berufen. In der theologischen Fakultät sollten die alten Anhänger des Rationalismus pensioniert und frische, bekenntnisfreudige Kräfte gewonnen werden. Graf Lieven wollte Tholuck als Dogmatiker, Olshausen als Kirchenhistoriker, und als Extraordinarius für die Kirchengeschichte auch den von Tholuck empfohlenen Dr. Busch heranziehen. Das Freundeskleeblatt wäre in Dorpat zu harmonischer Wirksamkeit zusammengeblieben. Als Vermittler für Tholuck hatte Graf Lieven diesmal den ehrwürdigen Superintendenten D. Koethe in Allstedt in Anspruch genommen. In einem höchst schmeichelhaften Briefe bat dieser am 16. April 1823 den ihm persönlich unbekannten jungen Berliner Professor als denjenigen, bei welchem sämtliche von Graf Lieven für die Stelle gewünschten Eigenschaften zusammenträfen, um Gottes und des gemeinsamen Heilandes Christi willen, vor dem HErrn über diesen Ruf in Beratung zu treten. Die äußeren Bedingungen waren, zumal im Vergleiche mit dem Berliner Professorengehalt, äußerst glänzende: 1440 Silberrubel

Gehalt, 100 Dukaten Reisegeld, nach 20jährigem Dienst die
Freiheit, mit vollem, auch ins Ausland zu lieferndem, Gehalte
sich von der Professur zurückzuziehen, vortreffliche Fürsorge für
Witwen und Waisen, auch für etwaige durch Krankheit bedingte
Pensionierung. Die Zahl der Studenten betrug 340, darunter
gegen 70 Theologen.

Wenige Wochen früher, und dieser Antrag hätte Tholuck
vielleicht gefesselt. Nun band ihn die Professur an die Heimat.
Sein ablehnender Brief an Koethe vom 4. Mai 1823 wurde
von diesem an den Grafen Lieven geschickt, und bewirkte, daß
der Graf nur um so größeres Verlangen hegte, den durch ein
solches Ablehnungsschreiben sich selbst Empfehlenden zu gewinnen.
Am 14. Juni schrieb er an Tholuck, er solle sich noch einmal
fragen, ob der Ruf nicht von Gott komme. „Auf deutschen
Universitäten schlürften unsre Prediger das Gift des Neologis=
mus und Rationalismus in vollen Zügen ein, dort wurde es
unsern lernbegierigen Jünglingen eingeimpft. Wäre es nicht
billig, ja nicht Pflicht deutscher christlicher Gelehrten, das große
Übel wieder gutzumachen und zu uns zu kommen, wahrhaft
christliche Prediger uns zu bilden? Sie haben Christi Geist:
richten Sie selbst. An wie vielen Thüren, die mit Christi
Zeichen prangten, habe ich bittend angeklopft; alle fand ich ver=
schlossen. Da flehte ich: .Herr! erwecke Du, sende Du! ohne
Dich vermag ich nichts!· Tief bekümmert fing meine Hoffnung
an zu schwinden, die theologische Fakultät an der mir anver=
trauten Universität aus lauter wahrhaft christlichen Professoren
formiert zu sehen, warum allein ich das Kuratorium übernommen
hatte. Da kam des lieben Koethe Brief und mit ihm der Ihrige
an ihn," u. s. w.

Tholucks Antwort blieb dieselbe. Um dem Grafen die
Verzichtleistung auf seine Person zu erleichtern, muß er ihm
allerhand Bedenkliches über seine eigne Heterodoxie geschrieben
haben. Der ehrwürdige vornehme Beamte widmete darauf dem
jungen Häretiker nicht weniger als elf große Quartseiten, um
in großer Geduld und Güte die von dem lutherischen Bekennt=
nisse abweichenden Meinungen Tholucks zu widerlegen. Es
ist für uns nicht uninteressant, worauf dieselben sich bezogen
haben. Tholuck bekannte sich in bezug auf das Abendmahl zu

Calvins Lehre; er leugnete die wörtliche Inspiration der Bibel, die Zurechnung der Sünde Adams für dessen Nachkommen und endlich die Notwendigkeit des Versöhnungstodes Christi, sofern Gott betroffen wird. In wie würdiger und maßvoller Weise Graf Lieven dem Professor seine Meinung sagte, dafür diene zum Beweise, was er über den letzten Punkt u. a. schrieb: „Was die Art Ihrer Ansicht von der Versöhnungslehre betrifft, daß nämlich nicht Gott des Versöhnungstodes bedurfte, sondern der Mensch; so rechne ich dieses für einen bloßen Wortstreit — wovon der Apostel Tit. 3, 9 sagt: ,Des Zankes und Streites über dem Gesetz entschlage dich, denn sie sind unnütz und eitel' — einen bloßen Wortkrieg, der aus der Mangelhaftigkeit menschlicher Sprache für göttliche Dinge entspringt. Man kann sagen: Gott bedurfte des Versöhnungstodes nicht! Denn bei ihm findet überhaupt kein Bedürfen statt. Aber man kann auch mit Recht sagen: Gott bedurfte des Versöhnungstodes, d. h. es war notwendig, daß die Welt mit Gott versöhnt wurde, daß der ewigen Gerechtigkeit Genüge geschah; Gott konnte, nach seiner ewigen Gerechtigkeit, die Sünde nicht vergeben, uns nicht in Gnade annehmen, wenn nicht das Gesetz erfüllt, der Tod, der Sünde Sold, wirklich erduldet, die Ungerechtigkeit, die von Gott scheidet, nicht aufgehoben ward durch die vollkommene Gerechtig= keit, durch den leidenden und thuenden Gehorsam dessen, der ein Mensch ward, gleich wie wir, und in allem uns gleich erfunden, nur ohne Sünde u. s. w." Am Schluß fügt er bescheiden hinzu: „Ich bitte inständigst um Verzeihung dieses offenen Be= kenntnisses eines Laien und Ungelehrten; ich halte aber dafür, daß der Christ dem Christen in Glaubenssachen, die ihnen von gemeinschaftlicher höchster Wichtigkeit sein müssen, die größte Offenheit schuldig ist."

Im übrigen störte diese Aussprache das Vertrauen nicht, das Graf Lieven in Tholuck setzte. Auf des letzteren Em= pfehlung wurde Dr. Busch als Professor der Kirchengeschichte nach Dorpat berufen, und nach einigen Monaten schon schrieb Graf Lieven bei einer neuen Bitte um Beratung an Tholuck: „Ehe ich mein Gesuch bei Ihnen vortrage, fühle ich mich innigst gedrungen, Ihnen meinen wärmsten und herzlichsten Dank für die Empfehlung Ihres würdigen Freundes, des lieben, frommen

Dr. und Professor Busch zu sagen. Lebenslänglich bleibe ich Ihnen für dieses große Geschenk verpflichtet." In die Tho= luck zugedachte dogmatische Professur rückte bekanntlich D. Sar= torius ein. Den profangeschichtlichen Lehrstuhl wollte Graf Lieven mit Dr. Blum, Marheinekes Schwager, besetzen; auf Tholucks Abraten unterblieb es. Aber auch der Münster= sche Katholik Winiewski, den Tholuck, wie oben bemerkt, empfahl, konnte nicht berufen werden, da derselbe, obwohl bereit, in die lutherische Kirche überzutreten, doch noch kein Buch ge= schrieben hatte. Dr. Eduard Gans sollte von Berlin als Pro= fessor der Rechtswissenschaft nach Dorpat gehen; als Graf Lieven auf die Anfrage bei Tholuck erfahren hatte, daß Gans Israelit sei, schrieb er zurück: „Ich suche Christen, nicht Juden zu Lehrern christlicher Jugend."

Dieses Kapitel mögen einige Auszüge aus der Korrespon= denz Tholucks mit Rudolf Stier beschließen, mit welchem Tholuck in dieser Zeit, wie es in der Biographie Stiers heißt (I, S. 90), „fast eine Art geistiger Gütergemeinschaft" unterhielt. Wie es im inneren Leben Tholucks aussah und nach welcher Richtung hin sein wissenschaftliches Denken gra= vitierte, wird aus ihnen am besten erhellen.

„Wir sind uns beide zur Ergänzung geschickt worden", damit eröffnet Tholuck seinerseits die lange Reihe der Briefe, und fügt hinzu: „Ich kann aus meinem Leben die Eintretung des Deinen in das meine aufs klarste als Seine Fügung be= greifen, aufs vollständigste kann ich dadurch einsehen, welchen Zweck Er an mir erreichen wollte; so lange als der nun noch nicht gänzlich erreicht ist, darfst du nicht zurücktreten, sondern mußt Deine Hand reichen."

Stier ist dieser Bitte nachgekommen und dem Freunde, auch wo die Wege auseinander gingen, allezeit ein hilfsbereiter Mahner, und, wenn nötig, ein unermüdlicher Warner geblieben. „Wie ein Blitzstrahl, der Götzen zerschmettert, fielen Deine Worte auf meinen unreinen Sinn", schreibt Tholuck, als der Freund das Messen der Frömmigkeit nach Gefühlen, vor allem aber das ungeduldige Herandrängen zur äußeren Wirksamkeit für den Herrn getadelt hatte, ehe nicht die völlige Ruhe des Herzens erlangt sei. „Ich fühle, was Du sagen willst, Geliebter, mit

dem gelassenen, stille gewordenen Geist! Ach das ist das Aller=
schwerste; von dem wußten aber auch alle Väter der Kirche und
alle Reformatoren nichts, bloß einige Mystiker, Stille im Lande
und Zinzendorf!" (eine Äußerung, zu welcher Stier drei Aus=
rufungszeichen am Rande gemacht hat). „Bete auch für meine
Ruhe, denn wiewohl ich für gewöhnlich mich in Ihm freue
herzlich und kindlich: so hab' ich doch auf Tage ganz augen=
scheinliche Angriffe des Satans, wo ich selber zum Satan
werde." (Noch fünfundzwanzig Jahre später, als er dem Semi=
säkulum der Dozentenlaufbahn sich näherte, schrieb Tholuck
an einen lieben, früheren Amanuensis Pastor Wedler: „Wie
unglaublich kommt's mir vor, daß ich schon den 50 mich nahen
soll. Ich werde scheiden mit Dankgeschrei. Ich kann mir zwar
sagen, daß ich nicht vergeblich gelebt, daß ich Spuren zurück=
lasse — allein, ich kann nicht ausdrücken, wie mir das alles
zurücktritt hinter den Schmerz, der innen und stets im
tiefsten Hintergrunde ruht. Ich bin ordentlich neu=
gierig, dereinst hinter das Geheimnis meines eigenen
Wesens zu kommen!")

Im Anfang der Korrespondenz nimmt die Besprechung des
inneren Lebens den meisten Raum ein; nach und nach tritt die
wissenschaftliche Erörterung immer mehr in den Vordergrund,
von seiten Stiers in solchem Umfange, daß er einmal 24
Quartseiten seiner engen Schrift nach Berlin sandte. In ersterer
Beziehung schreibt Tholuck am 15. Juli 1821: „Ruhig bin
ich wohl jetzt meistens; nur jene Zwischenzeiten, die wie ab=
gerissene Granitsteine im Wege liegen! Doch weiß ich jetzt, daß
diese der Teufel allein hineinstreut. Du hast vielleicht davon
keinen Begriff. Olshausen weiß es besser. Der sieht es zu=
weilen, wie, mir selbst unwillkürlich, es mich überfällt. Neu=
lich ging ich mit ihm zum Baron, ruhig und heiter. Da
zog es auf einmal in mir auf, Mord, Hohn, Verzweiflung,
das Gräßlichste auf einmal. Ich konnte es beim Baron nicht
aushalten; kaum waren wir angekommen, so trieb es mich nach
Hause. Ich fühlte, daß es der Teufel war, rang mächtig, betete
immerfort, und er wich noch diesen Abend. Seit fünf Wochen
hatte ich es nicht wieder. Doch fürchte ich mich jetzt auch vor
dem nicht mehr, den der Heiland ja von seiner Höhe stürzen

sah. Lange, lange aber beschäftigte mich das Verhältnis von Einsamkeit und Gemeinschaft, Aufnehmen und Wirken, und dies ist es, was, wie ich Dir sagte, mir nun nicht nur im allgemeinen klar geworden, sondern auch in bezug auf mich. Kindlichkeit macht dabei alles, Kindern ist alles dunkel und alles klar."

In der theologischen Diskussion ist, wie man nach dem vorliegenden Stoffe nicht bezweifeln kann, einstweilen Stier noch durchweg der Gewandtere, Geistvollere und — Siegreiche. Oft erst nach langem Kampfe, aber schließlich dennoch streicht Tholuck die Segel. In einem der späteren Briefe, vom 19. März 1824, spricht er es unumwunden selber aus: „Es ist wahr, lieber Stier, ich habe vieles von dem angenommen, was ich einst an Dir bestritt. So läßt man sich eben belehren.... Ja, mein Teurer, der Heilige Geist hat von alters her uns einander zur παράκλησις (Ermahnung) gesetzt und durch den Geist der Gnade ist das Amt bei Dir in bezug auf meine Schwachheit nie vergeblich gewesen. Ich höre gern aus Deinem Munde das Wort, das den alten Schaden aufdeckt.... Solange Menschen das Wort sagen, dünkt's gering. Doch wenn allmählich in der Lektion, die einem der heilige Geist erteilt, dasselbe Kapitel vorkommt, was man meist bei Menschen für Thorheit verschrie, dann kann man nicht länger disputieren und glaubt. Meyer" (auf den Stier in seinen Briefen oft hinwies) „ist mir wichtiger geworden. Ich finde jetzt mehr in ihm als früher. Du siehst, geliebter Bruder, daß der Herr gewollt hat, daß Du in manchen Punkten die Bahn brechen solltest, auf der er nachher den heiligen Geist als meinen Lehrmeister schickte; laß Dir denn dies Amt gefallen und schone Deiner Stimme nicht."

Die Hauptdifferenz bezog sich auf die Stellung zur Schrift, die Beurteilung der Messianität ihrer Weissagungen, die Bedeutung ihrer Typik, die Berechtigung der apostolischen Behandlung alttestamentlicher Citate. Stier ging mit dem entschieden rationalisierenden Freunde schonungslos ins Gericht, der auch seinerseits sich mit wuchtigen Schlägen zu verteidigen suchte. Letzterer wollte in ihren Verschiedenheiten nur hermeneutische und exegetische Geschmacksdifferenzen erblicken. Stier wehrte sich: „Wenn Du es immer dahin wendest, unser Streit

sei ein exegetischer, und es handle sich um das, was in dem
Worte liege, oder nicht — so protestiere ich gegen diese Wen=
dung gänzlich. Nach Deinen Prinzipien bist Du konsequent,
ich nach den meinigen. Das gib Du mir ebenso ehrlich zu,
wie ich dies von Herzen eingestehe. Es handelt sich eben um
Prinzipien.... Du hast weitere, ich engere Inspirations=
begriffe, das ist die Hauptsache, die laß uns nicht vergessen,
und aus verschiedenen Prinzipien streiten." Und nun fährt
er fort:

„Wie, wenn ich sagen wollte: Gerade Deine Lebens= und
Geistesführung durch die ganze heidnische, namentlich orientalische
Litteratur hindurch übe noch sehr erklärlichen Einfluß bei Dir
— daß Du die Bibel noch nicht rein als Bibel ausgeschieden
hast von allen menschlichen Büchern? Denn wie es gerade dem
Anatomen, der die Nerven und Muskeln gar vieler, tierischer und
menschlicher Leiber zerlegt hat, am schwersten wird, in diesem
Leib die denkende Seele zu glauben, die sich nicht auch dem
Messer darbietet: gerade so ist's gewiß mit Dir."

Vor allem konnte Tholuck sich in den Begriff eines Dop=
pelsinnes der Schrift, eines historischen und eines typischen, nicht
finden und glaubte damit aller Spielerei und Tändelei mit dem
Texte Thür und Thor geöffnet. Stier gibt sich, zum Teil in
glänzenden Ausführungen, die erdenklichste Mühe, den Freund
mit diesem unentbehrlichen exegetischen Kanon auszusöhnen. „Denke
einmal an die große Vergleichung zwischen Schrift und Natur.
Daß in der Natur alles typisch ist, überall Ahnung und Weis=
sagung der Übernatur — ist klar und wirst Du nicht bestreiten.
Ist aber der klare Bach, der die stille Landschaft spiegelt, nicht
zugleich ebenso wahr wirkliches Wasser mit gebrochenen Licht=
strahlen, als zugleich Hinweis auf den im klaren Herzen sich
spiegelnden Frieden des stillen, freudigen Lebens? Ist nicht der
Teich, der am Mondabend den tiefblauen gestirnten Himmel in
seinem Grunde darstellt — eben zugleich etwas wirklich Ma=
terielles, und doch zugleich der am erhabensten ausgesprochene,
in Körperschrift vom Schöpfer geschriebene Gedanke der inneren
Unendlichkeit des Geistes, welcher, den Himmel in sich aufneh=
mend und widerstrahlend, in und außer sich die Unendlichkeit
hat? Ist der Klang nicht zugleich Luftschwingung und — Ge=

spräch mit der Geisterwelt für das hörende Menschengemüt? Der rohe Naturmensch liest nur die Natur in der Natur, und hat für sich auch recht, und es ist wahr. Wir lesen die Geister= welt in ihr — ebenso wahr. Hier hast Du auch einen Zunächst= und Geheimsinn, zwischen welchen den Erkenntnisstufen un= zählige Freiheit des Auf= und Absteigens gelassen ist. Alles geht aus Glauben in Glauben dabei. ,Die Schrift will nun einmal nicht einzeln reden, sondern alles in allem' (Meyer). Freilich gehört, um diese Ansicht des Volkes Gottes und seines Daseins überhaupt auf die Schrift und auf einzelnes der Schrift überzutragen, Glauben an Inspiration des A. T.es dazu; aber ohne die ist's ja überhaupt kein A. Testament."

Nicht ganz ohne Recht erwiderte Tholuck: „Von Zunächst= sinn kannst Du hier nicht wohl reden, wenn dieser in dem bloßen Sein der Sache bestehen soll. Und anpassen auf die Schrift läßt sich, wie es mir scheint, das Gleichnis gar nicht. Denn wenn zufolge dieser Analogie der Ausdruck: wie lieblich sind die Füße derer, die 2c. — Typus auf die Apostel sein soll, so sehe ich nicht ein, warum es nicht auch ein Typus sein soll, wenn Cäsar schreibt: veni, vidi, vici. und Christus wirklich venit. vidit, vicit; warum nicht jedes Deiner und meiner Worte Typen sind, die in China und Amerika erfüllt werden. Denn sollen nur die Schriftausdrücke abgesondert werden, so müssen sie einen besonderen Charakter haben; den haben aber nicht so allgemeine Phrasen, wie: was ist der Mensch, daß Du sein gedenkest, und wie lieblich sind u. s. w. Die Mystiker sehen in solchen Stellen neben dem geschichtlichen Sinn nach dem entfernten Geheimsinn. Die Apostel sahen nur den letzten darin. Ebenso legten die Juden zu Christi Zeit aus, ebenso legt der Chaldäer aus. Dem= nach ist die Auslegung der Apostel nur eine ihrer Zeit gemäße. Auf jeden Fall mußt Du dem Chaldäer und dem Talmud die= selbe göttlich weise Auslegungskunst zugestehn. Ja Du mußt, oder vielmehr andre können noch weiter gehn. Ebenso legt Porphyrius und Makrobius den Homer aus. Was wollen wir einwenden?" Zuletzt ging Tholuck so weit, zu behaupten: „Im Bilde des Jonas erblickte sich der Herr nicht mehr, als er, wenn er unter Griechen gelehrt hätte, sich im Herkules erblickt haben würde, der in die Unterwelt steigt, oder im Or=

pheus." Ja er stellte das Christentum nur hin als „den her=
vorstechendsten Punkt in der gesamten religiösen Welt", als „den
Sommer, der auf den kahlen, unfruchtbaren Winter" gefolgt
sei.

„Wie konntest Du nur so was sagen," schreibt Stier zurück,
„wenn der Herr in Griechenland gelehrt hätte". Weißt Du wohl,
daß solche Wenns zu setzen in ordentlicher Disputation ganz
unerlaubt ist? Denn einem solchen Wenn — wenn es was
bedeuten soll, liegt die Leugnung alles inneren Zusammen=
hanges der Erscheinung Christi mit dem ganzen göttlichen Offen=
barungsplane des A. T. zum Grunde. — Es ist also sofern
sehr zweierlei, ob sich Christus im Jonas oder im Herkules sieht;
der große Unterschied ist der: hier ist ein Buch, das ein hei=
liges ist, das sich selbst dafür ausgibt, daß es von Christo
zeuge, daß es ganz und gar Erwartungsvorbild auf Seine Er=
füllung sei — dessen Nebel des alten Heiligtums ja alle nur
als Bilderwerk die verheißene Sonne der Gerechtigkeit umkränzen.
Du darfst also hier durchaus nicht das A. T. mit andern Büchern
in eine Klasse setzen, und es hilft ebensogut kein: ‚Veni, vidi,
vici' gegen Jesaja 52, 7 (wie lieblich sind 2c.) — wie kein ‚pluit
ab Jove' gegen Gen. 19, 24."

Ferner heißt es: „Über den Satz: daß das Christentum
nur der hervorstechendste Punkt in der gesamten religiösen Welt
sei u. s. w. bin ich ordentlich erschrocken. Hättest Du Tag und
Nacht gesagt, anstatt Winter und Sommer, so wär ich eher
zufrieden. Ich will mich billig aller Konsequenzen enthalten und
diesen Satz lieber der Eile Deines Briefes zuschreiben. Recht
überdacht, unterschreibst Du ihn gewiß nicht. Als ich Heub=
nern davon sagte, war seine Antwort: Nun, worin das noch
von der Neologie verschieden sein soll, weiß ich wahrlich nicht!
Und als ich diese Heubnersche Antwort Rothen erzählte, sagte
er: Freilich ist's eine eigne Erscheinung, daß wir hier einen
christgläubigen Neologen haben! Das letztere ist auch mein
offenherziges Herzensbekenntnis über Dich... Jeder gläubige
Exeget muß sich, und wären es die kleinlichsten Dinge, aus
allen Kräften dagegen wahren und wehren, daß auch nur ein
einziges Mal der Grundsatz angewendet werde: weil ich das nicht
begreife und mit dem sonst in der Welt Vorkommenden nicht

reimen kann, darum kann es nicht sein, und wenn es so dasteht, müssen die Worte anders erklärt werden. Dieser Grundsatz ist der Sturz alles Schriftansehens, und, einmal zugegeben, ist dann die Konsequenz unaufhaltbar, die andere ziehen, wenn Du auch nicht. Ich bin fest überzeugt, geliebter Bruder: Mit solchen gläubigen Exegeten, wie Du bist, haben die Neologen noch gut Spiel — sie werfen Dir mit allem Recht Inkonsequenz vor und verlangen, Du sollst das, was Du einmal zugibst, nun auch überall durchführen, wie sie. Aber wenn jemand, der ihre klas= sische Bildung und Philologie auch durchgemacht hat, dennoch in reiner Einfalt wie Paulus auslegt, und ohne Scheu vor der ganzen Obskurant! schreienden Gelehrtenrepublik bei Bileams redender Eselin und Lots Weibe gerade so stehn bleibt, wie Petrus und Christus stehen blieben — dann ahnen sie wahr= haftig eine göttliche Thorheit, die weiser als die Menschen ist, sie mögen's nun wahrhaben wollen oder nicht. Es gibt durchaus keinen Mittelweg zwischen Orthodoxie und Neologie, sondern es heißt überall: Rein ab und Christo an, so ist die Sach gethan!" Und nun schließt er mit eindrücklicher Vermahnung: „Ich bitte Dich im vollsten Ernste um der Liebe Christi willen: liebst Du Christum, so halte Seine Gebote! Glaube nicht bloß an Sein Wort über Dein Herz, sondern auch an Sein Wort über die Schrift. Denn beides ist Sein Wort, daran wir glauben sollen, so wir Ihn rein über alles lieben. Hilf nicht in der Erkenntnis, sondern im Herzen nach, denn da ist der Grund. Ich wäre nicht so dreist, so zu schreiben, wenn nicht die feste Überzeugung, die Liebe zu Dir und das Vertrauen zu Deiner Liebe mir's eingäbe. Soviel Du noch heterodox in der Lehre bist, so viel fehlt's Dir auch noch irgendwo im innern Leben in Christo; denn beides ist eins. Wenn Du Deine abweichende Exegese aufstellst und gegen Orthodoxie redest, bist Du nicht rein in der Liebe und Demut Christi: Prüfe vor Gott, ob es wahr ist, was ich sage — und belehre mich, wenn ich irre."

Etwas kleinlaut antwortete Tholuck (Sommer 1822): „Ich erkenne jetzt mit Dir an, daß es verdächtig ist, aus den Klas= sikern die Interpretationsgesetze in die heil. Schrift hinübernehmen zu wollen, ohne die Möglichkeit zuzugeben, daß die Schrift andre und tiefere Auslegungsgesetze aufstellen könne. Daß ich

das Christentum mit dem Heidentum wie Frühling mit Winter
verglich, war bloße Antithese und nicht meines Herzens Mei=
nung. Das Christentum ist nicht gradu, sondern genere vom
Heidentum verschieden, selbst vom Besseren des Heidentums. —
Bis dahin, mein geliebter Bruder, hatte ich vor einiger Zeit
geschrieben. Während dessen bin ich Dir auf einmal um ein
ganz Teil näher gekommen auch in dem, was die kabbalistische
Auslegung betrifft. Wohl mögen im stillen alle Deine Worte
vorbereitet haben. Den Ausschlag gab neulich bei mir die
Bemerkung, wie durch das ganze Wesenreich gleiche Entwicke=
lungsgesetze gehen, die auf den niederen Stufen der Natur sich
schwächer zeigen, aber immer stärker hervortreten, je organisierter
die Wesen sind, wie auch durchgehends dieselben Gesetze in dem
Geisterreiche wie in der materiellen Welt walten. Als mir
dies recht lebendig wurde, drängte sich der Gedanke auf, wäre
dies nun nicht also doch eine Bestätigung von dem, was dir
einst aus Stiers Munde so wunderlich klang von den Abbildern
des höheren Geistigen in den noch unentwickelten Israeliten?
Da erinnerte ich mich des, was ich selbst schon angenommen,
wie ja die gesamte irdische Theokratie Abbild der höheren gei=
stigen, wie in diesem Bezuge David als höchster theokratischer
König Vorbild des höchsten geistlich theokratischen Königs. Nun
führte mich Neander darauf, daß, wenn er als verherrlichter
König Vorbild sein kann, er es doch auch ebensowohl sein kann
als leidender, erniedrigter. So entschloß ich mich auf einmal
und konnte mich entschließen, einen Doppelsinn anzuerkennen.
Sieh! was Du bei mir gewonnen hast! Darüber daß ich es jetzt
glauben kann, freue ich mich selbst. Ich sehe, daß mich dies
recht fördern wird im Verständnis des Alten Testaments. Und
eben diese Freude auf Hoffnung sei Dir auch ein Zeichen, daß
nicht Troß des Willens mich daran hinderte, die Meinung an=
zunehmen, die Du für die rechtgläubige hältst... Ich gehe sehr
langsam meinen Entwickelungsgang, so langsam, daß ich manch=
mal über mich selbst erschrecke. Aber ich glaube doch, ich gehe
weiter, und in intellektueller wie in praktischer Rücksicht wird mir
immer mehr Jesus mein ein und alles. Habe also Geduld
mit mir, mein geliebter Stier; wenn Du bei der sonstigen
Exzentrizität Deines Gemütes hier so bald das Zentrum ge=

funden haſt, ſo wahre Dich nur, daß Du es nicht nach der an=
dern Seite zu wieder verliereſt, und verlaſſe mich nicht mit
Deinem Rate und Deiner Liebe, wenn ich dieſſeits nur lang=
ſam, aber, wie ich hoffe, mit feſtem Schritte dem Zentrum zu=
ſchreite. Wir ſind eins, eins in einem Grunde, der jenſeits
aller Exegeſe und Theologie liegt."

Auch über ſeine Vorleſungen ſchrieb Tholuck fleißig an
den Wittenberger Freund. Er notierte mit Freuden, wenn er
in den Pſalmen wieder einen neuen mit gutem Gewiſſen als
meſſianiſch hatte erklären können und beſprach die ihm dafür
entſcheidenden Gründe. Im Winter 1821—22 ſchrieb er ein=
mal: „Ich leſe jetzt bibliſche Dogmatik mit 24 Zuhörern, und
dann ein hebraicum analyticum. Die Dogmatik macht mir
viel Arbeit; aber ſie führt mich auch immer tiefer und tiefer in
die Herrlichkeit des Reichtums, der uns in Chriſto Jeſu auf=
gethan iſt. Faſt kein Tag vergeht, daß ich nicht mehr ſtaune,
brünſtiger anbete. Ich habe 1. gehandelt: vom Glauben als der
Geiſtesthätigkeit, wodurch wir religiöſe Wahrheiten aufnehmen.
2. von Offenbarung, Inſpiration, Akkommodation. 3. von Gott.
Dabei ſtehe ich jetzt, und bitte nur, daß Gott ſelber das Licht
ſei, bei dem ich Gott beſchaue. Denn wie der Menſch nur er=
ſahren kann, was im Menſchen iſt, wenn der eine dem andern
ſich offenbart: ſo können wir nur wiſſen, was in Gott, wenn
der Geiſt Gottes ſelbſt es offenbart. Ich habe auch die Freude,
daß meine Zuhörer ſehr pünktlich und fleißig ſind. Immer
klarer wird es mir, hätte die Pſeudobildung uns nicht ganz
verdorben, ſo müßte ein einfältiger Hausvaterbericht von der
chriſtlichen Religion jeden Menſchen zu Thränen rühren. Gott
iſt erſchienen im Fleiſch! Es iſt eine unausdenkliche Geſchichte,
bei der einem das Herz vor Freuden zerſpringen möchte. Preis
und Anbetung dem Lamm, das geſchlachtet iſt, in Ewigkeit!"

In den Weihnachtsferien war Stier ſelbſt in Berlin und
hatte Gelegenheit, auch mit Zuhörern Tholucks über dieſes
Kolleg zu ſprechen. Am 19. Januar 1822 ſchrieb er dem
Freunde in bezug auf das dabei Vernommene: „. . . . Aber nun,
geliebter Bruder, zu etwas, was ich ſchon in Berlin an Dich
auf dem Herzen hatte, und nur wieder mitnehmen mußte, weil
ich Dich am letzten Tage nicht allein ſprechen konnte. Laß mich

frei zu dir reden, wie ich's meine, und sieht es wie eine vor=
witzige Ermahnung aus — so weiß ich ja, daß Du es so nicht
mißverstehst, sondern weißt, daß Liebe vor allen Dingen auf=
richtig sein muß, eben als Liebe. ‚Die Brüder sind sich ein=
ander scharf, wenn sie sich lieben‘ (Spangenberg), das laß
uns in praxin bringen!

Du wirst begierig sein zu hören, was nach solcher Vor=
rede kommt. Sieh, es kommt etwas, davon schon an jenem
Abend bei Neander die Rede war. Ich habe mit großer
Betrübnis in Berlin gehört, Du habest die Wiederbringung
öffentlich vom Katheder gelehrt! Lieber Bruder, ich bin hier
weit entfernt, mit Dir über diese Geheimnisse streiten zu wollen,
oder auch nur irgendwie Dir zu verdenken, daß Du Dir für
Dich die Sache so zurechtlegst — das haben von jeher Christen
gethan, die aller Ehren wert sind. Ich spreche darüber nicht ab,
habe in diesem schwierigen Punkt auch noch gar kein Urteil, —
das wäre, als wenn ein Kind die letzten Geheimnisse der
τέλειοι (Vollkommenen) beschwatzen wollte. Meine Überzeu=
gung ist jetzt die: der philosophierende Verstand (oder nenn's
auch Vernunft!), sobald er streng konsequent die Idee des hei=
ligen Gottes auf der einen, und die Idee der Freiheit des Ge=
schöpfs zur Sünde wie zur Aufnahme der Gnade auf der andern
Seite festhält, — muß notwendig zu ewigen Höllenstrafen
kommen, wie Schubert ausführlich und wahrlich, trotz der
seltsamen, altmodischen Gestalt, gründlich bewiesen hat. Das
Gefühl dagegen, sobald es sich rein in die Liebe Gottes hin=
eingibt und darin auflöst, wird immer geneigt sein, die Wieder=
bringung zu denken. — Hier ist also schon im natürlichen
Menschen ein Widerstreit und keineswegs Einheit. Aber nun
ist dies ja eben bloß der natürliche Verstand und das na=
türliche Gefühl, losgerissen von Schrift und Wort Gottes.
Beiden gebührt in göttlichen Dingen gar keine Stimme,
sonst müßte der Christ auch bei allen Philosophen wieder herum=
fragen. Also nur die Schrift gilt! Und hier wird wahrlich
Neanders Wort ewig gelten: Aus der Schrift läßt sich die
Wiederbringung nicht beweisen. Ja, ich setze noch dazu, was
Neander bei seiner subjektiven Überzeugung nicht hinzusetzen
konnte: gilt irgend hier, wie sonst in allem, das Schriftwort

als solches, wie's dasteht, so läßt sich aus ihm die ewige Strafe beweisen. Sei unbefangen, übersetze die Stellen wörtlich, wie sie lauten, und lies es einem Kinde vor, was wird das sagen? Nimm alle Deine künstlichen Auslegungen weg und frage: ob die, zu denen Christus sprach, zu denen die Apostel und Apokalypse sprach, solche künstliche Auslegungen machten? .... Lies das vierte Buch Esra und verachte nicht die Weisheit der Väter, wenn auch Thorheit darunter gemengt ist. Beruhige Dich bei der Antwort, bei der sich Esra be= gnügte: ‚Es fehlet viel, daß Du solltest meine Kreatur mehr lieben, denn ich! — Die Wurzel des Bösen ist auch versiegelt 8, 53. Das gilt der menschlichen Weisheit ewiglich. Also auch die Frucht des Bösen! — Darum frage nicht weiter nach der Menge derer, die verloren gehen — denn Gott hat nicht ge= wollt, daß ein Mensch sollte verloren gehen. 9, 13: Sorge Dich denn darum nicht weiter, wie die Gottlosen werden ge= peinigt werden, sondern forsche, wie die Gerechten sollen selig werden!' vgl. Luk. 13, 23. 24. Und wer damit nicht zufrieden ist, für den heißt es: ‚Dein Herz gehet zu weit in dieser Welt, und Du unterstehest Dich zu begreifen den Weg des Höchsten', 4. Esra 4, 2.... Du bist ja nicht auf dem Katheder, Deine Meinung zu sagen, sondern Gottes Wort zu lehren, sobald von biblischer Dogmatik die Rede ist. .... Ja, ich gehe noch weiter, geliebter Bruder, um die Liebespflicht der Aufrichtigkeit völlig zu erfüllen — ich würde Dich beleidigen, wenn ich Dich nochmals bäte, in Liebe aufzunehmen, was ich Armer rede.

Mir sind, während ich in Berlin war, von mehreren Deiner Zuhörer Äußerungen gekommen, die ich mich, da sie nicht das Herz dazu hatten, vor Dich zu bringen verpflichtet fühle. Sie klagten, daß Du überhaupt in Deiner Dogmatik zu viel und hoch spekuliertest und eben dadurch nicht praktisch wirksam genug würdest — wozu auch gehörte, daß man Dir mit Recht gezwungene Auslegung mancher Beweisstellen — außer dem Zusammenhange — für Deine Sätze vorwerfen könne, und daß dies nach außen sehr übel aufgenommen werde. Die mehr= fachen Stimmen hierüber machen mir wahrscheinlich, daß etwas daran sein müsse, und darum wollt' ich Dir's nur sagen, weil es Dir gewiß lieb sein muß.

Ich denke, wenn Du biblische Dogmatik liest, so sollst Du nicht Spekulationen über biblische Dogmatik vortragen, sondern eben biblische Dogmatik, so einfältig wie sie in der Bibel steht, wo von keiner Spekulation die Rede ist. Und wenn Du damit vor der jetzigen Universitätstheologie gar zu thöricht erscheinst, so sollst Du das geduldig als Christi Schmach über Dich nehmen, und nicht durch spekulierendes Gewand die Thorheit des Evangelii etwas weltlich angesehener und klüger machen wollen.....

Kann man nicht auch jetzt noch wie Christus und die Apostel einfältig auf dem Katheder reden, dann ist das Katheder vom Übel. Ich fühle das große Wort, das ich sage; — schwärme ich, so schwärme ich konsequent, und seh es bis jetzt noch nicht ein, daß ich schwärme. Lies dies mit völligem Absehen von meiner armen, schwachen Person, der dieser Brief von oben geschenkt ist, für mich ebensowohl, wie für Dich. Und antworte recht bald Deinem sehnsüchtig darauf harrenden
R. Stier."

Eine schriftliche Antwort auf diesen Brief ist leider nicht vorhanden, auch wahrscheinlich nicht erfolgt, da Tholuck in dem nächsten vorliegenden Schreiben sine consule et anno meldet: „Auf Deinen teuern Brief, der mir ein Unterpfand Deiner wahren Liebe ist, zögerte ich immer zu antworten, bis es mir entschieden war, daß ich Dich selbst sehen und Dir die Antwort sagen wollte." Beim Beginn der Osterferien 1822, am 20. März, reiste Tholuck mit einigen Freunden nach Wittenberg, und da ist denn wohl in ernstem Wort die Aussprache beider Freunde erfolgt.

Sechstes Kapitel.

Kleinere schriftstellerische Arbeiten.

Die behufs Erlangung der Lizentiatur bei der theologischen Fakultät eingereichte Dissertation über den Sfufismus oder die pantheistische Theosophie der Perser ist die erste Schrift, mit welcher Tholuck sich in der wissenschaftlichen Welt einführte. Schleiermacher hatte recht, wenn er aus diesem „Spezimen" den Beweis für die Befähigung des Verfassers zum theologischen Lehrer noch nicht als geführt erachtete. Weil auch Tholuck das sehr wohl empfand, fügte er noch in demselben Jahre eine zweite Veröffentlichung hinzu, deren Inhalt dem ihm vom Minister ausdrücklich zugewiesenen Gebiete des Alten Testamentes angehörte.

Die Dissertation ist auch in der vorliegenden Buchform lateinisch[1]) geschrieben und dem Minister Baron Stein v. Altenstein, dem „hochherzigen Mäcen der orientalischen Studien", gewidmet. Der volle Titel lautet: Ssufismus sive Theosophia Persarum pantheistica e MSS. Bibliothecae Regiae Berolinensis Persicis, Arabis, Turcicis eruit atque illustravit Frid. Aug. Deofidus Tholuck, Licent. Theol. in Univers. Litter. Berol. Berolini MDCCCXXI In Libraria Ferd. Duemmleri. Das Buch enthält 331 Seiten Text und 40 Seiten Auszüge aus arabischen, persischen und türkischen Handschriften, sämtlich mit arabischen Lettern wiedergegeben.

In der Vorrede berichtet der Verfasser, daß sich ihm, als er nach einem besondern Gebiete der orientalischen Studien forschte, auf der Universitätsbibliothek von Berlin über den Muhammedanismus und seine Sekten fast gar nichts, dagegen ein reiches Handschriftenmaterial über die aristotelische und

Averrhoische oder scholastische Philosophie und ebenso viele hervorragende Ssufische Werke dargeboten hätten. Das letztere sei ihm doppelt interessant gewesen, weil nach neueren Missionsnachrichten (der Missionars Schmidt in Madras in Persien) 80 000 „Sophi" genannte Mohammedaner vor 10—12 Jahren ihrem Glauben entsagt und die Beschneidung abgeschafft haben sollten; die Sekte sei durch ganz Persien verbreitet und dem christlichen Glauben besonders zugänglich. Da habe er den Entschluß gefaßt, unter Benutzung orientalischer und occidentalischer Schriftsteller die Lehre der Ssufi im Zusammenhange darzustellen. Die betreffenden Vorarbeiten der Engländer und des Prof. Hammer seien ungenügend, weil sie nur aus populärer Tradition schöpften und die Fundamente des Systems aufzuweisen unterließen. Tholuck exzerpierte nun, so berichtet er weiter, sämtliche diesbezügliche Kodices der Diezischen und der Universitätsbibliothek, schrieb die wichtigsten Stellen aus, verglich die Lehre der Ssufi mit der Theosophie und Mystik verschiedener Nationen, und so entstand das Buch. Mitten in der Arbeit aber überfiel ihn eine fast tödliche Krankheit, die ihn zwang, von dem weiteren Studium der Handschriften abzustehen und den Plan der Arbeit auf geringere Maße zurückzuführen. Die Rezensenten bittet er schließlich um ein billiges Urteil, da es leichter sei, einige kleine Bemerkungen (observatiunculae) und Erläuterungen dem fertigen Werke hinzuzufügen, als einen unbekannten und dunklen Stoff aus Manuskripten erst zusammenzustellen.

Das erste Kapitel gibt zunächst eine Übersicht und Entstehungsgeschichte der benutzten Manuskripte (S. 1—25). Elf persische, sieben arabische und zwei türkische Handschriften haben dem Verfasser vorgelegen. Sodann (S. 26—38) werden die verschiedenen Herleitungen des Namens Ssufi vorgeführt, von denen Tholuck nur zwei einer näheren Erwägung würdig findet: vom griechischen σοφός „weise"; doch würde damit die persische Form des Worts nicht stimmen: oder, und das ist nach Tholuck das Richtige, vom arabischen Ssûf „die Wolle"; so fassen es die Araber, Türken und Perser selbst. „Die Wolle anziehen" heißt bei ihnen geradezu ein Ssufi oder ein Mönch werden. Die Ssufi sind also Kuttenleute.

Das zweite Kapitel handelt von dem Ursprunge der Sfusischen Lehre (S. 38—73). Die Gelehrten (Langles, Reiske, Hammer, Malcolm) streiten sich darüber, ob der Sfusismus von den Griechen oder von den Indern seinen Ursprung genommen habe. Tholuck verneint beides. Der indische Ursprung ist unbeweisbar; die Verwandtschaft erklärt sich durch gemeinsame Anlage. Die Griechen lehren ganz verschieden, und auch der Plotinismus ist von den Orientalen her beeinflußt, nicht umgekehrt. Wir müssen vielmehr zur Erklärung der Sfusischen Erscheinungen auf die Geschichte des muhammedanischen Mönchtums zurückgehen. Wiewohl die militärische Konstitution des Islam das Mönchstum auszuschließen scheint, so hat doch Muhammed selbst und haben die Araber einen entschiedenen Hang dazu gehabt. Im Koran lobt Muhammed die Christen, daß sie das Mönchstum besitzen, und sagt, es sei ihnen von Gott befohlen. Dafür verordne Gott bei ihnen, den Muhammedanern, die Wallfahrt nach Mekka. Im 38. Jahre nach der Hedschra ging ein berühmter arabischer Anachoret in die Wüste und umgab sich mit Religiosen. Ja Abubekr und Ali setzten bald nach Muhammeds Tode selbst Mönchskongregationen ein. Aus diesen gingen alle berühmten Lehrer des Sfusismus hervor. Das belegt Tholuck durch Citate aus den Handschriften. Wir treffen da z. B. auf höchst seltsame Aussprüche der Rabia, einer muhammedanischen Nonne, aus dem ersten Jahrhundert nach der Flucht, die halbchristlich erscheinen und an paulinische Dikta erinnern: „Ich brauche den Herrn der Kaaba — was soll mir die Kaaba?" „Wie hast du Ihn so genau kennen gelernt? Dadurch, daß ich alles, was ich gefunden, in Ihm verloren habe." Als sie schwer erkrankte, fragte man sie nach dem Warum? Die Antwort lautete: „Ich dachte über die Wonnen des Paradieses nach; deshalb hat mich mein Herr gezüchtigt." Darin liegt schon der ganze Sfusismus enthalten.

Im zweiten Jahrhundert nach der Flucht drang die griechische Philosophie zu den Muhammedanern, und es entstanden die vielen Sekten, auch der Sfusismus. Allgemeine Zweifel an der Wahrheit der Religion riefen als Reaktion den Mystizismus ins Leben, den die Sfufi zum System ausbildeten. In diesem zweiten Jahrhundert finden wir den Namen Sfusismus schon

häufig citiert, auch sein Stifter wird (bei Caswin) genannt:
Abu Said ben Abul Cheir.

Es folgt eine kurze Geschichte des Sufismus. Im dritten
Jahrhundert trennten sich zwei Richtungen von einander, die
des Butamius, eines „fanatischen, quietistischen, karyokratischen
und beghinischen Geistes" (Aussprüche wie: „wenn die Menschen
glauben, Gott anzubeten, betet Gott sich selbst an"; die Ichheit
und Duheit zwischen Gott und Menschen wird gänzlich aufge=
hoben); und die gemäßigtere Richtung des Dschuneid.

Das dritte Kapitel (S. 73—112) betrachtet die sufische
Hauptlehre „von der mystischen Verbindung und Vereinigung
des Menschen mit Gott". Der Mensch ist vor dem Fall gewiß
Gott ähnlicher gewesen. Nach dem Fall sind nur noch Spuren
davon zurückgeblieben, die ihn aber dazu treiben, sich mit Gott
wieder zu verbinden. Dabei ist man einerseits auf emanatistische
Gedanken gekommen, anderseits aber auf die Vorstellung,
als könnte man durch allerhand quietistische Versuche der Gott=
heit wieder näher kommen. So zuerst die Inder. Von ihnen
kam der Quietismus nach dem Occident. Brahmanismus und
Buddhismus, beide sind quietistisch, mönchischer freilich der
letztere. Bei den Sinesen stand La-o-tse als Lehrer des Quie=
tismus auf; nach der Ausbreitung des Kong-futsianismus Fohi
(60 v. Chr.). Von da drang der Quietismus nach Kleinasien,
Ägypten, Persien, Griechenland. Philo mit seiner κατάληψις
νοητική, die Gnostiker, die Neuplatoniker, vor allem Plotinus
(ἅπλωσις, ἕνωσις). Porphyrius, Jamblichus (ἕνωσις
θεαστική), Proclus — sie alle waren quietistische Mystiker.
Auch die Christen: Pseudodionysius, die Mystiker der
katholischen Kirche, sind vom Quietismus angesteckt: aus der
menschlichen Natur resultiert diese Richtung überall; Beghinen,
Begarden, Quäker, Molinos, Omphalopsycher dienen zum
Belege.

Wie gestaltete sich nun der Quietismus bei den Sufi?
Glaubten sie, wie die Inder, durch äußerliche Gebräuche die
Vereinigung mit Gott beschleunigen zu können? oder etwa durch
Abschließen aller Sinne gegen die Außenwelt? So z. B. die
Anhänger des chinesischen Fohi, so auch die Omphalopsychoi.
Dschelaleddin († 1262 n. Chr., der bedeutendste aller Sufi;

sein Buch „Metsnewi" der Kanon für alle übrigen) widerriet solche Äußerlichkeiten; man brauche dergleichen nicht. Auch Asisius lehrte: Die Unreinheit ausziehen und die bösen Zweifel abthun, das sei der Weg zur Einigung mit Gott. Da falle die Zeit weg, und die Ewigkeit werde geschmeckt; ob eine Stunde oder hundert Jahre vergehen, merke der Mensch nicht. Diese ἔκστασις sei so süß, wie der coitus cum muliere. Daß die Ssufi, wie die Inder, behaupteten, in solchen Momenten Gott zu sehen, kann der Verfasser nicht beweisen. Rabia versicherte: ja, ich sehe Gott. Im allgemeinen muß es unentschieden bleiben. Als höchste Stufe der Einigung mit Gott lehrten sie jedenfalls eine wirkliche, wenn auch unbewußte absorptio in Deum — und wer das ableugnen wollte, dem wiesen sie den Spruch aus dem Koran: man nennt erlogen, was man nicht begreift.

Im vierten Kapitel (S. 113—158) wird „von Adam, vom Menschen und von der göttlichen Würde des Menschen" gehandelt. Während die Rabbinen und christliche Theologen darüber streiten, so führt der Verfasser aus, ob Adam eine Einzelperson oder ein Kollektivname sei, geben die Ssufi die Meinung des Korans wieder: Adam war ein überaus herrlich geschaffener einzelner Mensch, voller Kenntnisse und Weisheit, den die Engel anbeteten. Der Sündenfall aber ist nach Dsche=laleddin im Fatum beschlossen gewesen, (vgl. nachher Kap. 6 des Tholuckschen Buches). Alle Ssufi stimmen darin überein, daß unser jetziger Zustand und Aufenthaltsort ein jämmerlicher sei. „Diese Welt ist ein Gefängnis der Seele. Willst du gerettet werden, so wirf den Schein beiseite und flüchte zum Sein, zu Gott!" Die Ssufi lehren, ganz wie Plato: Der Körper sei der eigentliche Sitz des Bösen, und daher eine völlige Einigung mit Gott auf Erden nicht möglich. In bezug auf die Entstehung der Menschen schwanken auch die Muhammedaner zwischen dem Traduzianismus, dem Kreatianismus und der ori=genistischen Präexistenzlehre hin und her. Die Ssufi lehren entschieden die letztere. Nach dem leiblichen Tode kehrt die Seele zu Gott zurück, ein Zustand, der jetzt schon im Schlafe vorge=bildet und von den Weisen allezeit geschmeckt wird. Dennoch lehrt der Koran die Auferstehung des Leibes; die Ssufi deuten sie aber um. In bezug auf die Berechtigung des einzelnen

Menschen, sich „Gott" zu nennen, — wie viele Ssufi sagten: ich bete, d. h. Gott betet; Gott erhört, d. h. ich erhöre mich selbst, — wird im allgemeinen sowohl die indicatio, die Eingottung, wie die unificatio, die Einsmachung mit Gott verworfen und die unio festgehalten. Dieselbe deuten sie aber dennoch als: Einssein und Identität mit Gott: Gott habe sich durch Emanation in die Welt ergossen und sei nun in ihr immanent und mit ihr eins.

„Von der Emanation der Welt und ihrem Zusammenhange mit Gott" handelt das fünfte Kapitel (S. 158—239). Hier kommen drei Fragen in betracht: 1. wozu, 2. wann und 3. wie hat Gott die Welt geschaffen und erhält er sie?

1. Dschelaleddin antwortet zunächst: aus reiner Willkür. Auch bei den Indern ist die Weltschöpfung ein Spiel für Gott; Brahma wird oft als ein mit einem Püppchen spielendes Kind dargestellt. Doch neben dieser indischen gibt es bei den Ssufi auch eine sozusagen kabbalistische Vorstellung: Aus Gott floß ein Tropfen Lichtmasse aus, und dieser ἐκμὰς τοῦ φωτὸς προϊοντος i. e. concubitum appetens ante tempus statum, wohl der gnostischen Achamoth vergleichbar, suchte die leeren Tiefen und legte so die Fundamente der Welt.

2. Wenn emaniert, dann muß die Welt auch notwendig ewig sein. So lehrten die Ssufi mit Plotinus. Allerdings beschreibt der Koran die Schöpfung im einzelnen, und einige Ssufi scheinen es in dieser Frage mit dem Koran gehalten zu haben.

3. Wie hat die Emanation stattgefunden? Gott gegenüber existierte nur das Privatum b. i. der Nichtgott, dem „Ur" gegenüber das „Nichts". — Wie war das Privatum gestaltet? Allgemein wurde damals unter Arabern und Juden der Averrhoesche (sog. Aristotelische) Satz festgehalten, in der Materie seien die Formen potentialiter bereits vorhanden, und Gott habe ihnen nur den Anstoß zur Verwirklichung gegeben. Da aber den Ssufi das Privatum nicht mit der Materie zusammenfiel, so mußte für sie die Formierung anderswoher kommen. Die allgemeine alte orientalische Philosophie lehrte, der namenlose Gott habe, um doch begriffen zu werden, sich in besondre Tugenden und Kräfte zerlegt: die Götter der Heiden, die gött-

lichen Eigenschaften im philonischen Logos. Das nahmen die
Ssufi auf. Zur Weltbildung entfaltete sich der Urglanz in
einzelne Strahlen, und die bildeten die Welt. Nur eine eigne,
zweite Hypostase mochten sie nicht acceptieren. Was die Gnostiker
den δεύτερος θεός nannten, in welchem sich die Tugenden und
Eigenschaften des ἄγνωστος καὶ ἀκατανόμαστος darstellen, das
ist den Ssufi die Welt selbst (S. 203), die nomina extra
deum im Unterschied zu den nomina intra deum; „τὰ ἀπαυ-
γάσματα" ist wohl der treffendste Ausdruck für diese ssufische
Auffassung der Formen. Die Welt kann so wenig aus sich
selbst bestehen, als das Bild der Sonne im Wasser. So schafft
aber Gott auch die Welt in jedem Augenblicke neu. Daher ist
das System der Ssufi der gerade Gegensatz vom Materialismus:
— ganz ähnlich dem Malebrancheschen Systeme, ein absoluter,
zum Fatalismus sich gipfelnder Idealismus.

Daß hiernach „von freiem Willen und dem Unterschiede
zwischen Gut und Böse", wovon das sechste Kapitel (S. 240—264)
spricht, nicht mehr die Rede sein kann, liegt auf der Hand.
Muhammed selbst vermied es im Koran, sich darüber zu äußern.
Seine Anhänger aber lehrten den ausgesprochensten Fatalismus:
Gott schafft die guten und die bösen Regungen. So auch, und
zwar mit Zuhilfenahme der Astrologie, die Ssufi. Die Sterne,
unter denen einer geboren ist, regieren ihn. „Eine Sünde
der Ssufi wird von Gott als gute That geschätzt." „Im Bösen
wird Gott zu einer That des Teufels" (In malo Deus actio
fit diaboli). Daher gibt es kein Böses, sondern, was die Art
des Bösen an sich trägt, das scheint nur böse zu sein. So
lehrten auch die Inder: Gott ist das Böse und das Gute zugleich.

Das siebente Kapitel handelt „von den Propheten"
(S. 265—297). Der Emanatismus ließ in den Lehrern das
numen divinum selber wohnen. So kam es bei den Moslemin
zur Apotheosierung erst des Ali, dann des Muhammed,
dann aber auch des Jesu von Nazareth, Brahma, des Oro-
masdus u. s. w. Der Koran sagt: Wärest Du nicht gewesen,
Muhammed, dann wären die Sterne des Himmels nicht geschaffen. So lehrten auch die Ssufi: die Propheten sind
Teile Gottes. Dschelaleddin ruft aus: „Selig, wer mich siehet;

denn er siehet Gott!" Dasselbe lehrt der Ssufismus aber auch von den Propheten und Lehrern andrer Religionen. Die positiven Religionen wurden überhaupt mißachtet, denn auf die unio mit Gott kam den Ssufi alles an; daher alle, die sie lehrten und übten, bei den Kuttenmännern die größte Verehrung genossen.

Zum Schluß bespricht der Verfasser noch einige Einzel= heiten. Im achten Kapitel: „Die mystische und symbolische Sprache der Ssufi" (S. 298—319). Durch Rätsel, in Gleichnissen reden alle Orientalen, wenn sie lehren. Die Ssufi behaupteten, ihre Geheimnisse könnten nicht anders gelehrt werden; es sei das auch sicherer, denn „die Sonne, wenn sie uns ein wenig näher träte, würde die Welt verbrennen." Drei Bilderkreise sind es hauptsächlich, welche die Ssufi liebten: 1. aus dem ehe= lichen Leben; Gott ist der oder die Geliebte, die selige Gemein= schaft der Geliebten ist ein Abglanz der göttlichen Wonne. Doch fehlten auf diesem Gebiete alle Obszönitäten; 2. vom Wein und der durch ihn gewirkten Begeisterung und Trunken= heit; 3. sogar Bilder, von dem Götzendienst, der Feueranbetung, ja der sündlichen Ausschweifung hergenommen: wenn Du die unio mystica erlangt hast, dann ist Dir das alles gleichgiltig oder nur eine Form der Anbetung. Auch führten die Ssufi allegorische Tänze auf, Bilder der Sternläufe und der allmächtig sehnenden Liebe. Endlich im neunten Kapitel (S. 320—331) werden „die verschiedenen Grade der Theosophen und der Ssufi" geschildert. Die Muhammedaner im allgemeinen kannten per= sönlich drei Grade oder Stufen 1. derer, welche Gott durch die Sinne, 2. welche ihn durch logisches Denken zu erkennen glauben, 3. derer, welche die Einheit mit Gott in ihren Herzen bekennen. Bei den Ssufi finden wir drei, vier, auch sechs und sieben Stufen. 1. Das Gesetz, 2. die Reise (vom Gesetz zur Wahr= heit), 3. die Wahrheit, 4. die Erkenntnis, oder: 1. das Thal des Fragens, 2. das Thal der Liebe, 3. das Thal der Erkenntnis, 4. das Thal der Entsagung, 5. das Thal der Einigung, 6. das Thal des Staunens, 7. das Thal der Vernichtung oder der Rückkehr in Gott. —

Soweit die Analyse dieser Tholuckschen Erstlingsarbeit. Wir sind nicht in der Lage, über ihren Wert oder Unwert ein

eignes Urteil zu fällen und beschränken uns darauf, die Stim=
men der angesehensten Orientalisten der damaligen Zeit zu
registrieren.

Professor Rosenmüller in Leipzig schrieb an Tholuck
unter dem 3. Juni 1821: „Durch Ihre so gründliche als klare
Darstellung des Ssufismus, die erste ihrer Art, haben Sie sich
um Aufhellung eines der wichtigsten Teile der Geschichte der
morgenländischen Religionen und Philosophie gewiß ein bedeu=
tendes und bleibendes Verdienst erworben." Hammer von
Purgstall in Wien, der gelehrte Orientalist, erwiderte die
Zusendung des Ssufismus mit einigen berichtigenden, aber auch
mit scharf zurückweisenden Noten, deren Bedeutung freilich von
andrer Seite wieder in Frage gestellt wurde. Er schrieb am
23. Juni 1821: „Ihr Werk ist ein sehr verdienstliches durch
das Studium der Quellen und die Benutzung derselben. Aber
die Hauptquellen fehlten Ihnen noch, und das eigentliche System
der Lehre des Sofismus haben Sie doch nicht gegeben. Viel
darüber gab ich in einer Rezension des Dysatir, die schon seit
Jänner der Redaktion der Jahrbücher übergeben ist; vielleicht
gibt mir die Anzeige Ihrer Schrift in einigen Monaten Ge=
legenheit, mehr darüber zu sagen und besonders Ihre Meinung,
daß der Sofismus dem Muhammedanismus entwachsen sei, als
eine irrige zu widerlegen ..... Ihre Schreibart Ssufismus
statt Sofismus ist eine Dietzische. Die ältesten Sofis sind
doch die Gymnosophen, die schon Alexander am Indus fand,
und welche σοφοί und nicht σουφοί hießen; selbst die Volks=
aussprache der Türken ist wider die Ihrige." Dann folgt die
spitzige Bemerkung: „Wenn ich mich gleich viel mit Poesie be=
schäftigt habe, so scheint mir, ich habe doch auch für ernstere
Fächer als Geographie ꝛc. durch meine Werke über das osmanische
Reich u. a. manches geleistet; werde aber Ihren frommen Wunsch,
daß ich Nützliches leisten möge, so Gott will, bestens zu erfüllen
trachten. Non omnia possumus omnes. Sie haben das von
mir nicht beackerte Feld der Philosophie und Theologie gewählt,
und nach diesen Erstlingen zu urteilen, hat die litterarische Welt
von Ihnen noch manche reiche Ernte zu erwarten, zu welcher
Ihnen aufrichtig Glück wünscht Ihr ergebenster Diener

.J. Hammer."

Die bittere Pille dieser Kritik versüßte dem jungen Schrift=
steller sein sachverständiger Freund Kosegarten in Jena.
Derselbe sagte ihm am 11. Juni zunächst für das mit dem
Ssufismus ihm gemachte angenehme Geschenk seinen Dank und
und bemerkte dann in anderm Zusammenhange über Hammer:
„Was Hammer in seiner Geschichte der persischen Dichter an=
geführt und übersetzt hat, soll, wie Sacy mir schrieb, von Un=
richtigkeiten wimmeln, wie leider alle Übersetzungen dieses sonst
so thätigen Mannes, der in dieser Hinsicht immer beim Alten
zu bleiben scheint.‟ Die Ableitung des Wortes Ssufi von dem
arabischen Wort für Wolle ist auch für Kosegarten die einzig
mögliche. „Hammers Hindeuten auf σοφός ist ganz in seiner
gewöhnlichen, nach jedem einigermaßen ähnlichem Klange aufs
Geratewohl hinfahrenden Manier, zu vergleichen und zu ety=
mologisieren.‟ Und in einem weiteren Briefe vom 12. Juli:
„Dadurch, daß Sie etwas an Hammer getadelt, haben Sie frei=
lich in ein Wespennest gegriffen; denn das kann er nicht leiden.
Er ist mir auch, wie ich glaube, nicht mehr recht grün, aus
gleichem Grunde, da ich in Rezensionen bisweilen einige seiner
Versehen angeführt habe, ungeachtet ich, solche Zänkereien
scheuend, die Mängel seiner Werke nie so aufgedeckt habe, wie
ich es der strengen Wahrheit gemäß eigentlich hätte thun sollen.
Fährt er Sie übel an, so trösten Sie sich mit mir, dem es,
wie Sie wissen, einmal auch nicht besser erging. Ich werde
suchen in meiner Rezension auf die von Ihnen bemerkten Punkte
zurückzukommen.‟

Die ehrenvollste Anerkennung widerfuhr dem „Ssufismus‟
von seiten des berühmten Sylvestre de Sacy, Pair von
Frankreich und Professor der persischen und arabischen Sprache
am Collège de France in Paris. Derselbe zeigte das Tho=
luck'sche Buch in dem Journal des Savants, Dezember 1821 und
Januar 1822 (34 Quartseiten) an und spendete dem Verfasser
trotz einiger Abweichungen im einzelnen, unter ausführlicher
Inhaltsangabe für die einzelnen Abschnitte, ein uneingeschränktes
Lob. Nach einem kurzen Überblick über die Vorarbeiten auf
diesem Gebiete schrieb M. de Sacy: „Toutefois il manquait
encore un traité complet et méthodique sur la doctrine des
sofis, et sur l'histoire de cette doctrine parmi les Musul-

mans; et il était d'autant plus à souhaiter que quelque orientaliste consacrât ses études d'une manière toute spéciale à cet objet, et en puisât la connaissance dans les livres en grand nombre que les Persans ont composés sur cette matière, que M. Graham a plutôt dépeint l'état actuel de cette secte, qu'il n'a embrassé ce sujet dans son entier, sous le double point de vue des temps et des lieux. M. Tholuck, dont le nom n'était point encore connu dans la littérature orientale, mais qui s'était préparé, par une étude solide des langues et par la lecture des ouvrages originaux les plus importans en ce genre, à remplir cette lacune, vient de ce faire, avec un succès très-remarquable, dans l'ouvrage que nous annonçons." —

Gleichzeitig mit dem Ssufismus verschickte Tholuck eine andere Schrift, die, im Fluge entstanden, den Interessen des selbsterwählten neuen Standes besser entsprach als jene, und den eben habilitierten Dozenten des Alten Testamentes nicht nur im Kreise seiner Kommilitonen und Arbeitsgenossen zu empfehlen bestimmt war: „Einige apologetische Winke für das Studium des Alten Testamentes. Den Theologie Studierenden des jetzigen Dezenniums gewidmet von August Tholuck, Lizentiat und Privatdozent der Theologie an der Universität Berlin. Berlin 1821. In der Maurerschen Buchhandlung. 51 S."

Um die Bedeutung dieser kleinen Schrift zu würdigen, muß man sich erinnern, wie die damalige theologische Welt im allgemeinen zum Alten Testamente sich stellte. Seitdem der Holländer Albert Schultens in Leiden († 1750) die Behandlung des Alten Testamentes vom rein philologisch-linguistischen Standpunkte in die Theologie eingeführt, und seine Schüler, an ihrer Spitze Joh. David Michaelis in Göttingen, unter Anwendung einer reichen orientalischen und historischen Gelehrsamkeit sich bemüht hatten, den Unterschied der Offenbarungsurkunde und sonstiger alter Geschichtsquellen zu verwischen, auch durch die historisch-kritischen Arbeiten eines Eichhorn und Gabler dem vulgären Rationalismus mit seinen natürlichen

Erklärungen biblischer Wunder Thür und Thor geöffnet war, stand in den ersten Dezennien unsers Jahrhunderts fast die gesamte theologische Welt dem Alten Testamente äußerst kühl gegenüber. Der erste Alttestamentliche Professor in Berlin, de Wette, war nicht geeignet gewesen, auf der jungen Universität einer andern Anschauung Bahn zu brechen, da er, abgesehen von seinen kritischen Verdächtigungen der Glaubwürdigkeit alttestamentlicher Bücher, durch die reichliche Benutzung des Mythusbegriffs die Zuverlässigkeit der biblischen Berichte noch von einer neuen Seite in Frage stellte. Auch Schleiermachers abfällige Beurteilung der Alttestamentlichen Religion war nicht dazu angethan, die Studenten zum fleißigen Forschen in ihren Urkunden anzuregen. Stand doch in dem gleichzeitig mit dem Tholuckschen Büchlein, 1821, erscheinenden Hauptwerke Schleiermachers „Der christliche Glaube" (§ 8, 4) zu lesen: „Das Judentum zeigt durch die Beschränkung der Liebe des Jehovah auf den Abrahamischen Stamm noch eine Verwandtschaft mit dem Fetischismus, und die vielen Schwankungen nach der Seite des Götzendienstes hin beweisen, daß während der politischen Blüte des Volks der monotheistische Glaube noch nicht festgewurzelt war und sich erst seit dem babylonischen Exil rein und vollständig entwickelt hat."

War nun Tholuck von dem Minister ausdrücklich behufs Vertretung einer positiveren Auffassung des Alten Testaments zur Habilitation veranlaßt worden, so lag es nahe, daß er das Verlangen trug, seiner Stellung zu diesen Fragen noch für weitere Kreise Ausdruck zu geben, als die Universitätshörsäle es gestatteten. Daher schrieb er seine „Apologetischen Winke".

„Es hat sich in den letzten Dezennien fast allgemein, wie in der Theologie, so im gemeinen Leben, der Irrtum verbreitet, als sei das Studium des Alten Testaments für den Theologen, und die erbauliche Lesung desselben für den Laien entweder ganz unnütz oder wenig förderlich. — Mit besonderer Rücksicht auf den Theologen wollen wir daher in diesem Schriftchen andeutend entwickeln: 1) Wie wichtig das Studium des Alten Testaments wäre, auch wenn es nicht mit dem Neuen Testament zusammenhinge. 2) Wie tief und wie weise

die Führungen und Institute der Israeliten einge=
richtet waren. 3) Wie der Neue Bund so ganz auf
dem Alten ruht, und wie Christus der Kern ist des
ganzen Alten Testaments."

So, vorredelos, hebt Tholuck seine Schrift an und führt
den Leser sofort mitten in die Betrachtung hinein. Wir folgen
seinen Gedanken.

Die erste Behauptung lautete, daß das Alte Testament auch
abgesehen von seiner Beziehung zum Christentum des ernsten
Studiums wert sei. Denn, so führt Tholuck aus, „es" stellt sich
zunächst als eine völlig einzigartige Erscheinung dar. Ohne
Bedenken wechselt nun hier Tholuck in einer ihm zuweilen
eignenden logischen Unbestimmtheit mit den Begriffen „Altes
Testament", „Inhalt desselben", „Alttestamentliche Geschichte",
beziehungsweise „jüdisches Volk" und „jüdische Religion" fort=
während ab. Das jüdische Volk, von dem das Alte Testament
handelt, ist ein Unikum unter den Völkern, so würde der Satz
eigentlich zu formieren gewesen sein. Jahrhunderte, mehr als
ein Jahrtausend hindurch, zeigt Israel, während andre Nationen
wachsen und vergehen, dasselbe Gesicht. Und zwar nicht ver=
knöchernd und versiechend, sondern: sei es einheitslos unter den
Richtern, oder blühend in den Höhezeiten Davids und Salo=
mos, zerspalten unter den Königen, zertreten im Exil, oder
unter den Makkabäern sich zu der heroischen Kraft des Alter=
tums aufschwingend, — immer und unter allen Umständen erdul=
dete es alle Katastrophen, welche Völker betreffen können, in
rüstiger Kraft. Woher die Quelle dieses eisernen, beharrlichen
Sinnes? Wir müssen sagen: aus der Erhabenheit seines Ge=
setzes. Schon Josephus sagt mit Recht: Moses machte nicht
die Frömmigkeit zu einem Teil der Tugend, sondern alle Tu=
genden machte er zu Teilen der Gottesfurcht.

„Nächst der Selbständigkeit des hebräischen Volkes ist sein
schon vielgepriesenes Alter verehrungswürdig," fährt Tholuck
fort. Dies Alter bedingt auch die Zuverlässigkeit seiner Traditionen
über die Urzeit des Menschengeschlechtes. „Mag auch das, was
Moses aus der Zeit vor den Patriarchen heraufholt, in ein
dunkles Gebiet fallen, wo Tradition gestaltet und verstaltet
hat, so wird doch keiner die hohen Wahrheiten ableugnen können,

welche die Kapitel über Schöpfung und Sündenfall enthalten, und keiner das echthistorische Kolorit verkennen, das in der Geschichte der Patriarchen sich zeigt." Interpolatoren hätten ganz anders erzählt, eingewoben und beschönigt, als das Alte Testament es thut. Der Geist seiner Geschichtschreibung ist der lebendigste Sensus Numinis: in der Leitung der Menschen=geschichte waltet ein heiliger, gnädiger, vergeltender Gott. Das ist auch der Trost und die Kraft des einzelnen Frommen. In den Psalmen sehen wir nicht ein keckes Ringen mit finstren Gewalten, sondern Prüfung und Bewährung in Demut und Glauben — und diese Gesinnung währte bei den gottseligen Israeliten dreizehn Jahrhunderte hindurch! „Ein Sokrates nur steht im ganzen Altertum, der sich reich wußte durch seine Armut, und o daß er auch das skeptische Lächeln hätte ver=bannen können, welches vom Stolz auf seine Demut zeugte! Es gibt einen Tiefsinn, der daneben gräbt, und eine Einfalt, die den Himmel erobert.... Ehe ich gedemütiget ward, irrete ich, nun aber halte ich dein Wort — eine solche Sprache der Demut erschallte in dem ganzen stolzen Griechenland nicht."

II. Wie weise und tief die Führung und die Re=ligionsinstitute der Hebräer waren (S. 14—24). Was zunächst die Führungen Israels betrifft, so gilt hier der Leib=nizische Kanon: „Wahre Philosophie ist in der Geschichte ent=halten." „Die Sprache des Schicksals ist die geheimste Gottes=sprache an jedes einzelne Menschenherz; Dogmatik und Ethik wurden also den Israeliten gelehrt in ihren Führungen." — Was sollte es bedeuten, wenn unter allen Nationen Gott nur eine, nur Israel wählte? Und warum kamen andre Völker ohne Leitung fast ebenso weit? In bezug auf die zweite Frage, auf welche Lessing antwortet: Wird Erziehung darum wertlos erscheinen, weil es geschieht, daß Naturkinder Kinder der Er=ziehung fast erreichen, wenn nicht überholen? — ist zunächst zu sagen, daß ihre Voraussetzung eine irrige ist. Kein Volk hat wirklich die Hebräer eingeholt in dem, was das Wesentliche war und ist, in demütig treuer Gotteserkenntnis; denn alles andre ist Flitterwerk. Und ferner sind Völker, deren Auge nicht ein=fältig ist, ganz untüchtig zu göttlicher Offenbarung, — weder die Phantasie der Inder, noch die Eitelkeit und Spekulation der

Griechen, noch der Hochmut der Römer hätte eine Offenbarung
aufnehmen können, ohne sie zu verunstalten. Israel nun ist
von Gott erwählt worden, damit durch Gesetz und Propheten
in seinem Schoße der Monotheismus, die Kenntnis von dem
einen und von dem heiligen Gott erhalten würde. Nicht daß
die andern Geschlechter der Erde völlig von Gott verlassen
gewesen wären: überall treffen wir auf göttliche Stamina der
Uroffenbarung, überall einen zeremoniellen Kultus und Opfer-
dienst, der auch in Israel der Anbetung im Geist und in der
Wahrheit voraufgehen mußte. Aber keinem Volke predigten
seine Institutionen so laut: Sünde! Sünde! Kein Grieche hätte
je mit dem Psalmisten sagen können: meine Seele ist stille zu
Gott! — ewige Ebbe und Flut bewegten ja das ermattende
Herz, wenn selbst ein Gott gegen den andern die Elemente zum
Gerichte rief.

Israels Gesetz band auch das widerstrebende Volk an den
gewaltigen, heiligen Jehovah, — und dieser Jehovah war ein
Gott — auch der Liebe. So milde und humane Bestimmungen
gegen Fremde, Witwen, Waisen, ja gegen Tiere kennt keine
Gesetzgebung des Altertums, wie die mosaische. Und wenn
dieses ganze Gesetz auch nur Hülle war und um die Zeit Christi
immer dürrer und saftloser wurde, so brach doch da endlich die
geflügelte Psyche durch die gealterte Puppe, und hob ihre
Schwingen zum Himmel. Bis dahin aber sandte Gott die
Männer, welche dem Volke seine Führungen und Institutionen
deuten sollten: die Propheten, deren göttliche Erleuchtung über
allen Zweifel erhaben ist. Ihre eigne Gegenüberstellung der
ohne Gottes Auftrag gekommenen Lügenpropheten, und ihre
Berufung auf die Erfüllung der ihnen gegebenen Weissagungen
macht ihre Sendung durch Gott gewiß. „Verkehrt ist also die
neumodische Ansicht derer, welche nichts als Demagogen und
Poeten in den Propheten sehen wollen. Jesajas war so wenig
Kriegsminister bei Hiskias, als Tiresias bei Ödipus,
oder der Bramahne Bidpai Staatskanzler des weisen Dab-
schelim von Indien; und noch wunderlicher klingt es, „wenn
einige von Hofpropheten reden, wie von Hofkomödianten."

„Wir gehen nun zum dritten und wichtigsten Punkte über,
zu zeigen (S. 25—51):

III. Wie durchaus der neue Bund auf dem alten
ruht, und Christus der Kern ist des ganzen Alten Testaments; denn: non sapit vetus Scriptura, si non Christus in
ea intelligatur (Aug. Tr. 9 in Joh.)" (Das Alte Testament
schmeckt nicht, wenn Christus darin nicht erkannt wird.) Dreierlei
führt der Verfasser zur Begründung dieser Behauptung an.
Zunächst beruhen die Grundzüge aller neutestamentlichen Moral
auf dem A. T. und seinen Ideen. Das Christenleben wird
durch die Grundtöne: Demut, Glaube und Liebe bestimmt. Von
diesen dreien liegt Ahnung und Element im Judentum, und
von den ersten beiden nur im Judentum. Der animus demissus,
humilis, fractus (der gebeugte, demütige, gebrochene Sinn), den
Heiden ein Laster, ist den Juden die echte Stimmung des Gemütes; und während die Heiden die elatio animi, den ϑυμός
ἀγαϑός, den hohen Mut, lobpreisen, heißt es in der Ökonomie
des Israelitengottes: Den Hoffärtigen widerstehet er, aber dem
Demütigen gibt er Gnade. Die orientalischen Naturreligionen
dagegen bringen es nicht zur Demut, sondern nur zu einer
schwärmerischen Selbstvernichtung um Gottes willen. — Auch
der Glaube ist eine Idee, die dem Heidentum ganz fremd war.
Auf dem Glauben aber beruht die großartige Auffassung einer
Bundesschließung zwischen Gott und dem Menschen. „Welch
ein Gedanke: Gott schließt mit dem Menschen einen Bund!
Ein verwegener Gedanke, wenn er erfunden, ein hoher, wenn
er gegeben ist, sagt Georg Müller." Endlich ist auch die Liebe
eine Säule der hebräischen Religiosität, nach ihrem Grundgebot,
5. Mos. 6, 7: Du sollst den Herrn deinen Gott lieb haben von
ganzem Herzen, von ganzer Seele und von ganzem Vermögen,
und Deinen Nächsten als Dich selbst.

Aber auch die Dogmatik des Christentums wurzelt im
Alten Testamente; mehr oder weniger alle Lehren der christlichen Kirche. Den Beweis dafür will der Verfasser hier nicht
führen, sondern sich nur auf eine Bemerkung über die Geschichte
der alttestamentlichen Dogmen beschränken. Unleugbar erschienen,
meint Tholuck, mehrere religiöse Lehren erst im Laufe der
Zeiten, namentlich erst nach der Gefangenschaft. Sind nun diese,
die Lehren von der Unsterblichkeit, der Auferstehung, dem Welt-
gericht, den Dämonen, alle von fremden Nationen erborgt? und

wenn das, sind sie darum falsch und märchenhaft? Die Antwort wird lauten müssen: weder schweigen die vorexilischen Bücher von jenen Lehren gänzlich, noch sind die übrigen Religionen völlig ohne „göttliche Elemente" gewesen. Daher wohl eine hebräische Geheimlehre angenommen werden muß, „welche unter den Weiseren sich in Überlieferung fortpflanzte und nur hie und da durchschimmert in allgemeinen Lehrschriften." Wie nun die Heiden, nach dem von Creutzer gelieferten Beweise, da das Christentum alles zu überwältigen drohte, aus ihren Mysterien ans Tageslicht zogen, was irgend dem Christentum analog war, hie und da es wohl auch den christlichen Lehren adaptierten, so „scheint durch göttliche Leitung auch das Judentum in so nahe Berührung mit den persischen Lehren gekommen zu sein, daß, was lange im Dunkel geheimnisvoller Fortpflanzung gelehrt wurde, damals ans Licht trat, an den persischen Lehren sich noch aufklärte und vervollständigte und so zur Grundlage diente für die neue Ordnung der Dinge, welche Christus begründete."

Der letzte Berührungspunkt zwischen dem Alten und dem Neuen Testament liegt in den Weissagungen. Tholuck unterscheidet „solche, die im allgemeinen sich auf die Zeit des Christentums, des Himmelreichs auf Erden beziehen, und solche, die bloß von der Person des Herrn handeln." Nirgends hat eine schematische und unhistorische Auffassung mehr geschadet, als in der Beurteilung der alttestamentlichen Weissagungen. Gott, „der die Wasser misset mit der Faust, und fasset den Himmel mit der Spanne, hat auch abgegrenzet die Zeiten der Erkenntnis; und wenn nur nach Jahrtausenden, Tropfen an Tropfen gereiht, sich der Eimer füllt, müssen wir denken, daß tausend Jahre vor Ihm sind wie ein Tag; und wer ist, der Ihm Verstand gebe, und lehre Ihn den Weg des Rechts?" So finden wir, daß nur allmählich der Begriff eines Gottes= reichs, und nur allmählich der Begriff eines Tages des Gerichts, und nur allmählich der Begriff eines geistigen Königs von Israel unter dem Volke Gottes sich entwickelte. Zwar nicht schon Eva (1. Mos. 4, 1) meinte den Messias geboren zu haben, aber Jakob und David und Jesaja glaubten ihn nahe, jener in seinem Segen, 1. Mos. 49, David in den zweifellos messia= nischen Psalmen 2 und 110, Jesaja nach Kap. 9, 1 ff. und

Kap. 53, da er den Erretter in leidender Gestalt erblickte.
Ebenso geht die Erkenntnis von dem zukünftigen Messiasreiche
ihre parallele Entwickelung, nur daß hier „perspektivisch" noch
zusammengeschaut wird, was in der Erfüllung durch lange Zeit-
räume getrennt zur Verwirklichung kommt. So ist die ganze
Hoffnung Israels Christusvoll. Im Grunde aber liegt auch in
dem gesamten Ritus, ja in der Geschichte der Israeliten eine
typische und symbolische Hindeutung auf das Neutestamentliche
Gnaden- und Herrlichkeitsreich. Zwar liebt der Morgenländer
überhaupt die intuitive Lehrweise. „Kalt und nur e i n e Seelen-
thätigkeit, das Denken, ansprechend, steht ihm alle diskursive
Lehre unerfreulich gegenüber. Wie die Natur, ohne ruhige Ge-
setzmäßigkeit sich entfaltend, im Oriente ewig sproßt und schwillt,
so der Orientale auch in seiner Lehrart. Er gibt ein volles,
mit tausendfachem Stoffe gesättigtes Bild hin, und noch eins
und wiederum eins, ohne Blatt für Blatt den reichen Kelch zu
zergliedern. Darum wird bei ihm Spekulation zur Poesie,
Geschichte zur Mythe, Religion zum Symbol." Allein das
Eigentümliche des Judentums ist es, daß in diesen Symbolen
großenteils bestimmte, wenn auch unbewußte Andeutungen auf
das Kommende lagen, so daß also die Symbole nicht bloß Ab-
bilder waren, sondern auch Vorbilder. Da aber ältere Theologen in dem Punkte weit ausschweiften, so gebührt es sich, eine
feste und freie Ansicht über die Typen des A. T. zu bilden,
welche auch von den Neueren nicht erschüttert werden kann. Dies
wird geschehen, wenn man Idee und Faktum, bewußt und
u n b e w u ß t unterscheidet. Man untersuche, ob das Faktum an
sich bei den Hebräern die Idee wecken sollte, daß einst ein gleiches
Faktum am Messias stattfinden werde, oder ob sie nur mit den
Ideen, so durch Fakta (wie die Aufrichtung der Schlange) und
Gebote (wie die verschiedenen Sündopfer) dargestellt wurden,
vertraut werden sollten. Es scheint das letztere, denn nirgends
finden wir Spuren, daß Moses, daß sein Volk gerade die bestimmten Vorstellungen vom kommenden Messias hatten. Dann
aber können wir die Typen auch nicht als bewußte annehmen,
und es gilt von der Allgemeinheit der Typen nur, was H. Leh-
mus i n s e i n e r Z u s c h r i f t a n Harms (S. 48) sehr richtig
von den Weissagungen bemerkt: „Das ganze Judentum ist im

eigentlichsten Sinne Weissagung, und die einzelnen Stellen seiner heiligen Bücher sind nur der höchste Ausdruck des sein ganzes Wesen beseelenden Geistes." Weiter gehe man nicht; man halte sich stets im Gebiete der Anwendung, also der späteren Ausdeutung der unbewußt über sich selbst hinaus= weisenden Geschichten, Einrichtungen, Aussagen, und bleibe sich dessen bewußt.

Den Schluß bildete eine praktische Verwertung der ausge= sprochenen Gedanken. „Mögen alle diejenigen, welche Arbeiter werden wollen in dem sehr verwüsteten Weinberge des Königs der Himmel, auch die Bücher des A. B. mit dem Eifer und dem heilig ernsten Sinne lesen und aufnehmen in ihr Gemüt, mit dem sie aufgenommen zu werden verdienen, damit zu den Bibeln, welche die ehrwürdigen Bibelgesellschaften verteilen, auch Philippi hinzutreten, welche aufschließen, was der Geist in dunklem prophetischen Wort geredet, und das wunderbare Licht des Morgensternes deuten, der an dunklem Orte glänzt. — Die Zeit, da die heilige Schrift mit Füßen getreten ward, ist vor= über; allein man hüte sich auch, über die Schrift hinwegzu= hüpfen. Man nahe sich der Schrift als einem Vielen hoch= heiligen und werten Buche, also mit heiligem Ernste, um in bezug auf sein eignes Herz zu prüfen, ob sie Wahrheit ent= hält .... Und vorerst übersehend alles, woran der Verstand sich stößt, prüfe man nur, was das eigne Herz betrifft: ist dies erst als wahr und gewiß erkannt worden, dann wird der Hunger nach einem Heilande und nach himmlischer Kraft entstehen, ohne die nimmer der Mensch heilig und rein werden kann. Und hat man so den felsenfesten Glauben errungen, die Worte des Heilandes sind göttlicher Autorität, so wird auch alles, was sonst die Bibel enthält, höhere Bedeutung bekommen, und ein Geist der Auslegung wird sich finden, den alle kritisch= philologische Kommentare unsrer Zeit nicht haben, sondern der, welcher die Väter der Kirche in den ersten Jahrhunderten und welcher einen Calvin, Luther, Melanchthon geleitet hat und in die Tiefen geführt, die allein der Geist Gottes erforscht. Wohl sagt der edle Baco von Verulam, auch einer von jenen genialen Geistern, die sich unter das Evangelium beugten, wahr: Die spekulative Philosophie gleicht der Lerche, die

trillernd und wirbelnd sich hoch in die Lüfte schwingt,
aber mit nichts herabkommt; dagegen die praktische
dem Falken vergleichbar ist, der nur in die Wolken
steigt, um Beute zu holen. — Wo kann aber ein Mann
der Sehnsucht (der alte Zeuge Amos Comenius dankte Gott,
daß er von Jugend auf sei gewesen ein vir desideriorum) Ge=
nüge finden in dem Treiben und Ringen unsrer Zeit nach un=
fruchtbaren spekulativen Höhen, wo das Herz nicht voll und
das Gemüt nicht warm wird. Jeder, der erfahren hat, was
dem menschlichen Herzen allein not thut, wird mit Epikur
ausrufen: χάρις τῇ μακαρίᾳ φύσει, ὅτι τὰ ἀναγκαῖα ἐποίησεν
εὐπόριστα, τὰ δὲ δυσπόριστα οὐκ ἀναγκαῖα, Dank der Natur,
daß sie das Notwendige leicht, das Schwere aber nicht notwendig
machte. Und Moses spricht 5. M. 30, 11: „Denn das Gebot,
das ich dir heute gebiete, ist dir nicht verborgen, noch zu ferne,
noch im Himmel, daß du möchtest sagen: wer will uns in den
Himmel fahren und es uns holen, daß wir es hören und thun?
Es ist auch nicht jenseit des Meeres, daß du möchtest sagen;
wer will uns über das Meer fahren und es uns holen, daß
wirs hören und thun? Denn es ist das Wort fast nahe
bei dir in deinem Munde und in deinem Herzen, daß
du es thuest."—

Man wird sich nicht verhehlen können, daß die vorstehend
im Auszuge wiedergegebenen und in den ersten zwei Abschnitten
von uns in eine gewisse logische Ordnung gebrachte Arbeit
deutliche Spuren der flüchtigen Konzeption und einer gewissen
Unreife an sich trägt, der es oft mehr um allerhand Kuriosi=
täten, als um die strenge Entwickelung der Gedanken zu thun
ist. Wenn die christliche Dogmatik als im alten Testamente
wurzelnd nachgewiesen werden sollte, warum das nicht vielmehr
an einigen Hauptlehren erläutern, anstatt den Wunderlichkeiten
einer eingebildeten hebräischen Geheimlehre nachgehen, die zu
den Zentraldogmen des Christentums nur in mittelbarerem
Zusammenhange stehen? Auch von Widersprüchen zwischen einigen
Ausführungen des dritten und des zweiten Teils, — nur un=
bewußt vorhandene Typen und erfüllte klare Weissagungen der
Propheten —), sowie innerhalb des dritten Abschnitts selbst
(— Psalm 2 und 110, sowie jesajanische Aussprüche direkt

messianisch aufzufassen, und doch nur Typen! —) ist das Büch=
lein nicht frei.

Dennoch bot die Wärme der Ausführung und die im all=
gemeinen positive Stellung zur h. Schrift alten Testamentes
einen Fortschritt gegenüber den herrschenden rationalistischen
Anschauungen der, der in den Kreisen der Gläubigen mit freu=
digem Danke begrüßt wurde. Reifere Arbeiten über dieselben
Fragen setzte Tholuck später an die Stelle dieses Erstlings=
werkes. Aber als eine That entschiedenen Bekenntnisses ist auch
dieses zu bezeichnen und als solche von den Zeitgenossen ange=
sehen worden.

„Die Winke über das Studium des alten Testaments",
schrieb ihm der berühmte Orientalist Prof. Rosenmüller in
Leipzig am 3. Juni 1821, „habe ich mir voller Zustimmung
gelesen, und es ist zu wünschen, daß sie von recht vielen an=
gehenden Theologen beherzigt werden mögen. Sobald der Druck
meines Kommentars über die Genesis beendigt sein wird, werde
ich die Ehre haben, Ew. Wohlgeboren durch meinen Verleger
ein Exemplar als ein unbedeutendes Gegengeschenk übermachen
zu lassen. Ich empfehle es", setzt der ehrwürdige Veteran in
dem Briefe an einen Anfänger hinzu, „Ihrer gütigen Aufnahme
und Anerkenntnis der Gesinnungsgemeinschaft. Meine Absicht
war vornehmlich, außer einer vollständigeren philologischen
Erklärung und Begründung des Wortsinns, mit dazu bei=
zutragen, daß der Spielerei, welche man mit den sog. Urkunden
der Genesis und der Zerstückelung des Buches in dieselbe so
lange getrieben, und wodurch die Beschäftigung mit demselben
nachgerade jeden geraden Sinn anekeln mußte, einmal ein Ende
werde, indem ich gleich Ihnen zu zeigen bemüht war, daß die
Genesis ein von Mose verfaßtes, in sich genau zusammen=
hängendes und für den Plan des ganzen Pentateuchs unent=
behrliches Buch sei, und daß es so, auch aus bloß rationalisti=
schen Prinzipien betrachtet und behandelt, ohne Beziehung auf
die Geschichte einer Offenbarung, seinem größten Teil nach die
größte historische Glaubwürdigkeit habe."

Auch der milde Baumgarten=Crusius in Jena gab
Tholuck seine Zustimmung zu erkennen. „Ich bin lange in
Zögerung gewesen," schrieb er am 24. Juni 1821, „würdiger

Herr und Freund, da ich so vielen Dank zu sagen hatte, für ein Wohlwollen, das ich noch zu verdienen hoffe, für den freund=lichen Ausdruck desselben, und für das anziehende und werte Ge=schenk, das Sie mir gemacht haben ... Soll die Theologie wieder wirksam und ehrenhaft werden, so muß das wissenschaft=liche Leben in erneuter Art sich mit dem frommen Sinne ver=einen, der, glücklich genug für diese Neige der Zeit! wieder aufgelebt ist, der seine Scheingestalten hier und da haben mag, die aber der Pöbel, da und dort, nicht lästern soll."

Die wert= und gehaltvollste Aufmunterung ging dem jungen Autor von dem großen Symboliker und Mythologen Creuzer in Heidelberg zu. Derselbe schrieb am 5. August 1821: „Es ist mir lange nichts so Erquickliches zu teil geworden, als Ihr Buch und Ihr Brief. Ich danke Ihnen auf das herzlichste für beides ..... Bereits habe ich mein Publikum auf Ihr Werk in der Vorrede zum 4. Band der Symbolik, der soeben erschienen ist, aufmerksam gemacht. Sie werden aus dieser Vor=rede ersehen, wie ich in der Annahme einer ursprünglichen reineren Religion mit Ihnen übereinstimme, und wie ich indigniert bin über das neologische Treiben derer, die alle supernaturalistischen Elemente aus der Bibel hinwegschaffen wollen. Daß diesem Verfahren ernstlich und kräftig entgegengearbeitet werde, ist mir eine wahre Angelegenheit. Darum heiße ich Sie und Ihr Buch doppelt willkommen. Es thut not, daß diejenigen, welche die Überzeugung hegen, daß der Mensch ohne Gottes Hilfe elend sei, sich vereinigen und ohne Menschenfurcht, wie ohne Furcht vor den rezensierenden Zeitungen, welche fast durchaus in den Händen jener Neologen sind, mit allen ernstlichen Mitteln und gelehrten Waffen jenes seichte und bodenlose Wesen zu zernichten sich bemühen. Ich freue mich daher, auch hier jetzt zwei junge Gelehrte angestellt zu sehen, die mit uns dieselbe Gesinnung hegen. Es ist dies der Prof. extraord. Theologiae Dr. Ull=mann und Prof. der orientalischen und biblischen Litteratur Dr. Umbreit. Letzterer ist Schüler und Freund des vortreff=lichen Herrn von Hammer, und ich hoffe, er wird sich ent=schließen, von Ihrem mir auch gütigst übersandten Sufismus in den Heidelberger Jahrbüchern (worin sonst so viel Neologie spukt) eine gründliche Anzeige zu machen. Die Übereinstimmungen der Lehrsätze und Lehrformen zwischen den orientalischen Religionsphilosophen und den Platonikern hat immer meine Aufmerksamkeit auf sich gezogen. Daß Sie nun die Platoniker selbst verglichen und die Parallelstellen nachgewiesen, ist mir außerordentlich belehrend und angenehm, und ich gedenke von Ihren Belehrungen für den Plotinus noch recht viel Nutzen zu ziehen, dessen Edition mich nun im nächsten und folgenden Jahre beschäftigen wird. Ich bedarf solcher Helfer, wie Sie, Herr v. Hammer und Silvestre de Sacy."

Mit jubelndem Enthusiasmus nahm Freund Sontheim in Thorn das Buch hin. Er schreibt: „Deine .apologetischen Winke· haben mich fast zu Thränen gerührt; ich habe es schon fünfmal gelesen und will es so lange lesen, bis ich die Hauptsachen auswendig weiß. Nichts freute mich so sehr als die Worte: ,Ein unpersönlicher Gott ist kein Gott‘, ,Jeder weiß nur so viel, als er ist‘ und dann vor allem andern ,wo das Ungöttliche durch das Göttliche überwunden wird, wird das Ungöttliche nicht vernichtet, sondern geheiligt durch das Göttliche‘! Letzteres bezieht sich ganz auf mich. O Du lieber guter August, schicke mir doch mehr solcher Geistesspeise!!"

Weniger einverstanden im einzelnen, wenn auch mit der Grundtendenz übereinstimmend, äußerte sich Stier — und seine Bemerkungen sind charakteristisch, da sie die Differenz, die zwischen beiden Theologen bis zu Ende bestanden hat, schon jetzt deutlich formulieren. Stier schrieb dem Freunde am 14. Juni 1821: „Dein Buch hat mich sehr erfreut, und ich danke dem Herrn dafür, der auch diese Stimme, als aus ihm geredet, in Seinen großen Plan mit eingerechnet hat und segnen wird zu Seiner Ehre. Von dem Vielen, worin wir ja beide durch Ihn eins sind, von der Hauptsache also darf ich weiter nichts sagen, als eben dies. Das versteht sich von selbst. Also nur etwas von dem, worin ich Dich noch nicht ganz verstehe.

„Und da dünkt mich denn zuvörderst, daß Du den Heiden bei alledem doch noch zu viel nachgibst und einräumst — mehr als Du nötig hättest. Mißverstehe mich nicht, Geliebter, als wollt' ich, nach alter böser Weise, etwa Eifer und rauheres Entgegenreden. Nein, ich meine nur, daß man auch in aller Liebe und Demut dennoch den Ungläubigen noch ,bestimmter, noch

fester gegenübertreten könnte und zeugen davon: daß hier Gött=
lichkeit ist ganz und gar, dort aber nicht!

„So einverstanden ich auch mit Dir bin über den Satz
S. 43, über das Anschließen und Eingehen des Göttlichen ins
Menschliche und Zeitliche, nach dem Rate der Offenbarung —
denn wer müßte das nicht zugeben aus Begriff und Erfahrung?
— so kann ich mich doch noch nicht entschließen, diesen Satz
nun in der Anwendung so weit auszudehnen, als Du es zu
thun scheinst. Du weißt meine Denkart hierüber von früher.
Ich möchte z. B. was Moses, vom göttlichen Geiste ge=
leitet, niedergeschrieben hat, nicht Tradition nennen. Und
wenn Du das Wort auch in noch so beschränktem Sinne nimmst,
doch drückt es hier zu viel Menschliches aus, und gibt Ähnlich=
keit mit Dingen, die doch davon verschieden sind, wie Nacht
und Tag. Hier sag' ich mit Meyer: ob Moses äußerlich aus
alter Überlieferung geschöpft oder nicht, gilt mir ganz gleich —
wenigstens schöpfte er zugleich innerlich in Auffassung des
Überlieferten aus dem Geiste der Wahrheit, der ihn in die
Vergangenheit schauen ließ, wie die Propheten in die Zukunft.
Und vor dieser höheren Quelle verschwindet dann natürlich die
niedere so, daß es eigentlich ebenso gut ist, wenn man bloß die
höhere nennt und die niedere gar nicht. Wenigstens so viel
leg' ich der Eingebung bei, daß Moses nichts von Tradition
Verstaltetes so verstaltet aufschreiben konnte.

„Das ganze A. T. spricht bestimmter und anmaßender von
seiner unmittelbaren Göttlichkeit als das Neue — hie und da
in Wort, desto mehr aber — und darauf kommt's doch eigent=
lich an — in Geist, Sinn und Anlage. Und Jesu An=
erkennung und Bestätigung umfaßt auch ebenso streng das Ganze.
Hier entweder gänzliche Anerkennung oder Leugnung — Mittel=
wege gibt's nicht.

„Der andre Punkt, der hierin beruht und in dem ich Dir
nicht beipflichten kann, ist Deine Theorie von allmählicher Ent=
wickelung der Weissagungsvorstellungen — sowie
ich sie bis jetzt aus Deinen Andeutungen verstehen kann. Willst
Du damit bloß sagen: Allmählich hat Gott immer mehr kund=
werden lassen, immer heller und genauer offenbart im Fort=
gang der Zeit, so versteht sich das von selber, und kann nie=

mand widersprechen. Willst Du aber hier wieder der mensch=
lichen Seite noch zu viel lassen und es als förmliche Entwicke=
lung menschlicher Ideen nach menschlicher, und bei der andern
Menschheit gesetzlicher Weise, freilich unter Gottes Leitung
ansehen, — so glaub' ich jetzt noch: es ist mehr! Alle Weissagung
im A. T., d. h. wenigstens alle in den heiligen Büchern
aufgezeichnete — denn daran sich hängende übrige Volks=
vorstellungen, die nun erst in Auffassung dieser Offenbarung
sich gestalten, gehn uns hier nichts an — alle Weissagung des
A. T. von Anfang bis Ende ist mir gar nicht menschliche Idee,
unter Gottes Leitung; sondern immer und ohne Ausnahme
unmittelbar von Gott Gegebenes, das die Empfangenden
nur aussprechen, ohne daß hier der menschlichen Auffassung ihre
Einflüsse zur Unvollkommenheit gelassen werden. Ist es so,
dann kann man auch gar nicht von Entwickelung der Ideen in
Volk und Propheten reden, sondern bloß von Entwickelung
des Planes Gottes in der Kundmachung und immer weiteren
Enthüllung. Die frühere Weissagung kann unbestimmt sein,
aber nie wesentlich ungenau, so daß irgend etwas daran
wirklich falsch und nur der menschlichen Auffassung zuzuschreiben
wäre. Sondern auch die unbestimmteste Hindeutung ist dennoch
aus der tiefen klaren Fülle des Allverständnisses heraus ge=
sprochen und läßt sich vor dieser auch vollkommen rechtfertigen."

In der Annahme einer hebräischen Geheimlehre stimmte
seltsamer Weise Stier mit Tholuck überein; er zieht hierfür
Pf. 51, 8 heran: Du lässest mich wissen die heimliche Weisheit.

Die dritte litterarische Arbeit, der sich Tholuck unterzog,
wurde von Neander veranlaßt. Derselbe beabsichtigte eine Zeit=
schrift herauszugeben, welche in einer Reihe von „treffenden und
lebensfrischen Bildern" die verschiedenen Spiegelungen darstellen
sollte, in denen die eine Wahrheit aus Gott in den Herzen
verschiedener Gläubiger aller christlichen Jahrhunderte sich dar=
stellte. Aus der Geschichte des christlichen Lebens sollten „einzelne
Persönlichkeiten, bestimmte Richtungen und Tendenzen und be=
deutsame Erfolge und Einwirkungen des Christentums heraus=

gehoben, und in speziellen, bald biographisch, bald allgemein gehaltenen Schilderungen die umgestaltende und erneuernde Kraft des Evangeliums sowohl an den einzelnen als auch an ganzen Völkern, sowie an den aus dem Christentum hervorgegangenen neuen Schöpfungen gezeigt werden."[2]) So entstanden in den Jahren 1822—24 die drei Bände der Neanderschen „Denkwürdigkeiten aus der Geschichte des Christentums und des christlichen Lebens."

Die Reihe dieser Bilder sollte als Einleitung ein Rückblick auf die religiös-sittlichen Zustände unter der Herrschaft der heidnischen Religionen eröffnen, welche jenen christlichen Schilderungen als wirksame Folie zu dienen geeignet wären. Neander gewann für diese Arbeit seinen jungen Kollegen Tholuck, für den es eine ehrenvolle Auszeichnung sein mußte, mit dem berühmten Kirchenhistoriker vereint vor die wissenschaftliche und gebildete Welt zu treten.

Am 22. Oktober 1822 schrieb Tholuck die letzte Zeile an dieser Arbeit; und in der Vorrede zu den „Denkwürdigkeiten" vom 24. Oktober führt Neander seinen Freund mit den wohlwollenden Worten ein: „Als Einleitung zu den hier folgenden Schilderungen dient die den unsittlichen Charakter des Heidentums darstellende Abhandlung unsres werten Herrn Kollegen Tholuck, welcher der Ausführung dieses ihm zuerst bekannt gewordenen Planes sich mit Liebe angeschlossen hat."

Der eigentliche Titel, den Tholuck seinem Werke gab, lautete: „Das Wesen und die sittlichen Einflüsse des Heidentums, besonders unter den Griechen und Römern, vom Standpunkte des Christentums aus betrachtet."

Im Vorwort (S. 1—7) orientiert der Verfasser zunächst über den von ihm eingenommenen und für die Leser ihm erwünschten Standpunkt. „Wer oben auf dem Berge steht, blicke nicht bloß auf das Gold, was die Morgensonne auf die Gräser und Blumen zu seinen Füßen schüttet; auch hinter sich blicke er zuweilen hinab in den Grund, wo noch die Schatten liegen, damit er dann desto klarer wisse, daß die Sonne eine Sonne ist." Daß im Heidentum sich dem Kenner Greuel offenbaren werden, liegt auf der Hand. „Zu segnen ist folglich diese Abhandlung nicht gekommen, d. h. sie kann nicht aufs Lob ausgehen. Es liegt nicht in ihrem Zwecke, — was gleichfalls billig ist — zu zeigen, wo auch innerhalb des Heidentums Gott offenbar wird; ihr Zweck ist darzuthun, daß das Heidentum als solches das Bild Gottes im Menschen nicht herstellte, sondern schändete. Niemand wolle also den Verfasser der Ungerechtigkeit beschuldigen, wenn er nicht jedes göttliche Samenkorn, deren auch ihm so manche im Heidentum aufstießen, hier vor Augen legt. Er wird da, wo die Erwähnung des Guten des Heiden= tums genau mit dem Bösen zusammenhängt, nicht jenes ver= schweigen. Denn der Spiegel des Christentums braucht nicht erst andre Spiegel mit Gifthauch und Verleumdung anzuhauchen, damit er selbst für klar gehalten werde."

„Allein noch ein andrer Vorwurf", fährt Tholuck fort, „der gleich hier an der Spitze berücksichtigt werden muß, könnte gegen eine Betrachtung wie die vorliegende erhoben werden, daß nämlich ein schon oberflächlicher Blick in die Geschichte der Christenheit eine nicht geringere Verderbnis sehen läßt, als die hier geschilderte des Heidentums, zu geschweigen, was dann laut würde, wenn die Wände aller christlichen Paläste und alle Klostermauern reden dürften. Man wird behaupten wollen, wenn man Byzanz' Chronisten und Frankreichs Moniteur der 90er Jahre, wenn man der Ludwige chronique scandaleuse und der Alexander VI. und Cäsar Borgias annales ecclesiastici plündern wollte, ein noch weit grelleres Gemälde mensch= licher Verworfenheit zeichnen zu können. Und zwar leugnen wir dies nicht. Hat der Herr gesagt, daß es Tyrus und Sidon erträglicher ergehen werde als Chorazin und Bethsaida, so sagen auch wir es. Hier fragt es sich aber nicht, was der mit Wasser getaufte Christ besser sei, denn der Heide, sondern der mit Geist und Feuer getaufte; ja es fragt sich nicht einmal, was der oder jener mit Geist und Feuer getaufte Christ vor dem oder jenem Heiden voraus habe, sondern was das Feuer und der Geist, welcher durch Christum die tauft, welche sich ihm ohne Vorbehalt hingeben wollen, bewirken könne und seiner Natur nach bewirke, und auf der andern Seite, was der Geist des Heiden= tums seiner Natur nach erzeuge. Kommen wir aber ins ge= schichtliche Gebiet, so werden wir, wo wir die Früchte des Heidentums schildern, auch nachweisen, daß sie wirklich aus dem

Keime der Volksreligion hervorgehen konnten, was jedoch keines=
wegs dem widerspricht, daß auch einige bessere daraus hätten
hervorgehen können, vielmehr die vorliegenden argen Früchte
auf die arge Wurzel zurückführt, ohne hier auf die vereinzelten
schöneren Früchte (etwa in Pythagoras, Pindar, So=
krates, Plato, Plutarch) Rücksicht zu nehmen. Vergeblich
würde dagegen das Geschäft dessen sein, der beweisen wollte,
daß das meiste Unkraut, das von Anbeginn an innerhalb dem
christlichen Kirchengehege gewuchert hat, aus der Wurzel des
Geistes Christi entsprungen sei. Bittres und Süßes quillen
nicht aus derselben Quelle. Reimen sich auch Stroh und Weizen
zusammen? spricht der Herr. Die Finsternis liebte sich selbst
und wollte das Licht, das in sie hineinschien, nicht begreifen;
daher kam das Unkraut. Theophilus von Antiochia verglich
die christlichen Kirchlein in den weiten Gebieten des Heidentums
grünenden Inseln auf dem brandenden großen Ozean. Also hat
sich auch innerhalb des Christentums die Gemeinde der Wieder=
gebornen allezeit verhalten zu den Kindern der Welt. Denn
in allen Jahrhunderten sind nur wenige gewesen, welche, erwacht
durch ein tiefinnerliches Wecken und Rufen des Geistes Gottes,
auferstanden und, ihre Lenden umgürtend und Öl gießend in
ihre Lampen, als die Aufgabe des Lebens erkannten und ergriffen
die Vernichtigung des Menschen der Sünde bis in die tiefsten
Gründe des verderbten Herzens, die tägliche Kreuzigung der
Fleisches= und Sinnenlust, das tägliche Ersterben und das tägliche
Auferstehen mit dem Erlöser ihrer Seelen. Wo denn aber
wirklich solche von Gott gelehrte Menschen, solche priesterliche
Seelen, denen er täglich von der verborgenen Weisheit predigt,
in der Finsternis standen, da floß auch ein milder Schimmer
auf die nächsten Nachtwolken. Denn das Reich Gottes auf
Erden blickt wie die Sonne durch die Wolken; man sieht wohl
das Licht, aber nicht die Sonne; wenn aber die Wolken hinweg,
sieht man Licht und Sonne. Daher ist denn auch allerdings
selbst die Christenheit, die den Geist Christi nicht hat, doch
noch nicht völlig dem Heidentum vergleichbar. Sie empfängt
mehr oder weniger fühlbaren Einfluß von den unter ihr wan=
delnden Kindern Gottes. Selbst ins öffentliche Leben, in
Staatsverhältnisse und Wissenschaft, bringt mehr oder weniger

von jenem geheim waltenden Geiste ein. Undankbar wahrlich ist daher auch sehr der äußerliche Christ, welcher die ernsteren Christen schmäht, da ja diese, durch ihre Gebete himmlische Kraft und Geist Gottes herabrufend, Kanäle werden, um unmerklich auch auf die Feinde des Reiches Gottes Segnungen zu ver= breiten. Durch das Gegebene ist nun eben auch der Standpunkt angegeben, wie das angesehen werden muß, was in dieser Ab= handlung von dem Segen des Christentums gesagt wird, der sich im öffentlichen Leben der Christenheit im ganzen offenbart."

„Wollte man nun endlich einwenden, daß denn doch die Zahl der geistlichen in Christum eingepflanzten Christen so gar gering gewesen sei, daß doch durch die Erscheinung des Sohnes Gottes auf Erden, daß .durch die zweite Bewegung der Erde· wenig nur gefördert worden sei, so dient erstens zur Antwort: Alle die Tausende, die statt der vollen Sonne Strahlen erhalten haben, sind nicht für nichts zu rechnen. Freilich war's ihr großer Schaden, daß sie die Sonne nicht ganz aufnahmen, mit andren Worten nicht völlig Christen wurden; doch ist ein Strahl dieser Sonne noch wärmender als das reichste Kerzen= licht. Ferner ist zu wissen, daß, wie des Christen göttlichste Früchte, so auch die des Christentums im verborgenen blühen. Wie die Natur nur laut ist, wenn sie zerreißt, aber schweigt, wenn sie gebiert, so wird von der Geschichte mehr der Miß= brauch göttlicher Kraft gemeldet; aber ihr segensreiches Walten weiß nur der Leidende, der erquickt wird, und der Engel, der die getrockneten Thränen zählt. Und wer ist, der je bei dem Schauspiel als neugieriger Zuschauer gesessen hätte, was doch unter allen im Reiche Gottes das größte ist, wenn das Herz gegen sich selbst in Empörung gerät, und die flackernde Lust oder der dampfende Groll unter unendlichen, blutlosen Kämpfen still erstickt wird von dem Thränenschauer tief in Gott unter= gehender Demut! Da erst, ja da, wo nicht einmal das Auge des christlichen Bruders hin blickt, ist die Herrlichkeit des aus dem Geist Geborenen; da dampft ein Weihrauch, der dem Herrn köstlicher ist, denn alle Aloe der weithin duftenden Werkthätig= keit, sintemal es vor Gott nichts Größeres gibt, als ein sich selbst erniedrigendes und vor Seinem Feuerauge auch der ver= borgensten Eigenheit entkleidendes stolzes Menschenherz."

Man kann es begreifen, wie bei dieser strengen Scheidung
der Einleitung zwischen Kindern der Welt und Kindern Gottes
und der pietistischen Vereinzelung der hier und da „mit Feuer
Getauften" Tholuck selbst sich einer gewissen Befürchtung nicht
entziehen konnte, daß Neander in der Vorrede, die er der
Zeitschrift geben mußte, die Verschiedenheit seines und des
Tholuckschen Standpunktes hervorheben würde. Ja, der Tho=
luck zur Einsicht übergebene Entwurf der Neanderschen Vor=
rede muß einen dahin deutbaren Passus enthalten haben, der
aber nachträglich noch verändert wurde. Denn Tholucks Tage=
buch enthält unter dem 28. Okt. 1822 die Notiz: „Mein Gebet
um Abänderung der Vorrede ist recht erfüllt worden.... statt
gegen die Pietisten sind die Anfangsworte eher für sie, und
ich hätte dieselben hinsetzen können, ich unterschreibe sie von
Herzen." — Von andrer Seite wurde, wie wir sehen werden,
der Widerspruch um so lauter erhoben.

Die Abhandlung selbst geht nun im ersten Kapitel: Über
die Entstehung des Heidentums (S. 7—24) von der paraphra=
stischen Deutung der Stelle Römer 1, 18 ff. aus. Es folgen
ähnliche Aussprüche einiger Männer der alten Kirche: des
Theophilus von Antiochien, des Bischofs Athanasius von
Alexandrien, des Bischofs Philastrius von Brixia. Sie alle
stimmen darin überein, daß die Menschen am Anfange eine
höhere Erkenntnis Gottes und der göttlichen Dinge besessen
haben müssen, wie darauf hin in einer längeren Anmerkung
über den Urzustand des Menschen (S. 211—217) auch neuere
Zeugen verhört werden: Heeren, Schubert, Herder, Joh.
v. Müller, Duwaroff. In der paulinischen Ausführung
ist nach Tholuck neu nur der Gedanke, daß die Heiden gegen
ihr besseres Wissen aus Lust zur Unheiligkeit ihren
Gott verleugnet hätten. Allein die Erfahrung bestätige die
Richtigkeit dieser Behauptung. „Tagtäglich erfährt ein jeglicher
in seinem Busen, wie die Sünde ein und dasselbe Kunststück
immer am Menschen wiederholt, und es ihr seit Jahrtausenden
bei dem klügsten Weltweisen nicht weniger als bei der bethörten
Menge mit jedem Tagesanbruch aufs neue gelingt. Die Lust,
dieser in das Herz des gefallenen Menschen geschmiedete Tan=
talus, lockt und hascht, die Erkenntnis widerspricht, da lockt

18*

der kühne heftiger, und die Erkenntnis wird verblendet, und sucht einen Vorwand, und nun empfängt die buhlerische Lust und gebiert die Sünde. Und je öfter die Erkenntnis, die göttliche, sich verblenden ließ von der lockenden Lust, desto schwächer widerstrebt sie, desto mehr wird sie selbst ein Irrlicht, und erzeugt dann selbst wieder Sünde, wie der Apostel auch den Heiden dies zeigt." So ist durch Scharfsinnige, die den überweltlichen Gott überhaupt leugneten, allmählich der Pantheismus, durch Schwachsinnige, die den Blick über das Sichtbare hinweg nicht auf ein Ganzes erheben konnten, der Polytheismus entstanden. Der Euhemerismus (der die Götter nur für vergötterte Menschen erklärt), welchen das Buch der Weisheit 14, 17—19 und auch die alte Kirche lehrt, ist nicht gänzlich mit den Neuplatonikern und Eklektikern zu verwerfen; "denn die Götterlehre der Alten ist korinthisches Erz, aus den mannigfachsten Bestandteilen zusammengesetzt." Dennoch ist es eine zu flache Auffassung. Die Bildsäulen und Götterbilder haben, wie der heidnische Rhetor Dio Chrysostomos es vortrefflich ausspricht, ihren Ursprung in dem Verlangen der Menschen nach der Nähe der Götter, dem Wunsche, stets um sie zu sein und mit ihnen umzugehen, wie auch Porphyrius sagt: Gott wird in der Sinnenwelt durch dasjenige abgebildet, was mit seinem geistigen Wesen am meisten übereinstimmt."

Das zweite Kapitel (S. 24—64) gibt eine Beurteilung der heidnischen Religion von Heiden selbst. Aussprüche von dem Eleaten Xenophanes (welchen Timon, der Menschenhasser, "den Denker ohne Dünkel" nennt), Heraklit, Sokrates, Xenophon, Plato, Isokrates, Dionysius von Halikarnassus, Seneca, Plutarch — sie alle stimmen überein: nicht nur thöricht, sondern auch verderblich und gefährlich sind die Religionslehren ihres Volkes. Dennoch suchten die Besseren und Weiseren selbst die entstellten und verderbten Religionsformen aufrecht zu erhalten, um sich in Notfällen ihrer zu bedienen. Es ist dies dieselbe Gesinnung, die sich bei manchen Orthodoxen verschiedener Parteien, namentlich der Katholiken, oft gezeigt hat, welche alles forschende Studium nur deshalb verwarfen und zu unterdrücken suchten, weil sie sich des falschen Trostmittels nicht berauben lassen wollten, das ihnen in Stun-

den der inneren und äußeren Not die Religion geben sollte,
um welche sie sich übrigens nicht gekümmert hatten, und deren
wahres Wesen sie nicht kannten; — wie der alte Kephalos
im Anfang der Republik Platos sagt: wenn man alt und
krank wird, glaubt man fester an die Sagen der Unterwelt.
Oder wie jener früher sittenlose Thespesios von Soli (in
Cilicien), von dem Plutarch erzählt (de sera numinis vindicta
c. 27), der nach einem Falle, der töblich schien, begraben
werden sollte und bei der Feier lebendig wurde, nachdem seine
Seele im Jenseits alle Reiche, Strafen, Belohnungen 2c. geschaut
hatte, und nun einen streng sittlichen, edlen Lebenswandel führte.

Andre glaubten, eine positive Volksreligion wirke immer
noch besser, als die Philosophie. So Strabo der Geograph
(wie Curtius, de rebus gestis Alexandri IV. c. 10: nulla
res melius multitudinem regit. quam superstitio: alioquin
impotens. saeva. mutabilis. ubi vana religione capta est.
melius valibus quam ducibus suis paret [durch nichts wird
die Menge besser regiert, als durch den Aberglauben; während
sie sonst ohnmächtig, grausam, veränderlich ist, gehorcht sie, so=
bald sie von einer noch so hohlen Religion befangen ist, den
Sehern besser, als ihren Fürsten]); so auch Polybius: Staats=
klugheit fordert Religion fürs Volk.

Eine dritte Klasse endlich sucht den tieferen ethischen Sinn
aus den alten religiösen Mythen herauszuheben, die sämtlich
mehr oder weniger auf asiatische Ursprünge zurückgehen und
danach in allen Volksreligionen, nur unter verschiedenen Hüllen,
wiederzukehren scheinen. So vor allen, nach Art platonischer
Deutungen, Plutarch, der die Folgen eines solchen vergeistigten
Gottesdienstes preist. (Non posse suaviter vivi secundum
Epicurum c. 21). Allein, was Plutarch sucht, wird doch erst
im Christentum erfüllt.

Das dritte Kapitel handelt von dem „Charakter der Viel=
götterei und Naturvergötterung im allgemeinen, wie der grie=
chischen und römischen Religion insbesondere" (S. 64—88).

„Der Hauptmangel in einer vielgötterischen Religion ist
der Mangel an Einheit des inneren Lebens. Ein ver=
trautes Freundesherz jenseit der Wolken, eine solche unsichtbare,
allmächtige Hand, die in allen Stürmen hält und hebt, hatte

der arme Heide nicht. Schleuderten ihn die Wogen eines treu=
losen Schicksals auf eine einsame Sandbank, zerschmetterte der
Sturm der Drangsale das Fahrzeug seiner Hoffnungen — zu
welchem der Hunderte unter den Göttern sollte er beten und
seine Hände ausstrecken? War der, zu welchem er schrie, stark
genug, ihn zu verteidigen? Hatte er nie in seinem Leben durch
Unterlassung von Opfern ihn sich zum Feinde gemacht, während
ein andrer ihm wohlwollte? War das Elend, aus welchem
er Rettung wünschte, ein solches, das einen besonderen Gott
hatte, der besser daraus zu retten verstand? Solche und ähn=
liche Fragen ängstigten noch mehr das trostlose Gemüt." Ebenso
war es mit den Tugenden. Jede Tugend hatte ihren Gott.
„Jetzt seufzte er zur Minerva um Weisheit, jetzt schrie er zu
Apoll um Freudigkeit; ein stetiges inneres Leben, ein vertrau=
licher Umgang mit Gott war hierbei nicht möglich." Daher
war fortwährende geistige Zerstreutheit sein Zustand. Auf ähn=
liche Weise ist auch der Heiligendienst wieder in der christlichen
Kirche dem wahren inneren Leben nachteilig geworden. Über=
dem bekriegten sich die Götter der Heiden untereinander. Zu
wem sich wenden? „Wer da aber zweifelt, ist gleich der Meeres=
woge, die vom Winde getrieben und gewebet wird." — Dazu
waren jene Götter entstanden aus der Naturvergötterung.
„Die Hauptbestimmung einer Religion ist aber, daß sie den
Menschen wieder anknüpfe an die höhere Region der Geister=
welt, wovon er sich durch seine, dem göttlichen Gesetze entgegen=
stehenden Willenstriebe losgerissen. Es soll dem Menschen
nicht wohl werden an der Brust der ganzen sinnlichen
Natur; er soll eine Sehnsucht fühlen, die ihn darüber hinaus=
zieht. Dies aber vermag keine Religion zu bewirken, in welcher
die sichtbare Welt selbst Gegenstand der Anbetung ist." Der
tiefer Fühlende kommt so zur Verzweiflung; der irdisch Gesinnte
wird sich erst recht anklammern an all die irdischen Güter, welche
seine Götter ganz besonders hegen, pflegen und beschützen. „Aus
diesem Grunde geschah es, daß der Morgenländer bei seiner
Naturvergötterungslehre, weil seinem tieferen Gemüte das ge=
wöhnliche Leben mit all seinen Gebilden doch gar zu flach und
nichtswürdig erschien, er aber auch keine Ahnung hatte, wie ein
höherer, heiliger Geist sich hineinbilden ließe, — sich ganz aus

demselben zurückzog und durch eine erzwungene Verrichtung des=
selben den Anforderungen seines tiefer fühlenden Gemütes zu
genügen suchte. Er wurde nämlich Quietist und Omphalo=
psychit."

Wir wenden uns zum Charakter der griechischen und rö=
mischen Religion. Unter verschiedenen Himmelsstrichen behauptet
der Mensch bei aller Einheit sehr verschiedene Charaktere. Wie
der Orientale bei der Hitze des Tages unter dem kühlenden
Baum auf den Blumenteppich niedersinkt und, zu Geschäften
untüchtig, dem Zuge der vorüberwandelnden Gedankenbilder
nachhängt, so zeigt sich in allem, was von seinem Geiste aus=
geht, die Glut, die Unbeholfenheit, die Unfruchtbarkeit fürs
Leben. „Auch in den Religionen der Morgenländer bemerken
wir diese drei Eigenschaften: die Glut der Phantasie, in der
jede Überlieferung zur Mythe, jedes Dogma zum Symbol wird;
die Unbeholfenheit, indem die Bilder kolossal, der Zeremonien
und Vorschriften unendlich viele werden; die Unfruchtbarkeit,
indem nicht das Leben mit den Menschen, sondern allein das
mit sich selbst ins Auge gefaßt wird, indem nicht die Ge=
sinnung und sittliche Handlung, sondern die Phantasie und
die Kasteiung das Hauptmoment ist."

Die Abendländer suchen in der Welt die Spuren des
Ewigen auf. „Der Grieche stellt uns ganz eigentlich in seiner
Erscheinung die Idee der Weltlichkeit dar." Ursprünglich, vom
Orient her noch tiefer gerichtet, wurde die griechische Religions=
lehre in ihrer Verderbtheit dadurch besonders deutlich, daß die
Mythen nicht nach ihrem sittlichen, sondern nach ihrem künst=
lerischen Gehalt geschätzt wurden. „Diese Richtung des griechi=
schen Geistes auf die Kunst hin hatte aber nicht bloß den
negativen Schaden zur Folge, daß die Gegenstände der Religion
nicht mehr von ihrer sittlichen Seite aus die Gemüter beschäftig=
ten, sondern auch positiv war damit eine höchst verderbliche
Versuchung zu sinnlichen Lüsten verbunden. Mit dem An=
schauen der Götterbilder verband sich oft die gröbste Wollust.
Die Heiden berichten uns selbst, daß es vorkam, daß Menschen
mit den nackten Statuen der Göttinnen, von wilder Lust ent=
brannt, Unzucht trieben." Wo die Sünde sich nicht so grob
äußerte, fesselten doch die feinsinnlichen Genüsse der Kunst und

verschlossen durch dies scheinbar Höhere den Weg zu ernsten, sittlichen Bestrebungen. Gerade so machen es jetzt noch viele, die durch die Not der vergangenen Jahre und den großen Um= schwung des religiösen Lebens berührt sind: „Sie ergeben sich einem feinsinnlichen Kunstgenusse und mit der Farbe des Christen= tums geschmückten ästhetischen Bestrebungen, welche die Wunde mit Purpur verdecken, statt sie zu heilen." — Endlich wurde durch die Kunst die Sünde selbst lieblich gemacht und heilig gesprochen; das berührt schon Plato (de legibus II. p. 245 ed. Becker). Die Furcht vor dem Tartarus — bei Anakreon, Lykophron, Homer — ist dann das Gegenstück.

Anders der Römer. Er hat mehr von dem orientalischen Geist behalten. Das Römertum hat sich großenteils aus dem Etruskischen gebildet. Dieses aber zeichnet sich aus durch eine wahre Deisidaimonia, eine Gottesfurcht, einen düstern Sinn. Der etruskische höchste Gott Tina ist das Fatum; unter dessen dunkler Gewalt steht das ganze Menschengeschlecht. Daher ist es wichtig, die geheimen Gründe der Natur und ihrer außer= ordentlichen Erscheinungen zu erkennen, aus Vogelflug, Ein= geweiden, Donnerschlägen den Willen der Götter und die Zukunft zu erschließen. Die zwei Genien, die den Menschen begleiten, ein schützender und ein düstrer schädigender, sind es, die sein Schicksal zunächst in der Hand haben. — Die Bildung des römischen politischen Lebens war noch lange abhängig von den gottesdienstlichen Einrichtungen des Numa Pompilius: Ver= bot, von Gott ein Bild zu machen (vgl. Pythagoras, von dem Numa gelernt haben soll); Verbot blutiger Opfer; die Forderung, die wohlfeilsten Dinge, Mehl und Wein, als Spenden darzubringen: feiernd und von der Arbeit rastend das Göttliche vorüberziehen zu lassen; recht vorbereitet nach den Tempeln zu gehen, die Straßen von Geräusch, Geklopf 2c. freizuhalten. Dazu die einfache Lebensweise, die allgemeine Gerechtigkeit der Römer, die Scheu, irgend jemanden zu beeinträchtigen — das alles sind große Züge im römischen Charakter. Ammianus Marcellinus nannte das alte Rom die Herberge aller Tugenden. Erst der Verfall der Religion zog den Verfall der Sitten nach sich. Doch zeigt auch die spätere römische Geschichte noch ergreifende Züge von Frömmigkeit: so Catos Appell an die väterlichen Götter im Heere des Pompejus, worauf die begeisterten Soldaten die Schlacht gegen Cäsar gewannen: die Aufhebung der Bacchanalien nach Livius' Erzählung (39. Buch, c. 8—17). — Die Laren und Penaten ließen die Vaterlandsliebe als eine religiöse Tugend erscheinen; ihr Werk war die Vergrößerung des Staates, aber auch seine späteren Drangsale; und so kann man wohl sagen: „Wie bei den Griechen die Religion unterging im Kunstsinn, so bei den Römern in der Vaterlandsliebe."

Im vierten Abschnitt spricht der Verfasser über den Einfluß des Heidentums auf das Leben, besonders bei den Griechen und Römern (S. 89—204).

Dieses umfangreichste Kapitel, daß von den Wirkungen der heidnischen Anschauungen im einzelnen handelt, teilt Tholuck wieder in drei Abschnitte. Der erste (S. 88—129) handelt von den „beiden Auswüchsen, die immer eintreten, wo die innere Verbindung des religiösen Menschen mit Gott verschwindet," von Aberglauben und Unglauben. Sie entstehen mit Notwendigkeit, wo kein wahres Verbindungsmittel mehr zwischen Gott und der Seele vorhanden ist. Da wird der äußerliche Mensch kalt und gleichgiltig gegen das ganze Religionsgebäude; der wärmer Fühlende wird alles aufbieten, um durch äußere Veranlassungen die Scheidewand zu tilgen und mit der seligen Geisterwelt sich in Verbindung zu setzen. „Jeder Mensch als Mensch hat das Bedürfnis, Christ zu werden." Daher der Trieb der Vereinigung mit Gott auch bei den Heiden. Aber die Sünde bildet die Scheidewand. Mit Recht sagt Plutarch: Weichere Seelen sind zum Aberglauben, stärkere zum Unglauben geneigt. Überhaupt ist Plutarch der tiefste Kenner des menschlichen Herzens aus dem Altertum: seine Schriften enthalten goldene Worte über Glauben, Aberglauben, Unglauben, besonders „περὶ δεισιδαιμονίας" und „non posse suaviter vivi secundum Epicurum", aus denen längere Auszüge mitgeteilt werden. Trotz aller seiner Erkenntnisse aber blieb auch Plutarch nur ein „Mensch der Sehnsucht", einer von denen (les hommes de désir bei St. Martin), welche, wie manche Platoniker, eine Religion schaffen würden, wenn sie nicht da wäre. Doch darf man von ihm nicht auf andre schließen; es gibt nur einen Plutarch unter den Ge=

lehrten, aber keinen unter den Schneidern, Gerbern, Schustern, wiewohl auch hier vielleicht manch einer, vor seinen Mitmenschen unbekannt, „die Sehnsucht nach dem Lichte mit hinübernahm dahin, wo er sie stillen konnte."

In den späteren Religionen wucherten Unglaube und Aber= glaube besonders üppig. Auf sie müssen wir namentlich achten. Und das ist nicht ungerecht gegen das Heidentum; denn diese Abarten sind natürlich aus der heidnischen Religion hervor= gegangen, während etwa Bembischer Unglaube und mönchischer Aberglaube des 15. Jahrhunderts Abfall von der christlichen Religion waren. „Wir thun demnach nichts andres, als daß wir geschichtlich den Samen des Verderbens nachweisen, den wir auch bloß in der Idee hätten darthun und entwickeln können." Die Verirrungen der Christen hinderten nicht ein immer erneutes Hervorbrechen der Wahrheit von innen heraus, was keine heidnische Religion aufweist.

Zuerst nun wird Aberglaube und Unglaube in der Philo= sophie des Zeitalters bald nach der Geburt Christi besprochen. Die Systeme hatten ihren Kreislauf vollbracht; die Not der Zeit aber forderte zu tieferem Sinnen auf — so griff man nach allem, was sich von scheinbarer Wahrheit fand. So entstand der Eklektizismus — aber mit bestimmt abergläubischer Richtung. Das Christentum berief sich auf göttliche Autorität und auf die Beglaubigung durch Wunder; das Christentum forderte Erfahrung der Wahrheit im Herzen; und endlich, es verkündete eine Versöhnung mit Gott, an der jeder teilnehmen könne. So suchte auch das Heidentum nach einer Autorität von oben. Statt der heiligen Schriften, die sie nicht hatten, stellten die Heiden die untergeschobenen Schriften des Hermes Tris= megistos, des Orpheus u. a. auf. Sie deuteten die Mythen moralisch und suchten eine Versöhnung mit Gott durch Reinigungen und asketische Bußübungen. Vgl. die mystischen Anschauungen der Neuplatoniker, die Magie und Theurgie, wie sie z. B. im Leben des Neuplatonikers Proklus uns entgegentritt. Daneben aber herrscht der allergrößte Unglaube bei den Philo= sophen, namentlich den Epikureern. Selbst ein Cicero schließt sein Buch de natura deorum nur mit einem Ausspruche von der Wahrscheinlichkeit der Existenz der Götter, und in der

Schrift de inventione sagt er geradezu: die Philosophen könnten die jenseitige Belohnung und Bestrafung nur unter die probabilia rechnen. Der Kynismus aber vernichtete auch den letzten Rest von Gottesfurcht und Sittlichkeit. Hervorgehend aus dem Übermut und der Selbstsucht in ihrer niedrigsten Gestalt hebt er alle sittliche Besserungsfähigkeit auf und sucht seinen Trost in einer selbstgefälligen Bestialität. Die hier und da noch auf= tauchenden Reste des Stoizismus haben keine Lebensfähigkeit mehr: dazu war das Zeitalter schon zu schwächlich geworden. Aber auch der Stoiker Überzeugungen von dem Leben jenseits des Todes sind die völlige Trostlosigkeit.

Daß das Volk erst recht vom Unglauben durchdrungen war, dafür werden Beweise von zahlreichen Aussprüchen Cäsars, Catos, Philos, Plinius des Älteren über eigne und fremde Gottlosigkeit hergeholt. Plinius (hist. nat. II, 7) sagt ganz pessimistisch: Ne Deus quidem omnia potest. Namque nec sibi potest mortem consciscere si velit, quod homini dedit optimum in tantis vitae poenis, nec mortales aeternitate donare, per quae declaratur haud dubie naturae potentia, idque esse, quod Deum vocamus (Auch Gott kann nicht alles. Denn weder kann er sich selbst das Leben nehmen, auch wenn er wollte, — die größte Wohlthat, welche er doch dem Menschen im Elend dieses Lebens verliehen hat — noch kann er die Sterblichen mit der Gabe der Ewigkeit beschenken; und dadurch bezeugt sich doch die Macht der Natur, und daß er das ist, was wir Gott nennen). Auch Strabo nennt sich geradezu einen Ungläubigen; ebenso Arnobius. Theodoret klagt, daß die Halbgebildeten unter den Heiden sich in ihrem Skeptizismus um die Weisheit des Christentums gar nicht einmal kümmern. Eben dahin lauten Citate von Lucian, Seneca, Juvenal, Quinctilian, Firmicus Maternus. Wie abergläubisch aber daneben das Volk war in seiner Sucht nach immer neuen, fremden Gottheiten und geheimnisvollen Kulten, darüber spöttelt Juvenal (Satyr. VI), das bezeugen die zahllos auftretenden Wahrsager, Sterndeuter, Blitzeskundige u. s. w.

Eine zweite Betrachtung wird der Sinnlichkeit der Heiden gewidmet (S. 129—161). „Da die Religionen des Heidentums ihren wesentlichen Bestandteilen nach nichts andres

sind, als eine religiöse Auffassung des Naturlebens, der Haupt=
akt aber des Naturlebens der beständige Untergang und die
beständige Erzeugung ist, so wurde auf diese Weise der Tod
und die Erzeugung ein Hauptgegenstand der alten Religionen."
So besonders in Indien: Brahma, Wischnu, Schiwa. Dann
aber auch bei den Griechen: Phallus= und Kteisdienst, die
Thesmophorien, Dionysien, Kybelemysterien ꝛc. Von der Sitten=
losigkeit der Griechen zeugt die Verachtung der Ehe, die Stellung
der Hetären, die Knabenliebe bei allen ihren berühmtesten
Männern, ausgenommen Sokrates und Plato; ja die Pflege
der Wollust als eines Gottesdienstes! Rom war anfangs be=
deutend sittenstrenger und hielt an der Einehe fest: 521 Jahre
lang fand nach Aulus Gellius keine Ehescheidung statt; Nu=
ditäten keinerlei Art wurden geduldet. Aber zu Catos Zeiten
war die Sittenverderbtheit schon allgemein.

„Wir schließen hiermit die Betrachtungen, von denen gern
das Auge des Christen sich hinwegwendet. Doch ist es immer
heilsam, sich ihrer nicht zu entschlagen. Denn wenn der gläu=
bige Christ, der die Gnade der Erlösung an seinem Herzen
erfahren hat, von der Beobachtung aller der sündlichen Greuel
des Heidentums wieder zu sich selbst zurückkehrt und nun findet,
daß nicht bloß in seinem äußeren Leben keine Spur ist von
allen jenen heidnischen Befleckungen, sondern daß auch sein
Inneres, wenn nicht ganz frei ist von Gedanken der Sünde,
dennoch nie mit Wohlgefallen daran hängt, und daß die Liebe
zur Heiligkeit ihm nicht mehr Gesetz ist, sondern daß ein auf=
richtiger Abscheu vor allem, was nicht himmlisch ist, und eine
flammende Liebe zu allem, was göttlich ist, seiner Seele inne=
wohnt, so wird er tief gerührt werden über die unaussprechliche
Barmherzigkeit seines Jesus, der durch die Kraft seines heiligen=
den Geistes das Alte neu gemacht hat, der die Sünde aus=
getilgt hat und da, wo nichts war, eine neue Welt der Herrlich=
keit im Geiste erschaffen, und erleuchtet die Augen unsres Ver=
ständnisses, daß wir erkennen mögen, welches sei die Hoffnung
unsres Berufes und der herrliche Reichtum des Erbes, das uns
unter den Heiligen bestimmt ist."

Der dritte Abschnitt gilt dem „Unvermögen der heidnischen
Religionen, eine tiefe und gründliche Ausbildung des ganzen

Menschengeschlechtes, der einzelnen Menschenklassen und der
Geistesvermögen jedes Individuums zu bewirken, nebst den
daraus hervorgehenden Folgen für die Sittlichkeit" (S. 162
bis 204).

„Die Wurzel aller menschlichen Ausbildung ist die Religion."
Nun waren die heidnischen Religionen alle Landes= und Volks=
religionen, nur auf ein Gebiet im Grunde beschränkt. Trugen
Eroberer die Religion ihres Volkes auf andre Nationen über,
so empfingen diese dadurch nicht ein neues, ihre eignen Anlagen
und Ideen förderndes Prinzip, sondern die Volkseigentümlichkeit
ging unter, die Formen der neuen Religion unterdrückten die
Völkerindividualität. Die Mandschu fielen wohl in China ein,
aber sie nahmen die chinesische Religion an und sind jetzt in
derselben Starrheit und Siechheit befangen, wie jenes unter=
drückte Volk selbst. Nubien, Abessinien nahmen mit der ägyp=
tischen Religion ägyptische Sitte an; ebenso wurden Thracien,
Macedonien, Unteritalien mit der griechischen Religion griechisch.
In Gallien und Spanien unterdrückte Rom jede eigentümliche
Bildung. Wie anders war das in den germanischen Nationen,
als sie mit dem Christentum in Berührung kamen, dieser
Universalreligion, die doch jede Eigentümlichkeit schont und
verklärt.

Ebensowenig ist aber die griechische oder römische oder
irgend eine andre heidnische Religion im stande, die gesamten
Vermögen des menschlichen Geistes zu entfalten und auszubilden.
Die Erkenntniskraft wurde nicht befriedigt, sondern widersprach
im Gegenteil der Religion, während das Christentum zugleich
die höchste Philosophie und tiefste Weisheit ist. „Vergeblich hat
darum der Unglaube seit Jahrhunderten an den Pfeilern der
heiligen Lehre gerüttelt. Es ist Porphyrius und Julianus
hingeschieden, Toland und Bolingbroke, Voltaire und
d'Alembert, der Fragmentist und Bahrdt — Christus
aber ist gestern und heute und derselbe in Ewigkeit." — Ebenso
mangelhaft wirkt das Heidentum auf das Willensvermögen.
Es fehlt der unmittelbare Ausspruch Gottes an das Menschen=
geschlecht. Bloße Sagen können einen zauberischen, dunklen
Eindruck aufs Gemüt machen; weil sich aber damit keine klare
Erkenntnis verbinden kann, so führen sie nur zum Aberglauben.

Zugleich ermangelte das ganze Heidentum einer Tugend, die so nötig ist, der Demut. Die Warnung vor Hochmut und Überhebung bei den Tragikern geht bloß hervor aus der Furcht vor dem Fatum, dem alles nivellierenden, und bricht daher nicht den heidnischen Stolz. — Endlich bleibt im Heidentum auch die Gemütswelt oder das Gefühlsvermögen unentwickelt. Das Wellenschlagen des Herzens nach einer besseren Welt hin, nach dem heiligen Gott, der Heimat der Seele, das alles kannte der Heide nicht.

Das Heidentum entbehrt ferner einer richtigen Schätzung der Menschenwürde überhaupt. „Weil das Heidentum keinen wahren Maßstab für Seelenadel und Seelengröße hatte, weil es nicht Heiligkeit des Sinnes als über aller intellektuellen Bil=dung stehend zu schätzen wußte: so konnte es eine Geringschätzung der niedrigen Volksklassen, des weiblichen Geschlechtes und der Sklaven erzeugen, welche insgesammt, als einer höheren in=tellektuellen Bildung unfähig, verachtet wurden." Der ὄχλος ἀφιλόσοφος (der unphilosophische Haufe), die οἱ πολλοί (die Massen) waren weder Objekt noch Subjekt ethischer Handlung. Auch bei den Platonikern wird die νόησις (das Denken), gegen=über der κάθαρσις (der Reinigung) überschätzt. Das Christentum aber bildete durch Adel der Gesinnung die Erkenntnis und das Urteil auch der geringen Klassen; und das gerade ärgerte die vornehmen Heiden, daß sie im Christentum nichts voraus behalten sollten vor dem Pöbel; vgl. die Äußerungen der Heiden Caecilius und Celsus. Dazu kamen noch die Abscheulich=keiten in der Behandlung der Sklaven und das elende Verhältnis des weiblichen Geschlechtes. Der Heide im rohen Zustande hält die Streitkraft, der im feineren das bürgerliche Leben für das Höchste, und zu beiden ist das Weib ungeeignet. Selbst bei Plato wird, weil die Ehe nur aus politischem Gesichts=punkte in Betracht kommt, Weibergemeinschaft verlangt. Das Beste über die Stellung des Weibes hat wieder Plutarch gesagt in seiner Schrift: Ratschläge an Ehegatten (conjug. praec.), von denen etliche mitgeteilt werden. — Auch die Erziehung der Kinder war verkehrt, weil das Ideal nur darin bestand, rechte Staatsbürger zu erziehen. Die zarteren Bande der persönlichen Liebe blieben, wie bei der Ehe, so auch bei der Kindererziehung

unbeachtet; ebenſo die höhere Welt und die echte Familienliebe.
Bei den Römern war es im allgemeinen beſſer, als bei den
Griechen, ſowohl in bezug auf die Erziehung, als auf das
Familienleben. Mütter wie Cornelia, Väter wie Cato gab
es in Griechenland nicht. Keuſchheit und edle Stellung der
römiſchen Frau waren Jahrhunderte hindurch ein ſittlicher
Schatz.

Demnach muß als Reſultat unſrer Betrachtung bezeichnet
werden: es fehlt dem Heidentum gerade das, um deswillen es
oft geprieſen wird: die Humanität! Menſchenopfer, Gla=
diatorenſpiele, der völlige Mangel an milden Stiftungen, das
alles zeigt, daß auch nicht einmal der Gedanke an wirkliche
Humanität dem Heidentum bekannt geweſen iſt. Wie anders
eingreifend und umgeſtaltend hat die Kraft des Evangeliums
ſich erwieſen. Ein Citat aus Athanaſius über die neu=
belebende, alles unter die Macht der göttlichen Liebe ſtellende
und Bruderliebe ſchaffende Wirkung des Wortes vom Kreuz
beſchließt dieſes Kapitel.

Der Verfaſſer fügt endlich noch (S. 205—210) in einem
fünften Kapitel ein Wort über das Studium der klaſſi=
ſchen Litteratur hinzu. Der Nutzen desſelben in jeder
andren als der ſittlichen Beziehung erſcheint ihm als ein ſehr
erheblicher. Die Alten ſind die Väter unſres Wiſſens, mit
Ausnahme des religiöſen, und ſind noch gegenwärtig vielfach
geſchickte Lehrer. Ein lebenskluger, praktiſcher Geiſt geht durch
das Altertum, wie Joh. v. Müller ſagt. Sie geben jedem
Dinge ſeinen rechten Namen; ſie bedienen ſich nicht einer meta=
phyſiſchen Sprache mit abſtrakten Begriffen, ſondern malen die
Natur. Männer wie Calvin, Bucer, Melanchthon zeigen,
wie treffliche Früchte aus einer klaſſiſchen Bildung auch für die
Behandlung chriſtlicher Gegenſtände hervorgehen.

Aber in ſittlicher Hinſicht iſt dieſes Studium nicht förder=
lich. „Wohl haben die Heiden glänzende Thaten gethan; aber
nicht ob glänzend, ſondern ob gut, iſt die Frage. Die Wurzel
ihres Thuns iſt die Selbſtſucht, oder die Stärke einer ange=
bornen Empfindung, Vaterlandsliebe oder Gattenliebe oder
andre derartige Triebe des menſchlichen Herzens, welchen der
Menſch, ohne durch Kampf ſie errungen zu haben, folgt, ohne

sich selbst bewußt zu werden, warum? Es ist nicht die Ge=
sinnung der Liebe und der Demut, die aus der Überwindung
der stets sich geltend machen wollenden Selbstsucht hervorgegangen
ist." Dies paßt selbst auf Sokrates. Er hatte kein Ideal
der wahren Heiligkeit; darum konnte er auch sein eignes Herz
nicht ganz kennen lernen, und daher auch nicht ganz demütig
sein. Darum hat der Lehrer an gelehrten Schulen, welcher als
Christ sein Amt verwalten will, die heilige Pflicht, seine Zög=
linge wieder und immer wieder darauf hinzuweisen, daß der
Geist, den niemand kennt, als der ihn empfängt, auch bei denen,
die ihn empfangen, ein andres Leben im Gemüte erzeugt. Und
hat man irgendwo zu bedenken, daß man auch Gold zu teuer
kaufen könne, so ist es beim Studium des klassischen Altertums.

Zwei Citate aus Kirchenvätern bilden den Schluß. Das
eine von Augustin (de doct. christ. II, 20): „Wie die Ägyp=
ter nicht bloß Götzenbilder hatten und schwere Lasten, vor
welchen die Israeliten mit Abscheu flohen, sondern auch köstliche
goldene und silberne Geschirre und Gewänder, welche sich Israel
als zum besseren Gebrauche derselben aneignete — so
haben alle Lehren der Heiden nicht bloß Götzenbilder und
schwere, unnütze Bürden, die jeder Christ verabscheuen muß,
sondern auch freie Künste und Wissenschaften, welche zum Dienst
der Wahrheit tauglich sind." Und das andre vom Kirchen=
historiker Sokrates (hist. eccl. III, 16): „Die heidnische Ge=
lehrsamkeit ist weder von Christo noch von seinen Jüngern ge=
billigt worden, als wenn sie von Gott herkäme; aber auch nicht
als schädlich ganz verworfen worden. Und dies ist nicht ohne
Bedacht geschehen. Denn viele Philosophen unter den Heiden
sind nicht weit von der Wahrheit gewesen. Zwar haben sie die
Hauptsache der Lehre nicht erreicht, die Erkenntnis des Geheim=
nisses Christi. Indes werden auch die Feinde kräftig über=
wunden, wenn man wider sie ihre eignen Waffen braucht.
Sonst sagt uns auch Christus und die Apostel, daß wir alles
prüfen sollen, damit wir nicht betrogen werden. Dies wider=
fährt uns nicht, wenn wir die Waffen der Feinde erobern und
mit ihnen doch nicht einstimmen, das Böse scheuen, das Gute
aber und die Wahrheit behalten, alles prüfen und brauchen.

Denn das Gute gehört allezeit zur Wahrheit, es mag sein, wo es will."

Zweifellos ist diese Abhandlung eine weit reifere Arbeit, als die „Apologetischen Winke", zumal wenn man bedenkt, daß Tholuck sehr wenig Vorarbeiten auf diesem Gebiete benutzen konnte. Seine Freunde mißbilligten die ihrer Meinung nach übertriebene Spezialisierung der Unsittlichkeiten im Heidentum; Albert aus Elberfeld schrieb ihm: „Warum sollen wir uns das alles vor die Seele führen, wovon sich doch gern, wie Du selbst sagst, das Auge des Christen hinwegwendet? Frauen= zimmern und jungen Leuten kann man es doch nicht gut in die Hände geben." Doch im übrigen sprach er sich sehr befriedigt aus. „Ich küsse Dir im Geiste dankbar die Hand. Ich finde Dich so recht in Deiner Abhandlung wieder. Aber Du hast recht, es ist etwas abstrakt geworden."

Einen scharfen Angriff richtete, und zwar gegen die im Jahre 1825 erschienene zweite Auflage der Abhandlung in den „Denkwürdigkeiten" die Darmstädter Allgemeine Kirchenzeitung in ihrem „Theologischen Litteraturblatt" vom 15. Febr. 1826; Nr. 13—14.

Der Zweck dieser kirchenhistorischen Zeitschrift (der „Denk= würdigkeiten") heißt es da, sei nach der Vorrede ein mehr prak= tischer, als wissenschaftlicher: der Geist des Christentums soll über engherzige Verketzerungssucht, beschränkendes Formelwesen und einseitigen Methodismus erhoben werden. Das Mannig= faltige wie das eine soll gezeigt werden, damit die Gegenwart, wenn nicht durch die Brille irgend einer dogmatischen und phi= losophischen Schule betrachtet, durch historische Anschauung gewinne.

„Möge der geehrte Verfasser," fährt der Artikel fort, „sowohl auf sich selbst, als noch mehr auf seine Mitarbeiter ein wach= sames Augenmerk haben, damit nicht in den Geist der Darstellung Ansichten Eingang gewinnen, welche mit den im Vorwort ge= äußerten in Widerspruch stehen."

„Beides vermissen wir auf die auffallendste Art in dem Aufsatze des Herrn Dr. Tholuck, welcher als Einleitung die Sammlung eröffnet: ,Das Wesen und die sittlichen Einflüsse des Heidentums u. s. w.'" Nach einer kurzen Inhaltsangabe heißt

es weiter: „Den Geist des Christentums faßt der Verfasser
ganz falsch. Die echt christliche Gesinnung besteht ihm in der
Erkenntnis des menschlichen Sündenelends und dem Bestreben, das Bild Gottes wiederherzustellen (als ob dasselbe verloren gewesen wäre!). Die Hauptlehre ist ihm die von
einem Sündenfall, durch welchen der Mensch zum Unvermögen im Guten herabsank. Mystisch wird von einem Erleben Gottes in uns geredet. Von da aus wird natürlich das
Heidentum auch in seinen glänzendsten Erscheinungen verurteilt.
Nur gestehe man, daß dieses geschehe vom Standpunkt der
Augustinischen Religion, aber nicht vom christlichen Standpunkte! Daher kommen auch die Citate mit den Vorwürfen
der Philosophen gegen die Dichter so zur Darstellung, als ob
dergleichen Tadel die alte väterliche Religion selbst treffen sollte.
Der Mangel an Einheit des innern Lebens bei den Poly-
theisten kann wörtlich auf den christlichen Trinitarier übertragen werden. Die Idee des Guten wurde bei den Griechen
allerdings nicht so kultiviert, als die des Schönen. Das berechtigt doch aber nicht zu sagen: Der Grieche habe in seiner
Erscheinung die Idee der Weltlichkeit aufgestellt. Die Liebe zur
Kunst wird vom Verfasser fast als etwas Unheiliges, dem
Christen nicht Ziemendes aufgefaßt, und dem Kunstgenusse recht
pietistisch das Kreuztragen und die Nachfolge Christi ent-
gegengesetzt — als ob ein Gemüt, welches den Urquell der
Schönheit in den schönen Erzeugnissen der Kunst freudig bewundert, nicht eben dadurch zur christlichen Vollkommenheit hin-
geleitet und fähig würde, für Wahrheit und Gerechtigkeit, so es
Gottes Wille ist, gleich dem großen Meister und Herrn zu
leiden und zu sterben!“

„Unter den sittlichen Einflüssen des Heidentums, wahrscheinlich eingedenk des trefflichen Gesetzes seiner Historiographie,
nach welchem ein durchdringender Blick in die sündlichen Un-
tiefen unsres Herzens den Historiker macht, wird S. 129—61
am längsten bei den sinnlichen Ausschweifungen verweilt. Und
an denselben Orten — wie leben die Christen heutzutage? Aus
dem Wesen eines Christentums, das sittliches Unvermögen zur
Grundlage hat, kann ja selbst nicht eine sittliche Gestaltung des
Lebens ohne Beihilfe dialektischer Trugkünste abgeleitet werden!

Wie kann der Verfasser sagen (S. 144): keiner hat alle Laster und insbesondere die Wollust, reizender zu schildern gewußt als Homer, keiner die Bedeutung des Lebens niedriger gefaßt. Auch das pietistische Wagstück ist bewundernswürdig, daß der Verfasser dem Heidentum auch die Humanität abspricht und zwar nicht nur wegen einzelner Züge von Roheit und Grau= samkeit, sondern auch, weil das Heidentum Denken, Fühlen und Wollen nicht vollständig harmonisch ausbildete. Nach Dr. Tholuck kennt die klassische, ja selbst die platonische Erziehung keinen höheren Gesichtspunkt, als die Bewirkung der Überein= stimmung mit den Staatsgesetzen. Und doch steht der platoni= sche Staat wenigstens der Idee nach dem christlichen Gottes= reiche so nahe!"

Der etwas derbe und durch die Tholucksche Arbeit wahr= lich nicht gerechtfertigte Schluß lautet: „Nur Finsterlinge und die Rotten, welche es aufs Dummmachen anlegen, scheuen die aus den Alten erwachsene Gesinnung und möchten sie unter= drücken. Darum seien die Wächter des Heiligtums, die Lehrer und Erzieher der Jugend auf ihrer Hut, daß nicht durch die Umtriebe und Schleichwege der Obskuranten ihnen die Benutzung der trefflichsten Bildungsmittel vollendeter Menschheit verkümmert oder gar entrissen werde."

Mit dem Geiste, der in dieser Rezension seine Waffen zum ersten Male gegen Tholuck richtete, hatte derselbe einen Lebens= kampf zu führen, bei dem der Sieg schließlich auf seiner Seite geblieben ist. Im weiteren Verlaufe unsrer Arbeit werden wir auf diese Klasse der Gegner noch oft zurückkommen müssen.

Den beiden nächstfolgenden litterarischen Veröffentlichungen Tholucks gebührt um ihrer tiefgreifenden Bedeutung auf die Zeitgenossen willen eine besondere Betrachtung: der Lehre von der Sünde und dem Kommentar zum Römerbriefe. Wir wid= men ihnen das folgende Kapitel.

Siebentes Kapitel.

Die Lehre von der Sünde und der Kommentar zum Römerbrief.

Im Jahre 1822 hatte der seines Berliner Lehramts ent-setzte und in Weimar angesiedelte Professor de Wette einen didaktischen Roman geschrieben unter dem Titel: „Theodor oder des Zweiflers Weihe. Die Bildungsgeschichte eines evangelischen Geistlichen. Berlin." (Zweite Auflage 1828.) In demselben durchlebt der Held an sich selbst die verschiedenen kirchlichen und theologischen Richtungen der Zeit, Rationalismus, Supranaturalis-mus, Mystizismus, um zuletzt mit der Theologie überhaupt zu brechen und in der Philosophie für alle Einseitigkeit und Zweifel seiner Vergangenheit die Weihe der Wahrheit zu empfangen. Die in diesem Buche vertretene oberflächliche Ansicht von dem Wesen der Sünde als in der menschlichen Sinnlichkeit begründet veranlaßte Tholuck, eine andre Entwickelungsgeschichte der christlichen Persönlichkeit zu schreiben, in der die volle Tiefe des Menschenabfalls und die Rettung der in ihrer Finsternis ver-zweifelnden Seele durch die im Glauben ergriffene Gnade zur Anschauung gebracht werden sollte. In den Tagebüchern des Verfassers heißt das Buch meist nur ganz kurz: „Antitheodor"; und so erklärt sich sein voller Titel: „Die Lehre von der Sünde und vom Versöhner, oder die wahre Weihe des Zweiflers".[1]

Dieses unter allen Tholuckschen Schriften seinerzeit am tiefsten greifende und am gewaltigsten wirkende Buch ist mit einer überaus genialen, in das Feuer heißer Kämpfe und Siege getauchten Feder geschrieben. Bewandert in allen Irrgängen

des trotzigen und verzagten Menschenherzens, wie wenige; mit
einer glühenden Begeisterung für den, der seine Seele vom Tode
und seine Füße vom Gleiten errettet hatte; ausgestattet mit
einer staunenswerten Kenntnis auf allen Gebieten orientalischer
und occidentalischer Geistesprodukte, die für eine allezeit parate
Verwendung seinem Gedächtnisse zur Hand lagen; daneben in
kühnem Fluge ahnungsvollster Phantasie Bilder, Gleichnisse,
mythologische, biblische, geschichtliche Figuren und Begebenheiten
zur Erläuterung hervorziehend — so schrieb Tholuck ein Buch,
das wohl in wissenschaftlicher Beziehung keine epochemachende
Stellung für sich in Anspruch nehmen kann, das aber durch die
Wahrheit seines Zeugnisses, durch die hinreißende Gewalt seiner
Sprache und durch den tiefen Ernst schonungslosester Selbst=
erforschung in den religiös angeregten Schichten der damaligen
Gesellschaft wie ein Blitz zündete und Feuer und Leben hinter
sich zurückließ. So war lange nicht von des Menschen Elend
und des großen Gottes Barmherzigkeit geredet worden, wie
dieser Jüngling redete. Was Wunder, wenn der in die Tiefe
geworfene Stein immer weitere Kreise in Bewegung setzte und
seine Wellen bis über den Ozean hinüber in die neue Welt
schlug.

Im Sturme der Begeisterung muß Tholuck diese Schrift
von 315 Druckseiten in kürzester Frist zu Papier gebracht
haben. Nach der oben geschilderten schlesischen Reise im Herbst
1822 taucht zuerst am 5. Oktober der Plan zu einem derartigen
Werke auf. „Ich ging in den Tiergarten mit vielen kühnen
und mich erfreuenden Studienplänen, besonders das Buch über
die Sünde." Bereits an seinem Geburtstage 1823 — der
30. März fiel gerade auf den Ostersonntag — war die Arbeit
fix und fertig, und dem Verleger Perthes in Hamburg zuge=
schickt. „Mein Anti=Theodor ist mir das liebste Geburtstags=
geschenk." Vierzehn Tage darauf, am 12. April, erhielt Tho=
luck den ersten Korrekturbogen, und im Juli erfolgte die Ver=
sendung an Freunde und Gönner.

Zweimal haben wir bereits Veranlassung gehabt, aus diesem
Buche einige Mitteilungen zu machen; auf S. 112 und 114 ff.,
wo es sich um die Darstellung der eignen religiösen Entwickelung
Tholucks handelt; und auf S. 139 ff. in der Schilderung des

Barons v. Kottwitz. Bei der hohen Bedeutung der Schrift
aber, die der heutigen Zeit mehr als sie noch immer verdient,
entrückt ist, sei es gestattet, durch eine übersichtliche Darstellung
ihrer Hauptgedanken und Mitteilung ihrer ergreifendsten Stellen
dem Leser zunächst ein eignes Urteil zu ermöglichen und dann
erst das Echo der damaligen Generation auf den weithin=
schmetternden Posaunenton vorzuführen.

Schon das Vorwort atmet Feuergeist. „Jesus Christus
gestern und heut und derselbe in Ewigkeit!" ist sein erster Gruß
an den Leser. „Die Riesenleiche der Kirche Christi", heißt es
dann weiter, „durch Wahnglauben und Herrschsucht Roms in
den geistlichen Tod dahingegeben, erstand, als vor dreihundert
Jahren der Geist des Herrn in die Totengebeine wehete. Die
Kirche Christi überwand den ersten Tod und schmeckte die erste
Auferstehung. — Und nach drei Jahrhunderten war abermals
das Gericht über den Erdkreis hereingebrochen. Das Leben
war zum Begriff, der Geist zum fliehenden Luftzuge verflüchtigt.
Mit verhülltem Antlitz flohen die Jünger von dem verachteten
Kreuze, und mit Hohnlachen schrie der Fürst der Finsternis
sein ὁ Πᾶν τετέλεσται" (.Pan ist tot', Anspielung auf eine
Stelle im Plutarch) „über den Erdball hin! Die Fluren aber
seufzten nach Regen, und der Hirsch sehnte sich nach frischen
Wasserquellen. Und der heute und gestern ist, sprach: Tod,
wo ist dein Stachel, Hölle, wo ist dein Sieg! Jerusalem!
Hebe deine Augen auf und siehe umher, diese alle versammelt
kommen zu dir. So wahr ich lebe, spricht der Herr, du sollst
mit diesen allen, wie mit einem Schmuck, angethan werden, und
wirst sie um dich legen, wie eine Braut, denn deine Toten
sollen leben! Und die Kirche Christi hatte den zweiten Tod
überwunden und feierte die zweite Auferstehung."

„Wer wollte es leugnen, daß wir in dieser Auferstehungszeit
leben! Ein Kampf der Geister hat auf dem religiösen Gebiete
begonnen, wie er vielleicht seit der apostolischen Zeit nicht ge=
wesen. Der Sieg ist noch keineswegs gewiß; daß er auf die
Seite derer falle, die rufen: Hie Schwert des Herrn und
Gideon! kann nur erbeten werden. Denn zieht auch der krasse
Unglaube scheu sein Haupt zurück, desto mutiger tritt im ideali=
stischen Prunkgewande ein feinerer, aber weit tiefer liegender

auf, und statt sie zu rechtfertigen, untergräbt er Christi Lehre.
Schallt auch Christus wieder und der Lobpreis des historischen
Glaubens auf Kanzel und Katheder, ist's nicht so oft, statt des
lebendigen der tote Versöhner? Tritt auch hie und da Fürst
und Obrigkeit zum Schirm des Christentums auf, ist's nicht
öfter das politische, das man meint, als das evangelische? Nur
wenn der Christus siegt, der nicht in vornehmer, sondern in
armer Gestalt dahertritt, der lieber dient, als sich dienen
läßt, der, da er wußte, daß er von Gott kommen war und
wieder zu Gott ging, aufstand, Wasser in ein Becken goß
und seinen Jüngern die Füße wusch, der nicht Rabbi heißen
wollte und nicht seine eigne Ehre suchte, nur dann hat die
Gemeinde Gottes den Geist in der Welt überwunden und kann
sich freuen. Daß dieser Christus siege, dafür sind nun neben
manchen ehrwürdigen Gottesgelehrten auch die ins Feld getreten,
welche sonst einen andren Dienst in der Welt haben, als den
am Evangelio. S. Steffens, über die falsche Theologie und
den wahren Glauben, Breslau 1823. Heinroth, Anthropo=
logie, Leipzig 1823, und so werden der Stimmen in der Wüste
immer mehrere. Dennoch ist, ungeachtet der wahre, der prunk=
lose und arme Christus von manchen Seiten gepredigt wird,
das Bedürfnis einer Schrift da, worin die Lehre, auf der alles
beruht, die Sünde und Vergebung derselben in ihrem innern
Zusammenhange und ihrer praktischen Bedeutung gezeigt werden,
da der Glaube nur möglich ist, wo diese vollkommen erkannt
worden. Solchen Seelen nun, die, umgetrieben von den Zwei=
feln eines unbefriedigten Herzens, einen Freund im Himmel
suchen und brauchen, der ihnen die Genüge gibt, die, wenn
sie wehmütig und verlangend die Arme ausstrecken, um zu um=
fangen, sie nicht zusammenfallen lassen wollen an der eignen
einsamen Brust, denen am Busen der ganzen geschaffenen Natur
nie wohl wird und die anfangen zu fühlen, daß, was das un=
endliche Sehnen des Herzens forderte, der Mensch sich nicht
selber geben kann, die aber auch ihren Erlöser und himmlischen
Freund nicht bloß durch die Wärme genießen, sondern auch im
Lichte sehen wollen, ist diese kleine Schrift gewidmet. Wer
nun noch nicht fühlt, daß ihm etwas fehlt, was weder der
rationalistische Menschensohn, noch der idealistische Gottessohn

sondern der ganze ungeteilte, geschichtliche Christus allein zu geben vermag, der spotte nicht über den, der das fühlt; es ist auch hier nicht über ihn gespottet worden, er bleibe sinnend am Wege stehen, und — sehe tiefer in sein Herz!"

Wie de Wette seinen „Theodor", so hat auch Tholuck den Antitheodor in ein geschichtliches Gewand gekleidet. Guido und Julius, schon auf der Schule in inniger Herzensfreund= schaft nach bleibenden Gütern suchend, trennen sich, ohne ge= funden zu haben, wonach ihre Seele verlangt; „ihr inneres Leben ohne Haltpunkt, ihre Entschlüsse fliehendes Gewölk, ihre Grundsätze stehendes,· unter welchem jenes hinzog." Guido bezog, um Theologie zu studieren, die Universität G., Julius ging als Philologe nach .....n. In seinen Spekulationen wird der erstere, Schellings Spuren folgend, bald zu konse= quentem Pantheismus und zur Leugnung von Gott, Freiheit und Unsterblichkeit geführt. Sein Herz aber kann und will diese Wege nicht gehen. „Ist dies Wahrheit", so fragt er sich, „warum vernichtet sie mich?" Doch wohl darum, weil wir nicht nur „Schatten haben wollen, sondern auch etwas, das Schatten wirft?" Und „welche Kühnheit ist denn größer, die, aus welcher der Verstand Gott, das Universum und sich leugnet, oder die, aus welcher das Herz sie glaubt? Und ist die größte Kühnheit die beste?" Dies waren die Fragen, unter denen, „wie unter stürmenden Wogen sein Kopf und sein Herz, wie zwei Schiffe eines Herrn, aneinander geschleudert wurden und sich wechselseitig zu zerschellen drohten." Während so Schelling und Jacobi um ihn stritten, fand er keinen, der ihm gesagt hätte: Die Wahrheit muß für den ganzen Menschen sein. Zum Menschen aber gehört auch sein sittliches Selbstbewußt= sein; um auch dies zu befriedigen, muß der Verstand sich unter= ordnen und seine Grenzen anerkennen. So wurde der innere Zwiespalt nur immer klaffender.

Julius schrieb dem Freunde selten. Wenn er es that, berichtete er von seinen Studien. Er lese in der Bibel, ohne daß diese ihn überzeugen könne; nur die Geschichte lehre ihn die Notwendigkeit einer positiven Religion und die Trefflichkeit der christlichen Moral. Da schrieb Julius plötzlich von seiner „Wiedergeburt". Die ganze Sprache war eine neue, vieles

blieb Guido unklar. Er warnte den Freund vor Selbst=
täuschungen; vielleicht habe er in zu hoher Begeisterung ge=
glaubt, mit einer Juno sich zu vermählen: in Wahrheit sei es
eine Wolke gewesen und daher nur Chimären erzeugt. Sein
eigner Standpunkt sei trostlose Skepsis, er habe es für immer
aufgegeben, die Wahrheit zu finden.

Alsobald erwiderte Julius: ... „Bruder! Das All kann
zerstäuben, aber nicht sein Staub; zernichtet können die Systeme
der Wahrheit vor Deinem Angesichte auseinander stäuben, aber
die Wahrheit nicht. ... Wer für die Wahrheit geboren, der er=
kennt sie, trotz aller Beulen und Entstellung, an ihrem Königs=
blick. Nur muß man sie erst lieben, ehe man sie erkennen darf;
die Wahrheit spricht: ich liebe die mich lieben, und die mich
frühe suchen, finden mich." Der Weisheit und alles mensch=
lichen Wissens Angel aber ist die Delphische Inschrift: nur die
Höllenfahrt der Selbsterkenntnis macht die Himmelfahrt der
Gotteserkenntnis möglich. Also erkenne dich selbst, d. i., wisse,
was du liebst, das bist du.

Doch wie soll ich dich in die Tiefen der Erkenntnis deiner
selbst führen? Gott läßt schaffend aus seiner Fülle selige Wesen
hervorgehen, deren Seligkeit nichts andres ist, als das Gefühl,
alles zu sein, was sie nach ihrer Anlage sein sollen. Überein=
stimmung mit der Idee Gottes ist die Wahrheit der Geschöpfe,
das Bewußtsein davon ihre Seligkeit. Freithätiges Selbst=
bewußtsein ist der höchste Grad von Leben, den Gott von sich
ausgehen läßt. Wie's entstehen könne, außer Gott, ist freilich
völlig unfaßlich — innerhalb der ewigen Gotteskreise ein neuer
Wirbel, der seine eignen Kreise bildet! Doch kündigt sich mit
ursprünglicher Gewißheit dieses Selbstbewußtsein in dem Men=
schen als ein freithätiges an, und durch eine Glaubensthat,
welche die Lebensrettung des Menschen ist, nimmt er es an
„und erwählt es lieber unwissend zu sein, als sich zu vernichten."

Ging nun der freie Mensch aus Gott hervor, so mußte er
auch in ihm gegründet bleiben. Das ist anders geworden: die
Erkenntnis voll Irrtum, das Gefühl voll Unseligkeit, der Wille
voll Sünde. Woher dieser große Riß in der Geisterwelt?
Woher ist das Böse? Siehe da, die größte Frage, die der
Mensch an den Ewigen thut, die von Soroaster bis Augustin,

von Augustin bis Herbart die Welt bewegt. Groß, weil der
Mensch es wagt, zum Ursprunge des Todes hinabzusteigen, sein
Elend zu erkennen. Viele thun's freilich nicht; sie haben sich
so lange an die Finsternis gewöhnt, daß sie am Ende ihnen
Licht scheint. Das Christentum ist die einzige Religion, die in
der zersprengten goldenen Kette, welche den Menschengeist an
Gott band, das fehlende Glied zeigt, das zerrissen war, aber
auch das Mittel, es wieder anzuschließen. Und dieser Punkt,
wo der Riß geschah, ist des Menschen Wille, die Wurzel seines
geistigen Lebens, von dem Erkenntnis und Gefühl nur Äste
sind. Das Rätsel aller Zeiten, am Anfange aller Jahrhunderte,
in der „Urgeschichte Gottes", ist es gelöst: Ihr werdet sein
wie Gott, spricht die Stimme der Versuchung.

Gott ist das Gesetz für alles Erschaffene — er war es
auch für den Menschen. Aber der Mensch wollte sich selbst
Gesetz sein, daher geschah der Fall des Urmenschen. Welch
eine Menge von Fragen erhebt sich hier? Werd ich sie lösen
können? Die Wahrheit ist ein am Wege liegender schlafender
Riese, dessen Antlitz ein Schleier birgt. Gehe du ehrerbietig
vorüber, ohne den Schleier ihm abzuziehen, bis er selbst ihn
lüftet! „Wie vermag der gefallene Engel über den seligen zu
philosophieren? Darum seien nicht nur die Fragen bescheiden,
sondern auch die Antworten."

Und zwar wird zuerst gefragt: wie kann Gott die Mög=
lichkeit der Sünde zugeben? Räumt er damit nicht ihre Wirk=
lichkeit ein und will sie? Mit nichten. Möglichkeit ist nicht
Anlage. Der Mensch ist nicht nur Naturwesen, das Gute nicht
nur physisch. Gott will Geister, die mit Bewußtsein heilig
und selig sein wollen; darum mußte auch das Gegenteil mög=
lich sein.

Schwieriger ist die andre Frage: wie konnte die Wirklich=
keit des Abfalls zustandekommen? Ist aber diese Frage nicht
selbst Verblendung? Daß wir nach einer Ursache der Willens=
abkehr forschen? Nur das Gute hat einen Grund, das Böse
ist eben nichts als blinde Willkür. — Dennoch können wir die
Frage nicht ganz abweisen. Jede Handlung kommt zustande
um eines Zweckes willen. Einen Zweck des Bösen als solchen
konnte sich der Mensch da er sündigte nicht setzen. Durch ver=

blendete Erkenntnis meinte er Gutes zu wollen und Beseligung
zu erzielen. Wie war aber solche Verblendung der Erkenntnis
beim Urmenschen möglich? War er doch selig und brauchte
sich keine Zwecke zu setzen, da die alle erfüllt waren! Schuf
nicht vielmehr eine verkehrte Willensrichtung die falsche Vor=
stellung von der Seligkeit? War die Lüge nicht gleich von
Anfang an eine Folge der sündlichen Neigung?

Damit setze ich einen andren als den gewöhnlichen Begriff
von Freiheit. Augustin und Jacobi sind meine Lehrer. Ich
unterscheide den Zustand der Wahlfreiheit und die Freiheit
der Kinder Gottes, in welcher der Mensch nur das Gute
will, wie Gott, ohne vorher zu wählen. So ist der Mensch
wirklich wie Gott. Aber die Versuchung wies ihm auf einem
andren Wege eine Gleichheit mit Gott nach, auf dem Wege
der Autonomie, der bewirkte, daß der Mensch gerade verlor,
was er von Gottähnlichkeit hatte. Das Prinzip für die Zu=
stände der Freiheit nenne ich Selbstbestimmung, und sie besteht
nach Jacobi in der Unabhängigkeit des Willens von der Be=
gierde. Dies ist freilich nur eine negative Erklärung. Aber
diese Selbstbestimmung ist Leben und Kraft, und Leben und
Kraft widerstreben der Erklärung. Wenn es auf Dasein an=
kommt, hört die Spekulation auf. Haben sie diese Selbst=
bestimmung erst in einen täuschenden Dunst verflüchtigt, dann
löst sich Gott, lösen sie selbst sich in Dunst auf. Dann werden
wir, um mit Jacobi zu reden, nur noch Gespenster glauben.
„In dieser Zeit wird des Ernstes saurer Schweiß von jeder
Stirn abgetrocknet sein, weggewischt aus jedem Auge die Thräne
der Sehnsucht: es wird lauter Lachen sein unter den Menschen;
denn jetzt hat die Vernunft ihr Werk an sich vollendet, einerlei
Krone schmückt jedes mit verklärte Haupt. Gelüstet dir nach
dieser bittersüßen Zeit, mein Guido?"*)

---

*) Wir können hier dem Verfasser den Vorwurf nicht ersparen, daß
er sich vermittelst gewisser rhetorischer Wendungen der Erörterung des
eigentlichen Problems entzogen hat. Der „falschen Neigung" muß aller=
dings eine „Verblendung der Erkenntnis" vorangegangen sein, sonst bleibt
die Menschensünde ewig unaufgeklärt. Nur ist jene Blendung von außen
an den Menschen herangebracht. Daß er gegenüber den falschen Vor=
spiegelungen des Versuchers in bezug auf das Übelwollen Gottes sich nicht

So viel über die alte Zeit, deren Schatten noch in die fernsten Jahrhunderte fallen. Wie steht es nun mit uns? „Soll ich dir, mein Bruder, vorüberführen den ganzen Trauer= zug meiner und deiner Irrtümer und Sünden, soll ich dir vor= zeichnen die Gebeinstätte zertretener Entschlüsse und vergeudeter Tage . . .? oder läutet dir laut genug die Grabesglocke deines Gewissens die Erinnerung vergangener Thorheiten und Sünden in das von Kämpfen müde gewordene Herz? Oder endlich, bist du, mehr ermüdet vom wiederholten Aufstehen als vom Fall, mehr zweifelhaft an deinem Guten geworden, als an deinem Bösen?" O dann erbebe mit Jauchzen: für den Kranken ist der Arzt gekommen! In jedem Menschenleben zeigt sich jene riesige Hand, die in die Tiefen seines Gewissens schreibt: du bist gewogen und zu leicht befunden worden (Dan. 5). Da ge= schieht es denn, daß der eine es nicht verstehen will, sondern ißt und trinkt, bis die Nacht ihn übereilt. Der andre ruft seinen Daniel, der es deutet, aber ißt und trinkt, bis die Nacht ihn übereilt. Laß du dir der Hand Riesenschrift durch den Geist Gottes deuten und die Stimme des Herrn nicht verhallen am rauschenden Katarakt des Lebens!" „Wohl kenne ich den Stolz des gefallenen Engels, der seiner Knechtesdienste und seiner niedrigen Gestalt sich schämt; doch ist's eben der Stolz, der seine Fittiche bindet, so wird er zu lügen sich schämen und lieber graben und betteln, damit er herabsteigend hinangehoben werde."

Laß mich jetzt genauer vor dir die Gestalt unsres inneren Menschen entfalten. Der Wurm, der an uns frißt, heißt die Selbstsucht. Der Nachkomme des ersten Menschen, der noch in göttlicher Einheit von Denken, Fühlen und Wollen stand, erhielt statt des göttlichen Bewußtseins nur das Gewissen, das erst mit der Sünde entstehen kann. Eine gespaltene Willens=

---

in den Glauben an Gottes Wohlwollen, das ihm genugsam bezeugt war, rettete, dies ist der innerste Kern des Sündenfalls: Zweifel und Unglaube ist das Wesen der Sünde, und darum Glaube auch das Mittel zu unserm Heil. Ein κακαγγέλιον aus Satans Munde stand dem εὐαγγέλιον der gesamten Paradiesesthatsachen gegenüber; und daß es mehr Glauben fand, als dieses, ward der Menschheit Verderben. So liegt auch hier in dem ein= fachen Berichte der Schrift die tiefste Weisheit.

neigung beherrscht ihn; er ist Halbgott und Cyklop. Das Ge=
wissen, die leise Regung der göttlichen Erkenntnis, bekämpft der
blinde Riese: im Blinden hascht die Sünde ihre Beute. Dieser
Kampf mit seinen Niederlagen wird nicht nur dann und wann
bei großen Entscheidungen des Lebens gekämpft, sondern täglich
und stündlich, wie einer ihn beschreibt, der zu kämpfen, aber auch
Kronen zu verdienen wußte: Paulus, Römer 7, 9—25.

Erkennst du nun deine Wunde? Nicht vom Verbande rede
ich, sondern von der Wunde. Du wirst die Gegenfrage thun:
wenn in uns das Sklave ist, was Herr sein sollte, wer hat ihm
die Übermacht gegeben? Will Gott den Elenden, den er in
den Strudel des Meeres geschleudert, strafen, daß er darin
unterging? Höre, was meine Vernunft, mit der Schrift aus=
gleichend, sagt: Gott gab dem Menschen die Zeugungskraft,
heilige und selige Nachkommen zu erzeugen. Nach dem Fall
beließ er ihm diese Kraft. Aber er zeugte nun Kinder nach
seinem Bilde, mit dem Wahlvermögen, aber der selbstsüchtige
Trieb war der vorherrschende. So ließ er ein Naturgesetz be=
stehen, das er selbst begründet hatte. Aber wir dürfen gegen
diese Zulassung nicht murren, da Gott selbst durch seine Er=
lösung die Folgen davon aufgehoben hat. Auch das Böse muß
ihm nun dienen; auch der gefallene Geist arbeitet mit dem
seligen an dem Gewebe des Weltplans und schmiedet seine eigne
Kette. Wenn wir auch, nur die Sünde sehend, seufzen: Hüter,
ist die Nacht schier hin? — Gott, das All überschauend, sieht
die sündige Menschheit als seine erlöste. So kann dem Frager
geantwortet werden: wer seine Sünde noch nicht fühlt, dem
ist nicht bange um die Beantwortung; wer sie fühlt, „dem sind
die Pforten der versöhnenden Gnade Gottes geöffnet, der ist in
Gottes Augen ein vollendeter Heiliger.“

Ich spreche also von einer Erbsünde, die sich fortpflanzt.
Denn der Traduzianismus ist das leichtere gegen Kreatianismus
und Präexistenzianismus. Einige Seelenzustände erben sich nach=
weislich fort; warum also nicht die ganze gespaltene Willens=
richtung? Freilich: die Anrechnung der Sünde Adams für
alle Menschen widerspricht meiner Vernunft ebenso wie meinem
Herzen. Daß wir sündigen, ist jetzt unser Zwang; nur in
welchem Maße wir sündigen, trägt unsre Verantwortung.

Und daher bleibt uns immer noch ein Schuldgefühl. Wie wichtig ist also wieder meine Ansicht von der Selbstbestimmung. Sie kann dem Flämmlein göttlicher Liebe sich zuwenden, wenn sie auch gewöhnlich bestimmt wird von dem überwiegenden Hange zum Bösen.

Ehe ich schließe, noch ein Wort über jene große Erzählung, die das Portal der heiligen Schrift bildet, die Geschichte des Sündenfalls. Ich fasse Genesis 3 als Hülle und Symbol. Denn (?) der Baum der Erkenntnis kann doch kein Giftbaum, und der Lebensbaum kein Fruchtbaum medizinischer Art gewesen sein. „Sie aßen" heißt nur: „sie gingen ein in die Erkenntnis des Guten und Bösen." Sie wurden aus dem Paradiese und vom Lebensbaum vertrieben, will nur sagen: sie mußten sterben. Das posse non mori (die Lebensmöglichkeit) wurde zum non posse non mori (zur Sterbenspflichtigkeit).

So sind also Genesis 3 und Römer 7 die Grundpfeiler des lebendigen Christentums: descendite, ut ascendatis (steigt hinab, um aufzusteigen). Ebendarum, sagt Augustin, ist das Christentum so schwer zu verteidigen, weil man so schwer den Stolzen überzeugen kann, daß die Demut eine Tugend ist, — und welche! Nein „breit müssen wir uns nicht machen" schreibt Andres (bei Claudius) und lieber betteln und graben, als betrügen. Den Aufrichtigen zieht Gott. „Und glaube mir: ein einziger Zug vom Vater, — und Welten des Irrtums stürzen; ein einziger Liebeskuß vom Sohne, — und Meere der Sünde versiegen! So nimm denn, du unaussprechlich Geliebter, den ich liebe, wie ich mich selber liebe, nimm die Adlerschwingen des Gebetes, und über die Welt und Vergänglichkeit dich erhebend, schaue kühn dem Ewigen in sein Auge. Ach daß du ihn kenntest, mein Guido!"

Das zweite Kapitel dieses ersten „von der Sünde" handelnden Teiles bringt Guidos Antwort.

„Es wird stiller in meiner Seele. Um die Gewitterwolken legt sich ein sanftes Leuchten, und immer ferner verhallt der Donner. Hinter den Sonnen ruhen Sonnen im letzten Blau, ihr fremder Strahl fliegt seit Jahrtausenden auf dem Wege zur kleinen Erde und kommt nicht an; aber du, unaussprechlich großer Gott, bist auch ein unaussprechlich naher."

Meine Forschungen über das Böse waren nie gründlich; ich fürchtete mich, hinabzusteigen in diese Tiefen und erwählte lieber zu betrügen, denn zum Bettler zu werden. Nun habe ich gründlicher geforscht; laß dir die Ergebnisse aus meinem Ideenkreise vorlegen.

Nur drei Wege gibt es, das Böse zu erklären: aus einem bösen Urwesen, aus dem guten, oder aus der freien Willens= that des Menschen. Auf dem ersten Wege finden wir die Orientalen, teilweise auch die Platoniker, da sie neben Gott eine unpersönliche Materie als Grund des Bösen stellen, welcher Plato selbst, in seiner letzten Schrift de Legibus, und nach ihm Plutarch eine böse Seele zuschreiben: so sehr personifizieren sie. Aber εἷς κοίρανος ἔστω! zwei Herren können nicht das Weltall regieren. Aus Gott leiten das Böse die Pantheisten her, welche das Böse für Negation halten, für ein immer nur noch nicht völlig Gutes, vom Guten nur gradweise Ver= schiedenes. Da sie auch keine freie Selbstbestimmung annehmen können: Gott ist und wirkt ja alles! — so fällt bei den Pan= theisten auch die Zurechnungsfähigkeit weg; jede Sünde ist eine That des beschränkten, gebundenen Gottes, welche vom absoluten Standpunkte aus als vollendet und gut erscheint. Daher ist der Pantheist immer Fatalist, Prädestinatianer oder Determinist, je nach der Hülle seines Systems. Anfangs meinte ich, diese vernichtende Lehre sei nur selten gelehrt worden. Aber von Xenophanes bis auf Schelling, wieviel verschiedene Ge= wänder hat sie erhalten und war doch stets ein und dieselbe. Auch ich wurde in den Strudel gezogen und wäre unterlegen, hätte nicht unter dem denkenden Kopfe ein wollendes Herz ge= wohnt. Doch zu ertötend erstarrte das Medusenbild des Ab= soluten. Nein, das Böse ist kein Schein, das weiß ich, seit ich das Evangelium kenne. Aber daß es kein Gutes ist, das fühlte ich längst. Nur mit innerem Erzittern berührte, nicht ergriff ich jene Lehre von der Gleichheit des Guten und Bösen. Ein noch ungeheureres Grauen empfand ich, als ich bei Schel= ling las, wie er die Namen für seine Lehre ebenso entsetzlich wählte, als die Sache schon längst gewesen war: „wo er in Gott seinen dunklen Urgrund setzt, der sich erst durch die Welt= revolution entwickelt und verklärt, den er den umgekehrten

Gott nennt, den Feind aller Kreaturen, so daß, da aus
dem dunklen Urgrunde der verklärte Gott sich entwickelt, aus
Satan Gott geboren wird." Wohl spricht Schelling sym=
bolisch; allein ich fühle das Furchtbare: bin ich, so wie ich bin,
die Erscheinung des teils entwickelten, teils unentwickelten Gottes,
so wird in mir, wie ich mich kenne, „nicht Gott aus dem
Satan geboren werden, sondern im Satan untergehen!" Mag
die All=eins=lehre Natur und Welt erklären, mag sie Geister
bannen und Zeit und Raum vernichten: das kleine Menschen=
herz kennt sie nicht und heilt sie nicht! Sie verkennt das Wesen
des Bösen. Vom absoluten Standpunkte aus hört die sittliche
Betrachtung überhaupt auf; vom subjektiven Standpunkte aus
ist dem Pantheisten alles Böse nur Phlegma und Schwäche, die
verächtlich, oder Stärke, die anzubeten ist. Aber das Böse ist
Opposition, nicht Negation, und der kräftigste Bösewicht ist
der teuflischeste. „Hätte ich jene Ansicht vom Guten und Bösen
zur meinen machen müssen, so war der Endpunkt meiner Philo=
sophie — die Pistole!"

Weit weniger bewegte mich die pelagianische Negation
des Bösen, da ich wohl einsah, ein konsequentes Denken müsse
von ihr aus fortschließen zum Pantheismus. Wenn Gott wirk=
lich Gutes und Böses dem Menschen als Anlage mitgab,
damit durch den Kampf sich das wahrhaft Gute entwickle, dann
ist das Böse also doch notwendig. Ist denn aber Gott gut nur
durch Kampf? und die Engel? Da ist der Spinozismus und
Neuplatonismus doch wenigstens konsequenter! Ist das Böse
notwendiges Reizmittel im Sauerteig der Tugend, so ist es ja
religiös gut, nur ein minderes Gute; und diese Lehre müßte
sich ihrer Übereinstimmung mit gewissen Arabern freuen, welche
meinten: Gott schaffe zu jedem Heiligen seinen Schatten, zu
jedem Göttlichen seinen Teufel, zu Abraham Nimrod, zu
Mose Pharao, zu Jesus Judas, und der Schatten sei
nichts weniger liebenswürdig als das Götterbild. „Ja wohl
fühle auch ich den Schatten in mir, und der ist größer, als
meine Gestalt. Aber ich will ihn nicht in die Ewigkeit mit=
nehmen; sind wir erst in Gott, so werden die Schatten ver=
gangen sein."

Darum kann nur diejenige Ansicht vom Bösen die wahre sein, welche es als Privation, als eine freie Willensthat des aus dem Leben in Gott heraustretenden Menschen faßt. Als Hang, Trieb, böse Neigung pflanzte sich diese erste Abkehr des Menschen von Gott fort. Nur so leugne ich das Böse nicht. Viele Philosophen sind auf diesen Punkt der Erkenntnis nicht geführt, einmal weil sie solche Tiefen scheuten, das Böse nicht genug als Böses erkannten; sodann, weil sie es mit ihren Mitteln nicht heilen konnten; endlich aber, weil sie eine derartige Ungerechtigkeit Gottes verwerfen mußten, einen Trieb zum Bösen sich fortpflanzen zu lassen. Hierin hätten sie auch recht, wüßten wir nicht, daß Gott eine ewige Erlösung erfunden. Etliche schreckten auch wohl vor der Annahme einer Imputation von Adams Schuld zurück, „welche die Kirche haben kann, aber nicht die Bibel". Will doch selbst Kant, der so tief in das radikale Böse schaut, daß er keinen begreiflichen Grund für das moralisch Böse zu finden weiß, von einer Erbsünde nichts wissen; jeder soll in der Weise Adams selbst gefallen sein. Aber stimmt das mit den Thatsachen? Und muß nicht die Spekulation von der Erfahrung lernen? „Ja wahrlich, sagte es nicht der Tag dem Tage und der Gedanke dem Gedanken, der Mensch würde es nicht glauben, daß es so gar aus ist mit ihm ist!"

Hiernach kannst du ermessen, wie verächtlich mir alle die neueren Schulen sind, die noch immer zwischen dem Himmel des Evangeliums und die Hölle des Pantheismus einen limbus patrum (einen Kreis der Väter) befestigen wollen, in den sie freilich nur phlegmatici und — Kinder verpflanzen können. Wahre Philosophie will nicht auf der Oberfläche bleiben, sondern den Schatz heben. Es gilt auch hier Bacos Wort: ein leichter Zug aus dem Becher der Philosophie führt vielleicht zum Atheismus, ein vollerer zur Religion zurück. Wie arm sind die Theologen, die, weil sie nicht in die Höhe und in die Tiefe wollen, „in die Breite und Fläche sich ergießen und armselig aus Phrasen und Notizen ihr geistiges Leben bauen!" Und um mich her sind Hunderte von angehenden Seelsorgern, die, statt zu bauen, Steine sammeln, statt zu schaffen, scharren. „Wahrlich, alles andre ist die Wissenschaft, ein Tempel, ein

Garten, eine Äolsharfe, nur — kein Kehrbesen!" „Ich schweige — und weine."

So habe ich dir einen Spiegel von meinem Innern ge= zeigt. Den Becher halt ich hoch hinaus über die schäumende Flut, doch die Wogen branden noch. „In jeder Ruhe, die ich früher empfand, war der Kern Unruhe; jetzt liegt über jeder Unruhe, die ich empfinde, ein sanfter Schimmer von Ruhe. Mein ganzes inneres Leben ist wie ein Sommerabend, wenn die Sonne eben untergehen will." Ich lese viel in Luther. Auch Claudius ist, seit du mir den Geschmack eingeflößt, mir wie dir jetzt nach der Bibel der liebste. Mit seinem Worte will ich schließen: „In uns ist zweierlei Natur, Doch ein Ge= setz für beide; Es geht durch Tod und Leiden nur Der Weg zur wahren Freude." Nun schreibe mir über die Erlösung, die ich nur ahne. —

Der zweite Abschnitt des Buches handelt „von dem Versöhner". Julius antwortete dem Freunde voll Dankes, nun auch in ihm einen Bruder in Christo gefunden zu haben zu ewigem Besitz. „Die Glöcklein an unsrem hohepriesterlichen Leibrock mag der und jener uns abreißen, den Leibrock selbst aber bringt keiner mehr von unsrem Leibe." Wir sind auf den Fels gegründet, welcher ist das Wort von der Versöhnung. Davon soll ich dir schreiben. Ich will dir sagen, was ich weiß; aber meine Feder ist weder in die Fluten des brennenden Morgenrotes, noch in das Ichor (Götterblut bei Homer) johanneisch wehmütiger Einfalt getaucht; so nimm mit meinem Stammeln vorlieb.

Soll ich dir vom Erlöser reden, so male dir erst die Menschheit, wie sie am Wege lag. Der Priester, der Levit gehen vorüber, bis der Samariter kommt und Balsam bringt. Im vergifteten Riesenleibe des Menschengeschlechtes kann nicht der vergiftete Arm der vergifteten Brust, das stockende Herz nicht dem stockenden Pulse helfen. Von außen muß eine neue Lebens= quelle zuströmen. Dreierlei Geschlechter waren es, die vornehm= lich helfen wollten, — und gut war's, daß sie kamen, sonst wäre der Körper der Menschheit völlig von seinem innern Feuer verzehrt worden: Religionsstifter, Gesetzgeber und Volksweise. Aber kann der Gesetzgeber, der nur in Stein schreibt, auch

ins Herz schreiben? Der die Rute der Strafe schwingt, auch
den Faden treffen, der die That an die Lust knüpft, oder die
Lust selbst? Der Weltweise mag lehren, daß der Sturm nur
die Schale, nicht die Perle trifft. Aber „wenn der innere
Sturm des Menschen nicht schweigt, gleicht nicht die Seele des
Menschen dem bloß liegenden Nerv, und jeder fliehende Windzug
schneidet ins Innerste!" Der Religionsstifter ist wohl der
Prometheus, der das Feuer holt, der die von Jupiters Zehe
herabgesunkene Kette ihm wieder anlegt; und ob sie nur den
Rücken Gottes gesehen haben, glänzet doch ihr Antlitz. Aber
der Mensch will mehr. Er braucht einen, der Gott in sein
Angesicht gesehen, der an seiner Brust gelegen hat. Und das
gilt nur von einem.

So wuchs die Auszehrung von Jahrhundert zu Jahrhun=
dert, und mit ihr die Sehnsucht. Auch wenn nicht uralte gött=
liche Stimmen geredet hätten, diese Sehnsucht würde sich einen
Erlöser ausdenken, heiße er nun Baldur oder Krischna oder
Dschanderbami oder anders. Am meisten verlangte nach ihm
Israel, wo der göttliche Gast sich so lange hatte ansagen lassen;
zuletzt durch Maleachi: bald wird kommen zu seinem Tempel
der Herr. Und dann die heilige Nacht: euch ist heute der
Heiland geboren! In einer Zeit, wo gleichsam alle Giftstoffe
bei Juden und Heiden sich zuhaufe sammelten; — Josephus,
Pausanias, Seneca sind gleichermaßen dafür Zeugen. Und
welch einer kam! Die Welt meint, wer groß ist, der muß
auch groß thun — und er kam verachtet!

Über sein Werk läßt sich am besten im Anschluß an die
drei Ämter, das prophetische, das hohepriesterliche und das
königliche reden*).

Christus war der göttliche Prophet der Menschheit. Da
gilt es die Vorfragen zu erörtern, ob denn überhaupt eine
Offenbarung möglich sei? Rousseau, Tolland, Edelmann

---

*) Es ist bezeichnend für die Tholucksche Kompositionsweise, daß
er, von der Sache ganz erfüllt, die beabsichtigte und angekündigte Form
beiseite läßt: von dem königlichen Amte wird im Buche nicht weiter ge=
redet. Ähnliche Gleichgiltigkeiten gegen die Form lassen sich auch bei
späteren Predigten mehrfach bemerken.

leugnen ihre logische Möglichkeit: offenbaren heiße enthüllen, und die sog. christlichen Offenbarungen seien Geheimnisse. Als ob der Seefahrer der wunderbaren Magnetnadel nicht folgen dürfe, wiewohl er ihre Kraft nicht begreift! Andre behaupten: für Gott sei eine Offenbarung moralisch nicht möglich. Er dürfe sich nicht verbessern wollen, da er doch den Menschen geschaffen habe. Aber eben doch nicht in seinem gegenwärtigen Zustande! Eine solche Offenbarung müsse eine allgemeine sein. Das soll sie auch, nur in bestimmter Reihenfolge; selbst für die ohne Kenntnis Christi verstorbenen Heiden ist Heil zu hoffen (1. Petr. 3): der den Weisen seinen Stern leuchten ließ, wird auch jenseit seine Sterne erscheinen lassen allen, die seiner Er= scheinung sich freuen wollen. Auch Kants Einwurf: ein ge= offenbarter Gott würde durch seine Schrecken zwingen, und erzwungenes Gute ist kein Gutes, beweist nichts. Als ob nicht auch geoffenbarte Güte und Majestät Gottes Gutes in uns wirken könnte! Ja einer hat die Offenbarung für moralisch unmöglich erklärt, weil dann die Vernunft sich nicht mehr genug anstrengen würde! Ein Kranker wird daher keinen Arzt mehr rufen dürfen, damit ja die Angst seiner Seele nach Heilung ihn zur Förderung der Arzneikunst treibe. Wer den Grund auf= gestellt, „hatte wohl Schleimdrüsen statt der Thränendrüsen, und eine Bleikugel statt des wallenden Herzens." — Auch um des Menschen willen haben sie die Offenbarung für moralisch un= möglich erklärt. Was der Mensch nicht in sich habe, das könne er auch nicht aufnehmen. Aber Schrift und Vernunft stimmen dennoch zusammen, wie die Saiten auf dem Psalter. Das Christentum bringt Thatsachen, welche keine Vernunft a priori konstruieren kann, die aber der ganzen Anlage des Menschen entsprechen. Der Christ führt „einen Teil des zerbrochenen Bundesringes" bei sich, an den er den andern, der äußeren Offenbarung, anpassen kann. Im übrigen aber „blickt immer etwas von Moses Stammeln und vom Zimmermannssohne in der ganzen Ökonomie Gottes durch; darum kann die Apologetik auch nur für den Wert haben, der über Sinais Donner den Stammler und über Tabors Verklärung den Zimmermanns= sohn vergessen kann, und es kostet Schweiß, Guido! bis man dahin kommt!" Immer mehr aber wird die göttliche Thorheit

mir zur Weisheit. Wo mir am Himmel des Evangelii der
Nebelfleck am ungestaltetsten schien, da fanden sich die meisten
Sterne. Vor dem Eintritt in Kanaan mußte Israel durchs
Thal der Verwirrung und Betrübnis. Dasselbe göttliche Gesetz
geht durchs ganze Universum: nur Verwesung gebiert Leben.

Auch das Heidentum bezeugt laut die Unwissenheit der
Menschen in göttlichen Dingen und die Notwendigkeit einer
Offenbarung — Sokrates, Aristarch, Euripides, Xeno=
phanes, Sophokles. Und nun blicke auf den mit unauflös=
lichen Ketten an den Kaukasus des Erdballs seit vierzig Jahr=
hunderten geschmiedeten Prometheus der Heidenwelt, wie in
der langen, langen Zeit der Geier immer tiefer seine Leber
durchgräbt, und er kann sich nicht helfen! Wie wird ihm zu
Mute sein, wenn er die Füße seines Herkules von ferne
hört!

Für göttliche Wahrheiten bedarf es göttlicher Gewißheit
— Porphyrius sammelte alte Orakelsprüche als unmittelbare
göttliche Offenbarungen. Wie wichtig ist uns daher Jesu pro=
phetisches Amt. Was ihn vor andern Lehrern auszeichnet, ist,
was er sagt: ich bin der Weg, die Wahrheit und das Leben.
Sein Wort ist nicht wie das menschlicher Lehrer, die nach dem
jenseitigen Ufer weisen, aber es ist kein Fahrzeug und kein
Flügel da. Wo wie bei ihm Wort und Kraft eins geworden,
da ist jedes Wort ein Eliaswagen; „die Seele läßt ihren Mantel
fliegen und steigt nach den Wolken." Jesus lehrte nichts Neues;
es lag und schlummerte die geflügelte Psyche in der gealterten
Puppe des Judentums. Christus brach nur die Puppe, und
die Psyche breitete ihre Flügel aus. Das gilt von den wich=
tigsten Lehren Jesu: über ein jenseitiges Leben und das Gericht,
über die Vorsehung Gottes im kleinsten, über die Grundäußerun=
gen christlicher Selbstverleugnung, Glaube, Liebe und Demut.
Das war ja freilich etwas Neues, denn „das Ideal in Knechts=
gestalt" kannte man noch nicht. Aber etwas davon findet sich
selbst bei Sokrates, der unter dem hölzernen Silen das
silberne Götterbild verhüllte. Doch ward's ihm leichter, „da
er unter dem Mantel keinen Donner zu verbergen hatte und
um das Haupt keinen Heiligenschein." Bei Christo war aber
auch sein ganzes Leben eine Lehre, eine That der Liebe.

Und solche Liebe weckt Liebe und seine Gebote sind nicht schwer. Das soll einmal einer von Herzen nachsagen, der aus einer andern Schule kommt, als der von Kapernaum. „Der Hirten=stab meines Nazareners reicht doch noch etwas weiter als der Königsberger Korporalstab des kategorischen Imperativs!" Und wär's auch das nicht, so ist man doch lieber ein Lamm auf grünen Auen und an stillen Wassern, als ein Soldat in Reih und Glied. — Endlich: die noch ungenannte Lehre von der Versöhnung. Aus Christi Munde erschallte sie selten, und wenn es geschah, dann redete er in Rätseln und Gleichnissen „Siehst Du auch hier einen Nebelfleck, meine Seele? Nur zu Greif nach dem durch Gottes Geist bewaffneten Auge, und es wird in Sternenbilder und Sonnen sich verwandeln." Die That der Versöhnung mußte freilich vorausgehen, ehe das Wort von der Versöhnung gepredigt werden konnte. „Haben wir daher bis jetzt über Licht und Recht, über das Urim und Thummim in dem Schildlein des Leibrocks unsres Hohenpriesters geredet, so laß mich nun weiter gehen zu dem Leibrocke selber, in dem der Schönste unter den Menschenkindern auf Erden erschien."

Nun gilt es dem hohenpriesterlichen Amte Jesu. Er lehrte nicht nur eine Vergebung der Sünden, er lebte, litt und starb auch für die Vergebung der Sünden, so daß sein heiliges Leben der Sünder sich als sein eignes, und sein unschuldiges Leiden und Sterben als die Abtragung seiner eignen Sünden=schuld zurechnen darf. Das ist nicht nur für die neueste Zeit, sondern schon für Kelsus, Origenes' Gegner, für die Wider=sacher des Anselmus, für die englischen Freidenker eine Thor=heit gewesen. Doch waren nicht alle Sauli, etliche auch Zacha=riae, die erstaunt fragten: woran soll ich erkennen, daß solches von Gott sei? So wichtig ist es, was für Kundschafter ins gelobte Land man gehabt hat. Die meinen waren Sammua der Sohn Zakur, und Saphat der Sohn Hori (4. Mos. 13, 5 ff.), die für mich dem Lande ein böses Geschrei machten. Darum ist mir hochgesegnet die Stunde, wo zuerst Melanch=thons Loci theologici und sein Kommentar zum Römerbrief mir in die Hände kamen, und im Lande der Todesschatten mich plötzlich Zions Mauern sehen ließen.

Zwei Geistesrichtungen sind es, die da zweifeln: der Tiefsinn und der Leichtsinn. Der Kantischen Schule hat jede Sünde eine ewige Geltung und kann durch keine Vergebung getilgt werden. Auch bei der größten Annäherung an das eingeborne Ideal, das für rohere Menschen in dem geschichtlichen Jesus sich verwirklicht, kann bei der Fortwirkung der alten Sünden nur eine relative Seligkeit erlangt werden. Auch der tiefsinnige Anselm v. Canterbury lehrt, Gott könne keine Sünden vergeben ohne völlige Satisfaktion, und darauf baut er seine Lehre von der vollgiltigen Genugthuung durch den Gottmenschen Christus.

Was heißt das aber: Gott kann keine Sünde vergeben? Wenn wir sagen: Gott vergibt, so ist das allerdings nur der zeitliche Ausdruck für die ewige Liebe Gottes gegen alle. Von seiten Gottes steht der Vergebung nichts im Wege. Er liebt alle, Judas wie Johannes: nur öffnet sich jener dieser Liebe nicht, und Johannes thut seinen Mund weit auf und wird selig. Es kommt alles darauf an, daß im Menschen das Schuldbewußtsein getilgt werde. Das bloße Bewußtsein, nach Kräften dem Ideale nachzustreben, reicht nicht aus; denn keiner wird von seinem Gewissen hören, daß er nach Kräften gestrebt habe. Es könnte genügen, wenn die Seele sich klar wird, daß Gott eigentlich doch sich nicht von der Seele, sondern die Seele von Gott entfremdet hat. Die Seele könnte sich auf diese Weise von der eigentlichen Sündenstrafe: dem der Sünde inhärierenden Gefühle der Unseligkeit befreien. Und in der That, wäre der Mensch nicht so trotzig und verzagt, so könnte das ausreichen, zumal wenn zu der geläuterten Erkenntnis von dem Verhältnisse Gottes zum Menschen die bestimmte Erklärung Gottes selbst hinzukäme.

Die Zweifel des Leichtsinns, dem Gott nicht heilig genug oder die Sünde nicht schlimm genug ist, der sich seine Sünden selbst vergibt, sind von Menschenhand nicht zu treffen. „Nur beim Klange göttlicher Drometen stürzen Jerichos Mauern." Solchen ist nur durch Gottes Wort, durch „eine Hand aus den Wolken" zu helfen.

Aber was ist denen zu sagen, die des sittlichen Ernstes nicht ermangeln und nur nicht begreifen können, warum gerade diese Anstalt zu unsrer Erlösung nötig sein soll? Laß mich Dir im voraus erklären, daß auch ich die absolute Notwendig= keit von Christi genugthuendem Leben und Leiden nicht an= erkenne, sondern nur die relative. Gehen wir indessen von der Ansicht derer aus, welche diese absolute Notwendigkeit glauben festhalten zu müssen.

Das thaten unter den Alten schon einige Kirchenväter, Ambrosius, Kyrill von Alexandrien, Basilius: am tief= und scharfsinnigsten im 11. Jahrh. Anselm und nach ihm Thomas von Aquin. Wenn diese Lehre behaupten will, auch für den Fall, daß der Sünder sich bessern wolle, werde Gott ihn zurückstoßen, so macht sie Gott zum Urheber der Sünde, oder ihre Auffassung von Rache ist nur eine äußerliche; nicht im Schuldbewußtsein und in der Unseligkeit, sondern in aller= hand Züchtigungen besteht sie. Solche Züchtigungen können freilich ohne Christi Dazwischenkunft nicht erlassen werden. Aber ist es Gottes würdig, ohne Zweck zu strafen? Im Grunde ge= nommen ist aber auch die Genugthuung Christi gar keine eigent= liche Genugthuung, nicht einmal juridisch, da der Schuldige selbst sie leisten sollte. Leistet sie ein andrer, so ist es nicht Gerechtigkeit, sondern Liebe, welche sie annimmt. Ferner müßte Christus quantitativ alle Leiden der Menschen erduldet haben, denn die qualitative Steigerung seiner Passion durch die Gegenwart seiner Gottheit verschlägt nicht, da Gott nicht leiden kann (?). Es fehlt hier eben die Erkenntnis, daß das Schuldbewußtsein nur das Zeugnis ist, daß der Mensch selbst von seinem Urquell abgewichen. Wenn diese verdammende Stimme des Gewissens ertönt, muß der Glaube sich eben hin= aufschwingen zu dem Glauben, den die Schrift verkündet: Gott ist größer, als unser Herz.

Die in der alten Kirche allgemeinste und verbreitetste An= sicht von der Versöhnung war eine andre, die ich selbst teile: nämlich die von der nur relativen Notwendigkeit der Heils= veranstaltung in Christo. Athanasius lehrt: „Gott hätte nur sprechen dürfen, um unsre Sünde zu heben." Gregor v. Nazianz: „Durch seinen bloßen Willen hätte uns Gott erlösen können; er brachte uns aber etwas Größeres: völlige Teilnahme an unserm Stande." Theodoret: „Auch ohne Hülle des

Fleisches hätte er die Erlösung bewirken können; er zeigt aber
vielmehr, was seiner Vorsehung angemessen ist, als was seiner
Macht." Auch Augustin thut den naiven Ausspruch: „Sunt
stulti, qui dicunt: non poterat aliter sapientia Dei homines
liberare, nisi susciperet hominem. Quibus dicimus: poterat
omnino; sed si aliter faceret, similiter vestrae stultitiae dis-
pliceret. (Thöricht sind, die da sagen: die Weisheit Gottes
konnte die Menschen nicht anders erlösen, als so, daß er Mensch
wurde. Denen erwidern wir: gewiß konnte er es; aber wenn er
es anders gemacht hätte, so würde das eurer Beschränktheit in
gleicher Weise mißfallen.)" Ähnlich spricht sich Lombardus
aus: und darauf baute Duns Scotus seine Lehre von der
gratuita acceptatio oder acceptilatio, die dann Grotius for-
malistisch juridisch ausbildete: Gott hat es so angesehen, als
hätte er in Christo eine vollkommene Genugthuung empfangen.
Die Vergebung der Sünden um Christi willen ist also, wie
die Griechen schön sagen: οὐδὲ κατὰ νόμον οὐδὲ κατὰ νόμου,
ἀλλὰ ὑπὲρ νόμον καὶ ὑπὲρ νόμου (weder nach dem Gesetz,
noch wider das Gesetz, sondern über das Gesetz und für das
Gesetz).

So ist demnach (?) der wahre Sinn der Versöhnung dieser:
„Gott hätte allerdings, wie zur Prophetenzeit, proklamieren
lassen können: ich vergebe dem Menschen alle Sünde, der sich
nur recht anstrengt heilig zu werden. Für den Gewissenhaften,
wenn er anders hätte Glauben fassen können an diese Verkündigung, würde dieser Balsam genug gewesen sein; Opium aber
für den Leichtsinnigen. Ja selbst der Ernstgesinnte würde sich
immer wieder sagen müssen: ich könnte mich noch weit mehr
anstrengen, mir also kann Gott nicht vergeben. Gott faßte also
den Entschluß, eine Veranstaltung zu treffen, durch welche auf
gleiche Weise die Heiligkeit seines Gesetzes wie die viele Vergebung der Sünde, die bei ihm ist, ins Licht gesetzt würde.
Das allerheiligste Wesen, der Gottmensch Jesus Christus, übte,
in einem durchaus mit dem göttlichen Willen übereinstimmenden
Leben, den genauesten Gehorsam gegen Gott, ja den Gehorsam
bis zu schmerzhaften Seelenleiden bei Drohung seines Todes
und bis zu dem schmählichen Kreuzestode selber. Nach dieser
großen sittlichen That ließ Gott verkünden, dies heilige Leben

des göttlichen Versöhners dürfe der Sünder sich als sein eignes
zurechnen, und jenes Leiden des größten Heiligen dürfe der
Sünder sich ebenfalls zurechnen, als die Strafe für seine eige=
nen Sünden. Demnach könne der Sünder als solcher ein
fröhliches Herz zu Gott fassen. Die Folgen eines solchen Glau=
bens, wo nämlich nicht bloß die Lippen sagen „Ich glaube‘,
sondern der Wille des Menschen in diesen Heilsrat Gottes
eingeht, erwartete Gott von selbst, gleich wie die Quelle den
Bach bildet."

Siehe da, mein Guido, in dieser Versöhnungslehre das
Schaubrot im Tempel des Herrn, das eines Davids Glaube
nehmen darf; siehe da die verachtete Quelle Siloah, die aus
Felsen springt und die allein Jerusalem zu wässern vermag,
denn es hat sonst kein Wasser; siehe da den trocknen Pfad für
die Kinder Israel durchs rote Meer der Sünden; zur rechten
und zur linken türmen sich die Wogen, sie aber ziehen trocknen
Fußes. Hat der Mann nach dem Herzen Gottes sich nicht
geschämt, im leinenen Kittel mit aller Macht vor dem Herrn
herzutanzen, da er seine Bundeslade wieder errungen, o so
wollen wir uns auch nicht schämen, laut in die Zither zu
greifen und ein Lied im höhern Chor zu singen von dem
Sterben des Zimmermannssohnes! Ja ich sage es laut und
möchte es in alle Welt ausschreien: Ich hab nur eine Passion,
und die ist Er, nur Er!*)

Es erübrigt noch, von den Wirkungen der Versöhnungs=
lehre ein Wort zu sagen. Was den Menschen am gewaltigsten
regierte, das ist die Liebe. Die Liebe ist der David, vor
welchem gesungen wird: hat Saul tausend geschlagen, so
David zehntausend. Und in der Vergebung um Christi willen
feiert die Liebe ihren höchsten Triumph, hier zeigt sie sich son=

---

*) Man wird sich nicht verhehlen, daß auch hier wie S. 299, die
Rhetorik für die Dürftigkeit der Exposition in etwas aufkommen muß.
Wir haben Tholucks Darstellung der Versöhnungslehre, nur unter Weg=
lassung einiger Citate, oben in voller Ausdehnung gegeben. Der Leser
kann also selbst ermessen, wie wenig Veranlassung im Grunde war, die
hier willkürlich erscheinende „Veranstaltung Gottes" mit so hohen Worten
zu preisen.

derlicher denn Frauenliebe. Was man aber liebt, das lebt man.
Der Chrift lebt Chrifti Leben und kann nach feinem innern
Liebesdrange nicht mehr fündigen, d. h. infofern diefer Liebes=
drang in ihm regiert, ift alle Luft zur Sünde ausgeschloffen.
„Angefichts der für uns fterbenden Liebe finkt die Seele ver=
ftummend auf die Kniee, und ihr Verftummen ift das größte
Gebet ihres Lebens." Da muß eine flammende Liebe für den
Erlöser herausbrechen.

Wenn nun auch diefe Zeiten der erften Liebe nur der
Vorfrühling find, und schwere Kämpfe und Anfechtungen für
den Chriften sich anschließen (es folgt hier die oben S. 115 bis
117 citierte Stelle), so hilft doch diefelbe Liebe immer wieder
zurecht, und die Kraft des Aufftehens vom Falle ift und bleibt
die Vergebung. Es nur nie wieder zu leicht nehmen mit der
Sünde! Je furchtbarer fie uns erscheint, defto göttlicher wird
der Schlangentöter sich erweisen. —

Selig und dreimal felig nun wir, mein Guido! die wir
erkannt und geglaubt haben und wiffen, daß das Zeugnis
unfres Glaubens nicht von Menschen kommt, sondern aus einer
höheren Region. „Wenn ich jetzt manchmal bei N. bin, wie
ich es neulich abend mußte, und ich an der Reihe der Tanzen=
den stehe und das Getümmel an allen Seiten und den Putz
sehe und die Orden und die Spieltische, wie blickt da aus dem
wüften Gedränge mein Auge mit einer Dankesthräne auf, daß
ich etwas Befferes kenne denn diefes. Und mit unausfprech=
licher Liebeswallung möchte ich all den armen bethörten Wefen
zurufen: quaerite quod quaeritis, sed non est, ubi quaeritis
(fucht, was ihr fucht, aber da ift's nicht, wo ihr es fucht)!"
„Wenn nun der Morgen anbricht, ach! wie erinnert der vom
Gedränge sich leerende Saal an das ausgespielte zwecklose Leben.
Taumelnd und müde zieht sich jeder von dannen, die Lichter
brennen dunkler und tiefer, Staub wallt durch den weiten Raum,
hie und da verkündet eine abgeriffene Schleife, ein verlornes
Ordensband, daß Bewohner da gewesen. Guido! Wenn wir
sterben, wollen wir ein andres Denkzeichen zurücklaffen, daß
wir da gewesen, und während dem Gehen und Kommen, Kreisen
und Stehen soll ein Unwandelbares uns halten und nähren!"

Guidos Antwort verkündet dem Freunde: In uns wohnt derselbe Geist. „Zwischen den Spiegeln unsrer Herzen steht die Sonne und spiegelt sich in beiden, und aus dem einen schaut sie wieder in das andre hinein." Und dieser Geist ist derselbe in allen Gotteskindern von Abel bis zu unsrer Zeit — welch ein Gedanke!

Meine Geschichte ist folgende. Ich wollte auch herrlich werden und die Glorie eines Kindes Gottes in mir sehen. Da fing ich an, ernstlicher im Gebete zu ringen, zeichnete mir die neuen Erlebnisse meiner Seele täglich auf. Doch dabei ward ich friedlos. Jesum fühlte ich nicht mehr als meinen Freund und wurde dann kalt und gleichgiltig. Ich hielt die Heilsanstalt für etwas, das nur einmal im Leben die Vergebung sichert, dann aber sollten wir selbst wirken und schaffen und unsre eignen Erlöser werden. Im wesentlichen war das die katholische Versöhnungslehre, welche die Heiligung der Versöhnung vorangehen läßt. Aber darüber hob mich der Herr hinweg und lehrte mich verstehen, daß die Vergebung unser tägliches Heil ist, die Heiligkeit sich auf Erden nie erreichen und keine Sünde sich völlig überwinden läßt. Und das lernte ich nicht durch Denken und Forschen, sondern durch Anschauen. Ich habe eine Gemeinde wahrer Jünger Christi kennen gelernt.

Und nun folgt die begeisterte, schon im vierten Kapitel zum großen Teile angeführte Beschreibung des ehrwürdigen „Patriarchen" und seiner Freunde. Der Brief und damit das Buch schließt mit den Worten: „Julius! wer an Christum glaubt, der ist wahrhaftig auferstanden und aus dem Tode ins Leben eingegangen! Ewig in Ihm Dein Guido."

———

Als wissenschaftlicher Anhang, der genau 100 Seiten umfaßt, sind dem Texte des Buches noch 6 Beilagen hinzugefügt, welche einzelne, in der Hauptdarstellung nur kurz erwähnte Punkte ausführlicher untersuchen. Die Überschriften dieser Beilagen lauten:

1. Über den Wert der verschiedenen Arten, von der Wahrheit des Christentums zu überzeugen, oder über das wechselseitige

Verhältnis der Apologetik, Dogmatik und chriftlicher innerer Erfahrung (ein Gedankenabriß von merkwürdiger Reife).

2. Über die Notwendigkeit, mit welcher der folgerechte Verstand auf Leugnung des selbstbewußten Gottes, des Einzel= lebens, der Freiheit und Sittlichkeit geführt wird; über das Alter und die stete Wiederkehr dieser Lehren in der Geschichte des menschlichen Geistes; über das wahre Verhältnis des Glaubens an einen selbstbewußten Gott zu einem pantheistischen.

3. Über die Zurechnung des Falls des erften Menschen.

4. Über die Erzählung vom Sündenfalle.

5. Über die Ahnungen und Hoffnungen eines Wiederher= ftellers und einer seligen Zeit unter vielen Völkern.

6. Über Vernunft und Verstand und ihr Verhältnis zur Offenbarung.

———————

Dies ist der Inhalt der Schrift, die unter allen Tholud= schen die geistgesalbteste und gottgesegnetste genannt werden muß. Die Schwäche einzelner Deduktionen liegt auf der Hand: aber was einschlug, war nicht die dialektische Schärfe, sondern der Sturm der Begeisterung und die flammende Wärme, die dem Leser fast aus jeder Zeile entgegenloderte. Wo man für die letztere kein Verständnis hatte, da wurde die erstere auch miß= billigend empfunden und zum Teil ernst gerügt.

Die Hülle der Anonymität verbarg nur wenigen den jungen Verfasser. Unter dem Namen „das Sündenbuch von Professor Tholud in Berlin" wurde die Schrift z. B. in Holstein unter Studenten und Pastoren aufs eifrigste gelesen. Viele dem Ver= fasser völlig Unbekannte unter jung und alt wendeten sich brieflich an ihn, um von der tiefen Wirkung seines Wortes Zeugnis abzulegen. Studenten aus Berlin und Leipzig bekannten ihm, durch sein Buch zur Erkenntnis ihrer Sünde gekommen zu sein und wollten nach der von ihm veranlaßten „Höllenfahrt der Selbstprüfung" für die Rettung ihrer Seele von ihm schriftliche oder mündliche Leitung erhalten. Geistliche, wie der Archidia= konus Korn in Kottbus, erbaten sich Exemplare, um sie in ihrer Gemeinde und bei benachbarten Freunden zirkulieren zu lassen. Bischof Eyler aus Potsdam bekannte ihm, durch „den biblischen Geist, der die Schrift beseele, ungemein erbaut und mit Freude über den Verfasser, als einen mutigen Zeugen der Wahrheit erfüllt" zu sein. Prediger Couard in Berlin schrieb: „Ich verdanke Ihnen manchen Genuß für mein Herz, manche Belehrung für meinen Geist. Sie haben von der Wahrheit gezeugt, lassen Sie nun immerhin Röhr und Gleichgesinnte Ihr Buch rezensieren, die Wahrheit kann keiner umstoßen, denn sie ist ewig; und wer sich selbst kennen lernt in seiner Sünde, dem thut ihr Heiligtum sich auf, der findet Freude und Frieden in seinem Geist, und von dem Altar seines Herzens steigen in=brünstige Lobgesänge und Dankgebete zum Thron des göttlichen Versöhners empor." Aus Stettin vom Prediger Baltzer, aus den Kreisen der Erweckten in Pommern, Rottenow, Trieglaff ꝛc., aus Göttingen von seinem Freunde, dem jungen Lizentiaten Bialloblocky, vom Kirchenrat Schwarz in Heidelberg und vielen andern gingen Tholuck die dankbarsten und wärmsten Anerkennungen zu. Olshausen aus Königsberg schrieb ihm am 11. Oktober 1823: „Hier liest alles Dein Buch, Männer und Frauen, Jünglinge und Greise loben Dich, — Ebel springt hoch vor Freuden und dankt Dir innigst für Dein köstliches Geschenk, was Du ihm und uns allen damit gemacht hast." Ein andrer Freund teilte ihm mit: „Ich stehe in Briefwechsel mit einer ehemaligen Schülerin, Tochter eines angesehenen Staatsmannes und berühmten Gelehrten in Berlin. Diese, bei allem religiösen Sinn, schien mir doch immer noch nicht zur klaren Erkenntnis der Hauptsachen gekommen zu sein. Da empfahl ich Ihr Buch. Um Ostern bekam ich einen Brief von ihr, der eine große Veränderung in ihr offenbart. ‚Vorher‘, schrieb sie u. a., ‚hörte ich's nicht gern, wenn Herr Strauß so beständig von der Sünde sprach, und glaubte, das könne man nicht auf sich beziehen. Das ist nun alles vorbei.'" Wieder ein andrer Bericht lautet: „Die Frau Oberpräsidentin v. Vincke erzählte mir neulich, daß ihr Mann am Osterheiligabend zur Vorbereitung auf die Kommunion sie um etwas Erbauliches gebeten habe, worauf sie sogleich ihm das Buch von der Sünde ꝛc. gegeben habe. Er sei auch an die Lesung gegangen und

davon so angesprochen worden, daß er beinahe hinter einander
das ganze Buch ausgelesen habe. Um einige griechische Aus=
drücke zu verstehen, hat der große Geschäftsmann seinen zwölf=
jährigen Sohn herbeigerufen und dessen Unterstützung ange=
sprochen."

Und wieviel verborgener Segen, der sich der öffentlichen
Kenntnis entzieht, mag sich weiter an das Buch mit seinen neun
Auflagen geknüpft haben! Den begeistertsten Dank, der zu unsrer
Kunde gekommen ist, erntete der Verfasser in einem kleinen Kreise
erweckter Christen, protestantischer wie katholischer, im west=
fälischen Münster. Um über diesen Kreis und seine Beziehun=
gen zu Tholuck und seinem Buche genauer berichten zu können,
müssen wir etwas weiter ausholen.

Tholuck machte im Herbst 1823 mit sechs Studenten,
Voigt, Winiewsky, Brix, Weiß, Hansen und Bar=
tholdy eine sechswöchentliche Reise nach dem südlichen und
westlichen Deutschland. Über Wittenberg, wo sie bei Heubner
und Stier gastliche Aufnahme fanden, ging es nach Leipzig —
das englisch geschriebene Reisetagebuch erklärt hier: „uneasy and
unhappy: selfmurder was the sweetest of my thoughts.
However I did never approve any of such thoughts, I bowed
deeply before the Lord, who vouchsafed to redeem me, to
pardon me, this was all" (unwohl und unglücklich; Selbstmord
war der süßeste meiner Gedanken. Doch billigte ich dieselben
keinen Augenblick. Ich beugte mich tief vor dem Herrn, der
geruhte, mich zu erlösen, mir zu vergeben; dies war alles.) —
Naumburg, Kösen, Sulza, wo Dr. Valenti begrüßt wurde,
der sie alle mit einem warmen „seib mir herzlich willkommen,
Kinder!" empfing, nach Jena. Hier hörten Professor und Stu=
denten verschiedene Kollegia, bei Gabler — who was mise-
rably explaining a passage in the Epistle to the Hebrews
(der eine Stelle im Hebräerbrief miserabel auslegte), — und
Baumgarten=Crusius, der am 25. August unter zärtlicher
Umarmung von Tholuck Abschied nahm. In Weimar (that
heathenish place, diesem heidnischen Platze) hatte der Reisende
unter den Parkinschriften „genio huius loci" 2c. die Empfindung,
„als wenn alle, die ihm begegneten, die entschiedensten Wider=
sacher seiner heiligsten Religion wären". Dann ging es über

Gotha, Eisenach, Hünfeld, Fulda, wo „die schreckliche Predigt eines Mönchs" gehört wurde, und Hanau nach Frankfurt. Hier wurde ein dreitägiger Aufenthalt genommen, und die Freunde des Reiches Gottes aufgesucht: Passavant, v. Meyern, v. Bülow, Molitor, Lix, Spieß, Stein u. a. Zu Schiffe ging es dann rheinabwärts; der kurzsichtige und fußgewaltige Wanderer Tholuck fand aber die Wasserreise langweilig. In Neuwied verließen die Reisenden daher das Schiff und machten einen kleinen Abstecher nach Sayn, wo sie den alten ehrwürdigen Zeugen der evangelischen Wahrheit aus der katholischen Kirche, Martin Boos aufsuchen wollten. Sie trafen ihn im Dorfe. „Bis wir in sein Zimmer kamen, war er sehr zurückhaltend. Aber dann brach er los und war sehr freimütig. Er erzählte, wie er erweckt worden sei, und der ernstere Teil seiner Gemeinde zugleich, und wie es so natürlich damit zugegangen sei. Dann sagte er das schöne Wort: er hoffe, Sailer werde noch einsehen lernen, daß das Bücken und Kriechen nichts nütze, sagte, daß er sich selber schon wieder gefaßt mache, nach dem Wanderstabe zu greifen, beklagte sich, daß er noch keinen Pfarrer in der ganzen Gegend kennen gelernt habe, dem er sich vertrauen könne und daß er sich so ganz verschließen müsse. Sehr herzlich nahm er dann Abschied von uns und bat um unsre Fürbitte." — In Bonn stritt Tholuck ernstlich mit sich, ob er zu den Professoren gehen sollte oder nicht. „Die Mühe des Ankleidens, der Ge= danke, daß sie vornehme Christen seien, und daß ich daher mehr noch von ihnen abwiche, als von andren, die sich noch nahen, hielt mich ab."

Hier bricht das zuletzt deutsch geschriebene Tagebuch ab. Die Unruhe der folgenden Wochen hat es zu keinen weiteren Niederzeichnungen kommen lassen. Denn nun ging es in das geistlich tiefangeregte Wupperthal, wohin ihn sein Freund Albert in Barmen aus Bonn abholte. Die acht Tage der brüderlichen Gemeinschaft in Barmen und Elberfeld müssen reichgesegnete gewesen sein, und der Gebende war Tholuck, die Nehmenden die dortigen Christen, Geistliche wie Laien. Alle Genossen der berühmten Brüdergemeinschaft in der „Farbmühle", Snethlage, Leipoldt, Döring, Sander, Esch u. f. w. schreiben begei= sterte Briefe an den nach Berlin Heimgekehrten über den Segen,

den er unter ihnen zurückgelassen habe. „Noch immer wird
Ihrer von vielen Gemeindegliedern hier mit großer Liebe gedacht," heißt es in einem Briefe von Döring. „Ihre Worte
in der Jünglingsversammlung, über: es ist das menschliche
Herz ein trotzig und verzagt Ding, sind tief in die Herzen gefallen; Sie haben dadurch mehr Segen gestiftet, als Sie wissen
können oder erwarten werden." „Die Tage, die Du bei uns
gewesen bist," schreibt Freund Esch, „sind bei uns in unaus-
löschlichem und segensreichem Andenken und bleiben es. Leipoldt hat oft ausgerufen, wie danke ich dem Herrn, daß er
Tholucken zu uns geführt und mit uns verbunden hat! Ebenso fruchtbar, wie Deine persönliche Gegenwart, die leider gar
zu schnell verschwunden, ist mir geworden die, teilweise oft
wiederholte, Lesung Deines köstlichen Buches von der Sünde 2c.
Vieles hast Du mir wie aus der Seele geschrieben, durch vieles
mir ein großes Licht angezündet, vieles neu dargereicht; das
Buch ist mir seitdem eines der liebsten und teuersten geworden,
und durch dasselbe noch um vieles teurer sein Schreiber. Auch
von Laien wird es hier viel gelesen, mehrere christliche Frauen
haben es mit sehr großer Teilnahme aufgenommen."

Vom Wupperthale aus ist Tholuck dann mit seinen
Begleitern nach Münster gegangen, wo er von dem erwähnten
Kreise gläubiger Christen mit offenen Armen aufgenommen
wurde.

In Münster hatten sich seit etlichen Jahren mehrere ernst-
gerichtete Leute zu einem Lesekränzchen zusammengeschlossen, in
welchem religiöse Bücher zirkulierten. Der Ausschuß der Gesellschaft kam an jedem ersten Montag im Monate zu gemein-
samem Gebet, Schriftverlesung und anderweitiger Lektüre zusammen. Zwischen 40 und 50 Männer gehörten ihm an. Den
Mittelpunkt bildete ein ehemaliger Wittenberger Kandidat,
Schickedanz, der als Prediger und Lehrer an der Münsterschen Kriegsschule angestellt war. Zum Vorstande gehörten der
Apotheker Räber, ein Dr. Herold, ein katholischer Regierungsrat
Kottmeier, der gleichfalls katholische Oberlandsgerichtsrat
v. Hartmann, und eine Anzahl gläubiger Offiziere: Rittmeister
Schroeder, ein demütiger, kindlicher Mann mit einem felsen-
festen Glauben, von der Gesellschaft „unser Feldpropst" genannt;

der Adjutant des Münsterschen Husarenregiments Premierleut=
nant Bütthoff, durch seinen Freund, den Grafen Kniphausen
und Pastor Löffler in Berlin bekehrt; Hauptmann Holfelder,
gleich den meisten der erstgenannten durch die Schriften Jakob
Böhmes, die zuerst ein Dr. Landgräber in Münster ein=
geführt hatte, zum christlichen Glauben gekommen. Die selt=
samste aber ehrwürdigste Figur des Kreises war ein alter
katholischer Mönch, Pater Tyrell, auch ein „Böhmist", der
aber über die Konfession den lebendigen Christenglauben stellte
und unter den Freunden ein hohes Ansehen genoß. Er hielt
den biblischen Kanon nicht eigentlich für abgeschlossen; er nahm
vielmehr — nicht eine Tradition neben der heiligen Schrift,
wohl aber eine Fortsetzung der Bibel an, deren Echtheit nach
deren Anfange als dem Grund= und Prüfsteine, und zwar vor=
nehmlich durch den heiligen Geist selbst, zu bestimmen sei. Alle
dahin einschlagenden Bücher nannte Tyrell seine „Bibliotheca";
und in diesen auserwählten Kreis christlicher Litteratur nahm
er, alsbald nachdem er es gelesen hatte, auch Tholucks Buch
von der Sünde auf, wiewohl Jakob Böhme darin eine ihm
mißfällige Rolle spielte.

Aber auch die ganze Lesegesellschaft wurde durch die
Tholucksche Schrift, deren Verfasser sie in Münster unbe=
schreiblich lieb gewonnen hatten, wie elektrisiert. Schickedanz
schrieb an Tholuck am 4. Novbr. 1823: „Keiner will das
Buch nach acht Tagen, der gesetzten Lesezeit, wieder abgeben.
Pater Tyrell stellt es hoch über Neanders Denkwürdigkeiten.
Oberlandesgerichtsrat Hartmann hat sich die Schrift, nach
Lesung einiger Stellen bei Tyrell, gleich selbst verschrieben.
Meine Freunde, der Hauptmann Holfelder und der Apotheker
Räber, fühlen sich wunderbar gestärkt, und beide überbieten sich,
was ihnen der Herr zukommen ließ, zu preisen. Holfelder
teilte die Schrift einem Generalstabsoffizier S. mit, der, ein
Deist im guten Sinne, sich anfängt zum Evangelium zu neigen.
Nun war es doch, wie wenn der Magnet sich der Nadel nähert;
denn S. schlug sogleich um." „Premierleutnant Bütthof
war ganz hingerissen; er sagte: das Buch ist mit Feuer getauft."
Immer mehr Exemplare wurden nach Münster verschrieben.
Aber schon am 7. Dez. schrieb Schickedanz an Tholuck:

„Bütthof hat Mühe gehabt, noch ein Exemplar zu bekommen, und der Buchhändler sagte ihm: Perthes habe selbst nichts mehr vorrätig." Und doch wollten die meisten nicht eine neue Auflage, sondern die erste besitzen, „der Erinnerung wegen an die Stunden des ersten seligen Genusses". „O," ruft Schicke-banz aus, „schreiben Sie noch manchen Himmelsbrief dieser Art.... Viele Seelen, die durch Sie gerührt und weiter ge-führt, vielleicht zuerst auf den Herrn gewiesen wurden, — sie beten für das Wohl des Freundes. Ja, mir sagt es der Geist, viele Seelen zeugen und beten vor dem Herrn für Sie! Und dem ernsten Gebet ist eine große Verheißung gegeben."

Zum Danke für den reichen empfangenen Segen sandten die Münsterer Freunde ohne Namennennung, nur mit der Inschrift „Münster", dem verehrten Verfasser ein in Samt ge-bundenes Neues Testament mit einem gestickten Kreuz und den übrigen Symbolen des christlichen Glaubens auf der Vorderseite und einem Kranz von Ähren und Trauben auf der Rückseite. Pater Tyrell hatte diesen Schmuck vorgeschlagen; Leutnant Bütthof fand die Stickerei zu weltlich und stimmte für einen einfachen Samteinband. Leider ist das schöne Geschenk schon ziemlich früh aus Tholucks Bibliothek verschwunden. Der Verfasser aber ehrte die Geber im Vorwort zu der schon 1825 nötig werdenden zweiten Auflage seines Buches mit den Wor-ten: „Meinen gerührten Dank muß ich öffentlich denen Freun-den sagen, welche, durch diese Schrift meine Freunde geworden, mich in der Stille durch die Beweise einer unverdienten Liebe beschämten. Mögen sie alle, und namentlich meine lieben Freunde in M., durch das Bewußtsein sich belohnt fühlen, daß jene Liebesbeweise mir auf lange, auf immer, Trost und Erquickung geworden sind." „Unser Wunsch war," schrieb Schickedanz bald nach der Übersendung, „Ihnen eine frohe Minute zu machen durch die Erfahrung, daß Ihre Arbeit von segensreicher Wir-kung ist; wir glaubten, eine frohe Minute, die einem Tholuck wird, werde vielen Jüngern nachher eine frohe Stunde bereiten; denn in der heiligen Freude ist die Seele reich an heiligen Ent-schlüssen."

Auch dadurch stattete Tholuck den Münsterschen Freunden seinen Dank ab, daß er in der zweiten Auflage auf ihren Wunsch

21*

die fremdsprachlichen Citate mit einer deutschen Übersetzung
versah und auf ihre Bitte seine Urteile über Harms und die
buchstäblichen Deuter der Sündenfallsgeschichte milderte.

Indessen nicht von allen Seiten gingen Tholuck so rückhalt=
lose Zustimmungs= und Bewunderungserklärungen zu, wie von
Münster. Scheibel schrieb ihm am 31. (sic!) Septbr. 1823:
„Ich habe Dir noch nicht, teurer herzlich geliebter Bruder in
dem Herrn, für Dein mir so wertes Geschenk: über die Sünde
und den Versöhner danken können. Eine Reise in unser Ge=
birge hielt mich ab.. Gewiß hast Du, was jeder Christ und
jeder Heide zugestehen wird, das wahre Innerste des Christen=
tums dargestellt; und welches gläubige, im Herrn allein Trost
und Leben findende Herz wird Dir nicht vollkommen beistimmen.
Aber — Du erlaubst mir gewiß ein offenes Geständnis — der
natürliche Mensch, sagt der Apostel, vernimmt nichts vom
Geiste Gottes. Jeder philosophierende Theolog wird Dein sub=
jektives Gefühl anerkennen, aber es eben nur als subjektives
ansehen, und Dir den heiligen Geist, wie stets, für die Phan=
tasie Deines ängstlichen (so nennen ja die Rationalisten heil=
same Besorgnis) Gemüts erklären. Überdies läßt Du, schwerlich
konsequent, der Vernunft viele Rechte, die ihr nach dem obigen
Ausspruche Pauli und nach 2. Kor. 10, 5 ff. nicht zukommen
dürfen. Bleibt nicht Sünde und Versöhnung im biblischen
Sinn der Vernunft ein Widerspruch gegen Geistesstärke und
göttliche Gerechtigkeit? Du setzt einen Monotheismus voraus,
den kein Philosoph unsrer Zeit als aus der Vernunft zu be=
weisen Dir zugestehen wird. Die Vernunft wie das Herz und
der Wille muß in Christo erst ganz erneuert werden. Den
himmlischen Ideen zugänglichen, denen erscheint alle Philosophie
als nichtig, mit deren einzelnen Ansichten Du noch das Christen=
tum zu reimen suchst, womit Paulus Kol. 2, 8 nicht überein=
stimmt. In den Beilagen kommt manches vor, worüber sich
manche unserer Gnostiker sehr freuen werden. Den Sündenfall
nimmt wenigstens Paulus historisch, 2. Kor. 11, 3, und ist
wohl die im historisch stilisierten Moses so psychologisch tiefe
Erzählung mit den albernen poetischen Sagen der andern Völker
zu vergleichen? — Die angegebenen Bemerkungen wird deine
Liebe entschuldigen.“

In ähnlichem Sinne, nur um ein bedeutendes ernster und eindringlicher, schrieb an Tholuck der ehrwürdige Propst und Doktor der Theologie Döring in Jänkendorf bei Niesky, ein langjähriger hochgeschätzter Freund des Baron v. Kottwitz. Auf zwölf mit zitternder Greisenhand eng beschriebenen Folioseiten, die von ebenso tiefer Gelehrsamkeit wie von heiligster Christen=liebe zeugen, redet er dem ihm persönlich unbekannten jungen Theologen ins Gewissen. „Ich weiß," so hebt der Brief nach einigen den Schreiber einführenden Worten an, (durch Kottwitz und Ihre Schriften) „daß der Herr sich Ihnen offenbart hat, daß Sie Ihm die Wissenschaft und den Gelehrtenstolz nebst der eignen Gerechtigkeit zu Füßen gelegt haben, ... daß Sie auch bereit sind, hinauszugehen mit Ihm vor das Lager und seine Schmach zu tragen. Dies hat mein Herz mit Dank gegen den Heiland erfüllt und ich habe Sie, ohne Sie von Person zu kennen, von Herzen lieb gewonnen, auch oft für Sie gebetet.... Ich habe in diesen Tagen Ihre neuste Schrift (Sie hat man mir wenigstens glaubwürdig als den Verfasser genannt) mit Aufmerksamkeit und Begierde gelesen, ja bei manchen Stellen, sonderlich da, wo Sie unter dem Bilde eines ehrwürdigen Greises den lieben Baron v. Kottwitz schildern, mich recht an=gezogen, erbaut und gestärkt gefühlt. Ohne Ihnen ein Kom=pliment machen oder Ihre Eigenliebe aufregen zu wollen, muß ich gestehen, daß ich über Ihre Belesenheit, Ihre Bekanntschaft mit den morgenländischen Sprachen" (deren etliche D. Döring selbst beherrschte), „der klassischen Litteratur, den Kirchenvätern und mit den älteren und neueren philosophischen Systemen erstaunt bin, und mich daher um so mehr darüber wundere und freue, daß es dem Heiland gelungen ist, Sie von den Höhen des Wissens in das Thal des demütigen Glaubens her=abzuführen. Auch zweifle ich nicht, diese in so mancher Hin=sicht gründliche, gelehrte, mit philosophischem Scharfsinn und in der Hauptsache rein evangelisch gefertigte Schrift werde, ob sie wohl keinem konsequenten Rationalisten genügen, keinen Phi=losophen bekehren, vielmehr von ihm verlacht werden dürfte, bei manchem irregeleiteten Jünglinge, ja bei manchem schon im Gewissen unruhig gewordenen, redlichen Zweifler ihre Absicht nicht ganz verfehlen. Aber eben darum thut es mir auch um

so mehr leid, daß in dieser Schrift einige Behauptungen, ge=
wagte Äußerungen und absprechende Urteile vorkommen, die mit
Ihrem so schön dargelegten Glauben im Widerspruch stehen,
den Offenbarungsgegnern die Waffe in die Hand geben, den
unbefestigten, schwachen, und sich gleichwohl an den Buchstaben
der Bibel haltenden Gläubigen aber zum Anstoß gereichen, sie
erst in Zweifel stürzen und irre machen können. Erlauben Sie
mir demnach, mich hierüber sine ira et studio offen vor Gott
auszusprechen.“

Die anstößigen Punkte, die mit logischer Schärfe und christ=
lichem Tiefsinn besprochen werden, sind: das von Tholuck auf=
gestellte Verhältnis von Schrift und Vernunft, dem gegenüber
D. Döring die bekannte Harmssche These verteidigt: „Ver=
nunft und Gewissen sind Gog und Magog, die der Offenbarung
den Krieg ankündigen“; die Behauptung: daß die Begriffe
„Offenbarung“ und „Inspiration“ sich decken; die Leugnung
einer Anrechnung der Adamitischen Sünde als Schuld für das
ganze Geschlecht; vor allem aber die vornehme Art, mit der
Tholuck die Geschichte vom Sündenfall als ein „Kindermärchen“
geglaubt hatte behandeln zu dürfen und der buchstäblichen Er=
klärung seine eigene „symbolische Auffassung“ gegenübergestellt
hatte. „Wie konnten Sie Sich diesen Ausdruck (Kindermärchen)
in einer so ernsten und heiligen Sache erlauben? Sie sagen:
soll der Baum der Erkenntnis wirklich ein Giftbaum sein? und
der Baum des Lebens ein Fruchtbaum medizinischer Art? Das
glaube, wer keine Kenntnis des symbolischen Charakters der alten
Welt, der Sagengeschichten aller andern Völker hat. Allein,
nicht zu gedenken, daß diesen Sagen andrer Völker wahre, jedoch
entstellte Fakta zum Grunde liegen, so scheint mir doch (verzeihen
Sie den Ausdruck) ein wenig frivol zu sein, daß Sie diese,
die mosaische Erzählung, die ganz das Gepräge prosaischer Ge=
schichte trägt, auf die sich Christus selbst und seine Apostel be=
ziehen, zu einem Kindermärchen machen, sie den Sagengeschichten
andrer Völker gleichstellen und symbolisieren. Und ebenso scheint
es mir doch (verzeihen Sie abermal den Ausdruck) auch ein
wenig anmaßend, daß Sie, obschon bei so jungen Jahren ein
höchst belesener Gelehrter, allen und jeden, welche die mosaische
Erzählung buchstäblich nehmen, die Kenntnis des symbolischen

Charakters der alten Welt absprechen. Sollten denn Bochart,
Vitringa, Huetius, Buddeus u. a. m. so ganz unwissend
gewesen sein?... Und wenn Sie sagen: Hätte sich durch die ver=
giftenden Kräfte der Frucht ein Krankheitsstoff über das ganze
menschliche Geschlecht verbreitet, so hätte Gott nur einen Äskulap
mit Purgierpillen auf die Erde schicken sollen u. s. w. — sind
diese Worte eines ernsthaften Gelehrten und eines christlichen
Theologen würdig?"

Tholuck antwortete seinem verehrungswürdigen Kritiker
freundlich und bescheiden und beherzigte in späteren Auflagen
auch dessen Winke. Äskulap blieb schon beim zweiten Ausgange
des Buches weg.

Am kräftigsten aber bezeugten dem Verfasser ihren Wider=
spruch gegen die Grundanschauungen des Buches zwei seiner
intimsten Freunde: Stier und der originelle Christian Huld=
reich Rennecke, seit 1825 Instruktor der Prinzeß Helene
von Mecklenburg in Ludwigslust, und später Tholucks
Schwager, ein Mann, der seine eigne kleine Schrift über Tho=
luck²) mit den Worten beginnt: „Tholuck war mir die erste
lebende Kreatur, die ich kennen lernte, bei welcher sich der Glaube
an das Evangelium von Christo als eine seligmachende Kraft
in Wahrheit und Leben offenbarte; und bald darauf wurde mir
auch durch ihn die Schrift geöffnet in Beziehung auf das Ver=
ständnis der Lehre von der Rechtfertigung durch den Glauben
an Christum." Rennecke, der gleichfalls durch die Schule
„des heiligen Kottwitz" gegangen war und trotz aller spekula=
tiven Begabung die Kindeseinfalt des schlichten Glaubens als
das entscheidendste Merkmal christlicher Gesinnung ansah, ver=
warf eben aus diesem Grunde das Bestreben Tholucks, zwischen
Vernunft und Offenbarung einen Pakt zu machen und das
Christentum vor dem Menschengeiste immer wieder zu recht=
fertigen. „Es gibt", heißt es in einem, wie gewöhnlich, datum=
losen Briefe Renneckes an Tholuck, „für das Christentum
kein andres Kriterium der Wahrheit, was die ganze Welt unan=
getastet lassen muß, als daß es sich als Wahrheit kühn und frei
in das Herz hineinstellt, mag es dampfen oder wüten oder
brechen, das ist ihm gleich. ,Beuge dich vor mir, so brauchst
du nicht zu brechen; ich beuge mich nicht vor dir' — das ist

die tägliche Predigt desselben. Es wird uns verkündigt und
versiegelt, auch wenn wir gegen das eigentlich Gute noch so
feindlich gesinnt waren. Die heil. Schrift sagt, daß es der
heilige Geist, der Geist der Wahrheit, der Geist Gottes wäre,
der uns Christum kennen lehrt; und es ist mir lieb, daß sie es
sagt, sonst könnte ich es mir gar nicht erklären, wie ich an den
Nazarener glauben sollte. Denn ich habe ja auch meine fünf
Sinne, die nicht gern glauben, und habe einen Rationalisten in
meinen Gebeinen, der ein ärgerer Spötter des Heiligen ist als
Voltaire, ein ärgerer Skeptikus als Hume und überhaupt ein
Professor, der mir in einer Stunde mehr Unglauben predigt,
als ich in einem Jahre aus Büchern lesen kann...... Die Apo=
logetik des Christentums ist, wie Claudius sagt, nur der
Kehrwisch, der den Staub von den Heiligtümern kehrt, damit
sie gesehen werden können. Das ist freilich in Deinem Sinne
nicht gesprochen, sondern Deine drei Wege" (Beilage I des
Th.schen Buches) „meinst Du, könnten zum Glauben an Christus
führen. Wenn Du darunter den Glauben verstehst, den der
freie Wille ergreift, so ist's wahr. Denn die eigentliche Apo=
logetik söhnt dann den Verstand einigermaßen mit den Lehren
des Evangeliums aus, und das christliche Leben macht das Herz
willig dazu. Durch dies alles vorbereitet macht er nun ‚durch
einen Akt des freien Willens' den großen saltum mortale. wirft
sich auf den Glauben, denkt: es ist doch zu viel Kluges und
Gutes an der Sache; vieles verstehe ich zwar noch nicht, und
was ich verstehe, davon hat noch manches freilich seine Nücken;
aber es haben ja so viele gelehrte Männer daran geglaubt, es
wird ihm ja auch wohl noch eine annehmbare Seite abzugewinnen
sein 2c. 2c. Geliebter, ist das aber wohl der Glaube an Christum?
Ei, wenn das der Glaube an Christum wäre, da wollte ich
nichts thun, als täglich Apologetik lesen und in jedem Semester
so viele gläubige Christen machen, als ich aufmerksame Zuhörer
hätte, die ich natürlich auch zum Thee bitten wollte, um ihnen
einen Begriff vom ‚geistlichen Leben' beizubringen. — Teurer,
lieber Herr Professor, Du gehst hier nicht grade genug heraus
mit dem galiläischen Kauderwelsch. Du solltest eine scharfe Linie
gezogen haben zwischen dem Glauben und der bloß vernünftigen
Beistimmung, damit diejenigen, welche ehrlich und treu in der

letzteren stehen, angeregt würden zu merken, sie müßten nach einer ganz andern Richtung vorwärts; diejenigen, welche glaubten, sie hätten es ergriffen, wenn sie es begriffen hätten, an sich irre würden, und diejenigen, die beides schon unterscheiden können, an Deinem Buche nicht irre gemacht würden. Solltest gesagt haben, daß der Glaube an Christus unsern Heiland pur und blank eine Gabe Gottes ist, und ich brauche Dir wohl nicht die Stellen herzusetzen, wo das klar genug steht; die vernünftige Beistimmung aus einer zweckmäßig eingerichteten Apologetik allerdings folgen könne; daß aber nur jenes lebendig und kräftig, dieses aber höchstens hartnäckig und subtil im Streit gegen Andersdenkende mache, jener innerlich leuchtend, diese äußerlich scheinend...... Aber wenn ich es gerade heraussagen soll: Du bist im Dogma vom heiligen Geist nicht ganz richtig, der der alleinige Lehrer und Bekehrer zu Christo ist, deshalb schlägst Du kleine Sachen so groß an."

Weiter unten in dem zwölf Seiten langen, feingekritzelten Briefe heißt es: „Warum sträubst Du Dich gegen die Anrech= nung des Erbübels und willst sie nicht in der heil. Schrift finden?... Wäre es wohl ungerecht? Straft uns Gott denn etwa um der Erbsünde willen? oder straft er überhaupt die Menschen um einer Sünde willen? Es gibt keine Sünde, um welcher willen Er die Menschen straft, als um der Sünde, wenn sie nicht an Jesum den Heiland glauben, Joh. 16, 9. Aber wenn Er uns wirklich strafte um dieser Sünde willen, die wir von Adam auf uns haben, ist das wohl gescheit geredet, daß Gott ungerecht wäre? Da sollten wir doch eher glauben, der liebe Gott hätte uns keine solche Urteilskraft gegeben, wonach wir ihn beurteilen könnten, sondern so eine, die immer ein wenig daneben schießt, oder gar die Dinge links sieht. Kann Er denn nicht thun, was Er will? Konnte Er uns nicht zu grönlän= dischen Hunden machen eben mit dem Recht, als Er uns zu Menschenlehrern gemacht hat? Gott ist gerecht in allen seinen Werken und heilig in allem seinem Wesen, es ist alles gerecht, was Er thut, Er mag thun, was Er will, und wenn Er heute die Engel vor seinem Throne vom Teufel bei den Beinen aufhängen läßt und ihn zum ewigen Plagegeist seiner Schöpfung einsetzt; und wenn Er Lust hätte, könnte Er uns auch bald die

Begriffe in den Kopf setzen, daß wir das für erstaunt weise und gerecht lobten, und sich alle Professoren in Bewegung setzten, welche Bücher „über die beste Welt" imprimierten; denn schon hat man sie ohne den Heiland für die beste gehalten.... o lieber Bruder, bitte Dir vom Herrn die Gnade aus, ein einfacher Mensch zu sein. Bete, bete für mich und Dich, daß der schwache Glaube nicht aufhöre, und wenn Du Dich dermaleinst bekehrest, so stärke Deine Brüder und vergiß dabei nicht Deinen geringsten Rennecke."

Wie Tholuck diese Mahnungen des Freundes auffaßte, zeigt uns ein Brief desselben vom 21. Dez. 1825 an Rennecke, nachdem die von letzterem im Druck korrigierte zweite Auflage des Buches von der Sünde eben erschienen war. Darin heißt es zum Schluß: „Was Du mir von theologischen Ansichten schreibst, wollte sich mir immer so wenig anfügen. Ich dachte, das sind schwere, ungehobelte Klötzer, in deinem wohlmöblierten Zimmer ist kein Platz dazu, und stellte sie unterdes an die Thür. Nun ist Platz geworden; ich will mich jetzt auf jenen Klötzern ausruhen und sie zu meinem Tisch machen, um Brot und Wasser darauf zu genießen. Darum sehe ich mit Verlangen einigen Worten aus Deinem Herzen über das hier Berührte entgegen; laß es immerhin drei Bogen werden, es ist Raum in mir, es soll aufgestellt werden. Nimm noch meinen herzlichen Dank für Deine Mühe an meinem ‚Sündenbuche' (wie es in Holstein genannt wird). Ich will's Dir schicken. Du wirst wohl gesehen haben, daß ich schon beim zweiten Arrangement dieses Paradezimmers einige Spähne Deiner Werkstätte brauchen konnte. O mein geliebter Rönnecke*)! Wie mütterlich werden wir argen Sünder geführt! Der Anfang, das Mittel und das Ende ist Gnade, und werden wir dann einst ausruhen, an Seiner Seite, wie wohl wird es thun!" —

Stier wartete lange mit seinem Urteil über Tholucks Schrift. Er schrieb ihm aus seiner Seminarlehrerzeit zu Karalene (in Kummetschen bei Insterburg) am 17. Dez. 1823:

---

*) Derartig falsch schreibt Tholuck den Namen seines Freundes, wie vieler andrer, konsequent.

„Ich wollte auch immer erst Dein Buch gelesen haben, ehe ich Dir schriebe. Du hast nur so gar nichts davon gesagt oder gezeigt, daß ich lange nur Unklares durch andre davon erfuhr — bis ich es selbst haben konnte — ja daß ich unter dem ohnnamigen Titel das Deinige gar nicht vermutend mir die „Hamburger: Wahre Weihe des Zweiflers" längst angemerkt, und nun erst verwundernd sah, d a s sei es. Dein Schweigen hiervon hat mich zuweilen ein wenig betrübt, geliebter Bruder. Konntest Du denn wirklich meinen, daß unser H e r z sich ferner geworden, weil es sich auf etwas verschiedene Art mit der Er-kenntnis auseinander zu setzen begonnen? Mein Bruder, be-ginnen wir doch beide erst, und werden wahrlich noch hienieden im gleichen Schluß eins werden — wie jetzt schon je mehr und mehr. Die Formen unsres Weges sind verschiedene, aber laß uns drum die vom Herrn selbst in unser Leben gepflanzte Ge-meinschaft nie im Herzen unterbrechen, wenn Er's auch zu-zeiten für das Wort wollen könnte!"

„Ich bin aufrichtig gegen Dich, wie immer, und das ist meine Liebe. Ich habe seit Deines Buches Erscheinen manche Stimme gehört, die sich nicht ganz darin finden konnte, und schon Deine Sache im brüderlichen Vertrauen geführt, ehe ich selbst gelesen. So z. B. gegen Nitzsch in Bonn, dem ich recht aus voller Zuversicht Deine Treue im stillen Kämmerlein vor dem Herrn versichern konnte. Rennecke war auch nicht damit zufrieden und meinte unter andrem: Der Dreizack der Philo-sophie sei nun einmal in sich geschlossen und für das Höhere völlig ungebräuchlich (unbrauchbar), um ihm positiv zu helfen." —

„Ich habe nun selbst gelesen, und mich im Innersten gefreut im ganzen über den frischen Kampfesmut der Liebe, dessen aus des Herzens Geheimkammer quillende παῤῥησία (Freudigkeit) anfühlen muß, wer irgend kann, sollte auch manche Spitze nicht scharf genug sein. Ich habe mich im Innersten wieder Dir eins gefühlt, und kann nicht lassen, das zu bekennen, und damit mich Dir wieder neu ans Herz zu legen."

„Aber, Herzensbruder, noch mehr ἀσθενές und μωρὸν τοῦ Θεοῦ (Schwaches und Thörichtes vor Gott), noch weniger πειθοῖ ἀνθρωπίνης σοφίας λόγοι (vernünftige Reden menschlicher Weisheit) — und der Herr wird Dein Zeugnis bekräftigen je mehr und mehr! Auch der philosophischen Apologetik, wenn sie nicht gar zart den beständigen engen Steig bewahrt, kann das passieren, was Du der historischen schuld gibst — in die Winkel Lichtlein zu stellen, die jeder Spötter wieder ausbläst! Nicht daß das geschehen wäre — nein, so mein' ich's wahr= lich nicht, aber nimm Dich in acht davor! Du scheinst mir zu sehr den allerdings pantheistischen Standpunkt klar konse= quenter Spekulation, und viel zu wenig den allerhäufigsten des zwischen Gewissen und Verstand den bequemen Frieden eines halbhaften Pelagianismus abschließenden Menschen zu berücksich= tigen — zu wenig überzeugend das Grundprinzip Deiner Deduktion, das „schwarze Pfefferkorn" — einzeln strafend nachzuweisen."

„Hüte Dich vor den Jean Paulschen Bildern und vor zu weit gehenden Hamannischen Reden in Bibelallegorien. Das meiste hat mich in treffender Wahrheit berührt; aber nicht alles, was wahr ist, ist darum gut zu sagen zur Besserung. ‚Es ist mir alles erlaubt, aber es frommet nicht alles.' Deine Reden sind oft nicht Gleichnisse für die draußen, sondern heilige Spiele für die drinnen, — und manchmal nicht ganz heilig. Es ist hier eine zarte Grenze; ‚der Lehrer habe castissimam dictionem (eine sehr keusche Redeweise), damit die Hunde nichts zu zerren haben,' und jeder Harmsismus gehört zu den unnötigen Ärgernissen. Dazu rechne ich z. B. den Königsberger Korporalstock, die Purgiermittel wider den Giftbaumseinfluß — wo Du Wahres mit verwirfst. Denn ist nicht die Sünde wahrhaftig zugleich ein Leibesgift? und Christi Fleisch und Blut wahrhaftig zugleich ein leiblich in uns wirkendes? Das Geistige muß Leib werden gegen den Leib — auch selbst das lieber fliegen als pflügen wollen. Bruder, Meyer hat auch Wortspiele, aber nur tiefsinnige der Sprache selbst. Und auch Deine Neigung, mit gedeu= teten Symbolen der Heidenwelt zu reden — was an sich so tief richtig ist — verführt Dich manchmal zu halb= passenden Bildern — wie wenn Philosophie und Theologie Castor und Pollux sein sollen u. s. w. Lieber Bruder, Bilder sind notwendiges, sehr wohlgeschmack und heilsam machendes Salz und Würze der klaren Rede — aber nur nicht ganze

Salz= und Würzspeise! — Die armen Blinden schelten
uns ohnedies schon genug Nebler und Schwebler!"

„Deine Spekulation scheint mir auch noch sich mit der
‚Thorheit Gottes' nicht kurzweg genug au fait zu stellen,
und manche Fragen statt abzuweisen, zu weitläufig erst
anzusehn und gerade dadurch das glaubende Schweigen
davor zu erschweren, das Du doch erleichtern willst! Die Ge=
nesis des Bösen ist im Abgrund der Hölle verriegelt und
versiegelt, das glaube wahrhaftig!"

„Beim Sündenfall steh doch recht fest auf dem
Standpunkt geistlicher Deutung, der der leiblichen nicht
widerspricht. Denn wenn auch die Geschichte buchstäblich ist,
ist sie darum weniger geistlich? Und mußte nicht jede
Sünde eines leiblichen Wesens in einer leiblichen Hülle gehn,
die als solche ganz gleichgiltig, groß oder klein? Ich glaube
zwar so wenig als Meyer an den wirklichen Apfel, aber ich
möchte, die es glauben, nicht so anreden. Manches ist nicht,
könnte aber doch sein — und hier nie zu viel bewiesen! —
Deine Kritik der Offenbarung kann ich auch nicht ganz unter=
schreiben. — Nicht lieben ist wirklich schon hassen, nämlich in
allen Konkurrenzfällen. — Waren J. Böhme und
Tauler wirklich Pantheisten? — Und verdient das einseitig
sich absondernde, das Herz mordende Tyrannisieren des Ver=
standes, also die Unnatur einer Menschenhälfte gegen die andre
wirklich den Ehrennamen konsequenter Spekulation?
Träge oder feige Deisten sind die meisten, zum Selbstmord des
Pantheismus erheben sich wirklich nur wenige, denn jeder
ist ein Ich. Man halte, was die Leute schwatzen, nicht
gleich für das, was sie denken — und gebrauche beim Schrei=
ben hierüber Vorsicht!.... Deine Inspirationstheorie ist immer
noch nicht die meinige, wiewohl schon vieles von dem in Deinem
Buche steht, was Du in Wittenberg als Kabbalismus an mir
schaltest. Auch die Inspiration wird nicht bewiesen, sondern
erfahren, ja sogar nie definiert, so wenig wie ihr Wirken,
der Geist selbst. Du mußt noch tiefer in die eine Einfalt
des Bibelwortes hinein, und seine spezielle Symbolik,
die sich zur heidnischen verhält, wie Tag und Nacht (wo auch
immer ein bißchen Tag bleibt), wird Dir Erfahrungsselbst=

beweis von der Atmosphäre werden, in der jedes Wort der Schrift gehaucht ist. — Zum Schluß noch, Geliebter: den ersten Irrtum Deines Julius, wo er noch die Erlösung nach der Liebe missel, und darin Deine eigene Erfahrung verstehe ich tief aus der meinigen, und das darüber Gesagte that mir sehr wohl. Endlich: im wesentlichen unsrer Versöhnungslehre, daß die Genugthuungsnotwendigkeit in uns und nicht in Gott liege, sind wir unabhängig vorm Herrn zusammen= getroffen, und Du wirst gewiß in meinem — zu Ostern hoffent= lich fertigen Buche" (Andeutungen für gläubiges Schriftverständ= nis, erste Sammlung, Königsberg 1824) „dies ebenso freudig erkennen, als ich's in dem Deinigen that. Nur Einfalt, Einfalt, apostolische Einfalt gib uns Herr, je mehr und mehr! Die zündet und weckt durch bloßes Be= kenntnis, denn sie hat die Verheißung — und alles andre ist Stroh und Stoppeln. Ja. Amen. Ewig in Jesu Dein R. Stier."

Tholuck antwortete am 19. März 1824: „Gnade und Friede vom Herrn! So lange schwiegst Du, und so lange schwieg ich; doch gewiß, wenn wir sprechen, so ist es dieselbe Liebe, die uns einst einigte, die wieder laut wird. — Dein Brief, mein lieber Stier, enthielt viel Scharfes, Bittres, aber die Hand der Liebe hatte es zubereitet und mit Milde und Demut gewürzt, so daß ich — ich sage Dir, wie es wirklich war — unter Thränen der Liebe zu Dir Deine Zeilen las. Ja, mein Teurer, der heilige Geist hat von alters her uns ein= ander zur παράκλησις (Mahnung) gesetzt, und durch den Geist der Gnade ist das Amt bei Dir in bezug auf meine Schwachheit nie vergeblich gewesen. Ich höre gern aus Deinem Munde das Wort, das den alten Schaden aufdeckt, und habe so auch alles das gern von Dir gehört, was Du in meiner Schrift rügst. — Ja es ist so, es mangelt derselben kernhafte Speise, Einfalt und das Wehen eines durch die Gnade linde und stille gewor= denen Geistes. Doch der Mensch kann sich nichts nehmen, es werde ihm denn von oben gegeben. Ich habe je länger desto mehr eingesehen, daß alle eigne Kraftäußerung und Anspannung nur ein Segeln ohne Wind ist, wo man still stehen bleiben muß. Wenn nicht das Feuer einer innerlichen hingebenden

Liebe die Herzenshärtigkeit auflöst, so kann man nichts Gutes thun. Bei solchen Erfahrungen wird es daher völlig klar, daß wir nichts zu thun haben, als den dürren Boden unsrer Seele nie vor ihm zu verdecken. Ich flehe auch jetzt oftmals, daß Er mir alles das schenken möge, von dem Du mit Recht sagst, daß es mir fehlt. Gefühl und Phantasie wird stets bei mir vor= walten, aber daß sie nur geläutert seien, daß sie nur b i e n e n. O ich habe recht wohl die Ahnung davon, wie meine ganze Art mich auszusprechen sein würde, wenn mein Herz Ihm ganz angehörte, und ich mich stets durch den heiligen Geist aufs Schülerbänklein setzen und mir Lindigkeit, Unterwerfung und Unscheinbarkeit lehren ließe. — Vielleicht kommt zu Michaeli eine neue Auflage heraus. Wenn es geschieht, so werde ich gewiß mit Furcht und Zittern nichts andres zu sagen suchen, als was der Geist mich lehrt. Doch werde ich auch dann noch nicht ein Zeugnis ohne alles Eigne ablegen können. — Es ist wahr, lieber S t i e r, ich habe viel von dem angenommen, was ich einst an Dir bestritt. So läßt man sich eben belehren..... Daß Du in der Lehre von der Versöhnung mir beigetreten bist, wundert mich. Ich kann zwar nicht anders, als die Meinung darüber haben, die ich dort ausgesprochen habe. Allein sollte die zweite Auflage erscheinen, so würde ich doch die ganze Theorie darüber hinweglassen, ich würde gar nicht das Anselmi= sche und Scotistische gegenüber stellen. — Es hat mich nicht wenig geschmerzt, daß viele Christen mit jenem Buche sehr unzufrieden gewesen sind. Rönnecke hat mir auch deshalb geschrieben, er hat mit derselben Milde wie Du zu mir ge= sprochen. Allein was er negativ gegen mich sagt, beruht großen= teils auf Mißverständnis meiner Worte; was er positiv aufstellt, scheint mir paradox und unzusammenhängend. Die Sucht zur Paradoxie und nach dem Pikanten ist auch gefährlich und hängt gewöhnlich mit Eitelkeit zusammen.... Mein teuerster S t i e r! Behalte mich in Deinem Herzen. Ich denke Deiner wahrlich immer nur mit der zärtlichsten Liebe. Unser Herr mache uns immer mehr von uns selbst frei und viel mehr zu Knechten der Gerechtigkeit! Mit brüderlicher Umarmung Dein A. Tholuck."

Zum Schlusse endlich noch eine Bemerkung über die Auf= nahme, welche der Baron v. K o t t w i t z seinem Selbstporträt in dem Tholuckschen Buche entgegenbrachte. Es ist eine Art von Tradition, daß derselbe dem Verfasser ernstlich und lange darüber gezürnt habe. In dieser Form bestätigt sich die Überlieferung nicht. Das Tagebuch berichtet nur von einer Äußerung, die der Baron bei einer gemeinsamen Schiffahrt mit Otto v. Gerlach, Seegemund, Goltz und Tholuck nach Treptow am 29. Juli 1823 zu letzterm über die ihm sehr widerstrebende Schilderung machte. Er sagte in seiner milden, frommen Weise: „Ich muß es als eine Zulassung des Herrn aus Liebesabsichten ansehen!" Und wie tief dies Wort Tholuck zu Herzen ging, zeigt der dem Berichte im Tagebuche beigefügte Ausruf: „O du heiligster Kottwitz, du unvergänglicher Stern meines Lebens! Solange du froh bist und mich liebst, ist mir auch das Leben noch er= träglich."

Die nächste große Arbeit, die Tholuck übernahm, war der Kommentar zum Römerbriefe.

Hatte Tholuck in seinem „Sündenbuche" der pelagianischen Anschauung des herrschenden Rationalismus, sowie der wert= gerechten Selbstherrlichkeit des kategorischen Imperativs in der doch immer noch halb praktisch=asketischen Form seiner Schrift den Fehdehandschuh hingeworfen, so galt es nun dem ersten wissenschaftlich theologischen Werke, in welchem der Verfasser angesichts der exegetischen Richtungen seiner Zeit Stellung nahm. Ferd. Chr. Baur bezeugte in seinem „Paulus" (1. Aufl. 1845, S. 335), daß mit diesem Tholuckschen Kommentare eine neue Epoche in der Interpretation des Römerbriefs be= gonnen habe. Und als Prof. D. Cremer in Greifswald zum 50jährigen Doktorjubiläum am 2. Dez. 1870 seinem verehrten Lehrer in Halle das „Biblisch=theologische Wörterbuch" der neu= testamentlichen Gräzität" als Ehrengabe zueignete, konnte er in der Widmung seines Buches dem Bekenntnisse: „Es trägt die Spuren Ihres Lehrens, Ihres Zeugnisses an sich; es verdankt Ihrer Anregung auf einem Spaziergange im Jahre 1855 seine Entstehung" die Worte hinzufügen: „Es bezeugt auch seinerseits die Wirkung jenes ersten Schrittes zur Wiedergeburt der Exegese, den Sie mit Ihrem Kommentar zum Römerbriefe vor beinahe funfzig Jahren in Gottes Namen thaten, und der in der Geschichte der Theologie unvergeßlich bleiben wird.‘

Um die Tragweite dieser Bekenntnisse zu verstehen, müssen wir uns über den Stand der exegetischen Arbeiten, die Tholuck vorfand, zumal eine Analyse seines Kommentars in der Art der bisherigen Besprechung seiner Schriften selbstverständlich aus= geschlossen ist, einigermaßen zu orientieren suchen.

Auf den Lehrstühlen der deutschen Universitäten herrschte im Anfange unsres Jahrhunderts fast unbestritten die auf Ernesti und Semler zurückzuführende sog. grammatisch= historische Auslegungsweise. Die naive Glaubensstellung der Reformatoren zur Schrift war längst einem subjektivistisch kritischen Standpunkte gewichen. Von dem populär gewordenen Dogma ausgehend, daß eine Offenbarung im eigentlichen Sinne durch göttliche Wunderthaten und dieselbe begleitende und sie deutende Erleuchtung auserwählter Zeugen geschichtlich unmöglich sei, hatte die Zeittheologie den wissenschaftlichen Nachweis unter= nommen, daß die sog. Offenbarungsreligion ihrem Inhalte nach mit der allen Völkern im Grunde gemeinsamen natürlichen Re= ligion identisch sei. Durch Kants Empfehlung einer lediglich moralischen Interpretation, nach welcher die „praktische Vernunft“ aus den für das Volk unentbehrlichen Zeugnissen der posi= tiven Religion den reinen Vernunftglauben moralischer Postulate herauszuheben suchen sollte, war der theologischen Richtung der Zeit ein philosophisches Relief gegeben, und un= verdrossen arbeitete man in der angegebenen Richtung weiter. Die Forschungen auf dem rein sprachlichen Gebiete, die Ver= gleichung der dem alttestamentlichen Hebräisch verwandten Idiome, die genauere Bestimmung der Eigentümlichkeiten der neutestament= lichen Grammatik, die fleißige Benutzung aller außerbiblischen, immer reicher und voller sich erschließenden Schätze der orienta= lischen Topographie, Archäologie, Litteratur u. s. w. dienten wohl dazu, das Verständnis der Schrift nach manchen Seiten hin zu befördern. Die sog. historische Interpretation entbehrte aber gänzlich des feineren geschichtlichen Sinnes. Man ver= senkte sich nicht in die abgeschlossene, in der Bibel fertig vor= liegende Objektivität und suchte sie nicht aus ihrem eigenen Geiste zu erklären. Vielmehr brachte man nach subjektiven Kriterien geformte Überzeugungen von geschichtlichem Pragmatismus an die Bibel mit heran und modelte danach den Inhalt der Schrift um. Die Reden Jesu und die Aussagen seiner Apostel h i s t o = r i s ch erklären, das hieß: sie aus dem Zusammenhange der Zeit= vorstellungen hervorgehen lassen; und, wenn die letzteren der angeblichen Würde jener Begründer der christlichen Religion nicht zu entsprechen schienen, so mußte eine Anbequemung an jüdische Meinungen supponiert werden, welche von dem Herrn und seinen Jüngern selbst nicht geglaubt wurden. Auf diese Weise konnte eine Menge unbequemen Stoffes aus der Bibel für die auf= geklärte Zeit beseitigt werden. Die Wunder wurde man ent= weder durch natürliche Erklärungen los, in welcher Kunst der Heidelberger P a u l u s das Abgeschmackteste zu leisten wußte, oder durch die Annahme von Mythen und Symbolen, die sich der von H e r d e r eröffneten und von E i c h h o r n u. a. mit Freuden gepflegten poetisch=ästhetischen Auffassung der Schrift, zumal unter Anhörung der poetisch=mythologischen Stimmen auch andrer Völker, aufs wärmste empfahlen. Konnte doch der Pro= fessor Lorenz B a u e r im Jahre 1802 ein zweibändiges Buch schreiben, dem er, ganz im Geiste dieser Schule und ihre Re= sultate zusammenfassend, den Titel gab: „Hebräische M y t h o = l o g i e des Alten und Neuen Testamentes, mit Parallelen aus der Mythologie andrer Völker, vornehmlich der Griechen und Römer."

Wohl war eine Reaktion gegen diese rein philologische oder ästhetisch poetisierende Verflachung und Profanierung der Schrift auch auf wissenschaftlichem Gebiete, wie schon länger im praktischen Leben der gläubigen Kreise, bereits eingetreten. Auf der württembergschen Landesuniversität Tübingen hatte sich der fromme Geist eines B e n g e l auch in seiner Schule erhalten; „unter den theologischen Lehrern von Tübingen", so berichtet T h o l u c k selbst in seinem „Abriß einer Geschichte der Umwäl= zung, welche seit 1750 auf dem Gebiete der Theologie in Teutschland stattgefunden," (Vermischte Schriften, Hamburg 1839, 2. Teil, S. 145), „ist am Anfange und in der Mitte der zweiten Hälfte des Jahrhunderts, so weit uns bekannt, keiner, der nicht zu der Zahl der orthodoxen Theologen in dem Sinne, den dieses Prädikat in der Mitte der ersten Hälfte des

Jahrhunderts hatte, zu rechnen wäre." Ein Schüler des frommen
Tübinger Storr, der Stuttgarter Stäudlin, seit 1790 (—1826)
Professor der Theologie in Göttingen, wagte in einer Pro=
grammarbeit mit dem bescheidenen Titel: „De interpretatione
librorum N. T. historica non unice vera" (daß die historische
Auslegung des N. T. nicht die allein wahre sei) im Jahre
1807 als der erste die Alleinherrschaft der grammatisch=histo=
rischen Auslegungsweise zu bekämpfen. Der junge Lücke trat
in seinem „Grundriß der N. T.lichen Hermeneutik und ihrer
Geschichte" 1817 an Stäudlins Seite und forderte eine „christ=
liche Philologie", ohne freilich diesem Begriffe eine genügende
Bestimmung geben zu können. Allein die Forderung war ge=
stellt, und der höhere Wellenschlag des christlichen Lebens in
zahllosen Kreisen der Kirche mußte auch den Mann auftauchen
lassen, der ihr in der Theologie gerecht ward. Nicht mit kalter
Gleichgiltigkeit und sogenannter Voraussetzungslosigkeit kann der
christliche Theologe an die Auslegung der Schrift gehen: sein
ganzes Herz ist dabei beteiligt; die in seinen heiligsten Erfahrun=
gen bezeugte Wahrheit des Christenglaubens muß ihr hellstes
und ungetrübtestes Licht in den Büchern der Bibel scheinen
lassen; und darum hat die Hermeneutik, das betonte Lücke mit
Recht wieder und immer wieder, der christlichen Kirche nach
ihrer Idee, nicht nach ihrer Wirklichkeit zu dienen.

Die neu erwachte positive Theologie an der Berliner Uni=
versität hatte für diese Postulate wohl auch ein tiefergehendes
Verständnis. Allein weder Neander noch Schleiermacher
waren Exegeten von Profession; auch lag, wenn sie exegetische
Kollegia lesen mußten, ihr Hauptinteresse dort auf Seite der
Geschichte und hier auf der der Spekulation. Von einer groß=
artigen, allumfassenden Behandlung der Bibel schlossen sich beide
Theologen schon dadurch aus, daß ihnen jedes eingehendere
Verständnis für das Alte Testament abging; bei Schleier=
macher ein Mangel, den Landerer sogar „eine fast idiosyn=
kratische Abneigung gegen das Alte Testament" nennt, „das
Schleiermacher nicht verstand, ja fast möchte man sagen, nicht
verstehen wollte."

Der erste biblisch gläubige Kommentar, der seit langen
Jahren erschien, war Lückes Ev. Johannis 1820 und 1824.

Da ist es in hohem Grade bezeichnend, wo Tholuck mit
seiner exegetischen Arbeit einsetzte.

Der Brief der Bibel, in welchem der Zusammenhang
beider Testamente, aber auch ihr Unterschied am bestimmtesten
sich darlegt, der Römerbrief, mußte den zunächst für alttesta=
mentliche Theologie berufenen und an ihr geschulten Dozenten,
der doch im Mittelpunkt der erfahrenen evangelischen Heils=
wahrheit stand, vor andren anziehen. Es ist aber auch der
Römerbrief diejenige Schrift des N. Testaments, in welcher die
Grundlehre der Reformation und das entscheidende
Erlebnis des evangelischen Christen: die Rechtfertigung
des Sünders durch die freigeschenkte und im Glauben ergriffene
Gottesgnade in Christo zur glorreichsten, fast systematisch dar=
gestellten Aussprache kommt. Und beides ist für Tholuck ent=
scheidend und für die Art seiner kommentierenden Thätigkeit
bestimmend.

Beginnen wir mit dem Letztgenannten. Tholuck legte
immer als Christ, als bibelgläubiger Bekenner aus. Was sich
von dem Schriftwort an der eignen Erfahrung bewährt hat und
an jeder aufrichtig suchenden Seele immer wieder bewähren kann,
das wollte er wissenschaftlich erhärten, dem widmete er die an=
gespannteste Kraft des Exegeten. Nicht sowohl die Bibel als
ein zusammenhangendes Ganze, als eine großartige, vom Geiste
Gottes in die Welt hineingeschaffene geschichtliche Erscheinung
zog ihn an. Er hat nie daran gedacht, wie etwa Hofmann,
das ganze N. Testament auszulegen. Die Bibel war ihm nicht
vorwiegend die Quelle einer gleichsam neu auszuschöpfenden,
umfassenden Erkenntnis. Sie war ihm vielmehr vor allen
Dingen das Gnadenmittel, welches die einzelnen Christen erbaut,
und von dem es dann gilt, daß „die meisten Christen durch die
großgedruckten Stellen selig werden." Das rein wissenschaftliche
Interesse ist für ihn nie ausschließlich entscheidend gewesen; —
er hat sich daher für seine exegetischen Werke, wenn der Aus=
druck erlaubt ist, überhaupt nur die großgedruckten Schriften
und Stücke der Bibel ausgewählt: nach dem grundlegenden
Römerbriefe das dogmatische Johannesevangelium, den für die
Christologie wie für das Verständnis des A. T. so wichtigen
Hebräerbrief, die praktisch bedeutsame Bergpredigt, die christolo=

gische Grundstelle Phil. 2, 6 ff., das „Gebetbuch des Christen",
den Psalter. Und bei seiner Arbeit vergaß er nie diese Rück=
sicht des asketischen Auslegers. Es kam ihm allezeit weniger
auf die Ermittelung des Wortsinnes an, als auf die Ermittelung
der mustergiltigen, religiös sittlichen Wahrheit. Er wollte nicht
nur ermitteln, sondern vermitteln, dem christlichen Bewußtsein
zum Verständnisse seiner selbst und zur Klärung an dem Schrift=
worte verhelfen. Aus der geschichtlichen Form sollte der ewige
Gehalt, wie auch die Kirche der Gegenwart ihn sich aneignen
konnte, erhoben werden. Daher durchzog, in einer vom Christen=
tum tief entfremdeten Zeit, seine Ausführungen ein deutliches,
nie zu verkennendes apologetisches Interesse. Es handelte sich
ihm darum, den ausgelegten Inhalt der Schrift allen Einwänden
der Wissenschaft und des gedankenlosen Unglaubens gegenüber
in seiner Wahrheit darzulegen und dem Leser annehmbar zu
machen. Darum griff man auch in allen Kreisen der zu neuem
Leben erwachenden Kirche so begierig nach seinen Büchern. Auch
Laien lasen sie. So hat er Unzählige heran= und hineingelockt
— und dann oftmals über seine Art hinaus.

Dies führt uns zu dem zweiten, oben angedeuteten Punkte.
Tholuck wußte sich trotz seiner scharf ausgebildeten Individua=
lität nicht als einen einzelnen Christen, sondern faßte sich mit
den gläubigen Gliedern der Kirche aller Zeiten und Orte zu=
sammen. Er diente der Kirche; und je vereinzelter die Bekenner
in seinen Tagen noch waren, um so mehr hatte er Veranlassung,
zurückzuschauen und zur Bezeugung des tiefen Gehaltes der
Schriftwahrheit die Männer des christlichen Altertums und die
großen Bibelforscher der Reformationszeit zu Worte kommen zu
lassen. Dieser kirchliche Sinn, der je länger je mehr bei Tho=
luck zur bewußten Direktive seines Lebens und Arbeitens wurde,
tritt uns schon im Kommentar zum Römerbriefe unverkennbar
entgegen. Mit einer staunenswerten Belesenheit und mit feinem
Takte für das Charakteristische führt er darin die Ausleger frü=
herer Jahrhunderte, vor allen Chrysostomus, Augustinus,
Calvin, Melanchthon, Beza u. a. redend ein. Bei seiner
Virtuosität, in fremde Gedanken sich hineinzufinden und ihren
Zusammenhang zu erspähen, ist auch jede übersichtliche Geschichte
der Auslegung einer Stelle wenn nicht immer erschöpfend, so

doch jedenfalls höchst belehrend: sein bewundernswürdiges Ge=
dächtnis und die allezeit gefüllte Schatzkammer seiner Exzerpte
ließen ihn kaum je im Stiche. So vermittelte er auch die christ=
liche Vergangenheit seinen Zeitgenossen und erkannte gerade darin
eine ihm persönlich gestellte Aufgabe. Er sagte selbst darüber
in seiner Vorrede zur ersten Auflage des Kommentars:

„Unter allen Gebieten der theologischen Litteratur ist wohl
keines in den letzten Jahrzehnten so unbearbeitet geblieben, als
das der Exegese des Neuen Testaments überhaupt, namentlich
aber der paulinischen Briefe. Und doch kann es keinem Zweifel
unterworfen sein, daß von der Exegese aus und namentlich von
der der paulinischen Briefe Heil für eine wahre Theologie zu
erwarten ist. So sehr wird auch dies Bedürfnis jetzt allgemein
gefühlt, daß kaum an irgend einem Orte der Geist Gottes gegen=
wärtig ein neues Licht entzündet hat, wo nicht auch zugleich
das Verlangen nach einer den Bedürfnissen dieser Zeit wie der
Stimme des heiligen Geistes gemäßen Auslegung der heiligen
Schrift laut würde. — Unter den noch jetzt im Buchhandel be=
findlichen Kommentaren der paulinischen Briefe ist wohl der
Koppe sche" (Koppe, früher Professor in Göttingen, starb
1791 als Konf.=Rat und Hofprediger in Hannover) „der ein=
zige, welcher Erwähnung verdient. Und doch, wie dürftig ist
er in wissenschaftlicher Rücksicht, wie erklärt er den Buchstaben
statt den Geist! In alte Zeiten hinabzusteigen sieht sich daher
genötigt, wer Pauli Geist erkennen will, genötigt, die Kirchen=
väter und Kirchenverbesserer als Dolmetscher des Apostels sprechen
zu lassen. Und wer möchte es leugnen, daß die meisten Exegeten
unter diesen durch denselbigen Geist den heiligen Paulus erklären,
durch welchen er lehrte und schrieb. Wie führt ein Chryso=
stomus und ein Calvin in die Verborgenheit paulinischer
Tiefen! Doch, wenn die Exegeten der älteren Kirche hinsichtlich
des Geistes befriedigend sind, so lassen sie leider die Befriedigung
des wissenschaftlichen Bedürfnisses ganz oder zum Teil vermissen.
Überdies, wie wenige Theologen sind so glücklich, die Schriften
derselben käuflich an sich zu bringen, ja wie so viele, welche
von größeren Büchereien entfernt leben, vermögen nicht einmal
sie zu entleihen. Daher waren denn auch bisher die Schätze

dieſer Art vielen nur ein Phönix, dem Namen nach genannt, der Sache nach unbekannt."

In bezug auf „die Befriedigung des wiſſenſchaftlichen Be= dürfniſſes" nun war T h o l u ck weit entfernt zu glauben, daß er ſeinerſeits die genügende Handreichung zu bieten im ſtande wäre. Hören wir ſeine darauf bezüglichen Äußerungen in der Vorrede zum Römerbrief, ehe wir ſelbſt die Frage unterſuchen, ob und nach welchen Richtungen hin dennoch gerade er für die exegetiſche Aufgabe auch wiſſenſchaftlich beſonders aus= gerüſtet war.

T h o l u ck fährt fort: „Wie unbezweifelt es aber auch iſt, daß eine aus innerer geiſtlicher Erfahrung und gründlicher Wiſſenſchaftlichkeit hervorgehende Auslegung der Schrift und vorzugsweiſe des Neuen Teſtaments ein Bedürfnis iſt, welches in dieſer Zeit allgemeiner religiöſer Bewegung dringender als irgend ein andres wird, ſo hat doch noch keiner derjenigen Theologen, denen Gott in unſrer Zeit reiche Gaben für dieſes Geſchäft verliehen, zur Befriedigung dieſes Bedürfniſſes Hand angelegt. Während nun diejenigen ſäumen, von denen Deutſch= land mit dem größeren Vertrauen eine ſolche Arbeit annehmen würde, während aber das Verlangen nach Auslegungen der heiligen Schrift und namentlich der Pauliniſchen Briefe immer dringender wird, konnte der Verfaſſer nicht länger dem Wunſche widerſtehen, den Brief an die Römer, der gerade vor allen andern das göttliche Schwert in ſeinen alten Menſchen ſtieß und Licht und Feuer in ſeine Seele geworfen, zum Gegenſtande einer genaueren Bearbeitung zu machen. Groß mögen immerhin die Mängel ſein, welche dieſe Arbeit hat. Sie begehrt auch nicht auf den exegetiſchen Thron ſich zu ſetzen. Vikarieren will ſie, bis die neue Zeit, welche im Reiche Gottes vor unſern Augen anbricht, neuen Wein erzeugt haben wird, bis aus dem jüngern Geſchlechte der zum Himmelreiche Gelehrten Männer hervor= gehen, denen verliehen iſt, für den hellen Tag, der dann an= gebrochen ſein wird, mit reicherer Kraft und genügend zu vollenden, was hier, während der Morgendämmerung, nur ſchwach angeſtrebt worden iſt. Überall geht es durch Vor= arbeiten zur Arbeit; ſo möge denn auch dieſe Schrift nur als Vorarbeit zu einem koloſſaliſchen Werke angeſehen werden!"

Indessen muß ein gerechter Beurteiler bei allen auch für Tholuck geltenden Bildungsschranken dennoch anerkennen, daß gerade er der rechte Wegweiser für seine Zeit gewesen ist. Trotz seiner Jugend stand er schon damals auf der Höhe der ganzen modernen Wissenschaft und kirchlichen Theologie. Und er kannte nicht nur, er würdigte auch die Tragweite des historisch= kritischen Apparates, der im Kampfe gegen die positive Bibel= deutung aufgefahren wurde. Sein natürlicher Mensch empfand sogar unverkennbare Sympathien mit dem Gegner, und ein ra= tionalisierender Zug ist ihm zeitlebens geblieben. So lag ihm eine schroff abweisende, hinter das Bollwerk strikter Verbal= inspiration sich flüchtende Behandlung wissenschaftlicher Wider= sacher völlig fern. In seiner Urbanität unterhielt er sich mit ihnen auch durch die verschiedenen Auflagen seiner Kommentare hindurch, und war gern auch ihnen gegenüber belehrbar, ohne doch je in zentralen Wahrheiten zu weichen oder zu verleugnen. Aber in den Außenwerken mußte er nachzugeben; als wahrhaft umfassend Gebildeter und als demütiger Christ vergaß er nie, daß unser Verständnis immer nur ein approximatives sein kann. Die zumal für theologische Anfänger oft recht unbequeme Re= sultatlosigkeit mancher Tholuckschen Untersuchungen und der problematische Charakter vieler seiner Behauptungen hat in dieser aus echtem Wissen stammenden Bescheidenheit ihren Grund.

Noch auf einem andern Felde liegen die Vorzüge, welche Tholuck in ganz hervorragender Weise zum Exegeten befähigten. Durch seine jahrelangen linguistischen Studien in weitestem Um= fange hatte er sich allmählich einen sprachlichen Takt angeeignet, der in feinster Fühlung wie instinktiv den Sinn des Schrift= stellers erriet. Philologische und grammatische Akribie war nicht seine Sache; er konnte auf diesem Gebiete mit einer gewissen genialen Weitherzigkeit verfahren, die ihm denn auch später und zwar gerade bei einer neuen Auflage des Römerbriefkommentars, die wuchtigen Angriffe von Dr. Fritzsche eintrug. Aber für das eigentlich Linguistische war Tholuck Meister. An orien= talischer Denk= und Redeweise hatte er sich gebildet; seiner eignen Natur entsprach das wunderbare Gemisch von Abstraktion und Anschauungslust des Orients, das auf dem Boden des kahlen,

rationalifierenden Islam die duftendsten Blumen schwärmerischer
Mystik treiben konnte. Die Rede im Bild, die poetische Ein=
kleidung des Gedankens, der Tiefblick, der im bedeutungsvollen
Einzelnen ganze Reihen von Gestalten und Erscheinungen über=
sieht und im Anschaulichen ein Zeichen für die übersinnliche
Wahrheit entdeckt, diese den ganzen Orient durchziehenden Cha=
rakteristika, die in der heiligen Schrift, vom Geist geklärt, sich
wiederholen, waren Tholuck im höchsten Grade kongenial; und
durch die Feinfühligkeit für den Sprachgeist der Bibel bekam
seine Auslegung oft etwas Divinatorisches. Ohne sich immer
klare Rechenschaft für das Warum geben zu können, erriet sein
Sprachtakt das Richtige, wo Lexikon und Grammatik im Stiche
ließen und vielleicht erst später seine Fassung mit Gründen be=
legten. Tholuck verstand nicht den Sinn aus dem Ausdrucke,
sondern den Ausdruck aus dem Sinn. Das eigentlich Philo=
logische war ihm nur Mittel zum Zwecke. Kam es ihm darauf
an, so wußte er sich auch das zu verschaffen und aus den ent=
legensten Gebieten, nicht ohne einen Anflug von Wohlgefallen,
wie schwer er trüge, herbeizuholen. Ein Kuriositätensammler
ist er ja sein lebenlang geblieben. Das Ziel aber verlor er
darüber nie aus dem Auge: die christlichen Zentralwahrheiten
zu stützen und zu schützen und die mannigfaltige Weisheit
Gottes, die περιποίκιλος σοφία τοῦ θεοῦ in ihnen nachzu=
weisen. —

Auch der Kommentar zum Römerbriefe ist von Tholuck
in verhältnismäßig sehr kurzer Zeit geschrieben worden; eine
Thatsache, die sich nur daraus erklärt, daß er seit Jahren Aus=
züge für dieses Werk gemacht hatte. Am 13. März 1823 wird
die Arbeit im Tagebuche zum ersten Male erwähnt, und am
7. November trafen schon die Aushängebogen ein. Unter jenem
Datum notierte sich der Verfasser das schöne Wort: „Ich will
bloß das meine Speise sein lassen, daß ich den Willen meines
Vaters thue. Als diesen Willen sehe ich besonders an den
Kommentar zum Römerbrief. Prahl wiederholt oft den Spruch
von Claudius an seinen Johannes: Mein Sohn, gehe nicht
aus dieser Welt, ohne ein Denkmal zurückgelassen zu haben.
Das soll mein Denkmal sein, dann will ich ruhig
sterben. Und wenn's nicht dazu kommt? So bin ich ebenso

ruhig und denke, der Vater wollte dieses edle Werk einem
Besseren übertragen." Man sieht, wie ihm gerade diese Arbeit
ans Herz gewachsen war. In der Vorrede zu der „Neuen Be=
arbeitung" oder der 4. Auflage seines Buches schrieb Tholuck
achtzehn Jahre später (18. Januar 1842): „. . . . Als vor
einigen Jahren die Gefahr mich zu bedrohen anfing, des Augen=
lichtes verlustig zu gehen, fühlte ich mich dringend aufgefordert,
mit demjenigen Werke meine exegetisch=litterarische Laufbahn zu
beschließen, mit welchem ich sie begonnen hatte, und ging mit
angestrengter Arbeit an die ausgedehnte Arbeit, zu welcher
bereits vereinzelte Vorarbeiten vorlagen. Ich preise dankbar dem
Herrn, welcher sie mich nicht nur vollenden ließ, sondern auch
die drohende Gefahr für jetzt abwendete." Er fügt hinzu: „Da
ich, als vierundzwanzigjähriger Jüngling, durch Melanchthons
dogmatische Auslegung des Briefes an die Römer mächtig an=
geregt, es unternahm, die Herausgabe eines eignen Kommentars
zu versuchen, kam ein solches Werk einem weitverbreiteten Be=
dürfnisse der Zeit entgegen und vermochte daher auch eine all=
gemeinere Anregung in der Zeit hervorzubringen. Die Stim=
mung und Richtung der Gegenwart ist wesentlich eine andre ge=
worden — mögen wenigstens einige sein, für welche diese
mühsame Arbeit nicht vergeblich unternommen wurde." In der
That ließ das Interesse für Tholucks Römerbrief, nach den
gewichtigeren Leistungen andrer, die er hervorgerufen hatte, all=
mählich nach; von 1842 bis zur Gegenwart ist nur noch eine
neue Auflage (1856) erschienen. Desto schneller lösten sich an=
fangs die verschiedenen Editionen ab: 1824, 1828, 1831 —
für ein streng wissenschaftlich gehaltenes Buch in jenen Jahren
ein glänzender Beweis seiner mächtigen Wirkung.

Die Korrektur der ersten Auflage hatte dem Freunde
Julius Müller in Ohlau besorgt. Tholuck schickte dem
Korrektor zum Danke außer dem fertigen Buche auch noch
12 Thaler, worauf Julius Müller erwiderte: „Meinen herz=
lichsten Dank für Deinen lieben Brief und für seine doppelte
Inlage; für die 12 Thaler, die mich sehr überraschten, weil ich
nicht gedacht hatte, daß Du mir die geringe Bemühung noch
besonders vergüten könntest, die ich aber von Herzen gern an=
nehme als eine Gabe vom Herrn; sodann für deinen Kommentar.

Du weißt, daß ich bei dem Drucke der Bogen immer viel gegen manche Einzelheiten einzuwenden hatte. Aber jetzt, da das Ganze vor mir liegt, gestehe ich Dir offen: ich habe eine herz= liche Freude darüber, daß das Buch zur Welt geboren ist; es wird gewiß reichen Segen stiften. Gebe der Herr, daß es recht bald Nachfolger finde, die mit derselben Wärme in das Innere der übrigen Paulinischen Briefe hineingehen, und sich dabei ebenso frei halten von dogmatischer Befangenheit."

Seinem geliebten „Patriarchen" v. Kottwitz übersandte Tholuck das Buch am 24. Mai 1824 mit den Worten: „Mein teuerster Vater. Ihr Kind überreicht Ihnen wieder eine Gabe. Möge der Heiland, zu dessen Ehre und um dessentwillen es wahrhaftig allein verfaßt ist, seinen Segen darauf legen. Lange, lange trauerte ich, wenn ich keinen einzigen Kommentar der paulinischen Briefe meinen theologischen Brüdern zu empfehlen wußte. So erging das Geheiß an mich, meine Kräfte dazu anzuwenden." Die Antwort des alten Herrn bedauerte, daß die Schrift ihm wegen seiner „Sprachunkunde nicht ganz daß seyn köne, was sie den mehr Kundigen seyn dürffte".

Auch seinem Gönner, dem Minister v. Altenstein über= reichte Tholuck ein Exemplar des Buchs und schrieb in dem Begleitbriefe vom 11. Mai 1824: „. . . . Sollte auch dieses Werk mannigfache Mängel haben, so ist das Bedürfnis nach einer Arbeit dieser Art gegenwärtig so groß, nicht nur für die nichtchristlichen Theologen, sondern auch für die mit minderer Klarheit begabten evangelisch gesinnten Theologen eine gründliche Schriftauslegung ein so dringendes Bedürfnis, daß der Verfasser, wenn er auch mit minderen Gaben ausgerüstet diese Arbeit unternahm, doch hoffen darf, in der Beschaffenheit unsrer Zeit selbst liege Grund genug, warum sie nicht ohne Frucht bleiben werde." Der Minister replizierte unter dem 14. Juni 1824 (U. 9142), nachdem er seinen Dank für die Gabe ausgesprochen: „Besonders verdienstlich erscheint es dem Ministerio, daß Sie auf die in neueren Zeiten zum Nachteil der Theologie und Kirche gar sehr vernachlässigten Erklärungen der Kirchenväter und Kirchenreformatoren zurückgegangen und bemüht gewesen sind, mittels ihrer den Geist der paulinischen Briefe richtig auf= zufassen und tiefer in denselben einzudringen. . . . Das Ministerium wünscht, daß Sie Muße gewinnen mögen, ähnliche Auslegungen auch der übrigen paulinischen Briefe auszuarbeiten und bekannt zu machen."[3])

Von seinen Freunden gingen Tholuck selbstverständlich herzliche Dankesworte für seine Arbeit zu. Aber auch die Ausstellungen fehlen in ihren Schreiben nicht. Mit vollem Rechte tadelte es Olshausen in Königsberg, nachdem er die zwei wesentlichen Vorzüge des Kommentars: „die sehr zweckmäßige Auswahl der verschiedenen Erklärungsweisen und die in echt erfahrungsmäßiger Art gehaltene Darstellung des wahren christlichen Sinnes" anerkannt hatte, daß Tholuck gar nicht darauf gekommen sei „gründliche, zusammenhängende Begriffsentwickelungen der dogmatischen Hauptbegriffe Gerechtigkeit, Glaube, Werke, Gesetz" u. s. w. zu geben; — ein Mangel, der dem Kommentar bis zu seinen letzten Auflagen geblieben ist. Sein unerbittlicher Mahner Rudolf Stier faßte seine Aussetzungen am „Römer-Kommentar" in folgende kurze Sätze zusammen, die zu einem Teil unverkennbare Schwächen des Buches kennzeichnen, zum andern aber auch prinzipielle Differenzen bloßlegen, in betreff deren der Irrtum nicht immer auf seiten Tholucks liegt. „1. Lege noch einfältiger den Text selbst zum Grunde! Höre erst ihn ganz, soviel du mit Gottes Hilfe eben vermagst. 2. Ganz ungeweihte Ausleger thue weg. Laß sie nicht auch noch so viel gelten und mitreden, sondern glaube, daß der Geist des Herrn dir tausendfach die Körnlein ersetzen könne, welche sie etwa als in Blindheit gefunden dir liefern. 3. Fasse stärkeres Herz gegen die Ausleger. Nämlich sie einfacher, entschiedener nach dem biblischen System zu würdigen, behandeln und richten. 4. Sprich selbst nicht neumodisch. Deine Auslegung der Bibel rede selbst mehr in der Bibelsprache; die neuere Sprache der vielen Bücher, die du liesest, ist wirklich durch und durch verdorbener, als man meint; und durch Übersetzungen des heiligen Worts in dies nicht nur flachere, stückweisigere, sondern oft für geistliche Dialektik durchaus schiefe und unreine Idiom bindet sich die Auslegung selber den Mund zu. 5. Der heilige Geist ist's, der da redet. Denke also mehr an ihn, als an Paulus, wenn du hörst den, der da redet. Glaube noch einfältiger, daß das Bibelwort ein Geistwort ist, wie Christus ein Gottmensch — ganz menschlich, und doch im kleinsten Fäserchen das Gottmenschliche, Einzige. Sieh es noch bestimmter an als vollendetes Kunstwerk des höchsten Geist= Künstlers. Erlaube dir daher nicht, von ‚Einfallen, auf etwas kommen, zufällig, populärem Sprachgebrauch), rhetorischem oder didaktischem Charakter, Mangel an bestimmtem Zusammenhang‘ u. dergl. wie bei gemeinen Schriftstellern gleich unsereinem zu reden, auf eine Weise, wie es meinem Gefühle mehrfach die Heiligkeit des heiligen Wortes verletzte. Bedenke in dieser Hin= sicht, was wohl der apostolische Ausdruck: die Schrift in Stellen wie Röm. 9, 17; Gal. 3, 8. 22; 4, 30 für einen In= spirationsbegriff enthalte. 6. Vom Vollsinn im Gegensatz der spaltenden gemeinen Logik, und von der höheren Dialektik der Geistessprache, welche mit lauter geistlich lebendigen, in der größten Einheit und Einfachheit zugleich die größte Vielheit und Fülle enthaltenden organischen göttlichen Grundbegriffen zu thun hat, — auf welche hin auch der ganze jüdische Sprachgebrauch nur weissagende Akkommodation war — will ich nicht einmal etwas sagen. Denn je mehr ich selbst hineingeführt werde, desto mehr muß ich bemerken, wie neu und entfremdet es den meisten ist und so lange noch überall Mißverständnisse erregt, bis es je mehr und mehr in klarer Durchführung vorgelegt werden kann. Öfter aber, wenn du mehrfache, geistlich wahre Auslegungen einer Stelle hast und nun meinst, nur eine der= selben dürfe wahr sein — siehe doch recht nach, ob sie nicht etwa nur Seite eines Ganzen, das wohl gar noch mehr Seiten hat, seien, und ob du nicht einen innerlich zusammenfassenden Gesichtspunkt findest, auf welchem die mehreren Sinne entweder als Zweige des Stammes, oder als perspektivische Reihe von der Schale zum Kern erscheinen. Das halte fest, das ist der Wurzelboden des Bibelwortes, und auf ihn zu treten durchaus der neueren gläubigen Exegese Beruf und Heil, wenn sie nicht binnen kurzem in der weiteren Entwickelung wenigstens — irre werden will. — Der Geist der Wahrheit und Liebe führe uns, Geliebter; er deute dir auch, was wahr ist an meinen Worten. Aber laß uns vereinigt bleiben in Ihm! Ewig dein R. Stier.“

In der Vorrede zur ersten Auflage hatte Tholuck, nebst einigen Zugaben, als: die Vorrede von Luther, Auszüge aus

Chrysostomus' Homilien über den Apostel Paulus u. dergl., „um einen Gesamteindruck der Auslegung zu geben", eine Paraphrase des Briefes an die Römer in Aussicht gestellt. „Da auch das Bedürfnis nach klarer und gründlicher Schrift= auslegung unter den Laien überall erwacht, so wird jenes kleine Büchlein als eine Handreichung zum Verständnisse des Briefes an die Römer benutzt werden können."

Diese Paraphrase erschien im folgenden Jahre unter dem Titel: „Umschreibende Übersetzung des Briefes Pauli an die Römer. Als Anhang zu der Auslegung des Briefes an die Römer, nebst der Vorrede Luthers zu diesem Briefe, von August Tholuck. Berlin, bei Ferdinand Dümmler 1825."

Achtes Kapitel.

Die englische Reise.

Die unvergleichliche geistige Regsamkeit Tholucks, seine feurige Phantasie und der durch sie beflügelte Drang ins Weite haben den Kurzsichtigen und so manchen Eindrücken Unzugäng= lichen dennoch zu einem der emsigsten und begeistertsten Reisenden unsres Jahrhunderts gemacht. Als die große Masse der Ge= bildeten noch lange nicht daran dachte, daß zu einem voll ausgenutzten Jahrespensum etliche außerhalb der heimischen vier Wände verbrachte Wochen gehörten, hatte er schon Hunderte von Meilen durchmessen und manches außerdeutsche Land begrüßt. Heinrich Leo hielt bekanntlich das Reisen für unsittlich, weil es — ein für den alten Burschenschaftler mit seiner Löwen= natur bezeichnendes Urteil — das Individuum allzusehr heraus= löse aus der heilsamen Zucht der heimischen geselligen Ord= nungen. Tholuck wäre an dem innern Feuer der in ihm arbeitenden Unruhe verbrannt, wenn der Trieb ins Ungemessene, die Begierde, zu schauen und immer Neues kennen zu lernen, sich nicht durch stetig wiederholte Reisen im In= und Auslande hätte Luft machen können. Schon den Knaben sahen wir mit Lust in lieber Freundesgemeinschaft das schlesische Gebirge durch= streifen. Der Jüngling und Mann ließ nur gezwungen eine Ferienzeit verstreichen, ohne sie zu einem kürzeren oder längeren Ausfluge benutzt zu haben; und manches Urlaubsgesuch ist an den Minister gegangen, das um Verlängerung der allgemein geltenden Erholungszeit einkam — wobei es dem um die ge= schäftliche Ordnung sich wenig Kümmernden wohl passierte, daß der Minister v. Altenstein ihn darauf aufmerksam machen

mußte, derartige Gesuche seien „fortan verfassungsmäßig durch
Geh. Ober=Regierungsrat B e c k e d o r f f einzureichen" (8. Aug.
1824, U. 16128), oder der Kurator der Universität Halle,
D e l b r ü c k, am 3. September 1842 eine Beschwerde an den
Minister richtete, daß Prof. T h o l u c k sein Urlaubsgesuch zu
einer Reise nach Frankreich, Österreich und die Schweiz nicht
durch ihn übersandt, sich bei ihm, dem Prorektor und dem Dekan
der theologischen Fakultät nicht verabschiedet, auch für die Ver=
tretung in den Universitätsgottesdiensten nicht gesorgt habe, „wie
sich denn der Konsistorialrat T h o l u c k der Befolgung aller
derartiger Vorschriften überhaupt meist für enthoben zu erachten
pflegt"; eine Klage, welche dem schwer Beschuldigten die mini=
sterielle Verfügung eintrug: „Ich kann solches nicht billigen
und muß Ihnen dieses hierdurch mit dem Wunsche zu erkennen
geben, daß diese Bemerkung Sie veranlassen möge, für die Zu=
kunft die in betracht der Reisen akademischer Dozenten gegebenen
Vorschriften in allen Beziehungen zu beobachten." Noch der
Greis konnte begeistert Reisepläne nach Ägypten, Syrien und
Indien schmieden, und begriff es nicht, wie etwa sein west=
fälischer junger Reisegenosse solchen Ideen kühl gegenüberstehen
konnte. „Ihr Westfalen seid doch gar zu nüchtern!" Wie
schmerzlich wehe that es dem 74jährigen, als er die Einladung
zur Evangelischen Allianz in New=York für den Oktober 1873
ausschlagen und mit seiner Vertretung den Schreiber dieser
Zeilen beauftragen mußte.

Auch von Berlin aus hat T h o l u c k viele Reisen gemacht.
Außer den erwähnten nach Schlesien, Holstein und an den Rhein,
und den wiederholten kleineren Ausflügen nach Wittenberg,
Freienwalde und der sog. märkischen Schweiz sei noch einer
längeren Reise gedacht, die T h o l u c k mit seinen Freunden
S e n k e l, M a r e s c h, S c h u l t z und S c h m i d vom 18. Aug.
bis 5. Sept. 1824 nach Wittenberg, Halle, Leipzig und Dresden
in einer Lohnkutsche unternahm, und die darum interessant ist,
weil sie ihn zuerst in persönliche Berührung mit den Männern
Halles brachte, denen er bald als Kollege zugesellt werden sollte.
Die knappen, englisch geschriebenen Notizen über diese Reise be=
richten allerdings von keinen allzu günstigen Eindrücken. Nur
der alte, ehrwürdige K n a p p, dessen Nachfolger T h o l u c k in

wenigen Jahren wurde, zog ihn herzlich an. Knapp sprach sich sehr günstig über den Kommentar zum Römerbriefe aus. Einige Andeutungen über seine isolierte Stellung in Halle veranlaßten Tholuck zu der Frage, ob er nicht gern einen christlich gesinnten Kollegen neben sich hätte? worauf der Greis freundlich lächelnd die Augen emporhob und ausrief: „Ja, ja, nun wenn das?" Gesenius empfing ihn mit den von Tholuck buchstäblich wiedergegebenen Worten: „Nu Herr Jes, seien Sie's? nu da kommen Sie ja noch viel früher, als ich mers dachte!" Im wissenschaftlichen Gespräche vermied man beiderseits, die gegensätzliche Stellung hervorzuheben. Auch bei Wegscheider, Niemeyer und Vater wurde dieselbe Taktik beobachtet. Der fromme alte Wagner, ein christlicher Handwerker, der mit Tholuck schon korrespondiert hatte, sammelte wiederholt einen Kreis von Studenten um sich, denen Tholuck an den Abenden erbauliche Ansprachen hielt; ihr Echo hallt noch lange in den Studentenbriefen aus Halle wieder.

In Leipzig besuchte Tholuck seine Freunde C. C. Tauchnitz, Lindner, Clodius, Heinroth, Voigt u. a. Auch wurde er hier zur Audienz zu dem Kgl. sächsischen Kabinettsminister Grafen v. Einsiedel befohlen, welcher kräftige Hebel ansetzte, um den Berliner Professor an die Stelle des verstorbenen D. Cramer an die Leipziger Universität zu ziehen, ohne daß dieser jedoch ernstlicher auf das Ansinnen eingegangen wäre.

Die vielfachen Beziehungen mit England, welche sich durch die britischen Bibel- und Missionsgesellschaften für Tholuck eröffnet hatten, legten ihm nun den Wunsch nahe, auch einmal den Mittelpunkt so vieler christlicher Unternehmungen und die Heimat einer Anzahl seit Jahren gewonnener Freunde durch persönlichen Augenschein kennen zu lernen. Zugleich konnte er, wenn er seinen Weg über Holland und Paris nahm, dort und dann später in Orford wissenschaftliche Zwecke verfolgen und eine Reihe orientalischer Manuskripte einsehen, an deren Kenntnisnahme ihm gelegen war.

Durch Vermittelung seines Freundes Sir George Rose ward ihm zugesagt, daß die Kosten der Reise nach London von dem Komitee der Englischen Judenmissionsgesellschaft getragen werden würden. Und so richtete Tholuck schon am

24. Juni 1823 folgendes Gesuch an den Minister v. Alten=
stein: „Einem Königl. Ministerio erlaube ich mir folgen=
des Gesuch unterthänigst vorzulegen. Ich habe den Wunsch,
im nächsten Jahre von Frühling bis Herbst eine litterarische
Reise nach Holland, England und Frankreich zu machen. Meine
Endzwecke sind erstens religiös=theologische, indem ich den Zustand
des Christentums und der Theologie in diesen drei Ländern
kennen zu lernen wünsche, namentlich auch in Frankreich den Zu=
stand der Protestanten, unter denen jetzt in Paris selbst ein neues
evangelisches Leben erwacht. In England, wo ich schon jetzt
mehrere theologische Verbindungen habe, würde mir, da ich über=
dies so glücklich bin, die Sprache in der Gewalt zu haben, es
besonders leicht werden, die mannigfaltigen Gestaltungen und
Erscheinungen des religiösen Lebens zu untersuchen. Außerdem
habe ich auch den Endzweck, Materialien zu einer ausführlichen
Geschichte der morgenländischen Religionsphilosophie, woran ich
schon lange arbeite, zu sammeln, und die gesammelten durch
Vergleichung von Handschriften zu vervollständigen. Mein
Hauptaufenthalt wird wohl Oxford und Paris sein. Ich be=
absichtige insbesondere, wenn es ausführbar ist, das handschrift=
liche Werk des Arabers Schahristani über die Religionen des
Orients, welches sich in Oxford befindet und wovon bisher nur
wenige, die Aufmerksamkeit erregende Bruchstücke bekannt wurden,
dort abzuschreiben.“

„Ich würde nicht so früh diesen meinen Wunsch Einem
Hohen Ministerio vorgelegt und um dessen Ansicht darüber
gebeten haben, wenn nicht in der Lage der Dinge selbst etwas
Nötigendes für mich läge, früher die Ausführbarkeit oder Nicht=
ausführbarkeit meines Planes zu erfahren. Im Falle nämlich
ein Hohes Ministerium mir nicht zur Ausführung meines Planes
behilflich sein könnte, so würde ich schon diesen Herbst eine
Reise von größerem Umfange unternehmen. Im Falle ich aber
von Einem Hohen Ministerio eine namhafte Unterstützung zu jener
beabsichtigten Reise erwarten dürfte, so würde ich meine ökono=
mische Stellung für diesen Winter verändern, würde im Herbst
nur eine kurze Reise unternehmen und vielmehr schon die Herbst=
zeit wie auch den Winter zu litterarischen Vorbereitungen auf
die große Reise benutzen. — Was die Kosten der von mir be=

absichtigten Reise und des Aufenthalts in England und Frank=
reich betrifft, so muß ich freilich hinzusetzen, daß ich, außer
meinem laufenden Gehalte, nur noch 100 Thaler zuzusetzen
haben würde, und in bezug auf das übrige lediglich an die
Unterstützung Eines Hohen Ministerii gewiesen bin."

„In der Überzeugung, daß Ein Hohes Ministerium, wenn
nicht die Umstände hindernd in den Weg treten, dieses mein
unterthäniges Gesuch mit Gewogenheit unterstützen werde, habe
ich die Ehre ꝛc."

Dem Minister kam diese Bitte durchaus nicht gelegen. Er
fürchtete, wie manche andere, daß Tholuck der heimischen
Kirche und Wissenschaft entzogen und von den Engländern fest=
gehalten werden würde; und so schlug er das Gesuch unter dem
17. Juli 1823 rund ab. Es gäbe keine Fonds für solche
Reisen; nur Vorschüsse auf das Gehalt und gewisse Erleich=
terungen für den Modus der Rückzahlung seien zulässig. So
mußte einstweilen das Projekt aufgegeben werden.

Allein Tholuck war nicht gewillt, sich definitiv abweisen
zu lassen. Am 30. Juli 1824 wiederholte er seine Bitte. Ein
Freund in England habe ihm die Aussicht eröffnet, die Kosten
der Überfahrt nach England und des Aufenthalts daselbst im
Monat Mai während der großen religiösen Versammlungen
in London gedeckt zu erhalten. Seine wissenschaftlichen Pläne
bezüglich der orientalischen Religionsgeschichte halte er aufrecht;
außerdem beschäftige er sich jetzt mit einem ausführlichen Kom=
mentar zu den messianischen Stellen der Propheten, wozu er
gleichfalls viele arabische und rabbinische Werke benutzen könne.
Schlimmstenfalls müsse er um Vorschuß auf das Gehalt bitten.

Der Minister forderte nun zunächst von dem Ober=Re=
gierungsrat Beckedorff ein Gutachten ein. Derselbe nahm
mit Tholuck eine Besprechung vor, wie er in seinem Bericht
sagt, um darüber Gewißheit zu erlangen, „ob nicht durch diese
Reise der Prof. Tholuck der hiesigen Universität und wohl
gar dem deutschen Lande überhaupt abtrünnig gemacht werden
möchte. Ich wußte, daß schon früher von England aus Ver=
suche gemacht waren, ihn für dortige religiöse und Missions=
zwecke zu gewinnen, und konnte deshalb einige Besorgnis um
so weniger unterdrücken, als seine eigne Meinung mit einer

solchen Thätigkeit übereinzustimmen scheint, ich aber den Abgang eines Mannes, der in so frühem Lebensalter so viel Gelehrsam= keit, Lehrgeschick und ernste Gesinnung besitzt, als einen großen Verlust für die Universität betrachten müßte." Allein die Unter= redung mit Tholuck habe ihn völlig beruhigt.

Nun richtete v. Altenstein am 14. Januar 1825 (U. 23968) ein Unterstützungsgesuch an König Friedrich Wilhelm III. Es handle sich um eine reichlichen Gewinn versprechende Reise, „um so mehr, als dieser junge Mann mit gründlicher Gelehrsamkeit eine seltene Thätigkeit und einen ernsten Eifer für das theo= logische Fach verbindet, dem er sich gewidmet hat." Eigenhändig fügte der Minister, in kluger Berechnung der besondern könig= lichen Interessen, am Rande des Entwurfs eine Bemerkung hinzu, die freilich mit den Tholuckschen Wünschen recht wenig zu thun hatte: „Der Aufenthalt des 2c. Tholuck in England ..... wird ihm eine günstige Gelegenheit verschaffen, den Zu= stand der englischen Kirche und insbesondere das Litur= gische in derselben kennen zu lernen, was mir in mehreren Beziehungen nicht unwichtig zu sein scheint." Er beantragte eine außerordentliche Unterstützung von 300 Thlr. aus den Fonds der Universität und zwar aus den pro 1825 zu machenden Gehaltsersparnissen.

Am 19. Januar genehmigte der König das Gesuch, und am 24. wurde die Hauptkasse angewiesen, die 300 Thaler, sowie das Gehalt von Tholuck für das zweite und dritte Quartal schon im Februar auszuzahlen. Zugleich ergingen ministerielle Empfehlungsschreiben für den deutschen Professor an den außer= ordentlichen Gesandten und bevollmächtigten Minister Grafen v. Schladen im Haag, an den Gesandten Baron v. Maltzahn in London und den Gesandten Baron v. Werthern in Paris, welche v. Altenstein „zur persönlichen Abgabe" an Tholuck schickte. Die Zusendung begleitete er mit einem eigenhändigen freundlichen Glückwunsche zur Reise.

Nun war, wenn Gott keine neuen Hindernisse mehr schickte, das große Ziel erreicht; inniger Dank und herzliche Vorfreude klingt aus den Aufzeichnungen des Tagebuches in diesen Monaten.

Allein eine große Arbeitsmasse mußte noch absolviert werden, wenn die Reise mit voller innerer Freiheit angetreten werden follte. Seit Monaten schon hatte sich Tholuck auf Erledigung des Begonnenen gerüstet; er wollte mit keinen Schulden in die Ferne ziehen. Den ganzen Sommer und Herbst hindurch ar= beitete er mit dem angestrengtesten Fleiße. Wohl mit in dem Gedanken an die in London ihm bevorstehenden Ansprachen an große Massen hatte er schon im Sommer gewagt, zum ersten Male in seinem Leben die Kanzel zu besteigen. Am 11. Juli 1824, dem vierten Sonntag nach Trinitatis, hielt er in der St. Gertraudkirche zu Berlin die Nachmittagspredigt über Kol. 3, 2—4, „das geistliche Sterben und das geistliche Leben des Christen", ein gewaltiges, aus der Tiefe der innern Erfahrung schöpfendes Zeugnis. Die Predigt wurde bei Franklin u. Komp. in Berlin gedruckt und später, als sie längst vergriffen war, in die erste Sammlung von zehn Tholuckschen Predigten (1829) in demselben Verlage aufgenommen. „Als ich hinauf= trat," berichtet das Tagebuch, „war mir sehr bange, aber es ging unter Seinem Segen, indem mir auch das Gefühl er= halten wurde. Als ich geendet, war ich nicht eben begeistert, sondern gemäßigt." Auf der vorher erwähnten Reise nach Leipzig und Dresden im Herbste dieses Jahres lernte er ein christliches Ehepaar aus Hamburg, Kaufmann Hermann Manecke und seine Frau kennen, denen er ein Exemplar dieser Predigt zum An= denken schenkte. Sie waren von derselben so ergriffen, daß sie ihm zum Danke aus Hamburg vier Louisdor für seine Juden= missionsgesellschaft übersandten.

Noch drei Werke wurden in dieser Zeit von Tholuck zum Drucke befördert, ehe seine litterarische Thätigkeit durch die Reise einen mehr als halbjährigen Stillstand erlitt. Wir müssen dieselben noch mit einigen Worten besprechen, bevor wir den Reisenden ins Ausland geleiten.

Die erste Arbeit stand im Zusammenhang mit seiner Thätig= keit im Dienste der englischen Judenmission; die Gesellschaft bestritt die erheblichen Druckkosten insoweit, daß das Büchlein im Preise von 75 Pf. verkauft werden konnte. Der Titel des= selben lautet: „Wichtige Stellen des Rabbinischen Buches Sohar, in Text und mit Übersetzung, nebst einigen Anmer= kungen." Berlin 1824, in Kommission bei Ferdinand Dümmler.

Unter der im Juli 1824 geschriebenen Vorrede nannte Tholuck seinen Namen.

Das Buch Sohar ist die Hauptquelle für die ältere jüdische Kabbala oder mystisch=theosophische Überlieferung. Der Name „Sohar" oder „Glanz" bezieht sich auf die Stelle Dan. 12, 3: „Die Lehrer werden leuchten wie des Himmels Glanz." Es wird von der Sage auf den Rabbi Schimeon ben Jochai zurückgeführt, einen Zeitgenossen des berühmten Talmudisten Akiba, der als Anhänger des falschen Messias Bar Kochba unter Hadrian im Jahre 135 hingerichtet wurde. Die Zweifel, welche schon Buxtorf gegen die Echtheit des Buches erhob, werden wohl nur in bezug auf die gegenwärtige Form desselben begründet sein; der Inhalt ist seiner Hauptmasse nach auch für einen so nüchternen Forscher wie Ed. Reuß (vergl. Herzogs Real=Encyklopädie, Art. Kabbala) auf Rabbi Schimeon, ja auf ältere Philosophen, die jetzige Gestalt in chaldäischer Sprache aber auf orientalische Redaktoren des 8. Jahrhunderts zurück= zuführen.

Der ausgesprochen praktische Zweck dieser Auszüge verbot ihrem Sammler ein näheres Eingehen auf die höchst phantastische Gotteslehre des Sohar, die unendlich komplizierter ist, als sie im Tholuckschen Buche sich darstellt. Der Verfasser sagt in der Vorrede ausdrücklich: „Aus diesem wichtigen Buche teilen wir hier eine Reihe merkwürdiger Aussprüche mit, die schon früher ein christlicher Lehrer Sommer (Specimen theologiae Soharicae. Gotha 1734) gesammelt hatte. Es sind vorzugs= weise solche, welche mit den christlichen Lehren große Überein= stimmung haben. Die evangelischen Glaubensboten unter den Juden werden sie benutzen können, teils um die Israeliten zu überzeugen, daß so vieles, was sie im Christentum verschmähen, schon von ihren ältesten, für heilig geachteten Lehrern ausge= sprochen worden ist."

Ob dieser Zweck wohl bei vielen erreicht worden sein mag, ist freilich die Frage. Nachrichten darüber fehlen gänzlich. Jedenfalls besteht die Übereinstimmung zwischen den christlichen Grundlehren und den Anschauungen der Kabbala, wie sie im Buche Sohar sich finden, nur für die oberflächlichere Betrachtung. Es ist richtig, daß, was Tholuck z. B. über die messianische

Erklärung von Jesaia 53 aus dem Sohar mitteilt, ein tieferes Verständnis für die Idee der sühnenden Genugthuung bekundet. Da heißt es S. 48 f. nach Tholucks Übersetzung: „Wenn dem Messias das Leid der Nachkommen Israels in ihrer Zerstreuung gesagt wird und zugleich auch, daß sie es verschuldet haben, weil sie nicht darauf bedacht sind, ihren Herrn zu erkennen, so erhebt er seine Stimme und weint über ihre Sünden. Darum steht geschrieben Jes. 53, 4: Er ist verwundet um unsrer Missethaten willen, geschlagen um unsrer Sünde willen. Dann bekehren sich die Seelen und gehen an ihre Plätze (zur Seligkeit). Der Garten Eden ist ein Gemach, welches das Krankengemach ge= nannt wird. In dieses Gemach geht alsdann der Messias und ruft alle Übel, alle Krankheiten, alle Schmerzen Israels, daß sie über ihn kommen möchten, und in der That kommen alle diese über ihn. Und wäre er es nicht, der diese Schmerzen von Israel weg über sich nähme, wahrlich, es wäre kein Mensch im stande, zu erdulden die Schmerzen Israels, die Strafe um des Gesetzes willen. Darum heißt es (v. 4): Fürwahr, unsre Krankheiten hat er getragen u. s. w. Solange Israel im heiligen Lande war, hielt es durch den Gottesdienst und die Opfer, die es brachte, alle Übel und Schmerzen von der Welt ab; jetzt aber hält der Messias diese ab von den Menschen." Auch das ragt über die gewöhnliche jüdische Auslegung weit hinaus, daß das Buch Sohar im Messias zwei Naturen an= nimmt, die göttliche, welche es den Sohn Davids nennt, und die menschliche, die, seltsam genug, der Sohn Josefs heißt. Aber wird diesen Ausführungen die christlich scheinende Spitze nicht dadurch wieder abgebrochen, daß der im zweiten Jahrhundert n. Chr. lebende Verfasser des Sohar die Erfüllung der Messiashoffnungen ausdrücklich in die Zukunft verlegt und damit seine Leser an der geschichtlichen Person Jesu vor- übergeführt? Noch weniger apologetischen Wert den Juden gegen= über scheinen die angeblichen Anklänge der Kabbala an die christliche Trinitätslehre zu haben, um derentwillen Tholuck in den An= merkungen (S. 71) ausruft: „Es ist auffallend, daß die heutigen Kinder Israels so sehr die Lehre von der dreifachen Art des göttlichen Seins anfeinden und verwerfen, da doch die älteren Israeliten alle sie so fest glaubten." Es dürfte höchstens gesagt

werden, daß die ältere jüdische, wie alle theosophische Spekulation
über den starren, absolut einfachen Monotheismus des christus=
feindlichen Judentums hinausgegangen ist und eine in ver=
schiedenen Modalitäten auftretende Fülle von Dasein in Gott
angenommen hat. Aber gerade das Buch Sohar lehrt nicht
drei, sondern zehn solcher Modalitäten oder innergöttliche Er=
scheinungsweisen, und damit wird die ganze Argumentation,
wenn auch die Dreizahl immerhin eine gewisse Rolle in der
kabbalistischen Spekulation über Gott gespielt hat, mehr oder
weniger hinfällig. — Das Wirksamste an dem Büchlein werden
die schönen Gedanken des Sohar über Sünde und Reue und
die daran angeschlossenen mahnenden Anmerkungen Tholucks
für suchende Israeliten gewesen sein.

Mit der zweiten, größeren und bedeutungsvolleren Arbeit,
die Tholuck in dieser Zeit, am 10. Novbr. 1824 (Datum der
Vorrede) beendete, kehrte er noch einmal in den Blütengarten
der orientalischen mystischen Poesie zurück, aus dem er für seine
Jnauguraldissertation die ersten Blumen gepflückt hatte. Der
Titel des 327 Seiten enthaltenden Buches lautet: „Blüten=
sammlung aus der Morgenländischen Mystik nebst
einer Einleitung über Mystik überhaupt und Morgenländische
insbesondere, von F. A. G. Tholuck, a.=o. Professor an der
Universität zu Berlin. Ferdin. Dümmler 1825." Das Motto
ist seinem geliebten Dschelaleddin entnommen: „Einen Zweig
des Gartens bringt man wohl zur Stadt, doch den Garten nie
zur Stadt gebracht man hat." „Herrn Dr. Habicht in Breslau,
als dem, der ihn zuerst in den Orient einführte, zum Zeichen
fortdauernder dankbarer Freundschaft", hat der Verfasser dieses
Werk gewidmet.

Die kurze, trefflich orientierende Vorrede sei hier ganz mit=
geteilt. Es heißt: „Als ich in den Jahren 1818 und 1819 die
arabischen, persischen und türkischen Handschriften über religiöse
Gegenstände las, welche in hiesiger Königlicher Bibliothek vor=
handen sind, machte ich mir von jeder einzelnen vollständige
Auszüge, teils deutsch, teils im Urtext. Diese Auszüge benutzte
ich zur Abfassung des Werkes Sufismus 2c. Doch konnte ich
nur einzelne Notizen für dieses Werk entlehnen. Es blieb da=
her das Verlangen bei mir zurück, für ein weiteres Publikum

die wichtigsten ausgedehnteren Stellen der von mir gelesenen
Handschriften zu übersetzen. Ich übergebe sie hiermit der euro=
päischen Lesewelt und glaube, daß sie mit Anteil werden gelesen
werden. Ihre Kenntnis ist überhaupt wichtig für die Geschichte
der Philosophie und Religion; die Dichtkunst darin ist größten=
teils reizend, und überdies steht der tiefe religiöse Gehalt der
meisten Auszüge besonders zu dem Geiste unsrer gegenwärtigen
Zeit in naher Beziehung. Das Gute und Heilige dieser Mystik,
wie das Verkehrte hat in unsrer Zeit seine Analoga. Ich für
mein Teil wünsche, daß diese Auszüge die Frucht tragen mögen,
träge flache Geister zu erregen und zu etwas Höherem hinzu=
führen, als Hausmoral und Brauchverstand; die, welche auf
dem Boden dürrer Metaphysik die Schraube ohne Ende drehen,
nach Nahrung begierig zu machen; die, welche alle möglichen
Annäherungen aus Christentum haben, ohne den Kern zu be=
sitzen, durch das Gewahrwerden, daß sie mit dem tieferen Mu=
hammedanismus auf einer Stufe stehen, an ihrer Weisheit irre
zu machen; endlich solche zu beschämen, welche außer dem Reiche
der christlichen Offenbarung an keine erziehende Gnade Gottes
glauben wollen. — In die Sache tiefer eingehende wissen=
schaftliche Erörterungen konnten hier nicht gegeben werden. Wir
müssen den, welcher ein durchdringendes Verständnis dieser
Auszüge wünscht, auf das oben angeführte Werk verweisen, wo
der Gegenstand genauer behandelt wird.*) — In der Über=
setzung habe ich mich möglichster Treue bestrebt. Bei den meisten
Gedichten ist Versmaß und Reim des Originals beibehalten; die
technischen religiösen und philosophischen Ausdrücke sind mit der
größten Genauigkeit übertragen, wie: Absolutes, Entrückung,
Einsprache Gottes u. s. w. Diese Worte entsprechen genau den
arabischen und persischen. Ich mußte oft zusammenziehen und
abkürzen, da bekanntlich morgenländische Schriftsteller gewöhnlich
weitschweifig sind, das Werkchen aber nicht zu ausgedehnt werden
durfte. Sollte es wünschenswert erscheinen, so könnten diese
Mitteilungen fortgesetzt werden und sich auf gewisse orientalische
Sitten erstrecken."

---

*) Ein weiteres Verständnis für das größere Publikum eröffnete
Tholuck selbst nach seiner Rückkehr aus England in dem später zu be=
sprechenden Werke: Die spekulative Trinitätslehre des späteren Orients.

Das vorliegende Werk ist das Erzeugnis eines bewunderns=
würdigen Fleißes und Geschicks in der Wiedergabe fremder
Gedankenkomplexe. Die Einleitung über Wort und Wesen der
Mystik, über evangelische, morgenländische und muhammedanische
Mystik zeugt von einer großen Reife des Urteils, indem bei
aller begeisterten Freude an der Herrlichkeit mystischer Poesie
und Gottinnigkeit doch dem wahren, festen, im Worte gegrün=
deten Glaubensleben des Christen unbedenklich der Vorzug ein=
geräumt wird. „In seiner sittlichen Erscheinung ist das Leben
des Mystikers ein Wasserspiegel, der ergriffen von einem innern
allgewaltigen Liebesdrange gleichsam wie vor Sehnsucht be=
klommen seine Wellen an sich hält, um auf unbewegter Fläche
das Angesicht der Sonne sich spiegeln zu lassen. Die unruhigen
Wellenkrümmungen der Eigenheit ruhen von der Liebe festge=
halten, damit in der bewegungslosen Seele der Ewige sich frei
bewege und das Leben der Seele in dem Gesetze Gottes auf=
gehe." (S. 21.) „Es ist ein Zauberleben im Sonnenglanz und
Blütenduft und Harmonikaklang, welches solche Seelen führen.
Sie sind die personifizierte Allseitigkeit. Mag der Mosesstab
ihrer Anschauung hinschlagen, wohin er will, so erscheinen
Götter." „Doch auch wenn wir die Mystik in ihrer unge=
trübtesten Gestalt so denken, wie wir sie beschrieben haben, bleibt
sie im Verhältnisse zum evangelischen Christentum nur Schatten."
(S. 23.) „Als seinen schonungslosen Feind hat der Mystiker
immer zu fürchten die Spekulation." „In der griechischen Sagen=
welt ist die tiefsinnige Sage, daß seit uralten Zeiten ein kleiner
grauer Greis still verborgen im Mittelpunkt der Erde sein ge=
heimnisvolles Werk treibe. Niemand hat ihn je gesehen, er aber
hämmere leise fort in ahnungsvoller Verborgenheit. Sein Name
ist Dämogorgon. Ein solcher Dämogorgon ist dem Mystiker
sein Gott. Gehorchen kann er ihm, auch sich hinabziehen lassen
in die geheimnisvollen Tiefen seines Wesens, aber als einen
lieben Vater lieben kann er ihn nicht. Ja, was noch ver=
derblicher ist, da die Kunde seines Gottes vorzugsweise aus
seinem eignen Herzen fließt, da er auf diesen Quell ohne Auf=
hören hinblickt, so entsteht, ihm selbst unbemerkt, eine Selbstliebe,
die ihm Religion wird. Darin liegt die versuchendste Wirkung
der Mystik, daß der Mensch durch sie in sich selbst gehalten

wird, während das evangelische Christentum ihn in jeder Hin=
sicht von sich frei macht. Die ganze Religion des Mystikers
liegt in seinem eignen Gemüte. Da gibt ihm sein Gott jeden
Tag neue Offenbarungen; da wird ihm Liebe, da Haß ver=
kündigt; da stirbt sein Gott, da wird er ihm wiedergeboren.
Ganz anders beim evangelischen Christen. Seine Offenbarung,
seine Gnade, seine Seligkeit sind außer ihn gestellt. In ihn
kommen sie allerdings, aber nur dadurch, daß er sich ganz so
in sie hineinlebt, wie sie außer ihn gestellt sind." (S. 26.) „So
müssen wir denn allerdings sagen, die Mystik ist das reichste
und tiefste Erzeugnis des menschlichen Geisteslebens; sie ist die
lebendigste und erhabenste Offenbarung Gottes aus dem Gebiete
der Natur, sie ist das Höchste und Größte nach dem Reiche
der evangelischen Gnade. Aber wie alles auf dem Gebiete der
Natur trägt sie doch noch die Selbstsucht an sich, und wie
kräftig sie auch die gröberen Fesseln derselben bei ihren Freunden
zu zerbrechen weiß, so kann sie doch nicht von den feinen Ketten
der Selbstsucht befreien, sondern bindet den Menschen desto
stärker damit, je kräftigerer Natur er ist. Die Mystik kann
Freunde Gottes, ja sie kann Brüder Gottes bilden,
aber keine Kinder Gottes." (S. 27.)

Sein rauher Freund und Widersacher, v. Hammer=
Purgstall in Wien, den Tholuck um eine Besprechung der
„Blütenlese" gebeten hatte, und der es dem jungen Manne
nicht verzeihen konnte, daß er noch immer Ssufi, die Kutten=
oder Wollenmänner, schrieb, und nicht Sofi, die Weisen, ant=
wortete unter dem 28. Februar 1825: „.... Auch diese so viel=
fältige Verschiedenheit meiner Meinung von der Ihrigen ist
eine Ursache mehr, warum ich mich keiner Anzeige unterziehen
mag, in der ich doch vielfach wider ein Werk sprechen müßte,
das ich übrigens meinen Freunden sehr eifrig zur Lesung em=
pfehle, auch hier selbst in Zirkeln zum Teil schon vorgelesen
habe." Der Einleitung aber spendete der verdrießliche alte Herr
sein uneingeschränktes Lob. Es heißt darüber in demselben
Briefe: „Mehr als die Auszüge selbst, die ich meistens im
Original kannte, hat mich Ihre Abhandlung belehrt, welche das
beste und bündigste ist, das je über Mystik geschrieben worden.

Ich glaube, daß auch alle katholischen Theologen, wie alle protestantischen Ihnen lauten Beifall zurufen müssen."

Was nun die Auszüge aus den morgenländischen Poesien betrifft, so haben dieselben natürlich einen verschiedenen Wert. Neben Platterem und Geschmacklosem duftet uns ein unendlicher Zauber süßester Empfindung und großartigen dichterischen Tiefblicks entgegen; den kühnsten, an Lästerung streifenden Vertraulichkeiten des pantheistischen Sufi mit seinem Gotte treten zarte, sehnsuchtsinnige Klagen des demütigen Peters an die Seite. Gegenüber der hohlen, mit den bloßen Begriffsschemen zufriedenen Dialektik jubelt berauscht der seinen Gott trinkende, schmeckende, sich in ihn einschlürfende Mystiker sein teckes Jelleli! zu:

„Führt zum Gastmahl mich der Kindschaft, führt mich in der Heimat
　　　　　　　　Schoß! Jelleli!
Hin an der Vergessung Kuppel häng' die Flasch' ich mit dem Wein,
Trunken will ich jetzt alleine vor des Freundes Augen sein! Jelleli!
Also bin ich jetzo trunken, daß bei meiner Kindschaft Mahl
Ich die Gläser angebunden an der Himmel Himmel Saal! Jelleli!
Sonn' gab mir den goldnen Becher, Mond den silbernen Pokal:
In dem Rausch zerschlug ich beide, jubelnd hunderttausendmal. Jelleli!"

Dem nüchternen Spekulanten aber gilt Dschelabbins:

„Ob des Gaum's Genuß verlierst du Gott's Genuß;
Gottes Nam' nicht, nein, sein Sein dich nähren muß,
Da vom Namen dir ein Bild des Seins entsteht,
Ziemt sich's, daß das Bild die Sache suchen geht.
Hast du Namen je wohl ohne Sach' erblickt,
Rosen du von R und O und S gepflückt?
Namen weißt du, lauf nun dem Genannten nach!
Such den Mond im Himmel, nicht im Wasserbach!
Mach dich selbst von deinen eignen Farben frei.
Daß du schauest, was dein eignes Wesen sei."

wobei Tholuck nicht versäumt, in den Anmerkungen, die der Auslegung, der Kritik, aber auch zahlreichen Ausblicken auf philosophische und religiöse Richtungen der Zeitgenossen dienen, hinzuzufügen: „Treffliche Ironie gegen den Dialektiker, der mit trockner Lippe über Gott spekuliert! Wahrlich, auch von G und O und T hat man zur Zeit noch keine Rosen gepflückt! Dazu gehört mehr als buchstabieren, aber auch mehr als spiritisieren" (S. 115).

Die meisten Gedichte sind von Dschelaleddin und dem Verfasser des Gülschen ras „Rosenbeet des Geheimnisses". Fünf andre poetische Mystiker sind außerdem von Tholuck noch benutzt, sämtlich der Zeit vom 13. bis 15. Jahrhundert angehörig. Die deutsche Übersetzung kann auf eignen dich=terischen Wert kaum Anspruch machen; die Schwierigkeit der Aufgabe wird diesen Mangel hinreichend entschuldigen. Zu=zeiten wäre vielleicht besser gewesen, der Übersetzer hätte sich nicht so peinlich dem Versmaße des Originals angeschlossen; dann wäre es nicht zu so unglücklichen Holperversen gekommen, wie etwa S. 226:

> „O Lustzeit, wo lieb'krank, von Lieb' warm entbrannt,
> Die Liebe uns schlug und zugleich auch verband.
> Im Weine des Lebens ist Schmerz Schwindel bloß,
> Wie Speerknapp' der Dorn ist des Königs der Ros'" u. s. w.

Doch zuweilen, und gerade an den ergreifendsten Stellen, erhebt sich der Übersetzer über die Form gereimter Prosa zu wirklich dichterischem Schwunge und läßt von der Schönheit des Originals auch den deutschen Leser ahnen. Wir beschränken uns auf einige Proben.

Dschelaleddin läßt den Kalifen Omar über die Ge=heimnisse des Lebens und der Wunderwelt Gottes mit einem Griechen reden. Dieser fragt:

> „O Fürst, du hoher Geistesheld,
> Sprich: der Geist — wie sank er doch in diese Welt?
> Wie geschah's, daß jener Aar, so kerkerfrei,
> Stürzt vom Thron in dieses Kerkers Wüstenei?
> Omar spricht: Wiß', Zauber ist's, der solches that,
> Zauberwort Gott zu dem Geist gesprochen hat.
> Da zum Nichts er Zauber sprach, das sinnenlos,
> Eine Welt stieg aus des Nichts verborgnem Schoß.
> Zauberwort ist's, das das Nichts zum Wesen macht,
> Zauberwort ist's, das das Sein zum Schatten macht.
> In das Ohr der Rose sprach er Zauberred',
> Flugs der Liebe Duft von ihren Lippen weht.
> In das Ohr des Steins sprach er das Zauberwort,
> Flugs Rubinen glänzen auf am dunkeln Ort.
> Zu dem Körper spricht er Zauber, — er wird Geist;
> Spricht zur Nachtwolf' Zauber, — jetzt sie Sonne heißt.
> Kennst den Zauber du, den er zur Wolke sprach,

Daß so heiß sie Thränen weinet Nacht und Tag?
Kennst den Zauber du, den er zum Erdball sprach,
Daß er seit der Schöpfung nicht sein Schweigen brach?
Jeder, der von Zweifelqual verwirrt und bang',
Trägt in sich als Rätsel Gottes Zaubersang."

Die Anmerkung, die Tholuck zu diesen letzten zwei Versen gibt, teilen wir gleichfalls probehalber mit: „Einer der tiefsten Aussprüche, den Menschen ohne Offenbarung gethan haben! Das Unendliche im Menschen ist das Rätsel in ihm, an welchem er sein Leben hindurch rät. Dieses Rätsel ist in ihn hineingezaubert, und er kann dies Bewußtsein seiner unendlichen Natur mit Feuer nicht verbrennen, mit Wasser nicht ersäufen. Es ist ein geheimnisvoller Zaubersang, der namentlich in den stillen Nächten des Lebens feierlich und mahnend aus dem Abgrunde der Brust herauftönet."

Über die Macht des Gebetes spricht Dschelaleddin (S. 159 u. 160):

„Da vor Gott einst Moses zum Gebet hintrat,
Also Gott zu ihm voll Ernst gesprochen hat:
Mose! nur mit solchem Munde ruf' mich an,
Der vor mir noch niemals Sünde hat gethan!
Moses, tief im Geist erschreckt, mit Beben spricht:
Weh mir dann! Ich habe solche Lippen nicht.
Gott darauf: Ein Mund bei mir in Gnaden steht:
Schuldlos ist der Mund, der um Vergebung fleht.
Wiß', o Mose, schuldig sind die Lippen nicht,
Drauf ohn' Unterlaß Gebet um Gnade liegt."

Ein Beter wird vom Satan geäfft, daß Gott ihn doch nicht höre. Der Angefochtene trauert,

„. . . . ihm schwand der Sinn.
Sieh! da trat nachts Chiser liebreich vor ihn hin.
Sprach: warum, Kind! jetzt dein Herz zu beten scheut?
Sag, was ist's, daß deine Lieb' dich jetzo reut?
Ach, versetzt er, nimmer hör' ich: hier mein Sohn!
Bin verstoßen, dacht' ich, ach! vom Gnadenthron.
Chiser spricht: geh eilend hin, so sagte Gott,
Sprich zu ihm, der schwer versucht in tiefer Not.
Sagst du: Herr, komm! selber heißt das: hie, mein Kind!
Deine Glut und Seufzer Gottes Boten sind.
Deine Lieb' ein Gürtel meiner Liebe ist.
In dem: Herr, komm! stets ein: hie, Sohn! schlummernd ist."

Das Erwachen zum mystischen Leben der Gottesliebe schil=
dert der Dichter des Gülschen ras — M a h m u d — wunder=
bar schön:

> „Einst war auch ich in meinem Selbst befangen,
> Und wußte nichts von himmlischem Verlangen.
> Da plötzlich trat bei frühem Morgenlichte
> In mein Gemach ein himmlisches Gesichte.
> Noch keine Blum' im Herzensgarten blühte,
> In tiefem Schlummer lag noch mein Gemüte.
> Da schaut' ich hin auf seine goldnen Wangen
> Und rief ein „Ach!" mit seligem Verlangen.
> Wohl die Gestalt des Aches Sinn erkannte,
> Und also sie zu mir sich redend wandte:
> „O Heuchler du, dem hinfuhr all sein Leben
> In Namen und Gesetzes leerem Streben!
> Sieh nun, von wem, die dir als Meister galten,
> Die Buchstaben so lang' dich abgehalten.
> An meiner Wange Glut des Herzens Stillung
> Ist mehr denn tausend Jahre Pflichterfüllung."
> Ich blickte hin auf jener Wangen Gluten,
> Da fühlt' in mir ein Meer der Scham ich fluten.
> Ein brennend Schamgefühl mich ganz durchwallte,
> Das rot und schwarz mir meine Wangen malte.
> Je mehr in mir die Sonn' begann zu tagen,
> Je mehr begann ich an mir selbst zu zagen.
> Da füllt der Freund den Becher mir und reicht ihn,
> Nimm hin, er spricht, den Becher, du bedarfst ihn.
> Und da den Becher ich hinabgetrunken,
> Da war zu Boden trunken ich gesunken." u. s. w.

Und wie im Echo zu R i c h t e r s Liebe „Es glänzet der
Christen inwendiges Leben" wird die Gemeinde der Mystiker
beschrieben:

> „Im Winkel sie sitzen, und doch, wie bekannt,
> Sind all' ihre Kräfte zur Arbeit verwandt.
> Die Füße sind staubig, es brennet das Herz,
> Die Welten regieret ihr liebender Schmerz.
> Wie Stein sind sie schweigsam und preisend zugleich,
> Wie Wind sind sie flüchtig und kräftereich.
> Es strömen am Abend viel Thränen herab,
> Sie waschen mit Thränen den Schlummer sich ab" 2c.

Endlich noch ein Beispiel von dem pantheistischen Selbst=
vernichtungstriebe des Mystikers, der im Tode des Einzelnen
das Leben des Alls findet (S. 102):

„Wiß' o Sohn! Die ganze Welt ein Glas nur ist,
Das aus Gottes Lebensborn geschöpfet ist.
Nur ein Tropfen ist's aus seinem Lebensquell.
In dem Brunnen fand Gelaß nicht mehr die Well,
Sprang lebendig vor aus dem verborgnen Schoß,
Sieh! da ward ein Zaubersaal voll Glanzlicht bloß.
Ist die ganze Welt denn samt des Himmels Straß'
Nichts als nur aus Seines Lebens Strom ein Glas,
Ei, so schlag geschwind das Glas am Stein entzwei,
Daß der Tropf' nicht mehr vom Strom getrennet sei.
Doch brichst so aus Liebe du das Glas entzwei,
Tausendfach verschönt ersteht's im Tode neu.
Siehst du beben wohl am Tamburin jedwede Schell'?
Also bebt im Lebensmeer die einzle Well.
Wasser dann samt Glas verschwind't, wenn so du bist,
Merk wohl auf! Gott weiß allein, was Wahrheit ist."

––––––––––

Noch ehe die „Blütensammlung" im Druck vollendet war,
kam an Tholuck in einem Briefchen seines Schülers und Freun=
des Thym folgendes Gesuch. „Nun noch eine Bitte von Herrn
Elsner. Ich erzählte ihm neulich, Sie hätten früher über
das ‚Schauspiel' etwas aufgesetzt und an eine Gesellschaft, wie
Sie einmal erwähnten, eingeschickt. Da trug er mir auf, Sie
recht dringend zu ersuchen, doch ihm einen solchen Aufsatz zu=
kommen zu lassen; er wünschte ihn gern zum Heil mehrerer
christlicher Freunde drucken zu lassen, und zwar außer Landes,
damit Sie als Verfasser, falls Sie nicht wünschten, gar nicht
bekannt würden. Auch ich bitte Sie recht sehr, weil alles von
Ihnen mir teuer ist."

Tholuck ging sofort auf die Bitte ein und schrieb in
wenigen Tagen den kurzen Traktat: „Eine Stimme wider
die Theaterlust", der zwar anonym erschien, aber doch den
Schleier des Geheimnisses nicht festhalten konnte. Das Schrift=
chen von 46 Seiten wirbelte damals viel Staub auf, und die
unliebsamen Eindrücke, die es in verschiedenen Kreisen hervor=
rief, verfolgten in brieflichen Meldungen den Verfasser noch
weit in seine englische Reise hinein.

Wer heutzutage unbefangen diesen Traktat liest, wird sich nicht verhehlen können, daß allerdings mannigfache Über=treibungen und Maßlosigkeiten darin vorkommen. Wenn Schleiermacher am 19. November 1825 an Gaß in Breslau schrieb: „Unser Tholuck kommt nach Halle. Er war jetzt hier in gutem Zuge, von seinen schroffen Einseitigkeiten etwas zurück=zukommen",[1] so rechnete er zu diesen Einseitigkeiten gewiß auch jene Schrift, über welche Hengstenberg am 25. Dezember 1824 nach Hause schrieb: „Die theologische Welt wird hier jetzt sehr bewegt durch einen Streit über das Theater, der mit großer Heftigkeit geführt wird. Soeben erscheint darüber eine kleine Schrift von Tholuck. Die Schule von Schleiermacher streitet für das Theater. Von beiden Seiten geht man wohl zu weit."[2]

Es ist ja bekannt, in welchem übertriebenen Maße das Leben der damaligen gebildeten Berliner Welt im Theater seinen Mittelpunkt hatte. Wie eine Haupt= und Staatsaktion wirkte das Auftreten der Henriette Sonntag, so daß man auch bei Hofe nichts mehr hören konnte „als von Fräulein Sonntag und vom Hofprediger Strauß." König Friedrich Wilhelm III. fehlte fast keinen Abend im Theater, und selbst Bunsen schrieb an seine Frau: „Es ist entsetzlich zu sehen, wie sich (mit Aus=nahme weniger) die ganze Bildung Berlins um das Theater dreht!"[3] Dennoch können wir auch in jener Tholuckschen Schrift nur eine Übertreibung sehen, hervorgegangen aus den engherzig pietistischen Anschauungen und Empfindungen, die er vollständig erst in Rom unter den Denkmälern einer viel=tausendjährigen Geschichte und Kunst abstreifte. Ein nicht zu verkennender christlicher Mut gehörte wohl dazu, in jener Zeit, wo hoch und niedrig der Theaterlust frönte, die Zeugenstimme dagegen zu erheben. Und hätte sich Tholuck darauf beschränkt, vor dem Zuviel zu warnen oder gegen Schmutz und Gemein=heiten auf der Bühne zu zeugen, so müßte man seiner That von Herzen beistimmen.

Aber Tholuck that mehr. Er erklärte das Schauspiel an sich für Sünde und jede Beteiligung daran für ein be=wußtes oder unbewußtes Unrecht. Noch vor wenigen Jahren hatte der König durch das Publikandum vom 16. Dezember

1808, betreffend die veränderte Verfassung der obersten Staats=
behörden der preußischen Monarchie in Beziehung auf Landes=
und Finanzverwaltung, im § 12 das Theater und dessen Be=
aufsichtigung dem Geschäftskreise der Abteilung für den
öffentlichen Unterricht zugewiesen.[4]) Man kann sich denken,
wie peinlich nun den hohen Herrn der Angriff berühren mußte,
der hier gegen das ganze Institut des Theaters von seiten des
christlichen Gewissens versucht wurde. Und gewiß war es
richtig, was Heubner am 22. Februar 1825 an Tholuck
schrieb: „Nach des Hallischen Kurators v. Witzleben Aussage
hat diese Schrift sehr rumort und sogar den König erregt."
Friedrich Wilhelm hat das Schriftchen selbst besessen: wer
weiß, wer es ihm, in schwarzem Maroquinbande mit Gold=
schnitt, überreicht haben mag! Das kleine Heft gehört jetzt mit
zu den Werken, welche neuerdings der Kgl. Universitätsbibliothek
in Berlin zugewiesen und mit dem Stempel „Ex Bibliotheca
Augustissimi Regis Friderici Wilhelmi III" versehen sind.
Dieses Exemplar des Königs selbst hat, da das Schriftchen jetzt
äußerst selten ist, dem Verfasser dieser Zeilen für seine Arbeit
vorgelegen.

Es genügt eine ganz kurze Analyse, um die Inkonsequenzen
und Einseitigkeiten des Schriftchens erkennen zu lassen.

Fragt man, so beginnt Tholuck, was die Menschen gegen
all das mannigfache Weh und Elend des Lebens zum Troste
haben, so verweisen uns viele auf ihre Redouten und Bälle,
ihre Schauspiele und Gesellschaften — ein armer Trost, gleich=
sam nur die andre Seite des Elends. Aber es ist nicht nur
ein armer, sondern auch ein sündlicher Trost: mit der Schwärze
der Sünde wollen sie die Schwärze des Elendes sich abwaschen.

Freilich nur mit denen läßt sich hiervon reden, die schon
ein Verlangen nach dem schmalen Wege haben, und nur etwa
in diesem Punkte noch verblendet sind oder aus Menschenfurcht
an die heikle Frage nicht rühren wollen, oder fürchten durch
Verbot eine gesetzliche Frömmigkeit aufzurichten. Doch sollen
durch dies Zeugnis nicht Zweige abgebrochen werden, sondern
der Wurzel der Weltliebe soll's ans Leben gehen; dann fallen
die Zweige von selbst. „Wer die Freuden des inwendigen in
Gott verborgenen Lebens, welche Wesen sind, recht gekostet hat,

sollte der den Schattenfreuden nachlaufen, die dahinfahren, wie Wolkenschatten über die Wiesen?"

Das Schauspiel ist in der That eine lose Kunst, dem Christen zum Spielen wie zum Schauen gleicherweise verboten. Ein Christ kann nicht Schauspieler sein; schon ganz abstrakt genommen darum nicht, weil der stete Wechsel der zu spielenden Charaktere den eignen Charakter tötet. Und wenn man ein= wendet, daß auch beim Vorlesen durch den Ton der Stimme, auch wohl durch Gebärden, ein Hineinleben in fremde Charaktere gefordert werde, so ist die Gefahr wohl vorhanden, allein doch nicht unüberwindlich; „wo sie aber groß gefunden wird, da muß man lieber auf ein Vorlesen solcher Rollen, welche ver= suchend für uns sind, verzichten." Im Konkreten aber: was wird dargestellt? Natürlich gute oder lasterhafte Charaktere. Und die lasterhaften könnte man spielen, ohne aufs neue selbst von der Lust entzündet zu werden? Die tugendhaften, ohne in Gleißnerei und Tugendstolz zu verfallen? Ja, böte die Bühne selbst echt christliche Stücke mit christlichen Charakteren, so würde die Heuchelei nur noch unerträglicher: wer vermag sich in jeder Stunde zu heiligen Bewegungen des Herzens selbst zu erheben, die doch ein freies Geschenk des Herrn sind; und welcher Christ könnte auf der Bühne „Jesus meine Zuversicht" singen, oder um Sündenvergebung ehrlich und aufrichtig beten?

Ist nun aber diese Kunst eine Sünde, so ist es auch Sünde sie zu befördern. Ein innerlich gefestigter Christ wird zwar durch das im Theater Geschaute keinen Schaden leiden. Aber die schwachen, noch nicht im Herrn stille gewordenen? Der In= halt der Schauspiele ist ja entweder geradezu unsittlich, oder doch zweifelhaft, nur selten, wie bei Shakespeare, Gutes und Böses klar geschieden; die Weltansichten sind die deistischen. Dadurch wird ein Schwacher selbst wieder schwach; das Preisen der natürlichen Menschentugend ist ihm nicht segensreich, das Anschauen der Laster gefährlich. Will man wiederum sagen: dasselbe gilt dann auch vom Lesen der Schauspiele, so ist das nicht richtig. „Wenn ich die Schauspiele eines geschickten, den Menschen kennenden Dichters wie Shakespeare lese, so kann ich mich der ruhigen Betrachtung hingeben, indem ich das Laster und das Böse nur mit der Erkenntnis aufnehme, ohne daß meine bösen Affekte mit aufgeregt werden. So werde ich von seiner Menschenkenntnis Nutzen ziehen können. Wenn ich aber dieselbe Handlung dargestellt sehe, so reißt sie mich hin und macht, daß ich auch das Laster und seine Äußerungen nicht bloß mit ruhiger Betrachtung anschaue, sondern mit empfinde und in mir nachbilde." Freilich von jedem gilt das auch nicht; nicht vom geförderten Christen und nicht vom Phlegmatiker; und leicht erregbare Gemüter werden auch vom bloßen Lesen hin= gerissen werden, wie andre vom Sehen. Dann sollen sie sich aber wiederum nicht ohne Not in Gefahr begeben, und jene mögen sich hüten, durch ihre Freiheit nicht sich selbst oder andern einen Fallstrick zu legen.

Hiermit bricht die eigentliche Untersuchung schon ab, und es folgen nur noch Aussprüche von Heiden und Christen, Kirchen= vätern und Reformatoren gegen das Theater. Wenn Luther einen freieren Standpunkt vertreten und in den Tischgesprächen es gebilligt hat, daß ein Schulmeister mit seinen Schulkindern ein Stück aus Terenz spielte, so war dies Urteil Luthers nach Tholuck eben „übereilt, wie denn die Tischgespräche gar manche übereilte Aussprüche des großen Glaubenshelden enthalten". Desto klarer und erfreulicher lauten dem Verfasser die Aussprüche Speners und Franckes (wiewohl übrigens letzterer sich gerade über das Schauspiel behutsamer ausdrückt: „Diese [nämlich die Kinder des Zornes] sind es, die ihre äußerlichen Gleichstellungen der Welt so gern verfechten und alles ihr äußerliches Thun gern für indifferent wollen gehalten wissen, als: Scherzen, Spielen und [wie einige solches dahin zählen] Komödien= halten und besuchen"). Mit einigen Ermahnungen an die verschiedenen Leser seiner Schrift und endlich mit einem feurigen Gebete „an das teure Haupt und den Bischof der Herde" um Heiligung und Reinigung der Gemeinde schließt der Verfasser; der Korrektor (Samuel Elsner?) fügt noch eine Räubergeschichte hinzu: ein gebildeter Jüngling ist durch Schauspiele wie Schillers Räuber selbst auf die Verbrecherbahn gelockt worden, und hat vor seiner Hinrichtung erschütternde Warnungsworte ausgesprochen, die der Korrektor, als er sie hörte, wie Schwerter in sein Gewissen gehen ließ. Zwei Gedichte: „Der Scheideweg" und „Es ist genug" sind der Schrift noch beigegeben.

Es liegt auf der Hand, daß, wenn Tholucks Auseinander=
setzungen recht haben, und die künstlerische Darstellung an sich,
als zur Verstellung und zur Unwahrheit führend, eine Sünde
ist, das gleiche auch von allen bildenden Künsten gelten muß,
und die Konsequenz, der sich unser Verfasser nur mit Wider=
streben beugt, ganz korrekt ist: dann höre auch das Lesen, zumal
das Vorlesen, aber auch das Schreiben von Schauspielen auf.
Tholuck hat, was in ihm selbst mit seiner leidenschaftlichen
Phantasie immer wieder den „Cyklopen" weckte und den jungen
Titanen in die finstersten Kämpfe trieb, als eine Gefahr für
alle oder doch die meisten dargestellt und damit weit über das
Ziel hinausgeschossen. Ein christliches Schauspiel ist unzweifel=
haft denkbar, also auch seine Aufführung sittlich zulässig. Ist
doch aus kirchlichen Darstellungen, den mittelalterlichen Mysterien,
geradezu die Bühne der christlichen Zeit entstanden; und Schau=
stücke, wie das großartige Lutherfestspiel von Dr. Otto Devrient,
das 1883 in Jena mit Begeisterung gespielt und gesehen und
1884 mit gleicher Begeisterung, ja Erbauung wiederholt worden
ist, könnten wohl die Gedanken wieder beleben, die Schiller
bewegten, als er seine Abhandlung „die Schaubühne als eine
moralische Anstalt betrachtet" schrieb. Tholucks Arbeit hat die
Theaterfrage nicht gefördert, da sie den gordischen Knoten ein=
fach zerhieb.

Unter diesen Arbeiten, denen sich noch der Druck der Para=
phrase zum Römerbrief und die Abfassung der ersten drei Hefte
des „Freundes Israels" für 1825 anschloß — das neunte und
letzte Heft stellte Tholuck für seine Rückkehr zum Oktober in
Aussicht —, rückte die Zeit der Abreise immer näher heran.
Noch nahm man damals zu einer Reise nach England wie für
das ganze Leben Abschied. Das Tagebuch füllen Berichte über
die endlosen Abschiedsbesuche, die Tholuck machte und empfing.
Daß auch Schleiermacher ihn mit freundlichem Wohlwollen
und anerkennenden Worten entließ, rührte ihn tief und klingt
noch lange in den Reiseaufzeichnungen — selbst der englischen
Sommertage nach. Am 24. Februar 1825 sammelte Tholuck

zum letzten Male seine Freunde zur Donnerstagsgesellschaft um sich; 40 waren gekommen, „40 Blutzeugen", die er im Tage= buche alle mit Namen nennt. Beschämende und ihn fast über= wältigende Liebesbeweise, in Wort, Gebet, Gedicht und Brief wurden dem Scheidenden zu teil. Am Freitag kamen die Nächst= stehenden sämtlich noch einmal, und der Trennungsschmerz erneuerte sich. „Ein seliges Lebewohl" nahm Tholuck vom „Patriarchen"; „lichte Klarheit lag auf Kottwitz' Gesichte, seine Predigt war: sein Wille und nicht unsrer". Der Abend gehörte der „Freitagsgesellschaft" bei Lancizolle, wo Otto v. Gerlach, Graf Schlippenbach, Hollweg, Graf Stosch, v. Sommerfeld, v. Guretzky, v. Oertzen, Lecoq, Jocke und Graf v. d. Recke den Scheidenden mit gleicher Zärtlichkeit aufnahmen. Noch einmal wurde das „Abschiedslied der auf Jesum Verbundenen" — Marter Gottes, wer kann dein vergessen — gesungen. Aus den Armen des Grafen v. d. Recke und Otto v. Gerlachs, die ihn bis an sein Haus geleiteten, eilte er auf sein einsames Zimmer und befahl Leib und Seele dem waltenden Gott.

In der ersten Frühe des Sonnabends (26. Februar) kam sein geliebter Maresch, Student der Theologie, der Tholuck zunächst bis Münster begleiten sollte, mit der für die ganze Reise durch Deutschland gemieteten Lohnkutsche an dem Hause Neustädter Kirchgasse Nr. 6 an. Noch zwei Freunde wurden abgeholt: Hermann Ball (der spätere Judenmissionar und Bruder des jetzigen Oberkons.=Rats Fritz Ball), der nach seiner Heimat Elberfeld zurückkehren wollte, und August Schmidt (gegen= wärtig Superintendent und Doctor theol. in Anderbeck bei Halberstadt). Letzterer gab Tholuck nur bis Potsdam das Geleite, um den Brüdern in Berlin über die ersten Reisestunden Bericht erstatten zu können. Ein frischer heller Wintermorgen führte die Freunde durch den Tiergarten, und bald erklangen aus dem Wagen die Lieder, die im Kreise der Berliner Er= weckten eingebürgert waren.

Über Plaue und Genthin ging der Weg nach Magdeburg, wo Oberlandsgerichtsrat Götze und Kandidat Hachtmann als christliche Freunde begrüßt wurden. In Halberstadt gedachten nach Tholucks lakonischer Notiz die Reisenden „bei der Ein=

fahrt an Herrn Gleim, um sich durch poetisches Warmgefühl die an diesem Tage sehr starke Kälte zu vertreiben, doch eben nicht mit sonderlichem Erfolge". Tholuck wünschte angesichts der schönen alten Kirchen Halberstadts der religiös kalten Stadt „lieber eine Mittelalterszeit als die Gleimische Grenadier= Kreutzbravheit= Religion". Plötzlich einfallendes Tauwetter nötigte die Richtung über den Harz aufzugeben und über Wolfenbüttel und Seesen nach Göttingen zu fahren. Hier empfing sie der theologische Privatdozent Bialloblocky, ein treuer, aber steifer und Tholuck wenig sympathischer Freund, der bald in London und Paris nicht zur großen Freude des Reisenden sich wieder an seiner Seite fand. Die Besuche bei den Professoren Stäudlin, Plank, Pott u. a. fielen zu großem Mißbehagen aus. Die allgemeine Richtung der da= maligen Göttinger Frömmigkeit bezeichnete ein Urteil über den beliebtesten Prediger der Stadt, das sich Tholuck gewiß nicht ohne satirisches Schmunzeln zum Andenken niederschrieb: „Er predigt, was man zu seinem Lobe sagen muß, zwar gewöhnlich strenge Sittlichkeit, indessen macht er doch auch zuweilen von dem Christentum Gebrauch."

In dem schönen Kreise der Münsterschen Freunde wurde ein längerer Halt gemacht. Am 6. März trafen die zwei Reisenden — Ball hatte sich in Unna von ihnen getrennt — in Münster ein, und am 7. fing Tholuck den ersten der aus= führlichen Reisebriefe an, die den Freunden in der Heimat be= stimmt waren. Der erste Empfänger in Berlin war Kottwitz; dann ging das Briefpaket an den Donnerstagskreis, von da an den Freitagskreis, von Lancizolle an Herrn v. Meyern, an die Familie Schmalz, an Pred. Ziehe, an Heubner nach Wittenberg; Otto v. Gerlach endlich sollte die Korrespondenz zur Rückgabe an den Reisenden verwahren.

Leider sind von diesen Reisebriefen Tholucks im Nachlasse nur noch Bruchstücke zu finden gewesen. Das Vorhandene läßt den Verlust um so schmerzlicher empfinden, als die vorliegenden Berichte wahre Meisterstücke beschreibender Erzählung genannt werden müssen. Es ist geradezu erstaunlich, welch eine Reise des Urteils, welch eine Schärfe der Beobachtung und spielende Kunst der charakteristischen Darstellung aus diesen Zeilen des

Sechsundzwanzigjährigen uns entgegentritt. Daß zumal über England und Paris nur so dürftige Notizen vorliegen, die aus dem hier ganz summarisch gehaltenen Tagebuche nur wenig ergänzt werden können, ist in hohem Grade zu bedauern. So viel wie möglich soll im folgenden Tholucks eigner Bericht, wo er vorhanden gewesen ist, zu Worte kommen.

Gleich am Tage nach der Ankunft in Münster wurden die Reisenden von der Oberpräsidentin v. Vincke zu Tische geladen, wo eine Anzahl der oben genannten Freunde sich zusammenfand. Die vier übrigen Tage verlebte Tholuck ganz im Kreise der originellen Verbrüderung zwischen Katholiken und Protestanten, in welcher er sich außerordentlich wohl fühlte. Er stellte in seinem Briefe an die Freunde den Münsterschen Kreis, was Echtheit, Tiefe und Zeugenkraft des Glaubens betrifft, noch über den geliebten Berliner. Seine Schilderung des Pater Tyrell ist klassisch. Tholuck schreibt: „Ein eignes Interesse hat hiesigen Orts für den Fremden die Mystik, die unter mehreren herrscht. Die Freunde unterscheiden bei sich selbst zwischen solchen Mystikern, denen die Mystik mehr Gegenstand der Erkenntnis ist, wie dies z. B. bei einem Apotheker Herold, einem Professor Siebenberger, und denen, welchen sie Herzenssache ist, wie Tyrell, Schröder, Regierungsrat Hartmann. Das Haupt dieser Herzensmystiker ist Tyrell, den ich näher beschreiben muß. Er ist mir eine wichtige Erscheinung in meinem Leben. Ein kleiner, abgestutzter, sehr wohlbeleibter Herr, in einer grauen Müllpekesche, mit einer kurzen Tabakspfeife, ein schwarzes Käpp= chen auf dem grauen Haupthaar, das Gesicht kurz mit kleiner, netter Nase, nicht sehr großen Augen, mit Zügen, wie man sie bei behaglichen, gutmütigen Alten findet, in dem Auge aber ein sehnsuchtsvolles Feuer demütiger Liebe; und so oft sich das Auge nach oben hebt und schmachtend wird, kommt über das ganze Gesicht ein würdiger, von Liebe gemilderter Ernst — und er sieht dann ganz besonders einsichtsvoll und weise aus. Schon seit fünf Jahren ist er nicht mehr von seinem Zimmer gekommen; er arbeitet unermüdet bis zwölf Uhr in die Nacht und hat eine unermeßliche Belesenheit in Religion, Philosophie, Ästhetik und Geschichte. Er kennt fast alle wichtigen Bücher auf jenen Ge= bieten, nur mit Ausnahme der Philosophie, wo seine Belesenheit nur ein engeres Fach umschließt. Er ist ein Mystiker und Theosoph im engern Sinne des Wortes. Fromm erzogen ging er früh ins Kloster, empfand ein lebhaftes Sehnen nach gewisser Erkenntnis und fand unter den verbotenen Büchern Jakob Böhme. Es gelang ihm, diesen zu lesen. Diese Lektüre gab ihm die innerliche Lebenserkenntnis und zugleich auch die spekulative Richtung. Ich glaube, wenn man seine Ansichten rein spekulativ nimmt, so ist es sogar ein pantheistischer Mystizismus, der alle positive Offenbarung leugnen müßte. Allein der liebe Alte hat teils zu wenig Spekulationstalent, teils zu viel Glaubensinnigkeit, als daß er sein System so ausspinnen sollte.... Er hat die indischen und persischen Religionsbücher, die griechischen Mythen und die Bibel in einem großen Auszuge zusammengeschrieben. Seiner religiösen und mystischen Handschriften und Kompositionen sind Legion. Indessen arbeitet er gar nicht ausschließlich im Felde der Mystik; nur die Abende von 8 bis 12 oder 1 Uhr sind ihr geweiht. Am Tage beschäftigt ihn westfälische und englische Geschichtsforschung, denn er meint, daß die Historie der Kontemplation ein Gegengewicht halten müsse.... Der alte Pater sagte mir: Sie haben schon jung geschrieben, und setzte hinzu: Ich habe auch schon viel geschrieben, habe aber auch schon seit 30 Jahren verbrannt und werde noch viel verbrennen; werden auch noch verbrennen, Herr Doktor! Ich sagte, ich würde bei einem Herrn, zu dem ich nicht gern ginge, eine Visitenkarte abgeben. Er: ‚Schöne Erfindung, die Visitenkarten! Woher aber die Visitenkarten kommen, wissen Sie wohl, Herr Maresch? Wenn die Teufel Kindbette haben, mögen sie doch gern einander artig sein, ohne sich zu sehen; da schicken sie sich Visitenkarten. Ist gut für die kalte Welt. Braucht solches Zeug.‘ Als ich Abschied nahm, blieb das Männchen auf dem Stuhl sitzen und sah mit so frommen, klugen Augen zu mir auf, und in seinen Zügen war so viel warmer Ernst, und drückte meine Hand und sagte: ‚Na, wiedersehen werden wir uns noch einmal, Herr Doktor, hilft all nix! Aber droben erst werden wir durch sein!‘ "

In gleich anschaulicher und geistreicher Weise schildert Tholuck alle Glieder des merkwürdigen Kreises, so daß wir meinen, jeder einzelne stehe leibhaftig vor uns. Auch der Dombechant Overberg wurde besucht; derselbe erzählte aus seinen reichen Erinnerungen an Claudius und den Grafen Stolberg. „Von Claudius besonders, wie der so kalt geblieben sei bei überlästigen Besuchen. Ein Prediger aus Osnabrück besuchte ihn, er sprach aber außer den bestehenden Grußformeln nicht eine Silbe; nur beim Weggehn weidete vor dem Hause eine schöne Kuh, da sagte er: „Seh'n Sie einmal, das ist doch eine schöne Kuh!" — Der ehrwürdige Professor der Kirchengeschichte Katerkamp bat Tholuck beim Abschiede, sich in sein Album einzuschreiben; er werde ihm dann zeigen, zwischen wem er geschrieben habe: es waren die Fürstin Gallitzin und Nicolovius.

Nur schwer trennte man sich von den lieben dankbaren Freunden. Auch Maresch wollte nun scheiden; sein Reisegeld war zu Ende. Da bat ihn Tholuck, ihn auf seine Kosten noch bis Holland zu begleiten, und freudig willigte Maresch ein. Auch letzterer hat (für die vorliegende Biographie) eine kurze Skizze seiner Reise mit Tholuck geschrieben, aus der wir folgendes entnehmen. „Auf unserer Weiterreise (am 11. März) kamen mir durch die ödesten Gegenden dieses Grenzlandes über Dülmen, Borken und Bocholt nach Deutikem (Dötinchem), dem ersten holländischen Städtchen. Die Sauberkeit und Schönheit in diesen, auch den kleinsten Ortschaften Hollands war auffallend; die Wege von gemauerten Backsteinen. In den Gasthöfen die äußerste Reinlichkeit, dabei aber auch eine größere Wohlhabenheit und höhere Preise als in Deutschland. So gelangten wir am Sonntage, dem 13. März, bis Utrecht und am Montag mittag nach Amsterdam, wo Tholuck bei dem (englischen) Judenmissionar Thelwall sich schon angemeldet und um Quartier gebeten hatte. Nach kurzem Aufenthalte in Amsterdam reisten wir über Gravenhaag nach Leiden, wo Tholuck zuerst blieb, um die Schätze der Bibliothek in dieser Universitätsstadt zu benutzen. Bis zum Donnerstag, dem 18. März, blieb ich hier bei ihm, nachdem wir den Domine (reformierten Pfarrer) Egeling und den Dichter Bilderdijk besucht und kennen gelernt hatten." In ihr Stübchen, das sie bei einem Lichtzieher (haarsemaker) gemietet, schrieb Tholuck seinem Freunde vor dem Abschied ein Albumblatt, das seine Stimmung deutlich

kennzeichnete, und an dem er nach 38 Jahren den ihn 1863 in
Halle besuchenden Maresch lautjubelnd wiedererkannte. Es
lautete: „Die wir uns allhier beisammen finden u. s. w. Diese
Worte, teuerster Bruder, das Bundeswort, das wir gesungen
haben, wenn der Abend dunkelte und der Herr bei uns war,
das in Münster und im Haarlemer Hölzchen uns mit Brüdern
verknüpft, das in Wittenberg und Dresden uns an einander
und an die Brüder gebunden hat, das sei mein Abschiedswort.
Wenn Herr Egeling und Herr Bilderdijk, Herr van Kampen
und Herr Hamacker mich nicht werden trösten können, dann
wird dieser Bundessang mich erquicken, indem er mir die hundert
süßen heiligen Stunden zurückrufen wird, die uns von oben
geschenkt wurden. Ja, ja, sie blühen ab, alle, auch die süßesten
Freuden, und die Einsamkeit und der Schmerz ziehen heran,
und schon fühle ich sie nahen, wenn ich beim Haarsemaker werde
in dem veröbeten und kalten Stübchen sitzen und frieren und
mich sehnen nach dem Genossenen. Dann aber soll die Dankbarkeit an das, was mir aufs unverdienteste geschenkt wurde,
mein Herz weich machen, und ich will weinen die Thränen des
Dankes, wenn ich nicht die des Jubels weinen kann. — Wir
bleiben eins, bis wir uns wiedersehn! Geschrieben den 18. März
abends ½11, nachdem wir von Herrn Bilderdijk und Herrn
Egeling uns erholten und seufzten und uns getrösteten."

In Leiden arbeitete nun der Alleingelassene mit einem
rastlosen Eifer an seinen morgenländischen Kodices. Es unterliegt keinem Zweifel, daß er durch den hier aufgewandten übertriebenen Fleiß sich das Unterleibsleiden zuzog, das ihn auf
der weiteren Reise quälend verfolgte, bis es sich in England
zu einer fast unerträglichen Höhe steigerte. Es hat ihn, wie
wir im folgenden sehen werden, wieder in die finstersten Stimmungen hinabgerissen und ihm die Freude an seiner Reise
wochenlang vollständig vergällt.

Im dritten „Sendschreiben" nach Berlin, in Rotterdam am
28. April begonnen (das zweite ist gänzlich verloren gegangen),
erzählt Tholuck von dem Leidener Aufenthalt folgendermaßen.
„Ich hatte in Leiden die wichtigsten morgenländischen Sachen,
die ich konsultieren und kopieren wollte, beendigt. Zwar hätte
ich sie nach dem gewöhnlichen Gange der Dinge wohl erst 14

Tage später beendigen können" (erst zum Beginn der Maiver=
sammlungen brauchte er in London zu sein), „allein in die
Segel meiner Kräfte blies der Wind der Bruderliebe so gewaltig,
daß ich alles aufbot, um die Arbeit möglichst zu beschleunigen.
Ich arbeitete, ohne mich umzusehen, und wollte ich ermattet in
den Stuhl sinken, so trat Barmen und Elberfeld mit den zwölf
Aposteln" (er wollte die zwölf Wupperthaler Geistlichen noch
vor der Abreise nach London aufsuchen) „plötzlich so reizend
vor die Seele, daß ich mich wieder zusammenraffte und aufs
neue anfing. Von 6, oft auch von 5 Uhr bis ¹/₂12 ar=
beitete ich, bloß mit Ausnahme einer oder anderthalb Stunden
Spaziergang, ununterbrochen; die Seiten der Kodices wurden von
Stunde zu Stunde schmaler, bis 15 Minuten vor dem Aufbruch
ich die letzte Zeile niedergeschrieben hatte. Freilich ist noch sehr
vieles Köstliche in Leiden, was ich nicht benutzt habe; allein
es gehört dieses alles in das Gebiet der morgenländischen Re=
ligionsgeschichte; hätte ich nun noch mehr davon abgeschrieben
und ausgezogen, so hätte ich es in Zukunft auch bearbeiten
müssen. Eine große Masse solcher Bearbeitungen würde mich
aber den biblischen Arbeiten entzogen haben, die mir doch immer
die teuersten sind." Die Handschriften, die Tholuck kopierte,
waren 1. der Gülschen Ras mit einem Kommentar dazu; 2.
Manuskripte betreffend die Lehre mehrerer orientalischer Sekten
nach Scharistai; 3. eine Handschrift mit Auseinandersetzungen
über die Lehren der muhammedanischen Scholastiker und der
Sfusi über das Wesen Gottes; 4. gesammelte Aussprüche der
höheren muhammedanischen Theologie über die Dreieinigkeit
Gottes; 5. ein Stück aus Avicenna über die Prophetie.
„Ich kann übrigens, bemerkt Tholuck, nicht genug die Liberalität
loben, mit der mir Hamacker" (Professor und Oberbibliothekar)
„und die andern Bibliothekare den Gebrauch der Handschriften
erlaubten. In mehrfacher Hinsicht hatte ich es bequemer als
in Berlin."

Von Leiden fuhr Tholuck mit der äußerst bequemen
Nacht=Schuit nach Utrecht und bestieg dort sogleich den Eilwagen
nach Nimwegen. Seine Schilderung der Reisegenossenschaft im
Eilwagen ist wieder ein Kabinettstückchen seiner Beobachtung und
launiger, fast holländischer Kleinmalerei. „Vor mir saß ein

holländischer Wachtmeister, das Ideal eines Soldaten, groß, stark, mit kräftigem Schnurrbart, feurigen Augen und in dem Gesicht mit dem Ausdruck unerschütterlicher Festigkeit; dabei war er sehr gebildet, sprach fertig deutsch und französisch, und — was mich besonders freute — war frei von jeder Unsittlich= keit. Neben ihm hatte ein holländischer Schneidergesell Platz genommen, dessen Anteil an den Unterhaltungen bloß darin be= stand, daß er die Leute ansah, wenn sie sprachen; er trug den Ausdruck jener plumpen Gutmütigkeit in den Zügen, die sich geehrt genug fühlt, wenn sie ungehänselt bleibt. Kam etwas Lächerliches, so suchte er mit besonderer Grazie zu verhindern, daß nicht die großen Zähne seiner hervorstehenden Unterkiefer entblößt würden, und drückte lieber mit dem Zeigefinger die Unterlippe fest an, wenn er lachte. Neben mir saß ein bra= bantischer Kaufmann, ausgezeichnet durch französische Lebhaftig= keit und Leichtfertigkeit; er war ununterbrochen am Sprechen und Singen, suchte auch neben sich leichtfertige Reden anzu= bringen, ohne jedoch zu reüssieren, indem der Wachtmeister that, als verstände er es nicht, der Schneidergesell aber bloß seine Unterlippe andrückte. Hinter mir saß ein holländischer Kauf= mann, welcher den ganzen Tag mit Schlafen nicht fertig werden konnte, und ein Nimwegenscher Beamter, dessen größte Sorge die Berechnung aller Ausgaben auf der Reise war und die Ver= gleichung der verschiedenen Preise der Waren. Im Fond endlich saßen noch zwei sehr verschiedene Leute. Ein junger Schweizer, Bruder Liederlich, der in seinem sechszehnten Jahre einen Offizier erschossen hatte und nach Batavia gegangen war; dort hatte er acht Jahre gestanden, hatte auch eine Reise nach Persien gemacht und kehrte nun nach Hause zurück. Sein Gesicht war charakteristisch, hager und ausgemergelt, wohl von Sünden ebensosehr als vom Klima, ganz und gar der Ausdruck des Sanguinikers. Das Auge, matt glänzend, schweifte unstät nach allen Seiten, und alle Augenblicke beim Sprechen wischte er sein langes Haar nach allen Seiten und warf sich rechts oder links, wie über= drüssig jeder Bewegung und jeder Mitteilung. Er schien einer von den ruinierten Menschen zu sein, die alles versucht und nichts erprobt gefunden haben. Von 330 Leuten, die mit ihm vor acht Jahren nach Java gesegelt waren, waren 260 schon

auf der Überfahrt gestorben, und von 93, die mit ihm den Abschied hatten und zurückgekommen waren, hatten nur 13 Amsterdam erreicht. So war Sterben ihm ordinär geworden wie
Leben, und 30 Tage Schwärmen in Amsterdam schien ihm die
Entschädigung gewesen zu sein für die Besorgnis des Todes,
die auch ihn manchmal auf der See angeflogen hatte. Neben
diesem ruinierten Jünglinge, dessen ursprüngliche Anlagen und
Kräfte sich noch in der unmutigen Unruhe, die ihn trieb, zu
erkennen gaben, ruhte behaglich ein holländischer Landdomine
in braunhaarigem oder vielmehr zottigem, dickem Überrock, von
kurzer zusammengepreßter Gestalt, mit einem kleinen Schmeer-
bäuchlein, ein altes gelbes Gesicht, lange Nase, einen ausge-
schweiften Mund, auf dem immer ein listiges Schmunzeln ruhte,
wie es sich sonst bei Knausern und Geizhälsen findet, schmale
Augen, die viel nach der Seite sahen, und rote Perücke. Sein
Gesicht verriet nie einen Anteil an dem, was gesprochen wurde;
er guckte gewöhnlich nur auf den Dampf seines Pfeifchens, aber
doch schien sein gespitztes Ohr alles zu hören; auch schweifte
sein Auge manchmal auf die Seite, und einige Male, als sein
Nachbar sehr laut erzählte, warf er auch, ohne dabei viel um
sich zu blicken, ein schmunzelndes Wörtchen dazwischen, das indes
überhört wurde — welches ihm auch keine Sorge zu machen
schien, da er es mehr für sich, als für andre sagte. Unterwegs genoß er bloß viele Tassen Kaffee. Alles rauchte. Jeder
auf seine Weise. Der Wachtmeister ließ sich in jedem Gast-
haus eine neue lange Pfeife geben, rauchte sie aus und warf
sie dann weg. Der Schneider griff aus seinem Hutfutter einen
alten Stummel heraus, dampfte tüchtig und vergrub ihn dann
wieder über seinem Haupte. Der Batavier rauchte in großen
Absätzen und warf dann schnell wieder die Pfeife auf die Seite
und sich selbst in eine andre Stellung. Mein Domine hielt
sein Pfeifchen, welches weder kurz noch lang war, immer in
einer Positur und guckte auf die steilrechten Dampfwolken, als
wollte er aus ihnen weissagen. Der reisende Gelehrte aber, der
sich mitten in dieser Gesellschaft befand, fand nichts zu thun,
als — zu beobachten."

Von Nimwegen ging die Reise über die deutsche Grenze
bis nach Baerl am Rhein, Ruhrort schräg gegenüber, wo Emil

Krummacher, mit dem Tholuck einmal in Wittenberg zusam=
mengetroffen war, den nach deutscher Wärme und Herzlichkeit
Dürstenden mit offenen Armen aufnahm. In Krummachers
Gemeinde lernte Tholuck eine Anzahl höchst origineller Ge=
meindeglieder kennen, auch den ehrwürdigen Greis, durch wel=
chen der Elberfelder Krummacher erweckt worden war —
„seine Worte Weisheit und Geist im Bettlerkleide“. Am näch=
sten Morgen kam der Generalsuperintendent der Fürstentümer
Jülich, Kleve und Berg, Namens Ros, um Krummacher
nach Ruhrort abzuholen, wo Emils Bruder Friedrich Wil=
helm seine Abschiedspredigt halten sollte, um dann nach Gemarke
im Wupperthale zu ziehen; dort wohnte Tholuck wiederum seiner
Einführung bei. Unterwegs aufgehalten, weil sein Einspänner=
chen die von Emil Krummacher geschenkten über 30 Bände
hebräischer und andrer Quartanten nicht fortbringen konnte, kehrte
Tholuck, nachdem er bei Balls in Elberfeld seinen Freund
Maresch wieder gefunden und mit sich genommen hatte, am
12. April bei Snethlage in Barmen ein und genoß nun
eine Woche lang mit vollen Zügen deutsche Freundschaft und
christliche Bruderliebe. Die berühmte Farbmühle ward wieder
der Mittelpunkt reich gesegneter Zusammenkünfte: die „zwölf
Apostel“ verwöhnten den Geliebten und Verehrten mit den Be=
weisen ihrer herzlichen Zuneigung. Zum Danke dafür hat ihnen
Tholuck in seinem Sendschreiben nach Berlin durch meisterhafte
Zeichnungen der einzelnen Persönlichkeiten ein schönes Denkmal
gesetzt. Heben wir wenigstens einiges daraus hervor.

Tholuck berichtet, daß die Charaktere der Wupperthaler
Pfarrer durch Bibelverse trefflich ausgedrückt seien, die man
für jeden erwählt habe. „Der kurze, dicke Döring mit den un=
ruhigen Augen und der großen Stirn, von der er sich fast im=
mer den Schweiß wischen muß, den ihm seine Geschäftigkeit
auspreßt, der im geschwinden Tritt hier einen Alten, dort einen
Jungen anläuft, um ihm einen Traktat mit einer geflügelten
Ermahnung zuzuwerfen, er hat den Spruch: Rufe laut, schone
deiner Stimme nicht, verkündige meinem Volk u. s. w. Der
denkende ernste Wichelhaus, der mit Überlegung sich in die
Welt begeben hat, um Christo Seelen zu gewinnen, und mit
Überlegung sich wieder herauszuziehen weiß, hat: Ich suche

allen alles zu werden. Der unbiegsam wunderliche Krum=
macher, der an Gottes Wort gern zum Narren wird, damit
er der menschlichen Weisheit ihre Narrheit zeigen kann, hat:
Der Glaube ist nicht jedermanns Ding. Der bürgerliche,
rechtschaffene Hülsemann, der für gewöhnlich einen braunen
Überrock trägt, hat: Fürchte Gott und halte seine Gebote, denn
dies stehet den Menschen wohl an. Der kleine, zarte, nachgiebig
fromme Heuser hat: Was wohl lautet, was lieblich u. s. w.
Der alte, an der Erkenntnis nicht sehr starke, aber nach seinem
Maße unermüdete, mit seinem Worte die von ihm gegründete
Gemeinde unaufhörlich durchwandernde Bartels: Ich habe
mehr gearbeitet, denn sie alle. Der feurige, alles mit einemmal
niederschlagende Sander: Hie Schwert des Herrn und Gideon!
Der in die göttliche Ruhe versenkte Patriarch Krall: Die Weis=
heit von oben her ist sanft und freundlich und lässet sich sagen.
Der schlichte, einsichtsvolle treue Gräber: (fehlt). Der bedacht=
same, erwägende, aber wo es darauf ankommt, offene und durch=
fahrende Snethlage: Ich schäme mich des Evangelii nicht.
Endlich der mit seinem innern wie mit seinem äußern Auge
einer andern Welt zugekehrte Leipoldt: Wachet, liebe Brüder,
daß ihr immer völliger werdet."

Aus den eingehenderen Schilderungen nur einige Züge der
Bekanntesten unter den Wupperthaler Predigern jener Zeit.
„Krummacher, ich meine den Elberfelder, liebe ich, trotz seiner
Härten. Er ist mir verehrungswürdig als einer, der an der
göttlichen Thorheit gleichsam seine Liebhaberei hat. Er stellt
eine eigne Seite des Christentums vor. Insofern das Christen=
tum Satire sein kann, ist er die personifizierte Satire des
Christentums über alles, das aus der Welt ist. Er spricht nur
brockenweise, aber seine Brocken sind Salzklumpen. Snethlage
fragte, als ich einiges Schöne aus der morgenländischen Mystik
erzählt hatte: aber woher haben nur die Leute das? Krum=
macher antwortete nach einer kleinen Weile in seinem kurzen,
herben Tone treffend: Siehest du darum scheel, daß ich so gütig
bin? Natürlich ist es, daß er auch eigne Thorheit unter die
göttliche mischt und mit dieser ausbietet; sie ist indes immer
genial. Wer anders als Krummacher kann predigen über
den Text: Und das Volk Israel zog von Raemses nach Suk=

foth! Was er darüber geprebigt hat, sage ich nicht, das mögen die Herren Prediger, die dieses lesen, erraten."

Von Leipoldt heißt es: „Eine liebe Seele ist Leipoldt. Ich hörte von ihm eine Predigt, klar wie ein ruhiges Bächlein, warm und befruchtend wie ein Frühlingsregen. Und zwar nicht das allgemein Religiöse enthaltend, wie viele Predigten in Berlin, sondern das speziell Christliche. Drückend ist mir nur an ihm gewesen, daß er einen stillen Gram im Herzen zu tragen scheint, der ihn sehr oft abwesend macht. Er kommt mir in allen Gesellschaften als Fremdling vor." — „Snethlage ist ruhig, fast trocken. Beim Sprechen ruht sein Auge aufmerksam auf dem Redenden, bis er ausgeredet, dann pflegt er ein recht seelenvolles Ja zu sagen, mit beredtem Auge. In Worten und Gebärden zeigt er seine Innigkeit wenig, und doch fühlt man es ihm an, daß er sie hat. Ein schöner Charakterzug in ihm ist Wahrheit und Offenheit, wie ich sie bei erwägenden Menschen (das heißt solchen, die sich nicht überhaupt gehen lassen) selten gefunden habe. Er sagt einem alles geradeheraus. Auch hat er nichts von frommem Takt (sic). Er ist nicht fromm, wo es nicht hingehört. Ebenso feind wie dem frommen Takte ist er aber auch dem weltlichen Komplimentierwesen feind, was doch auch so gut als der fromme Takt Lüge ist. Ich habe mich besonders gern mit ihm unterhalten, und konnte rechtes Vertrauen zu ihm gewinnen, wie wäre er mein älterer Bruder." —

Auch fromme Laien wurden gern aufgesucht, unter andern ein Schneider mit Namen Winkopp „mit einem Gesichte gerade wie auf den Holzschnitten Christus abgebildet wird. Er hat tiefe und dabei klare Einsichten, aber was desto größer ist — er ist ein demütig ernster Jünger, wie wenige." „Ich gestehe", schreibt Tholuck, „ich hätte ihm gern die Hand geküßt; denn sieht man, daß ein Bruder von Gott gedemütigt worden ist, so demütigt man sich auch wieder gern vor ihm."

In Barmen hat Tholuck während dieser Zeit seine zweite Predigt gehalten, „und zwar ist diese Predigt," berichtet er, „für mich sehr erfolgreich gewesen. Ich hatte sie zuerst wieder niedergeschrieben und auswendig lernen wollen, wie die erste Predigt. Aber es ging nicht, wie es denn auch für mein

Temperament wenig paßt. Ich setzte also nur eine Disposition auf und sprach frei. Die Folge war, daß ich viel einfacher, herzlicher, nachdrücklicher redete und noch mehr, daß ich die größte Lust erhielt, so oft als möglich wieder zu predigen. Als ich damals in Berlin die Kanzel verließ, dachte ich: nun, es ist gut, daß du fertig bist, so bald wirst du's nicht wieder thun, dies ist doch nicht deine Gabe. Als ich in Barmen herunterkam, dachte ich: O wie ist es herrlich, so von Herzen zu reden, Dank dem Herrn, daß er mir also die Art und Weise gezeigt hat, auf welche ich zur Gemeinde reden muß." Und nun bittet er die „lieben Schmalzens, dem Konsistorialrat Ni = colai mein Gesuch vorzutragen, mir, wenn sich Gelegenheit findet, in Berlin eine Predigerstelle ohne Seelsorge zu ver= schaffen. Ich ahne, daß auch mein eignes inneres Leben wird Segen davon haben, wenn ich oft von der Kanzel spreche."

Gleich am nächsten Sonntage predigte Tholuck wieder, und zwar diesmal in einer Dorfgemeinde nahe der holländischen Grenze. Freitag den 22. April war er vom Wupperthale ge= schieden. Hermann Ball fuhr mit ihm nach Hürstchen, dem Pfarrdorfe seines Bruders Fritz; Sander begleitete die Rei= senden bis jenseits Düsseldorf. Unter dem vorigen Prediger, einem Rationalisten vom reinsten Wasser, war Hürstchen zu voller Grabesstille des geistlichen Lebens herabgesunken; Fritz Ball (der Begründer des ersten deutschen Missionsblatts, Barmen 1826, jetzt in Koblenz) hatte Leben geweckt, nach einer alten, von einem seiner Vorfahren in echt evangelischem Geiste aufgesetzten Kirchenordnung Hausbesuche in der Gemeinde, regel= mäßige Zusammenkünfte der Ältesten, Befragen derselben um den sittlichen Zustand ihrer Gemeindedistrikte ꝛc. eingeführt, und mit Freuden verkündete der gelehrte Doktor mit seinen arabischen und persischen Manuskripten im Koffer den Hürstchenschen Bauern schlicht und einfach das Evangelium.

Leider stehen wir nun vor einer großen Lücke in unsern Original=Berichten. Die vierte und fünfte Briefsendung fehlt ganz; das Tagebuch ist nur äußerst bruchstückweise geführt worden. Im letzten vorhandenen, dem sechsten Sendschreiben, finden sich allgemeine Urteile über englisch=kirchliche Verhältnisse und zufällige Einzelnotizen, aus denen wir, wie aus andern öffentlichen Quellen den Zusammenhang in den Lebensschicksalen Tholucks während der folgenden Monate, wenn auch nur notdürftig, herstellen können.

Der dritte erwähnte Rundbrief war am 28. April von Rotterdam aus geschrieben und ebenda am 30. geschlossen worden. Der 30. war im Jahre 1825 ein Sonnabend; das Schiff von Rotterdam nach London muß Sonntag, den 1. Mai abgegangen sein, da Tholuck im oben angedeuteten Zusammenhange schreibt: „So teuer ist mir nun das Predigen geworden, daß ich, wenn nicht das Dampfboot Sonntag morgen nach England abginge, mit Hilfe des Herrn am Sonntag morgen eine holländische Predigt hier in Rotterdam versucht hätte, wozu mich mehrere aufforderten."

So hat also Tholuck mit seiner Ungeduld nicht mehr allzulange in Holland zu weilen brauchen. An seinen Freund, den Justizrat Focke in Berlin, schrieb er von diesem ihm höchst unsympathischen Lande: „Ein Jahr hier, und ich wäre tot, rein tot! Denn je mehr ich mir langsame, schläfrige Leute gegenüber sehe, desto mehr verzehre ich mich in mir selber. Und die Holländer sind alle sluimerig und slaperig. Demjenigen Prediger, der mir von Amsterdam aus als der christlichste (in Leiden) genannt worden war, sagte ich: ich reiste, um die christliche Gemeinschaft kennen zu lernen, damit das Band der brüderlichen Liebe immer enger geschlossen würde; da besann er sich drei Minuten und sagte dann, indem er sich die Augen rieb: het is eene moijlijke (mühselige) zaak! Einen Professor der Theologie fragte ich, wie man auf holländisch ausdrücke: Der Begriff erschöpft nicht das Leben. Da meinte er: Das sagt man überhaupt nicht im Holländischen, denn ‚das Leben‘ das ist auch so was vom Mystizismus, den wir nicht vertragen; wir sagen: der Begriff kann die Sache nicht erreichen. O was ist Berlin gesegnet, auch nur in geistiger, nicht einmal in geistlicher Hinsicht betrachtet, wenn ich es mit einem solchen Orte vergleiche!"

Anfang Mai muß Tholuck in London eingetroffen sein, denn schon am 6. hat er daselbst in den Versammlungen eine Ansprache gehalten. Seine Freunde hatten ihn bei einem reichen

Methodisten Mr. Jos. Butterworth, Bedford Square, ein=
quartiert, in deſſen häusliches Leben uns der letzte vorhandene
Rundbrief (aus Paris, vom 16. Juli) einen Blick thun läßt.
Tholuck hatte in den früheren Schreiben aus England
über die britiſche Predigtweiſe und die berühmteſten Kanzel=
redner ſich geäußert. Hier ſpricht er zunächſt von dem eng=
liſchen Hausgottesdienſte, den die Engländer, wie er ſich aus=
drückt, nicht ſowohl als einen Akt des patriarchaliſchen Haus=
prieſters, in ſeiner Hausgemeinde, wie als eine, gleich ihren
andern religiöſen Handlungen, „von Gott in den Vorſchriften
des Neuen Teſtaments über allgemeines Gebet verordnete Pflicht
anſehen". Dann fährt er fort: „Dadurch beſtimmt ſich auch der
Charakter desſelben. Die Schriftſtücke, die geleſen werden,
werden nicht nach der jedesmaligen Stimmung und Gelegenheit
ausgeſucht, ſondern gewöhnlich in der Reihenfolge genommen,
oder je nach der Länge oder Kürze der Zeit. Geſungen wird
ſehr ſelten dabei, allenfalls Sonntags morgens. Im Gebet
habe ich auch niemals den Ausdruck einer gewiſſen Stimmung
oder Beziehung auf gewiſſe innere Zuſtände der Anweſenden
gefunden, und nur dann und wann eine spiritual devotion,
d. h. ein Andringen auf die tägliche Erneuerung und die tägliche
Demütigung. Gewöhnlich hatten die Gebete den allgemein re=
ligiöſen Charakter der Gebete in der Liturgie: Dank für die
glückliche Bewahrung in der Nacht, für alle religiöſen Privilegien,
die dem Chriſten zu Gebote ſtehen, Bitte um Ausgießung des
heil. Geiſtes in allgemeinen Ausdrücken, Bitte für Obrigkeit,
Abweſende, Miſſionare u. ſ. w. Übertrieben lang war das
Ganze des Gottesdienſtes nur ſelten: indes fand ich, daß die
Gebete hätten insgeſamt kürzer ſein ſollen, und ſtatt deſſen
lieber etwas Schriftbetrachtung. Ungeachtet ich nun in dem
Charakter dieſer Andachten jenes Mangelhafte finde und daher
auch eben wegen dieſes Mangels der individuellen Beziehung
und der Innerlichkeit ihnen nur einen beſchränkten Einfluß auf
die Förderung im geiſtlichen Leben zuſchreiben kann, ſo ſind
ſie dennoch unſtreitig ein trefflichdes Mittel zur Erhaltung deſſen,
was da iſt, und zur Erweckung eines geiſtlichen Sinnes bei
denen, die ganz entfremdet ſind. Sie haben mir jedesmal einen
Anlaß gegeben, mich wieder nach oben zu richten, großenteils

auch weil mir das Schauspiel in seiner äußerlichen Erscheinung
neu war. Es konnte nicht fehlen, einen wohlthätigen Einfluß
auf den dessen Ungewohnten zu machen, wenn er am Sonntag
morgen nach dem Frühstück den podagrischen kleinen Butter =
worth sich mit Mühe vom Sofa wälzen und an den großen
grünen Tisch sich hinbetten sah, mit einem freundlichen ‚well
now!‘ die große Quartbibel, die ihm seine Schwägerin Mrs.
Bishop reichte, vor sich hinlegen, worauf die Glocke schellte,
und zuerst die männlichen, dann die weiblichen Bedienten, alle
ganz weiß angezogen, hereintraten und jene sich nach rechts,
diese links auf eine Reihe Stühle setzten, während die an =
wesenden Gäste nebst der Familie an den großen grünen Tisch
rückten. Mit sehr andachtsvoller, heilige Scheu ausdrückender
Stimme las nun der Hausvater seinen Abschnitt, nahm dann
seine Wesleyschen Hymnen und stimmte zuerst mit sehr
lauter rollender Stimme an: O Herr der Scharen, deine Zions=
hügel, wir wallen heut aufs neue ihnen zu — und alt und
jung fiel leise ein. Hierauf folgte: let us pray! und rührend
war es nun, wie der podagrische Mann sich zum Knien zwang
und mit sehr lauter Stimme, die auch im Gebete besonders den
Charakter einer heiligen Scheu hatte, zu beten anfing; bei jedem
tieferen Gebetswunsche sagte alles mit tiefer, ehrfurchtsvoller
Stimme: Ehmen! So wie das lange Gebet zu Ende war,
stand alles auf und ging schnell auseinander. Am Sonntag
begab sich sofort nach diesem Gebet mein lieber Wirt in ein
schönes Privatgemach, mit herrlichen Tapeten und Gemälden
geziert, dessen Fenster auf weite grüne Terrassen gingen, und
widmete hier gegen zwei Stunden der Betrachtung seiner selbst.
Ein besonderer Vorteil bei diesen Familiengebeten ist auch dieser,
daß man das Tiefere des Hausvaters, bei dem man sich be=
findet, kennen lernt; denn wenn er sonst nicht sein inneres Leben
ausspricht, so spricht er es gewiß bei dieser Gelegenheit aus.
Ich habe zweimal es mit Engländern zu thun gehabt, die im
Privatgespräch stets auf der Oberfläche blieben, sobald sie aber
zu beten begannen, zeigte sich eine tiefe, ernste Gesinnung.
Sind Fremde gegenwärtig, so läßt man stets sie sprechen, und
so habe denn auch ich mit meiner ungeübten Zunge öfters beten
müssen. Daß alles dabei niederkniet, gibt der Szene etwas

Feierliches; jedes „Englisch" drückt das Haupt auf die auf dem
Stuhle aufgestützten Hände, und durch das Ehmen, was jeder
feierlich sagt, sobald er gerührt ist und auf diese Weise seinen
Anteil bezeigt, bekommt das Ganze der Versammlung Lebendig=
keit..... Bei einigen christlichen Engländern ist der Sonnabend
noch ein besonders beschäftigter Tag. Es ist der Tag der
Hausarmen. Bei meinem lieben Butterworth versammelte
sich Sonnabends von 7 bis 11 Uhr eine große Anzahl Armer
aller Art, und die wurden nicht etwa mit einer hingeworfenen
Gabe wieder entlassen, sondern jeden Einzelnen rief er zu sich
in sein Kabinett und sprach mit ihm. Von Mittag an fehlte
es dann auch nicht an andern Besuchen, so daß der alte Mann
am Sonnabend abend immer völlig erschöpft war, und man
wohl begreift, wie er einst, als ihm ein unangenehmer Mann
auf Sonntag einen Besuch ankündigte, unwillig ausrufen konnte:
No, he sha'nt come! I would not have my Sabbath distur-
bed by such a person! (Nein, er soll nicht kommen! Ich
will mir meinen Sonntag durch solch einen Menschen nicht
stören lassen!)

Welche Liebe sich Tholuck im Herzen seines Wirtes
erworben hatte, zeigt nicht nur eine dringende Einladung nach
Bath, wohin Mr. Butterworth im Juni gegangen war
und von wo er ihn in Bristol bei der berühmten Mrs. Hannah
More einführen wollte, sondern auch eine rührende Stelle in
einem Briefe nach Berlin vom 2. Dez. 1825. Mr. Butter=
worth meldete hierin Tholuck, daß das Schiff Thetis, dem
Tholuck seine Bücherkiste anvertraut hatte, gescheitert und die
Kiste zur Erleichterung der Last wahrscheinlich mit über Bord
geworfen sei (bald darauf kam übrigens die glücklich gerettete
Kiste in Berlin an). Da heißt es: „Bitte bestellen Sie Baron
v. Kottwitz meine beste und freundschaftlichste Empfehlung
und sagen Sie ihm, daß, wenn er auf Sie als Sohn Anspruch
macht, ich Sie als meinen Schwiegersohn in Anspruch
nehmen muß, wiewohl ich keine Tochter habe, die ich Ihnen
geben könnte. Aber ich bin im Geiste mit Ihnen verheiratet,
und wenn der Geist ein Teil unsres Selbst ist, dann nenne
ich Sie kraft meiner geistigen Anteilschaft an Ihnen so gut
meinen Sohn, als der Baron es thun kann..... In der That,

Sie werden von unfrer ganzen Familie und dem ganzen Freundes=
kreise aufs innigste geliebt."

Im Mai wurde nun der großartige Apparat der Fest=
versammlungen Londons in Bewegung gesetzt, welche seit drei
Vierteljahrhunderten alljährlich den Höhepunkt der Thätigkeit
der christlichen Gesellschaften und Vereine Englands bilden.
Im Jahre 1825 waren es bereits dreißig Gesellschaften, welche
dort ihr Jahresfest feierten, und während des Aufenthalts von
T h o l u c k in England wurden wieder drei neue Vereine ge=
gründet.   In dem eben citierten letzten Sendschreiben nach
Berlin aus Paris spricht sich T h o l u c k auch über die Bedeu=
tung dieser Gesellschaften eingehender aus, und auch hier zeugen
seine Bemerkungen wieder von einer hervorragenden Schärfe
der Beobachtung und Umsicht des Urteils.   Er schreibt: „Man
möchte fast sagen, diese Gesellschaften seien ein Luxusartikel im
christlichen Leben Englands.   Allein das wäre doch keineswegs
gerecht.   Zunächst dient das christliche Gesellschaftswesen den
englischen Christen zur großen Ehre und uns zur großen Be=
schämung.   Selbst Arme tragen zu 10—15 Gesellschaften bei.
Ein armer Fährmann, der fleißig gespart hatte, hinterließ an
drei Gesellschaften jeder 200 Thaler und an eine Anzahl andrer
jeder über 100 Thaler.   Um die Geschäfte aller dieser Vereine
zu besorgen, opfert mancher Engländer viele Bequemlichkeit auf
und entsagt dem ihm so lieben Familienleben.   Auf der andern
Seite läßt es sich aber auch nicht leugnen, daß es dem Eng=
länder leichter ist, alles dies zu veranstalten, als uns.   Zuerst
ist wirklich dem Engländer der Gesellschaftsgeist angeboren. Sie
bilden für jeden Zweck Gesellschaften.   So hat sich auch eine
gebildet, um diejenigen Viehhändler und Kutscher zu verklagen,
die ihr Vieh hart behandeln; das Komitee unterhält zu dem
Zwecke Aufpasser.   Sodann haben die Engländer zum Teil (aber
keineswegs alle, einige opfern sich in der That dem Gesellschafts=
wesen auf, so der herrliche P r a t t) mehr Zeit und mehr Ver=
mögen, und durch das letztere auch mehr dienende Hände als
wir.   Suchen wir indes unsre große Trägheit in jenen Dingen
dadurch zu entschuldigen, daß die Engländer mehr praktisches
Talent haben, so müssen wir es denn auch ihnen zu gute halten,
wenn sie nicht so viel Intellektualität entwickeln als wir.   Was

den Geist anlangt, in welchem diese Vereine getrieben werden, so sind bei einigen (zumal bei den Schulgesellschaften) die leitenden Personen wenig christlich; doch sind dies eben nur wenige. Bei den meisten sind die leitenden Personen echte Christen, und ausgezeichnet ist der Geist der echten Liebe, der überall unter ihnen waltet. In den Komiteesitzungen indes darf man eben keinen besonders ernsten Geist als durchgehend erwarten. In einigen betet man und ist ernst. In andern wird unpassend gespaßt und Welt und Christentum sehr vermischt."

„Der große Hebel aller Gesellschaften, auf dessen Begründung (sic) alles hinarbeitet, ist die Jahresfeier. Ich habe nun einer ganzen Anzahl beigewohnt und verkenne gar nicht, daß sie auch in ihrer gegenwärtigen Gestalt reichliches Gute stiften. Allein dem Geiste des Herrn sind sie gewöhnlich nicht recht angemessen. Der Hauptmakel ist die sichtbare Anstrengung, alle Nerven der Zuhörer zu erregen, um — Geld zu erpressen. Selbst rhetorische Kunstgriffe (vulgo: Kniffe) werden nicht verschmäht. In der Bibelgesellschaft hatten fast alle einheimischen Redner über einen kleinen Defekt in der Einnahme gesprochen und gereizt, diesen zu decken. Zuletzt trat noch ein langer, starkgebauter, nerviger Geistlicher hervor, haranguierte abermals über den Defekt, sprach die Erwartung mit Nachdruck aus, daß keiner die Versammlung verlassen werde, ohne das Doppelte unterschrieben zu haben, und indem er mit der Hand auf das Geländer schlug, verließ er die Bühne mit den Worten: Ich wenigstens erkläre hiermit, daß ich diese Versammlung nicht verlassen werde, ohne 50 Pfund für die Gesellschaft niedergelegt zu haben. In einer Methodisten-Missionsgesellschaft sagte ein Missionar: Pope ging einst mit seinem Freunde auf dem Felde. Nimm den Hut ab, sagte er plötzlich, ich will eine Rede halten. Indem er sich nun an die Ähren wandte, sprach er: Ladies and Gentlemen! geben Sie mir Ihre Ohren, so bin ich auch Ihrer Herzen gewiß. Also spreche auch ich: gebt mir eure Ohren, so bin ich eurer Beutel gewiß. Eine christliche Person versicherte mich, daß manche, durch die beständigen Anreizungen verleitet, mehr geben, als sie ihren Umständen nach geben können, und durch diese Jahresfeste in Verlegenheit gesetzt werden."

„Unter den verschiedenen Gesellschaften ist ein Wettlauf, wer den andern überholt. Ich kann aber diesen Wettlauf nicht mit dem gewöhnlichen Prädikate ‚edel‘ belegen, wenigstens nicht geradezu; es ist viel Ambition dabei. Überhaupt geschieht manches, was der Christ thun sollte, vom Gentleman. In der gehaltenen Rede mißbillige ich nicht den Witz noch die Laune. Ich finde es gut, daß man auch diesen freien Spielraum läßt, da es ja einmal glücklicherweise keine kirchliche Versammlung ist. Dann und wann geht wohl Laune und Witz über die Schnur, doch nicht oft. Man würde ohne diese Qualität bei der Länge der Zeit die Aufmerksamkeit verlieren. Wie sehr wird diese aber durch witzige Gleichnisse u. s. w. wie folgendes erhalten: Robert G r a n t, der für einen der ausgezeichnetsten Redner gehalten wird und es auch ist, sagte in der Bibel= gesellschaft: Unsre Gesellschaft ist heute majorenn geworden, denn sie feiert ihren 21. Geburtstag. Wenn nun ein junger Erbe in Besitz seines Eigentums kommt, ist die allgemeine Frage: wie hat er sich für diesen Besitz vorbereitet? Hat er sich die nötigen Kenntnisse, sei es durch Bücher zu Hause oder Reisen außer Landes erworben? Unser Erbe hat auf beiderlei Weise sich große Kenntnisse verschafft. Der heutige Bericht zeigt, daß er eine ungeheure Sammlung Bücher besitzt, in einer großen Menge und zum Teil in sehr wunderlichen Sprachen. Das Sonderbarste dabei ist jedoch, daß diese vielen Bücher in e i n e m Buche stehen. Einige haben ihm dies zum Vorwurf gemacht, in= dem sie, wie E r a s m u s, niemanden für so gefährlich hielten, als einen homo unius libri. In der That, während einige schmähten, daß er seine Aufmerksamkeit nur auf e i n Buch gerichtet habe, meinten andre, dies e i n e Buch wäre zu viel. Seine Antwort darauf war: Dies e i n e Buch ist das einzige! das Buch, welches leben wird, wenn alle Bücher von irdischen Autoren werden verzehrt, ja wenn das Buch des Himmels wird aufgerollt sein. Indes unser Erbe ist nicht nur bloß ein großer Buchsammler, er ist auch ein großer Reisender. Einige beschweren sich, daß er zu viel, andre, daß er zu wenig reist. Einige schreien, er sei halb zum Fremdling vor lauter Reisen geworden. Andre sagen, daß was er thun könne, sei, im Ausland zu bleiben u. s. w.“

„Außer dem fichtlichen Beftreben, Geld zu preffen, ift mir anftößig gewefen der Geift der lügenhaften Komplimen= tierfucht, welcher in den Reden fo allgemein ift. Die Schmeicheleien, die man zu fagen und zu tragen die Stirn hat, find unbefchreiblich. Ich könnte einige Ausdrücke anführen, die Rofe von mir felbft gebrauchte, indem er mich introduzierte, die lächerlich find vor Übertreibung. Allerdings ift der Engländer nicht fo zur Selbftbefpiegelung geneigt, wie der Deutfche, und darum fchaden ihm folche Weihrauchdüfte nicht in dem Maße; aber ganz kann fich keiner von dem fchädlichen Einfluffe frei machen.“

„Endlich ift es nicht zu verkennen, daß viele der Komitee= beamten in den Geift der Routine getreten und fehr mechanifch in ihrem Werke werden. Auch verwachfen fie wohl in dem Grade mit der Gefellfchaft, der fie angehören, daß fie für die Makel derfelben blind werden und es beinahe als perfönliche Beleidigung anfehen, wenn man, wie ich es einige Male that, in der Verfahrungsweife der Gefellfchaft etwas tadelt. Bei allen diefen menfchlichen Gebrechen, über deren Abwefenheit bei einem fo großen Werke man fich mehr wundern müßte, als über deren Anwefenheit, fteht das Werk doch unter Gottes Leitung; und find wir Deutfche das Auge des chriftlichen Europa, fo foll das Auge im Körper Chrifti die Hand nicht verachten!“ —

Es war am 6. Mai, wo die „Londoner Gefellfchaft zur Verbreitung des Chriftentum unter den Juden“, als deren Agent Tholuck in Deutfchland wirkte, ihr Jahresfeft abhielt. Unter dem Vorfitze des Sir Thomas Baring fprach nach verfchiedenen andern Rednern, erft Sir George Rofe, und nachdem derfelbe feinen jungen Berliner Freund in der oben gekennzeichneten Weife eingeführt hatte, in einer kurzen englifchen Rede auch Tholuck felbft. Er gab, wie es in den „Neueften Nachrichten aus dem Reiche Gottes“ (1826, S. 90 ff.) nach dem Berichte der Gefellfchaft heißt, „eine ermunternde Mitteilung von dem, was in den preußifchen Landen für das geiftige Heil diefes Volkes gefchieht, von der teilnehmenden Gefinnung, mit welcher der König felbft diefe Unternehmungen ins Auge gefaßt hat, von der gefegneten Thätigkeit des Miffionars der Berliner Gefell= fchaft, von der zunehmenden Teilnahme der Chriften an dem

Schicksale des verstoßenen Volkes Gottes und von den hier und da stattfindenden Bewegungen unter diesem Volke selbst."

Wenige Tage darauf beging die von Tholuck seinen Freunden besonders gerühmte Kontinental = Gesellschaft ihre Jahresfeier, welche dem Gaste „als die schönste und salbungs= reichste dünkte". Derselbe wurde aufgefordert, gleichfalls das Wort zu ergreifen und über die heimischen kirchlichen Zustände zu berichten, und da hielt Tholuck englisch aus dem Stegreife die Ansprache, welche bald in Deutschland ein allgemein pein= liches Aufsehen erregte. Im Juniheste des Londoner „Missionary Register" wurde die Rede im Auszug, den freilich Tholuck später als „seine Denkweise richtig schildernd" nicht anerkennen wollte, (wir citieren nach der Übersetzung der Darmstädter „Kirchenzeitung") folgendermaßen wiedergegeben:

„Erlauben Sie mir, Ihnen einige besondre Thatsachen vor= zulegen, welche auf der einen Seite das dringende Bedürfnis einer Gesellschaft, wie der gegenwärtigen, erweisen, und auf der andern, daß ohne allen Zweifel ein glücklicher Erfolg An= strengungen, wie die Ihrigen, zuletzt krönen werde."

„Als ich nach der Sitte unsres Landes auf einem Gym= nasium meine erste Bildung erhielt, so gaben uns unsre Lehrer der Religion von dem Christentume keine höhere Vorstellung, als von der Religion Homers und Herodots. Ihnen nach war Christus ein guter Mensch, nur etwas schwärmerisch. Deism jedoch ist eine arme Religion, die aus wenig abstrakten Wahr= heiten besteht, worüber sich nicht viel sagen läßt; daher es den Lehrern oft an Stoff zu diesem Unterrichte fehlte. Was thaten sie nun, um die Zeit auszufüllen, die sie unfähig waren auf eine Belehrung über die Errettung der Menschheit und die Herrlich= keit unsres großen Erlösers zu verwenden? Einer von ihnen hielt aus Mangel an religiösem Stoffe Vorlesungen über Medizin und über die Heilung des Leibes, da er über die Heilung der großen Krankheit der Seele nichts zu sagen wußte. Er hatte ein Buch mit dem Titel: ‚Die Kunst, das menschliche Leben zu verlängern', und dieses erklärte er uns, anstatt uns Religions= unterricht zu erteilen. Ein andrer unsrer Lehrer, der nicht weniger in Verlegenheit war, was er über diesen Gegenstand sagen sollte, gab uns Vorlesungen über die Botanik; und ein dritter ließ uns in den für Religion bestimmten Stunden Stellen aus Homers Odyssee lesen."

„Jene preußische Universität, welche der größte Teil der Theologie=Studierenden bezieht, Halle, von wo aus Professor Francke einst den Samen wahrer Religion über Deutschland ausstreute, ist nun der Sitz des Unglaubens. Es zählt diese Universität zwischen 500 und 600 Studenten der Theologie, und mehrere ihrer Professoren fahren fort, jahrein jahraus zu lehren, daß Christus ein Mensch war gleich den übrigen unsres Geschlechts, zum Teil wohl von der göttlichen Vorsehung geleitet, zum Teil aber auch von schwärmerischen Ideen. Wenn das die Lehren sind, die man künftigen Hirten der Herde erteilt, wie kann die Herde auf den Weg der Wahrheit geleitet werden?"

„Zwar nimmt der Stand der Dinge an einigen Orten eine ganz andre Wendung, und besonders fühlen einige Hauptstädte des Kontinents den Einfluß des echten Geistes des Christen= tums. Jedoch sind solche Orte bis jetzt nur wenige, und während das Festland im ganzen genommen in der Finsternis jener hoch= gepriesenen Aufklärung liegt, so herrscht sogar in manchen Pro= vinzen ein Geist der Verfolgung, der jenem in der römischen Kirche in nichts nachgibt."

„Ein Arzt im Herzogtum Weimar" (Dr. Valenti in Stadt Sulza), „der das ganze Land unter dem Joche eines unverhohlenen Unglaubens schmachten sah, fühlte sich gedrungen, einigen Per= sonen seiner Stadt das Evangelium zu verkündigen. Kaum hatte er eine kleine Zahl wahrer Christen zusammengebracht, als er den Befehl erhielt, bei Gefängnißstrafe diese religiösen Ver= sammlungen aufzugeben. Einige Zeit hernach war die Drohung an ihm wirklich vollstreckt. Bei seiner Wiederentlassung wurde er bedeutet, daß er, wenn er seine früheren Verbindungen wieder anknüpfen würde, gleich andern Verbrechern zur Zwangs= arbeit verurteilt werden sollte; und hätte der gute Mann nicht bald hernach einen Ruf in eine ferne Gegend Deutschlands" (nach Düsselthal zu dem Grafen v. d. Recke), „erhalten, so würde auch wohl diese harte Drohung so gut wie die erste, in Erfüllung gegangen sein. Nach seiner Entfernung pflegten seine armen Anhänger sechs Stunden weit bis aufs preußische Gebiet zu

gehen, um da ihre Versammlungen zur frommen Erbauung zu
halten, welche in ihrem eignen Lande ihnen untersagt waren."

„Ich füge noch einige Bemerkungen zur Aufmunterung
hinzu."

„Bezeugen kann ich, daß durch Gottes besondren Segen der
Stand der Dinge sich fortwährend bessert. Man kann freilich
nicht die einzelnen Personen oder Orte angeben, von denen vor=
züglich das Licht ausgeht. Denn obschon Individuen in der
Hand Gottes das Werkzeug sind, so sind doch so viele und von
einander verschiedene Personen erweckt worden, daß es schwer
sein würde zu sagen, wem der größte Anteil am Werke zuzu=
schreiben ist. Erweckungen dieser Art fanden sowohl unter der
niederen Volksklasse und in Gegenden statt, wo man es am
wenigsten hätte erwarten sollen, als auch unter Personen von
Stande. Sowie der Unglaube von den höheren zu den unteren
Ständen herabstieg, so nimmt der Strom der Wahrheit nun,
wie mehrere Beispiele zeigen, dieselbe Richtung. Einen merk=
würdigen Fall dieser Art will ich hier anführen. In der großen
Provinz Pommern, in welcher lange Zeit der Unglaube herrschend
war, kamen drei Söhne einer adligen Familie", (die Herren
v. Below sind gemeint) „die vorher Ungläubige gewesen waren,
zu einer heilsamen religiösen Überzeugung. Sie hatten vorher
in Uneinigkeit sowohl unter sich, als mit ihrem Vater gelebt;
und die erste Frucht der erhaltenen religiösen Eindrücke war ihre
Aussöhnung, worauf sie in ihrem Schlosse den Bauern die
Wahrheit predigten; und als es hier an Raum gebrach, so
predigten sie auf dem Felde, wo Hunderte zusammenströmten,
weil das Evangelium ihnen etwas ganz Neues war. Gegen
zwanzig Personen vom Adel des Landes folgten ihrem Beispiele."

„Ein zweiter Grund der Ermunterung ist der Umstand, daß,
obschon die Mehrheit der Geistlichen mehr oder weniger dem
Unglauben ergeben ist, doch in den jüngeren ein neues Geschlecht
sich erhebt, und es auch gar nicht unwahrscheinlich ist, daß ein
zweiter Luther oder Calvin unter ihnen aufstehen werde, indem
viele von ihnen in Wahrheit vom heiligen Geiste getrieben sind
und wissen, daß kein andres Heil ist, als in Christo, und
wünschen auszugehen und zu predigen das Evangelium."

Was Tholuck in dieser Rede gesagt hat, — und der
Hauptsache nach muß er allerdings so gesprochen haben, —
widersprach ja in keiner Weise der geschichtlichen Wirklichkeit;
die Belege für die Richtigkeit seiner Aussagen lagen jedem
Wohlwollenden offen zur Hand. Dennoch war es weder vor=
sichtig: er mußte die Folgen seiner Worte erwägen, noch takt=
voll, so zu sprechen: er durfte sein Vaterland vor den Fremden
nicht so einseitig bloßstellen. Mit den Folgen der Ansprache
werden wir uns später noch zu beschäftigen haben, da jene
Londoner Rede in die Geschichte der Berufung Tholucks nach
Halle unliebsam hineinspielte. Den Mangel an Feinfühligkeit
aber rügte sofort nach dem Bekanntwerden der Rede der Mann,
den wir nun schon so oft als das Gewissen Tholucks haben
auftreten sehen: Rudolf Stier, inzwischen als Lehrer an das
Missionshaus nach Basel berufen. Derselbe beantwortete einen
Brief des Freundes über die religiösen Zustände Englands
folgendermaßen: „Was du über das englische Formchristentum
schreibst, wird mir leider auf meinem hiesigen Posten täglich
trauriger bekannt; auch der Bruder Burkard, der jetzt, sehr
bedenklich krank, bei uns ist, sowie Bruder Jetter aus Burd=
wan, der in diesem Winter sich bei uns erholt, haben wieder
Beiträge dazu geliefert. — Ja ich sehe — das sei Dir ganz
im stillen gesagt, die Einflüsse der englischen Sitte in unserm
lieben Blumhardt nahe genug vor Augen, mit dem ich des=
halb in ein immer schwierigeres Verhältnis trete. Mich ver=
langt herzlich, freilich überhaupt, daß alles Halbe ganz und
alles Scheinende Kraft und Wesen werde; aber zunächst doch für
mein Vaterland, daß die Christentums= und Missionsbestrebungen
Deutschlands sich bald und mehr von England ablösen und —
wozu wirklich der Deutsche als solcher vorbereiteter ist, — in
apostolischer Wahrheit und Einfalt sich läutern! In dieser
Beziehung hat es mir sehr weh gethan, wie es hier überhaupt
allgemeine Befremdung und Mißbilligung erregt hat, was Du
in England über Deutschland geredet hast. Lieber Bruder, Du
hast darin thöricht gethan, und der Aufsatz in der Kirchenzeitung
darüber*) ist Dir nicht ohne Züchtigung vom Herrn. Erstlich,

---

*) Siehe das nähere im folgenden Kapitel.

wie darf man gerade vor Engländern, den selbst im Christen=
tum noch Engländer bleibenden, den obenhinfahrenden, tabel=
lierenden Form= und Namenleuten — deren doch wahrlich sehr
viele unter ihnen sind — den unsre deutschen Kirchenschätze, die
ihnen zur Erneuerung sehr not thäten, gar nicht Kennenden —
wie darf man ihnen dergleichen sagen! Und sobann, wie kannst
und darfst Du überhaupt, es sei in London oder Berlin, so
einseitig unsre Zeit schildern! O lieber Bruder, es hat sehr
viele Kinder Gottes auch nur in Schlesien gegeben, eben als
Du Deine unchristliche Erziehung erhieltest; und wer führt die
Liste der Kinder Gottes auf Erden? Manches deutsche Städtlein,
wo weder Erweckung, noch Erbauungsstunden, noch gläubiger
Prediger ist, hat in den Hütten und Häusern seine ganz form=
losen unbekannten Christen, über die wir uns einmal, so der
Herr hilft, sehr verwundern werden; und wiederum manche
englische Stadt, wo societies und sociations bestehen und viel
Reden gehalten und Beiträge gesammelt werden, mag wenig
Kern enthalten. Darum wollen wir uns doch sehr hüten vor
allen allgemeinen Urteilen, über das, was wir nicht wissen
können, vor allem allgemeinen Listenführen über Gang und
Stand des Reiches Gottes in der jetzigen Zeit — denn hier
sind des Herrn Pfade in tiefen Wassern, daß auch die Weisheit
der Weisen davor zur Narrheit wird. Wir wollen uns sehr
hüten, sobald wir öffentlich reden, vor jeder Sprache der
Ekstase in irgenderlei Weise, vor jeder zu hohen oder zu
tiefen Sprache, daß wir kein Ärgernis geben und die Täuschung
nicht mehren, welche so mannigfach jetzt den Durchbruch der
einzelnen hindert, weil sie sich selbst in den nicht vom Herrn
geschenkten und darum auch nicht wahren und guten Blick aufs
Ganze verlieren. Deutschland bedarf wahrlich keiner eng=
lischen Missionare; das müßte ich nach Pflicht und Gewissen
jener Gesellschaft sagen, wenn sie mich befragte; erstlich weil
England selbst noch gar nicht so reich und gegründet ist, daß
solches Ausgehen ihm nicht selber schadete; und sobann, weil
kaum im gemeinsamen Missionsfeld draußen die Liebe Christi
zur wahren Vereinigung der Engländer und Deutschen durch=
dringen kann; die hiesigen Verhältnisse Deutschlands aber erst
von einem Engländer ein halbes Leben lang mit einer ihm nur

durch große Gnade möglichen Entvolklichung studiert werden
müßten, ehe er gründlich urteilen, den wahren Stand verstehen
und ohne Zufahren mit reinem Segen wirken könnte."

Tholuck konnte die Vorwürfe nicht ganz zurückweisen.
Zu seiner Entschuldigung sagte er in seiner Erwiderung nur:
„Hinsichtlich der englischen Rede ist zu bemerken, daß sie in
fremder Sprache, aus dem Stegreif, auch nicht ohne Befangen=
heit vor dem Auditorium, gehalten war, wo man eine Sache
immer nach einer Seite hin, d. h. einseitig auszusprechen pflegt,
auch die Worte nicht auf die Wage legt. Geschrieben hätte
ich so nimmermehr. Wenn Du daraus einen adäquat sein
sollenden Schluß auf meine Ansichten machst, irrst Du. Was
Du beschwichtigend bemerkst, erkenne ich ebensowohl als Du
an . . . . gehe nur in Deiner Polemik nicht zu weit und erkenne
die Verschiedenheit der Gaben an. Indes hast Du im ganzen
recht."

Möchten nicht vielleicht auch körperliche Zustände mitge=
wirkt haben, bei Tholuck in seiner Londoner Ansprache in etwas
die Besonnenheit zu mindern, die seine schriftlichen Äußerungen
aus England so besonders auszeichnet?

Wie es Tholuck sonst in London ergangen ist, darüber
fehlen alle Berichte. Wir wissen nur, daß er am 15. Mai,
am Sonntage Exaudi, in der deutschen Savoy=Kirche zu London
eine Predigt über Matth. 11, 28: „Kommet her zu mir alle,
die ihr mühselig und beladen seid, ich will euch erquicken!" ge=
halten hat. Sie ist in den „Zehn Predigten" (vgl. oben S. 357),
die 1829 in Berlin erschienen, S. 66—74 mit abgedruckt
worden und enthält bis auf einen kurzen Satz am Schlusse
keinerlei Andeutung davon, daß hier ein Gast des Landes zu
Gästen, ein Deutscher zu Deutschen im Auslande redete.

Das Ende der Maiversammlungen hat für Tholuck auch
das Ende seines Londoner Aufenthalts gebracht. Er ging nach
Oxford, um hier die reichen handschriftlichen Schätze der Uni=
versitäts=Bibliothek für seine wissenschaftlichen Zwecke auszubeuten.
Aus der ganzen Londoner Zeit findet sich nur eine einzige
deutschgeschriebene Seite im Tagebuche, vom 14. Mai, Sonn=
abend 6 Uhr. Um ein Bild von der Stimmung zu geben, die
ihn damals bewegte, finde die kurze Notiz hier eine Stätte:

„Eben komme ich von Miß Mortimer und finde den Brief
von Suethlage. Ich weiß nicht, welches Gefühl mich ergriff.
Ganz so tiefe Schwermut und Verzweiflung wie olim. O, ich
hätte mir mit den Nägeln jenes Herz ausreißen mögen, dessen
Gefühle immer Lavagüsse und dessen Pulsschläge Ungewitter
sind. In mir ist die Gewalt Christi ein wahres Wunder!
Wenn's nur die Ungläubigen wüßten, was in mir braust —
und wie sehr! Aber still, still, alter Drache, sollst auch jetzt
nicht Gift speien. Christe, sage zu ihm: schweige! — Ich
unterwerfe mich und glaube, — daß es einen Heiland gibt.
— Die Stimmung, in der ich hier in London bin, ist the
most unaccountable thing of the world (das unberechenbarste
Ding von der Welt). Ich habe eigentlich gar keine. Aus einer
Hand in die andre geworfen, und immer nur auf die Hand,
nicht in die Herzen fallend, fühle ich ungeheures Bedürfnis, und
vergesse doch auch wieder, daß ich ein Bedürfnis habe. Ich
habe hier gar nichts, fühle dies, und doch werde ich es in ge=
wisser Rücksicht auch wieder nicht gewahr. Ich wünsche über=
haupt, daß es aus wäre. Was meine ich damit? Ach, dem
Worte nach, hier der Aufenthalt; aber dem tiefern Sinne nach,
den mein ganzer Mensch damit verbindet: alles, the showy
scene of life (die schimmernde Bühne des Lebens). — Bin ich
aber schon wieder auf profanem Boden! Im Glauben sage ich:
ich will die Zeit nutzen, danken, daß sie mir gegeben ist, und
— schweigen und hoffen, ‏לעזרתי אלהי חושה‎ (Mein Gott, eile mir
zu Hilfe!)."

Am 5. Juni finden wir Tholuck schon emsig bei seinen
Manuskripten in Oxford, die ihm von Professor Nicoll, dem
Bibliothekar, in liberalster Weise zugänglich gemacht worden
waren. Er schreibt an Focke vom genannten Tage: „Ich
bin liebend nach Schottland eingeladen, kann aber aus Mangel
an Zeit und wegen der Art des hier gewöhnlichen ununter=
brochenen Reisens es nicht annehmen. Statt dessen weide ich
mich hier an Handschriften. Ich habe manche schöne Ausbeute
für alttestamentliche Auslegung." Das Tagebuch gibt — und
das ist bezeichnend für den elenden Zustand des sonst so sorg=
sam Buchführenden — nur wenige Notizen, die sich fast aus=
nahmslos auf das immer wachsende körperliche Leiden beziehen

und oft in tiefe Klage ausströmen; auch die hier wiederkehrenden arabischen Aufzeichnungen, die mir von befreundeter Hand über=setzt worden sind, haben keinen andern Inhalt. Von englischen Freundesnamen kommen nur wenige vor: Hill, Cubitt, Symons, Watson, Greave. Pusey, der erst im folgenden Jahre mit Tholuck in Korrespondenz trat, war wohl damals noch nicht in Oxford. Die wundervollen Umgebungen der Stadt, Parkanlagen im großartigsten englischen Stile mit Ge=büsch, Weiden und mächtigen Baumgruppen, von rauschenden Wassern durchflossen, entzückten wohl des immer matter Werdenden Herz. Aber zuletzt wollte nichts mehr verfangen: die Kraft ver=sagte gänzlich — Leib, Seele und Geist unterlagen den furcht=barsten Qualen, und dumpfe, stumpfe Ergebung, über deren trüben Wassern kaum noch merkbar der Gottes= und Christus=glaube seine Schwingen regte, lagerte sich auf das durch die körperlichen Fesseln in dunkle Nacht gezogene Gemüt. Die Er=innerung an diese Zeit, die sich in ihrem drohenden Nachgrollen bis in den letzten Berliner Winter hineinzieht, hat für Tholuck immer etwas besonders Schreckliches behalten. Es war, als sollte der Gottesstreiter, der bald in die äußerste Kampfeshitze versetzt wurde, in England erst noch seinen Jabbok finden, wo er in dunkler Nacht den entscheidenden Schlag auf die Hüfte seiner alten Jakobsnatur erhielt, um zum Israel Gottes heran=zureifen und im nackten Glauben an das Wort der Verheißung seine einzige Kraft zu finden.

An seinen geistlichen Vater, den Baron v. Kottwitz, dem er die ganze Tiefe seines Verzagens nicht einmal aufzudecken wagte, schrieb Tholuck aus Oxford am 28. Juni: „Mein ge=liebter Vater! So sind Sie mir denn wieder mit Liebe voran=geeilt, um mich zu beschämen. Diese Liebe hat aber auch dies=mal wahrhaft Frucht getragen. Indem Ihre lieben Worte mich im Geiste gänzlich an Ihre Seite zurückführten und mir vorstellten, was ich in Berlin gehabt habe und oft nur treulos nutzte, wurde ich sehr weich gestimmt und konnte recht ernstlich um Erneuerung meines Herzens bitten. Mein Herz hat in England überhaupt viel gelernt und durch meine Krankheit hier in Oxford noch eine ganz besonders ernste Lektion em=pfangen. Ja, lieber Herr Baron, ich glaube, ich werde nicht bloß mit einer geringeren Meinung von mir zurückkehren, ich glaube auch, Seine Gnade wird mich fortan treuer und treuer machen. Geliebter Vater, ich bedürfte jetzt Ihrer persönlichen Gegenwart. O, ich habe so schwere, schwere Kämpfe, fast Tag für Tag, seit ich hier in England bin, auch in bezug auf meinen Beruf. Es ist mir, als dürfe ich ihn nicht fortsetzen, als sei ich nicht tüchtig dazu; und doch ist mir's auch wieder, als ob es nur verborgener Stolz und Trägheit ist, das mich abhält. Mein Leben ist kaum je so schwach gewesen, als jetzt. Es ist ein Faden Spinnewebe zwischen einer Schere, und es ist nur eine unsichtbare Gnadenhand, die verhindert, daß er durchschnitten wird. Ach, wie sehne ich mich zurück, aber ach, wie bebe ich auch davor und möchte auf immer von diesem Posten fort, von dem ich einst keine Rechenschaft werde geben können."

Am 3. Juli finden wir den Reisenden nach den Tagebuchsnotizen wieder in London. Die Einladungen nach Schottland, Bath, ja selbst nach Cambridge hatten um seines körperlichen Zustandes willen von Tholuck abgelehnt werden müssen. Die Londoner Freunde empfingen ihn herzlich, Daniel Wilson, Jenkinson, Parson, Tobit, Hill. Sie veranlaßten ihn, sich in London zeichnen zu lassen, und über den Stich verhandelte dann Butterworth mit ihm noch brieflich. Das Porträt, mit welchem dieser erste Band unsrer Biographie geschmückt werden konnte, ist nach diesem Londoner Bilde aus dem Jahre 1825 gefertigt. Übrigens fand Tholuck, wie bemerkt, bei der Rückkehr nach London auch seinen Göttinger Freund Vialloblocky, der auf längere Zeit Urlaub zu einer Reise nach England genommen hatte, und der sich ihm nun zur Begleitung nach Paris und weiter anbot.

Am 14. Juli wurde die Rückreise von London über Dover, Calais, Boulogne nach Paris angetreten. "Mein Gefühl war Dank, daß es vorüber ist," heißt es in dem Tagebuche. "Ich würde indes nicht so gefühlt haben, wenn ich gesund gewesen wäre. Ich bemerke," fügte der Reisende ehrlich hinzu, "daß jedes Volk mir gefällt, wenn ich gesund bin. Das Drückendste war mir bei meinem Krankheitszustande die große Systematik der Engländer im Essen und Trinken; in der Rücksicht thut

mir Frankreich wohler." In Paris wurden in den Bibliotheken
wieder wissenschaftliche Arbeiten vorgenommen, bei denen ihn
sein Freund Silvestre de Sacy auf das freundschaftlichste
unterstützte. Auch die Missionare Stapfer und Gützlaff
suchte Tholuck auf. Das Erquicklichste aber war ihm, schon
auf der Rückreise, ein Abstecher von der Hauptroute nach der
Picardie, über den er in einem Briefe an den Baron einen
kurzen Bericht gibt. Es heißt daselbst: „Was Reisefrüchte betrifft, so habe ich die schönsten meiner ganzen Reise in der Picardie gefunden, in den Gemeinden der Protestanten, die kürzlich
erweckt worden, und in denen, die vom Katholizismus zum
Protestantismus übergetreten sind. Ich kann mich nicht enthalten, obwohl es schon spät ist, noch eilfertig Ihnen ein
Wort darüber zu sagen. Ein Mann ist das Werkzeug von
allem. Colany, in Née an der italienischen Grenze geboren,
wurde Pfarrer über acht protestantische Gemeinden in der Picardie.
Er war ohne Licht der Wahrheit, doch suchend danach. In
Paris hört er in einer Erbauungsstunde, die er aus Neugier
besucht, über den Spruch reden: Es ist Gottes Werk, daß ihr
glaubt! Dieser Spruch ist für ihn ein Blitz. Er geht nach
Haus, betet, — und es ist ihm alles leicht, er glaubt. Das
Feuer drängt ihn. Er eilt, Paris zu verlassen, und am nächsten
Sonntag tritt er in seiner Gemeinde auf und predigt den Gekreuzigten. Man staunt, freut sich, zürnt und verfolgt. — Er
wendet vor allem sich an seine Familie, und Gott erweckt sein
Weib zur ernsten Nachfolge. Vom Feuer getrieben, reist er
drei Jahre lang in seinen acht Gemeinden herum, predigt in
der Regel drei-, auch viermal den Tag, geht in alle Familien,
spricht, schreibt und liebt, bis nach drei Jahren aus der Wildnis
ein Garten Gottes geworden und in jeder Gemeinde sich Erweckte
finden, in einer 20, in einer 40, in einer 120 u. s. w. Aber
das hatte ihm nicht genügt. Auch an die Katholiken in den
angrenzenden Dörfern hatte er sich gewendet und zuerst
durch Austeilung von Büchern Zugang gesucht. Auch da entstehen Erweckungen, und es treten in einem katholischen Dorfe
gegen 80 Leute zum Protestantismus über und bauen sich auf
ihre Kosten eine protestantische Kirche (in der ich gepredigt habe),
in dem andern 40; außerdem schließen sich an jede von den

acht Gemeinden einzelne erweckte Katholiken an. So weit ver=
herrlichte der edle Colany den Herrn durch Thun; nun sollte
er es auch durch Leiden. Nach dieser Zeit erliegt der erschöpfte
Körper; er fällt in Lungensucht, danach Entzündung der Ein=
geweide, danach Augenentzündung, kurz — seit zwei Jahren
hat er die Kanzel nicht mehr betreten können! Dabei ist er in
drückender Armut, eine Strohhütte mit zwei Stuben und drei
Kammern, bei acht Kindern! Nicht genug! Es dringen Separa=
tisten in die Gemeinden und machen sie ihm abwendig. Drei
seiner Gemeinden, die von ihm erweckt, schreiben ihm, er sei ein
Weltkind, sie sagten sich von ihm los! Da will er, wie Luther
gegen Carlstadt, im Glauben sich aufraffen, um gegen sie auf=
zutreten. Er will den Wagen besteigen, aber — er sinkt zu=
sammen! Nunmehr, sagte er, mußte ich mir nicht nur die Augen
der Erkenntnis ausreißen, sondern auch die des Glaubens, et
il ne me resta que de me jetter aveuglement dans les
bras de mon Seigneur. Doch Seine Wege sind nicht unsre.
Nach einigen Tagen fühlte er sich stark genug, einen Brief an
die Abtrünnigen zu schreiben, und — der Segen Gottes geht
mit dem Briefe; mit Ausnahme von fünfzehn kehrten alle seine
geistlichen Kinder wieder in seine Arme! Hier habe ich viel
gelernt!"

Bis Montag den 1. August abend blieb Tholuck in
Paris. Dann reiste er mit Bialloblocky in schöner stiller
Sommernacht über Le Bourget bis Senlis, wo der Göttinger
Privatdozent, ein in seiner steifen Pedanterie dem kranken Ge=
fährten recht unbequemer Reisegefährte, nach Paris umkehrte;
— „wie bin ich dankbar, daß ich dieser Fußschelle erledigt bin,"
heißt's in dem auch hier in lakonischem Lapidarstil gehaltenen
Tagebuche. Über Compiegne, Ham, St. Quentin, ging es dann
nach dem Picardischen Städtchen Guise, von wo ihn der ge=
nannte Pastor Colany=Née nach seinem Strohhüttchen in
Lemé abholte. Fünf Tage, vom 6. bis 10. August, hielt sich
Tholuck in den oben geschilderten Gemeinden auf; seine, in
französischer Sprache improvisierte Predigt hielt er am 7. über
das apokalyptische Sendschreiben an Laodicäa. Nach diesem
kleinen Exkurs ging es mit stürmischer Eile, unter Zuhilfenahme
der Nacht, der deutschen Grenze wieder zu. Über Cambray und

Mons erreichte Tholuck am 13. August früh 7 Uhr Brüssel, besuchte ein paar Freunde, u. a. auch den seit 1823 hierher-versetzten Pasteur Merle (d'Aubigné) — „er war englisch, steif, unindividuell, brauchte allgemeine Phrasen und zeigte viel Buchstabenglauben," und eilte dann über Maastricht, Aachen, Düsseldorf nach Barmen, wo er am 17. August abends bei Snethlage ins Haus trat. Ein Arzt untersuchte endlich den aufs äußerste Erschöpften eingehender und verordnete ihm eine sofortige Kur in Ems, die Tholuck am 20. August antrat.

Von Ems schrieb er am 4. September an Stier nach Basel: „Noch bis Paris kam ich mit keinem andern Gedanken, als über Basel und Süddeutschland zurückzukehren. Doch mehrere zusammentreffende Gründe zerrütteten mir dort den Plan, an dem mein Herz hing. Besonders war es der Zustand meiner Gesundheit, der sehr herunter ist, welcher mich nötigte, im Bade Herstellung zu suchen und dann auf dem kürzesten Wege zurück-zukehren. Auch wäre ich bei meinem leidenden Zustande nicht einer freien Mitteilung und eines freien Genusses derselben fähig gewesen. Hier in Ems habe ich etwas Erleichterung ge-funden. Doch nicht viel, und gerade, indem ich dies schreibe, leide ich sehr. — Ich bin nun an und für sich gegenwärtig unfähig, bedeutende schriftliche Mitteilungen zu machen, und es würde auch dieser Raum zu gering sein, um auch nur einiges in der nötigen Ausdehnung zu erzählen.... Nur das versichere ich dich noch, ich habe eine solche Sehnsucht nach Dir gehabt, daß ich auf Leben und Tod kämpfte, um zu Dir zu kommen, bis ich aufs stärkste sah, es soll nicht sein.... Ich wandle gegenwärtig ohne alles Licht, ohne allen Glauben. Ich scheine ohne Christus zu sein. Mehr will ich nicht sagen, auch heißt es alles gesagt. Doch kann ich hinzufügen, ich bin nicht ohne Hoffnung.... Nun, mein Glaubensbruder, Dein armer, gegen-wärtig an Geist und Seele zerrütteter kranker Bruder wirft sich Dir im Geiste um den Hals, sein Auge kann schon lange nicht mehr recht weinen, aber er blickt zum Himmel und stammelt: Hab Erbarmen und mach ein Ende mit der Versuchung! Und Du, lieber Bruder, und Deine Ernestine, schenkt einen Seufzer dem Bruder, der sonst für so viele andre sorgen und beten konnte und nun vor Kälte und Unglauben sogar nicht andre aufzufordern wagt, für ihn zu beten."

Noch tiefere Blicke in die damalige Nacht seiner Seele eröffnete Tholuck dem Freunde von Berlin aus. „Der Herr hat mich seit dem Juni dieses Jahres in schwere Prüfung genommen. Ich wurde in Oxford krank und habe seit der Zeit keinen gesunden Tag mehr gehabt bis hierher. Mein Glaube ist erzeugt worden durch Erfahrungen des Friedens, der nicht von dieser Welt ist, und durch außerordentliche Gebetserhörungen, deren ich am Anfange viele hatte. Meinem wissenschaftlichen Auge ist bis heutiges Tages die Bibel ein Skandalon; der Pantheismus dagegen hat seit zwei Jahren sich in meine Anschauung überwältigend eingedrängt, wie früher der Deismus auf wissenschaftlichem Gebiete am evidentesten schien. Bei meinen furchtbaren Anfällen von Unterleibsschmerzen ward das Gemüt oft ganz umdüstert und verlor sich in nicht christlichen Ansichten. Auf heiße, verzweiflungsvolle Gebete blieb die Erhörung aus. Der Friede Gottes war aus der Seele gewichen. Meine Gebete fielen eisern auf mich zurück, wie abprallende Pfeile. Da wich der Glaube an die Bibel, und ich habe — schrecklich zu sagen — Tage, Wochen ohne Ihn zugebracht! In diesem Zustand schrieb ich Dir von Ems. Sieh, lieber Stier, Du sagst mir gewiß nichts Hartes, Du weinst gewiß mit mir, wenn ich Dir sage, daß jene furchtbaren Erfahrungen an die Wurzel meines innern Lebens die Säge angelegt haben. Sieben Jahre habe ich an Christum geglaubt, ohne eine solche Erfahrung auch nur für möglich zu halten; sie ist gekommen, und ich kann von dem Gifthauch, den sie mit sich gebracht, mich noch nicht erholen. Ich kam nach Berlin zurück, wie ein Irrer, ich habe bis aufs Blut gekämpft. Seit drei bis vier Wochen bin ich zur Ruhe, zum Glauben, zum Gebetstriebe wieder gelangt, aber die fröhliche Sicherheit, die ich einst hatte, ist hin. — Nur wenigen habe ich dies alles mitgeteilt, teurer Stier. Auch ist es hier nur für Dich geschrieben. In meiner nächsten Umgebung möchten's auch viele nicht tragen können."

Einer der wenigen, dem es Tholuck gleichfalls — nach errungenem Siege — schrieb, war Rennecke. Es heißt in einem Briefe an denselben vom 21. Dezbr. 1825: . . . „Meine Wege

sind in großen Wassern gewesen, der 'Ausgang aber ist Herr=
lichkeit. Daß ich es Dir sogleich sage. Es sind mir für
das πρῶτον ψεῦδος (dem Grundschaden) meiner Theolo=
gie die Augen aufgethan worden. Gerade die scharfen
Ecken, an denen Du Dich bis daher gestoßen, sind mir als solche
offenbar geworden. Als ich schrieb: ‚Sähe ich nicht so bestimmt
auf der andern Seite den Pantheismus, wer weiß, ob ich nicht
hinüberspränge‘, da war ich schon drüben und hatte not, her=
überzukommen, wie du mir sagtest. Auf den Grund des Wis=
sens wollte ich das heilige Reis der evangelischen Thorheit ver=
pflanzen, und es ward welk und dürre.“ Nun folgt die
Schilderung der völligen religiösen Verarmung in England.
„Ich lag zertrümmert am Boden. Ich schwamm auf einem
weiten, toten See, mit halbgeschlossenem Auge, zauberhaft ge=
bunden, unberührt und unberührend. Dann und wann kam
der Glaube wieder, aber eigentlich war's nur die Möglichkeit
des Glaubens, nicht der Glaube selbst. Höchstens hatte dann
und wann ich den Glauben, aber der Glaube hatte nicht mich.
So ging es fort den August und September hindurch, wo ich nach
Berlin zurückkam. Im Oktober nur wenig besser. Im Anfang
November unterwarf ich mich Seiner Hand ohne Vorbehalt.
Seitdem hatte ich mehr innere Erfahrung und Gebetstrieb. Immer
ward mir der Grundschade nicht aufgedeckt, bis in diesem Monat.
Nun will ich nur den Gott in der Historie, und gerade nur
so weit, als er darin aufgehüllt liegt. Nun will ich nicht, was
in Gottes Offenbarung getrennt, durch menschliche Klammern
zusammennieten, noch was dort verbunden, durch menschliche
Keile auseinandertreiben. So ist jetzt meines Herzens Wunsch
und Gebet. Wie bald aber diese neue Erkenntnis die schon
fertigen Schematismen über alle Branchen der Theologie durch=
dringen werde, weiß ich nicht. Wie mir alles Neue plötzlich
auf= aber nur langsam in mich übergeht, so wird es wohl
auch hier sein. Auch weiß ich, daß ich durch tägliches Gebet
das Licht halten muß, denn in den Pappkasten läßt es sich
nicht sperren. Ich sehe ein, daß Christus nicht nur unsre Hei=
ligung, sondern auch unsre Wahrheit ist, und daß wir nur
Wahrheit haben und nur Wahrheit glauben, insofern wir Ihn
haben. Ich sehe ein, daß, wie wir allmorgendlich das Gesicht

vom Unflat rein waschen, die Seele sich alle Morgen vor Gott
stellen und das Herz vom Unglauben muß rein waschen lassen.
Wir Christen zehren von der Hand in den Mund!" —

Nicht ohne erhebliche Besserung in seinem körperlichen Be=
finden verließ Tholuck nach sechzehntägigem Aufenthalte am
5. September Bad Ems. Er reiste rheinabwärts und nahm
aufs neue einen längern Aufenthalt bei den geliebten Wupper=
thaler Brüdern. Die Richtung, welche er von dort zur Heim=
kehr nach Berlin einschlug, erhellt aus dem letzten Briefe, den
er von Wittenberg am 27. September an Kottwitz schrieb.
„Mein teuerster Vater! Nur noch eine Tagereise, und — ich
bin in Ihren Vaterarmen. Ach, ich sehne mich wenigstens nach
leiblicher Ruhe! — Mit dem Körper geht es seit Ems erträg=
lich; ich habe zwar auf der Reise viel Besorgnis und einzelne
schwere Stunden gehabt, indes kann ich doch im ganzen recht
dankbar und zufrieden sein. Aber, mein teurer Vater, mein
Herz ist sehr krank, und ich weiß nicht, ob ich mich noch Christ
nennen darf. Ich sehne mich nach Christengemeinschaft, weil
dann mein Glaube wieder erwacht; und ich fürchte mich davor,
weil ich aus Scheu, wenn ich unter ihnen bin, mehr Glauben
zeige, als ich gegenwärtig habe. Ich weiß nicht, was ich bin,
weiß auch nicht, was ich in Berlin sein werde. Möchte ich
nur nicht, wenn ich an Ihrer Seite sein werde, durch die kind=
liche Liebe zu Ihnen verleitet, mehr Glauben heucheln, als ich
habe. Mein äußeres Leben hatte einen Schiffbruch erlitten, und
ist fast daraus errettet; mein inres ringt noch mit den finstern
Wellen. Ich bin nicht ohne Hoffnung, doch besteht sie fast nur
in thränenvoller Sehnsucht. Christlicher Zuspruch kann mir nichts
helfen; denn es ist mir nicht bloß dieses und jenes untergegangen,
sondern alles. Dennoch ist mir's so wohl, wenn ich neben Christen
sitze; der Odem ihrer Milde weht belebend über das dürre Land
meiner Seele. Der treue Heubner! Ob ich neben seiner sechs=
jährigen Marie sitze, oder neben ihm, es ist beinahe eins. Ach, könnte
ich noch werden, was er ist! — Ich komme mit Freuden zurück, aber
nicht weil ich ein Glück hoffe, sondern weil ich unter zwei
großen Übeln jetzt das kleinere erwählen möchte. Je suis le
grand célibataire du monde! O daß ich wieder den Posau=
nenschall des Königs in Zion hörte, und das erstorbene Gebein

lebendig würde! Ich habe einen solchen Zustand noch nicht gehabt. — Ihr liebevolles Anerbieten des Entgegenkommens konnte ich aus mehreren Gründen nicht annehmen. Aber von Herzen kann ich Ihnen dafür danken. Ich nehme diese Liebe gerührter und demütiger, wie der Bettler am Wege das Almo= sen. Wenn man Christi Liebe nicht mehr spürt, wie gierig hascht man nach der der Seinen! — Ich bin mit dem teuern Sander von Barmen bis Naumburg gereist, zwei schöne Tage bei Gerlach geblieben, dann einen halben in Halle und nun an Heubners Seite. Auch hatten wir in Weimar Falk be= sucht. Wahrscheinlich werde ich Sonnabend (1. Oktober) abend ankommen. Ich würde aber bitten, daß Sie mir nicht mit einem Besuche zuvorkommen, vielleicht wäre mein Geist zu sehr verstört. Erlauben Sie mir, daß ich Sie aufsuche, wenn ich glauben werde, wieder einige himmlische Kraft zu haben. — Mein teurer, innig geliebter Vater! Weinend wirft sich in Ihre Arme und an Ihr Herz Ihr unglücklicher A. Tholuck."

Am Sonntag, den 2. Oktober fuhr Tholuck, von Pots= dam kommend, wieder in die Thore Berlins ein, und der ihm das letzte Geleit aus der Hauptstadt gegeben hatte, sein kleiner August Schmidt, saß am Abend desselben Tages, mit seiner Liebe ihn erwärmend, wieder neben ihm im traulichen Gelehr= tenstüblein und suchte in zärtlicher Freundschaft das Eis um das Herz des Geliebten zu schmelzen.

Neuntes Kapitel.

Das letzte Berliner Semester.

Es schien, als wollte sich Tholucks Leben nach seiner Rückkehr aus England ganz wieder in der alten Weise gestalten. Die Freunde schlossen sich ihm aufs neue an; die Donnerstag= abende, deren Leitung trotz ergangener Bitten Hengstenberg während der Abwesenheit Tholucks nicht hatte übernehmen wollen, weil sie diesem „ganz und gar auf den Leib zugeschnit= ten" wären, wurden wieder eingerichtet — bald waren es über zwanzig Jünglinge, die sich sammelten. —; der Baron Kott= witz umschloß sein Schmerzenskind mit der alten Liebe. Am 24. Oktober begannen die Vorlesungen: Tholuck trug Dog= matik, messianische Weissagungen und Geschichte der Theologie im 18. Jahrhundert vor. Auch die wissenschaftlichen Früchte der langen Reise begann er einzuheimsen und schrieb „nach so langer Entbehrung unter angenehmen Eindrücken" an seiner Arbeit über „die spekulative Trinitätslehre des späteren Orients". Am 30. Oktober bestieg er auch wieder die Kanzel der Drei= faltigkeitskirche und predigte über den Text Luk. 13, 28: „Ringet danach, daß ihr eingehet durch die enge Pforte" u. s. w., ohne jedoch seinen Reiseintentionen entsprechend auf die Niederschrift zu verzichten: unter den gedruckten „Zehn Predigten" von Tho= luck (Berlin 1829) steht diese am 22. Trinitatissonntage ge= haltene an erster Stelle.

Indessen noch an demselben Sonntage gelangte ein Ruf an ihn, der ihm dieses Wintersemester zum unruhigsten und fast schwersten seines ganzen Lebens machen sollte, da trotz zeit= weiliger Besserung auch der leibliche Druck und die damit zu=

fammenhangende tiefe geiftliche Depreffion mit Zentnerfchwere
auf ihm laftete und die näheren Freunde nur mit tiefem Mit=
leiden auf ihn fchauen machte. Am Abend des 30. Oktobers
trat der Geheime Ober=Regierungsrat Schulze bei Tholuck
ein, um ihm im Auftrage des Minifters die Frage vorzulegen,
ob er einen an ihn ergehenden Ruf nach Halle an die Stelle
des foeben am 14. Oktober dafelbft verftorbenen Knapp an=
nehmen würde oder nicht. .

Welch eine Ausficht! Halle war allerdings, wie Tholuck
in London richtig gefagt hatte, dazumal der wiffenfchaft=
liche Herd des Rationalismus. Der einzige Vertreter „einer
konfequenten, zwar keineswegs kirchlich ftrengen, doch biblifch
offenbarungsgläubigen Überzeugung", wie Tholuck felbft be=
richtet (Herzog Real=Encykl. s. v. Knapp) war der felige
Knapp gewefen, ein Mann fo milde und fanft, aber auch fo
kampfesfcheu und friedfelig, daß er mit allen feinen Kollegen,
felbft feinerzeit mit dem Läfterer Bahrdt, trotz aller Differen=
zen in der religiöfen Überzeugung im beften Einvernehmen ftand.
Auch die Darmftädter Kirchenzeitung meldete feinen Tod mit
dem rühmenden Zeugniffe, daß feine „gründliche Gelehrfamkeit,
wie feine von aller Schwärmei entfernte Religiofität und chrift=
liche Dulbfamkeit gegen Andersdenkende bei feinen zahlreichen
Verehrern ftets in gerechtem Andenken bleiben werde".

Und an die Stelle diefes ftillen, ehrwürdigen Seniors der
Hallefchen Fakultät follte der jugendfeurige, auffchäumende Tho=
luck treten, der noch vor kurzem in feiner „Stimme wider die
Theaterluft" fich kühn auf den Standpunkt des alten, engen
Pietismus geftellt hatte und die Kollegen in Halle mit einem
fchonungslofen Vernichtungskampfe bedrohte? — Ach, Gott hat
dem fich felber gürtenden Simon in diefem Winter die Hände
gebunden und feftgefchnürt, fo daß er fich zuletzt demütig, faft
willenlos führen ließ, wohin der Herr wollte. Er hat bei fich
felbft in folche Tiefen des Unglaubens fchauen, den drohenden
Gefahren eines wiffenfchaftlichen Atheismus und praktifcher
völliger Religionslofigkeit fo furchtbar nahe ins Auge blicken
müffen, daß er fchließlich in allen wiffenfchaftlichen und prak=
tifchen Verirrungen Erbarmen zu haben lernte und gebrochen,
vernichtet, nur auf Gott und feine Hilfe geworfen in das neue

Arbeitsfeld übersiedelte, das zu schwerem Kampfe, aber auch zu reichem Siege ihm winkte.

Am 3. November richtete Tholuck an den Geheimen Ober=regierungsrat Schulze, wie verabredet war, folgende schrift=liche Erwiderung [1]):

„Ew. Hochwohlgeboren gebe ich mir die Ehre, in bezug auf den mir durch Hochdieselben gewordenen Antrag Eines Hohen Ministerii, in das durch Hinscheiden des sel. Dr. Knapp erledigte Professorat in Halle einzutreten, folgendes zu erwi=dern, nachdem ich ernsthaft diese wichtige Angelegenheit erwogen."

„Ich habe schon die Ehre gehabt, Ew. Hochwohlgeboren mündlich auszusprechen, wie eine feste Anstellung hier in Berlin der höchste meiner Wünsche ist.*) Nach nochmaliger Erwägung kann ich nur eben dieses wiederholen. Allerdings würde ich, außer Berlin, keine Universität wissen, an der ich, um der damit verbundenen Wirksamkeit willen, so gern angestellt zu werden wünschte, als Halle. Nachdem ich nun aber durch neun=jährigen Aufenthalt mit so vielen Banden an Berlin gekettet bin, kann ich es nur mit so großer Verleugnung verlassen, daß ich selbst eine Beförderung an hiesiger Universität, ohne Ge=haltserhöhung für die erste Zeit, einer auswärtigen Anstellung vorziehen würde."

„Dessenungeachtet kann ich auf der andern Seite auch nicht geradezu den mir gewordenen ehrenvollen Antrag ablehnen. Falls Ein Hohes Ministerium dafür hält, daß den Bedürf=nissen jener Stelle einigermaßen durch mich genuggethan wer=den könne, so bin ich bereit, mein eigenes Verlangen der Ver=fügung eines von mir mit ungeheuchelter Anhänglichkeit verehrten Ministerii und dem Besten der Sache aufzuopfern. In diesem Falle würde ich mir nur noch erlauben, einige angelegentliche Wünsche auszusprechen. Erstens. Ein Hohes Ministerium hat 800 Thlr. als Gehalt dieses Professorats ausgesetzt. Da ich

---

*) Die Berliner theologische Fakultät muß schon im Beginn des Jahres 1825 bei dem Minister die Frage angeregt haben, ob nicht an Tholuck eine ordentliche Professur in Berlin verliehen werden könnte. Am 8. Febr. 1825 erwiderte der Minister (U. A. $\frac{19338}{2938}$), daß er erst das Ergebnis der englischen Reise abwarten wolle.

von meinem Einkommen Mitteilungen an bedürftige Glieder meiner Familie machen muß, so würde ich mit meinem gegenwärtigen Gehalt mich nicht in Berlin erhalten können, wenn ich nicht noch gegen 300 Thlr. anderweitige Emolumente hätte. Diese sind jedoch an Berlin geknüpft, und dürfte ich sie bei meinem Abgange ganz oder zum Teil verlieren. Ein Hohes Ministerium wird mir daher die unterthänige Bitte zu gute halten, mich nach Verlauf von etwa zwei Jahren in das Gehalt meines Vorgängers eintreten zu lassen."

„Zweitens. Es scheint sehr wünschenswert, daß nicht nur vom Katheder, sondern auch von der Kanzel herab auf die Studierenden kräftig gewirkt werde, zumal da die Roheit und der zügellose Leichtsinn vieler Hallischer Theologen ihnen fast den Sinn für wissenschaftlichere, geistigere Auffassungen raubt. Auch würde mir in jener Stadt, wo mir viele anregende Berührungen entgehen, es persönliches Interesse sein, mich durch die Predigt aufzufrischen. Eine Stelle in der Stadt möchte ich jedoch, auch wenn sich eine aufthun sollte, nicht annehmen, da dies mich von der Wissenschaft zu sehr entfernen dürfte. Daher ersuche ich Ein Hohes Ministerium, wenn es irgend angeht, mich zum zweiten Universitätsprediger zu ernennen. Ich wünsche dadurch zu erhalten, auf eine legale Weise, etwa alle drei Wochen einmal Herrn Marks ablösen zu dürfen. Auf Gehalt mache ich keinen Anspruch, da mir nur um die Wirksamkeit dabei zu thun ist."

„Drittens. Da ich die Hallische Universitätsbibliothek aus eigner Ansicht kenne, so weiß ich, daß sie mangelhafter als die Berliner besetzt ist. Ich würde daher ergebenst bitten, mir auf einem Wege, auf dem ich vor Weitläufigkeiten und Schikanen gesichert wäre, es möglich zu machen, aus der hiesigen Bibliothek gedruckte Bücher und nötigenfalls auch Handschriften nach Halle geschickt zu erhalten."

„Daß Ein Hohes Ministerium, im Fall in jenem neuen Bestimmungsorte mir irgend etwas mit unüberwindlichem Druck entgegenträte, bereit sein würde, wo es sich thun läßt, Unterstützung angedeihen zu lassen, brauche ich wohl nicht hinzuzufügen."

„Ew. Hochwohlgeboren werden die Gewogenheit haben, diese meine Erklärung zur Kenntnis Sr. Exzellenz des Herrn Ministers zu bringen und werde ich mir die Freiheit ausbitten, im Laufe der nächsten Wochen von Ew. Hochwohlgeboren mich unterrichten zu lassen, welches Sr. Exzellenz huldreicher Beschluß in dieser Angelegenheit gewesen sein wird."

„Mit der Versicherung 2c."

Auf die im Anfange dieses Schreibens ausgesprochene Erklärung Tholucks, daß er am liebsten in Berlin bliebe, nahm der Minister v. Altenstein keine ernstlichere Rücksicht, berichtete vielmehr schon am 11. November (U. 17627) an den König folgendermaßen:

„Durch das im vorigen Monate erfolgte Ableben des Kon= sistorialrat Dr. Knapp in Halle ist in der dortigen theologischen Fakultät eine ordentliche Professur erledigt worden, deren baldige Wiederbesetzung um so notwendiger ist, je höher der Verlust an= geschlagen werden muß, welchen diese Fakultät durch den Tod eines ihrer ältesten, in allen Beziehungen überaus würdigen und darum mit Recht im In= und Auslande hochgeehrten Mitgliedes erlitten hat."

„Von allen evangelischen theologischen Fakultäten Deutsch= lands ist die in Halle fortwährend am zahlreichsten besucht; sie zählt gegenwärtig wohl 700 Studierende, und es läßt sich mit Wahrscheinlichkeit erwarten, daß diese Frequenz noch wachsen wird, wenn zum Nachfolger des verstorbenen Knapp ein Mann bestimmt wird, welcher eine gediegene theologische Gelehrsamkeit mit einer gründlichen dogmatischen Überzeugung, einem lebendigen Eifer für die evangelische Kirche und ihre Lehren und einer sich in seinem Leben unzweideutig aussprechenden frommen Rich= tung verbindet. Einen solchen Mann glaube ich in dem außer= ordentlichen Professor und Lizentiaten der Theologie Tholuck zu erkennen, welcher seit mehreren Jahren bei der hiesigen theo= logischen Fakultät mit entschiedenem Beifall und glücklichem Er= folge über verschiedene Zweige der Theologie Vorlesungen ge= halten und sowohl in diesen, als auch in seinen gelehrten Schriften, unter welchen ich nur seine Auslegung des Briefes Pauli an die Römer als die gelungenste und ergreifendste aller= unterthänigst anzuführen mir erlaube, auf eine überzeugende

Weise gezeigt hat, daß es ihm ein wahrer Ernst ist um gründ= liche Erforschung und lebendige Verbreitung der reinen evan= gelischen Lehre, und daß er, obwohl noch jung an Jahren, dennoch einen schon gereiften Geist, eine gediegene und aus= gebreitete theologische Gelehrsamkeit und die erforderliche Festig= keit im Glauben und Besonnenheit im Handeln besitzt, um das ebenso schwierige als einflußreiche Amt eines ordentlichen Pro= fessors der Gottesgelahrtheit nach den landesväterlichen Absichten Eurer Königlichen Majestät und zum wahren Gedeihen der evangelischen Kirche auch in dieser Zeit allgemeiner religiöser Bewegung verwalten zu können. Obwohl der pp. Tholuck vor= ziehen würde, an der hiesigen Universität eine feste Anstellung zu erhalten und seine bisherige verdienstliche Wirksamkeit fort= zusetzen, so hat er sich dennoch, seiner bescheidenen Denk= und Handlungsweise gemäß, bereit erklärt, seine persönlichen Wünsche höheren Forderungen unterordnen, einem Rufe an die Universität in Halle folgen und dort, was mir bei der gegenwärtigen Zu= sammensetzung der dortigen theologischen Fakultät besonders zweckmäßig erscheint, den Vortrag der Dogmatik, der christlichen Sittenlehre, der Encyklopädie und Methodologie der theologischen Wissenschaften und der Exegese des Neuen Testamentes vor= zugsweise übernehmen zu wollen. Ew. Königliche Majestät bitte ich daher ehrfurchtsvollst,

den außerordentlichen Prof. lic. Tholuck zum ordentlichen Professor in der theologischen Fakultät zu Halle Allergnädigst zu ernennen und ihm in dieser Eigenschaft eine jährliche Be= soldung von 800 Thlr. aus den hiezu disponiblen Fonds der Universität in Halle huldreichst zu bewilligen.

v. Altenstein."

Bereits aber sammelten sich die Sturmwolken, welche die Berufung Tholucks nach Halle ernstlich bedrohen zu wollen schienen.

Am 16. Oktober 1825 hatte die Darmstädter Allgemeine Kirchenzeitung in der Sonntagsbeilage zu ihrer Nr. 138 aus dem Missionary Register eine Übersetzung der Rede Tholucks mitgeteilt, welche dieser in der Londoner Continental Society gehalten, und die wir im vorigen Kapitel abgedruckt haben. Die Überschrift zu dieser nur ganz kurz historisch eingeleiteten Rede lautete in der Kirchenzeitung: „Verläfterung Deutfchlands im Auslande durch Deutfche." Als Motto war der Nummer das Wort von Chr. M. Pauli beigegeben: „Eine frömmelnde Heilandsliebe mindert die Menfchenliebe."

Diefer Artikel, auf den auch Stier in feinem oben mit=geteilten Briefe anfpielte, wirbelte dichten Staub auf und ver=anlaßte eine Anzahl von fcharfen Angriffen gegen Tholuck in der Kirchenzeitung.

Am 16. November fah fich nun der Königliche Außer=ordentliche Regierungsbevollmächtigte der Univerfität Halle, Vize=berghauptmann v. Witzleben, veranlaßt, unter Einfendung der betreffenden Kirchenzeitungsnummer an den Minifter folgende Eingabe zu richten:

„Wenn es fchon einige Beforgnis in der Stille erweckt haben mochte, als vor wenigen Tagen die erfolgte Ernennung *) des Profeffor Tholuck zum ordentlichen Profeffor der Theologie auf der hiefigen Univerfität dadurch unerwartet und öffentlich bekannt wurde, daß derfelbe den hiefigen Privatdozenten Dr. Guericke beauftragt hatte, ihm von Oftern k. J. an ein Quar=tier zu mieten, fo mußte dagegen ganz natürlich diefe Beforgnis bis auf einen hohen Grad gefteigert, laut und fogar bedenklich werden, als geftern (?) das anliegende Stück der Kirchenzeitung ausgegeben wurde, inhalts deffen der pp. Tholuck zu London die hiefige Univerfität für den Sitz des Unglaubens erklärt und fich fonft unwahr und verleumdend geäußert haben foll."

„Unerläßlich fühle ich mich verpflichtet, diefes Einem Kgl. Minifterio der Geiftlichen, Unterrichts= und Medizinal=Ange=legenheiten fofort ganz gehorfamft anzuzeigen und dabei folgendes ehrerbietigft zu bemerken: Es ift nicht zu glauben, daß fich der pp. Tholuck folche Urteile erlaubt haben follte, da er fonft den Ruf hierher unmöglich angenommen und mit ihm eine höchft bedenkliche Stellung übernommen haben würde; und es dürfte daher dringend nötig fein, daß er den betreffenden Auffatz in der Kirchenzeitung fo fchleunig als nur möglich für eine Lüge und Verleumdung öffentlich erkläre und auf diefe Weife die

---

*) Die königliche Ernennung wurde faktifch erft am 17. Nov. 1825 vollzogen.

hier dadurch allgemein veranlaßte bedenkliche Aufreizung, geweckte Besorgnis und tiefgefühlte Kränkung gründlich beseitige. Sollte sich aber unerwartet der pp. Tholuck wirklich so haben aus= drücken können, wie es in der Kirchenzeitung enthalten ist, so ist, wie ich es ehrerbietig zu versichern für meine heilige Pflicht halte, von dessen Anstellung auf der hiesigen Universität für die Religion und für das Studium der Theologie kein gesegneter Erfolg, sondern es sind vielmehr nur Ärgernis gebende Auftritte und die größten Nachteile zu erwarten, wenn sich dann unab= wendbar statt der bisher so wohlthätig gewirkten, von der echten und wahren Religion sogar gebotenen Duldung und Eintracht — durch welche sich die hiesige theologische Fakultät bisher so rühmlich ausgezeichnet hat — das Gegenteil in Wort und Schrift äußern wird."

In der That nahm Tholuck die Gewißheit seiner dem= nächstigen Berufung nach Halle als so unbezweifelbar an, daß er schon Anfangs November Guericke um die Besorgung einer Wohnung gebeten hatte. Guericke hatte in der Freude seines Herzens den nächsten Bekannten davon Mitteilung gemacht, und bald wußte ganz Halle das schreckliche Geheimnis. Die Auf= regung der Fakultät war eine ungeheure; in den Vorlesungen konnte — nach einer brieflichen Notiz Guerickes vom 21. No= vember — der Name Tholucks nicht genannt werden, ohne daß die Studenten ihren lauten Unwillen zu erkennen gaben.

Der erbittertste Gegner des zu Berufenden in der Fakultät war der Direktor der Franckeschen Stiftungen, Oberkonsistorial= rat Dr. August Hermann Niemeyer, der 1808—1815 unter Jérome Kanzler der Universität gewesen war. Erst vor kurzem war die in der That mißverständliche Verfügung des Ministers v. Altenstein vom 24. Oktober 1825 über „Mystizismus, Pietismus und Separatismus" erschienen, welche die Kirchen= zeitung später mit dem Motto Tiedges abdruckte: „Nein, keine Finsternis soll Gottes Reich umnachten!" (1826, Nr. 12.) Die Tendenz der aus Beckedorffs Feder stammenden, in Wirk= lichkeit nur gegen ungesunde Auswüchse gerichteten Verfügung war so wenig deutlich, daß ihr Verfasser selbst sie bald darauf näher erläutern mußte.[2]) Dr. Niemeyer aber glaubte in diesem ministeriellen Erlasse einen bestimmten Anhalt für seine

Anschauungen zu finden und veranlaßte die theologische Fakultät unter ausdrücklicher Hinzuziehung auch der außerordentlichen Professoren — ein ganz ungewöhnlicher Schritt —, zu einem gemeinsamen Proteste gegen die Berufung Tholucks zusammen= zutreten. Selbst Thilo, Knapps Schwiegersohn, und der milde Marks gaben ihre Unterschrift dazu her.

Die Eingabe datiert vom 21. November 1825. v. Witz= leben reichte sie unter dem 21. November mit den Worten bei dem Minister ein: „Ew. Exzellenz unmittelbar auch die an mich zur Beförderung abgegebene gehorsamste Vorstellung der theo= logischen Fakultät den Prof. Tholuck betreffend in der Anlage ehrerbietigst zu überreichen, halte ich für meine Pflicht und den Verhältnissen angemessen; indem ich dabei mich nur auf meinen in gleicher Angelegenheit unterm 16. d. ganz gehorsamst er= statteten Bericht beziehen kann."

Die Vorstellung der Fakultät ist von der Hand des jüngeren Niemeyer geschrieben und hat folgenden Wortlaut.

„Der theologischen Fakultät ganz gehorsamster Bericht über eine sie betreffende harte Anklage des Herrn Professor Tholuck und deren zu besorgende Folgen."

„Ew. Exzellenz fühlen sich die unterzeichneten Lehrer der Theologie auf hiesiger Universität gedrungen, über einen nach ihrer Überzeugung höchst wichtigen Gegenstand folgende ehr= erbietige Vorstellung zu übergeben."

„Aus dem 138. Stück der Allgemeinen Kirchenzeitung geht unwidersprechlich hervor, daß Herr Professor Tholuck, welcher bei dem Aufenthalt in England in einer öffentlichen Versamm= lung der Continental Society mehrere Reden gehalten, in einer derselben nicht nur im allgemeinen den religiösen Zustand des Festlandes als höchst traurig und gefährlich, sondern namentlich die Universität Halle als den eigentlichen Sitz des Unglaubens geschildert und die vielen Hunderte beklagt hat, welche von ihren Lehrern von der Wahrheit abgeleitet und so für den Dienst der Kirche unbrauchbar gemacht würden."

„Ganz unerwartet war uns dies nicht, da ein in diesem Sommer hier durchreisender Missionar jener Sozietät, zufolge der von ihm gehörten Rede, mit einer sehr nachteiligen Meinung von Halle hier angekommen war. Jetzt aber ist sie in einer

ebenfalls in England sehr verbreiteten Zeitschrift (Missionary
Register, July) mit dem Namen des Redners im Druck erschienen;
und der Inhalt derselben wird im Auszuge, sofern er gerade
unsre Universität betrifft, nun durch die Allgemeine Kirchen=
zeitung in ganz Deutschland zur Kenntnis gebracht."

„Ew. Exzellenz brauchen wir nicht zu sagen, welchen schmerz=
lichen Eindruck dies auf uns gemacht hat.   Solange wir das
Glück genießen, in Hochdenenselben unsern Chef zu verehren,
haben Sie unsern Bemühungen und Arbeiten stets so volle Ge=
rechtigkeit widerfahren lassen und uns durch Ihren so belohnenden
Beifall aufgemuntert.   Sie haben es bei mehreren Gelegenheiten
auch dem Charakter und dem Zweck einer Universität angemessen
gefunden, daß die verschiedensten Ansichten und Lehrformen sich
darauf frei bewegen dürfen.   Um so weniger wird es gegen
Ew. Exzellenz einer Verteidigung gegen eine öffentliche Anklage
bedürfen, die ja selbst das Unterrichtswesen in dem Preußischen
Staat so sehr in Schatten stellt, und von manchen Eltern als
eine Warnungsanzeige betrachtet werden kann, uns ihre Söhne
anzuvertrauen."

„Jeder von uns ist sich vor Gott und seinem Gewissen
bewußt, daß er nach seiner besten Überzeugung es sich bisher
hat angelegen sein lassen, wahre Ehrfurcht gegen das Christentum
und seinen heiligen Stifter in Vorträgen und Schriften zu wecken,
und Zuhörer und Leser ebensosehr vor dem Unglauben und
Leichtsinn, als vor der offenbar in unsrer Zeit überhand nehmen=
den Schwärmerei exaltierter Köpfe, durch eine haltbare Schrift=
auslegung und eine stets ernste Behandlung der dunklen und
zweifelhaften Materien zu bewahren; vor allem aber, was doch
die Hauptsache bleibt, ungeheuchelte, durch Sittlichkeit sich be=
währende Frömmigkeit ihnen als die edelste Frucht alles Wissens
und alles Forschens in der Schrift anzupreisen.   Die Lehr=
methode, wie einzelne Vorstellungs= und Beweisarten können
verschieden gewesen sein, wie sie es von je her in der Kirche ge=
wesen sind.   Daß aber weder ein trostloser Unglaube, dessen
Sitz, nach Herrn Professor Tholucks dreister Behauptung,
gerade unser Halle sein soll, noch praktische Irreligiosität hier
herrschender als in vorigen Zeiten geworden, davon ist die Ge=
sinnung und der Wandel so vieler trefflicher Jünglinge, der

Ernſt im Studieren, der gleiche Eifer in praktiſchen als wiſſen=
ſchaftlichen Vorleſungen der beſte Beweis. Daneben hat die
Teilnahme am öffentlichen Gottesdienſt gegen frühere Zeiten
offenbar zugenommen; was um ſo erfreulicher iſt, da ſie nicht
durch Vorträge hochtönender oder enthuſiaſtiſcher Kanzelredner
und Eiferer, ſondern durch Männer von klarem und ruhigem
Geiſt und eignem warmen Intereſſe an dem, was ſie lehren,
angeregt und erhalten wird.“

„Dies Zeugnis würde unſer verewigter Senior Dr. Knapp
gewiß ſelbſt hier ebenſo freudig, als bei den Hinrichsſchen
Händeln, ablegen, wenn ſein Tod ihm nicht auch dieſe Kränkung
der von ihm ſo geliebten hohen Schule erſpart hätte, deſſen
50jährige, ſo wohlthätige und doch wohl von Herrn Profeſſor
Tholuck ſelbſt anerkannte Wirkſamkeit dieſer nicht einmal zu
erwähnen der Mühe wert gehalten hat.“

„Hiernach dürfen wir zwar wohl berechtigt ſein zu glauben,
vom Herrn Profeſſor Tholuck eine öffentliche Mißbilligung
ſeines Verfahrens, eine, wie er ſelbſt ſagt, für die preußiſchen
Staaten ſo vorzüglich wichtige Univerſität in ein nachteiliges
Licht geſtellt zu haben, zu fordern. Da wir indes bei einer
guten Sache und dem großen Vertrauen, das Halle im Publikum
genießt, vorausſehen, daß der Ankläger mehr ſich als den An=
geklagten geſchadet haben werde, ſo begnügen wir uns, bloß das
Gefühl unſrer tiefen Kränkung, bei dem Bewußtſein, treu unſrer
Pflicht und unſerm Beruf gelebt und nicht ohne Nutzen und
Segen gewirkt zu haben, vor Ew. Exzellenz laut werden zu
laſſen; ohne jedoch der Sache noch mehr Publizität geben zu
wollen.“

„Selbſt mit dieſer ehrerbietigen Vorſtellung würden wir
vielleicht Hochdieſelben kaum behelligt haben, wenn uns nicht
auf indirektem Wege die Nachricht zugekommen wäre, daß der
Herr Profeſſor Tholuck zum Lehrer der Theologie auf unſrer
Univerſität beſtimmt ſei.“

„Wir verkennen keineswegs die Kenntniſſe, welche ſich der=
ſelbe in mehreren Fächern erworben hat; noch weniger werfen
wir uns zu Richtern ſeiner theologiſchen Anſichten auf, wenn
wir gleich mit ſeinem in jener Rede ausgeſprochenen Urteile
über die von der Königl. Regierung ſelbſt ſo gemißbilligten

fanatiſchen Bewegungen in Pommern, ſowie über den unruhigen Dr. Valenti in Weimar keineswegs übereinſtimmen können; auch bedenklich finden müſſen, junge Leute, die ſo leicht exaltiert ſind, gewiſſermaßen aufzurufen, Luthers und Calvins für unſre Zeit zu werden. Auch ſind wir weit entfernt, die Be= ſchlüſſe Eines Hohen Miniſterii, deren Gründe wir nicht kennen, meiſtern zu wollen. Glaubt Hochdasſelbe, daß von uns allen keiner die evangeliſche Kirchenlehre rein vorzutragen geeignet ſei, was wir allerdings ſchmerzlich bedauern müßten, ſo würden wir einen gelehrten, ruhigen und friedfertigen Mann mit eben der Achtung und Liebe aufnehmen, mit welcher wir unſerm vollendeten Senior, der dieſes alles in ſich vereinigte, ergeben waren."

„Aber Ew. Exzellenz wollen uns erlauben, ebenſo freimütig zu erklären, daß wir einem Manne, der beinahe feindſelig gegen Halle und mehrere unter den Profeſſoren von unſrer Fakultät in England aufgetreten, und deſſen Anklage nun ſchon in Deutſch= land einen ſehr allgemeinen Unwillen erregt, unmöglich mit dem Vertrauen und der Kollegialität entgegenkommen können, welche unſre Fakultät bisher vor allen andren ausgezeichnet hat. Und wenngleich von unſrer Seite gewiß alles vermieden werden würde, was Streit veranlaſſen oder auch nur den Schein erwiderter Kränkung haben könnte, ſo dürfen wir doch Ew. Exzellenz nicht verſchweigen, daß die Hierherverpflanzung dieſes erklärten Gegners unſre Univerſität ſehr leicht, da man unwürdig Verunglimpften nicht wehren oder verdenken kann, ſich zu verteidigen, zu einem Schauplatz und Herd ärgerlicher Streitigkeiten machen könne; wobei wahre Religioſität und Wiſſenſchaft ſelten gewonnen, und manche Univerſitäten ſelbſt an Ruf und Achtung verloren haben; wie denn auch für Ew. Exzellenz nach Ihrer Geſinnung und Denkart daraus nur ſchmerzliche Empfindungen hervorgehen würden, welche jeder, der Sie ſo anerkennt und innig verehrt als wir, Hochdenenſelben erſparen möchte."

„Kaum, ſollten wir denken, werde Herr Profeſſor Tho= luck bei ruhiger Überdenkung ſeiner aufs mindeſte geſagt großen Übereilung ſich dieſe möglichen Folgen verbergen können, und vielleicht ſelbſt Bedenken tragen, unter ſolchen Umſtänden gerade

hier ein öffentliches Lehramt zu übernehmen, das er in jedem
andern Kreise ruhiger und nützlicher führen wird."

„Unser Gewissen hat uns gedrungen, Ew. Exzellenz diese
unsre Besorgnisse nicht zu verhehlen, und bescheiden wir uns
übrigens, den davon zu machenden Gebrauch Hochdero weisem
Ermessen vertrauensvoll überlassen zu müssen."

„Die theologische Fakultät der vereinten Universität
Halle=Wittenberg.

(gez.) Niemeyer. Weber. Wegscheider. Gesenius.
Vater. Thilo.

Die außerordentlichen Professoren der Fakultät.

Stange. Wagnitz. B. A. Marks."

Auch die Darmstädter Allgemeine Kirchenzeitung führte den
Kampf weiter. Wenngleich eine vereinzelte Stimme für die
Richtigkeit der Tholuckschen Behauptungen sich hören ließ, so
wurde sie doch durch das laute Geschrei der Gegner übertönt.
Im 171. Stück wurde eine „psychologische Erklärung" der „un=
würdigen Verleumdungen" versucht. Da hieß es: „Bei den
Konventikelmännern, Momiers, Krüdnerianern kommen solche
Lästerungen oft vor. Verfasser findet es gar nicht auffallend,
daß ein junger Mann, der bis zu seinem achtzehnten Jahre
Handwerker war und dann erst zu den Wissenschaften überging,
bei einseitiger philologischer, historischer und philosophischer
Bildung, von neumodigem, selbst neuorientalischem Mystizismus
bestrickt, auch zu höchst einseitigen Ansichten von Theologie
überhaupt gelangen konnte. Wie aber ein solcher, selbst Lehrer
der Theologie, ohne die gelästerte Universität zu kennen, als
Neuerweckter und Inspirierter, mit unchristlicher Lieblosigkeit
und grober Anmaßung über dieselbe, sowie über die achtbarsten
dortigen Gelehrten und deren Leistungen den Stab brechen,
selbst sich zu der Einbildung, einen neuen Luther oder Calvin
hergeben zu können, verirren konnte, bleibt allerdings eine sehr
auffallende Empfehlung der neuen, alleinseligmachenden Theologie,
die es sich sogar zum Geschäfte macht, die aufrührerischen Um=
triebe der Erweckten in Pommern und das gegen Gesetz und
Obrigkeit widersetzliche Betragen des bekannten Landstreichers
Valenti als erfreuliche Zeichen eines neuerwachten christlich=
religiösen Sinnes zu lobpreisen."

Es läßt sich denken, wie Tholuck selbst durch alle diese Äußerungen beunruhigt und erregt wurde. Sein körperlicher Zustand drückte ihn nieder; er hustete wieder öfters Blut; gleichzeitig dachte er daran, einen Hausstand zu gründen und that die ersten Schritte zu einer Verlobung, bei der er, wie wir sehen werden, aus den inneren Kämpfen nicht herauskam. Dazu trat nun diese Anfechtung, die ihm sehr ernstliche Besorgnis bereitete. „Nun ist wieder einmal die Zeit," schreibt er im Tagebuche am 22. November, „wo alles mit Haufen kommt, wo's biegen oder brechen muß. Das sind die wahren Gottes=stunden! Was ist der schlimmste Fall? Abgesetzt! Doch ist dies unwahrscheinlich — aber als Extraordinarius ohne Beförderung gelassen in Verachtung und Hohn. Sollte das so schwer zu er=tragen sein, wenn man's mit dem Herrn erträgt?" Am meisten fürchtete Tholuck einen Prozeß oder eine diplomatische Anklage von Weimar her, dessen Landesgesetze er ja allerdings in einem bedenklichen Lichte hatte erscheinen lassen. Nur war auch hier das thatsächliche Recht auf seiner Seite, denn der Großherzog hatte ein für die Stadt Jena vor hundert Jahren erlassenes Gesetz vom 26. Juni 1714 erneuert und auf das ganze Land ausgedehnt, das wir zur Charakteristik der Zeit und behufs Be=urteilung der Tholuckschen Rede hier mitteilen wollen: „Es werden alle bisher eingerissenen heimlichen Zusammenkünfte und unter dem Vorwande gemeiner Erbauung und besserer Be=förderung des Christentums angestellte, so unbefugte als ge=fährliche Betstunden und Conventicula, worinnen die heilige Schrift leichtlich nach eignem Gutachten ausgelegt, Gesetz und Evangelium, Rechtfertigung und Heiligung, Gnade und Werke, Glaube und Liebe u. s. w. untereinandergemenget und also der rechte evangelische Glaubensgrund aus seiner Heilsordnung angefochten, auch zugleich verdächtige Bücher und chiliastische Lieder heimlich ausgeteilet, rekommandieret, und dadurch, wie die betrübten Exempel bisher es genugsam erwiesen, noch mehrere verbotene Zusammenkünfte veranlasset und das heilige Predigt=amt desto verächtlicher gemacht worden, in der Stadt Jena gänzlich kassieret und aufs kräftigste verboten. Es sollen dahero alle, die solche Versammlungen hinkünftig halten oder in ihren Häusern, ohne geschehene Anzeige bei dem Konsistorio oder welt=

licher Obrigkeit, wissentlich dulden oder sonst Unterschleif mit verdächtigem Informieren der Kinder gestatten, als auch die= jenigen, so selbige besuchen, mit einer empfindlichen Geld= oder anderen Strafe, ohne Ansehen der Person beleget, auch bei an= haltender Kontravention und bezeugtem Ungehorsam, als mut= willige Übertreter dieser Verordnung mit noch weit höherer Pön angesehen werden. Wobei aber einem jeden in seinem Hause freigelassen bleibt, nebst fleißiger Besuchung des öffentlichen Gottesdienstes und dabei angeordneten Betstunden, für sich und seine eignen und seine Familie konstituierenden Hausgenossen, jedoch ohne Zuziehung fremder, zu seiner Familie nicht ge= hörigen Personen, solches geschehe auch unter welchem Prätext es wolle, seine Privatandacht zu haben, wobei aber verdächtige Gesang= und andere Bücher wegzulassen. „³)

Gleich nach der ersten Eingabe Witzlebens forderte der Minister eine Erklärung Tholucks über die in der Kirchen= zeitung abgedruckte Rede. Dieselbe erfolgte schriftlich am 22. November. Tholuck betonte darin, daß er in jener Rede gleich vor den Hörern die Unvollkommenheit seiner Mitteilungen her= vorgehoben und auf eine demnächst von ihm zu erwartende Broschüre über die religiösen Zustände Deutschlands hingewiesen habe. Nur durch seine Erkrankung in Oxford sei er an der Abfassung dieser Arbeit verhindert worden; das wesentlichste wolle er indessen in einem deutschen Blatte, am besten in der Allg. Kirchenzeitung selbst, noch jetzt abdrucken lassen. Daß er übrigens kein Fanatiker sei und zwischen Sache und Person wohl zu unterscheiden wisse, das bezeugen einerseits seine sämtlichen Schriften, in welchen sich — wenn die erste Gelegenheitsschrift ausgenommen würde — kaum vier Stellen mit namentlichen Angriffen auf neuere Rationalisten fänden; anderseits seine etwas nähere Bekanntschaft mit Gesenius, Vater und Thilo, die er aufrichtig achte und schätze, wie er auch mit Wegscheider und Niemeyer den persönlichen Umgang gern pflegen werde.

Inzwischen erhielt er aber von Guericke die Nachricht von dem feindseligen Schritte der Fakultät, und sofort ließ er dem ersten Schreiben an Schulze (dem dieser bei der Ein= sendung an den Minister die Marginalbemerkung zugefügt hatte, „würdig und gut") ein zweites datumloses folgen, dem der Geh.

Ober-Regierungsrat für v. Altenstein wieder eine Notiz an den Rand setzte: „Zeugt von des Verfassers Reinheit und der sich bewußten Kraft einer würdigen Haltung. Sein Entschluß löblich und achtbar." Dieses Schreiben (Nr. 18855 in den betr. Ministerialakten) lautet:

„Verehrtester Herr Geheimrat!

„Eine neuere Nachricht aus Halle berichtet mir, daß die Fakultät auf Herrn Niemeyers Betrieb förmlich an das Hohe Ministerium sich gewandt, um meine Anstellung zu verhindern. Zugleich wird mir gemeldet, wie nun, nachdem der sel. Knapp auch abgetreten, die Wut der rationalistischen Gesinnung keine Grenzen kennt. Selbst in den Vorlesungen des so ganz leise auftretenden Prof. Marks haben die rationalistischen Studenten kürzlich einen Tumult veranlaßt. Unter diesen Umständen scheint es denn, daß ich einem Heer von Kränkungen entgegengehen würde, und daß ich nichts mehr als die Aufhebung meiner Be= stimmung wünschen müßte. Zumal da, wie mich dünkt, diese Sache ohne Beeinträchtigung des über mich an den König ge= langten Berichts sich beilegen ließe, wenn Sr. Majestät angezeigt wird, wie die entschieden rationalistische Gesinnung der Fakultät sie einmütig gegen mich stimme, und deshalb ratsamer sei, die mir bestimmte Stelle Herrn Bleek und die seinige mir zuzu= teilen. Indes muß ich Ihnen gestehen, während ich bisher nur mit unentschiedenem Mute mich nach Halle dachte, hat nun diese Opposition mich entschieden gemacht. Die Feindschaft gegen das Bessere ist doch so groß, daß ich willig mich als Opfer liefere, wenn ich dadurch etwas Gutes bezwecken kann. Und da die so ganz feindselige Gesinnung so in Masse und so entschieden hervortritt, so muß ich glauben, daß Ein Hohes Ministerium sich um so mehr aufgefordert fühlen wird, durchzugreifen. Wie sehr ich nun um meiner selbst willen Ursache habe, es nicht zu wünschen, desto lebhafter erflehe ich es für das Beste der Sache des Glaubens. Um so mehr, da ich, trotz aller geäußerten Feindseligkeit, doch überzeugt bin, es wird nicht zu den Extremen kommen, welche die Fakultät befürchtet. Sie kennt mich nicht. Sie denkt sich unter meinem Eifer nur menschliche Leidenschaft, mit der dann freilich auch andre üble Früchte Hand in Hand gehen. Ich bin aber so sicher, daß die Fakultät, wenn ich erst da bin, ihre

Befürchtungen ändert, daß ich selbst auf Probe hingehen würde, und mir, wenn wirklich Extreme vorkämen, meine Abrufung gefallen lassen würde. Überdies höre ich, daß die andern Pro= fessoren auch gar nicht so widerwärtig gesinnt sind, sondern nur durch des Kanzlers Vorschlag dahin gebracht. Eben weil ich jetzt fühle, daß ich nicht in meiner eignen Sache spreche, sondern in Gottes Sache, bitte ich Sie, Herr Geheimerat, wirken Sie mit, daß etwas Entscheidendes geschehe."

„Vielleicht finden Sie es angemessen, diese meine Gesinnung bei der Sache Sr. Exzellenz mitzuteilen."

Am 22. November, also ehe er von dem Schritte der Fa= kultät etwas wußte, schrieb Tholuck an Gesenius in Halle:

„Wertester Herr Doktor!"

„Während Ein Hohes Ministerium damit umgeht, mich in Ihre Nähe zu versetzen, höre ich, daß eine in einem Blatt der Kirchenzeitung von mir abgedruckte Rede Ihre Fakultät in Auf= ruhr gebracht und mit Unwillen über mich erfüllt habe. Auch ohne die nähere Beziehung, in die ich mich nunmehr zu Ihnen gesetzt sehe, wäre es mir ein Bedürfnis gewesen, mich Ihnen hierüber auszusprechen; nun kann ich es desto weniger unter= lassen. Da ich mich Ihrer näheren Bekanntschaft erfreue, so erlauben Sie mir wohl, daß ich durch Sie an Ihre Herren Kollegen dasjenige gelangen lasse, was ich in dieser Hinsicht zu sagen habe."

„Inwiefern ich jene in der Kirchenzeitung mitgeteilten Worte als meine eignen ansehen kann, inwiefern nicht, darüber habe ich mich in einem Schreiben an das Hohe Ministerium erklärt, das Sie unstreitig davon in Kenntnis setzen wird, wie auch über die öffentliche Bekanntmachung, wodurch ich die mir schuld= gegebene verketzerungssüchtige Einseitigkeit ablehnen muß, indem ich auch der Hallischen Fakultät diejenige Genugthuung wider= fahren lasse, die billigerweise von mir verlangt werden kann."

„In diesen Zeilen wollte ich nur an Sie als einzelnen mich wenden, um den Befürchtungen zu begegnen, die gewiß mehrere von Ihnen schon vor diesem Vorfall hatten und nun noch in verstärkterem Grade haben dürften."

„Man wird sich unter mir einen fanatischen Zeloten und einen finstern Frömmler denken, welcher in feindseliger Ab=

fonderung fich von denen zurückziehen zu müffen glaubt, mit denen er in gleicher Wirkfamkeit thätig zu fein berufen ift; der in einfeitiger Buchftäblichkeit über jede kleine Abweichung vom Lehrbegriff Zeter fchreie und durch perfönliche Verunglimpfungen feinen Gegnern zu fchaden fuche. Auch leugne ich nicht, daß ich vor geraumer Zeit nach fo einer Denkart hin mich geneigt habe. Dagegen verfichere ich Sie, werter Freund, daß ich Perfon und Sache zu unterfcheiden gelernt habe. Ich habe ge= lernt, in dem Rationaliften den Menfchen ehren, ja den Freund lieben, wo ein edler Charakter mit jener Überzeugung verbunden ift. Mit Ihnen zwar bin ich nicht viel zufammen gewefen, doch darf ich hoffen genug, um Sie zu überzeugen, daß ich weder ein bekehrungsfüchtiger Pietift, noch ein finftrer Griesgram bin. Mit Herrn Dr. Tzfchirner" (in Leipzig) „war ich mehrere Wochen im Bade zufammen, wir haben ganze Tage mit einander zugebracht, wir haben auch frei und ungezwungen unfre Über= zeugung ausgefprochen; und fo wie ich mit herzlicher Achtung für diefen Mann gefchieden bin und dies meinen Freunden aus= gefprochen habe, fo weiß ich, daß auch er mir freundlich zuge= than ift und es feinen Freunden geäußert. Warum follte mir nicht auch mit meinen Hallifchen Kollegen ein folches Verhältnis möglich fein? Der Name Rationalift, den doch auch in Halle nur der kleinfte Teil der Fakultät fich beilegen wird, ift für mich nicht fo ein Popanz, wie andern der Name Myftiker. An dem Orte, wo er dazu berufen ift, fpreche ein jeder feine Über= zeugung aus, im Leben aber walte unter den zufammengeftellten Kollegen die Freundfchaftlichkeit. Sie, wertefter Freund, Herrn Dr. Vater und Thilo kenne ich fchon, und ich kann fagen, ich achte Sie von Herzen. Bei einer näheren Bekanntfchaft werde ich dies gewiß von jedem der Fakultätsglieder fagen können. Mein Wunfch geht dahin, nicht bloß in erträglichem Verhältniffe mit Ihnen allen zu ftehen, fondern in wahrhaft kollegialifchem Umgange, und wenn Sie mir nur fo viel Toleranz angedeihen laffen, als ich Ihnen, fo wird es gefchehen. Wenn ich nun diefe Wünfche für unfre Privatverhältniffe hege, fo ergibt fich von felbft, daß ich, bei aller Freimütigkeit, mit der ich meine Überzeugung in den Vorlefungen auszufprechen gedenke, mir doch nie eine Verunglimpfung meiner Kollegen erlauben werde.

Wenn man sich nur erst persönlich genauer kennen gelernt hätte,
ich bin überzeugt, es würde sich vieles anders gestalten. Daher
kommen die meisten Mißverständnisse, wenn es an einem persön=
lichen Aussprechen mangelt."

„Thun Sie mir die Freundschaft, wertester Herr Doktor,
und legen Sie diese offenherzigen Worte denen Ihrer Herren
Kollegen dar, welche meinethalben arge Befürchtungen haben.
Fügen Sie das hinzu, was Sie selbst über mich hinzufügen zu
können glauben, und die Verpflichtung, die Sie mir durch diesen
Freundschaftsdienst auferlegen, werde ich gewiß im näheren Um=
gange mit Ihnen durch Dienstleistungen aller Art abzutragen
mich bemühen. Auch wäre ich Ihnen sehr dankbar, wenn Sie
dieses Schreiben dem Herrn Regierungsbevollmächtigten mitteilen
wollten, zugleich mit Ihrer Ansicht, welche, ich bin es überzeugt,
eine freundliche sein wird."

„In aufrichtiger Hochschätzung rc."

Die Antwort von Gesenius unter dem 2. Dezember
lautete:

„Hochgeschätzter Freund!"

„Ich darf nicht länger säumen, Ihnen meinen besten Dank
für Ihr letztes gütiges Schreiben abzustatten, wiewohl ich gern
erst die Antwort des Herrn Kurators, dem ich es mitgeteilt,
abgewartet hätte."

„Was die darin ausgesprochenen Gesinnungen betrifft, so
gestehe ich Ihnen, daß ich sie den Berührungen zufolge, in
welche ich schon selbst mit Ihnen gekommen war, nicht anders
erwartet hatte, und desto mehr hat es mich gefreut, sie von
Ihnen mit ausdrücklicher und offener Verwerfung des Gegen=
teils ausgesprochen zu sehen. Allerdings hatte aber eben bei
dieser Meinung von Ihnen auch mich der unter Ihrem Namen
bekannt gemachte Aufsatz befremdet, und ich muß glauben, daß
es damit vielleicht eine andere Bewandtnis hat, und manches
darin anders ausgedrückt ist, als es von Ihnen gesagt wurde.
Führen Sie nur bald Ihren Vorsatz aus, sich darüber öffentlich
und offen zu erklären, und wenn Sie dann, als unser künftiger
Kollege, die in Ihrem Briefe ausgesprochenen freundlichen Ge=
sinnungen bestätigen, so werden Sie hier nicht bloß friedliche
und friedliebende, sondern Ihnen selbst mit kollegialischer Freund=

schaft entgegenkommende Kollegen finden. Wie wenig die Ver=
schiedenheit theologischer Ansichten das freundliche Vernehmen
in hiesiger Fakultät gestört hat, kann Ihnen schon das Beispiel
unseres verewigten Knapp sagen, der von allen gleich geliebt
und verehrt, auch demjenigen seiner Kollegen, dessen Ansichten
sich am weitesten von den seinigen entfernten, die vollste Ge=
rechtigkeit widerfahren ließ. Ihnen die obige aufrichtige und
herzliche Versicherung zu geben, fühle ich mich nicht bloß in
meinem Namen gedrungen, sondern thue dies in dem ausdrück=
lichen Auftrage mehrerer meiner Kollegen, denen ich Ihr Schreiben
mitgeteilt habe."

„Was mich betrifft, so freue ich mich außerdem auf die viel=
fachen Berührungen, in welche uns die von uns gemeinschaft=
lich betriebenen Teile der Wissenschaft bringen werden, und
verspreche mir davon manchen schönen Genuß, den ich bisher
entbehrte."

„Leben Sie recht wohl, und lassen Sie mich auf die
Fortdauer Ihrer Freundschaft rechnen, wie Sie derselben ver=
sichert sein dürfen."

„Ihr aufrichtig ergebener Freund Gesenius."

Es war auffallend, daß bei einer solchen Gesinnung gegen
Tholuck Männer wie Gesenius und Thilo sich zu jenem
Proteste hatten hinreißen lassen, ohne eine Erklärung des Ver=
dächtigten über den Bericht in der Kirchenzeitung abzuwarten.
Und es ist wohl glaublich, was Guericke am 9. Dezember an
Tholuck schrieb: „Ich glaube, daß sich die Fakultät ihres ge=
thanen Schrittes fast schämt; das allgemeine Urteil der Gebildeten
unsrer Stadt und der besseren Studierenden ist es wenigstens,
daß sie kleinlich gehandelt habe. Thilo wenigstens versicherte
mir lächelnd, daß Sie durchaus nicht Ursache hätten, sich noch
vor der Fakultät zu scheuen."

Am 15. Dezember im 172. Stück der Darmstädter Kirchen=
zeitung erschien Tholucks öffentliche Erklärung, welcher der
Herausgeber Dr. Zimmermann wohlwollend die Worte Wei=
lings als Motto vorsetzte: „Mögen andre drüber streiten:
Meiner Worte Sinn zu deuten, hab ich selber nur das Recht."

Nach einigen einleitenden Bemerkungen spricht sich der Ver=
fasser zunächst im allgemeinen über seine Denkart aus, um dann

auf die speziellen gegen ihn erhobenen Beschuldigungen einzu=
gehen. Da heißt es: .... „Ich erkläre mich gegen jede lieblose
Ketzermacherei, sobald darunter verstanden wird eine schaden=
frohe Betriebsamkeit, einzelne in den Ruf unbiblischer Gesinnungen
zu bringen. Ich erkläre mich gegen jeden Mystizismus, in=
sofern darunter verstanden wird eine absichtliche Vermeidung
deutlicher Begriffsbestimmung und Überschätzung dunkler Ge=
fühle. Ich erkläre mich gegen jeden Pietismus, insofern
darunter eine Verwerfung wissenschaftlicher Studien verstanden
wird oder ein Wertlegen auf religiöse Formen an sich, die doch
nur, wenn der Geist sie erzeugt und heiligt, Gewicht haben.
Ich erkläre mich gegen den Separatismus, welcher sich von
der großen Landeskirche wegen des Verderbens, das in derselben
stattfindet, absondern zu müssen meint. — Was nun das Ketzer=
machen insbesondere betrifft, so ist freilich dieser Name von der
Gegenpartei oft dann schon in Anwendung gebracht worden,
wenn überhaupt gegen Unglauben (welches doch nimmermehr
gleichbedeutend mit Atheismus ist) und beschränkte Verstandes=
richtung gesprochen wurde. Man hat nicht bedacht, daß die
Ekelnamen von Köhlerglaube, Gefühlsschwärmerei und Frömmelei
doch in der That nicht milder klingen, obwohl sie ebenso frei=
giebig ausgestreut werden. Will man es denn an und für sich
als Verlästerung ansehen, den Rationalisten für einen Bestreiter
der positiven Wahrheit zu erklären? Wenn man nun keineswegs
dem Offenbarungsgläubigen verargen kann, daß er die Leugnung
einer positiven Offenbarung für etwas so Verderbliches erklärt,
als wofür er es wirklich hält, so hat man indes auf der andern
Seite das Recht, zu verlangen, daß auch dem Rationalismus
nicht die Religiosität abgesprochen werde. Ich meinerseits er=
kenne den Rationalismus für ein System, welches nicht nur mit
Pflichttreue und Wohlwollen, sondern auch mit Frömmigkeit
verbunden sein kann. Freilich kann ich aber die deistische
Frömmigkeit nicht für gleichbedeutend mit der evangelischen er=
klären. Wenn nun dies meine Ansicht von dem System ist,
um desto williger muß ich sein, bei dem einzelnen Rationalisten
anzuerkennen, daß er oftmals besser ist, als sein System, während
der Offenbarungsgläubige immer schlechter ist, als sein System
(denn das Ideal evangelischer Heiligkeit bleibt stets ein uner=

reichtes). Demnach gehöre ich auch nicht zu denjenigen, welche den Offenbarungsunglauben, wie er jetzt in der Christenheit verbreitet ist, für völlig gleich mit dem Heidentum setzen. Vielmehr erkenne ich an, wie das Christliche immer noch einen Einfluß auf die rationalistische Partei ausübt."

Darauf folgt ein Passus über das Fragmentarische sowohl der Londoner Aussprache selbst, als des darüber in dem englischen Blatte gegebenen Berichts . . . . . „In meiner eignen Bekanntmachung würden auch die in der Zeitungsnachricht angegebenen Punkte eine andre Gestalt gewonnen haben. Denn daß Halle in der gegenwärtigen Zeit bloß den Samen des Unglaubens ausstreue, kann wahrlich meine Meinung nicht sein, da der treffliche Knapp, obwohl er wenig auf das Ganze wirkte, doch mit sich gleich bleibender Festigkeit bis an sein Lebensende die evangelische Wahrheit lehrte; da auf derselben Akademie außerdem mehrere Lehrer die Wahrheiten des Christentums durch Vortrag und Schrift empfohlen haben, ja auch zum Teil ausdrücklich zur Verteidigung des Offenbarungsglaubens aufgetreten sind. Die Gelehrsamkeit der Lehrer jener Akademie zu rühmen ist hier der Ort nicht. Aber es ist mir auch wohl bekannt, wie selbst Herr Dr. Wegscheider, ungeachtet seiner dem Offenbarungsglauben entgegengesetzten Denkart, nicht mit Frivolität und Spott, sondern im Tone wissenschaftlicher Untersuchung seine Ansichten vorträgt. — Ebensowenig kann meine Meinung sein, daß Weimar der Verteidiger des christlichen Glaubens gänzlich entbehre. Männer wie Schott, Baumgarten, Köthe nennt jeder Christ mit herzlicher Hochachtung. Und wie sehr ich auch das dort ausgeübte Verfahren gegen den religiösen Verein in Sulza mißbilligen muß, so weiß ich doch, daß für die biedere und wohlwollende Gesinnung des Herrn Gen.-Superint. Dr. Röhr selbst der angeklagte Dr. Valenti ein Zeugnis abgelegt hat, so daß sich auch hier bestätigt, wie ein irregeleiteter Eifer für die vermeintlich gerechte Sache das Wohlwollen gegen die Person nicht notwendig aufhebt. Wenn mir ferner nach meinen Grundsätzen der Einfluß der theologischen Ansichten der Kirchenhäupter jener Gegend als verderblich erscheint, so verblendete mich dies doch nicht für das, was an sich Achtung und Anerkennung verdient. Auch erkenne ich es gern an, daß der Herausgeber der kritischen Predigerbibliothek (Röhr) mit einem Eifer und einer Thätigkeit — innerhalb der Schranken seiner Denkweise — in seinem Wirkungskreise das Interesse an gottesdienstlichen Angelegenheiten zu befördern sucht, welcher den Amtseifer so manches Offenbarungsgläubigen hinter sich läßt."

Ein längerer Abschnitt über seine Stellung zu den separatistischen Bewegungen und auffallenden religiösen Erscheinungen, namentlich in Pommern, sowie die Mitteilung, daß er in einer eignen Broschüre: „Was ist echtes Christentum und die echte Art es zu verteidigen?" die hier gegebenen Andeutungen ausführen wolle, beschließt den ebenso tapfren, wie besonnenen und klugen Artikel. Seine Wirkung war eine derartige, daß die Abfassung der Broschüre unterbleiben konnte. Von Interesse sind nur noch die in der Angelegenheit ergangenen Verfügungen des Ministers. Sie datieren sämtlich vom 29. November 1825 (U. M. Nr. 18851—56). Die an Tholuck lautet:

„Auf Grund der von Ihnen unter dem 3. d. abgegebenen Erklärung hat das Ministerium Sie zu einer ordentlichen Professur in der theologischen Fakultät der Universität zu Halle mit einem Jahrgehalt von 800 Thlr. Sr. Majestät dem Könige in Vorschlag gebracht. Während das Ministerium der desfallsigen Allerhöchsten Entscheidung entgegensah, war in Halle das 138. Stück der Allg. K.=Z. von diesem Jahr ausgegeben, und durch den Ihnen bekannten Inhalt desselben die dortige theologische Fakultät bestimmt worden, nicht nur das Gefühl ihrer tiefen Kränkung über die Anklage, welche Sie gegen die Fakultät in einer öffentlichen Versammlung der Continental Society zu London sollen erhoben haben, sondern auch ihre Besorgnisse über die nachteiligen Folgen, welche unter den vorwaltenden Umständen Ihre beabsichtigte Versetzung nach Halle für den Frieden der dortigen Universität haben könne, gegen das Ministerium laut werden zu lassen. So schmerzlich es für das Ministerium war und ist, gerade die Fakultät, deren ordentliches Mitglied zu werden Sie bestimmt sind, mit Mißtrauen und Abneigung gegen Sie erfüllt zu wissen, ebenso beruhigend waren dem Ministerio anderseits die Erklärungen, welche Sie in dieser Beziehung unter dem 22. u. 24 d. M. abgegeben haben. Vertrauensvoll erwartet das Ministerium nunmehr von

Ihnen, daß Sie die von Ihnen verheißene Erörterung dessen,
was Sie über den religiösen Zustand Deutschlands und beson=
ders über die Richtung der theologischen Fakultät zu Halle in
der bei Ihrem Aufenthalte in England aus dem Stegreif ge=
sprochenen Rede nur andeuten konnten, und was daher leicht
einem Mißverstehen und einer Mißdeutung unterworfen sein
konnte, so bald als möglich in einem öffentlichen Blatte bekannt
machen, und bei dieser Veranlassung nicht nur der theologischen
Fakultät in Halle eine Genugthuung geben, sondern Sich auch
gegen den Verdacht einer leidenschaftlichen und einseitigen,
Andersdenkende verketzernden Verfolgungssucht, so wie einer dem
Gedeihen der evangelischen Kirche nachteiligen Vorliebe für
separatistische Richtungen auf, eine bestimmte und der Wichtigkeit
der Sache angemessenen Weise rechtfertigen werden. Die weitere
Widerlegung der Besorgnisse, zu welchen der obengedachte Auf=
satz die theologische Fakultät in Halle wohl veranlassen konnte,
hofft das Ministerium von Ihrer zukünftigen Wirksamkeit in
Halle selbst, da solchem das, was Sie darüber in Ihren vor=
bemerkten Erklärungen geäußert haben, genügt. Es kann hier=
nach erwarten, daß Sie von Ihrer Seite gewiß nichts unter=
lassen werden, was zwischen Ihnen und den Mitgliedern der
mehrgedachten Fakultät ein echt kollegialisches Verhältnis und
unter den dortigen Studierenden der Theologie ein gründliches
theologisches Wissen und eine gediegene Frömmigkeit zu befördern
im stande ist."

Die Fakultät in Halle verwies der Minister auf die zu
erwartende öffentliche Erklärung Tholucks. Dann fügte er
hinzu: ... „Das Ministerium .. versieht sich von allen Mit=
gliedern der Fakultät, daß sie mit dem Vertrauen, welches der
Vorstellung vom 18. b. zu Grunde liegt, auch den weiteren von
seiten des Ministeriums in der vorliegenden Angelegenheit zu
ergreifenden Maßregeln begegnen, keinen Zweifel über die treu=
gemeinte Absicht des Ministeriums, das wahre Beste der Fakul=
tät zu fördern, Raum geben, aber auch fern von jeder ein=
seitigen und deshalb unwissenschaftlichen Richtung unablässig be=
müht sein werde, durch gediegene, mit der heiligen Schrift und
mit den Lehren der evangelischen Kirche in Einklang stehende
Vorträge die dortigen Studierenden zu einem gründlichen theo=

logischen Wissen und einem frommen christlichen Wandel anzu=
leiten, und dadurch den ehrenvollen Ruf, dessen sich die theo=
logische Fakultät erfreut, je länger je mehr zu verdienen und
zu erhöhen."

Noch deutlicher war die Verfügung an den Kurator. „Unter
Bezugnahme auf Ihre Berichte vom 16. und 21. d. M., die
Berufung des Prof. Tholuck an die dortige Universität betr.
kommuniziert das Ministerium Ew. pp. Abschrift einer an die
dortige theologische Fakultät und an den pp. Tholuck erlassenen
Verfügung, letztere vertraulich. Daß zur Mitzeichnung der von
Ihnen eingereichten Vorstellung der dortigen theologischen Fa=
kultät vom 18. d. auch sämtliche außerordentliche Professoren hin=
zugezogen worden, muß das Ministerium um so ernstlicher
mißbilligen, je weniger den bestehenden Statuten gemäß den
außerordentlichen Professoren eine Stimme bei den die Ange=
legenheiten der Fakultät als solcher betreffenden Beratungen zu=
steht, und je mehr die Fakultät dadurch, daß sie auch die außer=
ordentlichen Professoren zur Mitzeichnung ihrer Vorstellung ver=
anlaßt, wenigstens der Besorgnis Raum gegeben hat, als sei sie
von einer leidenschaftlichen und in dem vorliegenden Falle be=
sonders nachteiligen Befangenheit nicht ganz frei gewesen. Was
der dortigen theologischen Fakultät in ihrer gegenwärtigen Zu=
sammensetzung not thut, kann Ew. pp. nicht unbekannt sein, und
das Ministerium, von der Überzeugung ausgehend, daß bei der
Wiederbesetzung der durch das Ableben des Konsistorialrats
Knapp erledigten Professur nicht bloß die Ansicht der dortigen
theologischen Fakultät, sondern auch das Urteil der Königlichen
Behörden zu beachten ist, welche die von der dortigen Fakultät
gebildeten Theologen zu prüfen und demnächst in kirchliche Ämter
einzusetzen haben, wird nach seiner genauen Kenntnis von dem
Bedürfnisse der dortigen theologischen Fakultät in der gegen=
wärtigen Zeit die weiteren in dieser Angelegenheit zu fassenden
Beschlüsse abmessen. Ew. pp. bleibt überlassen, aus der obigen
Eröffnung der mehrgedachten Fakultät das Erforderliche auf eine
angemessene Weise mitzuteilen."

Endlich richtete der Minister noch an den Senior der Fa=
kultät und geistigen Urheber der ganzen Agitation, den Kanzler
Niemeyer, folgendes vertrauliche Schreiben:

„... Sowohl an sich als auch ganz besonders wegen der
Ew. pp. bekannten und mit Ihnen bei Ihrer letzten Anwesen=
heit hierselbst näher besprochenen Verhältnisse halte ich es für
höchst wichtig, daß die dortige theologische Fakultät in dem vor=
liegenden Falle die größte Mäßigung und Unbefangenheit be=
obachte und ihrerseits jeden weiteren Vorschritt in einer Ange=
legenheit vermeide, welche, wenn sie auf die Spitze getrieben
würde, für die Fakultät und einzelne Individuen die nachteiligsten
Folgen haben könnte. Ich habe mich gegen Ew. pp. bei Ihrer
letzten Anwesenheit hier mit größter Offenheit geäußert, und Sie
können daher über meine Ansicht und über die Ansicht andrer,
sowie über den Erfolg, wenn dergleichen Gegenstände mit Heftig=
keit vor dem großen Publikum verhandelt werden, nicht zweifel=
haft sein. Ew. pp. werden mittels Ihrer einsichtsvollen
Würdigung aller betr. Umstände, bei Ihrer gereiften Erfahrung
und bei Ihrer klaren, milden und stets das richtige Maß halten=
den Denk= und Handlungsweise, wie ich vertrauensvoll hoffe,
als Senior der dortigen theologischen Fakultät am erfolgreichsten
dahin wirken können, daß dieselbe auch in dem vorliegenden
Falle den Erwartungen, welche ich von ihr hege, in allen Be=
ziehungen entspreche."

———

So endigte die peinliche Angelegenheit in einer für
Tholuck nach jeder Richtung hin ehrenvollen und angenehmen
Weise, und er konnte, nach den aufregenden Wochen dieser
Korrespondenzen, daran gehen, die wissenschaftlichen Resultate
seiner Reise in einer Schrift zusammenzufassen.

Dieselbe erschien im Jahre 1826 und trug den Titel: „Die
spekulative Trinitätslehre des späteren Orients." Tholuck nennt
sich hier auf dem Titel schon ordentlicher Professor der Theologie
an der Königl. Universität zu Halle. Die Ausarbeitung aber
ist noch in Berlin vollendet worden. Er widmete sie den
Förderern seiner Arbeiten: Baron Silvestre de Sacy in Paris
und Dr. Nicoll in Oxford.

Den Ausgang der Untersuchung bildet die eigentümliche Thatsache, daß der Koran und seine strengen Anhänger die christliche Trinitätslehre eifrig bekämpften, die späteren Theologen des Muhammedanismus aber das Spekulative der Lehre vom Logos und von der Trinität auf ganz ähnliche Weise selbst angenommen haben, wie es in der spekulativen christlichen Dogmatik jener Zeit gelehrt ward. Eine Reihe von Citaten aus arabischen Schriften dient zum Beweise dafür, daß die Dreiheit der göttlichen Evolutionen wirklich die Lehre der muhammedanischen Theosophie war: drei Hypostasen — 1) der geheimnisvolle Urgrund, 2) die Welt der Ideen in der Potenzialität, und 3) dieselbe in der innergöttlichen Wirklichkeit. Wo die Spekulation bei der ersten Stufe der göttlichen Entfaltung stehen blieb und zwischen Potenzialität und Aktualität des *κόσμος νοητός* keinen Unterschied machte, da wurde wohl auch der Geist Muhammeds selbst mit dieser innergöttlichen Idealwelt identifiziert.

Die Frage ist nun: wie sind die muhammedanischen Theologen zu jener Trias gekommen? Der Koran selbst bietet nicht die geringste Handhabe dazu. Denn wenn Muhammed, wie es die Rabbiner mit ihrer Thora gemacht haben, den Koran selbst als eine ewig in Gott ruhende Offenbarung präexistieren läßt, so ist das einerseits nur religiöse Hyperbel, anderseits aber ließe sich daraus nie eine Trias der göttlichen Emanationen ableiten. Die arabischen Philosophen, d. h. die eklektisch-neuplatonischen Kommentatoren des Aristoteles, stellen wohl auch eine göttliche Trias auf: der Unendliche, der Allverstand und die Allseele, die von den Theologen hier und da acceptiert wurde. Allein die allgemeine Trinitätslehre der moslemischen Gotteslehren ist nicht diese, die platonisch-aristotelische, sondern jene oben erörterte. Woher stammt sie? Die Analogien in den übrigen orientalischen Religionen sind allerdings nicht abzuweisen; im Parsismus, wie in der indischen und sinesischen Gnosis, lassen sich unverkennbare Spuren der Logosidee, wenn nicht der Trinität nachweisen. Allein es würde schwierig sein, die Bindeglieder aufzuzeigen, welche die spätere islamitische Theologie mit jenen alten Religionssystemen verknüpft hätten. Es bleibt vielmehr nur übrig, für die gesamte muhammedanische Gnosis auf die griechische Philosophie zurückzugehen und namentlich die Mystik des Islam, wie das schon im „Sufismus" geschehen, als einen Sprößling des Neoplato= nismus zu erklären. Die Schwierigkeiten dieser Annahme sind dem Verfasser nicht unbekannt; er sucht sie aber im einzelnen zu entkräften, worauf einzugehen hier zu weit führen würde. Das Resultat zieht Tholuck selbst mit den Worten: „Ohne daher die arabische, persische und türkische Mystik und Theosophie in ihrem ganzen Umfange aus griechischen Quellen ableiten zu wollen, glauben wir doch — in bezug auf den Gegenstand dieser Abhandlung — behaupten zu müssen, daß wenigstens vieles in der Theosophie der muhammedanischen Theologen von griechischem Boden entlehnt sei, und namentlich auch die ange= gebene Triaslehre."

Ein Umstand, der sich für Tholuck in diesem Winter immer drückender geltend machte, war seine Einsamkeit. Ihn verlangte nach Gemeinschaft bleibenderer und tieferer Art, als der wechselnde Freundeskreis sie ihm zu bieten im stande war. „Lieber Stier," so schrieb er im Dezember nach Basel, „ich fühle sehr das Verlangen nach dem, was eine weibliche Hilfe gibt. Ich neide Dir. Aber ich kann noch nicht zugreifen, denn ich habe keinen Wink." Seltsam genug ist es, daß bis zu dieser Zeit noch kein weibliches Wesen auf den Jüngling und Mann einen tieferen Eindruck gemacht hatte. Das Tagebuch, dem er seine intimsten Geheimnisse anvertraute, enthält von einer keimenden Neigung auch nicht die geringste Spur. Der mutter= los Aufgewachsene fand in den Freunden seiner Jugend hin= reichende Befriedigung auch für die leidenschaftlichste Schwärmerei, und der große Kreis christlicher Genossen und Brüder in Berlin war ihm jahrelang „sonderlicher als Frauenliebe". Erst in den langen einsamen Wochen der englischen Reise wurde Tholuck die Wahrheit immer eindrücklicher: es ist nicht gut, daß der Mensch allein sei.

Dies Gefühl verließ ihn auch in Berlin nicht wieder. Allein es war mehr das negative: die Empfindung des Mangels,

als ein positiver Zug des Herzens zu einer bestimmten weiblichen Persönlichkeit.

In dem Kreise seiner Berliner Bekannten war es das Haus
des Geheimen Obertribunalsrats Schmalz, wo Tholuck besonders Gelegenheit hatte, mit jungen Mädchen zu verkehren. Sein
Freund Busch in Dorpat hatte sich mit der ältesten Tochter
dieses in den christlichen Kreisen hochangesehenen Hauses, Fanny,
verlobt; noch drei Schwestern lebten außer dieser bei den Eltern.
Hengstenberg, mit dem Tholuck in diesem Winter ganz besonders gern und intim verkehrte, ging bei Schmalzens aus
und ein; Otto v. Gerlach, damals auf dem Seminar in Wittenberg, war Hausfreund und kam in den Weihnachtsferien
wiederholt mit Tholuck in die Familie; der ganze Zirkel der
Berliner Erweckten hatte mit ihr mehr oder weniger innige Beziehungen.

Die zweite Tochter, Adele, ein stilles, bescheidenes, in
ihrem Glauben wunderbar geklärtes und gefestigtes Mädchen,
war es, auf welche Tholuck von den Freunden wohl mehr
aufmerksam gemacht wurde, als daß er selbst den Blick auf sie
geworfen hätte. Nach vielem Schwanken, bei dem auch andre
Namen auftauchten, entschloß er sich in den Weihnachtstagen
einen Brief an den Vater zu schreiben, damit dieser entscheide,
ob, wie Tholuck sich im Tagebuch ausdrückt, „wir zu einander passen". Beide Eltern hatten den jungen Mann von
ganzem Herzen lieb und würden zu der Verbindung freudig
ihren Segen gegeben haben. Allein Adele, von der Mutter
befragt und durch den Antrag völlig überrascht, erklärte nicht
im stande zu sein, dem ihr persönlich noch allzufern stehenden
Freunde des Hauses bräutliche Liebe entgegenzubringen. Rührende Briefe der Eltern meldeten dem Freunde die abschlägige
Antwort. Als Tholuck sich zufolge dessen von dem Hause
gänzlich zurückzog, schrieb ihm der Geheimerat am 28. Jan.
1826: „Ihnen, teuerster, innig geliebter Freund, mein volles
Herz auszuschütten, fühle ich mich täglich mehr gedrängt, je
länger Sie uns Ihre freundlichen Besuche entziehen. Ich habe
in meinem ganzen Leben keine innigere Freude gehabt, als in
der Hoffnung, Sie als Sohn zu umarmen, und kaum etwas
schmerzhafter gefühlt, als daß Adele, bei all der wärmsten

Freundschaft für Sie, doch nicht glaubte, die ganze Liebe der Gattin Ihnen widmen zu können. Es war mir um so schmerzhafter, weil ich überzeugt war, daß so innige Freundschaft, wie wir alle für Sie hegen, bei einem Mädchen notwendig in Liebe für einen Mann übergeht, welcher sie liebt, und daß also Adelens Zweifel daran nur daraus entstanden sei, daß sie Ihr Herz noch gar nicht für Sie interessiert glaubte, daß sie glaubte, nur Vorschlag und Überredung Ihrer Freunde habe Sie zu dem Antrage bewogen, und sie also zweifeln müsse, ob sie je bei näherer Bekanntschaft Ihre Liebe wirklich gewinnen werde.... Glauben Sie, teuerster Freund, unser Haus ist ein Trauerhaus, seit Sie nun Sich uns ganz entziehen. Adele, so wenig sie zu reden pflegt in solchen Dingen, leidet sichtbar im Gefühle, daß Sie sich gekränkt fühlen, weil Sie nicht kommen. Daß sie, daß wir alle die innigste Freundschaft ewig für Sie fühlen werden, das glauben Sie fest; und diese Freundschaft ist ja eine christliche. Stoßen Sie sie nicht weg. — Sagen Sie mir, ob Sie zuerst von selbst kommen werden, welches uns höchst freuen würde, oder ob wir Sie einladen sollen."

Am Abend des 9. Februar sprach Tholuck im Kottwitzschen Mittwochskreise über den Text: „Ihr seid meine Freunde!" Beim Thee näherte sich ihm Frau Geheimerätin Schmalz und sagte: „Adele ist unaussprechlich leidend, sie wünschte Sie wohl einmal allein zu sprechen. Wollen Sie das thun?" Auch eine andre befreundete Dame flüsterte ihm zu: „Ich glaube, Ihren Schmerz zu erleichtern durch die Mitteilung: Adele bereut es sehr, in ihrem Entschluß so rasch gewesen zu sein."

In der That hatte sich bei dem jungen Mädchen die Entwickelung vollzogen, welche der Vater als die „notwendige" bezeichnet hatte. Sie glaubte dem Freunde, von dessen Antrage sie zuerst gänzlich übernommen worden war, doch mehr als Freundschaft widmen zu können, und die feinfühlige Mutter merkte es der Tochter wohl ab. In den letzten Tagen des Februar scheint es zur Verlobung gekommen zu sein, in bezug auf welche Tholuck aber noch entschieden die Verheimlichung forderte. Nur die nächsten Freunde erfuhren davon; es sollte Geheimnis bleiben, bis Tholuck es Kottwitz mitgeteilt

hätte, - und zu dieser Mitteilung konnte und konnte er sich
nicht entschließen. Der erste der überaus lieblichen und treu=
herzigen Briefe Adeles an Tholuck datiert vom 1. März.
In demütiger Scheu und mädchenhafter Bescheidenheit entfaltet
sie vor dem gelehrten, berühmten und doch immer inniger
geliebten Manne in diesen Briefen ihr aufrichtiges Verlangen,
mit ihm teilen, ihn pflegen und sein Leben schmücken zu dürfen.
In den Antworten Tholucks muß es seltsam auf und ab
gewogt haben zwischen Zuversicht und Vertrauen, zwischen freu=
diger Hoffnung und gänzlichem Verzagen. Da wir uns nicht
berechtigt glauben, aus dieser Korrespondenz Mitteilungen zu
machen, so stehe hier wenigstens zur Charakterisierung der Braut,
was Otto v. Gerlach im Sommer 1826 nach einem Besuche
in Berlin über sie an den bereits nach Halle übergesiedelten
Freund schrieb:

„Mit Ihrer Adele habe ich zwei lange Gespräche über
Ihr Verhältnis gehabt. Da ich die eigentliche Bildung des=
selben nicht kenne, so bin ich darauf auch gar nicht eingegangen,
sondern habe mit ihr besonders von Ihrer ihr noch so unbe=
kannten Person gesprochen. Wie schön das liebe ,Kind‘, im
vollen Sinne des Worts, alles betrachtet und in ihrem still
empfänglichen Herzen bewegt, ist mir sehr lieblich wahrzunehmen
gewesen. Wie unberührt von dem Kot der Welt und mit
welchen stillen Herzensheiligtümern hat Gott sich diese beiden
lieben Schwestern, sie und Fanny, aufgezogen! Außer meiner,
nun in Seinem Schauen seligen Schwägerin“ (die kürzlich in
Naumburg verstorbene erste Frau von Ludwig v. Gerlach),
„deren Sein und Wandel noch mehr Jenseitiges in und an sich
trug, ist mir dergleichen nicht wieder vorgekommen; so unbe=
kannt, weil unvergiftet durch Berührung, mit dem Hauch der
Welt, schreiten sie doch auf solche Weise durch die Welt hin,
nehmen an allem teil, und hängen sich doch an nichts, und
können jedermann auf so leichte und freie Art Liebe beweisen,
weil sie, wie Kinder unter Bösewichtern, desto unbefangener
bleiben, je unbekannter und fremder ihnen die gegenüberstehende
Gesinnung ist, je weniger sie mit hineinverstrickt sind in dieselbe
Schuld und Gefahr. Das ist gerade die Seite an ihnen, warum
ich immer dafür hielt, daß sie zu Begleiterinnen von Zeugen

Jesu Christi bestimmt seien; solche müssen es sein, die denen, welche durch thätiges Eingreifen in die Verhältnisse der Welt, durch wechselnde innere Zustände hin und her bewegt und oft zerrissen werden, ein stilles, heiliges Kämmerlein immer wieder öffnen, wo sie — nicht mitspekulieren, mitphantasieren, son= dern — mitanbeten. Darum mag der liebe Herr, der beson= ders in neueren Zeiten Sie so sichtlich gnädig geführt hat, auch darin besonders Ihr ganzes Wohl im Auge gehabt haben, daß er Ihnen nicht eine Braut schenkt, welche durch geistige Auf= regung und Mitteilung ähnlicher Gefahren und Erfahrungen vielleicht nur mehr Gemeinschaft im Irdischen als im Himmlischen Ihnen mitbrächte; während Sie hier den wahren Balsam gerade darin finden, daß Ihnen die Gemeinschaft in Christo wichtiger wird als die Gemeinschaft in den Irrwegen der Sünde. Gerade dieselbe Erfahrung machte auch mein Bruder an seiner lieben entschlafenen Frau, die seinen, wenn auch auf andre Weise, so unablässig bewegten und thätigen Geist, sowie sein Ziel ihm verrückt ward, mit Johanneischer Eintönigkeit von der Brust Jesu her immer nur zurufen konnte: lasset uns Ihn lieben, denn Er hat uns erst geliebt!... Sie ist nicht die, bei welcher Sie, .mein Urbild!‘ ausgerufen hätten, wenn Ihr Auge ausgesucht hätte; aber sie trägt von dem allgemeinen Urbilde und Urbildner gerade die Züge vielleicht an sich, die durch beständiges Anschauen sich Ihnen tiefer und bleibender als bisher einprägen sollten.“

Die Geschichte der Auflösung dieses Verhältnisses gehört in einen späteren Abschnitt unsrer Schrift.

———

Der ehrenvolle Ruf nach Halle in die wichtigste der dortigen Professuren legte der Berliner Fakultät nun wohl die Erwägung nahe, ob nicht auch ihrerseits dem vom Minister so unzweideutig Bevorzugten eine Auszeichnung und zwar die höchste, welche eine Fakultät zu vergeben hat: die Promotion zum theologischen Doktor honoris causa erteilt werden solle.

Der Hofprediger Professor Strauß gab dieser Empfin= dung Ausdruck und schrieb am 4. Januar 1826 an den da=

maligen Dekan M a r h e i n e k e folgende Zeilen:[4]) Spectabilis! Da der Herr Professor T h o l u c k, der hierselbst den Lizentiaten= grad empfangen hat und sich seitdem sowohl durch Schriften ausgezeichnet, als durch seine Vorlesungen um unsre Universität verdient gemacht hat, als Professor ordinarius nach Halle geht: so scheint mir unsre Fakultät Grund zu haben, ihm durch Er= teilung des Doktordiploms ihre Anerkennung zu bezeugen. Ew. Spektabilität bitte ich deshalb ganz gehorsamst, in der nächsten Fakultätssitzung dazu den Antrag machen zu wollen."

Schon am 8. Januar fand eine Fakultätssitzung statt, in welcher M.a r h e i n e k e den Antrag von S t r a u ß zur Dis= kussion stellte. Eine Einigung konnte aber noch nicht erzielt werden, einmal weil die gleichzeitige Promotion von B l e e k in Aussicht genommen wurde, die nicht sofort allseitige Zustimmung fand; sodann aber weil S c h l e i e r m a c h e r ein entschieden negatives Votum abgab; die Erteilung der Doktorwürde hono- ris causa fordert aber Einstimmigkeit in der Fakultät.

Da geschah es — ob mit oder ohne Wissen seiner Freunde in der Fakultät, ist nicht zu ersehen —, daß T h o l u c k, der ohne den theologischen Doktor nicht gern nach Halle gehen mochte, selbst an die Fakultät schrieb, um diesem seinem Wunsche Ausdruck zu geben. Sein Brief gab zu einer langen schrift= lichen Verhandlung der Fakultätsmitglieder Veranlassung, die nach mehreren Seiten hin Interesse gewährt. Wir teilen das Wichtigste daraus nach den Fakultätsakten mit.

T h o l u c k s Schreiben, von demselben 8. Januar datiert, an welchem man über seine Doktorierung schon in Diskussion getreten war, lautete: „Eine hochwürdige theologische Fakultät erlaube ich mir, da mein Abgang von hiesiger Universität und mein Eintritt in meine neue Wirksamkeit bevorsteht, ganz er= gebenst zu ersuchen, zufolge der Gewogenheit, die mir Eine Hohe Fakultät bisher angedeihen ließ, nachdem ich hier den Lizentiatengrad der Theologie erhalten, mir auch geneigtest die Würde des theologischen Doktorats zu erteilen, wodurch Eine Hochwürdige Fakultät mich auf immer zur Dankbarkeit und ergebener Anhänglichkeit verpflichten wird."

Tags darauf setzte M a r h e i n e k e dieses T h o l u c k sche Gesuch mit folgenden Bemerkungen in Zirkel: „Indem ich)

Gegenwärtiges in Umlauf setze, bleibt mir nach den Verhand=
lungen in der gestrigen Fakultätssitzung nichts übrig, als meine
Herren Kollegen ergebenst zu bitten, sich über folgende Punkte,
einfach und bestimmt, gefälligst zu erklären:

1. ob sie in der Persönlichkeit des Herrn Professor T h o =
l u c k, seinen Verhältnissen zur hiesigen Fakultät und zur Wissen=
schaft überhaupt Gründe finden, ihm sein Gesuch abzuschlagen
oder vielmehr, ihm dasselbe zu bewilligen,

2. ob sie sämtlich der Meinung sind, es könne diese Be=
willigung nicht geschehen ohne die g l e i c h z e i t i g e Erteilung
des theologischen Doktorats an Herrn Professor B l e e k."

S c h l e i e r m a c h e r gab unter dem 11. Januar folgendes
Votum ab: „In der Fakultätssitzung am 8. d. M. war von
keinem Gesuch des Herrn Professor T h o l u c k die Rede, sondern
von einer von der Fakultät ausgehenden Erteilung des Grades.
Ein Gesuch ist damals weder angemeldet noch vorgetragen, noch
weniger etwas in bezug darauf beschlossen worden. Unsre Sta=
tuten[5]) unterscheiden beides; und da sie Abschnitt IX, § 4 aus=
drücklich verordnen, daß, wer den Doktorgrad sucht, denselben
nur durch feierliche Promotion erlangen kann, und ich glaube,
daß von den beiden vom Dekanus spectabilis gestellten Fragen,
welche sich nur auf die neulichen Verhandlungen beziehen, die
letztere gar keine Anwendung auf ein einfaches Gesuch findet,
die erste aber gewiß von uns allen verneint werden wird: so
würde wohl Dec. spect. zunächst in bezug § 5 des allegierten
Abschnitts des näheren mit Herrn Professor T h o l u c k zur Er=
gänzung seines Gesuches zu verabreden haben."

N e a n d e r schrieb: „Ich glaube, daß wir dem von uns
scheidenden Kollegen als Zeichen unsrer Anerkennung seiner bis=
herigen Leistungen die Auszeichnung schuldig sind, ihm die
sonst gewöhnlichen Forderungen in solchen Fällen zu erlassen
und die Sache so anzusehen, als ob wir ihm honoris causa
die Würde erteilten. Ich meine, es könnte ganz so wie bei
m e i n e r Promotion verfahren werden. — Ich wünsche aber,
daß wir zugleich dem B l e e k die Doktorwürde erteilen, deren
er durch seine tüchtige Wissenschaft, seinen ernsten Geist und
seine bisherigen Leistungen würdig ist. Da ihm sonst die ge=
bührende öffentliche Anerkennung noch nicht geschieht, sind wir

ihm um so mehr unsrerseits d i e s s ch u l d i g. Ich meine, da
es hier auf gänzliche Übereinstimmung in den dogmatischen
Überzeugungen nicht ankommt, könnten wir uns auch in dieser
Hinsicht leicht vereinigen."

Endlich bemerkte S t r a u ß: „Indem ich dem voto des
Herrn Kollegen N e a n d e r beistimme, bemerke ich zugleich, daß
in Beziehung auf Herrn B l e e k mir g l e i ch f a l l s thunlich
erscheint, wenn die Fakultät sich nochmals für seine Ernennung
zum ordentlichen Professor verwendet und ihn hierauf promo=
viert. Welcher Weg eingeschlagen werde, stelle ich anheim."

In einem zweiten Zirkel teilte M a r h e i n e k e als Dekan
den Kollegen unter dem 13. Januar mit, T h o l u c k habe
erklärt, daß sein Gesuch „nur eine Veranlassung sein sollte zu
einem Beschlusse der Fakultät", aber keineswegs ein Antrag „auf
förmliche Promotion; er habe bitten wollen, ihm durch Diplom
die Doktorwürde einfach zu konferieren." Seine, des Dekans
Fragen seien nun: 1. ob dies ohne Bedenken geschehen könne;
er stimme für: Ja; 2. ob dies abhängig zu machen sei von der
gleichzeitigen Promotion B l e e k s; er sage: Nein. N e a n d e r
votierte: „Unbedingt J a ad 1."; ad 2. berief er sich „auf das
schon Gesagte." S ch l e i e r m a ch e r schrieb: „Ich muß das
erste nochmals verneinen, als den Statuten gänzlich entgegen.
Diese mußte Herr Professor T h o l u c k kennen und durfte also,
wenn er honoris causa promoviert werden wollte, keinen offi=
ziellen Schritt bei der Fakultät thun. — Der zweite Punkt
erledigt sich hiernach von selbst. Könnte aber von einer Pro=
motion honoris causa des Herrn Professor T h o l u c k noch
die Rede sein, so würde ich auch meiner mündlichen Abstimmung
noch abhärieren." — In einer Nachschrift fügte S ch l e i e r =
m a ch e r hinzu: „Herrn Kollegen N e a n d e r s Promotion war
keine honoris causa. sondern eine öffentliche und feierliche.
Daß wir — mit Bewilligung des Ministers — Herrn T h o =
l u c k das Examen auch erlassen könnten und ich hiergegen nichts
einwenden würde, versteht sich; so auch, daß ebensogut eine
Disputation könnte in eine Rede verwandelt werden. Dagegen
würde ich nach § 5 sehr dafür stimmen, daß eine Dissertation
vorher eingereicht würde." Eine Äußerung von S t r a u ß in
diesem Turnus fehlt.

Am 31. Januar meldete Marheineke der Fakultät, daß Tholuck, nachdem ihm vom Dekan mitgeteilt worden, „daß aus der Promotion honoris causa nichts werden könne", nunmehr um die öffentliche Promotion bitte.[6]) Dekan frage: 1. ob Tholuck zur öffentlichen Promotion zuzulassen; 2. ob beim Minister um Erlassung des Examens, der Disputation und Dissertation nachzusuchen sei, und er also nur eine Rede zu halten hätte? 3. ob er, nachdem er hier bereits pro licenciatura das Gebühr erlegt, noch das ganze statutenmäßige Quantum von 20 Friedrichsdor oder die Hälfte oder gar nichts zu bezahlen haben solle, außer etwa das, was die Fakultät nicht erhält? — Neander schlägt vor, daß es ganz gehalten werden solle, wie bei ihm selbst; also: alle Gebühren erlassen; Ministerialbewilligung sei nicht nötig, die habe auch bei seiner Promotion nicht stattgefunden. Schleiermacher stimmt ad 2 und 3 ganz wie Neander; auch er hält die Zustimmung des Ministers nicht für erforderlich. Ad 1. dagegen gibt er zu bedenken, „da Herr Professor Tholuck soeben in Nr. 171 der Kirchenzeitung in einem auf solche Weise im Interesse der weimarschen Regierung abgefaßten Artikel, daß man ihn als halb offiziellen ansehen muß, ein verleumderischer Injuriant gegen diese Regierung genannt worden ist, mit der ausdrücklichen Aufforderung, sich den Einsender nennen zu lassen, um ihn zur Rede zu stellen, ob nicht der Promotion Anstand zu geben ist bis nach Erledigung dieser Sache." Wenn die Kollegen in dieser Angelegenheit andrer Meinung wären, so müsse er erklären, daß er sich „von allen weiteren Verhandlungen darin auf das förmlichste lossage". Strauß hielt eine Vertagung nicht für angezeigt und sprach seine gänzliche Übereinstimmung mit Neander aus.

Der Dekan setzte diese Notizen zumal um des Votums von Schleiermacher willen noch einmal in Umlauf, wobei Neander bemerkte: eine Vertagung sei für Tholuck durchaus nicht wünschenswert. Er setzte hinzu: die unchristliche, leidenschaftliche und gemeine Polemik, welche jetzt in Journalen dieser Art stattfindet, thut man wohl am besten zu ignorieren. Auch hat sich Tholuck öffentlich gerechtfertigt. — Schleiermacher bemerkte dazu am 1. Februar: „Die Rechtfertigung des

Herrn Professor Tholuck in Nr. 172 der Kirchenzeitung habe ich wohl gelesen, aber sie ist so allgemein gehalten, daß sie die Rechtfertigung (von?) jener Beschuldigung nicht in sich schließt. Alle bloß litterarische Polemik ist allerdings je leidenschaftlicher um so weniger zu beachten, welchen Grundsatz ich selbst Gelegen=heit gehabt habe zu befolgen. Allein hier ist von einer gewisser=maßen infamierenden Beschuldigung die Rede, welche die bürger=liche Ehre betrifft. Ich muß also bei meiner Meinung lediglich verharren."

Die Angelegenheit schien durch den heftigen Widerstand Schleiermachers in völliges Stocken geraten zu müssen. Die Freunde Tholucks veranlaßten diesen, an Schleiermacher die Erklärung abzugeben, daß er, wie er das öfters ausgespro=chen, in einer ausführlicheren Broschüre die erhobenen Beschuldi=gungen zurückzuweisen beabsichtige. Daraufhin bemerkte Mar=heineke in einem neuen Umlauf vom 8. Februar, nach münd=lichen Mitteilungen von Tholuck sei das Hindernis in dem Votum von Schleiermacher gehoben; ob nun der Minister anzugehen und in der gewünschten Weise, d. h. bloß mit einer Rede, Promotion zu beantragen sei. Schleiermachers immer noch gereizte Antwort ging dahin, er habe zwar über Tholucks beabsichtigte Schritte sein Einverständnis erklärt, allein das hange mit der Promotion gar nicht zusammen. Im übrigen sei in der Fakultät Einstimmigkeit nur nötig, wenn es sich um eine Doktorierung honoris causa handle; sonst genüge die Majorität. Der Dekan sei mit seiner Stimme noch rückständig; entscheide er sich mit Ja, dann sei die Majorität bereits vorhanden. Am 10. Februar gab Marheineke sein Ja! zu Papiere, und am 13. konstatierte Schleiermacher: nun sei alles perfekt; er ver=spreche seinerseits, daß er von dem Votum der übrigen Herren „öffentlich sich nicht lossagen wolle".

Nach an demselben Tage ging der Antrag der Fakultät an den Minister, und unter dem 18. Februar gestattete Alten=stein, daß Professor Tholuck „zur theologischen Doktorwürde öffentlich promoviert werde und zwar in der vereinfachten Form, welche auch bei der Promotion der Professor Dr. Neander stattgefunden habe. Zugleich aber wolle das Ministerium hier=durch festsetzen, daß künftig die theologische Doktorwürde an

solche Männer, welche ihre akademische Laufbahn als Privatdo=
zenten begonnen haben und ohne Bekleidung eines geistlichen
Amtes zur außerordentlichen oder ordentlichen Professur der
Theologie gelangt seien, nur nach Ablegung aller von den Dok=
toranden gesetzlich zu erfordernden Bestimmungen erteilt werden
solle, wobei jedoch der Fakultät unbenommen bleibe, Männern
in höheren geistlichen Stellen und von anerkanntem öffentlichen
Rufe, zumal wenn sie in akademische Stellen berufen werden
sollten, nach wie vor die theologische Doktorwürde honoris causa
zu erteilen."

So waren endlich alle Hindernisse aus dem Wege geräumt,
und am Sonnabend, den 4. März 1826, wenige Tage nach der
mit halbem Herzen geschlossenen heimlichen Verlobung, fand die
Promotion nach einer von Tholuck gehaltenen lateinischen Rede
statt. Die Stimmung des Doktoranden war eine fast bis zum
Verzagen deprimierte. Eine Stunde vor der Promotion schrieb
er in sein Tagebuch: „In einer Stunde ist die Promotion.
Die ist mir so gleichgültig, wie wenn ich die Stiefeln anzöge.
Ich habe kein inneres Zentrum, daher kann ich nichts anreihen,
und daher verliert alles seine Bedeutung. O es ist schrecklich,
ohne Gott und ohne Welt zu leben . . . Ich bin sehr gebeugt.
Ich habe die grenzenloseste Verachtung vor mir selber. Aber ich
halte mich doch auch an den Glauben, daß es nur eine Prüfung
ist, und daß Er zu seiner Zeit mir alles auf einmal geben
wird." Am Sonntag früh notierte er sich noch: „Als ich
(— in der Rede —) zu den Worten kam: Tali frui commili-
tonum consortio numquam mihi continget (niemals werde ich
das Glück haben, mich solch eines Freundeskreises zu erfreuen),
traten mir die Thränen in die Augen, und als ich herabstieg,
und Neander und Strauß mich küßten, und Hengstenberg
zitternd mir an den Mund stürzte, ward ich tief erschüttert und
ging weinend durch die Reihen. Hengstenberg ging mit
nach Hause; ich bot ihm das Du an. Er schien dadurch weit
vertraulicher geworden . . . Ich hatte schon bei Marheinekes
Rede und selbst bei seiner Anrede auf dem ersten Katheder an
nichts von dem, was er sagte, gedacht; mein Geist war ein
leeres, ödes Feld; ich dachte gar nichts, als: Ich bin elend!
Auf dem Spaziergang mit Hengstenberg rang ich unwill=

türlich die Hände. Mit solchen Gefühlen gänzlicher Ratlosigkeit und Verachtung seiner selbst als Theologen ist wohl noch nie ein Doktor kreiert worden." [6])

Am elften März schloß Tholuck seine Vorlesungen; am Montag darauf, den 13. März, gab der neue Doktor einen feierlichen Schmaus, der zugleich den offiziellen Abschied von Berlin repräsentieren sollte. Vor dem Essen hatte er noch eine Audienz beim Kronprinzen, der sehr gnädig erst über England, dann über die Hallischen Verhältnisse und insbesondere die Stellung Niemeyers sprach. Beim Mahle waren zahlreiche Respektspersonen, Minister, höhere Beamte, Kollegen der ganzen Universität zugegen. Herr von Kamptz versicherte den jungen Dozenten bei Tische einmal übers andre: „Sie werden es in Halle schon ganz vortrefflich finden — und wenn es nicht gehen sollte, so kommen Sie wieder her!" „Schleiermacher", berichtet das Tagebuch, „war unausstehlich. Das Berechnete in seinen Reden, das ängstliche Lachen, das Niesen, zu dem er sich vom Justizminister Erlaubnis ausbat, das Sichfeststellen auf eignen Füßen gegen die ganze Welt!" „So ist denn auch der gestrige Ehrentag, wie Strauß ihn nennt, vorüber", registriert müde der 14. März.

Die folgenden Tage und Wochen galten den Vorbereitungen zur Reise und den Abschiedsbesuchen. Mitten in der äußeren Unruhe hatte Tholuck wieder hellere Blicke in die Gnade Gottes und gewann ein Verständnis für die dunklen Führungen, durch die er während des letzten Jahres hatte gehen müssen. „Ich kenne meine Abweichungen; am liebsten möchte ich von allen öffentlichen Geschäften jetzt abtreten und kaum noch eine christliche Phrase in den Mund nehmen. Dennoch sehne ich mich heiß und heißer nach der Gemeinschaft mit dem Herrn. Ich tröste mich damit, daß ich ihm näher bin, als ich selbst es weiß. Denn mein Schwanken kommt mir, wenn ich es mit meiner siebenjährigen festen Gewißheit vergleiche, so unbegreiflich vor, daß ich es teils meiner Krankheit, teils spezieller Fügung zuschreiben muß. Wie gefährlich wäre es für mein Herz gewesen, wenn ich nach Halle so im Triumphzuge des Vielwirkens hingezogen wäre! Wie viel göttlicher wird der Triumph sein, wenn ich wie Neander in Schwachheit komme, Er aber

in der Schwäche mächtig ist!" — Das sind Empfindungen, die
während dieser letzten Berliner Zeit wiederholt im Tagebuche
zum Ausdruck kommen.

Noch zweimal verlangte ihn, in Berlin zu predigen, am
Palmsonntage, den 19. März, und am zweiten Ostertage, den
27. März, beide Male in der Dreifaltigkeitskirche. Am Palm=
sonntage redete er recht eigentlich zur Stadt Berlin, über Luk.
19, 42—44, Jesu Thränen und Klageruf über Jerusalem.
„O ihr Bewohner dieser Stadt", rief er zum Schlusse aus,
„denen zu dieser Zeit eine Gnadenheimsuchung ohnegleichen vom
Herrn zu teil geworden ist, die ihr von so vielen heiligen
Stätten das Wort von der Versöhnung verkündigen hört, die
ihr überall Aufforderung findet zum Glauben und zur Stärkung
darin; erkennt auch ihr diese Zeit, in der ihr berufen seid, daß
nicht dermaleinst auch euer Leuchter von seiner Stätte gestoßen
werde . . . Es ist euch doppelte Gnade widerfahren, die ihr
gerade in dieser Zeit der allgemeinen Heimsuchung zum Him=
melreiche berufen werdet; denn kaum hat eure erwachende Seele
sich nach Beistand und Hilfe gesehnt, so eilen viele herbei, die
kranke zu pflegen, die zerschlagene zu verbinden, das zum Lichte
geborene Kind der Gnade großzuziehen und zum Mannes=
alter Christi zu führen. So seid nun nüchtern und wach, auf
die Stimme eures Gottes fleißig zu merken, auf daß ihr die
Krone nicht verliert, die euch zugedacht ist auf den Tag der
Erscheinung unsres Herrn Christus!" In der Osterpredigt aber
gab er im Anschlusse an 2. Tim. 2, 11 und 12 noch einmal
Zeugnis von dem innern Sterben und Leben des Christen mit
Christo, das er selbst so mächtig erfahren und noch in den
letzten Tagen als das Geheimnis seiner Führungen erkannt hatte.

Guericke aus Halle war in liebenswürdiger Gefälligkeit
nach Berlin gekommen, um mit Tholuck, für welchen er in
Halle bei Professor Krukenberg in der Märkerstraße eine
Wohnung gemietet hatte, noch die letzten Details der Einrichtung
zu besprechen. Kottwitz nahm den Freund des Freundes in
seinem Hause auf.

Die letzten Tage wohnte Tholuck selbst bei Prediger
Ziehe. Am Karfreitag nahm er wehmütig von seinem Stu=
dierzimmer Abschied, das so viele Kämpfe und Gebete gesehen

hatte. „Da ſtehe ich nun", ſchreibt er als letztes Bekenntnis
ins Tagebuch, „in der ſchon ausgeräumten Wohnung, wo nur
noch die Spinde zurück ſind und der Arbeitsblock; körperlich
müde von den vielen Gängen, geiſtlich ergeben, getröſtet und
einer ſchönen Zukunft entgegenſehend, d. h. einer vom Herrn
geordneten und darum guten. O wie hat Er in der letzten
Zeit meinen Glauben geſtärkt. Ich ſehe klar alle meine Trübſal,
und doch bin ich heiter, weil Er mich liebt, weil ich es fühle,
daß Er mein Gott iſt."

Am Mittwoch, den 29. März, ſtand in aller Morgenfrühe
der Wagen des Barons, der den Reiſenden bis Wittenberg
bringen ſollte, vor der Thür der Tholuckſchen Wohnung.
Nur der alte Elsner und Freund Anderſen kamen noch an
den Wagen heran; von den Studenten war am Abende, von
den liebſten andern Freunden am Tage vorher Abſchied genom=
men. Der junge Krummacher nahm neben Tholuck Platz;
er wollte bis Halle mitfahren und die ſchweren erſten Tage
in Halle teilen. In Wittenberg nahmen Heubners die Rei=
ſenden auf. Je näher die Stadt der zukünftigen Kämpfe rückte,
um ſo banger wurde es Tholuck ums Herz. Hinter Witten=
berg rief es in ſeinem Herzen unabläſſig: „Der Geiſt bezeugt
mir in allen Städten Trübſal und Bande" (Apoſtelgeſch. 20, 23).
Als am Abende des 1. April die Türme von Halle auftauch=
ten, brachen ihm die Thränen aus den Augen; Krummacher
küßte ihn zärtlich und ſprach: „Was weinſt du? Bekenne und
kämpfe! Derer, die für Dich ſind, iſt mehr denn derer, die
wider dich ſind." Getroſten Herzens, durch das einfache Zeug=
nis erquickt, zog Tholuck unbemerkt und unerkannt in die
Stadt ein.

Hegel hatte ihm beim Abſchiedsmahle zugerufen: „Gehen
Sie hin und bringen Sie ein Pereat dem alten Halliſchen
Rationalismus!" Selbſt Schleiermacher war ihm beim Schei=
den ein Tröſter geworden — „wenn ſich Ihnen Schwierig=
keiten in den Weg ſtellen", hatte er geſagt, „dann nehmen Sie
jedesmal an, daß Gott Sie erinnern will, eine Gabe, die in
Ihnen noch verborgen liegt, zu wecken. Es ruht in Ihnen
noch manche Gabe, die geweckt werden und ans Licht kommen
muß". In der warmen hinteren Stube des Krukenbergſchen

Haufes gedachte Tholuck des Abends an diese Menschenworte, — am lautesten aber tönte in seinem Herzen der Heilandsruf an Paulus wieder: „Fürchte dich nicht, sondern rede und schweige nicht; denn Ich bin mit dir, und niemand soll sich unterstehen, dir zu schaden; denn ich habe ein groß Volk in dieser Stadt" (Apostelgesch. 18, 9—10).

Anmerkungen.

Erstes Kapitel.

Seite 3. [1]) Nach andern, aus Breslau stammenden Notizen, wäre es die Nummer 1030 gewesen. Doch teilt Tholuck in seinem Tagebuche am 30. Oktober 1821 einen Traum mit, in welchem die richtige Hausnummer eine bedeutsame Rolle spielt. Der Traum ist so seltsam, daß er hier eine Stelle finden mag. Tholuck, damals Privatdozent in Berlin, schreibt: „Die vorige Nacht hatte ich einen seltenen, merkwürdigen Traum. Es träumte mir, ich käme des Nachmittags um 3 Uhr nach Hause. Ich stellte mich hin, etwas zu lesen, aber es wurde plötzlich so dunkel, daß ich nicht konnte. Ich meinte, es wäre ein starker Regenschauer im Anziehen. Da kamen Wolken, pechschwarz, gezogen, von denen der ganze Himmel bedeckt wurde, und plötzlich ertönte von allen Seiten Donner, und zickzack fuhren viele Blitze durch den Himmel. Es war mir, als wäre links meinem Hause gegenüber eine große steinerne Kirche, rechts eine Reihe prächtiger Häuser. In die fiel der Blitz, kein Mensch aber kam zu löschen, es war überall leer auf den Straßen, und ohne Wehklage zogen alle Menschen aus den brennenden Häusern still und in Feierkleidern heraus in die gegenüberliegende steinerne Kirche. Vor ihnen her kam ein Prediger im Ornat, mit der Bibel unter dem Arm, und hinter ihm ein ehrwürdiger alter Mann, der der Küster schien. Und ich wunderte mich, daß kein Mensch rettete, und die Flamme ruhig in den schönen Gebäuden wütete. Es kam mir ein Grausen dabei an, welches stieg, als einzelne Menschen auf die Straße kamen und schrieen: ein solches Wetter ist unerhört, das ist wohl der jüngste Tag. Da erinnerte ich mich, daß ich in meiner Jugend vom jüngsten Tage geträumt, und daß es damals im Traume fast ebenso gewesen, aber ich dachte auch, daß ja noch nicht die ganze Welt zu Christo bekehrt wäre, daß also der Welt Ende noch nicht da sein könne. Vor Angst wollte ich zur Thür hinaus zu Freunden eilen. Da traten eben zur Thür herein Ols=

hausen (der spätere Königsberger Professor der Theologie), Dr. Ritter (der berühmte Geograph, damals mit Hollweg in Berlin) und Albert, (nachher Prediger in Elberfeld) und andere. Was ist das? fragte ich; ist das nicht der Welt Ende? Die Leute sagen es, sprachen Olshausen und Ritter, aber es wird wohl wieder vorübergehen. Nun legten wir uns alle in das Fenster, Ritter neben mich. Die Dunkelheit nahm ab, die brennenden Häuser stürzten zusammen, es kamen wieder Menschen auf die Straße, und Ritter sprach: Sehen Sie wohl, es ist wieder vorbei, es war nur eine sonderbare Naturerscheinung. Während er dies redete, zog aber im Osten ein neues Gewölk herauf, viel schwärzer, als alle früheren, und um jede Wolke lief ein rotes Feuer. Das machte uns allen bange; heulend zerstoben die Menschen auf der Straße, nur einzelne blieben vor den Thüren stehen. Plötzlich fuhr ein sanftes Leuchten über dem Himmel hin, und ein leiser Donner tönte. Geben Sie acht! sprach Ritter. Nun scheint etwas Großes zu kommen. Und kaum hatte er dies ausgesagt, als ein entsetzlicher Donnerschlag geschah und Ritter, laut aufschreiend: Gott, da erscheint Jesus Christus! zu Boden stürzte. Ich blickte hin, wo Ritter hingesehen hatte, links über der steinernen Kirche, und sahe mit einer Bewegung des Herzens, die ich noch jetzt nachempfinde, in einem feurigen Dreieck Jesum Christum mit der Siegesfahne mitten unter den schwarzen Wolken stehen. Es war mir, als sähe er auch mich an. Das Gesicht verschwand gleich wieder, und ich stürzte sinnenlos zu Boden neben Ritter hin. Als ich wieder aufstand, da sah ich alle meine Freunde auf den Knien, auf den Straßen war Jubelgeschrei und Jammer. Der Himmel war dunkel, und Funken fuhren mit schnellem Glänzen durch ihn hin. Rechts brannten noch die Trümmer der eingestürzten Häuser. Meine Empfindung war zitternde Freude. Ritter weinte und stand erstarrt. Während dem trat Kottwitz aus dem Nebenzimmer, überirdisches Wesen in seinem Angesichte, als wäre er schon mit dem Unverweslichen überkleidet. Meine Freunde, sagte er, ich wußte, daß jetzt die zeitliche Weltordnung geschlossen ist, und unser Herr kommt, um uns in seine Herrlichkeit abzuholen. Hier sind Listen. Wer die Nummer des Hauses, darin er geboren, findet, schreibe seinen Namen hinzu, denn der wird eingehen in das Reich Gottes. Wer sie aber nicht findet, der geht nicht ein. Ich suchte 2035. Ich fand nur 2037. Dazu schrieb Freitag seinen Namen. Beängstigt kam ich zu Kottwitz. Er gab mir eine andre Liste, wo ich meinen Namen hinschrieb. Ich kniete dabei. Was wird nun unser Schicksal sein? sagte einer der anwesenden Christen. Weißt du nicht, sagte ein andrer, daß wir, die wir leben, ihm alle entgegengerückt werden sollen durch die Luft? Ja, rief ich freudezitternd, wir werden bald ihm entgegengerückt werden! Ein andrer Christ stand im Fenster und sprach: Bald, bald werden wir allesamt oben sein, schon beginnt der Himmel zu zittern. Aber — es geschah nichts.

Unterdes sagte Ritter zu mir: Wollen wir hinausgehen und sehen, was die andern Leute sagen? Wir gingen in einen Garten, das Dunkel wurde wieder heller. O, sagte Ritter, vielleicht wird es noch auf lange auf= geschoben, und es war nur eine Naturerscheinung. — Dabei wachte ich auf und es pochte und bebte mein Herz."

Seite 4. [2]) Das folgende ist einem fragmentarischen losen Hefte von Tholucks eigner Hand, „Mein Leben" betitelt, zum Teil wörtlich ent= nommen; dasselbe bricht bei der Begegnung mit Herrn v. Diez ab, und stammt wahrscheinlich aus der ersten Berliner Zeit.

Seite 25. [3]) Es ist bekannt, mit welchem beizenden Spott die Xenien von Schiller und Goethe schon 1797 dem Breslauer Gymnasial= direktor mitspielten. Er galt ihnen als schlimmer Pedant. Wir erlauben uns, die betreffenden Xenien hier in Erinnerung zu rufen:

18. Manso und die Grazien.

Hexen lassen sich wohl durch schlechte Sprüche citieren,
Aber die Grazie kommt nur auf der Grazie Ruf.

19. Tassos Jerusalem von demselben.

Ein asphaltischer Sumpf bezeichnet hier noch die Stätte,
Wo Jerusalem stand, das uns Torquato besang.

20. Die Kunst zu lieben.

Auch zum Lieben bedarfst du der Kunst? Unglücklicher Manso,
Daß die Natur auch nichts, gar nichts für dich noch gethan!

21. Der Schulmeister zu Breslau.

In langweiligen Versen und abgeschmackten Gedanken
Lehrt ein Präceptor uns hier, wie man gefällt und verführt.

22. Amor als Schulkollege.

Was das Entsetzlichste sei von allen entsetzlichen Dingen?
Ein Pedant, den es juckt, locker und lose zu sein.

23. Der zweite Ovid.

Armer Naso, hättest du doch wie Manso geschrieben,
Nimmer, du guter Gesell, hättest du Tomi gesehen.

24. Das Unverzeihliche.

Alles kann mißlingen, wir können's ertragen, vergeben,
Nur nicht, was sich bestrebt, reizend und lieblich zu sein.

Wenn übrigens Tholucks Tagebuch dem Schrecken und der Furcht vor dem Rektor Ausdruck gibt, so bezeugt ein andrer Schüler Mansos, der im Text genannte Girth, in einem Briefe an den Verfasser, daß die Furcht vielmehr ein tiefbegründeter Respekt gewesen sei, mit welchem die dankbaren Schüler liebend ihrem Rektor ergeben waren; dies müsse er auch im Sinne des sel. Tholuck bemerken. Er fügt hinzu: „Mit Recht hatte Manso, der auf unserm hiesigen Parochialkirchhofe seine Ruhestätte hat, in der auf seinem Grabstein befindlichen und von ihm selbst verfaßten Inschrift sagen können:

Adscriptus terrae cavi gravis esse cuiquam —
Sis mihi, quem condis, sis mihi terra levis."

Seite 28. [4] Nach mündlichen Mitteilungen meines verstorbenen Vaters, des Geh. Justizrats Prof. Dr. Karl Witte, der während seines Breslauer Aufenthalts 1822—33 Gelegenheit hatte, diese Details zu erfahren.

Zweites Kapitel.

Seite 54. [1] vgl. H. A. O. Reichard (1751—1828). Seine Selbst=biographie überarbeitet und herausgegeben von Hermann Uhde. Stuttgart, Cotta 1877, S. 75. Über die Amicisten, ebenda, S. 65 ff.

Seite 56. [2] Benutzt sind hierzu wie zum folgenden: Pierers Universal=lexikon 1841, 8. Band S. 393. — Beiblatt der Fliegenden Blätter 1877, Nr. 9, 10 u. 11. Erinnerungen an Tholuck, von einem Schüler desselben; meist völlig zuverlässige Aufzeichnungen. — Mitteilungen aus Tholucks Leben, Sonntags=Beilage der Kreuzzeitung 1878, Nr. 35 u. 36. Diese Mitteilungen sind von Tholuck selbst im Hallischen „Kränz=chen" in einer Reihe von Abenden des Jahres 1871 vorgetragen und von befreundeter Frauenhand nachgeschrieben worden. Doch enthalten sie man=nigfache Irrtümer und können nur mit Vorsicht benutzt werden. — August Tholuck, der Hallische Studentenvater. Separatabdruck aus dem Schle=sischen Volks=Kalender für 1879, von Pastor Heinrich Rathmann, gegen=wärtig Konsistorialassessor in Wernigerode; von derselben Hand sind zum Teil die Erinnerungen in den „Fliegenden Blättern".

Seite 56. [3] Goethe West=östlicher Divan. Sämtliche Werke in 40 Bänden, Cotta, IV, S. 313 ff.

Seite 58. [4] Vgl. die unter [2] angeführten Quellen, sowie „Ernstes und Heiteres aus Tholucks Leben", Daheim 1878, Nr. 32.

Seite 61. [5] vgl. Beiblatt der Fliegenden Blätter 1877, Nr. 9, S. 136. Zur Charakteristik der religiösen Stellung des Herrn v. Diez teile ich hier noch einen Brief desselben (an Baron v. Kottwitz??) mit, der sich unter alten Tholuckschen Freundesbriefen gefunden hat und in vieler Hinsicht von hervorragendem Interesse ist. Er lautet: „Berlin am 1. May 1813. Ew. Hoch= und Wohlgeboren haben in Ihrem verbindlichen Schreiben vom 17. v. M. Ihren rechten Trost mit mir getheilt, wofür ich Ihnen vielen Dank weiß, und haben mir durch die Beylage großes Ver=gnügen gemacht. Ich habe letztere nach Ihrem Wunsche den Herren Han=stein, Snethlage, Jaenicke und Garve übersandt. Herr Hanstein hat mir aufgetragen, Ihnen seine herzlichen Empfehlungen zu überliefern und H. Snethlage hat ein Gleiches bestellt, mit der Bemerkung, daß er Ihnen sein Osterprogramm überschicken werde. Dies wird nun wohl um dieselbe Zeit geschehen, wo Ihnen meine Antwort überkommen wird, welche über das Herumsenden etwas verzögert worden. Die H. Garve und Jaenicke haben mir nichts schriftlich erwiedert, weil sie es wohl bis zu ihrem nächsten Besuche bey mir werden verschieben wollen.

„Der Pabst hat mit der Festigkeit gehandelt, welche nur der Glaube an Gott verleihen kann. Wer Gott fürchtet, wird sich vor Menschen nicht fürchten, welche nur den Leib tödten können, aber nicht die Seele, die allein in Gottes Händen steht. Man hat aber seitdem erfahren, daß der Mann des Fluchs (Napoleon) sich hinterher anders besonnen hat, so daß das Concordat nicht zu Stande gekommen ist, welches man nur in die Zeitungen gebracht haben soll, um den Leuten Sand in die Augen zu streuen. Die Sache bleibt also einer andern Zeit vorbehalten. Ich zweifle nicht, daß der Pabst am Ende mit seinem täglichen Gebete mehr ausrichten wird, als der Gegner mit seinen Legionen. Wer weiß, wie vielen Antheil das Gebet an den gräulichen Niederlagen hat, die in Rußland über letzteren ergangen sind. Daß sich hierbey Gott veroffenbaret hat, kann ich Ihnen aus sicheren Nachrichten, welche man freylich unter unsern jetzigen Verhältnissen für sich behalten muß, darinn beweisen, daß Moskow mit seinen Dörfern nicht auf Befehl Rostopschins oder des Hofes verbrannt worden. Die Sache ist ganz anders zugegangen. Als nämlich die Franzosen in Moskau eingerückt waren, waren die französischen Generäle und Commissarien nach dem Quartier oder Viertel der Stadt gegangen, wo die Wagenbauer oder Sattler immer eine Menge neuer Carossen vorräthig haben, und hatten an diese Wagen ihre Namen geschrieben. Die Eigenthümer hatten nicht sobald wahrgenommen, sich des Ihrigen auf solche Art beraubt zu sehen, als sie die Wagenschuppen selbst in Brand steckten. Im Quartier der Kaufleute, welche mit persischen, indischen und türkischen Waaren handeln, hatte man eine ähnliche Vertheilung vorgenommen, und die Kaufleute waren dem Beyspiele der Wagenbauer nachgefolgt. Und nun hatte sich eine Art von Raserey, wie durch göttliche Schickung, des Volkes bemächtigt, um von allen Seiten die Hauptstadt und Dörfer durch Feuer zu vernichten. Dies ergriff die ganze Nation und wirkte so sehr auf den Hof, daß derselbe nicht mehr an den Frieden denken durfte, wozu Romanzow, der Kriegsminister Araktschief und der General Betscheff, alle drey im Vertrauen des Kaisers, dringend gerathen hatten. Nachdem dies geschehen, sandte Gott Kälte und Hunger, welche wie WürgeEngel das französische Heer vernichteten, gleich den Schaaren Sennacheribs.

Dies ist der Trost, auf den wir hoffen müssen, daß Gott das Werk vollenden werde, was er in Rußland begonnen hat. Die Hülfe der Menschen geht mir zu langsam und könnte mich bange machen, wenn ich nicht meine ganze Zuversicht auf den Allmächtigen sezte, bey dem allein Kraft und Macht und das Reich ist bis in Ewigkeit. Ich kann Ihnen daher auch keine Kriegs Nachrichten melden. Was bis jetzt vorgefallen ist, sind Kleinigkeiten, welche nur soviel bewiesen, daß unsere Krieger von einem neuen guten Geiste beseelt sind, der nicht wieder fliehen lassen wird, wo man nicht gejagt worden. Es scheint auch der Glaube an Gott unter unsern Leuten wieder rege zu werden, um durch ihn Thaten zu thun, welche gewiß davon zu erwarten sind. Mit diesem Glauben würde schon unendlich viel für unser Volk gewonnen seyn. Auf der anderen Seite hoffe ich, daß unsere frivole Jugend, welche mit zu Felde geht, besser zurück= kommen werde, als sie ausgezogen, denn sie wird den erstaunlichen Leicht= sinn und Unglauben im Feldlager verlieren und wird sich den so unent= behrlichen Erfahrungs=Geist erwerben, um die entnervenden Speculationen und Theorieen abzulegen, worin sie aufgezogen worden und worin einer immer den anderen zu übertreffen suchte. Sollte dies alles geschehen, wie ich hoffe, so werden wir Ursache haben, die höheren Wege zu bewundern, welche Gott wählt, um Völker durch die Strafgerichte, wie Kriege sind, zur Besinnung zu bringen und von ihren Verirrungen zurückzuführen.

Ich beklage Sie wegen des Verlustes, welchen Sie in Ihrem hiesigen Commissionär erlitten haben. Gott wird Ihre guten Absichten auf andere Art zu fördern wissen. Gott ist mit jedem, der vor ihm wandelt: Ach, wenn doch alle Menschen dies beherzigen wollten, um ihre Sorge auf Gott zu werfen, welcher der rechte Helfer ist. Wie einmüthig würden sie dann unter einander werden und wie sehr würden sie dadurch den Umgang erfreulich machen!

Ich wünsche Ihnen Glück, daß Sie Ihre Söhne in den Krieg senden! Wenn ich zwölfe hätte, so würde ich sie alle an diesem Kriege Theil nehmen lassen. Ich würde trotz meines Alters selbst hinziehen, wenn mir das Podagra Märsche und Strapazen erlaubte. Ich werde aber deshalb nicht ganz müßig seyn, denn ich werde nicht aufhören, für die Befreyung unseres Landes von fremder Tyranney zu Gott zu beten.

Wie hat Ihnen das Kirchengebet gefallen, was man von Breslau aus vorgeschrieben hat? Gott wird es in Gnaden aufnehmen. Ich glaube aber, daß man selbst für das Volk besser gethan hätte, wenn man es bloß aus den herrlichen Psalmen zusammen gesetzt hätte, worin David so kräftig und herzlich um Beschirmung gegen seine Feinde flehet. Welche Sprache könnte auch Gott angenehmer seyn als diejenige, welche er uns durch seine Profeten gelehrt und was könnte für betende Herzen erhebender seyn als die Gewalt der Worte, welche Gott selbst geredet hat!

Herr Spieß, der zu unsers sel. Michaelis Stelle berufen worden, ist noch immer nicht angekommen und scheint nun ganz abgeschnitten zu ſeyn. Ich bedauere es ſehr, da ich nichts ſo ſehr wünſche als ihn zu hören, um mich zu überzeugen, daß er würklich Gottes Wort predige, wie man mich hoffen läßt und woran es im Dohme wie in ſo vielen anderen Kirchen ſo ſehr noth thut. Seit Michaelis Tode habe ich es daſelbſt nicht gehört.

Man hatte hier das Gerücht von einer Schlacht verbreitet, welche von Blüchern verloren worden. Man ſagt mir, daß in Schleſien eine ähnliche Nachricht in Umlauf geweſen. Es iſt aber Lüge und beweiſet, daß auf der Franzoſen Betrieb von ihren Anhängern in unſerm Lande ſolche Dinge ausgeſprengt werden, um uns in Schreck zu ſetzen. Solche Leute ſind ſehr gefährlich und unſere Regierung iſt gegen ſie weder wachſam noch ſtrenge genug.

Gott erhalte Sie! Gönnen Sie mir fernerhin Ihr gütiges Andenken

als Ihrem

ganz ergebenſten Freund und Diener

v. Diez."

Seite 62. ⁰) vgl. Acta der Abgangszeugniſſe (der theol. Fakultät) Vol. VI. 1820. (Rektorat 7. Nr. 214 Aufnahmenummer.) Abgangs= nummer 836. „Desgl. für den Studioſus der Theologie Auguſt Tholuck aus Breslau, welcher am 27. Januar 1817 auf eine Breslauer Matrikel immatrikuliert worden". — Aus dieſem Datum erhellt übrigens, daß die unter ²) genannten Quellen ſämtlich im Irrtume ſind, wenn ſie die Reiſe Tholucks nach Berlin in den März verlegen. Es mag dies im Zuſam= menhange mit der unmittelbar biographiſchen Verwendung der Szene aus der „Wahren Weihe des Zweiflers" 1. Auflage, Seite 4 und 5 geſchehen ſein, die allerdings ähnlich, wie ſie dort beſchrieben iſt, nur in anderer Jahreszeit, ſich zwiſchen Tholuck und Wenzel zugetragen hat.

Seite 67. ⁷) Der Turm der Parochialkirche hat bekanntlich ein von Friedrich Wilhelm I. geſchenktes und im Jahre 1715 mit dem Turme fertig gewordenes Glockenſpiel.

Seite 71. ⁸) Der Bürgermeiſter von Breslau Menzel hatte an Tho= luck das Stipendium Bittnerianum II im Betrage von jährlich 120 Thlr., in Quartalraten zu beziehen, verliehen. Von Oſtern 1817 an hat es Tholuck auch nach Berlin ausgezahlt erhalten.

Seite 72. ⁹) Tholuck ſchreibt darüber (Datumlos) an Radecke: „Kürzlich war Pinkerton hier, er hat mich mit heiliger Flamme erzündet, denn er iſt ein bemütig frommer und dabei feuriges Lebens glühender Mann, der ſeinem Erlöſer zu Liebe alles verlaſſen, erſt jahrelang in des Kaukaſus Steingeklippe Nogaiſche Tataren bekehrt (und auch den liebens= würdigen tſcherkeſſiſchen Fürſtenſohn, von dem ich Dir ſchon geſchrieben), dann aber in unendlichen Reiſen ſeine Geſundheit und ſein Leben preis= gegeben, bald in Gefahr zu erfrieren, bald zu verdurſten. Der hat mir denn kundgethan, wie jetzt durch ganz Rußland, in den Steppen der Tatarei, in den Schneeöden Irkutsks und — o des Wunders! — bei dem frommen karaitischen Judengeschlecht der taurischen Länder Bibelgesellschaften gestiftet sind, Kalmücken drängen sich mit Mongolen, in ihrer Sprache Gottes Wort zu lesen, und während hier unter Sehnen Jesus die Herzen der Sehnenden erwärmt, kühlt er die Schmerzensglut der Neger in Guinea wie in Amerika."

Seite 75. ¹⁰) Neueste Nachrichten aus dem Reiche Gottes, Berlin, gedruckt bei Anton Obst, 2. Band 1818. S. 13.

Seite 75. ¹¹) Durch Dr. Pinkerton war die Britische und Ausländische Bibelgesellschaft auf ein in der Universitätsbibliothek zu Leiden befindliches Manuskript der heiligen Schrift in der reinen türkischen Sprache aufmerksam gemacht worden und hatte dasselbe dem Geh. Legationsrat v. Diez im Juli 1814, als Pinkerton die Preußische Hauptbibelgesellschaft zu Berlin ins Leben rief, zur Durchsicht und Kopie übergeben lassen. Den Druck auf Kosten der Gesellschaft leitete Diez. In einem Briefe an dieselbe, kurz nach Beginn des Werkes, hatte er über diese türkische Bibel geschrieben: „Wenn ich in Verfolg des Werkes die Übersetzung von Hali Bey ebenso richtig wie bisher finde, so sage ich nicht zu viel, daß sie unter den allerbesten Übersetzungen der heiligen Schrift ihren Platz behauptet, ja in manchen Stellen alle ohne Ausnahme übertrifft. Ich fange in der That an zu glauben, daß Hali Bey bei dieser Arbeit eines besonderen göttlichen Beistandes gewürdigt worden war. Sein Styl ist ächt klassisch und wird die Herzen aller türkischen und tartarischen Völkerschaften gewinnen, zu denen die Bibel gelangt. Denn sie haben eine leidenschaftliche Vorliebe für das, was ihre Sprache in der Vollkommenheit darstellt. Ich sehe hierin einen Fingerzeig der Vorsehung. Denn in der That, ginge die türkische Sprache je einmal verloren, so würde sie durch dieses Werk allein in ihrer ganzen Fülle und Annehmlichkeit wiederhergestellt werden können. Für mich, der ich dreißig Jahre hindurch die türkische Sprache zu meinem unablässigen Studium gemacht habe und sie beinahe als meine zweite Muttersprache ansehen kann, ist es an jedem Morgen eine Feststunde, das Wort meines Gottes in dieser Sprache reden zu hören." Unter den Vorlesern haben wir uns vielleicht in der letzten Zeit auch den jungen Tholuck zu denken. vgl. Neueste Nachrichten 2c. 1818 S. 13; und Thilo Geschichte der preuß. Hauptbibelgesellschaft 1864 S. 26 und 252.

Seite 77. ¹²) Beiblatt der Flieg. Blätter 2c. S. 137. Sonntagsbeilage der Kreuzzeitung Nr. 35.

Seite 81. ¹³) In all diesen blumigen Wortschwall überströmender Gefühle hinein notiert sich der Humor des jungen Tagebuchschreibers einmal wieder ein kleines Witzchen. Zwar hatte er an Rudecke am 25. Januar geschrieben: „Mein Humor ist jetzt dahin; heiter bin ich zwar, aber nicht in dem Sinne, wie man es gewöhnlich nimmt. Doch die satirische Laune, die mich zuweilen ergriff, ist unter dem Gewicht meiner jetzigen Geschäfte verschwunden." Indessen kann sich's der Humorgewohnte nicht versagen, auch hier einmal vom hohen Kothurn herabzusteigen und sich zu späterer scherzhaften Verwendung eine hübsche Anzeige im schönsten Deutsch zu notieren: „Dem, der den, der den ben 14. b. gesetzten Pfahl, daß nichts ins Wasser geworfen werden soll, selbst ins Wasser geworfen hat, anzeigen wird, soll . . . . ."

Drittes Kapitel.

Seite 85. ¹) Vgl. Alexander von Humboldt, eine wissenschaftliche Biographie von Karl Bruhns. Leipzig, Brockhaus 1872 I, S. 42 u. 43.

Seite 85. ²) Ebenda, S. 112.

Seite 85. ³) Ebenda, S. 299.

Seite 85. ⁴) Vgl. Gnadenführungen Gottes in dem Leben des Schul=vorstehers Friedr. Sam. Dreger, herausgegeben von M. Kulfe. Berlin 1860. S. 14.

Seite 91. ⁵) Vgl. Ernst Wilh. Hengstenberg, sein Leben und Wirken von Prof. Joh. Bachmann, Gütersloh, I. 1876 S. 180.

Seite 91. ⁶) Karl Ritter, ein Lebensbild nach seinem handschrift=lichen Nachlaß. Von D. Kramer. Halle 1875. 2. Auflage. I. Band S. 242. Der betr. Brief ist (nach einer gefälligen Mitteilung von D. Kramer) am 28. Dezbr. 1816 geschrieben.

Seite 91. ⁷) Vgl. Johannes Goßner, ein Lebensbild aus der Kirche des 19. Jahrhunderts von Hermann Dalton. 2. Auflage. Berlin 1878, S. 343.

Seite 92. ⁸) Kulfe a. a. O. S. 19.

Seite 92. ⁹) Lisco. Zur Kirchengeschichte Berlins. Berlin 1857. S. 309.

Seite 92. ¹⁰) Über die Religion. Reden an die Gebildeten unter ihren Verächtern. Dritte vermehrte Auflage, Berlin 1821, Reimer. Vor=rede p. XIII u. XIV. (1799 die erste anonyme Auflage).

Seite 94. ¹¹) Bachmann a. a. O. I. S. 181.

Seite 94. ¹²) Reden über die Religion, z. B. S. 310, S. 38 u. 39.

Seite 94. ¹³) a. a. O. S. 308.

Seite 96. ¹⁴) J. G. Fichtes Leben und litterar. Briefwechsel, herausgegeben von seinem Sohne J. H. Fichte. Sulzbach 1830 u. 31. II. S. 409.

Seite 97. ¹⁵) Geschichte der Philosophie im Umriß von Schwegler, S. 177.

Seite 97. [16]) Vgl. die vortreffliche Ausführung über diese Differenz in Diltheys Leben Schleiermachers, Berlin 1870, I. Band, S. 334 bis 348.

Seite 97. [17]) Schleiermacher, Der christliche Glaube ꝛc., 4. Ausgabe, Berlin, Reimer, 1842 § 15, S. 90.

Seite 98. [18]) Karl Bruhns, a. a. O. I, S. 107.

Seite 98. [19]) Friedrich Perthes' Leben, von Clemens Theodor Perthes, Gotha und Hamburg 1851, I. Band, S. 322 u. 323.

Seite 99. [20]) Vgl. Kulke a. a. O. S. 91.

Seite 100 [21]) Ebenda S. 92.

Seite 100. [22]) Vgl.: Zur hundertjährigen Gedächtnisfeier der deutschen Christentums-Gesellschaft. Drei Reden von Riggenbach, Stockmeyer und Prätorius. Basel bei C. F. Spittler (1880).

Seite 101. [23]) Vgl. Artikel „Pietismus" von Tholuck, in Herzogs Real-Encyklopädie, 1. Auflage. XI, S. 662.

Seite 102. [24]) Vgl. Richard Rothe, ein christliches Lebensbild von Friedrich Nippold, Wittenberg 1873, I. Band, S. 156.

Seite 107. [25]) Das erwähnte „Ehrendenkmal" für den sel. Diez scheint Tholuck nicht ins Werk gesetzt zu haben. Wenigstens hat die Cottasche Verlagshandlung, bei welcher das „Morgenblatt" seiner Zeit erschien, laut einer mir gewordenen Zuschrift, in sämtlichen Jahrgängen der Zeitschrift nach diesem, wie nach andern Tholuckschen Artikeln vergeblich gesucht.

Seite 110. [26]) Diesem Briefe angefügt ist ein damals entstandenes Fouquésches Gedicht, das hier eine Stätte finden mag, da es von der späteren, gedruckten Redaktion vielfach abweicht. (vgl. Geistliche Gedichte von Friedrich Baron de le Motte Fouqué, herausgegeben von Albertine Baronin de la Motte Fouqué, mit einem Vorwort von H. Klette. Berlin 1846; das erste der unter der Überschrift „Treue des Erlösers" zusammengefaßten Gedichte.)

„Evangelium Skt. Marci 10, 46—52.

Was du vor tausend Jahren,
Mein Heiland, hast gethan,
Läßt du noch heut' erfahren
Die, so dir gläubig nahn.
Ganz wie dem armen Blinden,
Von dem Skt. Marcus spricht,
Ließt du mich Gnade finden,
Und gabst mir Freud' und Licht.

Ich saß so trüb' am Wege,
　Tiefblind in meinem Geist,
　Sehnsucht im Herzen rege,
　Doch Wemut allermeist.
　Die Psalmen hört' ich kreisen,
　Die Kränze fühlt' ich wehn,
　Womit dich Gläub'ge preisen,
　Und konnte dich nicht sehn.

Fern gingst du mir vorüber,
　Als känntest du mich nicht,
　Und trüber stets und trüber
　Fühlt' ich des Grams Gewicht.
　Zu arg warb's mit dem Schmerze,
　Zu feindlich mit der Pein;
　Da faßt' ich mir ein Herze,
　Hub an, nach dir zu schrein.

‚Sohn Davids, rette, heile,
　Wie du's verheißen hast!
　O liebster Jesu, eile,
　Nimm von mir Nacht und Last!‘
　Wohl stellten sich mit Dräuen
　Die Sünden rings herum.
　‚Schweig!‘ hieß es. ‚Mußt dich scheuen.
　Er will dein nicht! Sei stumm!‘

Doch immer brünst'ger weinend,
　Mit immer lautrem Wort,
　Stets mehr mein Herz entsteinend,
　Rief ich nach dir, mein Hort.
　Da ward mein Ängsten minder,
　Da sagte was in mir:
　‚Getrost, du armer Blinder,
　Steh auf. Er rufet dir.‘

Du stand'st — ich fühlt' es — stille,
　Da ward mir froh der Sinn.
　Ab fiel mir eigner Wille,
　Ich wankte zu dir hin.
　Du sprachst: ‚Was willst du haben?‘
　Ich: ‚Herr, ich möchte sehn,
　An deinem Blick mich laben.‘
　Du sprachst: ‚Es soll geschehn!‘

Und was du hast gesprochen,
Das fehlt ja nimmer nicht.
Mir ward die Nacht gebrochen,
Mein Auge hell und licht.
Laut preisend deinen Segen,
Frei von der alten Schmach,
Folg' ich auf deinen Wegen
Dir, Herr, in Freuden nach."

Seite 122. [27]) Vgl. Bachmann, a. a. O. II. S. 4.

. Viertes Kapitel.

Seite 125. [1]) Aus handschriftlichen Mitteilungen des Herrn Prof. Dr. Voltolini in Breslau über seine Beziehungen zu Kottwitz.

Seite 126. [2]) Baur, Neue Christoterpe S. 205, gibt den 2. September an. Doch wurde im Kottwitzschen Kreise selbst der 1. als Geburtstag des Barons gefeiert.

Seite 126. [3]) Mitteilung von Prof. Voltolini.

Seite 127. [4]) Handschriftliche Mitteilungen des Herrn Pastors Williger in Hohensinow, der von seiner Studentenzeit (1831 ff.) bis ins Amtsleben hinein dem Baron nahe stand. Derselbe fügt seiner Notiz hinzu: „Auf sein Urteil hin war ich begierig, wenigstens den einen, während meiner Studentenzeit noch lebenden, den Geheimen Rath Hillmer, damals in Neusalz a. O., kennen zu lernen. Ich wagte es, auf einer Durchreise ihn dort aufzusuchen, und habe eine mir unvergeßliche Stunde bei dem lieben Manne Gottes verlebt."

Seite 127. [5]) Die Lehre von der Sünde S. 195.

Seite 129. [6]) Pastor Williger.

Seite 130. [7]) Brief an Justizrath Focke von 18. April 1831.

Seite 130. [8]) Die Lehre von der Sünde S. 191 ff.

Seite 137. [9]) Vgl. Lisco a. a. O., Kirchenministerien unter Nr. 31: Betsaal der v. Kottwitzschen Armenbeschäftigungs=Anstalt.

Seite 139. [10]) Nach Pastor Williger.

Seite 153. [11]) Nach einer brieflichen Mitteilung D. Bessers vom 13. Febr. 1882.

Seite 169. [12]) vgl. Dr. Tholucks fünfzigjähriges Jubiläum am 2. Dez. 1870. Halle, Fricke, 1871, S. 11.

Seite 170. [13]) Aus einer freundlichen brieflichen Mitteilung des (inzwischen verstorbenen) past. emeritus Günther in Wernigerode, der 1820—21 und 1824—25 im Hause von Kottwitz aus und ein ging.

Fünftes Kapitel.

Seite 174. ¹) Vgl. Nippold, Richard Rothe, ein christliches Lebensbild. Wittenberg 1873, I, S. 153. Jacobi, Erinnerungen an Kottwitz, S. 33, citiert diese Behauptung mit den Worten: „Ich weiß nicht, mit welchem Grunde."

Seite 174. ²) Sämtliche folgende Mitteilungen sind entnommen den: Acta, betr. die Promotionen (1810—26) vol. I. Theologische Fakultät von Berlin. S. 56 ff. Die lateinische Eingabe lautet:

„Decane spectabilis, Professores summe reverendi!

Peracto aliquo tempore in Academia Wratislaviensi veni Berolinum invitatus præcipue magna, quæ hic mihi offerebatur, litterarum orientalium tractandarum copia. Berolini per quatuor fere annos numquam remisso studio tum manuscripta Orientalia legi, excerpsi et in horrea mea congessi (quorum laborum specimen opusculum vobis proponam Pantheismum mysticum Orientalium exhibens, congestum e viginti manuscriptis libris Persicis, Arabicis, Turcicis), tum Theologiæ, cui in perpetuum me mente animoque addixeram ita, ut ægre ad aliud studium me traduci paterer, operam dedi: horum studiorum spatio nunc decurso a vobis, Viri summe reverendi, scholarum Theologicarum in hac Academia habendarum facultatem expeto. Proinde placeat vobis, quam primum fieri potest, diem et horam constituere, qua examen subeam doctoribus academicis rite præscriptum.

Berlin, 27⁰ Juli 1820. August Tholuck.

Alexanderstrafse Nr. 34.

Seite 184. ³) D. Ewald Rudolf Stier, von G. u. F. Stier, 2. Auflage, Wittenberg 1871, I, S. 137.

Seite 185. ⁴) Aus einem Briefe Hengstenbergs an Tholuck nach London vom 18. April 1825 ergibt sich, daß wenigstens bei des ersteren Examen (das übrigens nach demselben Briefe auf den 11. April 1825 fiel; Bachmann kannte das Datum nicht, vgl. Hengstenberg I, S. 218) D. Bellermann mitwirken mußte.

Seite 187. ⁵) Der lateinische Text ist folgender:

„Theses theologicæ
Quas
Summe Reverendi Ordinis Theologorum
auctoritate
in
Universitate Litterarum Berolinensi
pro
Gradu Licentiati in Theologia

466

rite obtinendo
publice defendet
Die IV. ante Nonas Decembres MDCCCXX
Hora XI
Augustus Tholuck
Silesius.
(Berolini, typis Haynianis.)

I. E linguæ certe ratione nulla contra authentiam Pentateuchi valida argumenta peti possunt.

II. Perversa eorum ratio est, qui negant se in Prophetis V. T. altius quidquam agnoscere posse, præter poëtas aut, ut ajunt, demagogos gentis Hebrææ.

III. Hebræorum homines sanctitate conspicui, etsi prima fronte secus videtur, respectu ad genuinam pietatem, eminent super illos, quos Græcia erudita et Roma armipotens magnos tulit atque præclaros viros.

IV. Λόγος e S. Johannis sententia nec qualitas est divina in hominem Jesum immissa, nec ratio Dei.

V. Notio æterni manifestatoris divini apud omnes exstat nationes Orientales, at tantum abest, ut hoc nomine aggredi liceat veritatem doctrinæ Salvatoris nostri, ut eo firmetur atque stabiliatur.

VI. Inde quod Cabbalistarum Scholæ speciem quandam trinitatis docebant, nihil potest contra hoc dogma, ut a Christianis traditur, effici, dummodo simplici eo sensu accipiatur, quo præcipit S. Scriptura.

VII. Subinde concidit universa religio christiana uno illo dogmate sublato de connata hominis vitiositate.

VIII. Vaticinium Jes. c. LIII de Messia agit.

IX. S. Pauli argumentatio in ep. ad. Rom. c. IX. non eo tendit, ut liberum hominis arbitrium tollatur.

X. Falluntur nihilominus, qui existimant cum prædestinationis decreto non posse sanctimoniam vitæ consistere.

XI. Aperta sunt Mysticismi Orientalis vestigia in disciplinis Therapeutarum atque Essenorum.

XII. Non genuina veteris religionis Persarum imago in Send-Avesta exhibita est.

XIII. Multa adsunt indicia Muhammedem suas, quas expromsit de Christianismo notiones, debere sectis Christianis."

Das an Tholuck verliehene Lizentiaten-Diplom lautet:

Quod felix faustumque summum Numen esse iubeat.
Auspiciis lætissimis et saluberrimis
Serenissimi ac potentissimi principis

Friderici Guilelmi III
Borussorum regis (etc. etc.)
regis ac domini nostri sapientissimi
eiusque auctoritate regia
Universitatis Litterariæ Berolinensis
Rectore magnifico
Mart. Henr. Car. Lichtenstein
(titul ....)
ex decreto venerabilis theologiæ ordinis
promotor legitime constitutus
Philippus Conradus Marheineke
philos. et theol. doctor huiusque prof. publ. ordin.
facultatis theologiæ h. t. decanus
viro prænobilissimo atque doctissimo
Friederico Augusto Deofido Tholuck
silesio
theologiæ candidato dignissimo
post examen theologicum habitamque de
thesibus disputationem
Licentiati S. S. Theologiæ
honores privilegia et iura
die II. M. Decembris A. MDCCCXX
rite contulit
collataque
publico hoc diplomate
Theologorum ordinis obsignatione comprobato
declaravit.
(L. S.)

Seite 196. ⁶) 3. Supplementbanb S. 174.

Seite 205. ⁷) Eigne Worte Müllers in D. Julius Müller,
Mitteilungen aus seinem Leben, aufgezeichnet von D. Leopold Schulze,
General-Superintendent. Bremen 1879, C. Ed. Müller, S. 10.

Seite 208. ⁸) Vgl. D. Julius Müller, ber Hallische Dogmatiter,
von D. Martin Kähler zur Eröffnung der Vorlesung über bogmatische
Theologie. Halle, Fride, 1878, S. 5 u. 6.

Seite 215. ⁹) Das Diplom hat folgenden Wortlaut:
Quod felix faustumque esse iubeat
Summum Numen
auctoritate
huic Literarum Universitate
ab
Ferdinando I

imperatore romano-germanico
anno MDLVII concessa
clementissimis auspiciis serenissimorum
Magni Ducis et Ducum Saxoniæ
Nutritorum Academiæ Jenensis
munificentissimorum
Rectore Academiæ Magnificentissimo
Augusto et Potentissimo Principe ac Domino
Carolo Augusto
Magno Duce Saxoniæ Vimariensium atque Isenacensium
Principe Landgravio Thuringiæ Marchione Misniæ Principali Dignitate
Comite Hennebergæ Dynaste Blankenhaynii Neostadii ac Tautenburgi
Prorectore Academiæ Magnifico
viro illustri atque excellentissimo
Henrico Luden
philosophiæ Doctore
professore historiarum publico ordinario
Decano Ordinis Philosophorum et Brabeuta
maxime spectabili
viro clarissimo atque excellentissimo
Carolo Friderico Bachmanno
philosophiæ doctore
(titul ....)
ordo Philosophorum
viro prænobilissimo ac doctissimo
Augusto Tholuck
Vratislavia-Silesio
licentiato theologiæ in Universitate Litterarum Berolinensi
Professori extraordinario designato
Doctoris Philosophiæ honores
dignitatem iura et privilegia
ingenii doctrinæ eximio specimine de Persarum pantheismo libro per-
erudito comprobatæ virtutisque spectatæ insignia atque ornamenta
detulit
publico hoc diplomate
cui impressum est signum Ordinis Philosophorum
promulgavit
Jenæ die XXII M. Aprilis A. MDCCCXXII.
(L. S.)

Seite 216. ¹⁰) Vgl. zu dem Folgenden: Fünfzig Jahre der Juden-
miſſion, eine Denkſchrift zur 50jährigen Jubelfeier der Berliner Geſellſchaft
zur Beförderung des Chriſtentums unter den Juden, von Ziethe, Berlin

1872. — Friedensbote (Missionsblatt dieser Gesellschaft), herausgegeben von Pfarrer Schwarz, Juli 1882. S. 160 ff.

Seite 217. [11]) vgl. Samuel Elsner. Eine Lebensskizze von Dr. M. Funk. Berlin 1878. Hauptverein für christl. Erbauungsschriften. S. 48.

Seite 218. [12]) Der betreffende Passus im Sitzungsprotokoll lautet: „At a meeting of a General Committee held 25th Febr. 1823. The foregoing minute of the Mission and Correspondence Sub-Committee was read with the letters therein mentioned, and a subsequent letter from His Excellency the Right Hon[ble] Sir G. H. Rose dated Berlin 21t January 1823 both of whose letters strongly recommend the Committee to accept of the A. Tholucks offer of service on the several points mentioned, viz. to translate tracts, to prepare works useful to Jewish Missionaries, to publish a periodical work in German, to visit occasionally the Missionary stations, to give instruction to Missionaries and to conduct any correspondence which may be committed to him.

Resolved that this offer be accepted and that Prof. A. Tholuck be appointed as Representative of this Society at Berlin for the above purposes and such others as this Committee may find beneficial and which Prof. Tholuck may be able to undertake at an annual salary of fifty Pounds Sterling.

Extracted from the minute of the Society."

Seite 222. [13]) Predigt beim Jahresfeste der Gesellschaft zur Beförderung des Christentums unter den Juden über Hosea 3, gehalten in der Luisenstadt-Kirche von Dr. A. Tholuck, Königlich Preuß. Konsistorialrat und Professor der Theologie zu Halle. Berlin, 1865. Druck von Royer, Hellweg 7.

Seite 229. [14]) Eine erbauliche Zeitschrift, die erst Seegemund und dann Kober herausgab, nachdem Tholuck die Redaktion abgelehnt hatte. Nach dem im Texte angeführten Briefe Seegemunds hatte Tholuck ihm für die „Hirtenstimme" einen Aufsatz über „die Freudigkeit der Christen" geschickt. Derselbe aber ist trotz des herzlichsten Dankes des Redakteurs für das Geschickte nicht abgedruckt worden. Durch die Güte des Herrn Archivrates Dr. Jacobs in Wernigerode sind mir sämtliche Bändchen der „Hirtenstimme" zugegangen. Aber keine Arbeit Tholucks findet sich darin, auch nicht der von Seegemund früher erbetene Bericht über die dänische Reise. Der Inhalt des Aufsatzes von Tholuck läßt sich einigermaßen aus den Seegemundschen Bemerkungen erschließen: „Was den Aufsatz: über die Freudigkeit der Christen betrifft, so kann ich mir zwar noch andre Hemmungen derselben denken, welche Sie nicht berührt haben, hauptsächlich solche, die aus der heilsamen Zucht des heiligen Geistes

herstammen, als welche alles Ungöttliche in uns aufdeckt und nicht nach-
läßt, bis sie den alten Menschen in Christi Tod begraben hat — und in
solchen Fällen hat man wohl weniger zur Freudigkeit als zur Selbstprüfung
zu ermuntern, auch auf einzelnes, auf unerkannte Sünden aufmerksam zu
machen, öfters noch mehr unter Christi Kreuz zu beugen als zu erheben —
auch kann der Schmerz, den eine Seele empfindet, aus jener heiligen Sehnsucht nach dem Herrn entspringen, die man ja nicht zu dämpfen, sondern
zu wecken und anzufeuern hat — und in solchen Fällen hat man wohl
zum Beten, Singen und Hoffen zu ermuntern; man würde einer solchen
Seele Schaden thun, wenn man sie überreden wollte, sie hätte schon,
wonach sie aus der Tiefe des Herzens noch dürstet: doch sind der Seelenzustände ja so unzählige, daß sie sich unmöglich erschöpfen lassen. Auch
bleibt's immer ein unvollkommen Ding, im allgemeinen hin trösten zu
wollen. Der Trost ist eine individuelle Arznei für den individuellen
Kranken und seine Krankheit. Ihr Aufsatz ist aus einer solchen individuellen Beziehung hervorgegangen, darum wird er gewiß auch gleich-
gesinnten Seelen zum Segen werden. Eben darum eignet er sich auch ganz
für die „Hirtenstimme". — Der volle Titel der Zeitschrift lautet: „Die Hirtenstimme an Alle, die dem guten Hirten nachfolgen oder die ihn von Herzen
suchen." 4 Jahrgänge 1821—24. Wernigerode, im Verlag des christlichen
Missions-Vereins gedruckt bei Joh. Christoph Dölle in Halberstadt. Als
Fortsetzung der 1824 eingegangenen Zeitschrift will „Der christliche Menschen-
freund" betrachtet werden, den P. Sander in Elberfeld seit 1825
herausgab.

Seite 229. [15]) Vgl. über das Folgende: Geschichte der Berliner
Missionsgesellschaft und ihre Arbeiten in Südafrika, von Missions-Direktor
Dr. Wangemann, Band I, S. 202 ff.

Seite 231. [16]) Vgl. Thilo, Geschichte der Preußischen Hauptbibelgesellschaft 1864. Seite 302. Tholucks Reise nach England, die in die
Geschichte seiner Berufung nach Halle so verhängnisvoll eingreifen sollte,
wird in diesem Buche S. 84 fälschlich in das Jahr 1824 verlegt.

Sechstes Kapitel.

Seite 246. [1]) Das Tagebuch spricht wiederholt die Befürchtung aus,
daß man den Verfasser des Sjusismus wegen der schlechten Latinität
(„wegen der Grammatik") tadeln werde. Die Sprache ist allerdings mit
Germanismen durchwoben und von grammatischen Verstößen nicht gänzlich frei.

Seite 271. [2]) Vgl. Dr. Otto Krabbe, August Neander, Hamburg 1852, S. 80.

Siebentes Kapitel.

Seite 292. ¹) Hamburg, bei Perthes und Besser 1823. Nach
dem im Text Gesagten ist es daher irrig, wenn Adalbert Wiegand in
seiner Säkularschrift W. M. L. de Wette (Erfurt 1879) S. 53 behauptet:
„Dasselbe (Tholucks Buch) war nicht direkt gegen de Wette gerichtet,
auch nicht eine beabsichtigte Widerlegung, sondern nur eine schöne, warme,
christlich begeisterte Ergänzung der de Wetteschen Schrift.“ Deutlicher
kann das von Tholuck beabsichtigte gegensätzliche Verhältnis nicht be=
zeichnet werden, als durch den für den Verfasser selbst ausdrucksvollsten
Titel: Antitheodor.

Seite 327. ²) „Tholuck. Nach Erinnerungen aus persönlichem
Umgange mit demselben von C. H. Rennecke, p. em. Rostock. 1878.“
Einzelne thatsächliche Falsa dieser kleinen Broschüre berichtigte mir der
Verfasser zum Teil schriftlich. — Die Korrespondenz zwischen Rennecke
und Tholuck gehört zu dem Interessantesten in dem brieflichen Nachlasse
des letzteren. Rennecke hat selbst ein geistvolles Buch verfaßt, das durch
Tholucks Schrift über die Sünde mit veranlaßt wurde: „Über die prin=
zipielle Begründung der Lehren von der Sünde, von der Person Christi,
von der Erlösung und Rechtfertigung. Magdeburg, Falkenburg & Komp.“,
ohne Jahreszahl, 433 S. — Der alte Herr starb zu Rostock im 85. Lebens=
jahre am 27. April 1881.

Seite 348. ³) Aus Tholucks Personalakten im Unterrichtsmini=
sterium zu Berlin.

Achtes Kapitel.

Seite 369. ¹) Aus Schleiermachers Leben in Briefen, heraus=
gegeben von Dilthey, Berlin 1863. IV. Band. S. 340.

Seite 369. ²) E. W. Hengstenberg, von Bachmann. I.
S. 177 f.

Seite 369. ³) S. die Citate ebendaselbst.

Seite 370. ⁴) Vgl. Theater und Kirche in ihrem gegenseitigen Ver=
hältnis historisch dargestellt von Dr. Heinrich Alt. Berlin 1846. S. 659.

Neuntes Kapitel.

Seite 413. ¹) Das Folgende ist den Akten des Unterrichtsministeriums
entnommen.

Seite 418. ²) Vgl. Jahrbücher für das Schulwesen in den preußischen
Staaten, Band III, Heft 2. S. 161—165; abgedruckt auch bei Bach=
mann, Hengstenberg, I, S. 373 ff.

Seite 425. ³) Abgedruckt in der Allg. K. Z. 1822. S. 582 f.

Seite 443. ⁴) Aus den Akten der Berliner Theologischen Fakultät. (Acta betr. die Promotionen 1810—26. Vol. I.)

Seite 444. ⁵) Die betreffenden, im folgenden allegierten Abschnitte des Universitätsstatuts lauten (nach den „Statuten der theologischen Fakultät der Königl. Friedrich-Wilhelms-Universität zu Berlin, 1838," § 111, § 112 und § 109): „Wer bei der Fakultät um Promotion zum Doktor der Theologie ansucht, kann dieselbe nur durch feierliche Promotion.... erhalten. Doch kann die Fakultät die Doktorwürde auch honoris causa Auswärtigen oder hierselbst Anwesenden durch bloße Übersendung des Diploms als eine freiwillige Anerkennung ausgezeichneter Verdienste um die Wissenschaft erteilen, niemals aber auf bloße Einsendung einer Abhandlung." „Der Antrag zu einer solchen Doktorpromotion honoris causa muß von zwei Mitgliedern der Fakultät geschehen, und es müssen in dem Antrage die ausgezeichneten notorischen Verdienste des Vorgeschlagenen um die Theologie auseinandergesetzt, oder falls er sich diese als Schriftsteller erworben hat, durch Anführung oder Vorlegung der Schriften belegt werden. Die Ab-stimmung geschieht durch Umlauf schriftlich und offen. Zur Genehmhaltung des Antrages ist Einstimmigkeit aller Fakultätsmitglieder erforderlich." „Wer sich um das Doktorat bewirbt, muß eine lateinische, zu diesem Be-hufe über ein von der Fakultät gebilligtes Thema geschriebene Dissertation einreichen und drucken lassen; nur wenn die Fakultät diese Abhandlung einstimmig als eine Bereicherung der Wissenschaft anerkennt, kann die Promotion bewilligt werden. Es hängt von dem Ermessen der Fakultät ab, ob sie die eingelieferte Abhandlung als genügend anerkennt, oder noch ein besonderes Kolloquium über solche wissenschaftliche Gegenstände, mit denen sich der Doctorandus vorzugsweise beschäftigt hat, anstellen will. Im allgemeinen muß die Fakultät die Überzeugung gewonnen haben, daß derselbe nicht nur den.... Anforderungen an einen Lizentiaten der Theo-logie Genüge leiste, sondern auch entweder als praktischer Geistlicher oder in einzelnen Zweigen der theologischen Wissenschaft eine besondere Vir-tuosität oder einen höheren Grad von Tiefe und Umfang der gelehrten Einsicht bewähre."

Seite 446. ⁶) Das Schreiben, lateinisch verfaßt, datiert vom 24. Januar 1826. Es schließt mit den Worten: „Quod ut eo modo peraga-gatis, qui et vestri studii in me et mei in vos luculentum edat testi-monium, hoc vestrae benignitati relinquo."

Seite 449. ⁷) Das Doktordiplom vom 4. März 1826 enthält na-türlich die wichtige Bestimmung: unter dem Rektorat von August Boeckh hat der Promotor Phil. Konr. Marheinecke als Dekan der theologischen Fakultät viro reverendo atque doctissimo Fr. Aug. Deofido Tholuck Silesio, Philosophiæ doctori, SS. Theol. licent., in hac litterarum uni-

versitate professori extraordinario, in Halensi ordinario designato bie
Rechte eines Doktors der SS. Theologia rite contulit; und zwar all=
gemein „ob præclara scientiæ et eruditionis tum scriptis, tum scholis
in hac literarum universitate habitis comprobatæ documenta. Die
eigentümlichen im Text berichteten Verhältnisse erklären aber wohl, wie die
Tradition entstehen konnte, Tholuck habe den theologischen Doktortitel
von Berlin beim Abschiede honoris causa erhalten. So selbst Kähler,
Aug. Tholuck, S. 10.

Tholucks Schriften
bis zum Jahre 1826.

1. Ssufismus sive Theosophia Persarum pantheistica, quam e
MSS. bibliothecæ regiæ Berolinensis persicis, arabicis, turcicis eruit
atque illustravit Frid. Aug. Deofidus Tholuck, licent. theol. in univ.
Berolin. Berlin 1821. In libraria Ferd. Duemmleri. (Besprochen S.
246—256.) — Vgl. dazu Tholucks Anzeige des Buches Dessatir, von
Mulla Firur Bin Kaus herausgegeben (Bombay 1818, 2 voll.), in der
Leipz. Lit. Zeit. 1822 Nr. 156 u. 157, S. 1241—1251.

2. Einige apologetische Winke für das Studium des Alten
Testamentes. Den Theologie Studierenden des jetzigen Decenniums ge=
widmet von Aug. Tholuck, Lizentiat und Privatdozent der Theologie an
der Universität Berlin. Berlin. In der Maurerschen Buchhandlung.
1821. (Besprochen S. 256—270.)

3. Das Wesen und die sittlichen Einflüsse des Heiden=
tums besonders unter den Griechen und Römern, vom Standpunkte des
Christentums aus betrachtet. Von Dr. A. Tholuck. In Neanders:
Denkwürdigkeiten aus der Geschichte des Christentums und des christlichen
Lebens. Berlin 1822. Band I, S. 1—217. 2. Auflage: 1825. Die 3. ver=
·besserte Auflage erschien separat bei Fr. A. Perthes, Gotha 1867. VI
u. 92 S.; unter dem Titel: Der sittliche Charakter des Heidentums. (Be=
sprochen S. 270 bis 291.)

4. Die Lehre von der Sünde und vom Versöhner, oder die
wahre Weihe des Zweiflers. Hamburg, Perthes & Besser. 1823 (ano=
nym). VIII und 315 S. 2. umgearbeitete Auflage 1825, gleichfalls noch
anonym, VI und 300 S. 3. Auflage 1830, unter Th.s Namen. 4. Auflage

1830, Hamburg. 5. Auflage 1836; 6. : 1839; 7. : 1850; 8. : 1862; 9. : 1871. (Besprocheen S. 292—336.)

5. Auslegung des Briefes Pauli an die Römer nebst fortlaufenden Auszügen aus den exegetischen Schriften der Kirchenväter und Reformatoren von Friedrich August Gotttreu Tholuck. Dr. d. Phil., a. o. Prof. u. Liz. d. Theol. an d. Königl. Univ. zu Berlin. Σοφίαν λαλοῦμεν ἐν τοῖς τελείοις, λαλοῦμεν θεοῦ σοφίαν ἐν μυστηρίῳ, 1. Kor. 2, 6. Berlin, bei Ferd. Dümmler. 1824. XXX S. Vorrede und Einleitung. 514 S. — 2. Aufl. Berlin 1828. — 3. Auflage Berlin 1831. — Kommentar zum Briefe Pauli an die Römer von Dr. A. Tholuck. Neue Ausarbeitung. Halle, Anton 1842. 674 S. (Vierte Auflage.) — 5. Auflage 1856. (Besprochen S. 336—350.)

6. Der Freund Israels. Eine Zeitschrift für Christen und Israeliten. („Lasset uns in Liebe die Wahrheit suchen", Eph. 4, 15.) Erster Jahrgang Berlin 1824, gedruckt bei Trowitzsch u. Sohn (Jägerstr. 43). 240 S. — Zweiter Jahrgang 1825. 214 S. (Besprochen S. 217—218.)

7. Wichtige Stellen des Rabbinischen Buches Sohar im Text und mit Übersetzung, nebst einigen Anmerkungen. Berlin 1824. In Kommission bei Ferd. Dümmler (U. d. Linden Nr. 19). 74 S. (Besprochen S. 357—360.)

8. Eine Stimme wider die Theaterlust, nebst den Zeugnissen der teuren Männer Gottes dagegen, des seligen Phil. Speners und des seligen A. H. Francke. Berlin 1824. Gedruckt bei Trowitzsch u. Sohn. 46 S. kl. Oktav. (Besprochen S. 368—373.)

9. Blütensammlung aus der Morgenländischen Mystik nebst einer Einleitung über Mystik überhaupt und morgenländische insbesondere, von F. A. G. Tholuck, a. o. Professor an der Universität zu Berlin. Berlin, Ferd. Dümmler 1825. 327 S. (Besprochen S. 360—369.)

10. Umschreibende Übersetzung des Briefes Pauli an die Römer. Als Anhang zu der Auslegung des Briefes an die Römer nebst der Vorrede Luthers zu diesem Briefe, von August Tholuck. Berlin, bei Ferd. Dümmler 1825. 52 S. 2. umgearbeitete Auflage, ebenda 1831. (Vgl. S. 350.)

11. Die spekulative Trinitätslehre des späteren Orients. Eine religionsphilosophische Monographie aus handschriftlichen Quellen der Leidener, Oxforder u. Berliner Bibliothek, bearbeitet von A. Tholuck, Dr. der Philos. u. Theol., ord. Prof. d. Theol. a. d. Königl. Univ. zu Halle. Berlin, bei Ferd. Dümmler, 1826. X u. 76 Seiten. (Besprochen S. 336—338.)

Inhaltsverzeichnis.

Druck von Velhagen & Klasing in Bielefeld.